阳明心学海外传播研究

YANGMING XINXUE HAIWAI CHUANBO YANJIU

文炳　潘松　刘吉文　等著

宁波文化研究工程

王阳明诞辰五百五十周年专题研究

ZHEJIANG UNIVERSITY PRESS
浙江大学出版社
·杭州·

图书在版编目(CIP)数据

阳明心学海外传播研究 / 文炳等著. —杭州：浙江大学出版社，2022.10

ISBN 978-7-308-23080-3

Ⅰ. ①阳… Ⅱ. ①文… Ⅲ. ①王守仁（1472—1528）—哲学思想—传播—研究 Ⅳ. ①B248.25

中国版本图书馆 CIP 数据核字(2022)第 174907 号

阳明心学海外传播研究

文 炳 潘 松 刘吉文 等著

策　　划	包灵灵
责任编辑	诸葛勤
封面设计	周　灵
责任校对	宁　檬
出版发行	浙江大学出版社 (杭州市天目山路 148 号　邮政编码 310007) (网址：http://www.zjupress.com)
排　　版	浙江时代出版服务有限公司
印　　刷	杭州宏雅印刷有限公司
开　　本	710mm×1000mm　1/16
印　　张	28
字　　数	565 千
版 印 次	2022 年 10 月第 1 版　2022 年 10 月第 1 次印刷
书　　号	ISBN 978-7-308-23080-3
定　　价	98.00 元

浙江大学出版社市场运营中心联系方式：0571-88925591；http://zjdxcbs.tmall.com

前　言

本书是宁波市社科院 2018 年 9 月 30 日面向全国公开招标的重大项目“阳明心学海外传播研究”（立项编号 YMXW18-3）的研究成果。自从承接宁波市社科院“阳明心学海外传播研究”这个重大招标项目以来，项目组成员历经两载寒暑，查阅了目前能够找到的大量海外文献，梳理出了阳明心学海外传播与研究的概貌，虽不能说殚精竭虑，但绝对可以说是全力以赴地完成了此项任务。在此期间，项目组克服了语言的障碍、王学学养的不足、研究资料的短缺等重重困难，最终幸不辱命。

本项研究弥补了国内学术界此前还没有对阳明心学在海外各国传播与研究资料进行全面搜集与梳理，对阳明心学在海外传播与研究的概貌不甚了解的缺憾。项目组成员在研究中所查证的文献资料涵盖日语、韩语、英语、俄语、德语、法语、越南语、意大利语、荷兰语等十来个语种，极大地拓宽了阳明心学海外传播研究的范围。此外，笔者曾尝试请母语为西班牙语的研究生伊三木搜索王阳明思想在西班牙语世界的传播信息，但是目前还所获无几。笔者也尝试安排人手查询王阳明思想在新加坡等东南亚国家传播的情况，所获信息也同样寥寥无几。因此，本书中没有设置有关章节。

阳明思想以不同语言形式在世界范围内传播，但由于国内学者所学外语语种的限制，以前国内对阳明心学海外传播的研究所涉猎的国家一般是日本和美国，而本项目对阳明心学在海外传播的一些主要国家都有涉及。本研究力求系统、全面地梳理出阳明思想海外传播所涉及的主要国家和区域的传播历史，为国内读者呈现出一幅阳明心学海外传播的历史画卷。在项目实施过程中，我们针对国内的研究现状做了一些特殊的安排。比如，针对以前阳明心学在日本的研究多集中在学术争鸣和人物逸事等传播历史的梳理上，本项研究着重关注了日本研究阳明学的机构——二松学舍大学的阳明学研究中心所开展的一系列学术活动，列举了该机构举办的4次大型研讨会、公开举行的10次学术讲座、1989—2022年日本《阳明学》杂志刊载的32期共计300余篇论文的情况，也通过悉心搜集整理列举了日本阳明学研究相关科研课题39项、日方人员在中国或韩国开展交流64次，列举了日本各大学的阳明学研究相关博士学位论文42篇，旨在通过这些客观存在的数据来反映阳明心学在日本的研究概况。书中其他诸多安排的目的也同样在于方便读者了解阳明心学在海外传播的真实情况，在此不再赘述。

由于涉及不同的语种，项目组参研人员的外语能力面临巨大的挑战。单纯懂外语而没有王学研究基础和西方哲学研究基础，是难以真正读懂与王阳明思想研究相关的外文文献的，因为这些文献大多是基于比较视域的。因此，一方面，我们邀请了部分西方汉学家直接参加项目研究，甚至负责为部分版块撰稿——非常幸运的是，欧洲版块有幸邀请到大卫·巴拓识（David Bartosch）教授，越南版块有幸邀请到了越南河内师范大学范越胜博士（他曾经在华东师范大学跟随杨国荣老师读博士，汉语功底不错）；另一方面，我们特意设计了针对部分海外阳明学研究者的访谈环节，通过访谈来了解阳明心学在国外传播与研究的真实状况，了解海外学者对待阳明心学的真实态度，同时也能从访谈中洞悉目前阳明心学在国外的研究新动向。各个版块共计访谈了十余位国外知名学者，使得本项研究具有明显的国际学术交往的特色。国外学者的直接加入为我们的研究成果增色不少，使得成果的质量和可信度得以提升到一个新的高度。

为了了解阳明心学在海外传播与研究的历史与现状，项目组精心讨论设计出访谈问题并安排了以下访谈：潘心荷博士对韩国学者崔在穆先生（韩国阳明学学会前会长）和金容载先生进行了访谈；杨春蕾博士对俄罗斯汉学家科布杰夫进行了两次访谈；徐青博士通过邮件对日本学者田中正树（二松学舍大学阳明学研究中心主任）、大桥健二（日本东亚实学研究会副会长）、小岛康敬（国际基督教大学名誉教授）、小川晴久（东京大学名誉教授、日本东亚实学研究会名誉顾问、二松学舍大学名誉教授）、佐藤炼太郎（国际儒联理事、北海道大学名誉教授、北海道中国哲学会会长），以及中纯夫（京都府立大学文学部历史学科教授）分别进行了邮件访谈；潘松博士对成中英教授进行了两次访谈——之所以选择对成中英教授进行访谈，是因为成中英教授作为海外儒学研究代表人物，长年致力于在西方世界传播和研究中国哲学，其研究领域融贯了中西。通过对国外阳明学研究者的访谈，项目组了解到了阳明心学在国外传播与研究的真实情况，也了解到了阳明心学在国外的最新研究动态。

需要说明的是，整个项目参与的人员较多，我们在每个版块都安排了一位学者负责将研究成果撰稿成文，在项目研究后期还根据实际需要联系了国外学者参与撰稿。由于阳明心学在海外各国传播的文献资料的多寡有别，比如美国、日本、朝鲜半岛的研究文献较多，而俄罗斯和德国就较少，越南就更少了，而我们的目的是了解阳明心学在世界各国的传播情况，总体上需要按国别和区域来划分版块，因此不同版块会根据获取到的资料的多少来决定对资料文献的挖掘深度。比如说，日本、朝鲜半岛版块资料多，对于这两个版块我们就着重罗列出主要研究者及其贡献，同时兼顾了对该国主要刊登阳明心学研究文章的期刊的介绍，对主要的学术讲座、研讨会及学术交往活动的介绍，总体上重在求全，即在于让读者了解阳明心学在日本、朝鲜半岛传播的全貌。而美国版块和欧洲大陆版块，要求撰稿者在对阳明心学传播信息求全（力求重要信息不遗漏）的同时也要对研究的深度予以考虑。总之，各个版块的安排和要求并不完全一致。

还需要补充说明的是，项目的研究实施结果与项目原来的设计略有出入。原本计划了要用单独一章来考察阳明心学在我国港台地区的传播研究情况，在项目实施中发现，虽然台湾有大量的王学研究文献，数量甚至比大陆更加丰富，但总体上看仍然与大陆的研究是同宗同源。此外，本书中其他章节的考察都是以国家甚至以同一区域内的多个国家为考察对象的，所以不宜用单独的章节来对港台阳明心学的研究进行考察。因此，最终本书各个章节都是对阳明心学在异域文化语境下的传播与研究的考察。

本项研究是一项不小的学术工程，非一人之力可以完成。笔者作为负责人，负责了整个项目的设计谋划，组织协调各个版块研究人员的分工，协同各个版块研究人员查询搜集获取一些难以查找的资料，根据各个版块的进展情况提出建议，在各个版块的初稿完成后进行审校并提出修改意见。需要指出的是，各个版块都是数易其稿，任务完成来之不易。除前言、第一章和结语由笔者执笔之外，第二章由浙江理工大学徐芳芳博士执笔，第三章由解放军外国语学院刘吉文博士执笔，第四章由越秀外国语学院杨春蕾博士执笔，第五章由解放军外国语学院祁广谋教授和河内师范大学范越胜博士执笔，第六章由大卫・巴拓识教授和浙江省社科院李旭博士执笔，第七章由重庆工商大学潘松博士执笔。附录一的访谈由浙江理工大学潘心荷博士和岭南退溪学研究院金明月研究员完成，附录二的访谈由浙江理工大学徐青博士完成，附录三的访谈由重庆工商大学潘松博士完成，访谈中的问题由笔者、李旭博士和潘松博士设计，笔者对访谈文字进行了完善和校订。参与项目文献搜集整理翻译的还有笔者单位的同事姚春梅、宋玉芳等，以及翻译硕士研究生陈旭、赵君仪、李志广、张子祺等，在此一并致谢。在此还需要特别感谢钱明老师和宁波市社科院前院长陈利权博士对本项目的指导，尤其要感谢宁波市社科院给予本项目充足的研究经费支持。

由于项目组成员精力有限，学识有限，外语水平有限，以及成书时间的限制，书中的错谬（尤其在翻译上的错谬）在所难免，恳请读者不吝指正。

文 炳

于金沙学府

2022 年 9 月

目　录

第一章

阳明心学海外传播研究简介

第一节 王阳明及阳明学派简介

王阳明，名守仁，字伯安，生于1472年10月31日，卒于1529年1月9日，浙江宁波余姚人（明代属绍兴府），因其曾经筑室于会稽山阳明洞，自号阳明子，学者称其为阳明先生。王阳明是明朝大儒，杰出的思想家、政治家、军事家、教育家、文学家，儒家心学集大成者。清代学者王士祯对他的评价是“王文成公为明第一流人物，立德、立功、立言皆居绝顶”[①]。钱穆先生认为王阳明是“明代学者的重镇、宋明理学的高峰”[②]。

王阳明少时志存高远，心思不同于常人。11岁时，他曾经问私塾老师“何为第一等事”，私塾老师答以“唯读书登第耳”；他表示质疑：“登第恐未为第一等事，或读书学圣贤耳。”[③]。这个追求“第一等事”便成为阳明生活与学问的终生基调。

17岁时，王阳明在江西与诸氏完婚，第二年归越的途中拜谒了广信（今江西上饶）大儒娄谅。娄谅向他讲授“格物致知”之学，勉励他“圣人必可学而至”[④]。之后他遍读程朱理学的著作，思考“物有表里精粗，一草一木皆具至理”[⑤]的学说。为了实践“格物致知”之学，他“格”了七天七夜的竹子来穷竹之理，却一无所获，人也因此病倒。从此，王守仁对程朱的“格物”学说产生了极大的

---

① 钱明. 阳明学新探：纪念王阳明逝世470周年暨国际阳明学研讨会. 杭州：中国美术学院出版社，2002：243.

② 钱穆. 王守仁. 北京：商务印书馆，1930：1.

③ 王守仁. 王阳明全集. 吴光，钱明，董平，等编校. 上海：上海古籍出版社，2014：1346.

④ 王守仁. 王阳明全集. 吴光，钱明，董平，等编校. 上海：上海古籍出版社，2014：1348.

⑤ 王守仁. 王阳明全集. 吴光，钱明，董平，等编校. 上海：上海古籍出版社，2014：1349.

怀疑。

明武宗正德元年（1506）冬，王阳明为救言官戴铣、薄彦徽而直言上书正德皇帝，触怒当权宦官刘瑾，被廷杖四十，谪贬至贵州龙场当驿栈驿丞。龙场在贵阳西北 70 里（今修文县治所在地），当时属于少数民族聚居区，生活条件艰苦，沟通不便。王阳明对患难贫贱处之泰然，但觉得刘瑾还可能加害他，“生死一念尚觉未化”，于是在一个石洞中端居默坐，以求心境的“静一”。在静坐和体悟的过程中，他对《大学》的“格物致知”有了新的理解。在一个深夜，他顿悟到“圣人之道，吾性自足，向之求理于事物者误也”[①]，并撰《五经臆说》，以“四书”“五经”的圣贤言行印证自己的所悟，史称“龙场悟道”。其后贵阳提学副使（主管一省教育的官员）席书请王阳明主讲于贵阳书院，王阳明开始讲论“知行合一”。

正德五年（1510），王阳明离开贵阳到江西庐陵（今吉安）任知县，后陆续在南京、京师（北京）、滁州等地任职，同时授徒讲学，发展他不同于朱子理学的心学思想。在南京时期，他为了调和自己的学说与朱子学之间的扞格，作《朱子晚年定论》。正德十二年（1517）王阳明受到兵部尚书王琼的举荐，担任左佥都御史（后升任右佥都御史）并到赣南平定民变，在平定南赣及汀州、漳州一带（今江西、福建、广东交界处，当时也是畲族等少数民族聚居区）民变的过程中，王阳明讲学不辍，不少江右士人前来归于门下。

正德十四年（1519），江西藩王朱宸濠发动叛乱，王阳明当时在往福建戡乱的途中，他果断举兵平叛，用不到两个月的时间平定了宁藩的叛乱。其后，王阳明又经历了被明武宗宠幸的佞臣张忠、许泰构陷的波折，可谓九死一生。正德十六年（1521），在经历了多年“破山中贼”与“破心中贼”的艰难磨炼之后，王阳明提出了“致良知”教，在给学生邹守益的书信中写道：“近来信得‘致良知’三字，真圣门正法眼藏。往年尚疑未尽，今自多事以来，只此良知无不具足……”[②] 由此，王阳明对程朱以来《大学》的“格物致知”这一儒学核心问题获得了更深的根本体悟，并以他“致良知”的心学思想来统领对整个儒学的解释。

在嘉靖元年至六年（1522—1527）这大约六年时间中，王阳明在家乡绍兴赋闲，门徒日进，形成了讲学的盛况。王阳明的门徒来自全国各地，其中还有王艮这样的平民学者。在这个时期，王阳明除了继续传授其“致良知”学说外，还对自己的思想进行了进一步的总结提炼，提出了四句教：“无善无恶是心之体，有

① 王守仁. 王阳明全集. 吴光，钱明，董平，等编校. 上海：上海古籍出版社，2014：1354.
② 王守仁. 王阳明全集. 吴光，钱明，董平，等编校. 上海：上海古籍出版社，2014：1411.

善有恶是意之动，知善知恶是良知，为善去恶是格物。”（见《传习录》）四句教实际上是王阳明对《大学》“格物致知诚意正心”系统功夫的独到解释，其中首句“无善无恶是心之体”可能还融会了道家、佛教的相关思想，也因此引起了当时和后世学者的争议。

嘉靖六年（1527），在多年居家讲学之后，王阳明又接到新的朝廷任命去广西思州、田州平定当地少数民族的骚乱。在平定民乱之后，王阳明因病乞归乡里，嘉靖七年十一月二十九日（公元 1529 年 1 月 9 日）病逝于归乡途中的江西南安府，留下“吾心光明”的遗言，时年 57 岁。

王阳明去世后，一方面，其学问在众多门人弟子的努力下得到继续传播推广；另一方面，受到朝廷维护朱子学的守旧学者的攻击和打压，其心学思想在斗争和曲折中发展。明穆宗继位后，阳明再传弟子徐阶任内阁首辅，阳明心学的传播得到了朝廷支持，王阳明被追赠为新建侯，谥号“文成”。万历十二年（1584），阳明先生经朝廷议定从祀于孔庙。

阳明心学肇兴于明代中叶朱子学盛极而衰的时代，王阳明盛年时所处的正德年间又是一个朝政昏暗、社会危机四伏的年代。从学术品格而言，阳明心学是对已趋于教条僵化的朱子学的一场革命，这场学术革命也像很多精神界的革新（如西欧近代的文艺复兴和宗教改革）一样采取了复古的形式。王阳明以恢复《大学》古本为依据，对朱熹依据他的《大学》改本提出的“居敬穷理”学问体系做出了振聋发聩的突破，他的“知行合一”“致良知”等主张恢复了儒学中孟子、陆九渊一系直指本心、简易直截的特点，同时又在一念之微处照管人心，为当时陷入训诂、辞章之学的烦琐浮靡之习带来了清新豪迈的气象。所以，尽管有朝廷打压、有正统派的攻击批评，阳明心学还是很快赢得了大批士人的心，风靡大江南北。王阳明的任职范围、讲学活动主要集中在江右、浙中，还有当时的留都南京一带。他去世后，这些地方也形成了以他的亲传弟子和再传弟子为中心的心学流派，其中以江右王门和浙中王门为最活跃。另外，平民学者王艮影响下的泰州学派也独具特色、极为活跃。黄宗羲在《明儒学案》中按照地域把阳明后学分为浙中王门、江右王门、南中王门、楚中王门、北方王门、粤闽王门、泰州学派等各个分支。在他的《王阳明与明末儒学》（2000）中，当代日本学者冈田武彦则按照阳明门下弟子对王阳明良知心学发展出来的义理、功夫特征将其分成了三支，分别是：现成派（左派），以王畿、王艮为盟主；归寂派（右派），以聂豹、罗洪先为标杆；修证派，以钱德洪、邹守益等为宗子[①]。随着学界对阳明后学研究的发展，一些新的分派主张也出现了。

阳明心学主张尊信良知，不依傍前人权威，具有强烈的豪杰气象，与标榜人格独立自由的现代性精神颇为契合。同时，阳明心学认为良知天性人人具足，提出了“见满大街都是圣人”的思想，推进了儒学平民化的进程，与现代平民社会崇尚平等的价值观相应。由于这些特点及各种原因，阳明心学在清代走过低谷以后，清末、民国以来在日本近代阳明学的影响下获得了复兴，现代新儒家中梁漱溟、熊十力、贺麟等儒学大家的思想中都有很强的阳明学因子，熊十力的学生牟宗三、唐君毅和徐复观等也都推崇阳明心学。中国在改革开放以后，对阳明心学的研究也逐渐复苏，近年更呈现出蓬勃之态。阳明心学发扬本心良知，反对烦琐的记诵训诂、辞章之学，有很强的黜文返质的倾向。阳明心学继承了象山心学“人同此心，心同此理”的思想，主张公是非、同好恶，在向其他国家和文明体传播的过程中容易引起共鸣，这也是阳明心学能比较广泛地在海外得到传播的一大原因。在当今文明交融与互鉴的全球化时代，阳明心学以其“万物一体”的胸怀和质朴谦和的品性，必将为跨文化的交流和对话做出新的贡献，获得欣欣向荣的新生命。

第二节　阳明心学海外传播研究的时代意义

王阳明思想是人类宝贵的文化遗产，是世界人民的共同财富。王阳明被誉为“中国历史上集大成式的哲学家”[②]，其创立的阳明心学是由“心即理”“知行合一”“致良知”等理论构筑而成的博大精深的思想体系，从根本上重塑了儒家思想的结构，是“中国儒学的最后一个高峰和近世启蒙思想的先导”[③]。钱穆认为：“阳明思想的价值在于他以一种全新的方式解决了宋儒留下的‘万物一体’和‘变化气质’的问题……良知既是人心又是天理，能把心与物、知与行统一起来，泯合朱子偏于外、陆子偏于内的片面性，解决宋儒遗留下来的问题。”[④]

---

① 冈田武彦. 王阳明与明末儒学. 吴光，钱明，屠承先，译. 钱明，校译. 重庆：重庆出版社，2000.

② 张绪元. 王阳明教育思想的现代意义. 贵州大学学报（社会科学版），2015，33（3）：38-43.

③ 曾庆佳. 帷幄千里. 贵阳：贵州人民出版社，2017：135.

④ 纪望书. 《传习录》通解. 武汉：武汉出版社，2017：270.

近年来，习近平在多个场合或讲话中提到王阳明，并引用了王阳明的一些名言，多次强调“知行合一”，认为“知行合一”中蕴含着深刻的中国文化和中国智慧，肯定了阳明心学是中国传统文化的精华。习近平指出：“王阳明的心学正是中国传统文化的精华，也是增强中国人文化自信的切入点之一。……我们的古代优秀文化值得自豪，要把文化变成一种内生的源泉动力，作为我们的营养，像古代圣贤那样格物穷理、知行合一、经世致用。”① 阳明心学在国内的研学如火如荼，可谓是盛况空前，其研究的深度和广度前所未有。

在学术界，一些学者呼吁以阳明学来重建中国之道德人格。阳明学确立的以道德良知为核心的道德自觉，对于救治当今社会道德滑坡、唯利是图、物欲横流的非人性化弊端无疑是一剂对症良药。阳明心学“知行合一”“致良知”的智慧，正是解决当今社会人心浮躁、道德松弛、信仰缺失等问题的精神药方②。许嘉璐在2017 年阳明心学大会致辞中指出：“王阳明的心学智慧就成为照亮人类文明未来的一盏明灯。”③ 杜维明认为：“王阳明继承和发扬光大了中国儒学特有的人文精神。他提出‘仁者要以天地万物为一体’，就是要创造人与自然的和谐；他提出‘知行合一’，就是要创造人与社会的和谐；他提出‘致良知’，就是要创造人与自身的和谐。”④ 因此，杜维明断言：“21 世纪是王阳明的世纪。”⑤ 严复在《阳明先生集要三种》序中说：“夫阳明之学，主致良知。而以知行合一、必有事焉，为其功夫之节目。……独阳明之学，简径捷易，高明往往喜之。”⑥ 无独有偶。冈田武彦也认为：“阳明学最有东方文化的特点，它简易朴实，不仅便于学习掌握，而且易于实践执行。在人类这个大家庭里，不分种族，不分老幼，都能理解和实践阳明的良知之学。”⑦

此外，在教育上，王阳明十分重视道德教育，他认为道德修养的根本任务是“去蔽明心”，即去除物欲的昏蔽，发现本心所具有的“良知”（“良知”即天理）。道德修养无须“外求”，而只要做静处体悟的功夫。他认为教育的目的是“明伦”，要学做圣人，学以成圣。他要求学生坚持身体力行，通过实践来磨炼自己，他认为身教重于言教，教师必须“克己去私”成为学生表率。正如郭沫若在《王

① 中国日报网．王永利：纪录片《王阳明》以穿越古今演绎，发扬光大“知行合一”精髓．（2021-03-27）［2022-08-10］．https://baijiahao.baidu.com/s?id=1695371089773778878&wfr=spider&for=pc.

② 毛军权，等．领导科学理论与实践．上海：复旦大学出版社，2020：162.

③《五百年来王阳明》，成就人生不可不读之书．（2022-09-01）［2022-09-20］．https://www.sohu.com/a/165478679_211393.

④ 纪望书．《传习录》通解．武汉：武汉出版社，2017：270.

⑤ 转引自：杨杰．王阳明“道”行贵州．贵阳：贵州人民出版社，2018：242.

⑥ 转引自：章太炎，太虚大师，汤用彤．经典维新：阳明心学得失论．武汉：崇文书局，2019：4.

⑦ 转引自：申维．知行合一：王阳明传．北京：北京燕山出版社，2018：361.

阳明礼赞》一文中所说，“王阳明对于教育方面也有他独到的主张，而他的主张与近代进步的教育学说每多一致。他在中国的思想史乃至日本的思想史上曾经发生过很大的影响”[①]。王阳明在23年的教育实践中积累了丰富的经验，形成了一套迄今仍可借鉴的宝贵的教育理论和方法，近年来还仍然被国内外学者如蒂克（Les Tickle）[②]、杨国荣[③]、漆宇勤[④]等研学。

毋庸置疑，阳明心学对后世产生了深远的影响。日本东宫侍讲文学博士三岛毅的《题阳明祠》诗曰：“忆昔阳明讲学堂，震天动地活机藏。龙岗山上一轮月，仰见良知千古光。”[⑤]

阳明心学创立后很快就被传播到日本及朝鲜半岛，被认为对日本明治维新影响极大。孙中山曾言：“日本的旧文明皆由中国传入，50年前维新诸豪杰，沉醉于中国哲学大家王阳明的‘知行合一’说。”[⑥] 日本阳明学者高濑武次郎在《日本之阳明学》一书中说：“我邦阳明学之特色，在其有活动的事业家，乃至维新诸豪杰震天动地之伟业，殆无一不由于王学所赐予。”[⑦] “阳明学是中国对周边国家和地区产生过重要影响的思想学说，是整个东亚思想史的组成部分。”[⑧]

除日本、朝鲜半岛之外，阳明心学目前的主要传播范围还包括俄罗斯、东南亚、欧洲大陆及美国。从我们对日本学者的访谈中可见，佐藤炼太郎认为，阳明学对明治维新的政治改革有明显的影响。小川晴久认为，王阳明的“知行合一”思想一直且长期影响着日本，以及其他国家和区域。而且，根据美国汉学家伊来瑞（Larry George Israel）的说法，“阳明学在海内外的影响正在超越狭小的学术圈”[⑨]。每年都有学术机构和民间团体举办系列学术交流活动及研修活动，吸引了越来越多海内外社会各界人士的关注。在全球化背景下，伴随着中国文化“走出去”和“一带一路”的向前推进，越来越多的人与阳明学结缘。但是，迄今为

---

① 转引自：漆宇勤. 传习录的教育智慧. 北京：中国商业出版社，2018：16.

② Tickle, L. Learning from Wang Yang-Ming: Exploring oriental contributions to understanding action research. *Educational Action Research*, 2005(12): 595-606.

③ Yang, Guorong. Wang Yangming's moral philosophy: Innate consciousness and virtue. *Journal of Chinese Philosophy*, 2010, 37(1): 62-75.

④ 漆宇勤. 传习录的教育智慧. 北京：中国商业出版社，2018.

⑤ 金迎新. 寻踪四方. 上海：上海文艺出版社，2019：79.

⑥ 赵柏田. 王阳明：让良知自由. 杭州：浙江文艺出版社，2020：198.

⑦ 董平. 传奇王阳明. 北京：商务印书馆，2010：6.

⑧ 钱明. 阳明学在东亚的历史性影响. 浙江日报，2017-01-09 (11).

⑨ Israel, G. L. Wang Yangming in Beijing, 1510—1512: "If I Do Not Awaken Others, Who Will Do So?" *Journal of Chinese History*, 2017(12): 59-91. 在本书中，由于不同国家和区域参考资料的差异、不同版块作者习惯表达和翻译的差别，“阳明学”“阳明心学”“（王）阳明哲学”“（王）阳明思想”等用语的意思除了在特殊语境下，大体上可以认为是一致的。除了大标题外，编者不做硬性统一。

止，还没有学者专门针对阳明心学在海外的总体传播情况做出系统、全面的调查研究，这是本项研究发起的初衷。

在美国主导下产生的新自由主义和特朗普现象下，现代世界显然出现了较严重的社会分层，日本东亚实学研究会副会长大桥健二认为，今时今日，人们比历史上的任何时期都需要阳明学提倡的“天地万物一体”的哲学思想（参见本书对日本学者的访谈录）。在当今中美关系复杂化之际，非常有必要让海外各国加深对中国的认识，尤其是中国自始至终爱好和平，反对侵略这一根深蒂固的思想根源和爱好和平的民族情结。巴拓识在 2017 年的另一篇国际关系学领域的文章中提到了王阳明。该文的题目是《和谐的力量：为什么中国不会威胁世界》。巴拓识提到了“和谐的力量”这个新概念，从文化上来展望未来中国的外交政策中传统文化的可运用性。巴拓识于 2018 年发表在第五届尼山世界文明论坛论文集上的一篇英文论文“Cultural Diplomacy with Traditional Chinese Characteristics”（《有中国特色的文化外交》）探讨了中国传统思想的元素如何在文化外交中成功应用的问题，其中也提到了王阳明的思想。让世界了解中国思想的杰出代表——王阳明思想，有利于树立中国爱好和平的国家形象，消除英美诸国认为中国会称霸世界的错觉，为中国的和平外交助力，间接地促进中国与世界各国的经贸往来。

第三节　阳明心学海外传播研究思路及特色简介

伴随着中国文化的不断“走出去”，毋庸置疑，世界对中国的了解在不断增加。但是，了解的情况和程度究竟如何？目前这方面的研究还非常少。本项研究以王阳明思想在海外的传播研究为观测点，考察世界各国对中国思想的认识和接纳情况，为中国思想文化的对外传播提供参考。

国内学者对于阳明心学的海外传播与研究要么是一无所知，要么是过于乐观和自信，以为王阳明思想在日、韩几乎是尽人皆知。因此，很有必要让国内研究者和读者了解王阳明思想在海外传播与研究的真实状况。

王阳明的思想究竟在哪些国家和地区有过传播和研究？目前学术界还没有哪位学者对此进行过系统、全面的研究。因为不同的国家有不同的语言，一位研究者能够精通一两门外语就很不错了，很难有懂三门乃至更多门外语的，因此，有必要组建一个团队，每个团队成员分别精通一两个国家的语言。只有这样，才有足够的能力在世界范围内完成对阳明心学海外传播情况的考察。所幸的是，我们成功地组建了这样一个团队。鉴于国内学术界对于阳明心学在日、韩的传播情况已经有一定的了解，能够获得的文献较多，但是对王阳明思想在欧洲大陆，包括德国、法国、意大利的传播情况，国内学术界所知还太少，因此后者成为我们的主攻方向。

海外都有哪些学者正在或者曾经关注和研究王阳明？他们的研究得出了哪些观点和看法？王阳明思想在海外传播与研究中都有哪些误解？除了通常被误解为主观唯心主义外，还有哪些误解？海外对王阳明的研究都集中在哪些领域？除了从政治、经济、军事等角度切入研究外，还可以从哪些领域来对王阳明进行研究？海外学者究竟是怎样看待王阳明及其思想的？除了把王阳明与康德做比较研究之外，还有哪些人被拿来与王阳明做比较研究？除了恒吉译本外，王阳明的著作在海外的译介情况如何？都有哪些语种的译本？译文质量如何？翻译中遇到了哪些问题？这些都是有待深入考察的。

本书旨在考察阳明心学在海外的传播历史、现状、接受情况及传播特点，包括梳理阳明心学在日本、朝鲜半岛、俄罗斯、越南、欧洲大陆和美国等地的传播过程，重点考察学术圈的阳明学研究情况。既要通过搜集、整理文献来考察，也要通过访谈、调研等方式来考察。通过全面、系统的考察，力求获取阳明心学在海外不同国家及区域传播的真实、全面、系统的信息，从而为国家制定促进中国优秀传统思想文化“走出去”方略时提供参考，也为我国其他优秀思想文化的对外输出提供实际借鉴意义。

本项研究首先拟分国别或区域来进行考察，其次再以人物（汉学家、阳明学学者及其他名人政要等）、时间为线索，或者以事件（学术活动、研修考察等）为线索来进行考察，具体做法如下所述。

（1）梳理文献资源，包括从王阳明研究的专著、博士学位论文、学术文章中来整理海外对阳明心学的研究概况。

（2）对阳明心学在海外传播过程中所举行的学术活动、研修活动及研究项目进行寻查，也包括海外学者与国内学者的学术互动交往活动。

（3）对报刊及网络等媒体上的人物采访、传记、报道等非严肃性、非学术性的信息进行整理，以衡量阳明心学的影响力。

（4）通过人物访谈录来获取阳明心学在海外传播的真实情况。为了确切掌握阳明心学在海外主要国家传播的真实情况，对日本、韩国、美国、俄罗斯的阳明学学者进行访谈，从访谈中获取阳明心学海外传播的一手资料。

由于阳明心学在世界各国传播的过程中结合了当地的主流思想和来自异域

的其他思想，形成了具有当地特色又迥异于中国本土的阳明学，因此，有必要采取多中心论；由于阳明心学在海外传播过程的中后期，尤其是20世纪80年代以来，各国的阳明心学研究是在“世界”的场域内共振的，彼此互相影响，因此，考察其在海外传播情况时，有必要把历时和共时研究结合起来。

结合本项研究所面临的具体情况和实际需求，为了更好地实现这一目标，拟重点从下面三个角度来考察。

（1）从传播学的角度考察。将阳明心学放在世界的场域内考察，在考察其在海外的传播历史、现状、接受情况及传播特点时，选择的主要观察点包括：传播者（各国的著名阳明学学者、汉学家等）、传播内容（阳明学经典文献、研究著作及论文等）、传播媒介（书籍、报刊、学术会议、考察活动、研修活动等）、受传者（学者、政要、大众等）、传播方式等。通过考察，力求弄清楚阳明心学在海外的实际传播效果及具体影响。

（2）从诠释学的角度考察。阳明心学的受传者是如何处理阳明心学与本土思想，阳明心学与儒家思想其他流派（如朱子学），阳明心学与其他域外思想，如西方哲学中的存在主义、现象学等的竞合关系的？一千个人心目中有一千种阳明心学，对新思想的接受必然会与受传者的前见/前理解发生关系，也与受传者所处的特定社会时局及当时的各种思潮有关联，受传者对某种新思想的理解（诠释）必然是综观这些信息后进行比较得出的理解。通过考察力求弄清楚阳明心学在海外被诠释的概况。

（3）从比较（哲）学的角度考察。思想的传播和接受绝不是单一途径或单向的，海外学者是如何将阳明心学与其他学说进行对比研究的？从学理上看接受者对阳明心学在哪些方面做出了继承、修正与弘扬？是否存在误读？通过考察力求弄清楚阳明心学在海外各国传播时，学术界将阳明心学与其他思想进行比较研究的情况，并对将来可能的研究走向进行前瞻。

本项研究对阳明心学的海外传播历程采用历时研究和共时研究相结合的方法。首先对阳明心学的海外传播历程进行历史溯源性考证（包括从一些古籍文献记载中对传播历史中的重大事件和重要人物的传记进行考证）；然后按传播的时空线索对其传播历史中所产生的影响（包括学术、政治、军事、经济及教育等方面）进行考察，对特定历史阶段的传播者、传播内容和传播途径进行考察，梳理出阳明心学的海外传播历程。

本项研究有助于了解阳明心学在世界范围内全时段的整体传播概况及传播效果，而非某一个国家或者某个区域的某个时段的传播情况；有助于了解阳明心学对所有领域的影响情况，不仅包括哲学、政治、军事、经济等领域，还包括社会、伦理、道德甚至外交等领域的影响；也有助于国家在中国文化“走出去”的大背景下制定相应的促进阳明心学对外传播的文化方略；还有助于世界各国继承弘扬阳明心学中的宝贵思想遗产，促进构建人类命运共同体的进程。

第二章

阳明心学在日本的传播研究

第一节 阳明心学在日本的早期传播历史

阳明学传入日本的时间是在 1600 年前后①。王阳明的代表作《传习录》在 1602 年已经传入日本，但是直到 1650 年才得以在日本出版②。王阳明在世时虽有一段与日本室町幕府正使了庵桂悟（1425—1514）直接交往的记载，而且他还于正德八年（1513）了庵和尚归国之际写了《送日东正使了庵和尚归国序》相赠③，但是了庵和尚归国后第二年（1514）的 9 月便去世了，恐怕难以为阳明学在日本的传播做出很大贡献，而且并无确凿证据证明其思想受到了王阳明的影响。虽然日本学者石崎东国等人非常重视阳明和了庵的这次相遇，将其看成日本思想史上的重要事件，但是在日本真正系统修习和传播阳明学的，一般认为是中江藤树。

对日本江户时期（1603—1868）阳明学的研究，影响最大的要数井上哲次郎于 1900 年出版的《日本阳明学派之哲学》一书④。该书介绍了从江户时期到明治时期的二十多位阳明学人物，以中江藤树、熊泽蕃山、大盐中斋等重要人物为主线，从其事迹、著书、文藻、学说、批判、门人、相关文书等多个方面加以详细论述，勾勒出阳明学传入日本之后的传播与演变轨迹。本节以该书为参照，对 17—19 世纪末日本阳明学研究的主要代表人物中江藤树、熊泽蕃山、佐藤一斋

---

① 吴震. 再论“两种阳明学”——近代日本阳明学的问题省思. 社会科学战线，2018（7）：34.

② 钱明. 阳明学在域外的传播、展开与影响. 人文天下，2017（23）：18-29.

③ 杨晓维，秦蓁. 了庵桂悟使明与阳明学之初传日本——基于《送日东正使了庵和尚归国序》真迹实物与文本的研究. 史林，2019（5）：86-91，219.

④ 《日本阳明学派之哲学》日文原著初版由东京富山房于 1900 年出版，1936 年同出版社再版。该书中译本已于 2021 年由中国社会科学出版社出版。

与大盐中斋等人的主要事迹加以介绍。

中江藤树（1608—1648），名原，字惟命，号默轩、颐轩，是江户时代初期的儒学者，被视为日本阳明学鼻祖。因常在藤树下讲课，被尊称为“藤树先生”。他出身近江（今滋贺县），又德行出众，故被世人誉为“近江圣人”。他出身下级武士家庭，11 岁读《大学》，16 岁学《论语》，对《四书大全》颇有研究，早年一直信奉朱子学。27 岁时以对母亲行孝为理由放弃武士身份，回到家乡近江国高岛郡小川村教书。32 岁至 37 岁期间，因读了王阳明弟子王畿的《语录》，后又读了《阳明全书》，大有所获，遂转而信奉阳明学，并令其门人皆攻读《阳明全书》，开日本阳明学之端。中江藤树虽然以阳明的哲学思想为依据，但不乏独到见解。他强调实践的重要性，主张根据时、处、位进行变通，并将“孝”作为本体，提升为哲学的最高范畴。其主要著作有《翁问答》《孝经启蒙》《大学解》《中庸解》等。

在中江藤树开创日本的阳明学之后，熊泽蕃山（1619—1691）和渊冈山（1616—1686）继承了其衣钵。人们经常将这两人分为左派事功派和右派内省派。熊泽蕃山是左派事功派的代表人物，他注重实践与行动，以改造世界为己任，常用王阳明的“事上磨炼”的功夫以自勉教人。他不仅是儒学者，同时也是武士和政治家。熊泽蕃山出身下级武士，23 岁时投到中江藤树门下修习阳明学。曾仕事于备前国冈山藩（今冈山市）的池田光政（1609—1682），得其重用，具有经世之才。之后熊泽蕃山又随池田光政去了江户，一些大名和幕吏也登门向其求教。如此一来，在熊泽蕃山的宣传下，阳明学的影响不断扩大。渊冈山则是右派内省派的代表人物，注重精神修养及内省功夫。渊冈山努力继承和传播藤树的思想，在京都创建京都学馆，招生讲学，在 70 岁去世之前，一直致力于向豪商及豪农讲授、传播藤树的思想，其门下会津（今福岛县）的弟子众多。《冈山先生示教录》就是由其弟子所编。

稍晚则有北村雪山（1637—1697）、三重松庵（1674—1734）、三宅石庵（1665—1730）、中根东里（1694—1765）修习阳明学。日本阳明学中兴之祖三轮执斋（1669—1744）于 1712 年刊行了其编注的《标注传习录》。《传习录》在当时的中国都未有标注，因此该书影响很大，对日本阳明学理论水平的提高，推动阳明学向中下武士阶层普及起到了极为重要的作用[①]。

江户时代后期，阳明学学者的代表人物有佐藤一斋和大盐中斋，掀起了阳明学的一次热潮。

---

① 钱明. 阳明学在域外的传播、展开与影响. 人文天下，2017（23）：20.

佐藤一斋（1772—1859），名坦，字大道，号一斋，又号爱日楼、老吾轩，出生于江户（今东京）。他曾就学于林罗山的后代、当时的幕府大学头林述斋，修习朱子学。佐藤一斋 34 岁成为林家学塾的塾头，一直从事儒学教育，70 岁起担任幕府官立学校昌平坂学问所的儒官。佐藤一斋虽然表面上标榜朱子学，但是私底下对阳明学的研究颇深。他以阳明学精神来阐释朱子学，因而被称作“阳朱阴王”。其著作有《言志四录》《周易栏外书》《尚书栏外书》《论语栏外书》《近思录栏外书》《传习录栏外书》等，尤其是《言志四录》一书深受幕末维新志士所喜爱。佐藤一斋的影响力远大于其他阳明学学者，则是因其利用其居于官学（朱子学）中枢的合法地位来宣扬阳明学，其门人不下三千人。在其门下和再传弟子中出现了许多活跃于幕末政治舞台的思想家与活动家，如山田方谷、佐久间象山、横井小楠、吉田松阴、西乡隆盛等，为日本明治维新造就了一代人才。

后期阳明学的另一位代表人物大盐中斋（1796—1837），名后素，字子起，号中斋，通称平八郎，出生于大阪的下级武士家庭。他自学阳明学，特别注重阳明思想中最具有实践意义的“知行合一”说。他在自己家里开设私塾，命名为“洗心洞”，教授阳明学。《洗心洞箚记》为其代表作，书中高度赞颂了陆象山与王阳明的思想。大盐中斋经常接触当地的农民，因而对农民一直抱有尊敬和同情之心。在洗心洞学习的弟子中，除了武士之外，还有许多贫困农民。天保四年（1833）到天保七年（1836），日本全国出现了大饥荒，民不聊生。米商乘机囤积粮食，导致米价暴涨，饥民乞丐饿死街头。1837 年 2 月，大盐中斋挺身而出，变卖全部藏书赈济灾民，在忍无可忍的情况下，召集学生门徒、近郊农民、城市贫民共三百余人，举行了有名的“大盐平八郎起义”。起义虽然很快遭到了镇压，大盐本人也自焚而亡，但在大盐起义的影响下，日本多地先后爆发了起义。日本历史学家井上清评价道：“这一战乱鼓舞了群众，给予幕府与各藩的威胁是不可估量的。大阪的群众，甚至连家都被毁于战火的群众，不但不恨大盐，反而把他当成了神明。”[①] 大盐中斋决心发动这次起义，与他平日崇拜的“知行合一”学说有密切关系。大盐中斋此后受到西乡隆盛、吉田松阴等许多明治维新志士的崇拜，对明治维新产生了深远的影响。

① 井上清. 日本历史. 闫伯纬，译. 西安：陕西人民出版社 / 北京：人民出版社，2013：247.

第二节　阳明心学在近现代日本的传播历史

本节在前人研究基础上，将阳明学在近现代日本的传播史分为三个阶段：幕末至明治维新初期为第一阶段，中日甲午战争后至二战前为第二阶段，二战后至今为第三阶段。

一、幕末至明治维新初期的阳明学发展

正如日本学者野口武彦所言："幕末的思想史，可说是阳明学的季节。"[①] 尤其在19世纪中后期的幕末维新之际，倒幕志士中涌现了不少阳明学学者或阳明学的仰慕者，如梁川星岩、吉村秋阳、山田方谷、横井小楠、佐久间象山、春日潜庵、西乡隆盛、河井继之助、吉田松阴、东泽泻、高杉晋作等人。阳明学影响着维新志士们的行动与思想，其中"致良知""知行合一"学说在维新后被视为明治维新的精神动力。日本昭和时期的著名作家三岛由纪夫（1925—1970）曾评价说："不能无视阳明学而谈明治维新。"[②] 清末民初的革命派学者章炳麟（1869—1936）则评价说："日本维新亦由王学为其先导。"[③] 他也注意到了日本明治维新与阳明学精神的关系。近代中国思想家梁启超（1873—1929）也将景仰阳明学的吉田松阴推崇为明治维新的"首功""原动力""主动力之第一人"。革命家孙中山（1866—1925）认为，明治维新受到了阳明学"知行合一"思想的影响。诚如中国台湾学者张崑将（1962—　）所言，"阳明学在近代历史上，有如浴火凤凰般重生于日本，而后又扑回中国，带动中国知识分子重视阳明学的精神"[④]。由此可见，阳明学当时在日本已成为一股社会思潮或社会运动，极大地刺激了当时主张维新变法的中国知识分子。

当然，就"阳明学是明治维新原动力"这一观点，也有学者撰文反驳。任教于日本北九州市立大学的学者邓红就曾撰文指出："包括日本史、东洋史乃至中国哲学史在内的日本学术界从来没有人正式论述过这个问题，日本的大中

① 野口武彦．江戸の兵学思想．東京：中央公論社，1991：293.

② 三島由紀夫．革命哲学としての陽明学．三島由紀夫評論全集第三巻．東京：新潮社，1989：586-587.

③ 章炳麟．答铁铮．民报，1907年第14号.

④ 张崑将．近代中日阳明学的发展及其形象比较．台湾东亚文明研究学刊，2008，5（2）：39.

小学历史教科书上也没有类似说法……”[①] 此外，复旦大学吴震教授也曾撰文指出：“所谓阳明学是明治维新的原动力这类‘神话’的制造者，或可追溯至三宅雪岭的《王阳明》，明治二十年代特别是甲午战争之后，随着阳明学运动的兴起，阳明学与明治维新被直接画上等号的说法开始大行其道。然而，这种观点并不是严格意义上的学术观点，毋宁是一种带有‘近代性’的‘政治言说’。……”[②] 由此可见，将阳明学视为明治维新的推动力，并未在学术界形成普遍认识。

接下来，我们将对该阶段阳明学主要代表人物的事迹做一个介绍。

佐藤一斋的门人在各个阶层中扩大了阳明学的影响。其门人亦可分为左派事功派和右派致知派。属于事功派的代表人物有山田方谷、佐久间象山、横井小楠等。

山田方谷（1805—1877），名球，号方谷，出生于备中（今冈山县），是活跃在幕末至明治初期的阳明学学者。在幕府末期，他为备中松山藩的财政改革竭尽全力，成果卓著，是一位“活用王学于实际”的实干家。他曾于藩校有终馆任会长，于江户师从佐藤一斋学习阳明学，可以说阳明学是其学问之根基。或许是因为他将精力倾注于事功之上，所以几乎看不到他有什么思想著作流传于世。著名汉学家三岛中洲、川田刚是他的弟子。

佐久间象山（1811—1864），字子明，号象山，通称修理，出生于松代藩（今长野县）的藩士家庭。因崇拜陆九渊，故自号“象山”。1833 年在江户师从佐藤一斋学习儒学，提倡“和魂洋才”说。

横井小楠（1809—1869），名时存，号小楠、沼山，通称平四郎，出生于肥后藩（今熊本县）的一个下级武士家庭，是幕末的熊本藩士、著名的政治家与思想家。青年时期曾与友人组建肥后“实学党”，积极提倡为学之道必须在“日用事实上致知力行”。横井小楠作为越前藩（今福井县）的政治顾问，撰写了诸多建言、论策，强烈主张和平通商、开国兴业，并提出以“仁义”之道来引领世界的国策。井上哲次郎将其定位为阳明学学者。

佐藤一斋的门人中，右派致知派的代表人物有吉村秋阳、池田草庵、奥宫慥斋等。

吉村秋阳（1797—1866），名晋，字丽明，通称重介，出生于广岛藩（今广岛县）。18 岁时至京都，拜伊藤东里（1757—1817）为师，学习古义学。大约 30

① 邓红．何谓“日本阳明学”．华东师范大学学报：哲学社会科学版，2015（4）：153-166，172.

② 吴震．关于“东亚阳明学”的若干思考——以“两种阳明学”问题为核心．复旦学报（社会科学版），2017，59（2）：13-25.

岁时开始对古义学产生疑问，于是开始修习程朱之学。担任“学问所”助教等职务后，他辞去职位至江户拜访当时的名儒，最后投在佐藤一斋门下修习阳明学。其主要著作有《大学胜议》《王学提纲》《读我书楼遗稿》等。他与大盐中斋、林良斋、池田草庵、大桥讷庵等人亦有交流。

池田草庵（1823—1878），名缉，字子敬，通称祯藏，出生于但州（今兵库县），被誉为“但马（今兵库县）圣人”。13 岁出家学习佛学，19 岁弃佛从儒，前往京都，在相马九方（1802—1879）的门下学习朱子学与阳明学。后在京都自立门户开始讲学，门人众多；之后返回故乡建校舍“青溪书院”开始讲学。他与门人子弟共同生活，旨在培养知行兼备之人才。门人中既有士族，也有农民。后来的实业家原六郎（1842—1933），东京大学校长、政治家滨尾新（1849—1925），政治家北垣国道（1836—1916）等人均出自其门下。他与春日潜庵、吉村秋阳、山田方谷等人有交往。

奥宫慥斋（1811—1877），字子道，名正由，出生于土佐（今高知县）。曾致力于高知藩的藩政改革，明治维新后前往东京的教部省（主管宗教与国民教化的部门）任职。其对王畿思想偏爱有加，打通儒释道耶诸学，著有《周易私讲》《圣学问要》等。明治时代的思想家中江兆民（1847—1901）是其弟子。

除了佐藤一斋及其门人之外，当时著名的阳明学学者还有吉田松阴、西乡隆盛、高杉晋作、河井继之助等人。

吉田松阴（1830—1859），子义卿，号松阴，是日本幕末著名思想家与教育家、明治维新运动先驱。他出身于长州藩（今山口县）下级武士家庭，从小学习山鹿流兵法。松阴早年服膺于阳明学，他曾在书信中说：“吾曾读王阳明《传习录》，颇觉有味。顷得李氏《焚书》，亦阳明派，言言当心。向借日孜以《洗心洞札记》，大盐亦阳明派，取观为可。然吾非专修阳明学，但其学真，往往与吾真会耳。”① 此外，松阴以他叔父的名义在家乡山口县萩城创建了松下村塾，传授儒学和兵法，培养了木户孝允、高杉晋作、伊藤博文、山县有朋、井上馨等明治政府的开国元勋，而维新志士也半数出自松阴门下。井上哲次郎在《日本阳明学派之哲学》一书中，将松阴作为日本阳明学派的一员加以叙述。

西乡隆盛（1827—1877），号南洲，通称吉之助，出生于萨摩藩（今鹿儿岛县）一个贫穷的下级武士家庭。后成为开明派藩主岛津齐彬的亲信，随其住江户，参与藩政，为推翻幕府，实现明治维新四处奔走，是建立明治维新政府

① 井上哲次郎. 日本阳明学派之哲学. 付慧琴，贾思京，译. 北京：中国社会科学出版社，2021：407.

的功臣，与大久保利通（1830—1878）、木户孝允（1833—1877）并称为“维新三杰”。他曾师事吉田松阴门下，最能体现西乡隆盛生活准则的就是他著名的“敬天爱人”之说：“道者，天地自然之物。人行道，是为敬天。天佑众生，故当爱人如爱己也。”[①] 由此确立了他不依赖于他人的意志，凭借自己的思考而行动的主体性。日本著名实业家、日本京瓷公司名誉会长、日本 KDDI 最高顾问、日本航空公司董事长稻盛和夫（1933—2022）与西乡隆盛同为鹿儿岛县人，受其影响颇大。

高杉晋作（1839—1867），日本幕末著名的思想家、政治家和军事家。名春风，子畅夫，号东行、西海一狂生、楠树和谷梅之助等，通称晋作、东一、和助。出生于长州（今山口县）藩一中级武士家庭，青少年时期受过良好教育，15 岁时就读于藩校明伦馆。1857 年师从吉田松阴，因见识卓越而闻名，与久坂玄瑞并称“松门双璧”。正是在这一时期，他从松阴那里接触到了阳明学，在读了王阳明《传习录》后作诗云：“王学振兴圣学新，古今杂说遂沉湮。唯能信得良知字，即是羲皇以上人。”[②] 阳明学中的“满街都是圣人”的平等思想，促使他提出了“四民平等”的口号。他之后创建了奇兵队，为倒幕维新立下了汗马功劳。

河井继之助（1827—1868），号苍龙窟，通名继之助，是幕末越后地区（今新潟县）长冈藩牧野家的家臣。少年时代在藩校崇德馆学习儒学，对阳明学产生了浓厚的兴趣，1859 年河井前往著名儒学者及阳明学学者山田方谷处求学。山田方谷高深严谨的学问且注重经世济民的实学内容，令河井深为折服，他潜心修学，受益颇多。河井继之助是一名优秀的政治家、军事家和改革家。他大刀阔斧改革藩镇，在农业、财税、兵制等方面成效斐然，使长冈藩的政治、经济、民生焕然一新。长冈藩武士，后成为日本明治时代知名实业家，阪神电铁的创业者外山修造（1842—1916）受其影响颇大，并遵循其遗愿成为一名商人，为日本经济和社会发展贡献了重要力量。

在 19 世纪中后期的幕末维新之际，阳明学的思想影响着明治维新志士的行动与思想。许多维新志士，不论是倒幕志士（如佐久间象山、吉田松阴、高杉晋作、西乡隆盛等）还是护幕派（如河井继之助、山田方谷等），不是阳明学学者就是阳明学的倾慕者。概言之，这一阶段对阳明学的研究重点在对阳明著作的注解和译读上，尚未形成系统的学术研究。

---

① 井上哲次郎. 日本阳明学派之哲学. 付慧琴，贾思京，译. 北京：中国社会科学出版社，2021：403.

② 井上哲次郎. 日本阳明学派之哲学. 付慧琴，贾思京，译. 北京：中国社会科学出版社，2021：411.

二、中日甲午战争后至二战时期的阳明学发展

就日本明治维新后的阳明学发展状况，本节主要梳理张崑将等学者的观点。张崑将将其归纳为三种现象：第一，“作为反洋气与反洋学的阳明学”；第二，“作为国家主义者与和平主义者的提倡国民道德之阳明学”；第三，“作为民权论者与宗教的阳明学”[①]。第一种现象，其提倡者均为从幕末过渡到维新初期的阳明学学者，如池田草庵（1813—1878）、山田方谷（1805—1877）、春日潜庵（1811—1878）、东泽泻（1832—1887）、吉村斐山（1822—1882）、东泽泻（1832—1891）与东敬治（1860—1935）父子。第二种现象，是由于井上哲次郎（1855—1944）等官方学者的鼓吹而掀起的一股热潮。1890 年日本颁布了《教育敕语》，意欲以儒教道德的“忠”“孝”伦理推动国家发展。井上哲次郎更以《敕语衍义》对其进行详尽解说。高濑武次郎所著《日本之阳明学》与井上哲次郎所著《日本阳明学派之哲学》等有关日本阳明学的专著，成为近代日本阳明学的标志性著作，只是他们的思想立场偏向于国家主义[②]。井上认为阳明学有助于更好地理解国民道德，因此对其持肯定态度。井上所看重的是“民心的统合一致”，而阳明学正好与这一目的相契合。大盐中斋起义发生后，井上一改以往的观点，认为阳明学与社会主义一脉相承，潜藏着扰乱社会秩序的可能性。第三种现象，指自由民权运动者如陆羯南（1857—1907）提倡的“国民主义”、三宅雪岭（1860—1945）提倡的“国粹主义”等，都曾以阳明学为号召。有日本卢梭之称的民权派学者中江兆民（1847—1901）也曾在访谈中表达了对阳明学的好感，他提出的“心神之自由”一说就是受到了阳明学的影响。此外，不少基督教学者也大都肯定阳明学，并将它视为宗教，如松村介石（1859—1939）、植村正久（1858—1925）、内村鉴三（1861—1930）等人。

甲午战争之后，日本分为“国家主义”与“平和主义”两派，宣传阳明学的革命精神。在明治后期与大正初期，日本发行了三种有关阳明学的杂志，极力提倡阳明学与日本的国粹主义。（1）明治二十九年（1896）7 月 5 日，以吉本襄（生卒年月不详）为主编，铁华书院发刊《阳明学》杂志。该刊终刊于 1900 年 5 月 20 日。刊物在当时的日本社会造成了广泛影响。（2）日俄战争结束的

---

① 张崑将．近代中日阳明学的发展及其形象比较．台湾东亚文明研究学刊，2008，5（2）：35-85.

② 吴震．再论“两种阳明学”——近代日本阳明学的问题省思．社会科学战线，2018（7）：34.

次年，即明治三十九年（1906）3 月，东京明善学社发刊《王学杂志》，由幕末阳明学学者东泽泻之子东敬治（1860—1935）主持，井上哲次郎亦为主要人物。1908 年 12 月，明善学社改名为阳明学学会，随之，《王学杂志》也改名为《阳明学》重新发行，终刊于大正三年（1914）。（3）1907 年 6 月，石崎东国在大阪创设“洗心洞学会”，翌年 12 月改为“大阪阳明学学会”。1914 年 3 月在会员内部发行了名为《阳明》的小手册，后改为杂志，1919 年 1 月改名为《阳明主义》，终刊于 1925 年 9 月。三刊主旨均在阐明阳明良知之学，以振作社会人道为目的。

著作方面尤以阳明学的传记与学说及精神修养论为最。以下所列代表性著作，笔者在张崑将[①]梳理的基础上参照日本国立国会图书馆馆藏资源加以整理。

其中，介绍阳明学传记生平与学说的著作主要有：三宅雪岭《王阳明》（东京：政教社，1893 年）、白河次郎《王阳明》（东京：博文馆，1900 年）、云井龙雄手抄、杉原夷山注解《王阳明传习录》（东京：千代田书房，1910 年）、亘理章三郎《王阳明》（东京：丙午出版社，1911 年）、大木九造《阳明学说管见》（东京：怀德书院，1912 年）、高濑武次郎《王阳明详传》（东京：广文堂书店，1915 年）、桑原重矩《王阳明研究》（东京：帝国堂，1918 年）、安冈正笃《王阳明研究》（东京：玄黄社，1922 年）、杉原夷山《王阳明》（东京：近代文艺社，1933 年）、三岛复《王阳明的哲学》（东京：大冈山书店，1934 年）、秋月胤继《陆王研究》（东京：章华社，1935 年）、武内义雄《朱子・阳明》（东京：岩波书店，1936 年）、保田清《王阳明》（东京：弘文堂书房，1942 年）、山本正一《王阳明》（东京：中文馆书店，1943 年）。

有关阳明学的精神修养论的书籍主要有：高濑武次郎《日本之阳明学》（东京：铁华书院，1898 年，1899 年增订再版）、高濑武次郎《阳明学阶梯：精神教育》（东京：铁华书院，1899 年）、井上哲次郎《日本阳明学之哲学》（东京：富山房，1901 年）、高濑武次郎《阳明学新论》（东京：榊原文盛堂，1906 年）、东敬治《传习录讲义》（东京：松山堂，1906—1907 年，六册）、忽滑谷快天《达摩与阳明》（东京：丙午出版社，1908 年）、杉原夷山《阳明学神髓》（东京：大学馆，1909 年）、杉原夷山《阳明学座右铭》（东京：大学馆，1909 年）、杉原夷山《阳明学精神修养谈》（东京：大学馆，1909 年）、杉原夷山《阳明学实践躬行录》（东京：大学馆，1909 年）、东敬治《阳明学要义》（东京：昭文堂，1911 年）、春日潜庵《阳明学真髓》（东京：春日昇一郎自费出版，

---

① 张崑将. 当代日本学者阳明学研究的回顾与展望. 台湾东亚文明研究学刊，2005，2（2）：254-255.

1911 年)、高濑武次郎《阳明主义的修养》(东京：东亚堂，1918 年)、山田准《阳明学讲话》(东京：章华社，1927 年)、高濑武次郎《阳明学讲话》(东京：弘道馆，1928 年)、高濑武次郎《阳明学从话》(大阪：博多成象堂，1932 年)、山田准《阳明学精义》(鹿儿岛：王学会，1926 年)、山田准《现代指导阳明学讲话》(东京：章华社，1934 年)、杉原夷山《修养传习录讲话》(东京：修养图书普及会，1934 年)、山田准《阳明学与拔本塞源论》(东京：日本文化协会，1936 年)。

在办学方面，山田方谷的弟子三岛中洲（1830—1919）提倡阳明学的“知行合一”精神，以东洋学问、道德文化为理想，于 1877 年建立汉学塾“二松学舍”，即今东京千代区的二松学舍大学。

20 世纪 20 年代以后，日本阳明学的通俗读物主要有：高濑武次郎著《阳明学新论》(东京：榊原文盛堂，1906 年)、《王阳明详传》(东京：广文堂书店，1918 年再版)、《阳明学讲话》(东京：弘道馆，1928 年)、《阳明学从话》(大阪：博多成象堂，1932 年)；山田准著《阳明学精义》(鹿儿岛：王学会，1926 年；木更津：三友社书店，1932 年)；三岛复著《王阳明的哲学》(东京：大冈山书店，1934 年)；山本正一著《王阳明》(东京：中文馆书店，1943 年）等。

三、二战后的阳明学研究

张崑将指出，近现代日本阳明学界的研究有两个阶段值得注意：第一个阶段是中日甲午战争之后的阳明学研究热潮阶段，第二个阶段是第二次世界大战后的 1972 年[①]。1972 年恰逢王阳明 500 周年诞辰，为了纪念这一重要时间节点，日本的一流汉学者们在 1972—1974 年陆续推出《阳明学大系》12 卷，外加别卷《传习录诸注集成》。二战后这一波阳明学研究热潮，除了关注王阳明学说以外，也开始关注王门后学的思想分析，并达到了较高的水平。代表人物有岛田虔次、山下龙二、沟口雄三、冈田武彦等。第二波阳明学研究风潮之后，比较值得关注的阳明学研究者有九州和东京两大系统。九州系统以冈田武彦、荒木见悟之门生为主，另外有吉田公平、柴田笃等学者。东京系统以沟口雄三和二松学舍大学为主，另有沟口雄三的弟子马渊昌也、小岛毅。钱明对二战后的日本阳明学发展状况做过分类，指出二战后的日本阳明学可以用“三种

① 张崑将．当代日本学者阳明学研究的回顾与展望．台湾东亚文明研究学刊，2005，2（2）：251-297.

人”和“三个平台”来概括[①]。“三种人”指学界、商界和民间。学界以楠本正继、岛田虔次、冈田武彦、荒木见悟、沟口雄三、山下龙二、吉田公平等为代表；商界以松下幸之助、三菱集团创始人岩崎家族、稻盛和夫、矢崎胜彦等为代表，民间以安冈正笃、冈田武彦等为代表。“三个平台”指东京大学、京都大学和九州大学。可以说，这一时期阳明学更多地是作为学术研究的对象，研究著述层出不穷。

在本节中，笔者将1945年以来的日本阳明学研究分为以下七个时期：“1945年—20世纪50年代的研究”“20世纪60年代的研究”“20世纪70年代的研究”“20世纪80年代的研究”“20世纪90年代的研究”“21世纪第一个十年的研究”“2010年以后的研究”，前人在70余年间已经积累了众多研究成果，笔者无法网罗所有研究成果，仅对其间各个时期的代表性学者及其主要论著、阳明学研究相关科研项目、相关学术研讨会、演讲会、日方人员在中国或韩国开展交流等重要活动做一次梳理，尝试勾勒阳明学在战后日本的发展脉络。

(一) 1945年—20世纪50年代的研究

通过检索“数字王阳明资源库全球共享平台”[②]索引库，可知1945—1959年共出版阳明学与阳明学学者研究的相关日文著作9部，发表日文期刊文章47篇。这一时期的标志性研究成果可举出安田二郎和岛田虔次的经典著作。

安田二郎（1908—1945）的遗作《中国近世思想研究》（东京：弘文堂书店，1948年，1976年由筑摩书房再版）得以出版。安田二郎毕业于京都大学哲学科，任教于京都大学东方文化研究所，37岁英年早逝，该书于其去世三年后出版，至今在学界影响深远。该书为论文集，收录了《朱子的气论》《朱子存在论中“理”之性质》《朱子中习惯的问题——序言》《就朱子的解读与津田教授商榷》《陈白沙的学问》《阳明学的性格》等6篇论文。该书的研究特点在于运用西欧哲学的概念、体系和手法来研究朱子学和阳明学，挖掘朱子和阳明著作中潜在的逻辑关系。

岛田虔次（1917—2000）出版了《中国近代思维的挫折》（东京：筑摩书房，1949年初版，1970年修订版）。该书中译本于2008年由江苏人民出版社出版。岛田虔次是日本中国学研究领域的学术权威和泰斗之一，该书是其成名作。

---

① 钱明. 阳明学在域外的传播、展开与影响. 人文天下，2017（23）：26.

② “数字王阳明资源库全球共享平台”由阳明文化（贵阳）国际文献研究中心开发制作。该中心是一个跨学科、专业化、开放型非营利性研究咨询机构。该平台的网址为：https://www.e-yangming.com/index.html。

关于该书的内容主旨与学术价值，译者甘万萍转述日本中国思想史研究者伊东贵之的阐述，写道："岛田氏以极其宽广的历史视野，描绘出从王阳明、经过泰州学派、到李卓吾的所谓'王学左派'的中国近代思想史的展开，再现了当时社会与思想运动的活泼气息，并指出这个时期在哲学与思想中已出现'天理'与'人欲'的对立，已经分化出'天'与'人'，而在社会中亦已出现了时而打破儒家规矩——这在当时几乎是'社会'的同义词——的'个人'，总之出现了可以说是近代市民意识的萌芽。与此同时，岛田氏又向我们描绘出了一幅这些新生事物由于过早出现的缘故，最终毫无疑义地遭受了'挫折'的图画。"[①] 该书在 1949 年出版时便受到了很高评价，即便到如今也是从事中国思想史研究的日本学者的必读书之一。

（二）20 世纪 60 年代的研究

通过检索"数字王阳明资源库全球共享平台"索引库，可知 1960—1969 年共出版阳明学与阳明学学者研究的相关日文著作 18 部，发表日文期刊文章 55 篇。这一时期的代表性研究成果主要出自楠本正继、荒木见悟及岛田虔次之手。

楠本正继（1896—1963），日本著名的中国哲学研究家，九州学派代表人物。楠本生于儒学世家，毕业于东京大学中国哲学科，是著名汉学家宇野哲人的弟子，与后藤俊瑞被称作继承了宇野学统的"双璧"。后来在九州大学讲授中国哲学 30 余年，培养了冈田武彦、荒木见悟等著名阳明学研究者。其代表作有《宋明时代儒学思想之研究》（柏市：广池学园出版部，1962 年）。此书在日本得到了极高的评价，曾获得 1964 年度日本朝日文化奖。其中文译本于 2019 年由山东人民出版社出版。该书由"宋学"和"明学"两部分构成。"明学"部分从宋代的陆象山心学开始，论述了阳明学的渊源，然后根据前期、中期和后期的时代划分，以代表性人物为线索，完整地论述了阳明学的发展过程和思想全貌。

荒木见悟（1917—2017），日本中国学的泰斗，在九州大学师从楠本正继，以研究儒学与佛教的关系见长，出版了名著《佛教与儒教：中国思想之形成》（京都：平乐寺书店，1963 年）。该书由绪论"本来性与现实性"、第一章

① 岛田虔次．中国近代思维的挫折．甘万萍，译．南京：江苏人民出版社，2008：2；伊藤貴之．「挫折」論の克服と「近代」への問い－戦後日本の中国思想史研究と溝口雄三氏の位置－．中国哲学研究，1993（5）：152-204.

“华严经的哲学”、第二章“圆觉经的哲学”、第三章“朱子的哲学”、第四章“王阳明的哲学”，以及结语构成。全书以本来性与现实性为基本构架，以华严、禅、朱子学、阳明学为线索，旨在阐明构成唐宋明中国思想根源之逻辑与内在体验。

岛田虔次出版了著作《朱子学与阳明学》（东京：岩波书店，1967 年）。该书中文版于 1986 年由陕西师范大学出版社出版。日文原著有正文三章，另有单篇论文附录于正文之后，中文译本中将附录论文改为第四章，分别是“新哲学的起点”“宋学的完成·朱子学”“阳明学的创立及展开”“儒教的叛逆者·李贽（李卓吾）”。该书追溯了理学发展的内在逻辑，秉持作者一以贯之地认为阳明学是朱子学的展开这一立场，认为阳明学是对朱子学从外王向内圣的必然发展，肯定了儒学作为“有”之哲学的价值，同时对“理”“气”内涵和功夫论的相关问题进行了解析。

（三）20 世纪 70 年代的研究

通过检索“数字王阳明资源库全球共享平台”索引库，可知 1970—1979 年共出版阳明学与阳明学学者研究的相关日文著作 63 部，发表日文期刊文章 69 篇。1972 年正值王阳明 500 周年诞辰，因此这一时期的出版物数量相较于前一时期增幅较大，掀起了二战后阳明学研究的一个热潮，经典著作不断涌现。主要代表性学者有冈田武彦、山下龙二、荒木见悟、沟口雄三、岛田虔次、吉田公平、福田殖等。

冈田武彦（1908—2004），国际儒学泰斗，师从楠本正继，出版了代表作《王阳明与明末儒学》（东京：明德出版社，1970 年）。该书中译本最早由上海古籍出版社于 2000 年首次出版，2016 年重新校译后的新版则由重庆出版社出版。该书由“绪论”“王阳明与湛甘泉”“王门三派”“现成派系统”“归寂派系统”“修正派系统”“湛门派系统”“批判派与复古派”“东林学和刘蕺山”“结语”九章内容组成。书中以明末儒学为中心，详细梳理考察了王阳明与其门人及与阳明同时代的儒者湛甘泉的思想。

山下龙二（1924—2011）所著的《阳明学研究》（东京：现代情报社，1971 年）也是阳明学研究的重要著作。该书分为上、下两册：上册名为“成立篇”，下册名为“展开篇”。“成立篇”首先勾画了中国思想史的总体发展脉络，接着对日本有关阳明学研究的主要观点加以综述，最后阐述阳明的生平和思想；“展开篇”主要对阳明学在明清时期的发展情况加以探讨。

荒木见悟出版了《明代思想研究：佛教与儒教的交流》（东京：创文社，1972年）与《佛教与阳明学》（东京：第三文明社，1979 年）两部著作。前者以明代心学的展开为中心，阐述明代儒学正统和异端的总体性发展趋向，明确了这些思想和佛教的关联。后者简明地分析了阳明学与明末佛教复兴运动之间的关联。此外，荒木见悟与沟口雄三出版了合著《朱子・王阳明》（东京：中央公论社，1974 年）。

冈田武彦出版了《王阳明文集》（东京：明德出版社，1970 年）。冈田武彦与荒木见悟等共同编著的《阳明学大系》（全 11 卷，别卷 1，东京：明德出版社，1971—1974 年）可以说是日本的中国哲学研究的集大成之作。

岛田虔次出版了著作《王阳明集》（中国文明选 6，东京：朝日新闻社，1975 年）。吉田公平（1942— ）是日本知名阳明学研究学者，在日本东北大学师从金谷治，先后任教于九州大学、东北大学、广岛大学和东洋大学。其在该时期发表系列论文《王阳明的思想——诚意说研究》①、《王阳明的思想——体认研究》②、《王一庵的思想——诚意说研究》③。福田殖（1933—2016）是日本知名的宋明理学研究学者，曾在日本九州大学师从楠木正继、冈田武彦、荒木见悟，后任教于九州大学，其在该时期出版著作《陆象山文集》（东京：明德出版社，1972 年）。

（四）20 世纪 80 年代的研究

通过检索“数字王阳明资源库全球共享平台”索引库，可知 1980—1989 年共出版阳明学与阳明学学者研究的相关日文著作 44 部，发表日文期刊文章 93 篇。这一时期的代表性学者有荒木见悟、冈田武彦、山井涌、沟口雄三、安冈正笃、吉田公平等。

荒木见悟所著的《阳明学的发展与佛教》（东京：研文社，1984 年）是一本论文集，共收录了其 12 篇明末清初思想史研究成果，分别是：（1）《阳明学评价问题——中国学界动向》；（2）《聂双江思想中阳明学的后退》；（3）《罗念庵的思想》；（4）《唐伯元的心学否定论》；（5）《唐鹤征之气哲学》；（6）《憨山德清的生涯及其思想》；（7）《禅僧无念深有与李卓吾》；（8）《颜茂犹小论》；（9）《戒杀放生思想的发展》；（10）《楞严经在明代的流行》；（11）《与驳吕留良四书讲义相关

---

① 吉田公平．王陽明の思想ー誠意説についてー．東北大学教養部紀要，1977（25）：162-181.

② 吉田公平．王陽明の思想ー体認をめぐってー．中国哲学論集，1977（3）：15-27.

③ 吉田公平．王一菴の思想ー誠意説をめぐってー．日本中國學會報，1977（29）：47-61.

的若干问题》；（12）《彭际靖身边的两个人——汪大绅与罗台山》。该书是继《明代思想研究：佛教与儒教的交流》（1972 年）与《明末宗教思想研究——管东溟的生涯及其思想》（1979 年）两部著作后的又一力作。

冈田武彦的著述层出不穷，先后出版了《刘念台文集》（东京：明德出版社，1980 年）、《王阳明文集》（东京：明德出版社，1981 年）、《江户时期的儒学：朱王学在日本的展开》（东京：木耳社，1982 年）、《中国思想中的理想与现实》（东京：木耳社，1983 年）、《宋明哲学的本质》（东京：木耳社，1984 年）、《阳明学的世界》（东京：明德出版社，1986 年）、《王阳明与现代》（大阪：关西师友协会，1987 年）、《王阳明》（上、下，东京：明德出版社，1989—1991 年）等。

山井涌（1920—1990）为日本知名的明清思想史研究学者，曾在东京大学师事宇野哲人，后任教于东京大学，1980 年出版了著作《明清思想史研究》（东京：东京大学出版会，1980 年），在书中论述了朱子学和阳明学关于气、太极、心即理等思想的内涵和演变。该书中译本由山东人民出版社于 2019 年出版，译者为陈威瑨。

沟口雄三（1932—2010）为日本著名的中国思想史研究学者，先后任教于一桥大学、东京大学等，出版了著作《中国前近代思想的曲折与展开》（东京：东京大学出版会，1980 年）、《李卓吾：一个正统的异端》（东京：集英社，1985 年）、《作为方法的中国》（东京：东京大学出版会，1989 年）等。《中国前近代思想的曲折与展开》是明代思想史的研究专著，也是沟口雄三的重要代表作之一。在国内有两个中译本：第一个译本于 1997 年由上海人民出版社出版，译者为陈耀文，译本名为《中国前近代思想之曲折与展开》；第二个译本于 2011 年由生活·读书·新知三联书店出版，译者为龚颖，译本名为《中国前近代思想的屈折与展开》。此外，沟口雄三于 1981 年发表了《两种阳明学》[①]一文，在学界引起强烈反响。日文原著《李卓吾》与文章《两种阳明学》在中文译本中合为一册，名为《李卓吾·两种阳明学》，由生活·读书·新知三联书店于 2014 年出版，译者为孙军悦、李晓东。《作为方法的中国》一书有两个中文译本：第一个中译本由中国人民大学出版社于 1996 年出版，译者为李甦平，中文译本名为《日本人视野中的中国学》；第二个中译本由生活·读书·新知三联书店于 2011 年出版，译者为孙军悦，译本名为《作为方法的中国》。

---

① 溝口雄三. 二つの陽明学. 理想，1981（572）：68-80.

安冈正笃（1898—1983）的著作《阳明学十讲》于 1981 年由二松学舍大学阳明学研究所编辑出版。该时期还有一件学术盛事值得一提，即二松学舍大学阳明学研究中心的期刊《阳明学》在 1989 年正式开始发行，一年一期，为日本乃至东亚阳明学研究提供了新的思想交流平台。第一期为山田方谷专题，刊载了 9 篇学术论文。创刊之初至 2022 年 3 月的期刊目录请参考附录 1。

（五）20 世纪 90 年代的研究

通过检索“数字王阳明资源库全球共享平台”索引库，可知 1990—1999 年共出版阳明学与阳明学学者研究的相关日文著作 75 部，发表日文期刊文章 171 篇。这一时期出版的著作颇丰，主要有山下龙二所著《阳明学的终结》（东京：研文社，1991 年），冈田武彦的《现代的阳明学》（东京：明德出版社，1992 年）、《儒教精神与现代》（东京：明德出版社，1994 年）、《王阳明小传》（东京：明德出版社，1995 年）、《王阳明纪行：探访王阳明遗迹》（东京：明德出版社，1997 年）、《王阳明拔本塞源论：警示的明文　王阳明的万物一体思想》（东京：明德出版社，1998 年），荒木见悟的《阳明学的位相》（东京：研文社，1992 年）、《中国心学的鼓动与佛教》（福冈：中国书店，1995 年）。这些均为阳明学研究的重要著作。古川治（1934—　）所著《中江藤树的综合研究》（东京：贸易社，1996 年）对有关中江藤树的思想形成史做了较为详尽的梳理。小岛毅（1962—　）的著作《中国近世的礼的言说》（东京：东京大学出版会，1996 年）提出了与沟口雄三近似的看法，把阳明学视为“礼教的大众化”“礼教的民间渗透”的一部分，这已成为一个颇有影响力的看法。吉田公平（1942—　）出版了著作《i》（东京：研文社，1990 年）。

在论文方面，吉田公平发表了系列论文《王阳明研究今日之课题》[①]、《东亚视野中中江藤树的位置》[②]、《石门心学与阳明学》[③]。桥本敬司（1960—2011）发表了系列论文：《王阳明的生涯——摆脱朱子的自立之路》[④]阐述了王阳明“百死千难”的人生经历，以及朱子和朱子学对其产生的重大影响，并由此解析王阳

---

① 吉田公平．陽明学研究の今日的課題．東洋古典學研究，1998（5）：170-178.

② 吉田公平．東アジアにおける中江藤樹の位置．東洋古典學研究，1996（2）：137-147.

③ 吉田公平．石門心学と陽明学．東洋古典學研究，1997（4）：163-171.

④ 橋本敬司．王陽明の生涯ー朱子からの自立ー．哲学，1991（43）：139-153.

明“致良知”学说的创立轨迹；《孔子的人性观与圣化——王阳明对人的理解》[①]指出，要想探究清楚王阳明“满街人都是圣人”这一圣人观的形成原因，就有必要先澄清孔子的君子小人观的内涵及孔子的存在意义；《中国思想中的身体——王阳明的身体哲学》[②]认为，阳明的知是以身体为媒介的知，并从体知的视点考察了“知行合一”及“良知”的内涵。

马渊昌也（1957— ）撰写的《战后日本王畿及其研究之回顾与展望》[③]（《阳明学》，1998 年 3 月）一文在学界得到了很高评价，被视为日本在二战后关于王畿研究的最出色的综述研究。

（六）21 世纪第一个十年的研究

通过检索“数字王阳明资源库全球共享平台”索引库，可知 2000—2009 年共出版阳明学与阳明学学者研究的相关日文著作 75 部，发表日文期刊文章 295 篇。这一时期研究成果层出不穷，出版的重要著作主要有小岛毅的《近代日本阳明学》（东京：讲谈社，2006 年）、荻生茂博的《近代・亚洲・阳明学》（东京：贸易社，2008 年）、永富青地的《王守仁著作的文献学研究》（东京：汲古书院，2007 年）、荒木见悟的《阳明学与佛教心学》（东京：研文社，2008 年）、吉田公平的《阳明学所追求的》（东京：研文社，2000 年）。

小岛毅在《近代日本阳明学》中指出，近代日本阳明学发生了“白色阳明学”与“红色阳明学”这两种类型的严重分化，前者主要由国家主义者所提倡，后者则主要指继承了幕末阳明学学者的“革命”精神而主张社会变革的阳明学。归结而言，这两种阳明学都是以维护日本的特殊“国体”为思想宗旨的。荻生茂博在《近代・亚洲・阳明学》中指出，与“中日阳明学”存在左右两翼之差异相比，日本历史上的“近代阳明学”与“前近代阳明学”这两种阳明学之间所存在的差异才是根本性的，近代日本阳明学在本质上仍属于帝国意识形态下的政治言说，是必须加以解构的对象，至于阳明学是明治维新的“原动力”之说，则是后人的一种历史想象，不足为据。永富青地的著作《王守仁著作的文献学研究》是第一部阳明学文献研究的专著。

在论文方面，吉田公平发表了一系列论文，主要有《王阳明“大学古本

① 橋本敬司．孔子の人間観と聖化－王陽明の人間理解に向けて－．漢文教育，1993（13）：82-96.
② 橋本敬司．中国思想における身体－王陽明の身体知－．広島大学文学部紀要，1999（59）：22-41.
③ 馬淵昌也．戦後日本における王畿とその思想に関する研究の回顧と展望．陽明学，1998（10）：38-62.

序"》[①]、《王阳明"亲民堂记"考》[②]、《王阳明〈大学问〉之研究——兼与朱子〈大学章句〉比较》[③]、《王阳明的〈博约说〉》[④]、《东敬治〈阳明学〉中的春日潜庵》[⑤]、《二松学舍的阳明学——山田方谷、三岛中洲、三岛雷堂、山田准》[⑥]、《夏目漱石与心学——以〈门〉中引用的〈菜根谭〉为线索》[⑦]、《盘珪的不生禅与王阳明的良知心学》[⑧]、《春日潜庵的诚意说前史》[⑨]、《王阳明的馈赠——满街人皆是圣人》[⑩]等。荒木龙太郎发表了论文《幕末维新时期儒者东泽泻的思想考察——以与吉村秋阳・斐山父子的关联为中心》[⑪]、《幕末维新时期的日本阳明学》《王阳明的生死观：从无分别的视点出发》[⑫]等。永富青地发表了《日本的王守仁文献研究概观》[⑬]一文，考察和介绍了日本学界在王阳明文献研究方面的基本情况；此外还发表了《现存最古老的王守仁诗文集——北京、上海两个图书馆藏的〈居夷集〉》[⑭]、《阳明学研究的回顾与展望》[⑮]等。佐藤炼太郎发表了《宋明时代的心学与〈易〉》[⑯]、《"心外无法"的系谱——王阳明的"心外无理"与山冈铁舟的"心外无刀"》[⑰]、《禅与阳明学》[⑱]等论文。

为纪念王阳明龙场悟道500周年，东京于2008年9月举办了"东亚阳明

---

① 吉田公平．王陽明の「大学古本序」について．東洋大学中国学会会報，2001（9）：15-24.

② 吉田公平．王陽明の「親民堂記」考．東洋大学中国哲学文学科紀要，2003（11）：29-46.

③ 吉田公平．王陽明の『大学問』について－朱子の『大学章句』との比較－．東洋大学東洋学研究，2003（40）：77-100.

④ 吉田公平．王陽明の「博約説」について．アジア文化研究所研究年報，2003（38）：15-24.

⑤ 吉田公平．東敬治『陽明学』に於ける春日潜庵．東洋古典学研究，2004（18）：157-168.

⑥ 吉田公平．二松学舎の陽明学－山田方谷，三島中洲，三島雷堂，山田準－．陽明学，2004（17）：1-18.

⑦ 吉田公平．夏目漱石と心学－『門』における『菜根譚』を手がかりに－．東洋学古典学研究，2005（20）：135-146.

⑧ 吉田公平．盤珪の不生禅と王陽明の良知心学．臨済宗妙心寺派教学研究紀要，2006（4）：1-22.

⑨ 吉田公平．春日潜庵の誠意説前史．陽明学，2006（18）：150-176.

⑩ 吉田公平．王陽明の贈物－満街のひとは皆な聖人である－．陽明学，2008（20）：43-57.

⑪ 荒木龍太郎．幕末維新期の儒者・東沢瀉の思想の一考察－吉村秋陽・斐山父子との関連をとおして－．陽明学，2001（13）：79-97.

⑫ 荒木龍太郎．王陽明に於ける生死観－無分別の視点から－．臨済宗妙心寺派教学研究紀要，2009（7）：19-36.

⑬ 永富青地．日本的王守仁文献研究概观．文献，2006（109）：177-183.

⑭ 永冨青地．現存最古の王守仁の詩文集－北京・上海兩圖書館藏の『居夷集』について－．東洋の思想と宗教，2002（19）：1-20.

⑮ 永冨青地．陽明学研究の回顧と展望．近世儒学研究の方法と課題，2006：51-64.

⑯ 佐藤錬太郎．宋明時代の心学と『易』．中国哲学，2007（35）：235-250.

⑰ 佐藤錬太郎．「心外無法」の系譜－王陽明の「心外無理」と山岡鉄舟の「心外無刀」－．山根幸夫教授追悼記念論叢明代中国の歴史的位相．東京：汲古書院，2007：505-528.

⑱ 佐藤炼太郎．禅与阳明学//钱明．王阳明的世界．杭州：浙江古籍出版社，2008：181-189.

学：王阳明龙场悟道500年暨中江藤树诞生400年”纪念国际学术研讨会。同年10月，中国贵州省贵阳学院也隆重举办了“纪念王阳明龙场悟道500周年国际学术研讨会”的庆祝活动。同年11月，韩国举办了“霞谷学国际学术大会”。2010年6月，中国台湾省台湾大学举办了“2010年东亚阳明学国际学术研讨会”。在中、日、韩三国，阳明学研究已然成为一股风气。

（七）2010年以后的研究

通过检索“数字王阳明资源库全球共享平台”索引库，可知2010—2021年共出版阳明学与阳明学学者研究的相关日文著作74部，发表日文期刊文章205篇。这一时期比较活跃的阳明学研究者有马渊昌也、荒木龙太郎、佐藤炼太郎、小路口聪、吉田公平、野村英登、山村奖、田中正树、永富青地等。

出版的重要著作有马渊昌也的《东亚的阳明学：接触、流通、变容》（东京：东方书店，2011年）。该著作从整个东亚的视角重新探讨了阳明学。

荒木龙太郎发表了系列论文《阳明学本末格物说的考察——以罗念庵·胡庐山为中心》[①]、《刘念台对王心斋格物说的评价研究》[②]、《王门后学良知说改变与解体的诸相——“泰州”“江右”的本末格物说》[③]、《王心斋格物说与王一庵诚意说》[④]等。

佐藤炼太郎发表了《明末清初相反对立的阳明学派史——周汝登〈圣学宗传〉与黄宗羲〈明儒学案〉的比较》[⑤]等论文。

小路口聪在论文《日本近代化的道德问题——西村茂树的道德会与王阳明后学的讲会活动》[⑥]中指出日本明治初期的启蒙思想家、哲学家西村茂树为提高国民的道德意识而成立道德会的构想或起源于以王畿为代表的中国阳明学学者所举办的讲会活动。此外，他还发表了《王畿的一念思想——王畿良知心学原

---

① 荒木龍太郎．陽明学における本末格物説の考察ー羅念庵・胡廬山を中心にしてー．活水論文集，2011（54）：47-66.

② 荒木龍太郎．劉念台の王心斎格物説評価について．活水論文集，2015（58）：172-196.

③ 荒木龍太郎．王門後学に於ける良知説の変容と解体の諸相ー「泰州」「江右」諸士の本末格物説を通してー．活水論文集，2016（59）：246-272.

④ 荒木龍太郎．王心斎格物説と王一庵誠意説について．活水日文，2020（61）：48-57.

⑤ 佐藤炼太郎．明末清初相反对立的阳明学派史——周汝登《圣学宗传》与黄宗羲《明儒学案》的比较．湖南大学学报（社科版），2017（31）：12-18.

⑥ 小路口聡．日本の近代化と道徳の問題：西村茂樹の道徳会と王陽明後学の講会活動．国際哲学研究，2018（7）：167-179.

论（一）》[①]、《王畿的“一念自反”思想——王畿良知心学原论（二）》[②]、《生天生地之良知——王畿良知心学原论（三）》[③]等论文。

吉田公平在《日本近代——明治大正时期的阳明学运动》[④]一文中指出，明治大正时期阳明学运动的特点在于民间结社活动甚为活跃，并着重分析了吉本襄主编的《阳明学》杂志的创刊宗旨及其刊发文章的特点之所在，最后总结出该杂志未能长久发行的根源在于没有实现组织化管理，具体体现在四个方面：没有制定规章制度；没有设立领导组织；没有设立会员组织；文章执笔人员仅限于吉本襄及与其有私交的人士。

野村英登、胡嘉明、潘承健在《日本阳明学近代化过程中修身实践功夫的走向——以井上哲次郎对中江藤树的理解为中心》[⑤]一文中通过井上哲次郎对中江藤树的理解，对其具体内容和发展脉络进行了分析与解读。井上哲次郎肯定了以中江藤树为代表的江户儒学在阳明学思想的浸润下所引起的日本国民认识的转换，同时认为应该采取审慎的态度以避免中江藤树所理解的阳明学滑向传统迷信或西方哲学的一隅之见。文中评价了日本化的阳明学在推动日本近代化进程中所发挥的作用，指出在熔铸陶冶日本国民心性及国民思想再构建过程中阳明学修身实践功夫的功用。

山村奖作为阳明学研究的新一代年轻学者，于 2019 年出版专著《近代日本与阳明学的变异》（东京：法政大学出版局，2019 年），并在这一时期发表了系列论文《森鸥外的大逆事件与阳明学——兼与井上哲次郎比较》《明治时期的阳明学理解——从与社会主义和明治维新的关系说起》[⑥]、《井上哲次郎与高濑武次次郎的阳明学——近代日本阳明学中的水户学与大盐平八郎》[⑦]、《近代日本阳

① 小路口聡. 王畿の一念の思想－王畿良知心学原論（一）－. 東洋大学中国哲学文学科紀要，2011（18）：17-58.

② 小路口聡. 王畿の「一念自反」の思想－王畿良知心学原論（二）－. 東洋大学中国哲学文学科紀要，2011（19）：23-68.

③ 小路口聡. 天地を生みだす良知について－王畿良知心学原論（三）－. 東洋大学中国哲学文学科紀要，2013（21）：61-87.

④ 吉田公平. 日本近代－明治大正期の陽明学運動－. 国際哲学研究，2018（7）：181-188.

⑤ 野村英登，胡嘉明，潘承建. 日本阳明学近代化过程中修身实践功夫的走向——以井上哲次郎对中江藤树的理解为中心. 贵州文史丛刊，2018（1）：26-31.

⑥ 山村奨. 明治期の陽明学理解－社会主義と明治維新との関係から－. 東洋文化研究，2016（18）：99-118.

⑦ 山村奨. 井上哲次郎と高瀬武次郎の陽明学－近代日本の陽明学における水戸学と大塩平八郎－. 日本研究，2017（56）：55-93.

明学观的变迁——从与大盐平八郎的评价说起》[①]、《近代日本"人格"的含义：从修养与阳明学的关系谈起》[②]等。

2019 年 11 月，浙江杭州举办了"阳明学与浙江文化——东亚视野中的阳明学"研讨会，中日学者总计有 15 人在会上发表了研究成果。日本学者田中正树在会上宣读了题为《管窥近代阳明学——以山田方谷为例》的论文，以儒学者山田方谷为研究对象，在既有相关研究的基础上，聚焦于此前未被学者们作为重点考察对象的"图"类资料，由此进一步考察山田方谷对孟子"养气"之学的认识。永富青地宣读了题为《王畿〈中鉴录〉之考察》的论文。文中对王畿在《中鉴录》对宦官的评价陈述了独到的见解，认为王畿否定宦官全废论，更倾向于通过教育对其进行善导和重视皇帝对宦官的控制力这一宦官论，与其说是荒木见悟主张的"观念上的软弱性"，不如说是更加现实的应对之策。锅岛亚朱华宣读了题为《幕末阳明学学者吉村秋阳与阳明后学——以〈大学剩议〉为中心》的论文。该文以江户时期广岛藩的著名儒学者吉村秋阳的《大学剩议》（日本国立公文书馆内阁文库藏本）为主，以《读我书楼遗稿》及同时代学者的论述为辅，俯瞰王门弟子学说，分析了吉村秋阳如何吸收阳明学并将其消化为自身的学问，探讨了幕末阳明学学者的解经方法，并进一步讨论了阳明后学对秋阳学说的影响。

笔者将 1945 年至 2021 年出版的日文著作与发表的日文期刊文章数量整理绘制成图 2-1，以便更加直观地呈现 70 余年来阳明学与阳明学学者相关研究成果数量的变化。由图 2-1 可知，二战结束至 20 世纪 70 年代，已出版的日文著作数量总体上呈较快的上升趋势，进入 20 世纪 80 年代前期数量略有减少，但 20 世纪 80 年代后数量开始回升，并一直保持平稳态势。另外，刊发的日文期刊文章数量在 21 世纪第一个十年之前一直保持着较快的增长趋势，到 21 世纪第一个十年末形成一个高峰，但之后数量开始大幅度减少。尽管如此，近 10 年的发文总量仍达到 200 篇左右。随着曾经活跃在阳明学研究舞台上的一大批学者渐次隐退，日本新生代研究力量不足或许是发文数量骤减的缘由之一。

---

① 山村奨．近代日本における陽明学観の変遷ー大塩平八郎の評価との関連からー．日本儒教学会報，2018（2）：153-168.

② 山村奨．近代日本における「人格」の意味ー修養と陽明学の関係性からー．日本研究，2021（62）：111-130.

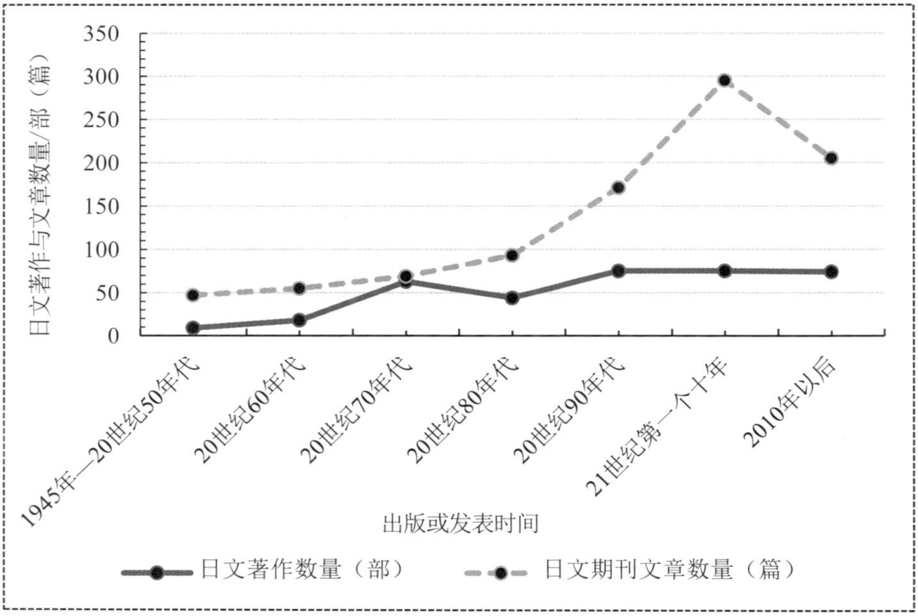

图 2-1　1945—2021 年日文著作与日文期刊文章数量走势

（八）日本阳明学研究相关科研课题

KAKEN 科研经费资助项目数据库①公开了由日本文部科学省与日本学术振兴会资助立项项目的主要研究情况，互联网用户可利用该数据库获取日本所有受资助项目的最新研究信息。笔者在该数据库中输入“王阳明”“王守仁”“阳明学”“阳明后学”“阳明心学”等关键词，搜索到 39 项与阳明学研究直接相关的研究课题。课题的立项时间跨度大，最早为 1972 年，最新为 2020 年，搜索结果展示了近 50 年来日本的阳明学相关研究课题立项情况，可以从一个侧面反映出日本阳明学研究的发展脉络。笔者对数据库中提供的研究信息进行取舍，以课题研究时间由近及远、由新到旧的次序，将 39 项课题的课题名称、课题负责人、研究时间、研究关键词与研究概要整理如下，供读者参阅。

从研究内容来看，所列课题涵盖儒学研究、阳明学研究、阳明学传播研究、阳明后学研究、阳明学文献研究、思想史研究、日本阳明学研究、朝鲜阳明学研究、东亚文化交涉研究等几大方向，研究视角多样、探讨主题宽泛，既有宏观的分析又有微观的拓展。

① KAKEN 科研经费资助项目数据库的网址为：https://kaken.nii.ac.jp/ja/index/。

1. 课题名称：幕末維新期の陽明学者吉村秋陽・吉村斐山の未刊文書の翻刻と研究

中文译名：幕末维新时期阳明学学者吉村秋阳与吉村斐山未刊登文稿的翻刻与研究。课题负责人为荒木龙太郎，研究时间为 2020 年 4 月 1 日至 2023 年 3 月 31 日，研究关键词有吉村秋阳、幕末维新时期阳明学、王阳明、刘念台、佐藤一斋。研究概要为：研究旨在为广岛三原藩儒士、阳明学学者吉村秋阳（1797—1866）及其子斐山（1822—1882）未出版的文稿添加注释并进行翻刻，同时提出新资料、新观点，以此推进幕末维新时期日本阳明学研究的发展。为此，课题组认为，以吉村秋阳为中心的幕末维新时期日本阳明学学者对阳明思想及刘念台思想的理解代表了当时日本对中国明代阳明学的理解，以及阳明学研究的最新发展情况，因此，课题组将探明阳明学在东亚的接受和发展状况，从全新视角推进研究。

2. 课题名称：「嶺南心学」研究の基盤構築－明代心学史像の再検討のために－

中文译名："岭南心学"研究的基础建构——再论明代心学史。课题负责人为鹤成久章，研究时间为 2020 年 4 月 1 日至 2024 年 3 月 31 日，研究关键词有岭南心学、明代思想史、湛若水。研究概要为：明代的心学研究向来偏重阳明学研究，本课题组意欲暂且脱离该研究框架，从当时的资料中广泛搜集整理岭南地区（广东、广西等地）的心学学者资料，整理必要的数据以分析他们的思想，从而为综合考察"岭南心学"奠定研究基础。同时，将通过对"岭南心学"思想家的思想活动及心学思想特色的探究，客观看待阳明学的地位，从新角度再度探讨以往的明代心学史。

3. 课题名称：陽明学派の三教合一思想と皇帝政治

中文译名：阳明学派的三教合一思想与皇帝政治。课题负责人为岩本真利绘，研究时间为 2019 年 4 月 1 日至 2022 年 3 月 31 日，研究关键词有高皇帝御制文集、明代、中国、嘉靖、洪武帝、万历。研究概要为：明太祖朱元璋主张三教（儒释道）合一，但在明代中期以前的史料上，他却被描述成了一位儒学价值观的倡导者。在明末时期，受到阳明学思想影响的思想家们把明太祖尊为三教合一思想的集大成者。本研究通过对阳明学派出版太祖文集《御制文集》的工作的分析，探讨出版的经过、出版者们的来历和人脉，以及当时的政治状况，阐明在明代后期形成了怎样的太祖形象，三教思想如何相结合，如何与朝廷的政策相衔接，并证明明末时期三教合一思想的兴盛与当时皇帝的政治姿态之间的关系。

4. 课题名称：近世社会における「中江藤樹像」の形成

中文译名：近代社会“中江藤树形象”的形成。课题负责人为高桥恭宽，研究时间为 2019 年 4 月 1 日至 2022 年 3 月 31 日，研究关键词有江户儒学、近世教育思想史、儒学思想、中江藤树、日本阳明学、日本儒学、阳明学、藤树学、日本思想史。研究概要为：研究将主要探讨江户前期儒学家中江藤树的著作，以及假托其名而编著的训诫书在当时社会的接受情况，并探明当时社会对藤树思想的需求与由全方位接触到藤树先生教诲的“藤树学派”创立的“藤树学”之间的区别。

5. 课题名称：方法としての近代陽明学—日本・東アジア近代思想史の再検討

中文译名：方法论意义上的近代阳明学——再论日本、东亚近代思想史。课题负责人为 Gu Wenying，研究时间为 2019 年 4 月 25 日至 2021 年 3 月 31 日，研究关键词有池田草庵、山田方谷、三岛中洲、儒学思想、阳明学、朱子学、日本思想史、幕末维新时期。研究概要为：研究主要以东亚，特别是中国近代阳明学的发展及近代西方各国思想对阳明学的接受趋势为参照系，同时探讨分析与这个参照系形成确实联系的日本近代阳明学的走向。随后以验证和分析为基础，探讨社会主义运动、基督教等诸多近代思想与近代阳明学的关系，从而更新日本近代儒学思想形象。

6. 课题名称：明清時代の中国とヨーロッパの思想的相互作用に関する総合的研究

中文译名：明清时期中国和欧洲思想相互作用的综合研究。课题负责人为新居洋子，研究时间为 2018 年 4 月 25 日至 2021 年 3 月 31 日，研究关键词有儒教的再定义、西学与中国社会、清朝朱子学、天主教和阳明学、汉文基督教典籍、明治日本基督教。研究概要为：（1）阐明在华基督会教徒对中国思想的翻译内容及特点；（2）考察西学在中国的翻译、诠释与影响；（3）阐明明清时期中西方思想互动的历史意义。针对第一点而言，本研究以侍奉康熙帝的白晋（Bouvet）所著之《古今敬天鉴》为研究的出发点。在华基督会向欧洲译介儒学典籍时，主要以当时作为官学的朱子学著作为原典。但他们倡导敬天思想是古代儒学和基督教相一致的部分，却长期否定了朱子学以太极或理为源的万物生成观。其中，《古今敬天鉴》主张道学歪曲了儒学本身的“敬天”思想，因而朱熹等人才要尝试“改革”儒学。他们持有这种态度的主要原因是囿于康熙帝的存在，以及王阳明对朱熹的描述。为了深入研究这一点，研究者调查了在华基督会翻译的法语版《康熙帝遗诏》和以王阳明批注本为蓝本，由受洗官员孙元化加注标题的《新镌武经七书》。针对第二点，本研究首先整理了有关基督教在明清社会造成的影响的相关先行研究要点。为了解浩如烟海的明清时代西学书籍整体形象，研究者查找了书籍的影印版及相关的前人研究。为了进一步阐明西学的影响范围，研究者着眼于查找在明治时期流传至日本的明清时代汉文基督教经典。随着明治时期开港，这些经典经由来到日本的巴黎外国传教会的传教士及三岛良忠等信徒们的改编，得以广泛流通。从这些经典中，可以清楚地看到从汉籍训读到天主教版、兰学等在翻译海外信息时所采用的多样手法。

7. 课题名称：江戸後期における陽明学文献の研究－佐藤一斎と大塩中斎を中心に—

中文译名：江户后期的阳明学文献研究——以佐藤一斋和大盐中斋为中心。课题负责人为永富青地，研究时间为2017年4月1日至2022年3月31日，研究关键词有佐藤一斋、大盐中斋、大学古本旁注、日本阳明学。研究概要为：江户时代后期，佐藤一斋和大盐中斋（平八郎）等人利用由长崎传播至日本的阳明学相关书籍，对阳明学展开了比中国本土更加精细的文献学研究。但在以往的研究中，人们对佐藤一斋的思想层面的研究还比较少，而对大盐中斋的研究方面，则只关注其反叛思想。相比之下，对于他们是如何研究阳明学的文献，如何解释其思想的具体探讨却极为稀少。鉴于此，本研究旨在调查研究以往鲜有人关注的原始资料，并希望在此基础上具体考察他们在得到中国传来的新资料后是如何对阳明学思想文献进行分析的。

8. 课题名称：陽明門下の講学活動と「会語」資料に関する総合的研究

中文译名：阳明弟子的讲学活动与“会语”资料的综合研究。课题负责人为小路口聪，研究时间为2017年4月1日至2021年3月31日，研究关键词有阳明学、阳明后学、会语、讲学、国际交流、讲会讲学活动、良知心学、会语资料、性善说、讲学活动、邹守益、研究交流。研究概要为：（1）精读王畿、邹守益、聂豹的“会语”资料，将译注发表在学术期刊上；（2）赴江西（2017）、江苏（2018）、湖南（2019）开展阳明讲学历史遗迹调查；（3）2019年9月13日至15日，与复旦大学哲学学院共同举办“再现中国哲学丰富性——荒木见悟与中日儒学国际研讨会”，表彰阳明后学的先驱研究者荒木见悟（九州大学名誉教授）的为人与学问；（4）采集了阳明后学“会语”资料中频繁出现的哲学术语、人名、地名，对其加以详细解说，整理丰富用例，制作了《阳明门下“会语”记录阅读用语集》。

9. 课题名称：懐徳堂をめぐる学術交流の思想史的研究

中文译名：怀德堂学术交流的思想史研究。课题负责人为清水则夫，研究时间为 2016 年 4 月 1 日至 2019 年 3 月 31 日，研究关键词有怀德堂、朱子学、阳明学、《春水日记》、龙野藩、日本思想史、春水日记、思想史、日本史。研究概要为：本研究拟从思想分析和人员往来交流等多维视角重新审视 18 世纪日本思想史的发展情况，并且提出 18 世纪思想史的新形象。具体而言，本研究将结合儒学者们的多元思想背景，主要探究以大阪怀德堂为中心的日本儒学者们的交流情况。

10. 课题名称：藤樹心学の思想史的展開と意義に関する研究

中文译名：论藤树心学的思想史发展及意义。课题负责人为高桥恭宽，研究时间为 2015 年 4 月 1 日至 2018 年 3 月 31 日，研究关键词有江户儒学、思想史、教育史、心学、阳明学、中江藤树、日本阳明学、藤树学派、儒学思想、教育思想、儒学、会津藤树学派、修养论、渊冈山、中江常省。研究概要为：德川幕府初期，儒学家中江藤树的儒学思想独树一帜，本研究探讨了他去世后其儒学思想的发展情况，以及他的弟子们的思想。藤树的代表性传承者是他的亲传弟子渊冈山，他将藤树的修养论应用于“社会生活”，并以此发展了自己的学说。而其他的继承者崇拜学祖中江藤树，以藤树的话语巩固自己的学说。弟子们以“藤树学”为名，逐渐形成各自的学问。

11. 课题名称：陽明学の伝播と書院祠廟祭祀—嘉靖年間を中心とする考察

中文译名：阳明学的传播及书院祠庙祭祀活动——以嘉靖年间为研究中心。课题负责人为鹤成久章，研究时间为 2015 年 4 月 1 日至 2018 年 3 月 31 日，研究关键词有书院、精舍、王守仁、阳明学、祭祀、从祀、水西精舍、虎溪精舍。研究概要为：明朝嘉靖九年，为了纪念王守仁，浙江杭州建立了天真精舍，此后供奉王守仁的祠堂遍布各地。研究者通过文献资料对这一情况进行了考察，整理了王守仁去世后在各地兴建的祠堂中于嘉靖年间由其亲传弟子兴建的祠堂的名称、所在地、兴建相关人员一览表，以及残存的记录资料。此外，研究者也在浙江、安徽、福建现场考察了祭祀王守仁的相关史迹。在调查中，研究者拍摄到了当地残存的石刻，并获得了其他各种相关资料。

12. 课题名称：證人社と證人書院の間—明清期寧紹地区に見る思想史の転変—

中文译名：证人社和证人书院之间——明清时期宁绍地区的思想史变迁。课题负责人为早坂俊广，研究时间为 2015 年 4 月 1 日至 2019 年 3 月 31 日，研究关键词有刘宗周、明清、宁绍地区、证人社、证人书院、姚江书院、明清时期宁绍地区、史孝复、黄宗羲、恽日初。研究概要为：本课题以明末宁波、绍兴等地为背景，探讨明末儒士刘宗周的思想活动是怎样的，他的思想是怎样被继承的。研究者发表了刘宗周出现以前绍兴地区思潮的相关论文；翻译了探讨刘宗周著作《人谱》在晚明思想中的定位问题的中文论文；在国际学会上宣读了详细分析刘宗周和同时代学者论争的论文，并将日文版论文发表在学术期刊上。此外，研究者积极开展了实地调查，多次与中国学者交流。

13. 课题名称：江戸中期の「復古」思潮と中国観の変容に関する研究

中文译名：论江户中期的“复古”思潮及对中国认识的变化。课题负责人为高山大毅，研究时间为 2014 年 4 月 1 日至 2018 年 3 月 31 日，研究关键词有日本思想史、儒学、中国认识、汉文学。研究概要为：为了考察江户时期对中国认识的变化，研究者开展了以下四个方面的研究：（1）国学者对中国认识的研究。对于本居宣长的中国认识，根据当时“通”字的话语关系，研究者分析他对中国的看法，在《国语国文》第 84 卷 11 号上发表了《“知物哀”说与“通”字谈义的关系》一文。（2）朱舜水和水户德川家的儒教礼仪研究。朱舜水的思想影响了水户德川家的祭祖形式，研究者以具体的礼节为焦点进行了探讨。此外，研究者发现大正之后水户德川家的陵寝制度也受到了朱舜水的影响。研究者在第五届德川家旧藏儒学关系史料调查报告会（二松学舍大学）及东亚学团队第二十七次学术会议“东亚文化交流史上的朱舜水”国际学术研究会（东北师范大学）上做了报告。（3）江户中期阳明学接受研究。围绕江户中期阳明学的接受，批判性地讨论了中野三敏的观点，并在《驹泽国文》第 53 号发表《食的比喻和江户中期阳明学的接受》一文。（4）荻生徂徕《绝句解》研究。在龙谷大学图书馆等处进行资料调查，在多版本《绝句解》和注释书方面获得了新发现。

14. 课题名称：懐徳堂学派における儒教の展開に関する研究ー朱子学・陽明学の折衷から融和へー

中文译名：怀德堂学派内的儒学发展研究——朱子学、阳明学从折中到融合。课题负责人为藤居岳人，研究时间为 2014 年 4 月 1 日至 2017 年 3 月 31 日，研究关键词有怀德堂、中井竹山、中井履轩、朱子学、阳明学、实学。研究概要为：本研究分析了怀德堂学派的儒学思想，特别分析了怀德堂学派的儒学与朱子学和阳明学的折中，两者相互融合的情况。直到中井竹山、履轩兄弟开始在怀德堂活动，怀德堂儒学才升华成了“实学”——资政的学问。将儒学作为“实学”概念提出来，这是日本近代儒学史上怀德堂学派留下的思想史意义。

15. 课题名称：江戸時代における陽明学資料の流入およびその影響について

中文译名：江户时代阳明学资料的传入及其影响。课题负责人为永富青地，研究时间为2014年4月1日至2017年3月31日，研究关键词有阳明学、佐藤一斋、日本阳明学、阳明后学、邹守益、邹东廓先生诗集、王阳明、逸存书。研究概要为：研究期间，翻刻了《邹守益集》未收诗辑佚、内阁文库藏《邹东郭先生诗集》（一至三）中，江户时代流入日本的《邹东郭先生诗集》，中国刊登的《邹守益集》内未收录的十万余字的诗稿，该研究工作受到学界好评，因此决定在《邹守益集》修订版中收录永富的成果。另外，论文《佐藤一斋是否是一个朱子学者——从〈栏外书〉中的记载谈起》实证性地阐明了佐藤一斋是如何以从中国流入的阳明学资料为基础，理解阳明学，从而成为阳明学信奉者的，并向中、日、韩三国学者阐述了这一发现。

16. 课题名称：性理大全書の思想史的研究

中文译名：性理大全书的思想史研究。课题负责人为三浦秀一，研究时间为2014年4月1日至2018年3月31日，研究关键词有性理大全书、明代、朱子学、阳明学、科举、明代思想史、三大全、中国近世思想史、中国哲学。研究概要为：本研究课题将探究明朝第三个皇帝永乐大帝授命编纂的朱子学丛书，三大全之一的《性理大全书》在士大夫社会的普及，以及其和思想史发展的联系。文献调查结果显示，该全书在正德年间以后，经过几次注释，产生了不少节选版本及批判性的著作。明末时期，随着阳明学的渗透，这些著作又几经修改。这股风潮在王朝更替后被继承了一部分，康熙年间又被修订成《性理精义》。

17. 课题名称：近代日本の倫理学における儒教の変容と再構築—和辻哲郎と西田幾多郎の倫理思想を軸に

中文译名：近代日本伦理学中儒学的变迁和重构——以和辻哲郎与西田几多郎的伦理思想为中心。课题负责人为朴倍暎，研究时间为2014年4月1日至2020年3月31日，研究关键词有人伦、格物致知、历史哲学、政、道德、性即理、伊藤仁斋、未发、已发、福泽谕吉、文明开化、丸山真男、纯粹经验、阳明学、体用论、主观观念论、朱子学、道、复初、理气论、人类共态、五常、关系、主体行为关联。研究概要为：本研究分析了和辻哲郎等近现代日本思想家们对儒教理解的倾向，并以此为基础尝试重新构建儒教理解的可能性。本研究基于至今为止的研究成果，在令和元年（2019）发表了论文《日本近世儒学中“心”的问题》（《日本女子大学纪要人间社会学系》2020年30号）。在以“心”的问题为中心主题的这篇论文中，对和辻哲郎的儒教认识进行了分析，并以“心”为中心对朱子学和伊藤仁斋的儒教思想进行了综合比较，并进一步将其与朝鲜丁若镛的思想进行了比较，旨在重新考察儒教在日本伦理思想中呈现的特征和变化。

18. 课题名称：王畿の良知心学と明末の講学活動に関する発展的研究

中文译名：王畿良知心学及明末讲学活动的发展研究。课题负责人为小路口聪，研究时间为2013年4月1日至2016年3月31日，研究关键词有王畿、阳明学、良知心学、讲学活动、龙溪会语、阳明后学、讲会、讲学、王龙溪、书院、国际信息交流、中国。研究概要为：为了探究明代中晚期阳明后学的讲学活动实态，制作了王畿《龙溪王先生会语》共6卷的译注。在精读文献的同时，通过实地考察探明了王畿良知心学和作为哲学实践活动的讲学之间的紧密联系。搜集了以王畿为主的，在明代中晚期江南地区（安徽省南部、江苏省南部、浙江省北部）开展的士大夫讲学活动，立体描绘了“知”的网络构架。

19. 课题名称：鄒守益著作の文献学的研究

中文译名：邹守益著作的文献学研究。课题负责人为永富青地，研究时间为2011年4月1日至2015年3月31日，研究关键词有邹守益、文献学研究、明代思想、阳明学、阳明后学、文献学、出版、明代、东廓邹先生遗稿、邹东廓先生诗集、王守仁、中国明代思想、中国。研究概要为：邹守益著作的调查搜集工作结束后，研究者发现了至今为止未曾发现的明代版本的《东郭邹先生遗稿》，并指出了其和现存的清代版本之间的异同。此外，研究者还发现了至今为止从未被提到的，世界唯一现存孤本——《邹东郭先生诗集》，其中收录的邹守益诗词的大部分都未曾公布。研究者发现这些明代文稿不仅是校订时可用的资料，还体现着明代思想发展和出版物流通之间密切的联系。该发现对学界产生了一定的影响，也开启了邹守益研究的新篇章。

20. 课题名称：東アジアにおける朝鮮儒教の位相に関する研究

中文译名：东亚的朝鲜儒学研究。课题负责人为井上厚史，研究时间为2011年4月1日至2016年3月31日，研究关键词有朝鲜王朝、朝鲜儒学、郑道传、李退溪、李栗谷、丁若镛、郑霞谷、近代儒学、朝鲜经国典、人心道心、朝鲜儒学史、高桥亨、朝鲜近代思想史、朝鲜阳明学、王阳明、近代化、梁启超、朴殷植、朝鲜儒学、实学、李星湖、伊藤仁斋、荻生徂徕、国际研究者交流、性理学、朱子学、礼乐、敬、东亚、礼、心。研究概要为：为了阐明朝鲜儒学在东亚的地位，在重新审视由性理学转变为实学的一般性说法的同时，还追溯到朝鲜王朝成立之初儒家的建国理念、郑道传和《朝鲜经国典》《朱子家礼》的引进、徐敬德的理气论、16 世纪朝鲜儒学家的人心道心说、李退溪与朝鲜心学、李栗谷和儒学的本土化、李匡臣的理气论、韩元震的王阳明批判、李星湖的《孟子》解读、丁若镛的政治论、沈大允的历史观、李秉宪和高桥亨、朴殷植的开化思想等体现朝鲜儒学特征的重要主题。由此，研究者相信自己能够逐步累积记述全新朝鲜儒学史的研究成果。

21. 课题名称：明代東アジアにおける文化交渉—『小学』『孝経』『家礼』の観点から—

中文译名：明代东亚文化交流——从《小学》《孝经》《家礼》的观点出发。课题负责人为白井顺，研究时间为 2010 年至 2011 年，研究关键词有小学、朱子学、阳明学、陈选、小学集说、郑齐斗、蟹养斋、吕维祺、尹拯、霞谷集、李震炳、李星龄、中国哲学、明代理学、《小学句读》《读小学记》《小学集说》。研究概要为：我们通过整理《小学句读》《小学集说》《小学章句》等《小学》的系统文本，提出一个观点，即朱熹编撰的《小学》是一部与《大学》相对应的全新思想书籍。此外，通过吕维祺（明朝）、郑齐斗（李朝），蟹养斋（江户）三人的事例，考察了介于朱子学和阳明学“之间”的思想。

22. 课题名称：王畿の良知心学と明末の講学活動に関する基礎的研究

中文译名：王畿良知心学和明末讲学活动的相关基础研究。课题负责人为小路口聪，研究时间为 2009 年至 2011 年，研究关键词有王畿、龙溪会语、龙溪王先生会语、阳明学、阳明后学、中国哲学、良知心学、良知、心学、讲学。研究概要为：本研究旨在探究王畿的良知心学思想，以及以王畿为中心的阳明后学思想家们在明末时期的讲学活动。

23. 课题名称：明治・大正・昭和初期の陽明学運動の基礎的研究

中文译名：明治、大正、昭和初期阳明学运动的相关基础研究。课题负责人为吉田公平，研究时间为 2005 年至 2007 年，研究关键词有阳明学、王阳明、中江藤树、大盐平八郎、东敬治、《阳明学》《王学杂志》《阳明主义》、阳明主义、石崎东国、盘珪禅师。研究概要为：江户初期，中江藤树接受并继承了阳明学，而阳明后学和藤树心学的思想运动历经沉浮，直至昭和初期，俨然成为日本思想运动的一大主流。此前学界研究过江户、幕末维新时期的阳明学运动，但实际上日本的阳明学运动在明治、大正、昭和年代初期才最为蓬勃。特别是明治后期至昭和初期，倡导阳明学的民间结社盛行，在此基础上，吉本襄创刊了《阳明学》、东敬治创刊了《王学杂志》，石崎东国创刊了《阳明》和《阳明主义》。他们利用这些媒介大力主张阳明学是能够解决当下问题的现代哲学，并发掘、表彰了中日阳明学学者。研究者以"年谱"形式整理了这些杂志创立者的思想活动轨迹，以了解他们的功劳。东敬治、生田正庵等中江藤树心学派收集整理的基础资料被收入在东洋大学的中江藤树纪念馆。得益于小山国三先生的协助，研究者对资料展开解读，再度整理并出版了《中江藤树心学派全集》。石崎东国以大阪为中心，高度评价了大盐平八郎，以期为大正时期的自由主义运动造势。阳明学运动倡导性善论的原理主义，因此其被视为主张自由主义和平等主义的思想资源。这表明，阳明学包含着解决当下问题之有益思想。

24. 课题名称：陽明後学の著作に関する文献学的研究

中文译名：阳明后学著作的文献学研究。课题负责人为永富青地，研究时间为 2005 年至 2006 年，研究关键词有王守仁、阳明学、明代出版、朱子晚年定论、阳明后学、中国思想史。研究概要为：王守仁的学说，即阳明学，在中国迅速传播，这是中国思想史上值得关注的一个现象。究其原因，首先阳明学是崭新的学说；同时明代的出版十分兴盛，阳明学也因此得以传播。在研究期间，研究者通过对中国和日本各地馆藏部门的调查，发现王阳明弟子们的阳明后学出版活动广泛地推广了阳明学。其中成果较为显著的是安徽省博物馆馆藏的钱德洪编著的《朱子晚年定论》。这本书是阳明学脱离朱子学的独立宣言，是阳明后学纪念碑式的著作，但以往学界只见推论却未曾进行过实物调查。通过研究期间的实地考察，研究者得到了不同于以往的结论，认为在这本书中，与王守仁个人的言论相比，其高徒钱德洪的增补之处要多得多。因此，这本堪称阳明学成立的标志性著作其实是他和弟子的共同成果。王守仁的著作得益于阳明后学的不懈努力才得以推广，这一观点过去虽也有泛泛之谈，但通过具体事例加以考察的研究非常稀少，即使是中国学者也并未做过类似考察。因此本研究在中日学术交流方面也算得上是一个有意义的成果。

25. 课题名称：東アジア文化圏における宗教的対立と融和に関する研究

中文译名：东亚文化圈宗教对立与融合的相关研究。课题负责人为藤井教公，研究时间为 2005 年至 2008 年，研究关键词有神佛习合、佛教批判、朱子学、道教、儒学、阳明学、《法华经》、谈义、禅、《法华经直谈钞》、佛种、直谈、唱导、明慧、贞庆。研究概要为：本研究以佛教为研究主轴，以中国和日本为研究中心，专题探讨了从古代到中世纪，在东亚每个地区、不同的时代，东亚文化圈中在佛教传入之前已存在的儒教、在与佛教的接触过程中得以发展的道教，以及日本自古以来的神灵崇拜等多种宗教是如何相互对立，继而如何超越对立的问题。

26. 课题名称：中国思想文献の近世日本社会への伝来とその流通－新儒教と医学思想の文献を中心として

中文译名：中国思想文献在近代日本社会的传播及其流通——以新儒学和医学思想文献为中心。课题负责人为恩田裕正，研究时间为 2005 年至 2009 年，研究关键词有中国哲学、朱子学、阳明学、中国医学、汉方、国际学者交流、斐遇堂。研究概要为：本研究考察了包含日本在内的东亚社会必然谈及的新儒学思想（朱子学与阳明学）及与之相关的中国医学基础文献。在朱子学、中国医学方面，研究者对《朱子语类》和《格致余论》做了详细的注释，并出版了简单易懂的现代日语版译文，以方便一般读者参考。在阳明学方面，通过仔细调查基础文献的书目信息、馆藏情况等工作，研究者重新审视了以往的文献，又发现了新的文献，因而进一步推动了该方面的研究。

27. 课题名称：寧波における知の営みとその伝統－学脈・宗族・トポフィリアー

中文译名：宁波的学术及其传统——学脉、宗族、恋地情节。课题负责人为早坂俊广，研究时间为 2005 年至 2009 年，研究关键词有宁波学术、浙东学派、全祖望、书院、现地调查、恋地情节（topophilia）、宗族、万表、黄震、王守仁、黄宗羲。研究概要为：课题组积极开展相关思想资料解读、实地考察，研究成果已整合成数字化内容《宁绍地区思想文化图志》，内含地图、照片、全祖望《书院记》原文和现代日语翻译与注释、实地考察报告等。宋代至明代宁波的学术思想史由此得到了梳理，宁波的学问圣地“形象”是如何形成并被讲述的也得以阐明。此外还邀请了中国学者赴日研讨，举办研究会，参加了在中国国内举办的学会和研究会，并在会上发表了研究成果，积极推进国际学术交流。

28. 课题名称：王陽明の著作の出版に関する総合研究

中文译名：王阳明著作出版情况综合研究。课题负责人为永富青地，研究时间为 2003 年至 2004 年，研究关键词有王守仁、良知同然录、阳明兵策。研究概要为：2004 年，研究者在探讨王阳明著作的形成及出版经纬的基础上，对阳明学派的思想谱系及阳明后学参与出版事业的情况开展了综合性考察。作为研究成果，研究者在 2004 年 1 月举办的“东亚出版文化研究”协调小组会议上做了题为“论王守仁语录”的发言，并将发言稿撰写成文发表在学术期刊上。另外也发表了以往未被研究的王阳明著作《良知通然录》的相关考察论文——《关于王守仁〈良知同然录〉的初步研究》。这是研究者首次向学界介绍《良知同然录》，其中也包括几首王阳明逸诗的介绍。这对阐明王阳明的著作是如何得以传播开来的起到了一定的作用。

29. 课题名称：17 世紀中国における『四書大全』検証運動の思想史的社会史的意義

中文译名：17 世纪中国的《四书大全》验证运动的思想史、社会史意义。课题负责人为三浦秀一，研究时间为 2003 年至 2004 年，研究关键词有四书大全辩、崇道堂四书集注大全、朱子四书全义、朱子学、善本、中国出版史、四书学史、四书集注、四书大全、书肆、科举、阳明学。研究概要为：《张自烈撰〈四书大全辩〉刊刻情况》（东京：知泉书馆，2004）一书收录了崇祯十三年发行的初稿本和顺治八年发行的重订版两版原文，而且每一版卷首都有《揭帖序文之类》。课题组通过解读，揭示了该书出版时代的政治、出版政策的影响关系，也阐明了知识分子与官僚、书肆之间的交流情况。在课题组最终成果报告书内收录的《清初四书注考二题》中，第一章“宫城县图书馆藏顺治年间刊行四书大全辩考”认定了其馆藏的顺治本为善本，并且还从文本间文句排列的异同解读出了当时的时代混乱。该书除了在日本宫城县图书馆有馆藏外，在国立公文书馆内阁文库（来源于昌平坂学问所和红叶山文库，共 2 套）、东京都立中央图书馆、静嘉堂文库、尊经阁文库、蓬左文库也有馆藏，但部分文章的有无、排列顺序却不尽相同。比较这些差异后，课题组发现宫城县图书馆藏本收录文章数量最多，排列最合理，此外还发现顺治十三年以前刊行的静嘉堂本的文章顺序被整理过。第二章“东北大学图书馆藏清初四书注考”包含了对该图书馆狩野文库藏书——崇道堂四书集注大全和朱子四书全义的解说。课题组还考察了清初四书和时代思潮的关系。崇道堂四书集注大全是张廷玉和朱锡族共同编写的修订版四书大全。朱子四书全义由魏裔介编著，其中包含他撰写的康熙二十四年原序。魏裔介认为四书或问属于思想范畴，但学问的目标是“心和理”的合二为一。以上两本书都回归了朱熹自身注释，体现四书精神，撑起了清初朱子学半壁江山。与对朱子学批判色彩强烈的四书大全辩顺治本相比较，更能如实反映出康熙朝的学术偏向。此外，在成果报告书中所包含的《明清四书注释书关联二表》中，课题组将研究过程中积累的各种信息制作成两张一览表：其一为《四书大全辩顺治本文章排序一览》，其二是《现存明清四书注解基本信息一览》。

30. 课题名称：日本における『四書集注』の周辺

中文译名：日本《四书集注》相关研究。课题负责人为吉田公平，研究时间为 2001 年至 2004 年，研究关键词有朱子学、《论语集注》《大学章句》《中庸章句》《孟子集注》、性善说、木版印刷、和刻本、四书集注、藩版、自力主义、读者的诞生、四书集注、朱子、阳明学、本来性与现实性、王阳明、印刷文化、科举、东亚汉字圈、和刻。研究概要为：由中国宋代朱子集大成开创的朱子学（性理学）对之后的思想界产生了巨大影响。朱子学成为科举基本教材后，不仅影响了学术思想界，同时也广泛地改变了中国统治阶级的思维模式。李氏朝鲜在独尊朱子学的体制下采用了科举制，其对朱子学的信奉甚于中国。日本虽然没有实行科举制，但朱子学作为以性善说为基础的社会哲学在日本却很受欢迎。朱子学对东亚汉字圈产生了重大影响，近代以后，《四书集注》成为学习朱子学的基础原典。朱子在 40 岁左右开始构思《四书集注》，在与陆象山争辩后留下了《大学章句》和《中庸章句》作为序文。但是直到朱熹死后，《四书集注》才得以出版并得到普及。元代虽然出版了《四书集注》，但直到明代正式实施科举制度后，《四书集注》才作为应试资料得以大量出版。另外，当时也出现了将《四书集注》作为临床伦理学文本进行阅读，并给予批判性解释的学者。其代表人物就是王阳明。日本江户时代初期，朱子学正式开始被研读，但是从中国和朝鲜流入的朱子学书籍已经无法满足读者的需要。于是，借助于木刻板印刷的风潮，《四书集注》在日本得以出版。特别是到了江户时代后期，不只是实力强劲的藩，连有些小藩也开始出版《四书集注》。读者已经不仅仅局限于武士阶层，大量新读者出现，成为进一步推动出版的主要动力之一。为什么朱子学的印刷出版如此迅猛，读者人数如此众多呢？原因不仅仅是文教政策。研究者通过分析《四书集注》本身的内容，阐明了《四书集注》广受欢迎的原因：《四书集注》长期畅销的原因在于，《四书集注》倡导以人的性善论为基础的自立、自助、自我实现论。在此基础之上，主张人人应该合力共同建设幸福社会，正是这一点吸引了读者。江户时代正值战乱结束人们向明天的生活发问的时代。正因如此，朱子学受到了关注。不仅是身兼文武官职的武士阶层，新兴的市民阶层读者也应该承担相应的社会责任，活出自己的人生。因此，《四书集注》广受欢迎。

31. 课题名称：エマソンの「超越主義的」思想の成長，展開と 19 世紀アメリカ社会

中文译名：艾默生“超验主义”思想的形成、发展与 19 世纪的美国社会。课题负责人为高梨良夫，研究时间为 1999 年至 2002 年，研究关键词有艾默生、超验主义、浪漫主义文学、自然、朱子学、阳明学、朱熹、王阳明、浪漫主义、朱子、清教主义、神体一位论、进化论、经验主义。研究概要为：本研究的目的在于首先明确艾默生的思想，尤其是阐明他的晚年思想与美国社会的关系。其次是在前人研究的基础上发展有关艾默生思想与阳明学、朱子学类似性的研究。针对第一个目的，主要考察艾默生的西部演讲和《处世论》之间的关联性。艾默生自 17 世纪 50 年代开始，每年冬天都要游历北美五大湖周边，并在密西西比河流域进行演讲旅行。1850 年，他在辛辛那提市的演讲尤其具有特殊意义。通过考察，研究者发现艾默生的演讲和铁路铺设有关，并且西部演讲让人们了解了奴隶制度下自由州和奴隶州之间的深刻矛盾。此外，艾默生第一次发表《处世论》演讲的地方并不在波士顿，而是在西部（现在的中西部）入口的匹兹堡（1851 年）。研究者考察了《处世论》中关于“力量”和“命运”的随笔，认为这是艾默生思想发生重大变化的明证。针对第二个研究目的，研究者在 2002 年 5 月开幕的日本梭罗学会全国大会的研讨会（艾默生 200 周年诞辰纪念）上发表了关于艾默生思想与新儒学（特别是王阳明、陆象山、朱熹所代表的儒学）教义的相似性、日本对艾默生的接受，以及艾默生和新儒学的关系的研究成果。据此，日方和美方文学研究者交换了意见，并让自己的艾默生研究为广大研究人员所熟知，这也是双方的一个巨大收获。以此为契机，在 2003 年 5 月召开的日本英文学会全国大会上（艾默生 200 周年诞辰纪念），研究者应邀做了相关演讲。

32. 课题名称：明治期における「東洋哲学」研究について

中文译名：明治时期的“东洋哲学”研究。课题负责人为大岛晃，研究时间为 1997 年至 1999 年，研究关键词有井上哲次郎、东洋哲学史、日本阳明学派之哲学、日本古学派之哲学、日本朱子学派之哲学、日本伦理汇编、蟹江义丸、东泽泻、东洋哲学、日本阳明学、三岛中洲、东敬堂、日本阳明学派之哲学、日本伦理集编、《阳明学》杂志、国民道德、宗教观。研究概要为：第一，井上哲次郎（1855—1944）是明治时代“东洋哲学史”研究的代表人物，本研究的目的在于探明其“东洋哲学史”研究的历史及其学说产生的背景和特征。特别考察了以下几个要点，阐明了以往研究中较为缺乏的内容：（1）考察井上哲次郎 6 年德国留学生涯与“东洋哲学史”研究之间的关系；（2）考察《日本阳明学派之哲学》（明治三十三年）、《日本古学派之哲学》（明治三十五年）和《日本朱子学派之哲学》（明治三十九年）的出版情况，特别考察了其第一部著作《日本阳明学派之哲学》的学术风格及其教育意义；（3）考察其与民间的阳明学相关杂志《王学杂志》《阳明学》的关系；（4）考察其与蟹江义丸合编的《日本伦理汇编》（明治三十五年）。第二，为了阐明井上哲次郎对阳明学的研究及其学术立场，尝试比较、讨论了其与幕末时期至明治时期的阳明学学者三岛毅（字中洲，1830—1919）和东正纯（字泽泻，1832—1891）、东敬治（字正堂，1869—1935）父子的研究历程和特质。通过这种方式，寻找明治时期的儒学或阳明学与“东洋哲学史”研究的关系和发展。

33. 课题名称：黄宗羲の『明儒学案』成立に関する基礎的研究

中文译名：黄宗羲《明儒学案》形成的基础性研究。1996—1997 年课题负责人为柴田笃，1995 课题负责人为福田殖，研究时间为 1995 年至 1997 年，研究关键词有黄宗羲、明儒学案、版本、阳明学、朱子学、心学、理学、良知说。研究概要为：（1）整理了《明儒学案》各个版本的相关调查结果，并阐明了各个版本之间的异同点与各自的特色，由此考证了黄宗羲的编书目的；（2）对于《明儒学案》中收录的学者，将其姓氏、字号、生卒年、出生地、官职、文集名等信息汇编成了数据库；（3）通过数据化处理，学者们出生地的地域性、时期区分、为官经历等以前不为人知的各种特征得以阐明；（4）通过研究整本《明儒学案》中有关王畿的记载描述，进一步明确了黄宗羲的创作意图；（5）通过把与王畿有关的引用材料与原典进行比较，发现其中明确地体现了黄宗羲《明儒学案》的编辑意图和他的思想立场；（6）比较考察了“吕坤”一条中引用的《呻吟语》和其他各个版本，结果发现，黄宗羲选用的文本和现今版本并不相同；（7）《明儒学案》以往作为研究明代思想史的史料，经常被单独引用，但显然有必要像本研究一样对每篇传记、评论和资料进行详细分析，以厘清《明儒学案》的整体风格。

34. 课题名称: 幕末明治期における日本漢学の基礎的研究—北部九州を中心として—

中文译名：幕末明治时期日本汉学的基础研究——以北九州为中心。课题负责人为町田三郎，研究时间为 1986 年至 1987 年，研究关键词有幕末明治期、日本汉学、清朝考证学、明治近代化、安井息轩、竹添井井、杂志《阳明学》、九州儒学、清朝考证学与日本汉学、近代化与汉学者、北九州的汉学家们、楠本端山和硕水、再评汉学家。研究概要为：幕末明治时期的日本汉学深受清朝考证学的影响，但也达到了高度完善的学术思想水准。文献考证学家安井息轩、音韵学家狩谷掖斋、月田蒙斋、楠本端山、砚水、东泽泻等思想家均为代表人物。但是，这些学术成果却因为受到明治维新后文明开化的波及，尚未受到合理评价便被遗忘。日本近代化的根基包含了日本汉学培养出的高度灵活的思维能力和逻辑性，但这一事实时常被忽视。本研究旨在揭示这一时期日本汉学的实际状况，并具体阐明其功绩。因此，町田以安井息轩为中心，撰写了《安井息轩备忘录》（《东方学》，第 72 辑）、《论安井息轩的〈管子纂话〉》（台北国学文献馆）、《论北潜日抄》（研究成果报告）及《冈松甕谷拾遗》（《九大中哲论文集》，13），展示了这一时期最伟大的学者们在学术上的成就，以及他们对维新政府的看法和对欧洲文明的态度。荒木是九州的才子，他以《龟井南冥的前半生》（研究成果报告）总结了龟井南冥的学术轨迹，菰口以《论安东家旧藏的朱舜水书简》（研究成果报告）介绍了柳川藩士安东省庵的最新纪录。薄井几年前曾两度前往丰厚地区开展儒学家探访，随后编写了《佐伯文库访书记》（研究成果报告）。此外，福田从社会思想史的意义上阐明了明治中后期阳明学系统的杂志《道学遗书》的盛衰。

35. 课题名称：徂徠以後—近世後期倫理思想の研究—

中文译名：徂徕之后——近代后期的伦理思想研究。课题负责人为子安宣邦，研究时间为 1985 年至 1987 年，研究关键词有徂徕以后、近代朱子学、幕末思想。研究概要为：研究者将“徂徕以后—近代后期伦理思想研究”这一综合课题分为以下四个门类，即（1）折中学派及宽政异学派的儒家；（2）正学派的朱子学者，怀德堂系儒家；（3）古注学派及阳明学派儒家；（4）后期水户学派系和国学派系、洋学派系的思想家。研究人员对这些学派分别做出研究，具体研究成果有子安宣邦的“荻生徂徕《论语征》的言说论解读”、山田洸的“明六社同人与儒家思想的关联”、宫城公子的“幕末儒家主体性问题探究”、小池喜明的“开国与攘夷思想和心理的探究”、黑泽幸昭的“佐藤一斋

'数'之思想的特质分析"、梅泽秀夫的"幕末洋学派知识分子的意识形态"、清水正之的"大国隆正的幽明观分析"、辻本雅史的"水户学派国体论的解读"、山中浩之的"怀德堂系儒家存在形态的分析"、藤本正彦的"中井竹山的经世论、历史意识分析"、丰泽一的"太宰春台《圣学问答》的分析"、中村春作的"荻生徂徕，太宰春台、帆足万里的思想分析"、樱井进的"近代后期的言说的意识形态性质解读"。随着以上个别研究的推进，一种跨越单领域的德川思想的话语分析或认识论分析方法逐渐清晰，今后有必要从类似角度进一步深化课题研究。

36. 课题名称：自由民権運動と日本陽明学（地域研究への政治思想史的アプローチ）

中文译名：自由民权运动与日本阳明学（区域研究中的政治思想史方法）。课题负责人为高田丰实，研究时间为 1983 年。

37. 课题名称：陽明学派における教育方法論の研究

中文译名：阳明学派教育方法论的研究。课题负责人为江森一郎，研究时间为 1980 年。

38. 课题名称：日本陽明学派の研究

中文译名：日本阳明学派的研究。课题负责人为木村光德，研究时间为 1980 年。

39. 课题名称：蕃山学における藤樹学の継承と展開—近世社会における日本陽明学派の社会史的研究—

中文译名：蕃山学对藤树学的继承和发展——近代社会日本阳明学派的社会史研究。课题负责人为木村光德，研究时间为 1972 年。

（九）日方人员在中国或韩国开展交流的情况

笔者从既有文献与网站报道中重点查找梳理了部分日方人员在中国或韩国开展交流的情况，将 20 世纪以来日方主要人员往来中国或韩国的情况整理为表 2-1。

通过表 2-1 的梳理，可见日方学者来华或赴韩交流的形式主要可分为两类：一为学术交流，主要表现为参加学会并在会上做学术报告或受邀在高校短期讲学；二为实地考察，探访阳明先生遗迹。随着中日两国学术交流日趋频繁，2000

年之后来华开展学术交流的日方学者显著增加。据钱明[①]所言，冈田武彦先生是老一辈日本学者中来华访问次数最多的人之一。他生前曾到过浙江 5 次，到过贵州 2 次。1986—1996 年，在冈田先生的指导和感召下，中日两国学者和民间人士共组织了 6 次规模较大的王阳明遗迹考察活动，可谓是前无古人的壮举。考察规模大，参与人员构成多样，包括学术界、企业界等社会各界人员，超过百余，考察路线完整，横跨 8 个省市自治区 80 余个市县，行程 2 万余里，活动的影响力巨大。

表 2-1　20 世纪以来日方主要人员往来中国或韩国的情况一览

序号	主要参与人员	时间	交流事由
1	清宫宗亲、高山公通、金子新太郎、冈山源六	1903 年	三岛毅的学生、时任贵阳公立师范学堂教习的清宫宗亲随日本驻清武官高山公通、金子新太郎及日籍教师冈山源六赴贵州修文县探访阳明洞
2	志贺一朗	1987 年 3 月	访问中国社会科学院，就中日共同实施“王阳明与湛甘泉旧迹调查”一事，与时任社会科学院哲学研究所副所长李国惠等达成一致
3	志贺一朗夫妇、疋田启佑、渡部英喜、蒙培元、张春波、刘长林等	1987 年 12 月 17 日至 31 日	中日双方进行“以王阳明诞生地为中心的调查”活动
4	志贺一朗夫妇、疋田启佑、渡部英喜、蒙培元、张春波、刘长林等	1988 年 8 月 24 日至 9 月 2 日	进行了“以王阳明大悟之地（龙场）为中心的调查”活动。调查团一行抵达浙江杭州时，曾与时任浙江省社会科学院院长的沈善洪、副院长王凤贤、哲学研究所所长吴光及钱明等人进行过座谈

① 钱明．一生践行阳明精神的冈田武彦先生．贵州文史丛刊，2015（1）：5-9.

续表

序号	主要参与人员	时间	交流事由
5	冈田武彦等	1989年3月28日至4月4日	冈田武彦率领30余人的王阳明遗迹考察团探访了修文县的阳明洞，参观了贵阳的阳明祠和甲秀楼等名胜
6	以冈田武彦为团长的日本九州大学代表团，以志贺一郎为团长的东京国士馆大学代表团	1989年4月5日至8日	1989年3月，由王阳明研究学者冈田武彦发起，在日本全国筹集300万日元，资助绍兴修复王阳明墓的工程顺利竣工；同年4月，冈田先生一行赴绍兴参加王阳明墓揭幕式，并于4月6日至8日出席在余姚举行的“王阳明国际学术研讨会”
7	冈田武彦等	1992年4月9日至5月19日	由日本斯人会与浙江省社会科学院组织的“日中联合王阳明遗迹学术考察团”，对广西、广东、江西三省（区）的王阳明遗迹及宋明思想文化遗址进行了实地考察
8	冈田武彦等	1994年4月28日至5月8日	冈田武彦教授在江西省赣州大余县青龙铺建起了王阳明先生的纪念碑亭——落星亭
9	冈田武彦、疋田启佑、矢崎胜彦等	1996年10月31日至11月5日	冈田先生率21人代表团参加浙江余姚王阳明故居瑞云楼的修复落成典礼后，带领大阪将来世代国际财团理事长矢崎胜彦一行，飞赴贵阳赠送王阳明铜像
10	荒木见悟	1998年4月9日至10日	应复旦大学哲学系之邀为该系研究生做学术报告
11	荒木龙太郎	2007年4月26日	赴浙江余姚参加王阳明学术思想国际研讨会，并宣读题为《幕末维新时期的日本阳明学说——关于王阳明学说理解的方法与思考》的研究论文

续表

序号	主要参与人员	时间	交流事由
12	荒木龙太郎	2008 年 11 月 21 日	赴浙江余姚参加中日朱舜水学研讨会，宣读题为《朱舜水和明末思想》的研究论文
13	荒木龙太郎	2009 年 8 月 25 日	日本活水女子大学荒木龙太郎教授一行四人，在宁波学者方祖猷、王介堂陪同下，到浙江慈溪伏龙禅寺参观
14	荒木龙太郎	2019 年 9 月 14 日至 15 日	赴复旦大学参加“中国哲学的丰富性再现——荒木见悟与中日儒学国际研讨会”并以“荒木见悟先生与明代”为题做了报告
15	佐藤炼太郎	2004 年 12 月 17 日至 19 日	参加泉州市鲤城区人民政府、泉州市社科联联合主办的“泉州市李贽思想学术研讨会”并做了主题发言
16	佐藤炼太郎、疋田启佑等	2014 年 6 月 27 日	参加中山大学举办的“理学与岭南社会文化”国际学术研讨会，发表了题为《梁启超与阳明学——以“松阴文钞”与“节本明儒学案”为中心》的论文
17	佐藤炼太郎	2016 年 10 月 30 至 31 日	纪念岳麓书院建院 1040 周年高端学术论坛在湖南大学岳麓书院召开，会议主题是“儒学的历史演进与传播”，佐藤炼太郎参会并致辞
18	佐藤炼太郎、三浦秀一	2016 年 11 月 2 日	二位学者前往衡阳寻访王船山隐居地，拜谒船山墓，并与衡阳学者深入交流
19	佐藤炼太郎	2019 年 3 月 30 日至 31 日	参加在湖北荆门举行的纪念陆九渊诞生 880 周年学术研讨会

续表

序号	主要参与人员	时间	交流事由
20	佐藤炼太郎	2019 年 3 月 29 日	在三峡大学做演讲
21	佐藤炼太郎	2019 年 11 月 3 日	第四届“阳明学与浙江文化学术论坛”在浙江杭州举行；佐藤炼太郎教授以《明哲保身论》与《墨子批选》两个文本为核心，聚焦阳明后学重要代表人物王艮与李贽的经世思想，解析了阳明学对明清之间实学浪潮的巨大影响，展示了阳明学的当今价值
22	早坂俊广	2016 年	为查找恽日初的事迹，在江苏无锡、武进实地调研
23	早坂俊广	2017 年	在浙江绍兴、余姚实地调研了刘宗周证人社的相关地点，以及姚江书院遗址
24	早坂俊广	2018 年 8 月	参加复旦大学举办的国际研讨会“宋明理学国际论坛暨上海儒学院第二届年会”并在会上用汉语发表了题为《论刘宗周的“意”与“知”》的研究报告
25	鹤成久章	2015 年 3 月	到安徽池州九华山进行实地调研，在仰止祠遗址祭祀王阳明
26	鹤成久章	2015 年 7 月	前往浙江绍兴的阳明书院、嘉兴的文湖书院、衢州的衢麓讲舍、永康的寿严书院进行实地调研
27	鹤成久章	2016 年	到访安徽宣城、泾县、广德，实地调研了志学书院遗址、水西精舍遗址、泾县儒学遗址、广德州儒学遗址等

续表

序号	主要参与人员	时间	交流事由
28	鹤成久章	2016年10月末	参加在湖南大学岳麓书院举办的“儒学的历史演进与传播——纪念岳麓书院建院1040周年国际学术论坛”并宣读了题为《水西书院的历史》的研究论文;会后与湖南大学岳麓书院的研究者们一同前往位于湖南怀化的虎溪精舍,实地调查了残存于当地的明清时期的石刻资料等
29	鹤成久章	2017年7月	到福建武夷山地区对书院、精舍遗址进行实地调研，考察了与王阳明及其后学相关的史迹与石刻资料
30	鹤成久章	2018年3月	实地调研了安徽滁州的紫薇泉阳明书院遗址、浙江余姚的阳明书院遗址、王守仁故居等
31	早坂俊广	2009年7月23日	赴浙江宁波参加国际工作坊“中国东南地区的文献集散与天一阁”
32	市来津由彦	2008年10月26日	参加在复旦大学举办的国际研讨会“宋代新儒学的精神世界”，发表了题为《朱熹门人从朱子那里继承了什么——黄干的“学”的表象》的研究论文
33	田尻祐一郎	2007年6月30日	参加台湾大学高等研究院举办的“东亚论语学国际学术研讨会议”，宣读题为《江户思想中的〈论语〉》的研究论文
34	吉田公平	2011年9月9日	应邀赴复旦大学哲学院举办“日本的心学特色”演讲会
35	吉田公平	2014年9月19日	吉田公平教授一行访问杭州师范大学国学院

续表

序号	主要参与人员	时间	交流事由
36	吉田公平、小路口聡等	2018年9月7日至9日	日本东洋大学吉田公平教授、小路口聡教授一行在浙江省社会科学院哲学研究所钱明研究员的陪同下到访南京大学哲学系，吉田公平做了题为"中国文化的赠予——性善说"的讲座；9月9日，一行人到江苏安丰考察，先后参访了安丰古街、王艮心斋园、王艮讲学旧址下灶月塘湾等处
37	吉田公平	2019年9月16日	湖南大学岳麓书院特邀日本东洋大学荣誉教授吉田公平先生讲学，主题为"日本的书院"
38	吉田公平	2019年9月14日至17日	吉田公平教授等日本东洋大学学者一行10人于9月14日出席由复旦大学哲学学院与上海儒学院主办的"中国哲学的丰富性再现：荒木见悟与中日儒学国际研讨会"；9月17日探访湘潭大学碧泉书院，围绕湖湘学派展开交流；交流会结束后，吉田教授一行人员赴湘潭县隐山、碧泉潭和碧泉书院遗址、胡安国墓地等湖湘文化遗迹进行实地考察
39	井上厚史	2015年9月22日	赴复旦大学参加由复旦大学国际问题研究院与岛根县立大学东北亚区域研究中心共同举办的研讨会并宣读题为《"一带一路"与"全体大用"》的研究论文
40	井上厚史	2015年12月27日	赴复旦大学哲学院参加"东亚朱子学国际学术研讨会"并应邀发表了主旨演讲"朝鲜儒学的'心学'之位相"

续表

序号	主要参与人员	时间	交流事由
41	井上厚史	2014 年 10 月 25 日	参加在韩国大邱乡校大讲堂举办的岭南李退溪国际学会，应邀发表了主旨演讲“李退溪《朱子书节要》的特征——以‘心’与‘敬’为中心”
42	井上厚史	2013 年 9 月 17 日	应邀在东北师范大学东亚文明研究中心举行演讲，题目为“东亚的‘近代儒教改革运动’”
43	井上厚史	2013 年 9 月 19 日	赴中国长春参加由东北师范大学东亚文明研究中心主办的东亚史学研究组第 21 届研讨会“东亚研究的事例与方法”并应邀发表了主旨演讲“近代日本的‘轴文明’与军国主义的抬头”
44	井上厚史	2012 年 9 月 28 日	应邀赴台湾大学人文社会高等研究院，参加“东亚视域中的韩国儒学研究”国际学术研讨会，发表了题为“高桥亨的李退溪解读——以与张志渊的论争为中心”的主旨演讲
45	井上厚史	2011 年 8 月 28 日	参加在韩国济州大学国际交流会馆举办的第三届中日韩交流研讨会，宣读题为《韩国近代国家主义与李退溪》的研究论文
46	井上厚史	2011 年 6 月 4 日	参加在韩国国学振兴院举办的与世界相通的庆北正体性国际论坛，发表了题为“再论李退溪的主敬思想——‘民生日用彝伦之教’与人格共同体”的主旨演讲

续表

序号	主要参与人员	时间	交流事由
47	井上厚史	2011 年 5 月 13 日	参加在韩国国立顺天大学校 70 周年纪念馆举办的2011年智里山文化艺术论坛，发表了题为“李退溪的主敬思想与山崎暗斋的主敬思想”的主旨演讲
48	中纯夫	2012 年 10 月 12 日	应邀赴韩国江华岛参加第九届江华阳明学国际学术研讨会，发表了题为“李匡臣的霞谷学”的主旨演讲
49	永富青地	2010 年 9 月 16 日	应邀在对外经济贸易大学举行演讲，主题为“日本中国思想史研究述略”
50	永富青地	2014 年 9 月 18 日	出席了新加坡南洋孔教会主办、新加坡国立大学中文系与哲学系、新加坡南洋理工大学中文系与哲学组协办的“儒学与国际华人社会”国际儒学研讨会并在会上报告了论文“《圣迹图》在日本的传播情况及研究现状与课题”
51	永富青地	2014 年 6 月 27 日	参加中山大学举办的“理学与岭南社会文化”国际学术研讨会，发表了题为《明代书院的出版——以湛若水著作为例》的论文
52	永富青地	2014 年 5 月 8 日	参加复旦大学举办的东亚文化交涉学会第六届国际学术大会，发表了题为《明代白鹿洞书院的出版》的论文
53	永富青地	2013 年 9 月 12 日	参加“儒家哲学研究与生态文明”座谈会，发表了题为《关于阳明哲学研究的一些新史料问题》的论文

续表

序号	主要参与人员	时间	交流事由
54	永富青地	2013 年 8 月 24 日	参加北京大学主办的“明清之际的精神和思想”国际学术研讨会，发表了题为《日本儒者林罗山、林鹅峰与明清变革》的论文
55	永富青地	2016 年 12 月	参加在台北举办的“跨区域与跨文化的接遇”国际学术研讨会，发表了题为《关于〈破邪集〉在中日两国刊印及其背景的考察》的论文
56	永富青地	2016 年 11 月	参加在北京举办的“相遇与互鉴：利玛窦与中西文化交流”国际学术研讨会，发表了题为《〈新编天主实录〉考——与〈天主实义〉比较的视角》的论文
57	永富青地	2016 年 8 月	参加在韩国首尔举办的“经学的源流与创新——从历史性与地域性视野”国际会议，发表了题为《〈圣迹图〉在日本江户时代的出版与传播》的论文
58	永富青地	2015 年 12 月	参加由复旦大学哲学院主办的“东亚朱子学国际学术研讨会——日韩朱子学的传承与创新”，发表了题为《佐藤一斋是否一个朱子学者——从〈栏外书〉中的记载谈起》的论文
59	永富青地	2015 年 10 月	参加中国清华大学和日本早稻田大学共同举办的第一届国际学术研讨会，发表了题为《日本阳明学研究回顾——从江户时代至 20 世纪》的论文

续表

序号	主要参与人员	时间	交流事由
60	三浦秀一	2014 年 6 月 27 日	参加中山大学举办的“理学与岭南社会文化”国际学术研讨会，发表了题为《湛甘泉的二业合一论及其影响》的论文
61	小路口聪	2011 年 9 月	赴浙江杭州拜访浙江省社会科学院钱明教授
62	小路口聪	2013 年	到安徽省实地调研
63	小路口聪	2014 年	到江西省实地调研
64	藤居岳人	2014 年 5 月 9 日	参加在复旦大学举办的东亚文化交涉学会第六届国际学术大会，发表了题为《怀德堂儒者的实学思想》的论文

（十）二松学舍大学阳明学研究中心的研究活动

鉴于二松学舍大学阳明学研究中心是日本战后阳明学研究的重镇之一，接下来对该中心的成立始末与开展的研究活动做一介绍。

二松学舍大学位于日本东京，其前身为日本明治时期著名汉学家三岛中洲于 1877 年创立的一所汉学塾，是日本汉学研究的重镇之一，其阳明学研究在日本可谓一枝独秀。本着开展阳明学综合研究以推进日本精神文化发展之目的，二松学舍大学于 1978 年设立了阳明学研究所，后于 2008 年 4 月改名为阳明学研究室，继而又于 2018 年 4 月改名为阳明学研究中心，直至今日。阳明学研究中心积极致力于东亚阳明学及与此相关的思想与文化研究。自成立以来，该中心除了致力于阳明学思想的启蒙宣传、资料整理收集之外，还出版发行了《阳明学讲话》《阳明学十讲》《传习录新讲》，并且每年发行一期学术期刊《阳明学》。《阳明学》于 1989 年发刊，至今仍是日本阳明学研究的标志性刊物。

现据阳明学研究中心官方网站上公开披露的信息，将该中心举办过的阳明学研讨会、公开讲座及公开发行的出版物详情汇总如下：

1. 阳明学研讨会举办情况①

阳明学研究中心的官网披露了4次学术研讨会的信息，会议分别于2017年、2018年、2019年与2021年召开。

2017年10月21日，在二松学舍大学校内举办了以“近代日本汉学与三岛中洲”为主题的学术研讨会。筑波大学中野目彻教授做了主旨演讲，二松学舍大学田中正树教授、菊地诚一、中根公雄在会上发言。

2018年3月8日，在二松学舍大学校内举办了“王龙溪研究现状”主题学术研讨会。浙江大学彭国翔教授在会上做了主旨演讲，早稻田大学永富青地教授、东洋大学小路口聪教授、二松学舍大学阳明学研究中心博士生山路裕等在会上发言，介绍了最新研究成果。

2019年11月3日，由二松学舍大学、浙江工商大学与浙江省伦理学会共同主办的第四届“阳明学与浙江文化——东亚视野中的阳明学”主题学术研讨会在浙江杭州召开。中国方面，浙江省社会科学院钱明教授、宁波大学何静教授、中国社会科学院匡钊研究员、浙江工商大学关雅泉博士等在会上宣读论文；日本方面，北海道大学名誉教授佐藤炼太郎、早稻田大学永富青地教授、二松学舍大学田中正树教授、二松学舍大学阳明学研究中心助手山路裕等在会上发言，分享了最新研究成果。

2021年12月4日，在二松学舍大学校内举办了以“阳明后学研究现状”为主题的学术研讨会。本次研讨会线上线下同步召开。会上，福冈教育大学鹤成久章教授、日本东北大学三浦秀一教授应邀做了主旨演讲，秀明大学久米晋平老师、二松学舍大学东亚学术综合研究所山路裕研究员宣读论文，分享了最新研究成果。

2. 公开学术讲座举办情况

1998—2003年，二松学舍大学阳明学研究中心举办公开学术讲座共计10场。演讲日期、演讲人与演讲题目如表2-2所示（依据二松学舍大学阳明学研究中心官方网站的公开信息制作而成②）。

---

① 阳明学研讨会举办情况由二松学舍大学阳明学研究中心网站信息整理所得，网址如下：https://www.nishogakusha-u.ac.jp/eastasia/yomeigaku/yomeigaku02.html。

② 二松学舍大学阳明学研究中心举办的公开讲座信息可到如下网址查阅：https://www.nishogakusha-u.ac.jp/eastasia/yomeigaku/yomeigaku02.html。

表 2-2 二松学舍大学举办的公开讲座一览（1998—2003）

序号	演讲日期	演讲人	演讲题目（括号内为中文翻译）
1	1998 年 6 月 2 日	松川健二 二松学舍大学阳明学研究所所长	陽明学者のいわゆる異端について（论阳明学者所谓的异端）
2	1999 年 6 月 24 日	林田明大 作家	赤穂義士と陽明学（赤穗义士与阳明学）
3	1999 年 11 月 30 日	滨久雄 财团法人无穷会专门图书馆馆长	山田方谷の陽明学（山田方谷的阳明学）
4	1999 年 11 月 30 日	渡边贤 埼玉大学外聘讲师	余姚国際陽明学研討会参加報告（余姚国际阳明学研讨会与会报告）
5	2000 年 6 月 28 日	吉田公平 东洋大学文学系教授	王陽明の贈りもの（王阳明的馈赠）
6	2000 年 11 月 28 日	松川健二 二松学舍大学阳明学研究所所长	東沢瀉の思想詩について（论东泽泻的思想诗）
7	2001 年 6 月 19 日	马渊昌也 学习院大学外国语教育中心教授	陽明学発微（阳明学发微）
8	2001 年 11 月 14 日	滨久雄 财团法人无穷会专门图书馆馆长	三島雷堂先生の人となりと陸王哲学（三岛雷堂先生的人格与陆王哲学）
9	2002 年 12 月 7 日	疋田启佑 福冈女子大学教授、二松学舍大学阳明学研究所客座研究员	陽明学について（论阳明学）
10	2003 年 11 月 29 日	滨久雄 财团法人无穷会专门图书馆馆长	若き三島中洲の学問の到達点と晩年の死生観（三岛中洲青年时代的学问水平和晚年的生死观）

3. 公开发行的出版物

1989年，在冈田武彦教授的倡议下，二松学舍大学创刊《阳明学》杂志。该杂志至今仍是国际上数一数二的阳明学专业刊物。杂志每年发行一期，截至2022年3月已发刊至第32期。每期刊载的内容大致由专题论文、一般论文及译注三部分组成。总计32期的杂志主要信息已整理成表格附在本章最后，供读者参阅。《阳明学》杂志研究视野宽广，定位高远，不局限于日本阳明学，还积极致力于东亚阳明学及与此相关的思想、文化研究，以阳明学研究作为东亚思想文化交流之重要纽带。中、日、韩三国均有学者在此刊上发文。

（十一）日本大学的阳明学研究相关博士学位论文

博士学位论文的完成也是一个学科领域研究进展的重要指标之一。日本共有多少阳明学相关研究的博士学位论文面世呢？笔者尝试在“数字王阳明资源库全球共享平台”上查找日文的学位论文。检索数据显示，1944—2021年，日本的大学共有42篇阳明学研究的相关博士学位论文通过了答辩，42人被授予博士学位。现按论文完成时间整理成表2-3[①]。

表2-3　日本大学阳明学研究的相关博士学位论文一览（1944—2021）

序号	博士学位论文题目（括号内为中文译文）	作者	学科	学校	完成时间（年）
1	中江藤樹研究（中江藤树研究）	加藤盛一	文学	广岛文理科大学	1944
2	中江藤樹の道徳思想の研究（中江藤树的道德思想研究）	后藤三郎	文学	东洋大学	1962
3	湛甘泉の研究（湛甘泉研究）	志贺一郎	文学	筑波大学	1982
4	陸象山と王陽明（陆象山与王阳明）	吉田公平	文学	广岛大学	1991
5	東アジアにおける陽明学の展開（东亚阳明学之发展）	崔在穆	文学	筑波大学	1991

① 数字王阳明资源库全球共享平台网址如下：https://www.e—yangming.com/subjects/suoyin/2561/index.html。

续表

序号	博士学位论文题目（括号内为中文译文）	作者	学科	学校	完成时间（年）
6	成瀬仁蔵の教育思想：成瀬的プラグマティズムと日本女子大学校における教育（成濑仁藏之教育思想：成濑式实用主义与日本女子大学的教育）	影山和子	教育学	国际基督教大学	1992
7	何心隠の生涯と思想：その秩序像をさぐる（何心隐生涯与思想：秩序观探究）	韩睿嫄	文学	东京大学	1993
8	幕末・維新期長州藩の政治構造（幕末、维新时期长州藩的政治结构）	三宅绍宣	文学	广岛大学	1993
9	近代中国における儒教的近代化論の研究（近代中国的儒学近代化论研究）	竹内弘行	文学	九州大学	1994
10	中国近世近代社会における陽明心学の展開に関する研究（中国近世近代社会阳明心学之发展研究）	李凤全	文学	九州大学	1994
11	中江藤樹の総合的研究（中江藤树综合研究）	古川治	文学	东北大学	1994
12	陽明後学の研究（阳明后学研究）	吴震	文学	京都大学	1996
13	清初期における「秩序」構想とその蹉跌：呂留良思想再考（清初的“秩序”构想与挫折：吕留良思想的再探讨）	伊东贵之	文学	东京大学	1996
14	佐藤一斎とその周辺（佐藤一斋及其周边）	中村安宏	文学	东北大学	1996
15	章学誠の知識論：考証学批判を中心として（章学诚的知识论：以考证学批判为中心）	山口久和	文学	大阪市立大学	1996

续表

序号	博士学位论文题目（括号内为中文译文）	作者	学科	学校	完成时间（年）
16	明代仏教社会の地域的研究:嘉靖·萬暦年間（1522—1620）を中心として（明代佛教社会的区域研究：以嘉靖、万历年间（1522—1620）为中心）	陈玉女	文学	九州大学	1996
17	北村透谷研究－思想的形成の多層性を中心に－（北村透谷研究——以其思想形成的多层性为中心）	兰明	文学	东京大学	1997
18	近世日本の儒学と兵学（近代日本的儒学与兵学）	前田勉	文学	东北大学	1997
19	良知現成論に関する研究:王龍渓·王心斎を中心にして(良知现成论相关研究：以王龙溪、王心斋为中心)	郑址郁	文学	九州大学	1998
20	東沢瀉思想研究:その朱陸論を中心として（东泽泻思想研究：以其朱陆论为中心）	甘万萍	文学	广岛大学	1998
21	中国近代における天下観の動揺と再生（中国近代天下观的动摇与再生）	李惠京	文学	京都大学	1998
22	郭沫若研究:十年にわたる日本留学の時代（郭沫若研究：十年日本留学生涯）	武继平	比较社会文化	九州大学	1999
23	吉田松陰の思想形成と近代中国に於ける吉田松陰認識（吉田松阴的思想形成与近代中国的吉田松阴认识）	郭连友	文学	东北大学	1999

续表

序号	博士学位论文题目（括号内为中文译文）	作者	学科	学校	完成时间（年）
24	富岡鉄斎の画風についての思想的、藝術的考察:鉄斎画の賛文研究を通じて（富冈铁斋画风的思想与艺术研究——通过铁斋画作的题画诗研究来看）	战晓梅	学术	综合研究大学院大学	2001
25	幕末・明治期の儒学思想の変遷（幕末、明治时期的儒学思想变迁）	山田芳则	文化史学	同志社大学	2001
26	幕末日本の情報活動:「開国」の情報史（幕末日本的情报活动：“开国”的情报史）	岩下哲典	历史学	青山学院大学	2001
27	吉田松陰研究序説:幕末維新期における自他認識の転回（吉田松阴研究导论：幕末维新时期自他认识的转向）	桐原健真	文学	东北大学	2004
28	王守仁著作の文献学的研究（王守仁著作的文献学研究）	永富青地	文学	早稻田大学	2004
29	吉田松陰の政治思想史的研究（吉田松阴的政治思想史研究）	李秀石	文学	早稻田大学	2005
30	兵学者としての吉田松陰（作为兵学家的吉田松阴）	唐利国	学术	新潟大学	2006
31	日中の近代化における知識人の役割に関する研究:儒教に対する吉田松陰と譚嗣同の思想をもとに（中日近代化过程中知识分子的作用研究：吉田松阴和谭嗣同对儒学的看法）	鲁霞	学术	东京工业大学	2007
32	陽明学の成立と展開（阳明学的形成与发展）	钱明	文学	九州大学	2008

续表

序号	博士学位论文题目（括号内为中文译文）	作者	学科	学校	完成时间（年）
33	吉田松陰の研究:忠孝一致論・尊皇攘夷論・死生観・武士道論に關する考察（吉田松阴研究：对忠孝一体论、尊皇攘夷论、生死观、武士道论的考察）	张阿金	文学	北海道大学	2009
34	大塩平八郎と陽明学（大盐平八郎与阳明学）	森田康夫	文学	立命馆大学	2009
35	吉田松陰の研究:自己否定の思想とその展開（吉田松阴研究：自我否定思想及其发展）	张惟综	文学	筑波大学	2009
36	心即理:王陽明前期思想の研究（心即理：王阳明前期思想研究）	大场一央	文学	早稻田大学	2010
37	初期江華学派の研究:朝鮮における陽明学受容（初期江华学派研究：朝鲜对阳明学的接受）	中纯夫	文学	京都大学	2011
38	陸王心学における「自然」と「工夫」についての研究:陸象山・王陽明・王龍渓（陆王心学的“自然”与“功夫”研究：陆象山・王阳明・王龙溪）	伊香贺隆	文学	东洋大学	2012
39	近世における「学問」の誕生:中江藤樹の教導思想（近代“学问”的诞生：中江藤树的教导思想）	高桥恭宽	文学	东北大学	2013
40	王守仁の思想と明代における『大学』解釈の諸相（王守仁的思想与明代对《大学》的不同诠释）	水野实	文学	早稻田大学	2014

续表

序号	博士学位论文题目（括号内为中文译文）	作者	学科	学校	完成时间（年）
41	陽明学と明の政治（阳明学与明朝政治）	焦堃	文学	京都大学	2014
42	江戸時代前期における儒学者の朱子学と陽明学の受容に関する考察（江户时代前期儒者对朱子学与阳明学的受容研究）	关雅泉	文学	北海道大学	2019

从表 2-3 可以看出：首先，研究吉田松阴的博士学位论文有 6 篇，研究中江藤树的有 4 篇，对他们的研究既有综合性研究，也有分项研究，70 年来研究热度不减。可见，吉田松阴和中江藤树的思想在日本思想史中占据着极其重要的地位。其次，有 14 篇博士学位论文聚焦某一两位特定的心学思想家，就其思想内涵展开分析，如湛甘泉、陆象山、王阳明、成濑仁藏、何心隐、吕留良、佐藤一斋、章学诚、北村透谷、王龙溪、王心斋、东泽泻、郭沫若、富冈铁斋、大盐平八郎等，其中既有中国的代表性心学家，也有日本的心学家。最后，论文中既有阳明学的形成与发展研究，又有将阳明学置于东亚视域之下、置于整个儒学发展大背景下的流变研究。可以说，这些论文既有宏观研究，也不乏微观探讨，考据与义理并重，展示了 70 年来日本学界阳明学研究的重点。

第三节　阳明心学在日本的传播过程中对政治及经济的影响

一、对政治的影响

阳明学在日本幕末的变革时期起到了不可忽视的作用，我们可以从幕末维新志士大多遵奉阳明学的事实得见。在维新前，以西乡隆盛、河井继之助等阳明学学者为例，无论他们的立场是维护天皇还是支持幕府，亦无论其结果是成是败，他们的思想皆深受阳明学的影响。维新前的阳明学可以说是被转换成了作为革命精神动力的阳明学，吸引着当时的日本武士。至于阳明学为什么会对日本武士有如此大的吸引力，张崑将认为原因有四：第一，德川政权并非独尊朱子学，加之没有科举制度，因此为阳明学留有发展的空间；第二，阳明的军事成就作为其个人魅力，吸引了“以武立国”的幕府武家政权之武士；第三，武士有重实践而轻理论的思维倾向，因此更喜欢阳明学之“简易”功夫；第四，从“武艺”到“武士道”，日本武士特别需要生死的体悟，而良知学所倡导的“事上磨炼”的禅学精神正契合了这一需求。由于社会历史背景不同，阳明学在中、日的发展走向了不同的道路，在中国阳明学被批为亡国祸首，在日本却被视为了明治维新的精神动力。在维新后，武士伦理变质为新武士道论，并通过警察、军官和财阀这三大系统，普及为日本全体国民的精神。

日本一直到二战后仍有人自称是坚定的阳明学学者，如安冈正笃（1898—1983）。安冈正笃是从政治家的立场来推动儒教普及的社会活动家，被誉为“昭和的教祖”“政治家的指导者”，其创办了日本金鸡学院、农士学院等机构来传播自己对于阳明学的研究和理解，最有名的是影响日本朝野的“日本全国师友协会”。日本政界和经济界的领导阶层有 1 万多人参加了师友会。二战后日本历任首相如池田勇人、吉田茂、大平正芳及铃木善幸等，莫不以安冈为顾问或奉他为师，连裕仁天皇的《终战诏书》也经由他删改修订。安冈去世后，从当时的在任首相到诸多前任首相都出席了他的葬礼，可见他在日本政界的影响力不可小觑。

二、对经济的影响

明治时期的实业家中受到阳明学思想影响的代表人物有三菱财阀的创始人岩崎弥太郎（1835—1885）、大实业家涩泽荣一（1840—1931）等人。

涩泽荣一是从企业家的立场推动儒教普及的社会活动家，被誉为“日本资本主义之父”，与汉学家三岛中洲有深交。2019 年 4 月 9 日，日本政府宣布将于 2024 年启用新版纸币，其中 1 万日元的正面人物将采用涩泽荣一的头像，以纪念他的“丰功伟绩”。涩泽荣一出生于武藏藩（今埼玉县）一个半农半商家庭，自幼年起接触大量的儒学经典，奉儒家思想为行为准则。他一生创办了500多家企业，业务遍及金融、铁道、海运、矿山、纺织、钢铁、造船、机电、保险、建筑等众多领域，并创办了日本第一家商业银行“第一国立银行”（现为瑞穗银行，日本三大银行之一）。今天，在东京证券交易所一部上市的传统企业当中，除了三井、住友、三菱等财阀资本企业外，其余的几乎都与涩泽荣一有着千丝万缕的关系。可以说，战后日本的商业模式是在涩泽荣一创立的模式的基础之上发展起来的。涩泽荣一主张“道德和经济兼顾”的“道德经济合一论”。他从自己信奉的儒学，特别是《论语》中去寻找根据，用“论语”指代道德，用“算盘”指代经济，主张道德与经济的融合统一，并且认为在经济活动中，与经济理性相比，应该优先考虑伦理问题，强调实业经济家必须要做一个为国家做贡献的商人。此外，他还致力于社会福利事业，非常重视女子教育的发展，并积极投身于同中国、韩国、美国民间的交往活动，也因此被政府两次推选参评诺贝尔和平奖。涩泽荣一是一位真正“知行合一”的思想家、企业家和社会领袖，他的著作《论语和算盘》在日本常年位于畅销书之列，其中文版已于2010年由江西美术出版社出版，为中国读者所了解。

日本“经营四圣”中的两圣——松下公司的创立人松下幸之助（1894—1989）与京瓷公司的创立人稻盛和夫（1932—2022）也同样是阳明学的忠实支持者。

松下幸之助被誉为日本的“经营之神”。“终身雇佣制”“年功序列”等日本企业的管理制度都由他首创。自从1978年邓小平访问松下电器公司以后，松下电器成为中国首个日本投资的外企公司（北京松下彩色显像管有限公司）。松下公司在全世界设有230多家公司，员工总数超过29万人。1979年，松下幸之助效仿吉田松阴的松下村塾而建私塾“松下政经塾”，目的是要培养造就一批为日本国家利益和国民幸福奉献终生、具有长远历史眼光和国际视野、政策和策略高明的优秀政治家，由他们引领日本走上自由、民主、富强和国民幸福的道路，并为世界和平与繁荣做出贡献。虽说松下政经塾办学仅30余年，毕业生也只有240多人，但目前日本国会众参两院中松下政经塾出身的议员总数就有34人之多，前首相野田佳彦就是松下政经塾第一期学员，前外务大臣前原诚司是这间私塾的第八期学员。可见松下政经塾在今天的日本社会和政治生活中仍占有一席之地。

稻盛和夫被誉为日本的“经营之圣”，虽然他没有读过《传习录》，也没有研究过阳明学，但日本明治维新第一功臣西乡隆盛是其鹿儿岛的同乡前辈，更是他的崇拜对象，他精心解读过西乡的《南洲翁遗训》。西乡曾研习过阳明学，从这个意义上而言，说阳明学对稻盛和夫产生过间接影响不为过。稻盛和夫的经营哲学贯穿着儒家伦理道德观。“天人合一”是儒家哲学的基本命题，稻盛和夫奉行西乡隆盛“敬天爱人”的思想，坚信敬天爱人一定可以打败绩效主义。“心性论”是儒家伦理的核心，稻盛和夫经营企业“以心为本”，对员工实行“大家族”式的亲情管理。先义后利，重义轻利是儒家的义利观，稻盛和夫一反无商不奸，坚持“利他主义”的经营理念。品行修养是儒家的立身之本，稻盛和夫按照“每天自我反省”等“六个精进”的修身内容，磨砺人格。他在 1959 年创建京瓷公司。截至 2019 年 3 月 31 日，京瓷集团旗下共有 286 家公司，业务涉及精密陶瓷、半导体零部件、太阳能设备、机械工具、珠宝应用产品、服务及网络等各种领域，集团员工人数达 76863 人。1983 年，京都一部分青年企业家自发地组成了一个学习稻盛经营哲学的组织“盛友会”，后改名为“盛和塾”，邀请稻盛和夫亲自来做演讲，稻盛经营哲学自此开始在日本中小企业家中传播。如今，稻盛哲学已经跨出日本列岛，影响遍及亚洲和美洲多个国家和地区。稻盛和夫本人还志愿担任共 104 家分塾（海外 48 分塾）的盛和塾塾长，领导盛和塾聚集了 14938 位年轻经营者。盛和塾还定期发行会员刊物《盛和塾》，这在日本的青年企业家中是一本非常具有影响力的刊物。1984 年，稻盛和夫个人出资设立稻盛财团，担任理事长，同时创设国际奖项“京都奖”，于每年 11 月对那些为人类社会的发展进步做出突出贡献的人士进行表彰。稻盛和夫著述颇丰，目前已达数十种之多，而其中最有代表性的要数《活法》[①]、《干法》[②]、《阿米巴经营》[③]、《利他的经营哲学》[④]等著作。近年来其著述图书的中文版在国内一经出版便受到热烈追捧，中文版书籍印量已近 1000 万册，仅《活法》一书的销量已近 300 万册。稻盛哲学在中国产生了极大的影响力。

矢崎胜彦（1942— ），现任日本芬理希梦集团（Felissimo）[⑤]名誉会长、京都论坛[⑥]事务局局长、日本将来世代国际财团理事长。他既是一名企业家，也

① 稻盛和夫. 活法. 曹岫云，译. 上海：东方出版社，2013.

② 稻盛和夫. 干法. 曹岫云，译. 北京：机械工业出版社，2019.

③ 稻盛和夫. 阿米巴经营. 曹岫云，译. 北京：中国大百科全书出版社，2016.

④ 稻盛和夫. 利他的经营哲学. 曹岫云，译. 北京：机械工业出版社，2017.

⑤ 芬理希梦（Felissimo）集团 1965 年由矢崎胜彦成立于日本，总部设于日本神户，迄今已有 50 年的历史。Felissimo 的含义是“最大最高级的幸福”。芬理希梦是联合国教科文组织成员、日本最负盛名的生活方式提案商。它是一家以原创商品为中心，同时以独特的视点选择国内外的商品和服务，通过商品宣传册和网站等原创沟通媒体为消费者进行生活提案的直销公司。其商品涉及从时装到生活杂货，从手工制作套装到美容用品、食品乃至各种服务，每年原创商品就有几万件。它活跃于纽约、巴黎、香港、东京、神户、北京、上海等世界各地，热衷于公益活动，其中国团队研发的公益项目就有“幸福小动物”“21 世纪彩碟”、支援贫困地区学校美育教育的“500 色彩色铅笔”、为大凉山地区提供的“喜德之光”等扶贫项目。

⑥ 京都论坛于 1989 年 11 月由矢崎胜彦、京都大学名誉教授清水荣与佛学家井上希道等共同创立，现有成员 1800 余名，主要由科学家、哲学家、教育学家、企业家、宗教学家等各界著名人士组成，为有识之士开展对话、产生共鸣、共同创新提供了舞台。

是一名勤于思考的思想家。他十分推崇阳明学说，把阐述自己的儒学思想和经营理念的专著命名为《良知之道》[①]，并且身体力行阳明的哲学理念。他曾亲自前往贵州龙场书院王阳明悟道之地，是第一批到“王阳明悟道玩易窝”的日本人[②]。他认为，人类面临的两大问题——环境的污染和精神的污染，是人类只顾眼前利益和局部利益的自私自利行为而造成的。他相信，解决的对策是要克服“我执”，具体而言就是要超越经济至上主义、科学至上主义、国家主义及瞬时主义，唤醒每一个人内在良知的地球市民意识，呼吁以此为行动准则，建立开拓未来的新文明。1992 年，他作为联合国环境与发展大会（UNCED）的官方报纸共同发行人，参加了在巴西里约热内卢举行的地球峰会。他对 UNCED 官方日报《地球峰会时报》（*Earth Summit Times*）的共同发行、UNCED 官方出版物《地球伦理学》日文版的发行、官方海报宣传及官方简讯的发刊等进行了支援，得到了联合国组织与国际社会的高度评价。从 1999 年起，他在日本各地共召开了 21 次“将来世代留学生论坛”会议。从 1998 年起，他先后召开了 90 余次公共哲学共同研究会（公共哲学京都论坛），旨在扬弃公私对立的二元论，对开创公私更高境界的公共世界的公共哲学进行研究讨论。2009 年 10 月，由京都论坛—公共哲学共动研究所主办，中国人民大学与人民出版社协办的《公共哲学》译丛首发式暨学术座谈会在中国人民大学举行。来自中、日、韩三国的相关专家围绕公共哲学的话题进行了深入的讨论，并高度评价了《公共哲学》译丛在中国的出版发行对加强中日两国学术文化的交流与合作、促进中国哲学研究的学术发展和学科体系建设的重要意义[③]。2011 年，矢崎胜彦在京都创立了日语学校“活学书院”，为留学生提供从申请留学到就业的全程服务，旨在构建可永久持续发展的“积善型良性循环留学系统”。矢崎胜彦另外还出版了多部著作，均有中译本在中国出版发行，如《印度植物物语：一位邮购帝国缔造者启示录》[④]、《信赖农园物语：日本邮购帝国缔造者启示录》[⑤]、《幸福经营之道：日本邮购帝国缔造者启示录》[⑥]、《良知物语：一位邮购帝国缔造者启示录》[⑦]等。

---

① 矢崎胜彦. 良知之道：一个经营者的三上磨练. 北京：中国水利水电出版社，2009.

② 矢崎胜彦. 良知物语. 北京：中国发展出版社，2012：2.

③ 陈彬，崔雪芹，蒋丽娟，等.《公共哲学》译丛首发式暨学术座谈会在京举行. (2009-10-12) [2021-09-28]. http://news.sciencenet.cn/sbhtmlnews/2009/10/224591.html?id=224591.

④ 矢崎胜彦. 印度植物物语：一位邮购帝国缔造者启示录. 于雷，译. 北京：中国发展出版社，2012.

⑤ 矢崎胜彦. 信赖农园物语：日本邮购帝国缔造者启示录. 茹杨，译. 北京：中国发展出版社，2012.

⑥ 矢崎胜彦. 幸福经营之道：日本邮购帝国缔造者启示录. 吴端，译. 北京：中国发展出版社，2012.

⑦ 矢崎胜彦. 良知物语：一位邮购帝国缔造者启示录. 日本将来世代国际财团生命文化研究所，译. 北京：中国发展出版社，2012.

此外，日本文豪三岛由纪夫（1925—1970）也深受阳明学说的影响，就在他自杀前两个月，还发表过关于阳明学的作品《作为革命哲学的阳明学》[①]一文，把阳明学当成是亚洲革命精神的代表，以对抗二战后日渐美国化或西欧化的精神的渗透。

第四节　中国的日本阳明心学研究

国内亦有一批学者投身于日本阳明学或中日阳明学对比研究，旨在将日本阳明学这一研究对象本身作为“他者”来认识，并通过“他者”来深入地认识自我，为此积累了丰硕的研究成果。大陆主要学者有朱谦之、钱明、吴震、刘金才等，台湾地区的主要学者有张崑将、戴瑞坤等，另有旅日华人学者邓红等。

大陆学者方面，朱谦之（1899—1972）的论著《日本的古学及阳明学》（上海：上海人民出版社，1962 年），带动了介绍日本阳明学之研究。

钱明（1956— ），日本九州大学中国哲学史博士，师从冈田武彦，是中国著名的日本阳明学研究学者，著述颇丰。以下仅介绍其就日本阳明学发表的主要论述。

钱明在《日本当代儒学家冈田武彦思想述评》[②]一文中认为可以把冈田武彦以“神儒共体”为特征的学问系统概括为：以“身学”为目的，以“崇物”为根本，以“简素”为价值取向，以“体认”为手段，以“兀坐”为功夫，以“共生共存”“心物一体”为最高理念的，彼此间相辅相成、即合即离、体用互补、融会贯通的，完整而和谐的思想体系。他认为这是冈田半个多世纪以来为日本神道和儒教所精心架构起来的思想大厦。

钱明的《王阳明与日本关系新考》[③]一文对王阳明本人与日本人的交识及阳明著作中涉及日本的人或事件做了文献考辨。文章认为，王阳明一生共与日本人有过三次接触，皆发生在日本第八次至第九次对明勘合贸易期间。而且其所识日本人中，既有对明贸易团使臣禅僧了庵桂悟，也有“恶少”宋素卿。通过三次接

---

① 三島由紀夫. 革命哲学としての陽明学. 三島由紀夫評論全集第三卷. 東京：新潮社，1989：586-587.

② 钱明，杨路. 日本当代儒学家冈田武彦思想述评. 中共宁波市委党校学报，2004（5）：45-51.

③ 钱明. 王阳明与日本关系新考. 宁波大学学报（人文科学版），2005（5）：10-14.

触，王阳明对日本有了大致的了解。

钱明在《九州学派：日本现代儒学的地域样本》[①]一文中介绍了九州学派的学术形态特质。他指出，所谓九州学派，就是从楠本正继开始的脱离了传统儒学即旧学的新型的学术形态。与受西方哲学影响而创立于幕末维新时期的京都学派和东京学派不同的是，九州学派的"学统"或"道统"可上溯到江户中期，所以九州学派似乎更具有日本传统的神儒合一的特色，以及传统书院教育的诉求。楠本正继的两大弟子冈田武彦和荒木见悟可谓九州学派的两大领袖。冈田基本上属于阳明学的践行态，而荒木则属于阳明学的学问态；冈田宏识博通，而荒木绵密精微；冈田倾心于阳明精神与神道教的结合，致力于阳明学的日本化和庶民化，而荒木则倾心于阳明学与佛学的研究，致力于阳明学的理论化和精致化。尽管九州学派现已逐渐衰微，但形成于20世纪60年代，兴旺于世纪之交的该学派，仍在楠本学和冈田学的旗帜下，在日本现当代思想史上保持了近半个世纪的影响力。

钱明在《关于日本阳明学的几个特质》[②]一文中以幕末维新时期的日本阳明学尤其是以山田方谷为代表的保幕派或协幕派阳明学为重点考察对象，概述与阐释了这一时期日本阳明学的基本特质。分析结果指出"王朱并举、以王为重"和"文武并举、以文为重"是属于整个日本阳明学且能反映其时代共同性的特质，"道术并举、以道为重"和"义利并举、以意为重"则主要属于部分日本阳明学而显示其政治立场的特质。

钱明在《阳明学在域外的传播、展开与影响》[③]一文中指出，"域外阳明学"主要是指日本和韩国，也包括古代琉球、越南及新加坡、马来西亚等地的华人圈，还应包括美、德、瑞、俄、法、比等国的当代阳明学研究。文中概括介绍了日本阳明学、朝鲜阳明学及英语、德语世界的阳明学的历史与特质之后，主要对阳明学在日本、朝鲜（韩国）的传播与展开情况进行了细致梳理。文章将阳明学在日本的传播与展开分为四个阶段，分别为：江户早中期的日本阳明学、幕末维新时期的日本阳明学、明治中后期的日本阳明学及昭和时期的日本阳明学。文章还介绍了每一阶段代表人物的学说与影响。文章强调，中、日、韩三国的阳明学尽管在一些基本的价值、理念上存在一致，但三者之间有着本质区别，故不能简单地视为同一种"阳明学文化圈"。

在2019年第四届"阳明学与浙江文化——东亚视野中的阳明学"学术研讨

---

① 钱明．九州学派：日本现代儒学的地域样本．深圳大学学报（人文社会科学版），2012，29（4）：46-52.

② 钱明．关于日本阳明学的几个特质．贵阳学院学报（社会科学版），2014，9（6）：1-8.

③ 钱明．阳明学在域外的传播、展开与影响．人文天下，2017（23）：18-29.

会上，钱明做了题为“从‘文武合一’到‘心刀合一’——日本武士文化再思考”的发言。钱明认为王阳明之所以在日本受到热捧，与“武”和“兵”有密切关系。他同时指出，王阳明之“武”与日本文化之“武”具有不可忽视的差别。中国的儒士文化强调“仁智合一”，而日本的武士文化则强调“仁勇合一”。“仁智合一”是“大勇”，而“仁勇合一”是“小勇”。武士之“谋”是局部的、短视之“谋”，而儒士讲的全局的、长远之“谋”。两者不在一个等量级上。他指出，有勇少谋的武士文化基因对真正的阳明学 DNA 有一定的排斥性。

吴震（1957— ），国际知名阳明学研究者，京都大学文学博士，复旦大学哲学系教授，研究领域有东亚儒学、宋明理学、阳明后学、朱子学等。吴震在《关于“东亚阳明学”的若干思考——以“两种阳明学”问题为核心》[①]中指出，17 世纪初阳明学传入日本，经过一番“日本化”改造之后，形成了与中国阳明学非常不同的“日本阳明学”；从历史上看，以吉田松阴、西乡隆盛等人为代表的幕末阳明学，三宅雪岭等人所开创的“日本阳明学”，及至井上哲次郎、高濑武次郎所推动的所谓“近代阳明学”运动，显然与中国阳明学不可同日而语；从近代到战后时代，无论是日本阳明学还是中国阳明学，日本学界所做出的研究成就，在很长一段时期内，在世界范围领先；阳明学作为儒学的一个重要传统，其本身所蕴含的思想精神、儒学价值是值得加以传承和发扬光大的，特别是阳明良知学的实践性、开放性及批判性等精神特质，即便在当今社会仍有其重要的思想价值。

吴震之后在《再论“两种阳明学”——近代日本阳明学的问题省思》[②]中又探讨了日本的“两种阳明学”和中国阳明学的差距。他还认为，近代日本至少有四种形态的“两种阳明学”：中国的与日本的、右翼的与左翼的、前近代的与近代的、国家主义的与个人主义的。虽然阳明学在交流传播的过程中出现多样性特征，但不能只强调复数性和多样性，从而陷入偏激的历史相对主义。他通过考察吉本襄、东敬治到石崎东国的阳明学理论，发现近代日本阳明学既有趋近“国家主义”又有走向“民间主义”等复杂的面相，因此沟口雄三将中国阳明学的特质规定为“理本主义阳明学”，就略显武断。因此阳明学发展状态是“特殊”的，但其原理则是“普遍”的，若不承认这点阳明学就可以无限细分下去，从而失去普遍意义，最终导致阳明学的终结和死亡。

---

① 吴震. 关于“东亚阳明学”的若干思考——以“两种阳明学”问题为核心. 复旦学报（社会科学版），2017，59（2）：13-25.

② 吴震. 再论“两种阳明学”——近代日本阳明学的问题省思. 社会科学战线，2018（7）：31-43，281.

北京大学教授刘金才（1951— ）在《阳明学在日本的传播和对民众道德培育的影响》[①]一文中主要对阳明学在日本传播发展的主脉——日本阳明学始祖中江藤树的阳明学思想，以渊冈山为代表的主内省派及其衍生出的石田心学、以熊泽蕃山为代表的主事功派及其衍生出的“报德教”，以及近代日本的阳明学运动进行了简要考察和分析，揭示了阳明学对于日本近世庶民道德的培育及近现代国民道德建设的作用，以期对我国社会主义核心价值观的培育和公民道德的建设提供有益的启示。

中国台湾研究日本阳明学的代表人物要数张崑将。张崑将毕业于台湾大学历史学专业，获博士学位，致力于东亚儒学和日本阳明学多年。他著述丰富，出版的主要专著有：《德川日本儒学思想的特质：神道、徂徕学与阳明学》（台北：台大出版中心，2007 年）、《德川日本“忠”“孝”概念的形成与发展：以兵学与阳明学为中心》（上海：华东师范大学出版社，2008 年）、《阳明学在东亚：诠释、交流与行动》（台北：台大出版中心，2011 年）等，并发表多篇重要论文，在国内外学界有较大影响。现对其主要论述作一简要概述。

张崑将在《德川日本“忠”“孝”概念的形成与发展：以兵学与阳明学为中心》中论述了德川时代日本思想史中“忠”与“孝”两个概念的形成与发展，以日本阳明学学者所强调的“孝”与兵学者所看重的“忠”作为分析的主轴，并比较了中日儒学的异同。张崑将在该书中分析了大盐中斋、吉田松阴二人的“知行合一”思想内容与阳明之不同，认为区别主要在于双方所认知的“心”之内涵：阳明的“心”是道德本体之创生意义下的“心”，而中斋与松阴所认知的“心”都只是停留于实践道德的“心”，不具有道德本体的内涵。因此，日本幕末阳明学表现出特别显著的实践行动论。张崑将认为这与日本传统“自然观”思维有关，即他们极力追求知识和对象的完全合一，不去强辩“本质”或“本体”论，直接视之为信仰，故很容易专注在道德“功夫”论的实践上。

张崑将在《阳明学在东亚：诠释、交流与行动》中从广袤的东亚视野探析了阳明学在东亚各国的多元交流现象及其意义，论述了阳明学在东亚发展的普遍性的价值理念与地域性的特质。

张崑将在《日本阳明学学者中江藤树与大盐中斋对“孝”之解释》[②]一文中论证了日本江户时代阳明学开创宗师中江藤树及其幕府末期的继承者大盐中斋

① 刘金才．阳明学在日本的传播和对民众道德培育的影响．贵州文史丛刊，2016（1）：23-30.

② 张崑将．日本阳明学者中江藤树与大盐中斋对“孝”之解释．台大历史学报，2002（29）：127-167.

特有的《孝经》学思想，认为二者将“孝”的思维推尊到宗教性、神秘性的地位，极具日本阳明学的特色。他在《当代日本学者阳明学研究的回顾与展望》①一文中回顾战后日本学者对于中国阳明学的研究，选择冈田武彦、荒木见悟、山下龙二、岛田虔次与沟口雄三等核心学者的阳明学研究，以思想课题式的方式做了比较研究，紧扣“王阳明与陈白沙、湛甘泉思想的关系”“阳明学学派”“阳明学与三教关系”“近代与当代日本学者对李卓吾的高度肯定”“晚明阳明学的近代性格之评论”等五项重要的思想课题做了回顾分析，提出“推开国家主义来看待近代阳明学的发展”“掌握清代思想史中的阳明学”“注意中国近代阳明学复兴的研究”及“深化中日阳明学之比较研究”等四项综合性的研究展望。在《近代中日阳明学的发展及其形象比较》②一文中，张崑将探索了中日近代阳明学的发展关系及其形象，深入剖析了近代日本阳明学发展过程中展现的多元与对立的特质，并反观清末民初中国的阳明学发展，指出近代中国阳明学的复兴和维新派与革命派的留日或亡日经验有关。

张崑将在《日本阳明学与石门心学》③一文中比较了日本德川中期以后石门心学与阳明学的思想之异同及其发展关系，分析结果为二者同少异多。“同”主要指在二者的思想渊源均可溯源到孟子，对本土神道的接受持肯定态度，且两者均非德川学术上的主流。“异”则指两者的心学思想内涵、对待三教论的态度、四民平等的观点及学问观念等均有不同。同时该文也在结论部分指出，两个心学派在明治维新以后强调“国家道德”的政治背景下，有逐渐合流的趋势。

张崑将在《中日阳明学学者对“真我”的体证比较》④一文中分析了阳明学学者的“真我”意涵，并紧扣偶尔出现在阳明学学者的“寤寐”（半梦半醒）体验，如王阳明的龙场顿悟体验、王艮（心斋）的天体坠下之梦，以及日本阳明学学者中江藤树的梦神人授名号等等。这些寤寐的体验，或由读书精勤而百思不解，或遭临生死之交，或梦与老师相语，冥冥中仿若有人与之对话，时间都在夜半，亦多有静坐入定或默坐澄心的习惯，并且神交的体验仅在短时间内，醒来时多是惊醒状态，可见真我显露之际，常透过寤寐体验而呈现。另外，该文也对阳明学学者对真我体验的境界之描述，特别是对体证超越人我、物我之分的“物我一体”论，做了归纳与分析。最后透过上述阳明学学者对“真我”的讨论，反思阳明学与西方“超个人心理学”的交集与分野之处。

---

① 张崑将．当代日本学者阳明学研究的回顾与展望．台湾东亚文明研究学刊，2005，2（2）：251-297.

② 张崑将．近代中日阳明学的发展及其形象比较．台湾东亚文明研究学刊，2008，5（2）：35-85.

③ 张崑将．日本阳明学与石门心学．清华学报，2010，40（4）：663-711.

④ 张崑将．中日阳明学者对“真我”的体证比较．哲学与文化，2014，41（2）：3-31.

在旅日华人学者中，邓红在阳明学研究领域表现活跃，下面介绍其主要论述。

邓红在《何谓“日本阳明学”》[①]一文中认为，“阳明学”一词源于日本。通过探讨阳明学的出现、本质和在日本的发展，他指出，首先，“日本阳明学”和中国没有什么直接关系。它只是19世纪末一些日本人盗用了400年前中国明代思想家王守仁的号“阳明”为自己发动的一场社会运动取的名字而已。所以“日本阳明学”不值得中国学人那么赞美与喝彩。其次，“日本阳明学”虽然用了一个“学”字，看起来很像一门近代学科的名称，但绝非王阳明哲学思想之学术研究本身。再次，他提醒我们，“日本阳明学”有很多虚构，需要辨别认清。最后，他指出，正确把握“阳明学”和王阳明思想研究之间的界限，其实是承认日本学者的成果，而我们需要集合人力物力翻译出版日本的阳明学研究成果。

邓红的著作《日本的阳明学与中国研究》于2017年由广西师范大学出版社出版。全书分为上、下两编，收集了17篇作者最近几年写成的有关日本的阳明学研究和中国研究方面的论文。前六篇文章阐述日本阳明学产生和发展的过程，着重论述了日本阳明学和中国的关系。

在《“日本阳明学”的真实与虚构》[②]一文中，邓红主要探讨了日本“阳明学”的真实和虚构。他坚持“阳明学”源于日本，要与“阳明之学”做区别：首先，“阳明学”是日本一场社会运动的口号；其次，“日本阳明学”既不是以王阳明为首的哲学流派，也不是日本及中国的中国哲学史研究领域里的王阳明哲学思想研究；再次，在20世纪20年代后期第五本《阳明学》杂志废刊以后，“日本阳明学”这一社会运动在日本实际上已经寿终正寝；最后，重申这种虚构的“神话”不值得中国人过分赞赏。

---

① 邓红. 何谓“日本阳明学”. 华东师范大学学报（哲学社会科学版），2015（4）：153-166，172.

② 邓红.“日本阳明学”的真实与虚构.（2018-02-24）[2021-09-28]. http://theory.gmw.cn/2018-02/24/content_27782880.htm。

附　《阳明学》杂志刊载论文一览（1989—2022）

（本表依据二松学舍大学阳明学研究中心官方网站的公开信息制作而成）

第 1 期　山田方谷特辑　出版时间 1989-03-31		
序号	日文原文	中文译文
1	二十一世紀と陽明学（岡田武彦）	21 世纪与阳明学（冈田武彦）
2	王陽明の哲学思想（洪樵榕）	王阳明的哲学思想（洪樵榕）
3	王陽明研究の原型（山下龍二）	王阳明研究的原型（山下龙二）
4	伝習録の徐横山所録に見える「至善」について（市川安司）	论《传习录·徐横山所录》中的“至善”（市川安司）
5	座談会－方谷を語る－出席者:山田琢・洪樵榕・中田勝（司会者）・小林日出夫	座谈会——方谷先生语——出席者：山田琢、洪樵榕、中田胜（主持人）、小林日出夫
6	山田方谷の略伝（中田勝）	山田方谷略传（中田胜）
7	方谷の理財論とその周辺（山田琢）	方谷的理财论及其相关理论（山田琢）
8	山田方谷の漢詩文について（芳原一男）	论山田方谷的汉诗文（芳原一男）
9	郷土の先師・方谷と中洲（松田存）	乡土先师・方谷和中洲（松田存）

第 2 期　中江藤树特辑　出版时间 1990-03-31		
序号	日文原文	中文译文
1	王陽明と禅（大西晴隆）	王阳明与禅（大西晴隆）
2	王陽明の実学と徐愛の従学（中田勝）	王阳明的实学与徐爱的从学（中田胜）
3	王陽明思想「知行合一」論（中根公雄）	王阳明思想“知行合一”论（中根公雄）
4	翁問答における陽明学の受容とその意義（木村光徳）	翁问答中阳明学的接受度及其意义（木村光德）

续表

序号	日文原文	中文译文
5	藤樹学の成立と孝意識に就いて(倉田信靖)	论藤树学的确立及孝意识（仓田信靖）
6	藤樹学の基調（荻生茂博）	藤树学的基调（荻生茂博）
7	中江藤樹略伝（疋田啓佑）	中江藤树略传（疋田启佑）
8	中江藤樹に関する参考資料紹介ー藤樹書院所蔵品からー（松下亀太郎）	中江藤树相关参考资料的介绍——以藤树书院藏品为视角（松下龟太郎）
9	藤樹学会の活動に関して（藤田覚）	藤树学会的活动（藤田觉）
10	藤樹研究参考文献目録（橋本栄治）	藤树研究参考文献目录（桥本荣治）
11	中国に於ける陽明学研究の動向と陽明学国際研討会（疋田啓佑）	中国阳明学研究动向和阳明学国际研讨会（疋田启佑）
第 3 期　佐藤一斎特辑　出版时间 1991-03-31		
序号	日文原文	中文译文
1	『論語』蓋有不知章の心学的解釈について（松川健二）	论《论语》盖有不知章的心学解释（松川健二）
2	李贄と陽明学（疋田啓佑）	李贽和阳明学（疋田启佑）
3	陽明思想における体用論（石川泰成）	阳明思想中的体用论（石川泰成）
4	『言志四録』における思想的戦略の変容（山縣明人）	《言志四录》中的思想战略转变（山县明人）
5	一斎学の系譜（田中佩刀）	一斋学谱系（田中佩刀）
6	『愛日楼文詩』の考察（中村安宏）	《爱日楼诗文集》考察（中村安宏）
7	佐藤一斎略伝（疋田啓佑）	佐藤一斋略传（疋田启佑）
8	佐藤一斎に関する参考資料紹介(樹神弘)	佐藤一斋的参考资料介绍（树神弘）
9	佐藤一斎に関する参考資料（種元勝弘）	佐藤一斋的参考资料（种元胜弘）
10	一斎研究参考文献目録（橋本栄治）	一斋研究参考文献目录（桥本荣治）
11	佐藤一斎の著作解題（橋本栄治）	佐藤一斋的著作解题（桥本荣治）
12	陽明学関係書 紹介と短評	阳明学相关书籍 介绍与短评
13	陽明学研究所所蔵目録（3）	阳明学研究所馆藏目录（3）
第 4 期　三岛中洲特辑　出版时间 1992-03-31		
序号	日文原文	中文译文
1	趙大洲の思想（荒木見悟）	赵大洲的思想（荒木见悟）

续表

序号	日文原文	中文译文
2	王陽明の晩年思想（洪樵榕）	王阳明的晚年思想（洪樵榕）
3	呉康斎と『伊洛淵源録』(望月高明）	吴康斋与《伊洛渊源录》(望月高明）
4	三島中洲先生の陽明学について(中田勝）	论三岛中洲先生的阳明学（中田胜）
5	三島中洲の食貨論（尼子昭彦）	三岛中洲的食货论（尼子昭彦）
6	三島中洲の詩文（川久保広衛）	三岛中洲的诗文（川久保广卫）
7	三島中洲先生年譜（中田勝）	三岛中洲先生年谱（中田胜）
8	三島中洲の学譜（横須賀司久）	三岛中洲学谱（横须贺司久）
9	三島中洲著書·参考資料(橋本栄治）	三岛中洲著作·参考资料（桥本荣治）
10	陽明学関係書 紹介と短評	阳明学相关书籍 介绍与短评
11	陽明学研究所所蔵目録（4）	阳明学研究所馆藏目录（4）

第 5 期 钱德洪特辑 出版时间 1993-03-31

序号	日文原文	中文译文
1	王陽明の心学とその積極的な影響について	论王阳明的心学及其积极影响
2	沈善洪・王鳳賢	沈善洪・王凤贤
3	王陽明の書について（寺山葛常）	论王阳明论著（寺山葛常）
4	王陽明の竜場での生活（渡部英喜）	王阳明的龙场生活（渡部英喜）
5	銭徳洪の良知実践論を論ず（董平）	论钱德洪的良知实践论（董平）
6	王陽明の後学 銭徳洪について（葉樹望）	王阳明后学 论钱德洪（叶树望）
7	銭徳洪の哲学思想（陳哲粲）	钱德洪的哲学思想（陈哲粲）
8	銭緒山にみる陽明思想の受容(中根公雄)	钱绪山的阳明思想接受（中根公雄）
9	銭徳洪略伝（吉田公平）	钱德洪略传（吉田公平）
10	陽明学関係資料	阳明学相关资料
11	中国における李贄研究について（疋田啓佑）	论中国的李贽研究（疋田启佑）
12	李贄研究国際学術討論会報告	李贽研究国际学术讨论会报告
13	陽明学関係書紹介	阳明学相关书籍介绍
14	国際陽明学研究センター紹介	国际阳明学研究中心介绍
15	陽明学研究所所蔵目録（5）	阳明学研究所馆藏目录（5）

续表

第6期 熊泽蕃山特辑 出版时间 1994-03-31		
序号	日文原文	中文译文
1	羅念庵の「冬遊記」について一王門における講学活動の一場面一（福田殖）	论罗念庵的《冬游记》——王门讲学活动中的一个场景（福田殖）
2	王陽明年譜訂誤（諸煥燦）	王阳明年谱修订错误（诸焕灿）
3	周敦頤の修養考一誠とその周辺一（上野努）	周敦颐修养考——诚与其相关思想（上野努）
4	熊沢蕃山の儒教一「日本の武士」の儒教受容の一例として一（佐久間正）	熊泽蕃山的儒教——“日本武士”儒教接受的一个例子（佐久间正）
5	熊沢蕃山の経済論（神立春樹）	熊泽蕃山的经济论（神立春树）
6	日本漢学の展開一熊沢蕃山と山田方谷一（山田琢）	日本汉学的发展——熊泽蕃山与山田方谷（山田琢）
7	無窮会図書館所蔵堤朝風写「葬祭辨論」を通して見た蕃山研究の問題点（村田栄三郎）	从无穷会图书馆馆藏堤庙风写“葬祭辩论”看蕃山学的问题（村田荣三郎）
8	熊沢蕃山・略年譜（川久保廣衛）	熊泽蕃山・略年谱（川久保广卫）
9	熊沢蕃山著作版本紹介（高山節也）	熊泽蕃山拙作版本介绍（高山节也）
10	東洋倫理一人生と経済の道標一「序説」（中田勝）	东洋伦理——人生和经济道标“序说”（中田胜）
11	陽明学関係書 紹介と短評	阳明学相关书籍 介绍与短评
12	陽明学研究所所蔵目録（6）	阳明学研究所馆藏目录（6）
第7期 吉田松阴特辑 出版时间 1995-03-31		
序号	日文原文	中文译文
1	陽明学の宗教性（山下龍二）	阳明学的宗教性（山下龙二）
2	呂坤と陽明学（疋田啓佑）	吕坤与阳明学（疋田启佑）
3	周海門の社会思想（渡邊賢）	周海门的社会思想（渡边贤）
4	吉田松陰の学問論一『講孟余話』序説一（川久保廣衛）	吉田松阴的学问论——《讲孟余话》序说（川久保广卫）
5	松陰の教育思想（溝口貞彦）	松阴的教育思想（沟口贞彦）
6	吉田松陰と三島中洲（松田存）	吉田松阴与三岛中洲（松田存）

续表

序号	日文原文	中文译文
7	吉田松陰における「忠孝」概念について（川口雅昭）	论吉田松阴的“忠孝”概念（川口雅昭）
8	吉田松陰先生の漢詩について（齋藤忠壽）	论吉田松阴的汉诗（斋藤忠寿）
9	吉田松陰・略年譜（伊藤敦夫）	吉田松阴・略年谱（伊藤敦夫）
10	陽明学関係書 紹介と短評	阳明学相关书籍 介绍与短评
11	陽明学研究所所蔵目録（7）	阳明学研究所馆藏目录（7）

第 8 期 山田济斋特辑 出版时间 1996-03-31

序号	日文原文	中文译文
1	王竜渓と聶雙江（福田殖）	王龙溪与聂双江（福田殖）
2	補遺詩に見る王陽明の実像（濱久雄）	从补遗诗看王阳明的本质（滨久雄）
3	三島中洲の陽明学 自得時期について（菊地誠一）	三岛中洲的阳明学 论自得时期（菊地诚一）
4	済斎先生と二松学舎（石川梅次郎）	济斋先生和二松学舍（石川梅次郎）
5	中洲・済斎・惇斎の学脈（中田勝）	中洲・济斋・惇斋的学术脉络（中田胜）
6	詩文にみる山田済斎の風格（松川健二）	从诗文看山田济斋的风格（松川健二）
7	済斎の書について（寺山葛常）	论济斋论著（寺山葛常）
8	『陽明学精義』を読む（川久保廣衛）	读《阳明学精义》（川久保广卫）
9	済斎晩年の大業・『方谷全集』（山田敦）	济斋晚年的大业・《方谷全集》（山田敦）
10	山田済斎と陽明学会の人人（濱久雄）	山田济斋与阳明学学会的成员（滨久雄）
11	済斎先生の思い出（洪樵榕）	回忆济斋先生（洪樵榕）
12	山田済斎先生交友録（松田存）	山田济斋先生交友录（松田存）
13	山田済斎・略年譜（山田敦）	山田济斋略年谱（山田敦）
14	山田済斎著述目録（小林憲二）	山田济斋著作目录（小林宪二）
15	陽明学関係図書 紹介と短評	阳明学相关书籍 介绍与短评
16	陽明学研究所所蔵目録（8）	阳明学研究所馆藏目录（8）

第 9 期 西乡南洲特辑 出版时间 1997-03-31

序号	日文原文	中文译文
1	王陽明の詩について（上野日出刀）	论王阳明的诗（上野日出刀）

续表

序号	日文原文	中文译文
2	井上哲次郎の「東洋哲学史」研究と『日本陽明学派之哲学』（大島晃）	井上哲次郎的“东洋哲学史”研究与《日本阳明学派之哲学》（大岛晃）
3	良知良能説の展開（一）（中根公雄）	良知良能说的发展（一）（中根公雄）
4	同時代人士の西郷南洲観（山口宗之）	同时代人士的西乡南洲观（山口宗之）
5	再論中国近代史に於ける西郷隆盛像（中村義）	再论中国近代史中的西乡隆盛（中村义）
6	詩人西郷南洲（鶴田正義）	诗人西乡南洲（鹤田正义）
7	南洲の書の深化と陽明学（寺山葛常）	南洲著作的深化与阳明学（寺山葛常）
8	『孟子』尽心篇首章と西郷南洲（松川健二）	《孟子》尽心篇首章与西乡南洲（松川健二）
9	王陽明の軍旅に関する刻石考訂（葉樹望，渡邊賢訳）	王阳明军旅生涯的刻石考订（叶树望、渡边贤译）
10	瑞雲楼重建落成記念式典	瑞雪楼重建落成纪念仪式
11	王陽明先生聖像開光典礼祭関連資料（岡田武彦、蒋慶）	王阳明先生圣像开光典礼相关资料（冈田武彦、蒋庆）
12	陽明学関係書 紹介と短評	阳明学相关书籍 介绍与短评
第 10 期 王龙溪特辑 出版时间 1998-03-31		
序号	日文原文	中文译文
1	陸象山はなぜ主役になれなかったか（吉田公平）	陆象山为何没有成为“主角”（吉田公平）
2	明代における朝聞夕死解（松川健二）	明代朝闻夕死的解释（松川健二）
3	中国近世における博文約礼解と知行論（一）（中根公雄）	中国近代博文约礼解释与知行论（一）（中根公雄）
4	戦後日本における王畿とその思想に関する研究の回顧と展望（馬淵昌也）	战后日本的王畿及其思想相关研究的回顾与展望（马渊昌也）
5	王畿の『易』解釈について（佐藤錬太郎）	论王畿对《易》的解释（佐藤炼太郎）

续表

序号	日文原文	中文译文
6	龍渓心斎同異論（銭明，二松学舎大学陽明学輪読会訳）	龙溪心斋同异论（钱明、二松学舍大学阳明学轮读会译）
7	王畿と聶豹の本体・良知の論争に関して（方祖猷，疋田啓佑訳）	王畿与聂豹的本体、良知论证（方祖猷、疋田启佑译）
8	『龍渓王先生全集』所見 陽明先生言行録輯釈（陳来、永冨青地）	《龙溪王先生全集》所见 阳明先生言行录辑译（陈来、永富青地）
9	陽明学関係書 紹介と短評	阳明学相关书籍 介绍与短评
第 11 期 池田草庵特辑 出版时间 1999-03-31		
序号	日文原文	中文译文
1	王陽明の知行合一説（上田弘毅）	王阳明的知行合一说（上田弘毅）
2	明儒のいわゆる異端について（松川健二）	明儒所谓的“异端”（松川健二）
3	中国近世における博文約礼解と知行論（二）（中根公雄）	中国近代的博文约礼解与知行论（二）（中根公雄）
4	池田草庵－康斎の流亜－（上）（望月高明）	池田草庵——康斋之流（上）（望月高明）
5	千古の心友－池田草庵と林良斎－（塩田道雄）	千古心友——池田草庵与林良斋（盐田道雄）
6	池田草庵側面観（小谷惠造）	池田草庵侧面观（小谷惠造）
7	池田草庵の書について（細川翠楠）	池田草庵的论著（细川翠楠）
8	青谿書院の活動（池田粂雄）	清溪书院的活动（池田粂雄）
9	九大本『陽明先生文録』詳考（水野実、永冨青地）	九大本《阳明先生文录》详考（水野实、永富青地）
10	陽明学関係書 紹介と短評	阳明学相关书籍 介绍与短评
第 12 期 李卓吾特辑 出版时间 2000-03-31		
序号	日文原文	中文译文
1	良知霊字攷－王龍渓を中心にして－（柴田篤）	良知灵字考——以王龙溪为中心（柴田笃）
2	池田草庵－康斎の流亜－（下）（望月高明）	池田草庵——康斋之流（下）（望月高明）

续表

3	周汝登における心学的思想史の構想（渡邊賢）	周汝登的心学思想史构想（渡边贤）
4	李卓吾研究の歴史(上)(佐藤錬太郎)	李卓吾研究史（上）(佐藤炼太郎)
5	李卓吾思想の『紅楼夢』への影響について（斎藤喜代子）	论李卓吾思想对《红楼梦》的影响（斋藤喜代子）
6	李贄と王陽明(張建業，疋田啓佑訳)	李贽和王阳明(张建业、疋田启佑译)
7	李卓吾の官僚時代における思想形成（川津麻衣子）	李卓吾官场时代的思想形成（川津麻衣子）
8	王陽明の散佚語録と詩文とに関する幾つかの問題（銭明，渡邊賢訳）	王阳明的散佚语录与诗文的几个相关问题（钱明、渡边贤译）
9	韓国陽明学関連論著目録	韩国阳明学相关论著目录
10	韓国陽明学会編（林縕圭訳）	韩国阳明学学会编（林缊圭译）
11	陽明学関係書　紹介と短評	阳明学相关书籍　介绍与短评
12	シンポジウム二松学舎創立者三島中洲	研讨会　二松学舍创立人三岛中洲

第 13 期　东泽泻特辑　出版时间 2001-03-31

序号	日文原文	中文译文
1	『天泉証道紀』の史料価値（陳来，永冨青地訳）	《天泉证道纪》的史料价值（陈来、永富青地译）
2	李卓吾研究の歴史(下)(佐藤錬太郎)	李卓吾研究史（下）(佐藤炼太郎)
3	『中庸』の不睹不聞の解釈（中根公雄）	《中庸》中“不睹不闻”的解释（中根公雄）
4	幕末維新期の儒者・東沢瀉の思想の一考察（荒木龍太郎）	幕末维新时期的儒者——东泽泻思想的一项考察（荒木龙太郎）
5	東沢瀉の思想詩（松川健二）	东泽泻的思想诗（松川健二）
6	明治期の東沢瀉と今北洪川（野口善敬）	明治时期的东泽泻和今北洪川（野口善敬）
7	井上哲次郎における東沢瀉(大島晃)	井上哲次郎眼中的东泽泻(大岛晃)
8	中洲研究会関係	中洲研究会关系
9	中洲の「義利合一論」について(溝口貞彦)	中洲的“义利合一论”(沟口贞彦)
10	三島中洲と教育勅語（松川健二）	三岛中洲和教育敕语（松川健二）

续表

序号	日文原文	中文译文
11	三島中洲の中国詩碑とその周辺事情（菊地誠一）	三岛中洲的中国诗碑及其相关事宜（菊地诚一）
12	陽明学関係書 紹介と短評	阳明学相关书籍 介绍与短评

第 14 期 刘念台特辑 出版时间 2002-03-31

序号	日文原文	中文译文
1	「致良知」説の構造と意味（水野実）	“致良知”说的构造及意义（水野实）
2	明治前期の思想と三島中洲（三島正明）	明知前期的思想和三岛中洲（三岛正明）
3	『孟子』非才之罪也章について（石原伸一）	论《孟子》“非才之罪也”章（石原伸一）
4	原文（テキスト）と意味ー劉宗周の『聖学宗要』にみる宋明儒学者の解釈ー（東方朔，疋田啓佑訳）	原文（文本）与意义——从刘宗周的《圣学宗要》看宋明儒学者的解释（东方朔、疋田启佑译）
5	劉宗周の慎独改過説（難波征男）	刘宗周的慎独改过说（难波征男）
6	劉宗周の陽明学観についてー書牘を中心としてー（中純夫）	论刘宗周的阳明学观——以书牍为中心（中纯夫）
7	顧憲成『小心斎劄記』巻一訳注（一）（二松学舎大学陽明学研究所輪読会）	顾宪成《小心斋劄记》卷 1 译注（一）（二松学舍大学阳明学研究所轮读会）
8	陽明学関係書 紹介と短評	阳明学相关书籍 介绍与短评

第 15 期 林良斋特辑 出版时间 2003-03-31

序号	日文原文	中文译文
1	周汝登『聖学宗伝』と黄宗羲『明儒学案』（佐藤錬太郎）	周汝登《圣学宗传》与黄宗羲的《明儒学案》（佐藤炼太郎）
2	王陽明史跡論考（銭明，渡邊賢訳）	王阳明史迹论考（钱明、渡边贤译）
3	『孟子』学問求放心章について（石原伸一）	论《孟子》“学问求方心”章（石原伸一）
4	林良斎をめぐる文雅の交流（石川一）	林良斋文雅的交流（石川一）
5	林良斎と近藤篤山との論争を読む（小路口聡）	解读林良斋与近藤笃山之论争（小路口聪）
6	林良斎と池田草庵（吉田公平）	林良斋与池田草庵（吉田公平）

续表

序号	日文原文	中文译文
7	顧憲成『小心斎劄記』巻一訳注(二)(二松学舎大学陽明学研究所輪読会)	顾宪成《小心斋劄记》卷1译注(二)(二松学舍大学阳明学研究所轮读会)
8	陽明学について－陽明学を学ぶ人のために－(疋田啓佑)	论阳明学——致阳明学学者(疋田启佑)
9	中洲先生に心酔した大久保兄弟(松尾政司)	笃信中洲的大久保兄弟(松尾政司)
10	義と利－中洲義利合一論の性格解明のために－(松川健二)	义与利——解读中洲义利合一论的本质(松川健二)
11	陽明学関係書 紹介と短評	阳明学相关书籍 介绍与短评
第 16 期 王心斋特辑 出版时间 2004-03-31		
序号	日文原文	中文译文
1	現代嘉靖年間の講学活動(佐野公治)	现代嘉靖年间的讲学活动(佐野公治)
2	三島中洲の理気論(松川健二)	三岛中洲的理气论(松川健二)
3	『孟子』何必曰利章について(石原伸一)	论《孟子》"何必曰利"章(石原伸一)
4	「泰州学案」の諸問題(呉震,疋田啓佑訳)	"泰州学案"的各种问题(吴震、疋田启佑)
5	王艮の"良知"の新説とその価値(龔傑,疋田啓佑訳)	王艮的"良知"新说及其价值(龚杰、疋田启佑译)
6	王心斎年譜(疋田啓佑編訳)	王心斋年谱(疋田启佑编译)
7	王心斎の淮南格物説について(鍋島亜朱華)(王心斎)	王心斋的淮南格物说(锅岛亚朱华)(王心斋)
8	若き三島中洲の学問の到達点と晩年の死生観(濱久雄)	三岛中洲青年时代的学问水平和晚年的生死观(滨久雄)
9	顧憲成『小心斎劄記』巻一訳注(三)(二松学舎大学陽明学研究所輪読会)	顾宪成《小心斋劄记》卷1译注(三)(二松学舍大学阳明学研究所轮读会)
10	陽明学関係書 紹介と短評	阳明学相关书籍 介绍与短评
第 17 期 那智惇斎特辑 出版时间 2005-03-31		
序号	日文原文	中文译文
1	二松学舎の陽明学－山田方谷・三島毅・三島復・山田準－(吉田公平)	二松学舍的阳明学——山田方谷、三岛毅、三岛复、山田准(吉田公平)

续表

序号	日文原文	中文译文
2	良知心学の血脈ー陸九淵・王陽明・王龍渓ー（小路口聡）	良知心学的血脉——陆九渊、王阳明、王龙溪（小路口聪）
3	魏源の老子論及び老子思想と儒釈思想の異同（張明輝）	魏源的老子论及老子思想与儒释思想的异同（张明辉）
4	進鴻渓の思想と詩風ー『鴻渓遺稿』の詩文を中心としてー（菊地誠一）	进鸿溪的思想和诗风——以《鸿溪遗稿》诗文为中心（菊地诚一）
5	那智惇斎の学問と思想（濱久雄）	那智惇斋的学问和思想（滨久雄）
6	那智佐典先生に就いて（横須賀司久）	那智佐典先生其人（横须贺司久）
7	二松学舎困窮期の那智佐典先生（小林日出夫）	二松学舍穷困时期的那智佐典先生（小林日出夫）
8	「二松研究年報」第一輯について（佐佐木鍾三郎）	论“二松研究年报”第一辑（佐佐木钟三郎）
9	顧憲成『小心斎劄記』巻一訳注（四）（二松学舎大学宋明資料輪読会）	顾宪成《小心斋劄记》卷 1 译注（四）（二松学舍大学宋明资料轮读会）
10	陽明学関係書 紹介と短評	阳明学相关书籍 介绍与短评
11	学会報告	学会报告

第 18 期　春日潜庵特辑　出版时间 2006-03-31

序号	日文原文	中文译文
1	「格物」という陥穽（木下鉄矢）	“格物”陷阱（木下铁矢）
2	王龍渓の「根本知」をめぐる考察ーあるいは、「生」の哲学としての良知心学ー（小路口聡）	王龙溪的“根本知”考察——又或作为“生”之哲学的良知心学（小路口聪）
3	王陽明遺像綜考（錢明，渡邊賢訳）	王阳明遗像综考（钱明、渡边贤译）
4	春日潜庵と歴史観（疋田啓佑）	春日潜庵与历史观（疋田启佑）
5	春日潜庵の誠意説前史（吉田公平）	春日潜庵的诚意说前史（吉田公平）
6	春日潜庵による『蕺山人譜』『王心斎全集』の出版をめぐって（福田殖）	论春日潜庵《蕺山人谱》《王心斋全集》的出版（福田殖）
7	顧憲成『小心斎劄記』巻一訳注（五）（二松学舎大学宋明資料輪読会）	顾宪成《小心斋劄记》卷 1 译注（五）（二松学舍大学宋明资料轮读会）
8	陽明学関係書 紹介と短評	阳明学相关书籍 介绍与短评

续表

序号	日文原文	中文译文
9	学会報告	学会报告
第 19 期 朝鲜阳明学特辑 出版时间 2007-03-31		
序号	日文原文	中文译文
1	朝鮮・韓国陽明学特集に当たって（小川晴久）	朝韩阳明学特辑（小川晴久）
2	朝鮮後期の朱子学と陽明学の論争（金教斌）	朝鲜后期的朱子学阳明学论争（金教斌）
3	江華学派の仮学批判と知的模索（沈慶昊）	江华学派的假学批判与知识摸索（沈庆昊）
4	韓国における陽明学研究について（韓睿源）	韩国的阳明学研究（韩睿源）
5	朝鮮の陽明学派（鄭寅普，沈慶昊・小川晴久共訳）	朝鲜的阳明学派（郑寅普、沈庆昊、小川晴久合译）
6	為堂鄭寅普先生の行状に現れるいくつかの問題ー実学原始ー（閔泳珪，小川晴久訳）	为堂郑寅普先生之行状的几个问题——实学原始（闵泳珪、小川晴久译）
7	韓国における象山学と陽明学関連研究目録（金世貞）	韩国的象山学与阳明学相关研究目录（金世贞）
8	顧憲成『小心斎箚記』巻一訳注（六）（松学舎大学宋明資料輪読会）	顾宪成《小心斋箚记》卷 1 译注（六）（二松学舍大学宋明资料轮读会）
9	陽明学関係書 紹介と短評	阳明学相关书籍 介绍与短评
10	学会報告	学会报告
第 20 期 王阳明特辑 出版时间 2008-03-31		
序号	日文原文	中文译文
1	二松の陽明研と私（松川健二）	二松的阳明研究与我（松川健二）
2	王陽明の心学思想の構造ー学三変・教三変をめぐってー（福田殖）	王阳明的心学思想组成——以学三变・教三变为中心（福田殖）
3	王陽明の贈物ー満街のひとは皆な聖人であるー（吉田公平）	王阳明的馈赠——满街人皆是圣人（吉田公平）
4	王陽明の実心実学性（小川晴久）	王阳明的实心实学性（小川晴久）

续表

序号	日文原文	中文译文
5	王守仁の白鹿洞書院石刻をめぐって－「大学古本序」最終稿の所在－（鶴成久章）	王守仁的白鹿洞书院石刻考察——“大学古本序”最终稿之所在（鹤成久章）
6	二十一世紀の生態系危機と王陽明の生命哲学（金世貞，林正基訳）	21 世纪的生态系统危机与王阳明的生命哲学（金世贞、林正基译）
7	王陽明の「物」の周辺－「物各付物」を中心に－（田中正樹）	王阳明的“物”及其相关思想——以“物各付物”为中心（田中正树）
8	人格の完成－王陽明のなかに安岡正篤が見たもの－（小島毅）	人格的完成——安冈正笃眼中的王阳明（小岛毅）
9	東敬治書簡（山田準宛て）にみる陽明学会の活動（町泉寿郎）	从东敬治书信（寄给山田准）看阳明学学会的活动（町泉寿郎）
10	顧憲成『小心斎劄記』巻一訳注（七）（二松学舎大学宋明資料輪読会）	顾宪成《小心斋劄记》卷 1 译注（七）（二松学舍大学宋明资料轮读会）
11	陽明学総目次（創刊号～第十九号）	阳明学总目录（创刊号—第十九期）
12	学会報告・陽明学便り	学会报告・阳明学专题

第 21 期　朱子后学与阳明学特辑　出版时间 2009-03-31

序号	日文原文	中文译文
1	巻頭エッセイ　梧桐所懐（水野実）	卷首随笔　梧桐所怀（水野实）
2	『伝習録』における心の内と外（市來津由彦）	《传习录》中的心之内外（市来津由彦）
3	周汝登の朱熹像（渡邊賢）	周汝登的朱熹像（渡边贤）
4	朱子学者張楊園の陽明学批判（上田弘毅）	朱子学者张扬园的阳明学批判（上田弘毅）
5	熊賜履の『閑道録』について－清初の陽明学批判－（中純夫）	论熊赐履的《闲道录》——清初的阳明学批判（中纯夫）
6	韓国における霞谷学研究の再検討（趙南浩，林正基訳）	再论韩国的霞谷学研究（赵南浩、林正基译）
7	陽明学研究所の思い出（洪樵榕）	回忆阳明学研究所（洪樵榕）
8	顧憲成『小心斎劄記』巻一訳注（八）（二松学舎大学宋明資料輪読会）	顾宪成《小心斋札记》卷 1 译注（八）（二松学舍大学宋明资料轮读会）

续表

第 22 期 唐甄特辑 出版时间 2010-03-31		
序号	日文原文	中文译文
1	唐甄思想の現代的意義 シンポジウム	唐甄思想的现代意义 座谈会
2	唐甄思想の特徴から見たその現実的意義（陳德述，小川晴久訳）	从唐甄的思想特征看其现实意义（陈德述、小川晴久译）
3	早期啓蒙思想家唐甄の富民思想（陳德述，孟峰訳）	早期启蒙思想家的富民思想（陈德述、孟峰译）
4	憂患と構築ー唐甄の学術精神を論ずー（程碧英，小川晴久訳）	忧患和构筑——论唐甄的学术精神（程碧英、小川晴久译）
5	中国关于唐甄研究的资料汇总（程碧英）	中国关于唐甄研究的资料汇总（程碧英）
6	唐甄の社会批判意識（金德均，小川晴久訳）	唐甄的社会批判意识（金德均、小川晴久译）
7	唐甄の修養と悦入の哲学（塘耕次）	唐甄的修养和悦入的哲学（塘耕次）
8	唐甄思想についての一考察ー「七十」とその思想的背景ー（溝口貞彥）	论唐甄思想的一项考察——“七十”与其思想背景（沟口贞彦）
9	唐甄「七十」（『潜書』上篇上より）口語訳（溝口貞彥）	唐甄“七十”（摘自《潜书》上篇）口语翻译（沟口贞彦）
10	唐甄の女性観（李選）	唐甄的女性观（李选）
11	唐甄における孟子と老子（小川晴久）	唐甄对孟子、老子的看法（小川晴久）
12	発現唐甄故居及其資料（鄧高整理）	发现唐甄故居及其资料（邓高整理）
13	顧憲成『小心斎劄記』巻一訳注（九）（二松学舎大学宋明資料輪読会）	顾宪成《小心斋劄记》卷 1 译注（九）（二松学舍大学宋明资料轮读会）
14	陽明学関係書 紹介と短評	阳明学相关书籍 介绍与短评
15	学会報告	学会报告

第 23 期 李二曲特辑 出版时间 2011-03-31		
序号	日文原文	中文译文
1	李二曲思想シンポジウムのご案内	李二曲思想研讨会简介

续表

序号	日文原文	中文译文
2	李二曲の「明体適用」の学について－格物観を中心として－（久米晋平）	论李二曲“明体适用”之学——以格物观为中心（久米晋平）
3	光となった儒者李二曲（小川晴久）	儒者之光李二曲（小川晴久）
4	先祖李二曲先生遺事（李剛）	祖先李二曲先生遗事（李刚）
5	張載の「四為」の精神から見た李二曲の思想（張世敏）	从张载的“四为”精神看李二曲的思想（张世敏）
6	清初の大儒李二曲の宋明理学に対する総括（林楽昌）	清初大儒李二曲对宋明理学的概括（林乐昌）
7	資料紹介 『二曲集』より	资料介绍 摘自《二曲集》
8	韓国で発表された李二曲に関する研究（韓睿嫄）	韩国发表的李二曲相关研究（韩睿嫄）
9	顧憲成『小心斎劄記』巻一訳注（十）（二松学舎大学宋明資料輪読会）	顾宪成《小心斋劄记》卷 1 译注（十）（二松学舍大学宋明资料轮读会）
10	学会報告	学会报告

第 24 期 海外（日本以外）阳明学研究特辑 出版时间 2014-03-31

序号	日文原文	中文译文
1	霞谷鄭齊斗の貨幣観を通じて見た経世思想（韓睿嫄）	从霞谷郑齐斗的货币观念看经世思想（韩睿嫄）
2	銭徳洪の批判意識と実践精神（金世貞）	钱德洪的批判意识与实践精神（金世贞）
3	差異の哲学としての李卓吾の「陰陽男女論」における女性主義の理解（キムセソリア）	差异哲学立场的李卓吾“阴阳男女论”的女性主义理解（金塞索利亚）
4	洪先生の薫り（中根公雄）	洪先生的熏陶（中根公雄）
5	浙江国際陽明学研究センター二十年の歴程回顧（銭明，佐藤進訳）	浙江国际阳明学研究中心二十年之历程回顾（钱明、佐藤进译）
6	『朱子語類』巻二六～巻二九訳注（一）（二松学舎大学宋明資料輪読会）	《朱子语类》卷 26—卷 29 译注（一）（二松学舍大学宋明资料轮读会）

续表

<table>
<tr><th colspan="3">第 25 期 出版时间 2015-03-31</th></tr>
<tr><td>序号</td><td>日文原文</td><td>中文译文</td></tr>
<tr><td>1</td><td>おもてなしの背景－主客の人間関係と日本の社会－（水野実）</td><td>待客之道的背景——主客人际关系与日本社会（水野实）</td></tr>
<tr><td>2</td><td>白鹿洞本『伝習録』について（永冨青地）</td><td>论白鹿洞本《传习录》（永富青地）</td></tr>
<tr><td>3</td><td>三島中洲「泰卦講義」について（田中正樹）</td><td>论三岛中洲的“泰卦讲义”（田中正树）</td></tr>
<tr><td>4</td><td>『朱子語類』巻二六～巻二九訳注（二）（二松学舎大学宋明資料輪読会）</td><td>《朱子语类》卷 26—卷 29 译注（二）（二松学舍大学宋明资料轮读会）</td></tr>
<tr><th colspan="3">第 26 期 出版时间 2016-03-31</th></tr>
<tr><td>序号</td><td>日文原文</td><td>中文译文</td></tr>
<tr><td></td><td>〈巻頭エッセイ〉</td><td>【卷首随笔】</td></tr>
<tr><td>1</td><td>致仕後一年三月－帰りなんいざ、田園将に蕪んとす－（水野実）</td><td>致仕后一年三月——田园将芜胡不归（水野实）</td></tr>
<tr><td>2</td><td>中江藤樹の書簡（吉田公平）</td><td>中江藤树的书信（吉田公平）</td></tr>
<tr><td>3</td><td>『劉元卿集』（「陽明後學文獻叢書」）について－陽明学研究室新着図書の紹介を兼ねて－（久米晋平）</td><td>论《刘元卿集》（“阳明后学文献丛书”）暨阳明学研究室新到图书介绍（久米晋平）</td></tr>
<tr><td></td><td>〈中田勝先生（本学名誉教授）追悼文〉</td><td>【中田胜教授（本校名誉教授）的追悼文】</td></tr>
<tr><td>1</td><td>中田勝先生に感謝を込めて（安岡定子）</td><td>感谢中田胜教授（安冈定子）</td></tr>
<tr><td>2</td><td>璜堂中田勝先生追悼文（菊地誠一）</td><td>璜堂中田胜教授追悼文（菊地诚一）</td></tr>
<tr><td>3</td><td>『朱子語類』巻二十六～巻二十九訳注（三）（二松学舎大学宋明資料輪読会里仁篇班）</td><td>《朱子语类》卷 26—卷 29 译注（三）（二松学舍大学宋明资料轮读会里仁篇班）</td></tr>
<tr><td>4</td><td>『朱子語類』巻二十六～巻二十九訳注（四）（二松学舎大学宋明資料輪読会公冶長篇班）</td><td>《朱子语类》卷 26—卷 29 译注（四）（二松学舍大学宋明资料轮读会公冶长篇班）</td></tr>
</table>

续表

第 27 期 出版时间 2017-03-31		
序号	日文原文	中文译文
1	「登高」追憶（水野実）	“登高”追忆（水野实）
2	『孟子』解釈史ー宋代明代における理学的解釈と心学的解釈の抗争ー（石原伸一）	论《孟子》“操则存舍则亡”章（《孟子》解释史）——宋明的理学解释与心学解释的斗争（石原伸一）
3	川田雄琴 覚え書（吉田公平）	川田雄琴 摘要（吉田公平）
4	『朱子語類』巻二十六～巻二十九訳注（六）（二松学舎大学宋明資料輪読会里仁篇班）	《朱子语类》卷 26—卷 29 译注（六）（二松学舍大学宋明资料轮读会里仁篇班）
5	『朱子語類』巻二十六～巻二十九訳注（七）（二松学舎大学宋明資料輪読会公冶長篇班）	《朱子语类》卷 26—卷 29 译注（七）（二松学舍大学宋明资料轮读会公冶长篇班）

第 28 期 三岛中洲特辑 出版时间 2018-03-31		
序号	日文原文	中文译文
	〈松川健二先生追悼小特集〉	【松川健二先生追悼小特辑】
1	講演抄録:三島中洲ーその義利合一論の性格（故人:松川健二）	演讲抄录：三岛中洲及其义利合一论的本质（已故：松川健二）
2	松川健二先生のお姿（久米晋平）	松川健二先生其人（久米晋平）
	〈特集シンポジウム「近代日本の漢学と三島中洲」〉	【特集研讨会“近代日本的汉学与三岛中洲”】
1	講演記録:三島中洲と近代日本の思想（中野目徹）	演讲记录：三岛中洲与近代日本思想（中野目彻）
2	三島中洲『論語講義』と宋明の解釈ー君子疾沒世而名不稱焉章についてー（中根公雄）	三岛中洲《论语讲义》与宋明时期的解释——“君子疾没世而名不称焉”章（中根公雄）
3	三島中洲の学術ー『尚書私録』と『大學』ー（田中正樹）	三岛中洲的学术——《尚书私录》与《大学》（田中正树）
4	性善説について（吉田公平）	论性善说（吉田公平）
5	エッセイ:「忘れな草」千慮万感（水野実）	随笔:“勿忘草”感慨万千（水野实）

续表

序号	日文原文	中文译文
6	『朱子語類』卷二六～卷二九訳注（九）（二松學舍大学宋明資料輪読会里仁篇班）	《朱子语类》卷 26—卷 29 译注（九）（二松学舍大学宋明资料轮读会里仁篇班）
7	『朱子語類』卷二六～卷二九訳注（一〇）（二松學舍大学宋明資料輪読会公冶長篇班）	《朱子语类》卷 26—卷 29 译注（一〇）（二松学舍大学宋明资料轮读会公冶长篇班）
8	『龍溪先生全集』訳注（一）（二松學舍大学宋明資料輪読会王龍溪班）	《龙溪先生全集》译注（一）（二松学舍大学宋明资料轮读会王龙溪班）

第 29 期　出版时间 2019-03-31

序号	日文原文	中文译文
1	劉宗周『論語学案』について（松川健二）	论刘宗周《论语学案》（松川健二）
2	松川健二先生「劉宗周『論語学案』について」を翻刻して（久米晋平）	翻印：论松川健二先生“刘宗周《论语学案》”（久米晋平）
3	『朱子語類』卷二六～卷二九訳注（一三）（二松學舍大学宋明資料輪読会公冶長篇班）	《朱子语类》卷 26—卷 29 译注（一三）（二松学舍大学宋明资料轮读会公冶长篇班）
4	『朱子語類』卷二六～卷二九訳注（一四）（二松學舍大学宋明資料輪読会里仁篇班）	《朱子语类》卷 26—卷 29 译注（一四）（二松学舍大学宋明资料轮读会里仁篇班）
5	王畿『重刻陽明先生文録後序』（二松學舍大学宋明資料輪読会王龍溪班）	王畿“重刻阳明先生文录后序”（二松学舍大学宋明资料轮读会王龙溪班）
6	王畿『讀先師再報海日翁吉安起兵書序』（二松學舍大学宋明資料輪読会王龍溪班）	王畿“读先师再报海日翁吉安起兵书序”（二松学舍大学宋明资料轮读会王龙溪班）
7	恒吉行迹及其王阳明思想研究考略（蔡亮）	
8	阳明讲堂：高校特色文化建设平台（应一枝、邓凯、郑果）	

第 30 期　出版时间 2020-03-31

序号	日文原文	中文译文
	〈特集　王龍溪研究の現在〉	【专题｜王龙溪研究现状】
1	陽明学の政治的方向性、苦境および分析（彭国翔）（山路裕訳）	阳明学的政治方向，困境和分析（彭国翔）（山路裕译）

续表

序号	日文原文	中文译文
2	過ちに気づくということ一王畿の改過論一（小路口聡）	何为意识到过错——王畿的改过论（小路口聪）
3	王畿『中鑑録』に関する一考察（永冨青地）	关于王畿《中鉴录》的一项考察（永富青地）
	〈訳注〉	【译注】
4	『朱子語類』卷二六～卷二九訳注（一六）（二松學舍大学宋明資料輪読会里仁篇班）	《朱子语类》卷 26—卷 29 译注（一六）（二松学舍大学宋明资料轮读会里仁篇班）
5	王畿『龍谿王先生全集』卷十三訳注（三）（二松學舍大学宋明資料輪読会王龍溪班）	王畿《龙溪王先生全集》卷 13 译注（三）（二松学舍大学宋明资料轮读会王龙溪班）
6	作为哲学方法论的“本来性—现实性”——就荒木见悟《佛教与儒教》而谈（吴震）	

第 31 期 出版时间 2021-03-31

序号	日文原文	中文译文
1	宋明思想における人間観一『論語』下学而上達章の解釈を中心に一（石原伸一）	宋明思想中的人观——解读《论语》下学而上达章（石原伸一）
2	『朱子語類』卷二六～卷二九訳注（一八）（二松學舍大学宋明資料輪読会里仁篇班）	《朱子语类》卷 26—卷 29 译注（一八）（二松学舍大学宋明资料轮读会里仁篇班）
3	王畿『龍谿王先生全集』卷十三訳注（四）（二松學舍大学宋明資料輪読会王龍溪班）田中正樹・山路裕・佐々木正清）	王畿《龙溪王先生全集》卷 13 译注（四）（二松学舍大学宋明资料轮读会王龙溪班）（田中正树、山路裕、佐佐木正清）

第 32 期 出版时间 2022-03-31

序号	日文原文	中文译文
	〈特集　陽明後学研究の現在〉	【特集　阳明后学研究现状】
1	王畿の「白鹿洞続講」について（鶴成久章）	王畿《白鹿书院续讲》之研究（鹤成久章）

续表

序号	日文原文	中文译文
2	『詹氏性理小辨』考－明末における『性理大全書』改訂の気運と陽明後学－（三浦秀一）	《詹氏性理小辨》考——明末修订《性理大全书》的趋势与阳明后学（三浦秀一）
3	明儒劉元卿の〈学〉について（久米晋平）	明儒刘元卿的“学”之研究（久米晋平）
4	王畿思想における「天泉橋問答」の位置（山路裕）	“天泉桥问答”在王畿思想中的地位（山路裕）
5	江蘇大学出版社影印『龍谿王先生全集』の底本について（山路裕）	江苏大学出版社影印《龙溪王先生全集》的底本之研究（山路裕）
6	『朱子語類』巻二六～巻二九訳注（二〇）（二松學舍大学宋明資料輪読会里仁篇班）	《朱子语类》卷 26—卷 29 译注（二〇）（二松学舍大学宋明资料轮读会里仁篇班）
7	王畿『龍谿王先生全集』巻十三訳注（五）（二松学舎大学宋明資料輪読会王龍溪班）（田中正樹・山路裕・佐々木正清）	王畿《龙溪王先生全集》卷 13 译注（五）（二松学舍大学宋明资料轮读会王龙溪班）（田中正树、山路裕、佐佐木正清）

第三章

阳明心学在朝鲜半岛的传播研究

自孔子创立儒家学说后，历经多个朝代，儒学逐渐成为中国传统文化的主干，对中国历史和中华文明的发展产生了相当深远的影响。儒学在发展过程中，其所兼容的思想要素相当庞杂，这也显现出其足够大的开放包容性。儒学在朝鲜、日本等周边国家的传播，不仅促进了当地政治、思想和文化的发展，而且能够与当地文化很好地融合，形成凸显出本土个性的儒家文化，从而又进一步促进了儒学的发展和传播。儒家文化博大精深，流派众多，但在传播和发展过程中，却没有呈现出百花齐放、百家争鸣的局面，程朱理学作为南宋及明清时期的统治思想，一直都是官学，基本上一家独大。与程朱理学多有分歧的陆王心学却始终没有成为思想的主流，明朝时期，代表心学形态的阳明学（或称阳明心学）形成的初衷就是为克服程朱理学的因循守旧、思想僵化、重视辞章、空谈性理之弊端，因此，作为官学对立面的阳明心学自然处处受到传统思想势力的压制，在论辩中难以争得上风。阳明学在传到朝鲜半岛后，一直处于被压制的状态，传播非常困难。朴祥斥《传习录》为禅学，李滉（1502—1571，号退溪）则撰作《传习录论辩》，批判阳明心学。尽管如此，阳明学还是努力地在朝鲜半岛生存发展下来。韩国学者琴章泰把阳明学在朝鲜半岛的传播分为 4 个阶段：第一，初期的输入阶段，指 16 世纪前半期开始输入到 16 世纪后半期李退溪批判阳明学著作，成为后世批判阳明学的理论框架；第二，深化和论辩阶段，指 17 世纪末至 18 世纪初郑霞谷与其师友的论辩；第三，实学派的活用阶段，指 18 世纪后半期实学派李瀷（1681—1763）摆脱朱子学的过程中理解与活用阳明学；第四，近代改革的首创阶段，指 20 世纪初作为爱国启蒙思想家的朴殷植和郑寅普政府所标榜的且具有儒学改革色彩的阳明学[①]。正如琴章泰所述，阳明心学初入朝鲜半岛就受到以李滉等为代表的主流儒学

① 琴章泰. 17 世纪末朴世采和郑齐斗的阳明学//黄俊杰. 朝鲜儒学对儒家经典的诠释. 台北：台湾大学出版中心，2010：11.

派的打压，几无立足之地，阳明心学被视为异端邪说，研究和传播都会受到处罚甚至遭受极刑，这使得朝鲜半岛成为东亚地区阳明学发展最为艰难的地方。即便如此，在朝鲜半岛仍有诸如郑齐斗等儒学大家在重重困难下依然坚持学习、传播阳明学，并结合自身的感悟，创立了韩国（朝鲜半岛）阳明学。为此，学者金忠烈感叹道："有明三百年间，思想界中贡献最大、对程朱反抗最烈的阳明学，在邻国日本成为开导明治维新的宝贵精神，唯在朝鲜，则一直受谤而不见天日。此是阳明学之不幸，也是儒教在朝鲜之失败。近人将朝鲜亡国之责，归因于儒教，亦有人认为应归因于程朱学。"[①] 到了近代，朝鲜半岛曾先后两次掀起阳明学研究热潮，一次是朝鲜被日本吞并的 1910 年前后；另一次是在汉城（现名首尔）奥运会以后，即 20 世纪 80 年代后期至 90 年代初期[②]。从对阳明心学的感悟来讲，17 世纪前后，朝鲜半岛儒学学者是在吸收、诠释、本土化阳明学；19 世纪后，朝鲜半岛的阳明学派则开始在社会转型的大潮中运用阳明学思想，把阳明学作为思想武器，希望以此推动社会的发展，并且，阳明学在解决阳明学学者们自身生活的时代所直面的民族危机问题上，确实发挥了相当重要的作用。20 世纪后，韩国阳明学研究在朝鲜半岛哲学史上仍然属于非主流派——1970 年以前，有关朝鲜时代阳明学（包括霞谷学）的研究成果只有 4 篇论文。直到 20 世纪 70 年代韩国学者尹南汉翻译出版《国译霞谷集（1、2）》后，韩国对阳明学的研究才算是正式开始。1995 年韩国阳明学学会的创立则把韩国的阳明学研究带入一个活跃的阶段。20 世纪后，韩国阳明学学者除注重把阳明心学本土化外，开始向哲学之外的领域拓展，以非常广阔的视野把阳明学研究推向更为宽广的世界，使得阳明学在朝鲜半岛哲学史和儒学史的位置得到了认可，并大力推动韩国阳明学—霞谷学在东亚思想史上应有地位的确立。

纵观历史，在阳明学传入朝鲜半岛的五百多年时间里，我们可以发现，韩国（前期可以称为朝鲜半岛）的阳明学传播和研究史明显可以分为两个时期：一个是朝鲜时代的阳明学，另一个是现代的韩国阳明学。而这两段时期的阳明学研究是断裂的、没有一脉相承的联系的，现代韩国阳明学不是对朝鲜时代阳明学的继承和发展，这和朝鲜半岛的历史是分不开的。朝鲜时代的阳明学随着朝鲜时代的结束和日本殖民占领日渐式微，特别是 1950 年左右郑寅普失踪后，朝鲜时代的阳明学传承和研究便告一段落。而现代韩国阳明学是从 20 世纪 70 年代后半期开始，经过 80 年代、90 年代，至 21 世纪第一个十年、第二个十年，重新研究和发展的阳明学。

---

① 郑德熙. 王学东传与李滉之排王思想//蒋希文，吴雁南. 王阳明国际学术讨论会论文集. 贵阳：贵州教育出版社，1997：598.

② 钱明，Wang Keyou. 弘扬阳明精神，增强文化自信. 孔学堂，2017（4）：44.

第一节　阳明心学在朝鲜半岛的早期传播历史

王阳明是中国明代伟大的哲学家、思想家、军事家、政治家和教育家，是中国历史上被公认的立德、立功、立言的“真三不朽”者。王阳明在程朱理学基础上发展而成的儒家学说——阳明心学[①]在明朝中后期为中国社会逐渐认可，并对日本等周边国家也产生了重要影响。但在近邻朝鲜，阳明心学所遭到的境遇与其在中国、日本完全不同。传入之初，由于受到官学——朱子学派的打压，朝鲜社会对阳明学表现出了强烈的排斥与抵制，因此阳明学一直在为生存而努力。在韩国唯朱子学独尊的学风影响下，当时连阳明学的存在与否都只能进行迂回的探讨，不仅资料缺乏，甚至连阳明学在何时，以哪种途径传播过来的问题，在学术界都有不同的论述[②]。直到目前，对于阳明学何时传入朝鲜半岛这个问题仍是众说纷纭。

一、阳明学传入朝鲜半岛的时间

韩国学术界大致有以下四种说法：一是以李滉所著的辩斥王阳明的《传习录论辩》为依据，主张阳明学是在朝鲜中宗时代东传至朝鲜的；二是以柳成龙（1542—1607，号西崖）所著的《西崖集》中《阳明集后》一文为依据，肯定阳明著作东传是在明宗十三年（1558）；三是以洪仁佑的《耻斋日记》为依据，主张阳明学的传入时间是在明宗八年（1553）；四是吴钟逸提出的观点，认为阳明学东传朝鲜的时间是在中宗十六年（1521）以前[③]。但也有学者认为，阳明学（阳明心学）是王守仁（1472—1529，号阳明）在宋代学者陆九渊（1139—1193，号象山）创立的心学基础上继承并发扬光大而最终形成的。在王阳明生前，陆九渊所著的《象山集》就已经进入朝鲜，《象山集》中体现出的实学性的学问态度在朝

---

① 所谓阳明学，从狭义角度讲，是指由王阳明本人创立的儒学学说，又称“王阳明学”或“阳明之学”；从广义角度来讲，阳明学不仅包括王阳明的心学思想，还包括王阳明的弟子以及后来的阳明学者在阳明学基础上发展形成的阳明后学，又称为“王学”或“陆王学”。这些学说都可统称为阳明心学。

② 金容载. 韩国阳明学研究现况与新探索：以江华学研究为中心//郑仁在，黄俊杰. 韩国江华阳明学研究论集. 台北：台湾大学出版中心，2005：493.

③ 韩睿嫄. 韩国阳明学研究的历史和课题//国际儒学联合会. 国际儒学研究. 北京：中国社会科学出版社，1998：70. 转引自：钱明. 朝鲜阳明学派的形成与东亚三国阳明学的定位. 浙江大学学报（人文社会科学版），2006（3）：139.

鲜学者之间也受到了肯定[①]。朝鲜中宗十二年（1517），韩效元（1468—1534）在教育王室元子的文章中，曾引用陆象山的话（《中宗实录》卷 27，中宗十二年一月乙未）。朝鲜中宗十三年（1518），金安国（1478—1543，号慕斋）作为谢恩使到明朝时，曾携带《象山集》并进行刊印。金安国在刊行《象山集》时，对象山学进行了肯定的评价。他认为，陆九渊作为和朱子同时代的人，能够潜心于尊德性，并与朱子展开反复辩论，确实很令人佩服。即使其学问与朱子的宗旨不同，但因其讲明了心性之学，所以对崇尚程朱之教的学者来说，此书也是非常有益处的（《慕斋集》卷 9）[②]。这说明朝鲜学者确实在王阳明之前就已经开始接触心学理论。上文所述的韩国学者普遍认可的阳明学最初传入朝鲜半岛时间的四种主流看法都是以王阳明著作《传习录》的刊发作为标志，但根据资料记载，《传习录》在中国的发行时间为 1518 年，在朝鲜半岛的刊发时间为 1593 年[③]。16 世纪初，朝鲜朝使臣出使中国，对盛行的阳明学风有所见闻，而且中宗十四年（1519）以后，中国明朝内阁与体部等官场已有王门出身官使多人出现，因此阳明学风得以向北方扩散并形成讲学的盛况[④]。此外，韩国学者郑仁在指出，在朝鲜朝时期，比起王阳明的《传习录》，批判阳明学且拥护朱子学的罗钦顺的《困知记》首先传入朝鲜半岛，并在知识界传播开来[⑤]。《困知记》在中国的出版时间为 1528 年。因此可以推断，吴钟逸提出的阳明学东传朝鲜是在中宗十六年（1521）以前的说法更准确些。

目前学术界公认在朝鲜半岛最早接受阳明学的是南彦经、李瑶等学者，他们认可阳明学“心即理”的思想，认为天理只是人事、吾心，而非另有客观存在。其后崔鸣吉、许筠、张维等人响应阳明学的主张，提倡人人平等和学术自由，反对独尊理学而排斥异学。张维的尊重个性，强调心的自主、自立的思想在朝鲜阳明学的发展中起到承上启下的作用。

二、阳明学在朝鲜半岛沉寂的原因

中朝两国地理位置相邻，文化交流源远流长。古代朝鲜并无文字，长期使用汉字，深受中国文化影响。在中国生成、发展的各种学说、思想几乎都传入到朝

① 宋锡准. 阳明学的传入与吸收. 儒学研究，2007，16：35.

② 转引自：邢丽菊. 朝鲜时期阳明学的发展：以霞谷为中心的考察. 贵州学院学报，2016（1）：8.

③ 金容载. 韩国阳明学研究现况与新探索：以江华学研究为中心//郑仁在，黄俊杰. 韩国江华阳明学研究论集. 台北：台湾大学出版中心，2005：509.

④ 郑次根. 韩国阳明思想成立的政治背景. 山东大学学报（哲学社会科学版），2003（3）：59.

⑤ 郑仁在，黄俊杰. 韩国江华阳明学研究论集. 台北：台湾大学出版中心，2005：3.

鲜半岛，如儒学（包括孔孟儒学、程朱理学）、佛教、道教等都经过朝鲜民族本地化，在朝鲜半岛扎根并得到发展。尽管由于历史环境的变化，各种学说、思想经历起起伏伏，但都曾在朝鲜半岛发展史上留下辉煌的痕迹。唯独阳明学从传入之日起就一直未见天日，长期受到朱子学的批判乃至官方体制的抑制，始终只以“家学”的形式立足和发展而未能在正统学术界争得一席之地[①]。综观东亚地区，阳明学在中国曾经盛极一时，成为明朝中、末期的主流学说；在日本，阳明学甚至超过了朱子学，不仅有鲜明的阳明学派，更在近代日本明治维新前后成为日本社会的普遍哲学。

阳明学缘何在朝鲜半岛早期的传播过程中如此沉寂？这需要从历史背景、文化因素、个人因素这三方面进行分析。（1）历史背景。在儒学、佛教、道教传入朝鲜半岛后，都经历了吸收、消化、扬弃的过程，并且形成了一些具有代表性和独创性的学派和学说。宋朝以后，代表着儒学复兴标志的朱子学在朝鲜半岛，无论是在学术还是文化上，影响力越来越大。在一直推行崇佛政策的高句丽王朝末期那一混乱年代，儒学起到了推动朝鲜朝建立的作用。于是，随着朝鲜朝的建立，当时儒学的主要形态——朱子学成为朝鲜朝的国家指导性思想，作为官学主导了近五百年的朝鲜历史。在当时被哲学化了的朱子学，不仅满足了朝鲜社会全体的伦理道德要求，更满足了社会对知识的要求，以及社会精英—知识分子的文化生存和参与政治的现实需求[②]。朱子学在朝鲜通过各种形式，将抽象内在的儒家道德价值，转换成具体细密的外在行为德目和规范体系，最终使儒家道德规范意识依仗制度的载体在朝鲜社会确立并深深扎下了根[③]。因此，朱子学在当时是一家独大，具有不可动摇、无与伦比的地位和影响力。（2）文化因素。作为挑战和批判朱子学理论弊端的阳明学尽管在儒学宗主国—明朝晚期的中国曾形成一股风潮，并且也曾受到朝鲜部分学者的推崇，甚至朝鲜国王宣祖在君臣廷议及经筵讲论时，认为朝鲜儒学学者在王阳明从祀圣庙问题上的争论反应过度，适度肯定了王阳明的事功[④]。即便如此，朱子学是从高句丽末期到朝鲜朝初期经过崇儒斥佛的残

① 潘畅和. 古代朝鲜阳明学的理论走向及原因：以郑齐斗为中心. 世界哲学，2014（3）：126.

② 潘畅和. 古代朝鲜阳明学的理论走向及原因：以郑齐斗为中心. 世界哲学，2014（3）：127.

③ 潘畅和. 古代朝鲜阳明学的理论走向及原因：以郑齐斗为中心. 世界哲学，2014（3）：128.

④ 宣祖曾与群臣论朝鲜重文武之俗时，感叹地说道：“予意庶孽许通公私贱为良，则常人皆习武矣；试於生进，则两班皆习武矣。假使秀吉死，日本乃我国，与天地无穷之仇，此时岂可更拘前规乎？闻庆尚道风俗，人有子兄弟，一子能文，则坐于堂上；一子业武，则坐于庭中，如视奴隶。国家之有今日，庆尚道误之也。昔陆象山教子弟习武，王阳明善骑射，我国只持册子，以教子弟，歧文武为二道，甚无谓也。”可见宣祖对王阳明有相当的好感。参见：《朝鲜王朝实录》，第 25 册，43 卷，宣祖 26 年（1593 年，癸巳/万历 21 年）10 月 22 日：15. 转引自：张昆将. 阳明学在东亚：诠释、交流与行动. 台北：台湾大学出版中心，2012：123.

酷斗争而逐渐成为当时主要政治理念的，朝鲜朝建国的既得利益集团——士大夫阶层为进一步巩固儒学作为政治权力正统性的理论根据，自然会对佛教等悖逆理论采取严厉的压制措施。心学是儒释道三教的精华，在“安心”功能上类似佛禅，与禅宗比，不遗弃人伦物理[①]。阳明学本身就与朱子学有论辩之争，再加上许多学者认为阳明心学是孟子学说与佛教禅宗观念的融合，自然是犯了执政理念大忌，被利益集团打击、排挤是必然的命运。16 世纪是韩国思想史上百花齐放的时期，儒学等各类学派为了能占据思想理论的制高点，掌握更多的话语权，先后经历了四端七情、湖洛、礼颂、心说等四大论争，争论的结果就是见证了朱子学在朝鲜半岛本土化的过程，也奠定了两位程朱性理学代表性人物的历史地位。（3）个人因素。在朝鲜半岛理学鼎盛时期，最著名的朱子学者是李滉和李珥（1536—1584，号栗谷），这两位儒学大家分别创立的退溪学、栗谷学被誉为朝鲜理学发展史上的两座丰碑，尤其是李退溪对朝鲜儒学发展影响甚著。作为朝鲜性理学的一代宗师，李滉“集大成于群儒，上以继绝绪，下以开来学，使孔孟程朱之道焕然复明于世”[②]，被誉为“海东朱子”。李退溪一生服膺朱子之学，并在朱熹学说的基础上提出了自己的观点和看法，进行了部分修正和提高，结合当时本国社会政治的需要，倾注半生心血编纂了《朱子书节要》一书，把朝鲜程朱理学的发展推到了顶峰境界，创造了朝鲜儒学的性理学体系，为朝鲜半岛后世学者研习朱子哲学奠定了基础。李退溪在朱子学的理气论、心性论、格致论等三个方面都造诣颇深，尤其是在心性论方面，有自己独到的见解和诠释，其精妙的阐述是对朱子学的超越和突破。但在阳明学初传入朝鲜半岛之时，李退溪为维护朱子的正统地位，在对待与程朱理学抗衡的阳明心学以至王阳明本人都进行了严厉的批判。他以极为严厉的言辞批评王阳明，认为：“阳明乃敢肆然排先儒之定论，妄引诸说之髻髦者，牵合附会，略无忌惮，可见其学之差而心之病矣。由是求之，种种丑差皆是此病，略举数条于后……阳明徒患外物之为心累，不知民彝物则真至之理，既吾心本具之理，讲学穷理，正所以明本心之体，达本心之用，顾乃欲事事物物一切扫除，皆揽入本心衮说了，此与释氏之见何异？而时出言稍攻释氏，以自明其学之不出于释氏，是不亦自欺以诬人乎？”[③] 又指责说：“至如阳明者，学术颇武，其心强狠自用，其辩张皇震耀，使人眩惑而丧其所守。贼仁义乱天下，未必非此人也。”[④]

李退溪在维护儒学排斥佛教之时，就批评说：“东方异端之害，佛氏为甚，而

① 周月亮. 简述阳明学在东亚的影响. 唐山学院学报，2016（9）：27.

② 陈来. 明嘉靖时期王学知识人的会讲活动. 中国学术（第四辑）. 北京：商务印书馆，2000：16.

③ 李滉. 退溪先生文集（卷 41）杂著. 韩国文集丛刊，1990，30：416.

④ 李滉. 退溪先生文集（卷 41）杂著. 韩国文集丛刊，1990，30：419.

高丽氏以至于亡国。”① 他在其文章《传习录辩论》和《白沙诗教传习录抄传因书其后》对王阳明的“知行合一”说与“致良知”说逐条进行批判，认为“王阳明之学皆出于象山而以本心为宗，盖皆禅学也”。他认为，阳明学含有禅学成分，自然属于斥佛范围之内，由此可以看出，这与李退溪排斥儒学以外的一切“异端邪说”的做法一脉相承。

另外，李明辉认为李退溪之所以如此大力排斥阳明学，是因为李退溪对朱子思想有一种“创造性的解释”，这一创造性的解释与阳明学思想有“暗合”之处。这“暗合”之处在于退溪对阳明学的误解，如退溪主张四端（仁义礼智）与七情（喜怒哀乐爱恶欲）为异质，承认其具有活动性，四端即是理本身的活动，这与朱子思想的“理只存有不活动”之说是有差别的，而与阳明学却不谋而合，因为阳明学“心即理”说同时也包含“理具有活动性”与“四端与七情异质”。因此，李明辉认为，作为创造出朝鲜新朱子学的李退溪与王阳明，他们到底是思想的对手还是同道，让人不免产生遐想②。公正地说，退溪哲学在理气论方面主要是继承朱子哲学强调“理帅气卒”“理贵气贱”的理本论、理一元论观点，并且注重“理自动静”“理有体用”。而在心性论和功夫论方面，退溪哲学不仅继承了朱子哲学，而且吸收了阳明心学的合理成分③。

李珥评价阳明学时说：“中朝之士，靡靡入于陆学，传闻王阳明得参从祀之列。然则邪说之祸，怀山襄陵，匹夫之力，难以救止。”④ 阳明学被当时朝鲜朝儒学大家李滉视为“异端”，李珥斥为“邪说”，自此“异端邪说”便成了阳明学的标签。李滉、李珥这两位韩国儒学大家对阳明学的评价和批判也基本决定了阳明学后来二三百年的晦暗命运。“异端邪说”这一标签犹如巨石一样压在阳明学头上，阳明学如同巨石下的小草，尽管看不到阳光，但依然在夹缝中顽强地生存着。

由于有了“异端邪说”这一定论，朝鲜众多儒学学者自然不敢冒天下之大不韪，皆跟随李退溪批判阳明学。其中的代表人物有李退溪的弟子——柳成龙。柳成龙作为李滉的嫡传弟子，不仅继承退溪学派的性理学，维持退溪性理学的正统性，坚持“理气互发说”，创新性地提出“心无出入说”，还以对阳明心学的批判为中介，在知行关系上有所突破。他以《中庸》为根据反对阳明学的“知行合一”

① 陈来. 明嘉靖时期王学知识人的会讲活动. 中国学术（第一辑）. 北京：商务印书馆，2000：188.

② 张昆将. 阳明学在东亚：诠释、交流与行动. 台北：台湾大学出版中心，2012：18.

③ 参见：张立文. 朱熹与退溪思想之比较研究. 台北文津出版社，1989 年；梁宗华. 朱熹与李退溪理气观异同及意义. 孔子研究，1999（4）；金仁权、金昌权. 退溪太极理气之说的理论特色. 杭州商学院学报，2004（1）；杨宪邦. 论退溪学的体用观. 社会科学战线，1987（4）；刘笑非. 退溪理学与阳明心学的关系. 齐鲁学刊，2009（6）等。

④ 李珥. 栗谷先生全书（卷 13）学蔀通辨跋. 韩国文集从刊，1990，44：275.

说，支持“知行并进”说；他也重视“行”的作用，但认为若是有“真知”，则应当先于“行”，同时强调“思”对于“知行”的重要影响，这在当时是认识论的一大进步。柳成龙对王阳明的“致良知”的批判中，更加肯定人在读书、修养、见闻过程中的行为上的努力，反对陆王心学的禅学性质。而且在格物致知论上主张在“真知”指导下通过不断努力去格物穷理[①]。柳成龙还屡屡在朝鲜国王宣祖面前攻击阳明学，甚至在出使明朝时还批评明朝人学习阳明学的风潮。有学者评价说，柳成龙对朝鲜朝学术史上的最大影响是与退溪一同抑制和抹杀了阳明学在朝鲜朝的生存、发展的现实可能性，为朱子学在朝鲜朝的独尊奠定了基础[②]。尽管柳成龙秉承李退溪性理学的观点对阳明学持续地进行批判，但不可否认的是其在经世、务实、真知等方面的认知受到了阳明学的启发，西厓学派的创立是柳成龙对朱子理学和阳明心学扬弃的结果。

面对朱子学的强烈打压，阳明学在朝鲜确实难有伸展的空间，此种状况一直持续到 19 世纪前后。韩国学者李丙焘的《韩国儒学史略》在介绍韩国儒学发展状况的最后一章，也不免感叹：“彼阳明学，则除极少数学者外，举皆斥之以异端，无以见其盛况。”[③]

三、郑齐斗对阳明学在朝鲜半岛传播的贡献

在朝鲜半岛学界，除程朱理学外的其他学派概被视作异端而遭排斥，阳明学长期被学界和政界视为异端邪说，受到正统朱子学的否定和压制，但阳明学仍然顽强地生存着。在 17 世纪，郑齐斗（1649—1736，号霞谷）的出现使得阳明学在朝鲜半岛得到了更大范围的传播。韩国阳明学一般以 17 世纪的郑齐斗为分水岭，在他之前是接受期，在他之后为形成发展期[④]。

郑齐斗作为朝鲜著名的阳明学学者，堪称朝鲜半岛阳明学的开创者、泰斗。韩国学者郑仁在认为，“如果不是郑齐斗，韩国阳明学将无异于不毛之地”[⑤]。事实上，郑齐斗并非朝鲜半岛最早的阳明学接受者，南彦经、李遥、崔明吉、张维、奇高峰、尹拯等人接触阳明学均早于郑齐斗，但都没有留下系统性的研究。郑齐

① 田东彬. 西厓柳成龙哲学思想研究. 延边大学硕士学位论文，2016：1.

② 田东彬. 西厓柳成龙哲学思想研究. 延边大学硕士学位论文，2016：1.

③ 李丙焘. 韩国儒学史略. 首尔：亚细亚文学社，1986：318.

④ 钱明. 阳明学在域外的传播、发展与影响. 人文天下，2017（12）：26.

⑤ 郑仁在. 郑齐斗的良知说//郑仁在，黄俊杰. 韩国江华阳明学研究论集. 台北：台湾大学出版中心，2005：139.

斗是最早把传入朝鲜半岛的阳明学具体化，最终形成朝鲜阳明学理论体系的人。由于受到朱子学的压制，郑齐斗在朝鲜半岛思想和儒学史上的地位一直没有得到重视；另外，郑齐斗的著作《霞谷集》直到20世纪70年代才公开出版，这也影响了世人对郑齐斗阳明学思想的认识。

郑齐斗隶属栗谷门下，拜强调务实之学的尹拯为师，接受并吸收阳明学。但在24岁之前，郑齐斗一直学习的是朱子学。即便在32岁转向阳明学，郑齐斗也不能算是反朱子学者。由于处于朱子学的压力之下，他须处处与朱子学缠斗，必须用隐微的折中方式来展现其对阳明学的体认。因此，他步步为营，解释经典先绕过朱注，再强调其心学要义，折中色彩甚为明显[①]。郑齐斗的文集中经常会出现朱子学和阳明学并论的情况，而且从郑齐斗的《年谱》和《行状》中几乎看不到其崇奉阳明学的痕迹。在郑齐斗去世后，其弟子门人李震炳在《祭文》中言说其师霞谷是“规模气象，一经程伯子为师表，而节文仪度，准则于朱夫子”。阳明学与朝鲜性理学都是以朱子学为根本的思想体系，朝鲜性理学扎根于朱子学是事实，阳明学虽然以对朱子学的反省为出发点，但其根基也是朱子学。但是当时朱子学与阳明学是相互对立的关系，而且在朝鲜唯朱子学独尊的政治与学术体制下，郑齐斗只能以一种隐忍的方式去研究、传播阳明学。幸运的是，也许正是因为采取隐微的折中方式传播研究阳明学，郑齐斗最终创立了研究阳明学的韩国江华学派（霞谷学派），否则朝鲜半岛儒学史研究就会出现一片空白。

郑齐斗34岁左右开始全心研究阳明学，41岁左右移居安山，潜心研究阳明学20余载，61岁迁居江华岛终身研究阳明学。他以扬弃的方式去探触阳明学，继承积极因素，抛弃消极因素和缺点。郑齐斗定居江华岛后，研究阳明学的学者们也集中到此处，从此门人代代相传的学风形成一种学派。虽然因为遭到严重排斥，郑齐斗与其门徒没能公开形成学派并展开积极的活动，但郑齐斗与门人为维护其家学，留下了很多著作，足以证明郑齐斗及其创建的江华学派作为一个学派存在的价值[②]。郑齐斗尽毕生精力在与朱子学的辩争中，以坚定的信念不断吸收、融化阳明心学，在钻研理解阳明学的同时，融入了自己的思想主张，再将自己领悟的道理，传授给当时愿意接受阳明学的朝鲜学者们。由于当时中国和朝鲜的政治、社会背景不同，郑齐斗在论述和讲解阳明学时虽然整体忠于阳明学，继承了阳明学的正统性，但其出发视角的不同自然会产生独特而有新意的见解，而且解说更为详细。著名阳明学学者郑寅普在《薝园国学散稿》中曾评论道：“绍述王学，

① 张昆将. 阳明学在东亚：诠释、交流与行动. 台北：台湾大学出版中心，2012：67.

② 金容载. 韩国阳明学研究现况与新探索：以江华学研究为中心//郑仁在，黄俊杰. 韩国江华阳明学研究论集. 台北：台湾大学出版中心，2005：501.

倾注一生，独到之处甚多，使阳明之学更明白易懂。”[①] 郑齐斗全面阐述了王阳明“心即理”“致良知”及“知行合一”等学说，形成了自己独特的思想理论体系。他反对朱子学者的“析心与理为二”，赞成王阳明“心外无理”“心即理”的理论，根据王学“理者，气之条理，气者，理之运用”的观念，认为理与气、心与性、性与理都是不可分离的，并统一于心，“凡言理气两决者，诸子之支贰也，理气不可分言。言性于气外者，理气之支贰也，心即理也，性即理也，不可以心性支贰矣”[②]。郑齐斗在阳明学研究中最重要的成就是关于“性体”与“至善”的解释，他认为性体论是“仁是全体，知是一端”，良知应归属于性体，不归之于心体。这一解释就克服了朱子学对于“体用二元”的误解，也解决了阳明学中有关“无善无恶”的问题。此外，郑齐斗以人心为“感应之主，万理之体”，特别强调心、“良心”的作用。在知行观方面，郑齐斗继承了王阳明的“知行合一”说，批判朱子“知先行后”的观点，主张“致知”与“力行”一体而不可分离，以此证明朱子学者脱离实际，虚论空理，空谈道德修养的行为，特别强调“行”的重要，以“力行”为真正的学问，主张以有益于社会为要。具体来说，郑齐斗立足体用论主要在心即理、致良知、无善无恶三个方面进行了创造性阐释，创立了有别于中国和日本的朝鲜阳明学。郑齐斗在习得继承阳明学过程中，并不是盲目地全盘接受，而是带着批判性目光，谨慎地审视着阳明心学中的优缺点。例如，他针对阳明后学中的“任情纵欲”的担心曾说：“吾观阳明集，莫道简要又精细，心中甚是高兴。辛亥年（1731）六月，留东湖，在梦中得到启迪。王氏的致良知学虽精密，但唯恐有任情纵欲之祸。”[③] 为此，郑齐斗专门强调“诚意”和“慎独”，希望通过加强自身修养，避免产生任情纵欲之弊端。

可以说，郑齐斗把自己的一生都奉献给学术研究活动和培养后代学者，从事排除政治性的纯粹学术研究。尽管曾有无数次的官门向其敞开，但他只是不得已应官二三次，因为无法与僵化教条、故步自封的朝廷和学界同向而行，多次辞官退隐。在安山潜心研究阳明学二十余载，构建起朱子学到阳明学再到阳明学后期的学术体系。郑齐斗从事阳明学研究的根基仍是朱子学，故论朱子学中有阳明

① 郑寅普. 薝园国学散稿. 汉城：文教社，1955：278. 转引自：吴震. 郑齐斗思想绪论//郑仁在，黄俊杰. 韩国江华阳明学研究论集. 台北：台湾大学出版中心，2005：114.

② 郑寅普. 薝园国学散稿. 汉城：文教社，1955：278. 转引自：吴震. 郑齐斗思想绪论//郑仁在，黄俊杰. 韩国江华阳明学研究论集. 台北：台湾大学出版中心，2005：114.

③ 郑寅普. 薝园国学散稿. 汉城：文教社，1955：278. 转引自：吴震. 郑齐斗思想绪论//郑仁在，黄俊杰. 韩国江华阳明学研究论集. 台北：台湾大学出版中心，2005：279.

学，讲阳明学中又不废朱子学，时隐时显，有时隐中有显，有时又显中有隐[①]。所以他并没有受到太大的攻击和批评。尤其是他移居到江华岛之后，他的学说呈现出朝鲜阳明学的内向化倾向。研究阳明学的学者们也跟随郑齐斗聚居在江华岛，郑齐斗及其江华学派弟子门人的学脉相承，形成江华学派（霞谷学派）。其中郑齐斗的延日郑氏、李建昌的全州李氏、郑东愈的东莱郑氏形成了江华学派的主要支柱。自此阳明学以“家学”的形式生存和维持下来，也使得朝鲜儒学史没有遗漏阳明心学这一块极为重要的组成部分。但是由于阳明学一直被视为异端，不能公开流传，因此郑齐斗的著作《霞谷集》直到 1930 年才得以面世。

不过，在朱子学一统天下的朝鲜朝时代，郑齐斗的阳明学思想还不能完全独立于朱子学，仍然深深地刻有朝鲜朱子学的烙印，甚至可以说，比中国和日本阳明学更多地富有朱子学色彩，其晚年更是展现了自觉地向程朱理学回归的态度。虽然阳明学是从批判朱子学起家的，但朝鲜阳明学从未真正批判过朱子学，反倒是在朱子学的打压中与朱子学联手中成长的。朝鲜阳明学一方面在理论上更好地探索了克服阳明学的弊端——“任情纵欲”的可能性，另一方面又使“阳明学在维持性理学框架的同时，创造出比朱子学更易实现道德的哲学体系”[②]。由此可以看出，朝鲜阳明学受时势和政治的影响，没有单纯地继承中国阳明心学的理论，而是在寻找朱子学的弊端过程中，采取扬弃的方式，与朱子学既抗争又暗合，最终形成了具有朝鲜特色的阳明学，这也是郑齐斗及江华学派阳明学思想的价值所在。

四、其他学者对阳明学的传播

尽管在朝鲜朱子学一家独尊，阳明学只能在夹缝中生存。但由于朝鲜阳明学的出发点是对朱子学的反省，其思想体系的基础仍然是朱子学，从根本上说，朝鲜朱子学和阳明学比任何思想体系都更能呈现出同质性[③]。因此，朝鲜朱子学学者，包括李退溪、李栗谷的学术思想都与阳明学有着千丝万缕的联系，或多或少都与阳明学的思想有相似重合之处。朝鲜的阳明学学者最初也都尊崇朱子学，大多与退溪、栗谷存在师徒门人之类的关系。朝鲜最早接受阳明学的是徐敬德，他应该算是栗谷学派的鼻祖。徐敬德的门人南彦经曾接受过李退溪的书信指导，因为对阳明学持有好感，而受到退溪的责备和警告。其他较早接受阳明学的崔鸣吉、张

① 张昆将. 阳明学在东亚：诠释、交流与行动. 台北：台湾大学出版中心，2012：67.

② 李相虎. 郑齐斗的阳明右派哲学//韩国江华阳明学研究论集. 台北：台湾大学出版中心，2005：264.

③ 钱明. 阳明学在域外的传播、发展与影响. 人文天下，2017（12）：21.

维都是栗谷学派弟子。崔鸣吉与南彦经、张维是连襟关系，阳明学泰斗郑齐斗则是崔鸣吉兄长崔来吉的外孙。由此可见，阳明学是通过徐敬德门下南彦经等人引入到朝鲜的，经过崔鸣吉、张维等人推动才逐渐形成并发展起来的。崔鸣吉、张维等都属于栗谷学派，可以说，阳明学与主气学派——栗谷学派有着不解之缘。以上学者对于阳明学的感悟都没有形成体系，真正形成朝鲜阳明学体系的是郑齐斗及江华学派。

受郑齐斗的影响，朝鲜阳明学学者逐渐都移居江华岛，并形成了以郑齐斗的延日郑氏、李建昌的全州李氏、郑东愈的东莱郑氏为中心的江华学派（见图 3-1）。

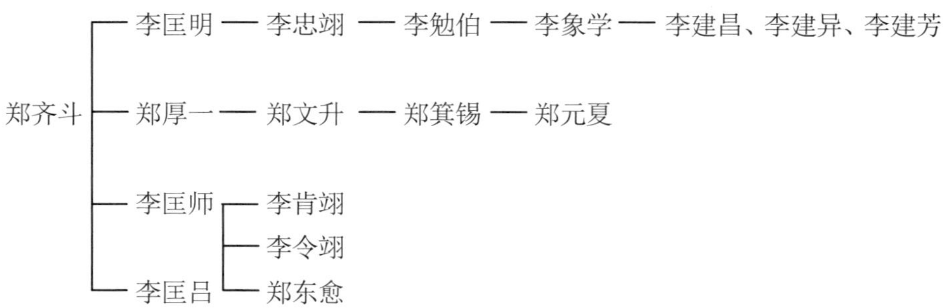

图 3-1　郑齐斗及其影响

郑齐斗的儿子郑厚一、玄孙郑文升及郑文升之子郑箕锡，继承家学。郑齐斗的门人李匡师、李匡臣、李匡明和李匡师之子李肯翊、李令翊，李匡明之子李忠翊，李忠翊之子李勉伯，李勉伯之长子李象学，李勉伯之孙李建昌、李建异及李建芳，以及李匡吕的门人郑东愈形成了初期江华学派的主要支柱。尽管他们没有公开声明自己是阳明学派，但却不屈从于政治排挤，默默地持续从事阳明学研究，维护其家学，为后人留下了大量著作，为朝鲜学界做出了巨大贡献。通过这些著作，可以看出他们实际上已经形成了学派。江华学派除了三大家族外，还有尹淳，李震炳，郑俊一、宋德渊、崔尚夏、李善协、申大羽、李匡吕、成以观、吴世泰、李善学、金泽秀等主要人物。江华学派弟子和门人没有向世俗妥协，仍然沿着郑齐斗走的路，以“致良知”的精神，研究诗文、正音、史学等，使阳明学与实学、天主教、开化思想等相联系，在极其艰难的条件下延续着阳明学和江华学派的命脉，一直坚持了约二百年。代表人物主要有：

（1）李匡臣（1700—1744，号恒斋），为郑齐斗作祭文的弟子。20 岁志在圣贤之学，后进入江华岛，向郑齐斗和他的儿子郑厚一学习心学。得到良知学的教诲后，创作《拟朱王问答》，试图折中朱子学和阳明学对格物的认识差异。他认为朱子学和阳明学的差异源于对格物的解读，即朱子把格理解为“至”，把格物解释为“穷究事物之道理”。阳明把“格”解释为“正”，把格物解释为“诚心本源，端正学习”。

（2）李匡师（1705—1777）。1731年，他27岁时结识了83岁的郑齐斗，接触了江华学派的实学思想后，感悟颇深。郑齐斗去世后，他在《书证致父见志》的信中怀着尊崇之心，回顾了郑齐斗正直品格及“知行合一”的一生。李匡臣的文集《先稿》收录了李匡师的三篇文章《答道甫书》《与道补书》《辩道甫理气书》。受郑齐斗的影响，他综合了性即理论和心即理论。他认可郑齐斗的生理概念，认为理气不相离，批评程朱理学和张横渠把气质之性与天命之性对立起来的观点。他基于《孟子》之说，批评朱子学中“性皆善，气均善与恶”的观点，认为“性皆善，气均善”，甚至主张性、情、才、气都是善。

（3）沈錥（1685—1753），作为郑齐斗的门人，是江华学派的中心人物。一生中多次辞官，多与尹淳、李震炳在外讲学和游乐。创作的诗作与日记都集中在《樗村遗稿》中，共47卷18册。

（4）李匡吕（1720—1783，号月岩），积极赞成将阳明学的“良知”作为行为准则，但对“致良知”却持反对态度，他认为应该用“实心”代替“良知”，在实心的基础上，接受朱子学和阳明学，乃至儒、道、佛。现遗有《李参奉集》。

（5）李肯翊（1736—1806，号燃藜室），李匡师之子，自幼随父移居江华岛，少年有成，学识渊博。他对于阳明学有着浓厚的兴趣，一心研究实学，著作颇丰，但大部分散失于流放途中，只剩下分册编撰的描写朝鲜朝太祖到显宗年间的王室历代史实的《燃藜室记述》。

（6）李令翊（1738—1800，号信斋），李匡师之子，因家族被卷入老少党争，随父亲流放连续遭受苦难。他继承其父李匡师从郑齐斗那里习得的阳明学体系，传为家学。后成为郑齐斗的孙女婿，忠实地传承了郑齐斗的心学。他将忠信不欺视为其学问的根本。著有《信斋集》。

（7）申大羽（1735—1809，号宛秋），阳明学巨匠郑齐斗的孙女婿，师从江华学派学者李匡吕。认为学将以治心，不治心而治外，此俗学所以欺人自赋，害甚于不学。后将学问传给其子申绰，留有遗著《宛秋遗集》。

（8）李忠翊（1744—1816，号椒园），师从李匡吕，与养父李匡明、郑厚一、申大羽等共同构成了江华派的核心队伍。另外，他还与郑齐斗的孙女婿李令翊建立了特别的交情，两人经常进行学术交流。他在严格区分“真”与“假”的基础上，对假托仁义行使暴力政治的执政势力进行了尖锐的批评。除儒学外，他还涉猎老子和佛教的思想，希望可以融会贯通。著有《椒园遗稿》2册和《椒园谈老》。

（9）郑东愈（1744—1808，号玄同），师从李匡吕，在阳明学研究上颇有造诣。他曾经支持朴趾源，金万重提倡的地动说，令世人震惊。他更大的贡献在语言学领域。著有《昼永编》和《玄同室遗稿》，对韩国文字、历史、文化、地理等有独到见解。

（10）申绰（1760—1828，号石泉）。申大羽是其父，郑齐斗是其外曾祖父。他多次辞官不做，只专心治学。郑齐斗去世后移居江华岛，同其他弟子共同编撰了《霞谷遗集》。申绰在学习阳明学过程中，很注重把实学和阳明学联系起来共同研究。另外，他不仅精通经学，还痴迷于老庄学，欲从老子身上寻找到真实敦厚的人间形象。著有《诗次故》《春秋左氏传例》《易次故》《尚次故》《老子旨略》。

（11）郑文升（1799—1875，号蕉泉），为郑齐斗高孙。受高祖父郑齐斗学风影响，重视思无邪和慎独，将心视为根本。认为心和则形和，形和则气和，气和则天地之和应之，此所谓和气致祥也，反是则心形与气，俱失其和，以强调心的重要性。此外，他对实学表示深切关注，经常把实学与阳明学联系在一起，并把实心用在农民身上。为官期间，他始终勤勉，爱民如子。著有有关当时现实的《农书》。现遗有文集《蕉泉遗稿》。

（12）郑箕锡（1813—1889，号都正），郑文升之子。继承家学并传授阳明心学。李建昌评价其孝慈顺详，施于有政，悃缚惟良；善气满面，发言简当，待人一出于诚悃。著作不详。

（13）李勉伯（1767—1830，号岱渊），李忠翊之子。虽两中进士，但不入仕途，一心致力于学术研究。他在著作《憨署》中如实描写了当时的社会面貌，此外还有《岱渊遗稿》《海东惇史》等著作。

（14）李是远（1790—1830，号沙矶），李勉伯之子，李建昌之祖父。为官时，曾走遍京畿险峻地区，亲身考察各处风俗和百姓的穷困，一心为民，这与其家族继承的阳明学有很大关系。1866 年，因丙寅洋扰，无法抑制愤怒，与其弟弟含恨服毒自杀，践行其“以真知笃行为本”的信念。遗有文集《沙矶文稿》十卷、《古今书钞》《野史钞》等。

（15）李象学（1829—1888，号士劝），李是远之子，其子有李建昌、李建升、李建冕。认为利禄非吾心也，及为政，公直疆敏，推实心，懋大体。也很注意将阳明学与实学联系在一起。

（16）李建昌（1853—1898，号甯斋），李象学之子。是朝鲜景宗时少论派核心人物。其家族定居江华岛后，继承了郑齐斗的学统，学术上沉醉于阳明学，对江华学派的理念具有认同感。遗有著作《明美堂集》二十卷和《党议通略》《读易随记》。

李建昌认为，舍心而为学，吾不知所谓道者，其在于瓦砾之于，其在于虚空于。他还认为，吾身可以定理，而义理无定，吾心可以穷义理，而义理无穷，今谓吾身不能如古圣贤，而自弃于义理之外，则不可也。李建昌拒绝从每个事物上寻找义理，而是把人类的本心作为道德主体的根源，从这一点来看，李建昌的心学思想与王阳明的心学思想是相通的。李建昌认为，义理不是朱子学强调的无须考虑现实情况的义理，而是对随时产生变化的现实状况进行主体判断的产物，这本质上就是阳明学的"义理论"。李建昌主张立足于民族自尊的富国强兵论，同样也是出自阳明学义理论的本心主体判断。

李建昌的文学作品具有很强的阳明学倾向，其作品内容以心学为中心，强调文学作品中要体现"实心""实理""实事"，要将"本心"与"本我"结合起来。李建昌的《缘情》诗论和《惟吾心恹》文章论都是以阳明学为基础。

（17）李建升（1858—1924，号耕斋），父李象学，兄李建昌，弟李建芳。他继承了郑齐斗的江华学派学脉，具有阳明学的思想。日本殖民统治期间，其在江华岛设立启明义塾，通过教育活动开展救国运动。启明义塾的宗旨就是：国民皆学，务实，心即事，实心实事，开广知识。他还认同黄宗羲《明夷待访录》中的进步思想，并与李建芳一起向郑寅普传授阳明思想。李建胜排斥拟古文，对正统古文给予高度评价。遗留著作有手抄本《海景堂首草》。

（18）金泽荣（1850—1927，号沧江），是一位享有盛名的诗人，也是一位在中韩文化交流史上占有重要地位的学者。他从少年时代开始学习古文和汉诗，与李建昌交情深厚。金泽荣将"气"视为文章的生命，批判儒生们对朱子过分的崇慕，而将文章视为唾骂手段的污秽之物。他批评阳明格物说，但也不完全认可朱子的格物观点。在《格物解》一文中，称："尊朱晦庵者讥王阳明，尊王阳明者讥朱晦庵，三百年间迄未归定者，在于《大学》格物之说之各异。以小子之狂妄，请因朱子之说，而补朱子之未及，以质于天下之君子"；"致知在格物"；"格之之久，果能真见，所以为本，所以为末，所以为始，所以为终之理"。在知行关系上，他强调诚意，以诚意为行之先，格物致知之意，已备明于些，故曾子立传，舍格物致知而只以诚意为首矣。他认为，格物以诚意为首，"格物"需要"诚意"。金泽荣把心和性范畴引入到理气关系中来，认为性合理气而理为主，心合理气而气为主。在人性论上，他提出"理气俱善"论，认为理固善气亦本善；气之善也，理之依着固与之俱善矣。当其气之不善也，理之善者，何由与不善者相依乎。著书 30 多种，学问造诣很深。著书涉及政治、经济、伦理、历史、文学等多个领域。发表了《格物解》《疑说》《杂言》《气本善说》《佛论》等数十篇。

（19）李匡明（1701—1778）作为郑齐斗的第一代弟子，虽然在阳明心学并无突出建树，但从其在流配地甲山撰写的著作《夷州风俗通》中，不难看出江华学派的作风。其文章朴实无华，无僵化虚伪的学术论辩。全文没有采取两班贵族普遍使用的汉字，而是使用当时难登大雅之堂的训民正音，并夹杂着当地的方言，凸显出务实求真的写作风格，体现出追求纯粹与朴素的阳明心学。

郑齐斗在江华岛召集门生研读阳明心学，创立江华学派。但从上述材料中可以看出，江华派弟子虽然师从郑齐斗门下，秉承了郑齐斗的学问与学风，但同时又显现出年轻一代的特性，积极进取，不拘泥于传统惯例，追求多样化发展，形成了自由学风。江华学派根据人的天赋良知，注重于心学。他们以王阳明的“心即理”说与“知行合一”说及“致良知”说为哲学的理论根据，广泛涉足诗文学、训民正音及史学等领域，致力于确立主体史观，追求从根深蒂固的奴隶思想到人的解放，注重天文、地志、医药、历法等实用与实事方面[①]。

在极端艰难的情况下，由霞谷门人及弟子形成的江华学派一直坚持传播、研究阳明心学，并把阳明学与朝鲜半岛的现实状况结合在一起，不断丰富阳明学的内涵。由于一直处于隐忍不发的状态，直到20世纪30年代，随着《霞谷集》手抄本向世人的公开，朝鲜阳明学才走到了台前。因此朝鲜、韩国学界应该感谢郑齐斗及其江华学派弟子，是他们的隐忍、坚持才不至于朝鲜半岛哲学史留下一块空白。郑齐斗的哲学思想在理论体系上不仅重视思辨，更注重理论以现实的人为基础，摆脱了形而上学思辨逻辑的理论体系。这一思想不仅影响着江华学派后学，也对后来的实学派学者产生了非常大的影响。江华派后学突破陈旧思想束缚，力求形成自由学风的做法，也对后期实学思想的发展产生了很大的影响。

第二节　阳明心学在朝鲜半岛的第一次复兴

在社会动荡时期，总会出现思想上的交锋。在朝鲜朝后期，中国经历了明清朝代更替，朝鲜则经历了丙子胡乱、壬辰倭乱，当时朝鲜半岛各种思潮风起云涌，形成各种对立的思想与价值观，如：卫正斥邪与文明开化、保守与革新、旧学与新学等。许多学者开始对僵化教条的朱子学产生疑问，开始关心民生等现实问题，接触了阳明学的学者希望摆脱“理气二元”论、“理尊气卑”理论的藩篱，努力把阳明学与实学等实用学问联系在一起，谋求解决现实生活中存在的社会问题。

① 刘明钟. 韩国的阳明. 汉城：同和出版公社，1983：166-167.

19 世纪末，在中国、朝鲜难有发展空间的阳明学在近邻日本得到了重视。在幕末维新时期开始，日本开始关注阳明学，在明治维新前后，阳明学受到日本人的追捧。阳明学精神促进了明治维新，对推动日本社会发展、国力增强，在行动思想上起到了非常大的号召作用。日本的变化刺激了在日本留学的中国、朝鲜学者，特别是在社会动荡、思想混乱的时期，非常容易给那些较早接受先进文化的知识分子带来心灵上的冲击。在西学东渐的时代背景下，受开化思想的影响，他们耳闻目睹了阳明学在日本逐渐强大过程中的作用。当时朝鲜正处于内忧外患的时代，东学党事件（1894）、闵妃暗杀（1895）、日俄战争（1905）到日本强行并吞朝鲜（1910）等一系列的国耻与亡国之痛，使得或亡命中国，或办杂志，或在中国东北与朝鲜之边境从事游击作战的朝鲜知识分子纷纷投入韩国的独立运动。这些知识分子希望以良知论为主体思想，通过以“人间平等论”和“天地万物一体说”为理据的阳明学唤醒朝鲜民族之魂，应对西方文化，恢复被日本侵夺的国家主权，从而解决时代和民族课题。朝鲜阳明学对于朝鲜学者摆脱保守思想的束缚、吸取中国的启蒙思潮起了先导作用，使阳明学在近代韩国史的扉页上留下不可磨灭的痕迹。朝鲜实学思想家们也或多或少都受到了阳明学程度不同的影响，代表人物有朴殷植、郑寅普等。其中，朴殷植、郑寅普被公认为是韩国现代阳明学的开创者。

一、朴殷植与阳明学

朝鲜独立运动先驱朴殷植（1859—1925，号白岩），儿时甚喜朱子学，22 岁移心实学，参加过东学运动和甲午革新；1905 年，日本胁迫韩国与其缔结《日韩保护协约》，韩国由此沦为日本的保护国。朴殷植意识到朱子学无法救亡图存，受当时中、日儒者的影响，开始从阳明学中寻找新动力。在开化意识的脉络下，他重新理解阳明学的本质，认识到阳明学才是适应当时社会现状的思想，于是大力提倡主张实践的儒学，并对其理论重新进行组构，开化自强，创造性地提出了一些解决现实社会问题的新理论[①]。朴殷植具有开放的跨界思维与改革意志，并以实际作为开展民族启蒙运动，奠立现代韩国的基础。他由一位杰出的朱子学者转向阳明学，并以阳明学作为时代开化、儒学传承、国族主义及与东亚周边国家密切互动

① 赵甜甜. 阳明学在韩国的传承发展及韩国阳明学在中国的研究现状与展望. 江南大学学报（人文社会科学版），2015（5）：17.

之间达成平衡的动力与理论基础[①]。

朴殷植虽然是近代阳明学的代表人物，但不同于传统江华学派及其近代传人的重要人物。朴殷植是在经过开化问题的冲击之后，才逐渐从朱子学转向阳明学。其思想发展过程大体可分为三个阶段：第一阶段（1898 年以前）为修习朱子学与史学时期；第二阶段（1989—1909 年）为吸收社会进化论的时期；第三阶段（1909 年以后）阐述阳明学的时期[②]。由此可见，朴殷植接受阳明学的过程，与江华学派无直接渊源，而是受到康有为、梁启超等中国名儒的启发，以及日本学者高濑武次郎的著作和日本阳明学学会的影响[③]。尽管朴殷植并非江华学派弟子，但他与江华学派弟子李建昌在 1898 年参加“独立学会”时结交相识，并从那时开始接触阳明学。之后朴殷植所主张的若无民族主体，必导致国权丧失的民族自主思想，无不透露其深受李建昌的阳明学思想的影响。同时，因为朴殷植的阳明学还受到了近代中国和日本学者的影响，所以他的阳明学比江华学派多了跨越国界这一高度，这使得他的阳明学没有只局限在本土的内在化，超越了当时新旧思想与价值观的对立，从而开创了韩国现代新儒学的新方向[④]。

（一）朴殷植在教育学方面认为朱子学不利于导引时代青年入门受益

在教育学方面，朴殷植认为朱子学虽地负海涵，无所不该，但不利于导引时代青年入门受益。他在《儒学求新论》中指出，韩国六百年间全国士林奉朱子学为泰斗，朱学以外更无学派。但后世儒者并无朱子的聪明、魄力与勤笃；未及窥其涯矣，年纪忽已蹉跎，而犹未能有实地见得、实地成就。其二朱子谓众物之表里精粗无不到，而吾心之全体大用无不明矣，但人生一世，光阴几何？即便终身用力，亦无卒业之期。学问卒业既无期限，而有余日作得事业之学者，绝无仅有。其三现代科学乃智育之事，而心理学则为德育之事，不可混为一谈。若将朱子的言论文字传授后进青年，其浩如渊海，不待开卷即生厌烦之意。况现代事业日出不穷，实难耗费岁月。朴殷植认为，朱子学过于庞杂，常人即便终其一生也未必能习得，且不能与实地相结合，故而认为其解决方案非阳明学不可。他指出，今之儒者在各种学科以外，若要求得本领学问，应从阳明直指本心的“致良知”入手，俾能在心术微处，切实省察，方得实效；再者，阳明学讲求气节，务实事业，

① 黄丽生. 日帝时期韩儒朴殷植的开化意识与阳明学. 台湾东亚文明研究学刊，2011（8）：271.

② 黄丽生. 日帝时期韩儒朴殷植的开化意识与阳明学. 台湾东亚文明研究学刊，2011（8）：284.

③ 崔在穆. 朴殷植与日本阳明学会的关联. 日本研究，2005（8）：117-135.

④ 郑仁在. 韩国现代实学者为堂郑寅普的实心思想. 鹅湖月刊，2010（8）：14.

以“知行合一”为旨，讲求果敢活泼，必有益学子、符合时代。换言之，朱子学已经不符时代需求。所以朴殷植认为：

> 盖到良知之学，直指本心，超凡入圣之门路也。所谓“知行合一”，当在于心术微处，省察紧节；并在于事物应用之中，果敢活泼有力。此所以阳明学派气节与事业特著，功效实多。呜呼！后生浅见何敢作朱学王学之辨，惹起学界一大公案？唯观将来后进学界，无简单直切之法门而能从事孔孟之学者几希！大抵朱学王学其为孔孟之徒一也，何舍何择？为使吾孔孟之道其传不失，不得不以简单直切之法门指示后进。（朴殷植《儒教求新论前揭书》：437-438）

朴殷植在文章中重点凸显良知本心与务实应变活用的阳明精神，指出朱子学的时代局限，从人的精神、意志、人心层面去探讨韩国儒教的发展之路，呼吁人们学习阳明心学提点良知、光明磊落的气节。

（二）朴殷植在哲学方向注重良知本心与实践应变相结合

朴殷植认为，良知本心是天下大本得以确立的基础；以内心隐微之处的诚，加上自强不息之功，天下大本才能确立，可久可大的事业才能孕育。朴殷植论述阳明学重视“心”的作用，指出这是建立在同时关注务实活用的基础上的。对他来说，良知本心之体现不只是个人道德的完成，亦旨在“知行合一”，把握本心作为经世应变的根本[①]。对于良知，朴殷植总结指出：

> 良知者，自然明觉之知，纯一无伪之知，流行不息之知，泛应不滞之知，圣愚无间之知，天人合一之知。神乎！妙乎！孰得以尚之。呜呼！人之有良知，如天之有日。而世犹有疑于此者，何哉？是自瞎其明者矣！是以余更敢断言之曰：东西道学界，惟王学为独一无二之法门，而世之君子其能无诮也否。（朴殷植《儒教求新论前揭书》：488-489）

朴殷植基于阳明心学关于良知论的论述，结合朝鲜半岛当时的社会状况，与时俱进，对良知论的特征进行了进一步的解读。其解读中蕴含着生来本有、平等普遍、现世体践的近代价值观和革新思想，积极呼应朝鲜近代开发民智、伸张民权的需要，也给讲求平等、重视庶民的阳明学思想赋予了近代价值。

---

① 黄丽生. 日帝时期韩儒朴殷植的开化意识与阳明学. 台湾东亚文明研究学刊，2011（8）：296.

朴殷植由朱子学转向阳明学，不仅仅是受王阳明“知行合一”“致良知”的学说吸引，更重要的是对于讲究儒教的务实活用的他更认可和推崇阳明学的理论与实践结合之妙。朴殷植认为，阳明心学中“知而不行，只是未知”最能令人深省。因此他特别看重“知行合一”的“行”，“致良知”的“致”。朴殷植曾说，若无体践功夫，不得谓为“王学”。在他眼里，阳明学的体践功夫、事上磨炼，并不只是道德层面的意义，还有处世应变的事功，两者之间互有关联。

此外，对于过去一些学者混淆阳明学与禅教关于本心之说，朴殷植认为：禅，专求本心而遗物理；而阳明所说“本心”，系与物理合而为一。一般以为王学之“良知”，有如禅教之“净智”；然而“良知”系以天理为本体，而“净智”则以空寂为本体。其大本已经不同，何有“近禅”可说？故朴殷植批评那些未窥王学真诠、动辄讥诋者，只不过是门户偏见罢了[①]。

（三）朴殷植革命精神之阳明学

朴殷植通过撰写《王阳明实记》《儒学求新论》等书籍，宣传阳明学精神，积极投身民主、民权运动，争取独立。他视阳明学为具有革命精神的学说，将王阳明与英国的克伦威尔、德国的马丁·路德相比拟[②]。朴殷植于1907年创立大同教，提倡“天地万物一体之仁”，追求天下同仁的太平之乐，其意在暗讽日本军国主义蔽于私欲、丧失天良、戕害同类，并谴责亲日团体之泯灭天理、骨肉相残；此外，亦借此反思：国族之独立自主须以“大同主义”为保障，像韩国这样由中国藩属而为日本殖民地、又亟望建立现代国体的国家而言，尤有必要[③]。朴殷植将阳明学的核心理解为“万物一体之仁”，依据天地万物一体说，提出了“大同思想”和“四海同胞主义”，将弱肉强食的帝国主义逻辑转换为“世界和平的逻辑”，探索“人类共存之路”。朴殷植不仅推崇阳明学的崇武精神，更视阳明学为救时良药[④]。但朴殷植希冀通过良知精神能够唤回朝鲜之魂，将唤回“朝鲜之魂”作为终极目标，却忽视了良知精神之终极目的——人格道德修养。

朴殷植在《王阳明实记》一书中，以实学角度看待王阳明，选择阳明擅长兵法、事功等实学事例以说明之。因此，屡屡强调阳明学的事上磨炼精神，如说：

---

① 黄丽生. 日帝时期韩儒朴殷植的开化意识与阳明学. 台湾东亚文明研究学刊，2011（8）：296.

② 张昆将. 阳明学在东亚：诠释、交流与行动. 台北：台湾大学出版中心，2012：300.

③ 黄丽生. 日帝时期韩儒朴殷植的开化意识与阳明学. 台湾东亚文明研究学刊，2011（8）：306.

④ 观此则知王学，绝非独善其身之学，而救时良药未有切于是者。阳明先生之心，犹孔子、释迦、基督之心也，其言犹孔子、释迦、基督之也。以为非以此易天下之人心，则天下终不得以理也（参见：朴殷植. 王阳明实记. 朴殷植全书：中卷）。

“先生之本体功夫，从事上磨炼而致其精明，彻悟到底者也。故其鉴别之识，不眩于天下之是非；自信之力，不夺于天下之利害。信手行去，沛然若无事者矣。然则事上磨炼，是即知即行，即动即静，本体即功夫，功夫即本体，不落空、不滞物，而为万事之主宰者也。呜呼！其竗矣！神矣！”又说：“良知之学，不近于顿悟也。以人事上磨炼，为格致功夫，故曰：簿书讼狱，无非实学。”朴殷植更视阳明学为“救时良药”，尝引用梁启超《德育鉴》的内容说：“阳明先生此书，字字是血，语语是泪，读之而不愤不悱者，非人矣。”从而说道：“观此则知王学，绝非独善其身之学，而救时良药未有切于是者。阳明先生之心，犹孔子、释迦、基督之心也，其言犹孔子、释迦、基督之言也。以为非以此易天下之人心，则天下终不得以理也。”由此不难窥知，朴殷植将此“救时良药”的良知学，不仅视为“今日学界独一无二之良药”。

朴殷植的阳明学可以说是儒学传统和近代价值相互碰撞的产物。朴殷植主张以阳明学说改造儒教，并引进西方学术思想，赋予阳明学新的意义，以适应时代的需要，促进了朝鲜阳明学的发展。朴殷植的阳明学是在江华学派之外另辟了朝鲜阳明学的新路，开启了韩国现代儒学的新里程。

二、为堂郑寅普与阳明学

为堂郑寅普（1893—1950）继承了朴殷植的阳明心学思想，但又比朴殷植更注重“内发式”的阳明学。相对来说，朴殷植的阳明学受到外力的影响较大，比较专注阳明学的实学与革命精神，较少凸显韩国本身阳明学的特点[①]。郑寅普为东莱郑氏的后代，东莱郑氏在朝鲜末期向来有“阳朱阴王”的学术传统。1910 年朝鲜沦为日本帝国的殖民地，同年郑寅普流亡到中国留学，并组织同济社参与光复运动。作为文学家、史学家、思想家的郑寅普，其思想无时无刻不透出阳明学的良知精神。他从实学的角度参与到民族自立的运动中。他所著的《朝鲜史研究》极力鼓吹从檀群神话到高句丽与唐军作战时，抵御外侮、奋勇抗敌的殉国烈士之事迹，高度宣扬民族独立意识。

郑寅普认为应该坚持以“实心”为基础的“实行”，而且把“实心良知”看作与民众同甘共苦的通感主体，并指出阳明学中的“致良知”就是与民同甘共苦精神的具体体现。1933 年 9 月至 12 月，郑寅普在《东亚日报》先后 66 回发表连

① 张昆将. 阳明学在东亚：诠释、交流与行动. 台北：台湾大学出版中心，2012：306.

载文章《阳明学演论》，1955 年，文章被收录到《薝园国学散稿》中。《阳明学演论》是朝鲜最早对阳明学和中国阳明学派及朝鲜阳明学派的系统整理、介绍之作[①]。其不仅梳理了前期朝鲜半岛阳明学的产生、发展脉络，而且对不同的阳明学学者的理论进行了细致的考察，为研究朝鲜阳明学提供了最为完整的历史考证资料，进一步推动了阳明学在韩国的发展。更重要的是，在朝鲜社会处于思想分裂、内忧外患的情况下，郑寅普照没有盲目地因袭中国阳明学，而是把阳明学与当时朝鲜社会的现实问题结合起来，把阳明学当作解决朝鲜现实问题的指导思想，希望利用阳明学中的自由精神和平等意识，去解决当时所面临的民族危机问题。

郑寅普作为东莱郑氏传人，自然知道阳明学在朝鲜传播之艰难，因此他在《阳明学演论》中开诚布公地指出："在朝鲜没有阳明学派。阳明学从以前传来，就被看成异端邪说，如果看到这本书放在书桌上，就会被当成乱贼来声讨。虽然一二学者研究阳明学，但却不敢张扬于外。因此若谓在朝鲜没有阳明学派，确属事实。朝鲜只有晦庵学派而已。几百年之间，不管什么人都接受晦庵之学，冀以求取功名。所以整个朝鲜王朝全部是晦庵学派，甚至连标举晦庵学派为一学派，都成为没有必要的事。"[②] 因此，郑寅普在《阳明学演论》书中，根据自己的观点把朝鲜阳明学派分为三类：一是真正的阳明学学者，曾看过阳明学书籍并有相关著作，或学术行为中确有可作为证据的相关言论，如崔鸣吉、张维、郑齐斗、李匡臣、金泽秀；二是虽然曾批判过阳明学，但其前后行为有所不同，内心却是认同阳明学，如李匡师、李令翊、李忠翊；三是不曾对外人谈及阳明学，言必称信奉朱子学，但从其平时主张来看，可知其为阳明学学者，如洪大容。可以说，郑寅普是根据以上学者在传播阳明学的表现程度作为标准进行分类的。张昆将认为，郑寅普把崔鸣吉、张维归为阳明学学者，以及其三类型的区分，颇有其恣意性[③]。仔细研讨《阳明学演论》，会发现书中涉及的人物有不少要早于王阳明，而郑寅普是通过这些人物的言行是否可以用阳明学理论解读来判断，似乎是在用阳明学理论框架当作判断是否属于阳明学派的标准，这未免过于主观。郑寅普在《阳明学演论》中选定的早期阳明学学者，大都从其言行中可以找到"本心之诚意"及"自心独知"的精神。这与郑寅普身上拥有的极其强烈的民族主义意识有关。郑寅普经历过日本帝国主义吞并朝鲜，国家沦为日本殖民地的亡国痛史，自然希望阳明学的"独知"精神可以发展成为朝鲜独立运动的精神原动力。

中国台湾学者张昆将在《东方历史评论》微信公号（ohistory）发表的《东亚

---

① 彭芳蓉. 阳明学如何在朝鲜半岛生根开花. 贵州日报，2017-08-25（13）.

② 郑寅普. 阳明学演论. 汉城：三星文化财团文库，1972：210.

③ 张昆将. 阳明学在东亚：诠释、交流与行动. 台北：台湾大学出版中心，2012：308.

阳明学与维新革命》一文也指出，通过对郑寅普《阳明学演论》的大致分析，可以窥知郑寅普借着历史上被他判定为具有阳明学精神的人，进一步发挥他的阳明学“演论”，从金歆运的“自心独知”到崔鸣吉的“独知”精神，都是如此。郑寅普注意到历史上的金歆运与崔鸣吉的“独知”精神，当然有其时代的关怀，希望阳明学的这个“独知”精神，可以成为朝鲜独立运动的精神原动力，这种努力从本国的历史人物找出具有阳明学精神的代表人物的“内发式”论述模式，与朴殷植受到日本与中国的“外在影响论”的模式，虽然其“目的”相同，但“方法”相异。

郑寅普研究阳明学最先着手之处就是基于对“虚学”和“假行”行为的批评，以良知（本心、实心），独知，感通等概念为核心展开的。郑寅普的虚实论就是指对空学问和虚伪行为彻底地“拔本塞源”，去追求真正的“实”学问和真实的“真”行动。他批评说，数百年间，朝鲜人的实心和实行除了偶尔会在学问领域以外出现，剩下的便满世界都是假行和虚学。假行和虚学的发端是什么？那就是主体性的丧失。在朝鲜主体性丧失有两种形态，一种是对朱子学的信奉，另一种是对当时流入的西方学问的推崇。朝鲜众多儒学家们试图通过“自住学”来探究人类的内心和本性问题，但由于未能以实心和实学为依据，结果是假借程朱学谋求自身利益的“私营派”和在朝鲜树立中华传统的“尊华派”之间展开党争、杀戮。郑寅普认为，朝鲜的历史是虚假混杂的历史，充满了私利、私欲、名分和虚华。他还认为，过去数百年间朝鲜的历史是脱离“实心”和“实行”，整个社会充满“假行”和虚学。信奉程朱学的朝鲜朝儒学者们都远离“实心”，都是为了一己私利而弄虚作假。

阳明学在朝鲜半岛的第一次复兴处于 19 世纪末西势东渐的李氏朝鲜与大韩帝国末转换期，白岩朴殷植和为堂郑寅普以良知论为主体思想，广泛接受阳明学的良知论，主张万民平等论等，希望通过本土化阳明学的“人间平等论”和“天地万物一体说”理论应对西方文化侵蚀，恢复被日本侵夺的国家主权。这一时期的阳明学在朝鲜半岛的传播不同于以往，没有盲目教条地因袭中国阳明学，而是与朝鲜半岛恢复国权和独立等现实问题结合在一起，通过理论联系实际的办法建立和创造朝鲜的阳明学，从而解决朝鲜阳明学学者所面临的民族危机问题，为近代民族精神的形成奠定了基础，为韩国近代化进程做出了重大贡献。因此可以看出，这一时期的朝鲜半岛的阳明学的本土化、民族化特点更加突出明显。可以说，朝鲜的阳明学是朝鲜性理学与中国阳明学融合和复合的、带有明显时代特征的产物。

在这一时期，受日本阳明学发展的影响，特别是在朝鲜逐渐丧失国权的情况下，韩国近代阳明学学者将阳明学鼓吹为高度的革命行动精神，与良知学精神出入甚大。

第三节　阳明心学在朝鲜半岛的第二次复兴

尽管经过了由朴殷植、郑寅普掀起的第一次阳明学研究高潮，但从朝鲜光复到20世纪60年代初，阳明学研究依旧处于冷门状况，韩国几乎没有阳明学的研究成果。到70年代初期前后，韩国对阳明学的研究也仍然只有极少数研究者零零散散地做些概论式的研究，无论从质量还是数量上来看，都处于低迷状态。但是此时，阳明学的研究已经初见苗头，其中，学者尹南汉开始对朝鲜时代的阳明学进行研究。1974年，他撰写了博士学位论文《朝鲜时代的阳明学研究》，获得韩国中央大学博士学位，这是韩国国内阳明学研究最早的博士学位论文。尹南汉的论文从历史学角度出发，对朝鲜时代的阳明学进行了全面论证，同时对阳明学代表人物郑齐斗学说进行了系统的分析研究，可以说，该论文为韩国的阳明学研究打开了一扇门，其他学者以尹南汉的研究为基础，对朝鲜时代的阳明学的研究开始活跃起来。此后，先后有《什么是阳明学》的单行本和《传习录》韩文版及2篇硕士学位论文、7篇研究论文相继问世。但据统计，在20世纪60、70年代，韩国阳明学研究者仅有11人，研究成果仅为17篇。因此，这个时期的阳明学研究还很难算是进入正式阶段[①]。

一、第二次复兴时期的阳明学研究状况

1980年以后，韩国国内出现了多位研究阳明学的学者。对于阳明学的研究开始呈现出上升的趋势。韩国学者金世贞的调查显示，虽然没有举世瞩目的鸿篇巨制，但研究成果的数量远远超过20世纪60、70年代。据韩国著名儒学学者梁承武统计，韩国自1945年光复到2005年为止，有关阳明学的论著约有799篇，1970年以前发表的论著仅有50篇，约占总数的6.27%，1970—1980年发表的约有147

① 金世贞. 韩国阳明学研究的历史与现状. 儒学研究，2006，42：8.

篇，占 18.3%，而 1990 年后的论文大幅增加，达 409 篇，占 51.18%[①]。如表 3-1 所示，20 世纪 80 年代，韩国阳明学研究刚刚开始进入系统研究阶段。比较有代表性的论文包括宋在云在韩国东国大学的博士学位论文《王阳明心学的研究》（1985）和宋河暻在中国台湾师范大学的博士学位论文《王阳明心学之研究》（1986）等 7 篇博士学位论文，论文研究主题以王阳明的哲学和思想为主。此外还有 13 篇硕士学位论文和 38 篇研究论文。这些论文的发表打破了以往朱子学研究一家独大的局面，丰富了韩国儒学研究的内涵，拓宽了研究领域，为后来的阳明学研究奠定了坚实的基础。从这一时期开始的韩国阳明学研究大体分为两种类型：一种是重新发掘、分析、整理朝鲜时代的阳明学，重新构建阳明学体系；另一种是受曾在中国及日本等国家留学的韩国学者影响，以现代角度重新审视中国和日本阳明学派的阳明心学，试图解决时代问题。除海归学者外，韩国本土的一些学者也开始把研究范围逐渐扩大。

20 世纪 80 年代，阳明学代表学者主要有宋河暻、金吉洛、宋在云。宋河暻的研究方向主要集中在王阳明的生平和思想上，先后发表了《从万物一体观看王阳明的拔本塞源论与大学问》（1982）、《王阳明的儒、佛、道教思想背景的相关研究》（1984）、《王阳明的良知说研究》（年代不详）等 7 篇论文。金吉洛主要进行对比研究和剖析阳明学的主要理论，其代表作包括《阳明哲学与朱子学的关系》（1982）、《阳明哲学与象山学的关系》（1981）、《阳明哲学的心即理说的研究》（1982）、《阳明哲学中的致良知说的研究》等 6 篇论文。宋在云主要研究阳明学与佛教之间关系，其除去博士学位论文《王阳明心学的研究》之外，还发表了《六祖禅与王阳明的致良知》（1983）、《禅学对阳明心学的影响》（1984）等 4 篇论文。这一时期的阳明学研究主要集中在介绍阳明心学的形成与背景及阳明学的四大代表观点，即“心即理”“知行合一”“致良知”“亲民”。此时的研究还基本属于基础研究。

相对于近邻日本来说，韩国的阳明学研究此时还是处于沉寂时期，因为 1890 年至 1990 年这百年间，是日本阳明学研究的高潮，阳明学的研究名家辈出[②]。20 世纪 80 年代，韩国阳明学研究只是在数量上呈现出增长。

从 20 世纪 90 年代一直持续到 21 世纪初，韩国阳明学研究进入了突飞猛进时期，到达顶峰阶段。无论是学者数量、论文著作数量，还是研究成果的分量和质量，都远远超过前四十多年。但是对于阳明学研究的第二次复兴的起因，也有不同的看法，中国台湾学者张昆将认为，韩国阳明学研究的第二次复兴是与 1990

---

① 梁承武. 当代韩国阳明学研究的研究活动及未来课题//崔在穆. 东亚阳明学. 北京：中国人民大学出版社，2009：134-150.

② 张昆将. 阳明学在东亚：诠释、交流与行动. 台北：台湾大学出版中心，2012：3.

表 3-1　20 世纪 80 年代韩国阳明学研究成果

单位：篇

年代	专著	译著 1（原典）	译著 2（二次文献）	学位论文（国内博士）	学位论文（国外博士）	学位论文（硕士）	一般论文	总数
20 世纪 50 年代	0	0	0	0	0	0	0	0
20 世纪 60 年代	0	0	0	0	0	0	4	4
20 世纪 70 年代	2	2	0	0	0	2	7	13
20 世纪 80 年代	0	0	1	2	5	13	38	59
20 世纪 90 年代	8	3	8	10	6	22	113	170
21 世纪第一个十年	7	6	2	9	3	29	163	219
21 世纪第二个十年	5	2	4	10	1	18	141	181
总数	22	13	15	31	15	84	466	646

来源：金世贞. 韩国阳明学研究的历史与现状. 儒学研究，2006，42：7.

年以来《韩国文学丛刊》的陆续出刊及其日后的数位化所带来的研究方便有相当大的关系[①]。梁承武则认为这与 1995 年韩国阳明学学会的创立有很大关系[②]。这一时期比较著名的阳明学研究学者及其代表作有金吉洛的《象山学与阳明学》、崔在穆的《东亚的阳明学》、金世贞企划的《王阳明哲学研究》等，这些专著都系统地研究了王阳明的生涯和思想。另外，张圣模的《朱子与王阳明的教育理论》、金世贞的《王阳明的生命哲学》、崔在穆的《阳明学的新视野》等著作采用比较的方法对阳明学在朝鲜半岛的本土化进行研究，以当代社会为背景探讨阳明学在韩国社

① 张昆将. 阳明学在东亚：诠释、交流与行动. 台北：台湾大学出版中心，2012：10.

② 梁承武. 当代韩国阳明学研究的研究活动及未来课题//崔在穆. 东亚阳明学. 北京：中国人民大学出版社，2009：134-150.

会现代化进程中的现实意义和社会功能，这些跨学科、多主题的研究成果标志着20世纪90年代以后韩国的阳明学研究已经步入一个新的高度。韩国学者金世贞总结说，20世纪90年代，韩国学者在国内外一共发表了36篇与阳明学有关的博士学位论文。这些论文呈现出以下三个重要特征：第一，20世纪80年代韩国学者的博士学位论文大都出自中国台湾地区，但是90年代以后则出现留学日本、中国、美国等国的博士学位论文，这不仅可以开拓视野，接触和吸收各国的研究动态，而且还可以把韩国国内研究成果与国外博士引进的国外研究成果结合，形成一加一大于二的效果，为最终形成"当代韩国阳明学"奠定了坚实的基础；第二，通过《关于阳明学身体思想的研究》《关于阳明学生命哲学的研究》《王阳明心学中的乐论》《阳明学功夫论之教育学的解释》《王阳明的圣学与艺术之相关性研究》等论文可以看出，韩国学者的研究主题已经突破哲学思想层面，扩大到体育学、艺术、教育学、神学、哲学咨询、生命哲学、比较哲学等领域；第三，韩国学者开始尝试利用阳明学来解决现代韩国社会乃至人类所面临的问题[①]。

尤其值得一提的是，1995年4月8日[②]以宋河暻为会长的韩国阳明学学会的成立更是极大地推动了韩国阳明学研究的发展。从2004年至今，韩国阳明学学会每年春季、秋季都要在江华岛举行以阳明学为主题的学术研讨会，目前大概已经举行五六十次。通过召开学术会议的方式，研究学者相互沟通，互通有无，并出版了《王阳明哲学研究》《韩国江华阳明学》《江华阳明学研究》等书籍，使得阳明学研究队伍不断壮大，研究方向呈现百花齐放的态势，阳明学研究越来越多样化、体系化、系统化。韩国学者崔在穆认为，进入20世纪90年代，随着韩国阳明学学者人数的增加，分类更加细化的学术成果不断涌现，韩国阳明学真正迎来了"文艺复兴时期"[③]（如表3-2所示）。

如果说20世纪80年代对阳明学的研究局限于对王阳明著作的翻译和其思想的接受，那么梳理20世纪90年代以后的诸多学者的研究成果，可以发现他们的研究方向和内容大致可以分为以下几类。

---

① 金世贞. 韩国阳明学研究的历史与现状. 儒学研究，2006，42：12.

② 对于韩国阳明学学会的成立时间，不同学者说法不一。梁承武的《当代韩国阳明学研究的研究活动及未来课题》（2009）、金世贞的《阳明学的研究现状与课题》（2005）认为，韩国阳明学学会是于1995年成立的；金容载的《韩国阳明学研究现况与新探索：以江华学研究为中心》（2005）、余怀彦的《良知之道：王阳明的五百年》（2016）、赵甜甜的《阳明学在韩国的传承发展及韩国阳明学在中国的研究现状与展望》认为，韩国阳明学学会是于1994年成立的。但根据韩国阳明学学会网站的介绍，韩国阳明学学会是于1995年4月8日在韩国汉城成均馆大学成立的。

③ 崔在穆. 韩国阳明学的研究成果回顾与展望. 中国学报，1998，38：293.

表 3-2　韩国阳明学“文艺复兴时期”的研究成果

单位：篇

成果内容分类	20 世纪 60 年代	20 世纪 70 年代	20 世纪 80 年代	20 世纪 90 年代	总数
1. 阳明学形性和概要	2	0	9	20	31
2. 诸思想和关联性的比较	1	2	12	22	37
3.“心即理”说	0	2	3	14	19
4.“知行合一”说	0	2	3	5	10
5.“良知”说、“致良知”说	0	1	4	18	23
6.“亲民”说、“万物一体”说	0	0	2	7	9
7. 修养论、功夫论、教育论	0	0	0	3	3
8. 文学、艺术、体育关联	0	0	2	4	6
9. 其他思想关联	1	0	3	10	14

来源：金世贞. 韩国阳明学研究的历史与现状. 儒学研究，2006，42：9.

一是对阳明学进行对比研究。根据对比的对象又可以分为王阳明与中国学者之间的对比、王阳明与韩国学者之间的对比，甚至是王阳明与西方学者的对比；除人与人之外，还有思想理念之间的对比。（1）与中国学者的对比。如《儒家的生命观与人类责任论：以朱子与王阳明哲学为中心》（2004）、林洪泰《朱子、象山、阳明、蕺山之功夫论比较》（2004）、《朱子学与阳明学的教育理论》（1993）、《象山学与阳明学研究》（1995）、《通过对比白沙学和阳明学看朝鲜中期性理学的特征》（2007）等等；（2）与韩国学者的对比。如《阳明心学与退溪心学的比较研究》（2007）、《从功夫论看退溪性理学业与阳明学的差异》（2009）、《卢守慎的心性论与阳明学》（2007）等；（3）与西方学者的对比。《从胡塞尔现象学看朱子学派与阳明学：心与理关系的指向性分析》（2005）、《通过超越知性中心的思考方式探索哲学咨询的可能性：以王阳明和柏格森思想的相似性为中心》（2017）、《苏格拉底与王阳明的知行合一说之比较研究》（2012）、《从行为论视角探讨知识本质：以王阳明与维特根斯坦的知识观为中心》（2007）等。（4）与思想理念的对比。有不少学者试图在阳明学与宗教思想之间搭建对话的桥梁，如《从阳明学的立场看圆佛教精神》(1999)、《佛教的知与阳明学的知》(2002)、《星湖学派的阳明学业与天主教》(2001)、《王阳明与道教的会通问题》(2009)等。以上的对比研究大都从比较哲学的视角看阳明学的研究，无论是中外学者与王阳明的心学理论，还是从东方古代、现代哲学及西方哲学，或是从阳明学自身理论延伸到宗教等领域，都极大地丰富了阳明学研究的内容，对比对象的范围越来越广泛。而且，通过与西方哲学的比较，可以把握阳明学的特质，进而寻找其与西方哲学对话和沟通的可能性。

二是从阳明学自身的哲学思想入手继续挖掘，注重阳明学本土化研究。研究阳明学的引进与展开过程，以及朝鲜半岛学者接受阳明学并进行本地化的学术成果在任何一段时期都是数量最多的。如《试析朝鲜时代阳明学传入与被排挤》(1995)、《近代变革期的韩国阳明学》(2007)、《16 世纪朝鲜性理学者对阳明学批判的研究》(2002)、《朝鲜朝江华学派阳明学之形成与展开》(2009)、《朝鲜阳明学的接受与研究现状》(2004)、《畿湖阳明学的形成与展开》(1994)、《星湖学派对阳明学的接受：以茯庵李基让为中心》(1989)、《霞谷郑齐斗接受阳明学及其经世思想》(1993)等，不胜枚举。此外，韩国学者对阳明学的“心即理”“知行合一”“致良知”等具体理论的研究成果所占比例也很大。这类研究不再是单纯研究王阳明心学中的具体理论，而是把诸如郑齐斗等韩国阳明学大家和阳明学派对阳明学与本土文化糅合融入形成的韩国阳明学业作为研究对象，以试图摸索阳明学与韩国本土哲学之间的沟通与对话。如《王阳明的以良知为基础的人类观》(1997)、《陆王心学的体系比较：以“心即理”和“格物致知”为中心》(2007)、《韩国江华学派泰斗郑齐斗之良知本体论和致良知功夫论》(2009)、《郑霞谷对阳明〈知行合一〉说的理解》(2006)、《韩国阳明学的实学展开状况》(1995)、《韩国阳明学的生命思想》(2006)、《王阳明生命思想对人类伦理教育的适用性》(2004)、《王阳明万物一体论视野下的生命观》(2000)等。这些研究是把阳明学视为道德实践哲学加以研究，试图将本土文化与阳明学理论联系起来，从道德哲学、生命伦理、生态哲学的角度研究探索心学的内在物质，将研究的成果内化为本土哲学——韩国阳明学，使得阳明学研究得到纵深方向的发展。

三是韩国的阳明学研究由哲学领域向教育、体育、艺术、军事等多个领域拓展。哲学的本质是人类对主客观世界的理性认识，是人类高级思维的结果，是人类高级智慧的反映，其目的是推动人类思想和实践的发展。许多学者在研究阳明学时，发现阳明学的理论对教育、体育、艺术等具体实践同样具有指导意义。如良知论、心即理论、功夫论、致良知论同样可以运用到现代教育领域，包括普通教育、道德教育、儿童教育、音乐教育、体育教育、生物伦理教育等。这些研究试图将阳明学理解为教育学理论，研究成果集中在一般教育和道德与伦理教育上。如《王阳明的儿童教育观》（2005）、《韩国时代与阳明功夫法的哲学教育意义》（2001）、《王阳明的生命哲学与真我实现的教育论》（2004）、《王阳明的教育思想和教育方法》（2009）、《伦理与道德：王阳明的教育论》（2006）、《从王阳明的音乐教育思想看现代音乐教育》（2005）、《阳明学与 21 世纪体育学》（2003）、《朴趾源的〈热河日记〉与阳明学思想世界》（2007）等。金容载在《王阳明的教育思想与教育方法》一文中指出：就有关阳明的人格修养方法所进行的先行研究结果来看，韩国学者金吉洛结合李福登、林振玉的观点是将王阳明的人格修养方法分为谦逊、容忍、和蔼、务实、正义 5 个类别，将阳明学中的修持之道看成是立志、勤学、改过、责善、容忍、戒悟、务实、谨守其心、惜阴（珍惜时间）9 个类别。由此可以看出，王阳明的教育思想和其他人相比，将重点放在了人性教育上，对人性涵养等理论没有过分强调传承沿袭。其立场是主张对中庸的尊德性和道问学加以区别对待。他指出，王阳明认为虽然人的本性相同，但所具备的才能和资质是千差万别的，所以要在各种侧面对技术教育进行强化，并主张在士、工、农、商等各个领域进行选择发展。金容载进而分析说，王阳明的教育思想与孔子的教育观非常相似。也可以说，他的教育方法是继承了孔子的启发开悟的相对主义教育方法，特别是将所有人所具有的良知的普遍性作为人性教育的基准，并主张实施情感的教育方法，王阳明的这种理论教育与朱子学的教育哲学可以说是完全不同的。金容载总结称："和阳明的教育观在当代展现了巨大效果这样的评价相比，更能够推断的是他的教育思想将会给予后代的实用主义学问以很大的影响。"①

此类论文希望从阳明学的教育价值观和教育思想中寻求解决现代教育中存在的问题的方法，或是对现代教育进行反思，从而找到阳明学与现代教育之间的良好契合点，将阳明学教育思想为我所用。

二、第二次复兴时期韩国阳明学学会的作用

（一）韩国阳明学学会的创立

进入 20 世纪 70 年代，现代韩国阳明学研究之门随着尹南汉初露端倪，但相对于程朱性理学，在李氏朝鲜时代被视为"异端斯文乱贼"的阳明学一直难以进

① 金容载. 王阳明的教育思想与教育方法. 儒学研究，2009，20：329-337.

入韩国正统哲学的范畴，这一观点和理念即便到了现代社会也一直存在，韩国的阳明学仍旧被视为非主流、少数派的研究。直到 20 世纪 80 年代，“朝鲜时代只有性理学，没有阳明学”的观点一直在韩国儒学界占主导地位。甚至还有学者提出霞谷学也并非阳明学，而是性理学[①]。在这种学术氛围下，20 世纪 90 年代以前韩国阳明学的研究人数、研究成果与性理学领域简直不能相提并论，差距甚大。

然而，尽管起步非常艰难，但仍有刘鸣钟、金吉洛等学者不畏惧外在压力，决心将朝鲜时代的阳明学确立为一个新的研究领域，开始正式研究韩国的阳明学。随着韩国民主化进程的发展，学术界的研究氛围也日益自由。20 世纪 90 年代，研究朝鲜时代阳明学的韩国学者越来越多，研究成果也越来越丰富。其中具有代表性的研究学者有郑次根、崔在穆、朴连洙、金教斌、宋锡俊、徐钟泰等。郑寅普之女郑良婉与沈庆昊先后出版了 4 本与《江华学派的文学与思想》相关的书籍。有了一定规模的阳明学研究学者和热心人士，以及一定数量的学术成果的支持，1995 年 4 月 8 日，100 多名有志之士聚集在一起，创立了韩国阳明学学会。该学会通过重修阳明学学者郑齐斗墓地和江华学派代表李建昌故居等活动，把韩国研究阳明学研究学者凝聚起来，并且创立会刊《阳明学》，为阳明学研究提供一个非常好的交流平台。

（二）韩国阳明学学会的作用与贡献

韩国阳明学学会的创立推动了韩国阳明学研究的发展，使得阳明学研究变得更加活跃，更加系统，更加深入。据金世贞、金智善统计，20 世纪 80 年代以前关于郑齐斗的研究成果只有寥寥几篇论文，而到了 20 世纪 90 年代以郑齐斗为研究对象的博士学位论文有 4 篇，21 世纪第一个十年 5 篇，21 世纪第二个十年 6 篇；相关的学术论文，20 世纪 80 年代 11 篇，20 世纪 90 年代 35 篇，21 世纪第一个十年 62 篇，2010—2017 年 63 篇。关于霞谷学派的博士学位论文，20 世纪 90 年代 2 篇，21 世纪第一个十年 6 篇，21 世纪第二个十年 9 篇；公开发表的学术论文，20 世纪 80 年代 6 篇，20 世纪 90 年代 12 篇，21 世纪第一个十年 14 篇，21 世纪第二个十年 27 篇[②]。由以上数据可以看出，韩国阳明学研究成果在 21 世纪第一个十年左右开始呈现出急剧增加的态势，表明韩国阳明学学会在推动韩国国内现代阳明学研究方面确实发挥了非常大的作用。

---

① 金世贞，赵智善. 通过分析江华阳明学国际学术会议看霞谷学研究现状与展望. 儒学研究，2019，48：173.

② 金世贞，赵智善. 通过分析江华阳明学国际学术会议看霞谷学研究现状与展望. 儒学研究，2019，48：177.

同时，韩国阳明学学会不仅带动了韩国诸多学者开始走入阳明学研究之路，也打开了韩国与中国、日本等其他国家进行学术交流之门，拓宽了研究视野和范围。韩国阳明学学会从 1995 年到 2019 年的 25 年间，每年举办 2 次国内外学术大会，共举行了 50 多次国内外学术大会。2004 年到 2018 年共举办了 15 届“江华阳明学国际研讨会”。学会共收录关于阳明学的论文将近 300 余篇，还发行了 53 本学会刊物《阳明学》，取得相当令人瞩目的成就，为韩国阳明学和霞谷学的研究做出非常大的贡献。

总体来说，韩国阳明学学会的创立的作用和贡献有以下几点。首先，韩国阳明学学会坚持交流建会，构建协会内部经常性工作网络，扩大了国内外阳明学研究机构和人员间的交流互动，不仅促进了对朝鲜时代阳明学的整理研究，还为现代韩国阳明学的确立奠定了坚实的学术基础，同时也有利于提高韩国阳明学在东亚哲学史上的地位。其次，韩国阳明学学会以促进交流为目的，通过举办各种形式的学术会议，创办学会会刊《阳明学》，出版学术会议论文集，为阳明学研究者进行学术交流提供了重要平台。最后，通过确定每次学术会议的主题，改变了以往分散单独研究的弊端，阳明学研究更加具有系统性、综合性，利用学术会议积极发挥集团研究的优势，实现规模效应，既保证了阳明学研究的持续性和连续性，也为培养后代阳明学研究学者提供了机会。

（三）韩国阳明学学会举办学术会议的状况

从 2004 年开始，韩国阳明学学会在江华岛举办“江华学派国际学术大会”，把韩国的阳明学研究与世界其他国家的研究结合起来。截至 2018 年，江华学派国际学术大会共收录论文 290 篇，包括主旨发言和特别发言 26 篇，以及会议论文 264 篇（如表 3-3 所示）。

作为国际学术会议，自然会邀请国外优秀的阳明学研究专家。在总共 15 次会议中，来自阳明学宗主国——中国的参与学者自然最多，包括 15 名中国台湾学者在内，共有 54 名。其次为日本（16 名）。然后是美国（4 名）、俄罗斯（1 名）、越南（1 名）、蒙古（1 名）等。共有 77 人次外国学者参加。会议不仅为国内外阳明学学者提供了交流的机会，也推动了韩国阳明学在国外阳明学研究中占有一席之地。

2004 年，第一届江华学派国际学术大会在江华岛举行，会议主题是“江华阳明学派的地位和现代意义”。韩国阳明学学会希望通过举办国际学术会议的形式，在考察郑齐斗思想在东亚学术史上的地位的同时，也能把握江华阳明学派的精神脉络，同时达到向国外宣传江华阳明学的目的。时任阳明学学会会长郑仁在教授在学术会议上以《江华阳明学派的地位和现代意义》为题做了主旨发言。在发言中，他感慨地说："今天我们是在人参之乡——江华岛以挖走 300 年山参的心情向世界展示江华阳明学派的精神脉络。在这里，我们将把江华阳明学从家门学向学会学的层面继承过来。"他还提出，要将江华阳明学发展成跳出江华岛成为韩国主流学问的目标。在会议中，韩国国内学者共有 13 人宣读了论文，其中与郑齐斗相关的论文有 12 篇，代表性的有朴延寿的《霞谷郑齐斗的道德哲学》；与霞谷学派相关的论文有 3 篇，具有代表性的是沈庆昊的《江华学派的家学批判》；与其他阳明学相关的论文有 3 篇，如金世贞的《阳明心学和退溪心学比较的新篇章》。韩国国外学者主要有中国学者台湾大学黄俊杰的《郑齐斗对〈孟子〉〈浩然〉章之解释》、台湾"中央"大学杨祖汉的《郑霞谷对王阳明哲学的理解》、复旦大学吴震的《郑齐斗思想绪论——以无善无恶论为中心》，以及日本学者难破征南的《知行合一的人间观考察》、中纯夫的《初期江华学派对阳明学的受容——以霞谷、恒斋、樗村为中心》等。

表 3-3 江华学派国际学术大会第一届至第十五届收录论文一览

单位：篇

类别	一	二	三	四	五	六	七	八	九	十	十一	十二	十三	十四	十五	总计
主旨发言	2	3	2	3	2	1	1	2	2	1	1	2	1	1	2	26
会议发言	18	20	22	29	29	19	23	15	15	16	12	17	8	9	12	264
总计	20	23	24	32	31	20	24	17	17	17	13	19	9	10	14	290

第二届江华学派国际学术大会的主题为"霞谷和江华阳明学派"。如果说第一届江华学派国际学术大会是确立霞谷学和江华阳明学的地位，那么第二届大会则是为进一步巩固韩国阳明学的学术地位而召开的。这主要是因为韩国阳明学如果作为一门学问必须有学术脉络和学术资料，而在李氏朝鲜时代由于阳明学被视

为异端，大部分文献中都不敢出现阳明学之类的用语，即便是被公认为朝鲜阳明学大家的郑齐斗在其著作中也极力避讳，后续江华学派学者的研究也大都集中在研究学派前人的生平事迹和哲学观点，因此，确立江华学派阳明学的学术地位需要更多的实据考证。在2005年第二届学术大会上，韩国阳明学学会希望通过江华阳明学派文集的版本比较研究，来复原江华阳明学派的实际面貌，并以此为基础，进一步彰显韩国阳明学的特色。

在会议中，韩国金忠烈、金兴浩分别以《关于阳明心学的"新"》和《现存在和致良知》为题做了主旨发言和特别发言。围绕着霞谷和江华阳明学派这一主题，先后宣读了中国学者何成轩的《霞谷人文思想初探》、余怀彦的《郑霞谷对阳明学的贡献》、钱明的《朝鲜朝阳明学派形成与郑霞谷对阳明思想的诠释》、李铭辉的《郑齐斗之四端七情论》、林月惠的《郑齐斗对王阳明"知行合一"说的理解》等韩国国外学者的论文，以及韩国学者李庆龙的《霞谷郑齐斗的性体论和解释》等10篇霞谷郑齐斗相关的论文。还有韩国学者郑仁在的《江华阳明学是什么》、金东俊的《李匡师的文学和阳明学的痕迹》、李尚浩《郑寅普的"实心论"》、韩艺媛《李勉伯的碑志类研究》等6篇有关阳明后学的文章。从本次会议开始，韩国学者在梳理江华阳明学的学术脉络的同时，也把研究目光从郑齐斗身上拓展到江华学派门人和弟子身上，正式启动了江华阳明后学的研究。

2006年韩国阳明学学会在举办第三届国际学术会议时，为凸显霞谷学在韩国阳明学中的核心地位，将会议名称由"江华学派国际学术大会"改为"霞谷学国际学术大会"，会议主题定为"霞谷和韩国阳明学的展开"，以彰显韩国阳明学与中国、日本阳明学的不同特征，希望在研究韩国阳明学过程中能够以郑齐斗及江华学派为中心，把研究领域扩展到战后朝鲜阳明学与政治、社会、文化等之间的关系，进而把握韩国阳明学的整体趋势。

在会议中，韩国学者卢英灿教授以《阳明学和现代宗教学》为题进行了主旨发言。共有6名外国学者和16名韩国学者在会上宣读了论文。在本次会议发表的论文中，大致以郑齐斗生前生后为分界点，考察研究郑齐斗生前对阳明学的接受和吸收，以及其去世后朝鲜阳明学界的整体动向，包括江华学派阳明后学的学术倾向、朝鲜阳明学和朱子学的关系及江华学派对实学的影响等。其中与霞谷郑齐斗相关的论文有10篇，既有韩国学者张秉汉的《霞谷郑齐斗和白云沈大允的经学备考》、赵南浩的《朴世堂和郑齐斗的皇极论》、严延锡的《郑齐斗的〈心经集议〉和心性修养论的特征》、丁斗荣的《肃宗—英祖初期霞谷郑齐斗的处世观和政治作用》等，也有中国学者詹杭伦（中国人民大学）的《郑齐斗〈诗箚录〉疏证》、王锦民（北京大学）的《郑齐斗在江华期的经学研究》、彭国翔（清华大学）的《本体与功夫：郑霞谷与王龙溪合论》和俄罗斯学者库尔班诺夫（S. O. Kurbanov，俄罗斯圣彼得堡大学）的《霞谷郑齐斗的太极论》等外国学者的研究成果。还有韩国学者尹在焕的《椒园李忠翊的文学论与形象化》、崔在穆的《郑寅普的阳明学理解》等研究江华学派阳明后学学者的论文。

2007 年第四届霞谷学国际学术大会以“霞谷学与实学”为主题，由韩国阳明学学会与仁川大学仁川学研究院共同举办，会议举办方希望能把江华的地域特色、历史传统与霞谷学联系起来。将江华评价为朝鲜民族的圣地、护国之乡，是最早受收外来文化、思想及宗教的主导推进朝鲜半岛意识改革和物质近代化的地方，以江华学派的隐忍精神继续坚持对学术开放和实用学问的精神追求。

在会议中，韩国学者宋河暻和尹炳锡分别以《阳明学的后现代主义的开放性思维》和《江华学派阳明学和祖国独立运动》为题做了主题演讲。会上共有 7 名外国学者和 23 名韩国国内学者宣读了论文。此次会议发表的论文涉及范围比较广，其中有关郑齐斗思想的论文有 8 篇，包括龚鹏程的《韩国阳明学学者郑齐斗的经世思想》、韩艺媛的《霞谷郑齐斗的金钱观》、金哲洙的《论郑齐斗的“气”学思想》、金妍在的《郑齐斗关于主静和未发之心体的论辩》、金宇亨的《霞谷郑齐斗的知觉论和伦理学》、元在研的《霞谷学与天主教的对话》等。还有与本次会议主题——实学密切相关的多篇论文，如李尚浩的《韩国近代阳明学的哲学特征》、尹炳锡的《江华学派阳明学与祖国独立运动》、小川治久的《真理的真相及其实现》、金世书利亚的《江华学的实学特征和韩国女性主体》等。此外，还有学者将研究视角拓展到儒学、阳明学与宗教之间的关系，如元在研的《霞谷学与天主教的对话》、李正九的《儒教与圣公会江华圣堂建筑》、李恩善的《韩国儒教的宗教反省》和韩国江华基督教历史研究会李恩勇的《江华学派和早期基督教研究》。研究范围越宽、研究深度越深，就越有利于阳明学作为一门独立的学问在韩国哲学史上生根发芽。

2008 年第五届霞谷学国际学术大会以“霞谷学与近代性”为主题，共有包括自中国、日本等 11 名海外学者在内的 30 人参加。本次会议希望从郑齐斗和江华学派不盲从权威、排斥偏见的批评精神出发，以开放的心态探索新的领域和知识，尤其要把江华阳明学追求更加自由平等社会的思想与近代社会结合起来，以更新意识、改革制度。

曹永禄和郑齐斗的宗孙郑时钟在会议开幕式上分别做了《霞谷学与近代意识》与《霞谷家族及其教导》的主题演讲。闵惠珍的《霞谷郑齐斗的主体》、权相佑的《对霞谷郑齐斗哲学整体性的探索》等 6 篇论文均与郑齐斗相关；朴延寿的《江华学派的近代性质》等 10 篇论文都与霞谷学派相关；玄载宇的《王阳明的宗教经验研究》等14篇论文主要研究阳明学的其他方向。这次大会与第四次大会有一点比较相似，即有不少江华地区的少数民族学者参加了学术交流，相对于本领域内的哲学性、抽象性的纯学术研究，他们更注重实质。这些学者的参加为推动霞谷学在江华地区的发展提供了制订具体计划的契机。此类论文有姜昌洙的《李是远先生的葬礼程序和墓地移动》、柳重贤的《寻找以教育救国理念建立的原启明义塾学校旧址》、梁泰富的《第一届霞谷祭奉行经过及今后的课题》、李恩勇的《诚斋李东辉和保昌学校》、金容恩的《沙矶李是远先生的节义精神》等。

2009年第六届霞谷学国际学术大会又更名为"江华阳明学国际学术大会"。会议的主题为"阳明学，与世界沟通"。此次会议的目的就是搭建一个学者们寻找郑齐斗和霞谷学派意欲展现的哲学思想源泉和进一步努力向文学、艺术、宗教、政治、社会、文化等方面探索的交流平台。其实，早在朝鲜朝末期，以霞谷学派为首的阳明学学者们就已经超越了儒学的哲学界限，开始从文学、艺术、政治和宗教等多种角度思考朝鲜的未来，探索各种出路。第六届学术大会希望从现代视角把霞谷后学的以上研究特点如实地展现在人们面前。会议收录的论文仍以研究韩国阳明学为主，研究郑齐斗的论文有6篇，研究江华学派的有2篇，其他与阳明学相关的论文有11篇。韩国学者宋载云的《阳明学与世界沟通》主旨演讲和郑次根的《霞谷阳明思想中表现出的个体政治思想意义》、张智勋的《朝鲜后期阳明学后现代书法美学与现代意义》、李恩勇和徐珍完的《寻找霞谷学的行政学意义：探索性接近》等论文都非常贴近本次会议的主题。朴正莲的《从"亲民"观点看王阳明的音乐观和音乐教育》、黄甲渊的《明代阳明学学者的时代精神与现代阳明学学者的课题》等论文则尝试跳出韩国阳明学的范围，去与中国阳明学沟通，打开更多的研究思路。

2010年第七届江华阳明学国际学术大会的主题是"阳明学与地球、生命与共生"，试图将霞谷学与生命问题联系起来，从现代视角重新审视霞谷学。阳明学一直试图超越对人和人类社会的研究，去探索人与自然的共生之路，去揭示一条珍惜生命，养育生命的最佳道路。在这一方面，中国阳明学对于尊重生命和与自然共生的问题进行了很多研究，但韩国阳明学和霞谷学派对这些问题的研究并不多。所以，韩国阳明学学会希望此次会议的主题能够引起韩国阳明学界的注意，以完善相关方面的研究。在本次会议上，共有5名外国学者和17名韩国国内学者发表论文。朴延寿做了题为《现代社会和霞谷实心实学》的主旨发言。崔在穆的《阳明学中看梦想、感悟和生命》、金妍在的《从生态易学看郑齐斗的生命美学》、李明洙的《全球化、相生、阳明学的近代思维》和李东熙的《从过程哲学看朱子学和阳明学》等论文都与主题联系紧密。此外，与郑齐斗相关的论文有7篇，包括中国学者台湾“中央”大学谢居宪的《罗近溪与郑霞谷的思想比较》、韩国学者李庆龙的《霞谷郑齐斗的大学说研究》、日本学者中纯夫《江华学派与党派·党争》这3篇与江华派相关的论文。另外，还有任秉学的《〈传习录〉体现的阳明的易学观》等13篇论文。

2011年第八届江华阳明学国际学术大会的主题为“霞谷学和韩国性理学的对话”（见图3-2）。希望通过对比分析霞谷学和韩国性理学，加强对韩国霞谷学的思想源泉——阳明学的研究，从现代视角出发去发掘两者之间具有何种相互意义和相似性。这不仅促进了霞谷学与性理学的交叉融合，还为霞谷学与现代不同学科进行交流提供了平台。因此，此次会议邀请了国内外哲学、文学、艺术、政治、宗教和文化等领域的专家学者进行交流和讨论，为霞谷学跨学科发展提供了契机。

图3-2 2011年第八届江华阳明学国际学术大会

宋锡俊首先发表了《韩国阳明学的历史成果与发展方向》的主题演讲，从宏观层面上总结归纳了韩国阳明学的发展状况和取得的成果，然后又对韩国阳明学的未来发展方向进行了展望。本次会议共有6名外国学者和9名国内学者进行了论文交流。主要有金允京的《郑齐斗的心即理说研究》、李尚勋的《霞谷郑齐斗与寒州李震相的心性论比较研究》等与郑齐斗相关的5篇论文；李庆龙的《李忠翊的修养学习论》、白井顺的《郑齐斗的周边——沈錥、李震炳、李星龄》等与霞谷学派相关的2篇论文。还有洪元植的《西厓柳成龙学习阳明学与退溪心学》等与阳明学相关的13篇论文。

2012年第九届江华阳明学国际学术大会的主题为“霞谷郑齐斗与18世纪东

亚思想文化”。本次会议致力于为再次确认霞谷学在拥有共同传统哲学观的18世纪东亚地区的地位和价值搭建一个交流平台，并以此探索霞谷学研究的发展方案，谋求推进韩国阳明学研究的推广和振兴。挖掘郑齐斗和霞谷学派在改变18世纪前后已经走上歧途的学风问题和消除当时朝鲜社会党派学派陋习中的价值和意义，展现霞谷学可以成为东北亚地区中、韩、日等国，乃至全人类的知识财富的价值。

会议中，金世贞以《江华阳明学国际学术大会的足迹和未来》为主题做了主旨发言，崔在穆做了《与世界的“和谐”，通过阳明学阅读》的主题发言。中国南京大学周群的《郑齐斗思想评议》、日本京都府立大学中纯夫的《李匡臣学术思想对霞谷学的接受》等5篇外国学者的论文和韩国学者金允京的《霞谷哲学的朝鲜性理学基础》、朴正心的《基于阳明学的真我论确立：韩国近代主体的产生》、张秉汉的《郑齐斗与沈大允的〈中庸〉注解比较考察》、韩艺媛的《霞谷学与东亚学》等10篇韩国国内学者论文与本次会议发表主题相符。

2013年第十届江华阳明学国际学术大会主题为“江华阳明学与理想社会”。此次会议希望能立足于以往的研究成果，将霞谷学与现代社会的各种问题结合起来，用郑齐斗和霞谷后学所表现出来的哲学思想特性去解决现代社会必须面对的经济、政治、宗教、心理治疗、环境、女性、福利、人权、文化和艺术等方面的尖锐的时代性问题。因此，第十届学术大会邀请了来自韩国国内外的经济、政治、心理学、哲学、文学、艺术、宗教和文化等各类领域的专家进行发言和讨论，为推动霞谷学与现代社会实现真正沟通提供契机。

此次大会有3名海外学者和13名韩国学者宣读了论文。其中有5篇与郑齐斗相关，4篇与霞谷学派相关，7篇与其他阳明学派相关。韩国学者黄甲渊在大会上发表了《和同的理想社会论》主旨演讲。日本学者吾妻重二的《郑齐斗的礼学——阳明学与礼教》、中国学者钱明的《中晚期的讲会运动与阳明学的庶民化》和韩国学者郑仁在的《月岩李匡吕的实心实学》、千炳敦的《兰谷李建芳〈兰谷存稿〉研究》、金亨锡的《从李忠翊〈椒园谈老〉中看三教思想》、金敏宰的《郑齐斗的良知所具有的直观性格分析》等论文具有较高的学术价值，得到了与会学者们的认可。

2014年第十一届江华阳明学国际学术大会主题为“现代文明与江华阳明学”（见图3-3）。此次大会旨在针对现代社会病态现象，寻求阳明学能够给出的诊治处方：面对需要人们深刻反省的、日益凸显的现代社会人类本质、人际关系等现实问题，人们是否能研究发现霞谷学给出的答案，并在此基础上探寻推动霞谷学进一步发展的可能性。

本次大会共有3名海外学者和9名韩国国内学者发表论文。从主题来看，有3篇与郑齐斗有关，2篇与霞谷学派有关，7篇与其他阳明学派有关。韩国学者南相浩发表了主旨演讲《通过〈诗经〉看心灵治愈》。中国学者李红军的《郑齐斗与王阳明的“良知”思想及其现代意义探究》和越南学者阮大东的《论阮攸〈心灵与主人〉思想的比较研究》等国外学者的论文大都从对比研究的角度出发，寻找韩国霞谷学的学术特征。韩国学者则更想通过阳明学和霞谷学哲学思想寻找可以诊治现代社会面临的诸多问题的方法，如李庆龙的《阳明学的孝悌子爱与现代家庭伦理》、金世贞的《霞谷郑齐斗的生态意识》、黄甲渊的《科学与良知》、郑甲任的《生命，儿童的内心与游戏》、李恩善的《我所信任的，韩国生物女性政治的根据》等。

图 3-3　2014 年第十一届江华阳明学国际学术大会

为了纪念韩国阳明学学会创立 20 周年，2015 年第十二届江华阳明学国际学术大会将主题定为“江华、霞谷学和未来：知性、人性、灵性”（见图 3-4）。同时为了推动韩国阳明学研究国际化、多样化，韩国阳明学学会将会议发表主题细化为“知性、人性、灵性”三个专题。在“知性”专题中，将会议重点放在强化阳明学研究的国际（东亚）网络和奠定共同研究的基础。在韩国阳明学学会的主导下，韩国霞谷学研究院和中国阳明学与地方文化研究中心、日本二松学舍、中国台湾“中研院”的学者联合考察各国和地区的阳明学研究现状，积极探索面向 21 世纪的阳明学未来发展之路和合作研究的方案。在“人性”专题中，重点是对目前韩国教育界的最大话题——人性教育，从宏观上立足韩国传统教育的核心思想——儒学去探讨人性教育的意义和本质，从微观上摸索霞谷学介入人性教育的可能性和寻找具体的人性教育方法和程序开发。在“灵性”专题中，重点是超越欧洲知识界和基督教界设定的目前宗教交流仍然以与佛教、印度教交流为主的模式，更加积极地推进与东亚文明的核心——儒教文化的对话，以顺应世界潮流，儒学界也在试图通过具有开放性思维的阳明学去和不同的世界观展开宗教交流。

图 3-4　2015 年第十二届江华阳明学国际学术大会

韩国学者宋河暻和美国学者郑熙秀分别以《王阳明心学的精神世界》和《江华、霞谷学和未来》为题发表了主旨演讲。会议中还有 3 名海外学者和 14 名韩国国内学者发表了论文。由于本次会议设定了“知性、人性、灵性”3 个主题，因此有关郑齐斗和霞谷学的论文相对较少，只有高成根的《基于霞谷学习论的小学人性教育实践方案》、张秉汉的《霞谷后学者沈大允的知性论与王道论》、李恩勇的《19 世纪末至 20 世纪初江华儒学家们接受基督教状况研究》等 3 篇论文。在“灵性”专题中值得关注的论文有李香满的《儒教式基督教的“亲民”灵性》、李恩善的《其他儒教、其他基督教——知性、人性、灵性的融合》和金洽荣的《王阳明与卡尔·巴特的模式转变》。

2016 年第十三届江华阳明学国际学术大会主题为“沟通和共鸣，江华阳明学”（见图 3-5）。良知是阳明学的核心概念，凸显了人的主体性，和他人之间的感应是其基本属性。良知的感应从伦理性、文学性、艺术性的角度被发现并得到升华。江华阳明学也强调良知与其他思想或存在的沟通和感应。实际上，江华阳明学派李光师也提出了不拘泥于形式的、基于自然感情的文学论，这种观念甚至延续到了被称为朝鲜时代最后一个文学家的李建昌。江华阳明学派最后一位后人郑寅普非常重视良知的感应，甚至称人如果没有良知感应就是一个没有灵魂的人，不是活着的人。第十三届江华阳明学国际学术大会就是希望江华阳明学乃至韩国阳明学与其他学科能够交流与寻找共识，共同探讨哲学、时代问题。

会议中，金世贞发表了《通过阳明的人生看到的沟通和共鸣的阳明学》的主旨演讲，而后有 2 名海外学者和 6 名韩国国内学者宣读了论文。中国贵阳学院陆永胜发表了《王阳明龙冈书院讲学考论》，中国台湾东海大学蔡家和发表了《探析心学人性论的现代意义》。韩国学者的论文主要有田炳述的《走向和平之路》、李庆龙的《恒斋李匡信先生的格物与朱王学术的沟通》、金俊胜的《王阳明和施泰纳的教育论比较》、杨善真的《王阳明眼中的人工智能（AI）时代的科学技术伦理》、李兰秀的《用近代视角看的风流客人的美学形象》、金贤宇和李美林的《近代转换期女性观的变化》等。

图 3-5　2016 年第十三届江华阳明学国际学术大会

2017 年第十四届江华阳明学国际学术大会主题为“霞谷学，走近人文学”（见图 3-6）。韩国阳明学学会认为霞谷学和江华阳明学相关思想文献资料不足，当前重要且紧迫的工作是收集、整理、修缮相关文献资料。同时，因霞谷学和江华阳明学派学者早就以哲学、文学、历史、艺术、教育、社会运动等人文学科为中心展开研究活动，所以与会学者认为没有必要局限于思想层面进行研究。此次学术大会从哲学、历史、教育等人文科学层面对霞谷学进行全面的考察，国内外思想界将霞谷学所具有的意义分成 3 个分科进行立体式解读。其中第一分科是“霞谷学的哲学新篇章”，第二分科是“霞谷学的历史新篇章”，第三分科是“霞谷学的教育新篇章”。

在会议中，金教彬通过题为《江华的骄傲，江华阳明学的思想意义》的主旨演讲，为人们勾勒出了江华阳明学的整体蓝图。在第一分科“霞谷学的哲学新篇章”中，有金世书利亚的《后人类人文学之霞谷学》、金允京的《霞谷学派的真假论与实学》、束景南的《朱陆之学论战与〈朱子晚年定论〉的诞生》等论文；在第二分科“霞谷学的哲学新篇章”中，有李南玉的《霞谷郑齐斗的人际网络》、卢官范的《从媒体现象重新解读朴殷植的儒教改革论》、鹿博的《〈阳明年谱长编〉：21世阳明学研究的丰碑》等。在第三分科“霞谷学的教育新篇章”中，有赵智善的《霞谷郑齐斗哲学的人性教育研究的必要性和意义》、郑和顺的《李光师心学学习的真谛》、蒋丽梅的《得意忘象与得意取象》等 3 篇论文。如果说过去几年学术大会的讨论范围已经扩大到整个阳明学，那么此次学术大会则集中于霞谷学。

图 3-6　2017 年第十四届江华阳明学国际学术大会

2018 年第十五届江华阳明学国际学术大会主题定为“江华阳明学派的沟通与未来”（见图 3-7）。会议希望通过考察霞谷学派与其他学科的思想交流状况，回顾霞谷学在韩国哲学史上的地位，为阐明韩国哲学自身的发展状况做出贡献。本次大会分 3 个专题进行讨论。第一专题为“霞谷郑齐斗的思想观点”，主要对郑齐斗和先辈性理学家、周边学人的思想观点进行广泛讨论；第二专题为“18—19 世纪江华阳明学派的思想观点”，主要考察霞谷后学学者李光吕、李光师、李光申、申大羽、申绰、李忠翊，李令翊等初期和中期霞谷学派的思想观点；第三专题为“21 世纪江华阳明学派的思想观点”，主要是考察以李建芳、李建升、李建昌、郑寅普为首后期霞谷学派的思想观点。同时，此次大会并未只局限于考察霞谷学的思想影响和接受状况，也对霞谷学的批评观点进行开放式研讨。

图 3-7　2018 年第十五届江华阳明学国际学术大会

会议中，韩国学者沈庆昊和中国学者李承贵分别以《江华学案编述的提案》和《“知行合一”何以为“知行本体”？》为题做了主旨发言。在第一专题部分，有金秀珍的《阳明学文本的独有和流传》、朴铉贞的《霞谷郑齐斗的体用观研究》、姜宝升的《霞谷郑齐斗的〈大学〉解释与格物致知论》、朴成浩的《王阳明和郑霞谷在学习上的无概念及其意义》等论文。在第二专题部分，有千炳敦的《江华阳明学派思想观点》、李南玉的《郑齐斗和西人——老论界的思想观点》等论文。在第三专题部分，有韩正吉的《兰谷李建芳的阳明学理解和现实应对理论》、金世贞的《江华学派李建昌和郑寅普研究现状与课题》、李兰秀的《近代巡礼的空间，看金刚山的两种视线》等论文。此次会议延续了上一届的做法，会议发表论文大都集中在霞谷学上，这既推动了霞谷学研究的深化，又为霞谷学的现代化提供了更进一步的契机。

第十五届江华阳明学国际学术大会是韩国阳明学学会长年坚持不懈推动韩国阳明学发展的最好证明，它为本身属于弱势冷门学科的阳明学研究提供了良好的交流平台，有效地整合了以往个别、分散的阳明学研究，极大地促进了韩国国内阳明学有机的、可持续的研究发展，为确保韩国阳明学及霞谷学研究的学术专业性做出了巨大贡献。但是目前韩国阳明学和霞谷学的研究仍然属于阳春白雪，对于非专业人士和普通大众来说仍然很陌生。尽管目前学者们在努力普及阳明学理论，但离平民化还有一定距离。因此，今后的研究必须同时确保专业性和大众性双轨制。为此，一是要坚持发行有关韩国阳明学及霞谷学的丛书，通过对既有研究成果进行整理和分析，为研究者们打好有关霞谷学的学术专业性基础；二是向普通民众推出通俗易懂的能说明阳明学的大众书籍等，推进阳明学大众化。

第四节　阳明心学在朝鲜半岛的传播现状

在佛、道、儒学等思想传入朝鲜半岛后，朝鲜民族在吸收发展过程中总是能够融进一些具有民族特色的文化，最终形成具有代表性、本土化的学说和学派。尽管阳明学在传入朝鲜半岛的几百年间，由于受到打压和排斥，几乎无法进行公开的学术研究，其思想价值自然也无法得到认可，但令人庆幸的是，仍有诸如霞谷郑齐斗等江华派学者在极端艰难的条件下坚持阳明学的传播和研究，虽然存在着先天不足，还是为后来的阳明学学者奠定了坚实的研究基础。

一、韩国阳明学的发展

进入近代，众多学者开始整理阳明学的相关理论，梳理阳明学传播脉络，挖掘被埋没的阳明学本质，通过大量的研究工作，取得了丰硕的研究成果，并借此确定了阳明学在韩国哲学史、思想史和学术史中的地位。

韩国阳明学在 2010—2016 年的研究成果为 181 篇（部），其中有 5 部专著、6 部译著、11 篇博士学位论文、18 篇硕士学位论文、141 篇公开发表的论文。从数据上看，如果加上在韩国学术成果搜索网站 KISS 上统计的 2017—2019 年关键词中含有“阳明学”的 27 篇研究成果，这期间的阳明学研究成果数量已经非常接近 2000—2010 年的 219 篇（部）的峰值，说明阳明学在韩国的研究状况仍然处于旺盛阶段。

韩国阳明学在韩国阳明学学会这个学术平台上不断努力开创新局面，韩国阳明学学者结合时代要求，在对阳明学进行批判性研究的同时积极吸收有益的思想成分，积极推进阳明学向着更深更宽的领域拓展。2018 年 12 月，韩国阳明学学会宣布其期刊《阳明学》由每年出版 3 辑增加到每年 4 辑[①]。这无疑为阳明学研究又增添了新的动力。

目前韩国阳明学研究在继承了前人研究的基础上，研究方向和范围还在不断拓展。首先是韩国学者开始从实学、医学、史学、文学等多种角度对郑齐斗及后续阳明学学者的理论进行探索，更加注重本土化的阳明学研究，重点放在翻译更多的阳明学原著，系统研究退溪及退溪学派心学与阳明学的差异，以及阳明学对韩国近代政治、文化的作用与局限，加强对阳明学研究成果分期、分领域及人物的分类整理，为韩国阳明学和其他学术领域的研究提供丰富的佐证资料，从而进一步谋求确立韩国阳明学在东亚儒学史中的独立地位。其次是跳出阳明学只认王阳明这一藩篱，还要研究陆象山、陈白沙、湛甘泉心学，以及阳明后学学者的思想。除王阳明心学之外，还要研究王阳明的政治、军事、经济、教育、美学、艺术等方面的思想。还可以另辟蹊径对以往的研究进行再分析、再解释。近年来，韩国学业者已经把女权主义、认知科学、人工智能等引进到阳明学研究内。阳明学本身不同于其他形而上学，而是一种很实在的哲学。把阳明学引入不同学科领域里的研究，不仅开辟了阳明学研究的新领地，而且可以从现代社会中挖掘出阳明学的新内涵。此外，韩国阳明学学者也开始注意到阳明学研究应该走向更广阔的空间，不应只局限在韩、中、日三个东亚国家，还可以扩展到越南等东南亚国家，通过彼此交流互动，拓宽研究视野，为阳明学研究注入更多国际化的活力因素，进而推进阳明学的发扬光大。

二、韩国阳明学界的国际交流

近年来，随着中国阳明文化研究热潮的兴起，成立了许多有关阳明学的各类研究机构，各类关于阳明学或在儒学领域下的阳明心学研究的学术研讨会纷纷在各地举行，这为韩国阳明学学者与中国学者进行学术交流提供了非常广阔的平台。其中，中国阳明心学高峰论坛学术研讨会无论是举办层次，还是学术权威性，都是目前中国国内规格最高、规模最大、影响最广的阳明心学专题论坛，在全国乃至日、韩等阳明文化辐射的国家和地区中产生了巨大影响力，参加会议的代表大都是 20 世纪 90 年代以来阳明学研究领域的领军人物、地域阳明学派研究的著名

① 参见：韩国阳明学学会网站 http://www.ymhh.or.kr/modules/bbs/index.php?code=notice&mode=view&id=20&_M_ID=47.

专家、阳明学与诸学科交叉研究的代表性人物。韩国阳明学学会前任会长崔在穆和现任会长金世贞都曾在此会议上做过发言。2016 年 10 月 15 日，由中国文化院、北京三智文化书院共同主办的首届“人类智慧与共同命运——中国阳明心学高峰论坛”在京举行。论坛组委会主席、中国文化院院长、第九届与第十届全国人大常委会副委员长许嘉璐认为，该次论坛是改革开放以来规格最高、规模较大、影响最大的关于阳明心学的学术研讨会。时任韩国阳明学学会会长崔在穆在多维视野下探讨了阳明心学，畅谈阳明文化的历史内涵、文化精髓和时代价值。在 2017 年 11 月 18—19 日举行的第二届中国阳明心学高峰论坛学术研讨会上，韩国忠南大学教授、儒学研究所所长、韩国阳明学学会会长金世贞教授主要围绕韩国阳明学及其目前所研究的内容展开论述。金教授先以 1627 年朝鲜胡乱时的历史事件举例，引用主和派崔鸣吉从良心出发，明知可能留下千古骂名的情况下，依然为拯救苍生坚持主和的事实，说明“致良知”对国家和百姓意义重大。金教授又指出，朝鲜近代时期，阳明学研究代表人物朴殷植，认为良知合一就是百姓的人人合一，要从痛苦当中解救百姓，强调在西方列强中争取和平与独立，并发表了“社会同胞论”，呼吁各阶层的合一。再从良知角度出发，解释其现实的时代精神问题，推进了韩国的现代化和民主化。在这一过程中，朴殷植又发起了人与人、人和环境关系的探讨。其中，关于人与生态的关系，西方是以人文主义为基础推动的，但这种仅仅依靠理性主义的认知是不够的，良知的思想要求把对方的痛看作自己的痛，人与自然达成合一状态。金教授总结道，朴殷植希望良知的思维模式可以把理性的认识推及到更大范围。在推动良知中逐渐解决此类生态问题，甚至全世界、全人类的问题。

韩国成均馆大学儒学院副教授高在锡则从诸子《大学》的角度分析了自己对阳明心学的理解。他认为诸子和阳明先生都讲到赤子心，因为深受孟子的影响，他们都认为人具备这种明德，明德具备特别的“心”和“性”，虽然一些观点不同，但出发点基本一致。人都有明德，只要注重修养功夫，即可成为圣人。之后高教授从对“未发功夫”和“已发功夫”的认知，以及明德中的“本性”“知”与“行”的不同分层，对两派做了区别阐述。高教授通过一些案例说明了诸子和阳明心学的终极目标是一致的，只是方法不同。在教学过程中，应该客观地介绍圣贤们的具体修养方法，让学生在特定时空、对某一观点进行实践。在这个过程中，不能绝对化，要客观地介绍具体实践方法，公正地选择科研方法。

2019 年 5 月 18 日，第三届中国阳明心学高峰论坛在浙江绍兴正式开幕。在论坛上，韩国阳明学学会会长、韩国忠南大学教授金世贞非常具有前瞻性地指出，阳明学不是单纯的过去的遗物。他认为可以从以下三个方面分析阳明学在第四次工业革命中的意义和作用。第一，创意性是第四次工业革命不可或缺的意义之一。在阳明学中，创意性源头从人类良知的随时变异性中找寻，是今日所需的创意性。第二，第四次工业革命中的人工智能、自动驾驶汽车、互联网、机器人不应是增进个人财富的竞争工具，而应是为人民提供关怀和治疗的手段。第三，第四次工业革命时代被称为超链接社会，这与王阳明天地万物为一体、人与自然相生共生的主张是一致的。

韩国岭南退溪学研究院理事长李东建是从儒学及阳明学对朝鲜半岛的影响谈起的。他指出，东亚儒学发源于中国，对东亚的哲学及文化、政治、经济、宗教、学术的形成起到了不可忽视的作用。阳明学和朱子学也影响了退溪哲学，为促进朝鲜儒学和各种哲学思潮及社会风气的形成及展开，提供了必要的知性的文化能量，同时这种能量也渗透到了韩国社会的意识领域深层，影响了其文化心理的构成。

除中国阳明心学高峰论坛外，在中国贵州省贵阳修文县举行的阳明文化节也逐渐成为弘扬阳明先生的精神，碰撞思想火花的具有国际影响力的重要舞台。韩国阳明学学会会长金吉洛等韩国专家学者曾多次来参加阳明学术研讨会和阳明遗迹寻访游、阳明祭祀等活动，推动韩国与中国学者之间在学术方面互通有无。

此外，在由中国著名大学举办的阳明学学术会议上经常可以看到金世贞教授等韩国著名阳明学学者的身影，听到他们的声音。2017 年 10 月 14—15 日，由复旦大学上海儒学院、复旦大学哲学学院主办的“回顾与展望：东亚儒学视域中的朱子学与阳明学”国际学术研讨会在复旦大学举行。韩国忠南大学金世贞教授在其论文《近代韩国阳明学的回顾与展望》中详细介绍了韩国近代李建昌、朴殷植、郑寅普三位学者的阳明学思想及学界研究状况，并提出近代韩国阳明学的哲学研究及其现代意义有待进一步探讨和凸显。韩国成均馆大学高在锡副教授的论文《朝鲜初期道学者对象山学的态度》深入探讨了朝鲜时代象山学的流传、演变及其发展等状况。并指出在韩国阳明学研究领域中，象山学历来被忽视的事实。2019 年 8 月 29—30 日复旦大学上海儒学院主办的“江南儒学”国际学术会议在复旦大学召开。韩国江原大学朴吉洙教授透过情和性的关系、情和乐的关系的厘定，审视了阳明学的实践哲学架构。韩国忠南大学金世贞教授则从生态的角度充分展开阳明学的内涵，揭示了其在现当代的意义。

2018 年 11 月 9—12 日，在由中山大学哲学系、中山大学中国哲学研究所和中山大学禅宗与中国文化研究院联合举办的“阳明学与近世东亚”学术研讨会上，韩国忠南大学金世贞教授认为王阳明的思想既不同于张载以气为本体的气生态主义，也不同于朱子以理为本体的理生态主义，而应当命名为“心生态主义”。

他认为这种思想在人与天地万物本源是一个生命体的前提下，又使人居于宇宙自然之心灵的中枢地位，即宇宙自然因人而重生，为有心之生命体，人成为天地万物的“痛觉主体”，因此，人心之自觉与实践不仅成就个体之完成，最终也实现包含自然生态体系在内的整个有机体的完成。韩国成均馆大学辛正根教授认为王阳明和朱子在知行和格物等问题上之不同可以从重心放在人理与物理的统合与分离上来进行讨论，朱子的格物在指向道德之知的同时也试图囊括科学的知，而王阳明则将焦点放在跟随良知的引导来实践德性的问题上，因此导致人理与物理的分离，并且引发方以智关于“质测即藏通几者也”的思考。

2019 年 6 月 29 日，由中国朱子学会、福建省闽南文化研究会、厦门大学国学院、闽南师范大学闽南文化研究院联合主办的“阳明学与闽南文化”学术研讨会在漳州举办。韩国阳明学学会会长金世贞认为，哲学并不仅仅是对过去历史的叙述，而是时代精神的象征。因此，在阳明学的研究中不能回到过去，不能用过去的框架来进行裁断，而是要在正确理解和把握阳明学思想精髓的基础上，带着现代社会的问题意识来研究它。同时，要积极吸收其他学问和思想领域里的研究成果，并且通过合作来共同研究和找出现代社会及未来社会所面临的各种问题的解决方案。

韩国阳明学界不再满足于出国参加学术交流活动，各机构开始与中国的学术机构共同搭建学术交流平台，希望通过合作共建的形式提高韩国阳明学界在国际阳明学界的声誉和地位。2017 年 8 月 15—17 日，在中国贵阳举行了第五届知行论坛暨文化复兴与阳明学的当代传承发展国际学术大会，本届论坛是由贵阳孔学堂文化传播中心、贵阳学院阳明学与黔学研究院、贵州省儒学研究会、江苏省儒学学会、韩国阳明学学会、韩国忠南大学儒学研究所和韩国始兴文化院共同主办的。参会专家学者有 150 余位，发表论文 120 余篇。其中 9 名韩国学者在会议中宣读了论文。韩国忠南大学金世贞教授通过对韩国性理学和阳明学之比较，以及郑齐斗和郑寅普对阳明学的吸收、融摄研究，认为韩国阳明学是“朝鲜性理学和中国阳明学相融合之产物”。韩国诚信女子大学金容载教授针对近十年韩国阳明学研究状况进行了反思，重点对研究中的文献问题进行了剖析。在北京大学攻读博士课程的朴成浩以郑齐斗对“四句教”之首句“无善无恶心之体”的解读为切入点，研究了郑齐斗的阳明学思想，认为“郑霞谷并不是简单地吸收阳明思想，而是把阳明学的思想因素与当时朝鲜学问的潮流加以综合，建立了自己独特的学说”。韩国公州大学郑和顺教授则聚焦郑齐斗的“生理”说，研究郑齐斗是如何以朱子术语来阐释阳明学，以及“生理”说的现代意义。韩国西江大学郑宗模教授则注意到郑齐斗与明道先生之间学说的承继关系，认为在功夫论的层面，郑齐斗深受明道先生的影响。朝鲜大学金润璋教授讨论了郑齐斗的“真假论”，认为霞谷这一思想对当时朝鲜的现实一方面具有批判意义，另一方面则具有改革意义。韩国全北大学客座教授李妍静对李滉被视为韩国朱子学代表人物这一普遍共识提出自己的质疑，她通过李滉与朱子、阳明的对比，认为李滉的心论与阳明的心学一样都强调主体性，故而将李滉判定为心学家。韩国江原大学朴吉洙教授认为阳明的情论是“性即情”论，并将道德哲学与伦理学全部涵盖在内，“意”是阳明学中知与行的连接点。

还有几位韩国学者跳出阳明学义理研究的范围，从教育学、社会学角度对阳明学理论进行研究。韩国忠南大学赵智善副教授以韩国颁布的《人性教育振兴法》为研究对象，对该法律反映出的问题进行分析，希望从阳明学中探寻现代人性教育问题的解决之策。赵智善认为阳明的“致良知”与“人性教育”所追求的目标一致，都是追求“人的本性的恢复”。韩国金德均教授也认为阳明学对于韩国目前所面临的成绩至上主义、贫富分化、动物权利、逆伦犯罪等社会问题的解决具有现实价值。韩国始兴文化院院长郑元哲则以韩国始兴地区阳明学重要发扬者郑齐斗为线索，重点介绍了始兴文化院开展阳明学研究的初衷及对现代韩国的意义①。

尽管韩国阳明学学者研究的角度和方法可能与中国学者不尽相同，得出的结论并不完全一致，但是来自异域的观点和视角总会为阳明学研究带来新鲜的气息，也利于阳明学向着更深更广的领域发展。

另外，韩国阳明学研究发展到今天还必须要提一下中国台湾学界的作用和贡献。20 世纪 50 年代以来，在中国台湾地区，学术界对儒学和阳明学进行了大量的研究活动，涌现出王苏、蔡仁厚、戴琏璋、周何、杨茂松、蔡俊杰等知名学者，出版了近 60 本相关研究专著。当然，这些学者的研究活动并不局限于阳明学研究，而是通过彼此频繁的文化交流，推动了学术的发展。在 1992 年中国与韩国建交前，中国台湾一度成为韩国学生学习中国文化的主要选择地点。有大量的韩国学生到中国台湾留学，学习与中国文化相关的中文、历史、哲学等。韩国学者前期撰写的关于阳明学的博士学位论文很多都是出自中国台湾的大学。中国台湾的中国文化大学哲学系、东海大学哲学系教授蔡仁厚曾指导过不少韩国留学生的博士、硕士学位论文，与韩国阳明学界的关系颇为密切。他发表的论文《退溪“辩知行合一”之疏导：兼论日本阳明学派的实践精神》，澄清了李退溪对王阳明“知行合一”说的误解，对韩国儒学界产生了一定的影响②。2004 年 10 月，中国台湾

① 顾毳，陆永胜. 多元诠释与时代共鸣：当代阳明学研究的义理与时代诉求——第五届“知行论坛”暨文化复兴与阳明学的当代传承发展国际学术大会综述. 贵阳学院学报（社会科学版），2017（5）：36-42.

② 李明辉. 台湾学界关于韩国儒学的研究述评. 哲学动态，2009（12）：33.

学者黄俊杰应邀到韩国江华岛出席“江华阳明学派的定位与现代的意义”国际学术研讨会，发表论文《从东亚儒学视域论朝鲜儒者丁茶山对〈论语〉“克己复礼”章的诠释》。这次会议所发表的论文由他和韩国学者郑仁在合编成《韩国江华阳明学研究论集》一书，于2005年由中国台湾大学出版中心出版[①]。中国台湾学界和学者对韩国阳明学的研究为韩国的阳明学研究奠定了很好的基础，双方的学术交流和互动也推动了阳明学研究向着更深更广的领域发展。

结　语

韩国的儒学来源于中国，在发展过程中，其对儒学思想的传承和保留较为完整。特别是李氏朝鲜时期，程朱理学作为与佛教文化体系对抗的正统学说，牢牢地把持着当时的政治、社会文化形态，李氏朝鲜统治者十分重视用儒家思想维护自己的统治，巩固封建的社会秩序。程朱理学在朝鲜朝的统治地位持续了将近500年。阳明心学在朝鲜半岛的存在和发展虽然没能打破朱子学沉溺于对天理与人性的不实际的、空洞无聊的思辨藩篱，但其在以郑齐斗为首的众多阳明学学者的坚持下，还是给韩国儒学思想上保留了一块阳明学的立身之地，使得韩国哲学史上没有留下一段空白。特别是朝鲜朝末期和大韩帝国时期，朝鲜阳明学学者希望把愈加远离人们实际的儒学拉回到现实生活中，毕竟，哲学不是单纯的语言游戏或理想观念，它可以成为解决时代问题的方法。这一时期的朴殷植、郑寅普试图用阳明学改革已经迂腐不化、空洞无力的朱子学，以此作为救亡图存的指导理论。后来的实学思想从很多方面吸收借鉴了阳明心学的观点和理论。但近代朝鲜的阳明学研究受中国梁启超等启蒙思想家的影响，虽说与现实社会问题结合越来越紧密，逐渐成为救国或爱国的方法或手段，可在救国目标之下，阳明心学之核心——人格道德修养却只能退居为“方法”或“工具”。

阳明学的隐忍状态一直持续到20世纪70、80年代，刘明钟的《韩国的阳明学》(1988)、金吉洛的《韩国阳明学的展开》(1990)、金教斌的《霞谷哲学思想研究》(1992)等著作的出版打开了韩国阳明学研究的大门，随后进入20世纪90年代韩国阳明学研究的爆发期。尽管比起朱子学等被韩国人视为正统儒学的研究，

---

① 李明辉. 台湾学界关于韩国儒学的研究述评. 哲学动态，2009 (12)：36.

阳明学的研究仍然还属于小众研究，但经过 21 世纪前二十年的研究积累，韩国的阳明心学研究已经有了飞速发展，韩国阳明学研究的前景还是值得关注的。

如同其他思想一样，儒家思想传入朝鲜半岛以后，与朝鲜民族本土文化相结合，已经渗入当地民众的精神文化世界里。中国阳明学虽然为韩国阳明学之母体，但后者并不是对前者的简单转述和承袭。阳明学在朝鲜半岛的传播过程必然要受到当地文化传统、政治环境等因素的影响，朝鲜阳明学学者通过文本传读，结合现实，经过选择、批判、消化、改造，向世人展现出不同于中国的自主性更强，主体意识更鲜明的朝鲜阳明学，从不同侧面使得阳明学的发展更为全面，为东亚儒学发展史添上了浓重的一笔。

近年来，韩国阳明学界比较活跃，研究人数规模不断壮大，研究领域不断拓宽，与其他国家、地区的交流活动日渐扩大，每年都要举办阳明学研讨会，并且邀请国外学者参加。但相对来说，韩国阳明学研究多以韩国国内为主，与他国合作研究很少，特别是跨文化、跨区域的比较性研究更是难得一见。同时，与西方哲学、中国哲学、韩国正统儒学的研究相比，韩国阳明学的研究相对受到冷落，研究成果的数量和影响力远远比不上前三者。而且在研究过程中也存在一定问题。比如说研究过于集中某一特定领域；受学缘派别影响谱学性研究倾向强烈；研究内容重复，且与现实社会联系不够，没有把阳明学真正发扬光大。

阳明学在朝鲜半岛的隐忍生活已经不是一天两天，在漫长的艰难岁月里，韩国阳明学能够顽强生存下来，在交流顺畅便利、表达自由通达的年代里，相信韩国阳明学仍然会继续发扬隐忍的传统，向更宽更深的领域拓展，从而为阳明学乃至整个思想史研究开辟新天地。

参考文献

陈来. 明嘉靖时期王学知识人的会讲活动. 中国学术（第四辑）. 北京：商务印书馆，2000.

陈来. 东亚儒学九论. 北京：生活・读书・新知三联书店，2008.

蔡振丰. 朝鲜儒者丁若镛的四书学：以东亚为视野的讨论. 上海：华东师范大学出版社，2011.

李邀平. 韩国儒学史. 北京：人民出版社，2009.

林月惠. 异曲同调——朱子学与朝鲜性理学. 台北：台湾大学出版中心，2010.
刘明钟. 韩国的阳明. 汉城：同和出版公社，1983.
潘畅和. 东亚儒家文化圈的价值冲突——以古代朝鲜和日本的儒家文化比较为中心. 北京：中国社会科学出版社，2012.
田东彬. 西厓柳成龙哲学思想研究. 延吉：延边大学硕士学位论文，2016.
杨祖汉. 从当代儒学观点看韩国儒学的重要论争. 上海：华东师范大学出版社，2008.
张立文. 朱熹与退溪思想之比较研究. 台北：文津出版社，1989.
张立文. 李退溪思想研究. 北京：东方出版社，1997.
郑仁在，黄俊杰. 韩国江华阳明学研究论集. 台北：台湾大学出版中心，2005.
郑寅普. 薝园国学散稿. 汉城：文教社，1955.
郑寅普. 阳明学演论. 汉城：三星文化财团文库，1972.
朱红星，李洪淳，朱七星. 朝鲜哲学思想史. 延吉：延边人民出版社，1989.
금장태.〈진암 이병헌의 유교개혁사상〉,《철학과 현실》, 第 16 卷（1993 年）.
김교빈.〈조선 후기 주자학과 양명학의 논쟁〉,《시대와철학》, 第 10 卷第 2 號, 1999 年.
김길락.〈白巖朴殷植의 陽明學과 近代精神〉,《陽明學》, 제 7 호 (2002 年 2 月).
박상리.〈조선 후기 유학자 들의 양명학적 문제 의식〉《陽明學》, 第 22 號（2009 年）.
송석준.〈한말 양명학의 전개와 연구 현황〉《陽明學》, 第 13 號 (2005 年 2 月).
유준기.《한국근대유교 개혁운동사》京畿 : 아세아문화사, 1999 年.
장현근.〈유교근대화와 계몽주의적 한민족국가 구상 : 박은식·장지연의 국가건설 사상〉,《동양정치사상사》, 第 3 卷第 2 號.
조남욱、조윤래.〈일제시대의 韓國儒教와 儒教教育〉,《韓國民族文化》, 第 16 卷第 1 號（2000 年）.
최재목.〈朴殷植과日本陽明學의관련성〉,《日本思想》, 第 8 卷（2005 年）.

附　江华阳明学国际学术大会发言（论文）目录

1. 第一届江华学派国际学术大会：江华阳明学派的地位和现代意义（2004）

【主旨发言】江华阳明学派的地位和现代意义

郑仁在（韩国阳明学学会会长）

【特别发言】父亲薝园的三位老师：学山、耕斋、兰谷

郑良婉（韩国前庭文苑教授）

黄俊杰（中国台湾大学）　郑齐斗对《孟子》《浩然》章之解释
吴震（中国复旦大学）　郑齐斗思想绪论——以无善无恶论为中心
俞哲浩（韩国大真大学）　郑霞谷的“心即理说”
金世贞（韩国忠南大学）　阳明心学与退溪心学比较的新篇章
崔日范（韩国成均馆大学）　霞谷在对退溪批判中出现的学习论研究
李庆龙（韩国世宗大学）　17 世纪“后阳明学”与霞谷学的确立
林善英（韩国成均馆大学）　霞谷郑齐斗的中庸说考察
金容载（韩国诚信女子大学）　韩国阳明学研究现状与新探索
难破征男（日本福冈女子学院大学）　“知行合一”的人间观考察
中纯夫（日本京都府立大学）　初期江华学派对阳明学的接受——以霞谷、恒斋、樗村为中心
南相虎（韩国江原大学）　霞谷郑齐斗的中极论
沈庆昊（韩国高丽大学）　江华学派的家学批判
罗宗勉（韩国奎章阁）　李光师文艺论倾向
韩永吉（韩国圣洁大学）　霞谷郑齐斗的隐居思维和文学
朴连洙（韩国陆军士官学校）　霞谷郑齐斗的道德哲学
崔在穆（韩国岭南大学）　在东亚地区霞谷郑齐斗的阳明学的意义
李尚浩（韩国启明大学）　霞谷郑齐斗的阳明右派哲学
杨祖汉（中国台湾“中央”大学）　郑霞谷对王阳明哲学的理解

2. 第二届江华学派国际学术大会：霞谷和江华阳明学派（2005）

【主旨发言】关于阳明心学的“心”

金忠烈（韩国高丽大学名誉教授）

【特别发言】江华阳明学是什么？

郑仁在（韩国西江大学）

金兴浩（韩国梨花女子大学）	现存在和致良知
田秉术（韩国建国大学）	儒学与意义治疗学
何成轩（中国社会科学院）	霞谷人文思想初探
崔在穆（韩国岭南大学）	霞谷郑齐斗的“致良知说之弊端”批评时期考证
金妍在（韩国东国大学）	郑齐斗的《易图观》和本体论理论思维
李铭辉（中国台湾“中研院”）	郑齐斗之四端七情论
韩亨祚（韩国学中央研究院）	为什么，朝鲜，阳明学？
徐庆淑（韩国成均馆大学）	江华学派遗址发掘调查
钱明（中国浙江省社会科学院）	朝鲜朝阳明学派形成与郑霞谷对阳明思想的诠释
南相虎（韩国江原大学）	王阳明之“直致良知”的方法
片冈龙（日本东北大学）	17 世纪东亚儒学的潮流
金东俊（韩国奎章阁）	李匡师的文学和阳明学的痕迹
赵南浩（韩国国际和平大学）	对郑齐斗的“皇极论”的反思
余怀彦（中国贵州师范大学）	郑霞谷对阳明学的贡献
黄甲渊（韩国顺天大学）	对石亭李定稷的《论王阳明》之反驳
金容载（韩国诚信女子大学）	霞谷和阳明的良知“心”之结构
李尚浩（韩国启明大学）	郑寅普的“实心论”
林月惠（中国台湾“中研院”）	郑齐斗对王阳明“知行合一”说的理解
金世贞（韩国忠南大学）	通过《传习录论辩》看阳明心学和退溪理学
李庆龙（韩国世宗大学）	霞谷郑齐斗的性体论和解释
韩艺媛（韩国朝鲜大学）	李勉伯的碑志类研究

3. **第三届霞谷学国际学术大会：霞谷和韩国阳明学的展开**（2006）

【主旨发言】阳明学和现代宗教学

卢英灿（美国乔治·梅森大学）

【特别发言】Wang Yang-Ming's Existential Phenomanology Revisited

郑和烈（美国普渡大学）

矢崎胜彦（日本某公司理事长）	一名经营者的良知发现和自我克服
朴连洙（韩国陆军士官学校）	克服分裂和矛盾

丁斗荣（韩国延世大学）	肃宗—英祖初期霞谷郑齐斗的处世观和政治作用
金延在（韩国东国大学）	《心经集义》显现的郑齐斗心学的性质与特征
申贤胜（韩国江原大学）	刘宗周的阳明学“是非论”
张秉汉（韩国灵山大学）	霞谷郑齐斗和白云沈大允的经学备考
赵南浩（韩国国际和平大学）	朴世堂和郑齐斗的皇极论
潘畅和（中国延边大学）	韩国的阳明学与朱子学
千炳敦（韩国庆熙大学）	霞谷的易学观
金世贞（韩国忠南大学）	王阳明的生命哲学与韩国阳明学
库尔班诺夫（S. O. Kurbanov，俄罗斯圣彼得堡大学）	霞谷郑齐斗的太极论
黄甲渊（韩国顺天大学）	对朝鲜性理学家的阳明学批判论据批判性考察
金永健（韩国西江大学）	心外无物，心外无理，心外无事
田炳述（韩国建国大学）	阳明学派对生与死的态度
詹杭伦（中国人民大学）	郑齐斗《诗箚录》疏证
严延锡（韩国翰林大学）	郑齐斗的《心经集议》和心性修养论的特征
李恩善（韩国世宗大学）	汉娜·阿伦特的《出生性》教育学与阳明的致良知
尹在焕（韩国檀国大学）	椒园李忠翊的文学论与形象化
王锦民（中国北京大学）	郑齐斗在江华期的经学研究
彭国翔（中国清华大学）	本体与功夫：郑霞谷与王龙溪合论
崔在穆（韩国岭南大学）	郑寅普的阳明学理解
金京浩（韩国高丽大学）	16世纪朝鲜儒学家们对阳明“心即理”的应战

4. 第四届霞谷学国际学术大会：霞谷学与实学（2007）

【主旨发言】阳明学的后现代主义的开放性思维

宋河暻（韩国成均馆大学）

【主旨发言】江华学派阳明学和祖国独立运动

尹炳锡（韩国仁荷大学）

小川治久（日本二松学舍大学）	真理的真相及其实现
龚鹏程（中国台湾“中央”大学）	韩国阳明学学者郑齐斗的经世思想
魏雅博（Albert Welter，加拿大温尼伯大学）	Confucian Monks and Buddho-Confucians
李恩勇（韩国江华基督教历史研究会）	江华学派和早期基督教研究
元在研（韩国水原教士研究所）	霞谷学与天主教的对话
李正九（韩国圣公会大学）	儒教与圣公会江华圣堂建筑
李恩善（韩国世宗大学）	韩国儒教的宗教反省
韩艺媛（韩国朝鲜大学）	霞谷郑齐斗的金钱观
罗钟勉（韩国首尔大学）	《玉洞》书法理论研究
郑仁在（韩国西江大学）	恒斋李匡臣是朱王合一论者吗
金圣焕（韩国京畿道博物馆）	朝鲜时代江华岛檀君传承资料研究
张永志（中国延边大学）	韩国阳明学派的形成与发展及跨国间思想交流之我见
方祖猷（中国宁波大学）	太虚法师论四句教
金哲洙（中国延边大学）	论郑齐斗的“气”学思想
崔在穆（韩国岭南大学）	通过金台俊的《郑寅普论》看对郑寅普的评价
李尚浩（韩国启明大学）	韩国近代阳明学的哲学特征
朴正心（韩国釜山大学）	朴殷植格物致知说的近代含义
李宗禹（韩国弘益大学）	霞谷郑齐斗的良知与知
金妍在（韩国东国大学）	郑齐斗关于主静和未发之心体的论辩
赵南浩（韩国国际脑教育研究生院）	李忠益的老子理解
千炳敦（韩国庆熙大学）	韩国阳明学，霞谷学，江华学派
张秉汉（韩国灵山大学）	19 世纪“天人祸福论”的一样相
金世书利亚（韩国成均馆大学）	江华学的实学特征和韩国女性主体
黄甲渊（韩国顺天大学）	关于朱子和阳明道德论综合可能性的研究
洪元植（韩国启明大学）	“退溪心学”和“阳明心学”
金宇亨（韩国延世大学）	霞谷郑齐斗的知觉论和伦理学
安永吉（韩国圣洁大学）	《漂海录》的文化内容研究
张东明（中国辽宁大学）	现代中国经济增长视角中的阳明学
崔日范（韩国成均馆大学）	环境伦理的阳明学解释
金德均（韩国圣山孝大学院大学）	通过霞谷郑齐斗阳明学世界观看人际关系论

吴光（中国浙江省社会科学院）	论阳明心学的渊源、结构及其当代价值

5. 第五届霞谷学国际学术大会：霞谷学与近代性（2008）

【主旨发言】霞谷学与近代意识

曹永禄

【主旨发言】霞谷家族及其教导

郑时宗（郑齐斗宗孙）

邝锦伦（中国台湾东海大学）	心即理：郑齐斗与黑格尔之比观
任文利（中国青年政治学院）	郑齐斗对《大学》经典文本的疏解
陈荣开（中国香港科技大学）	从阳明对格致的注释看其思想的转进
闵惠珍（韩国釜山大学）	霞谷郑齐斗的主体
郑良婉（韩国韩国学中央研究院）	耕斋李建升先生的《海耕堂收草》
具万玉（韩国庆熙大学）	少论系阳明学派的自然学
崔在穆（韩国岭南大学）	近代韩国、日本的阳明先生肖像表现的思想战略
朴连洙（韩国陆军士官学校）	江华学派的近代性质
姜昌洙（韩国江华郡）	李是远先生的葬礼程序和墓地移动
柳重贤（韩国江华文化院）	寻找以教育救国理念建立的原启明义塾学校旧址
梁泰富（韩国江华文化院）	第一届霞谷祭奉行经过及今后的课题
李恩勇（韩国江华基督教历史研究会）	诚斋李东辉和保昌学校
金容恩（韩国江华历史文化研究所）	沙矶李是远先生的节义精神
沈庆昊（韩国高丽大学）	无闻斋沈埦的文学与学术
金炯宇（韩国文化财厅）	高在亨的《沈道纪行》和 20 世纪初的江华岛
赵南浩（韩国国际脑教育研究生院）	李忠益的阳明学思考
金世书利亚（韩国诚信女子大学）	霞谷的“道德灵性”的良知及其现代意义
闵洪石（韩国忠南大学）	李忠翊的《椒园谈老》中的老子观考察
郑宗义（中国香港中文大学）	心即理、良知教与理气说
李瑞全（中国台湾“中央”大学）	王阳明心无外物之旨：当代新儒学与江华学派诠释
金妍在（韩国东国大学）	黄宗熙对四句教的解释及其近代意义
方浩范（中国延边大学）	中国阳明学研究现状与发展过程

权相佑（韩国新罗大学）	对霞谷郑齐斗哲学整体性的探索
李尚勋（韩国成均馆大学）	王阳明与李退溪的境界论比较研究
金哲洙（中国延边大学）	花潭与栗谷的哲学思想比较
李勇（中国辽宁大学）	良知与本觉
玄载宇（韩国西江大学）	王阳明的宗教经验研究
马渊昌（日本学习院大学）	李贽思想中修己·治人结构的危机
柳生真（日本天理大学）	崔汉绮气学之心学

6. 第六届江华阳明学国际学术大会：阳明学，与世界沟通（2009）

【主旨发言】阳明学与世界沟通

宋载云（韩国东国大学）

郑次根（韩国昌原大学）	霞谷阳明思想中表现出的个体政治思想意义
张智勋（韩国京畿大学）	朝鲜后期阳明学后现代书法美学与现代意义
杨祖汉（中国台湾“中央”大学）	比较郑霞谷与李寒洲的“心即理”说
蒙培元（中国社会科学院）	德性：情同理的统一
李恩勇、徐珍完（韩国仁川大学）	寻找霞谷学的行政学意义：探索性接近
柳重贤（韩国江华文化院）	纪念霞谷先生和江华学脉络以及颂扬先生的纪念馆
金圣焕（韩国仁川丹凤小学）	建议在小学进行阳明学教育
赵南浩（韩国国际脑教育研究生院）	对柳熙理佛的建议
蔡家和（中国台湾海洋大学）	阳明后学王龙溪的圆教说
泽井启一（日本惠泉女学园大学）	近代日本阳明学的变化
黄甲渊（韩国顺天大学）	明代阳明学学者的时代精神与现代阳明学学者的课题
韩馨祖（韩国韩国学中央研究会）	韩国顺天大学气质是善吗：李匡臣的朱子和李匡师的阳明学论争
朴正莲（韩国岭南大学）	从“亲民”观点看王阳明的音乐观和音乐教育
张秉汉（韩国灵山大学）	李贽和沈大允的理欲观对比
陈圣秀（韩国成均馆大学）	关于王夫之对阳明学的理解及批评的研究
高载锡（韩国成均馆大学）	对陆九渊功夫论的误解与其本义研究

金允京（韩国成均馆大学）	王阳明的动静观研究
李真京（韩国忠南大学）	燕岩思想中体现的阳明学科和道家哲学的会通性
钱明（中国浙江省社会科学院）	郑霞谷对阳明学说的阐释与解构
李尚浩（韩国国学振兴院）	阳明学与江华阳明学介绍

7. 第七届江华阳明学国际学术大会：阳明学与地球、生命与共生（2010）

【主旨发言】现代社会和霞谷实心实学

朴延寿（韩国陆军士官学校）

崔在穆（韩国岭南大学）	阳明学中看梦想、感悟和生命
金妍在（韩国公州大学）	从生态易学看郑齐斗的生命美学
谢居宪（中国台湾“中央”大学）	罗近溪与郑霞谷的思想比较
高载锡（韩国朝鲜大学）	陆九渊的未发说研究
田秉术（韩国建国大学）	尼采和李卓吾
黄敏浩（中国香港科技大学）	从《存言·上》的几篇文章看郑霞谷的理气论
李庆龙（韩国世宗大学）	霞谷郑齐斗的大学说研究
李恩勇（韩国仁川大学）	通过《经国大典》看霞谷郑齐斗的经济观研究
中纯夫（日本京都府立大学）	江华学派与党派·党争
李宗禹（韩国国史编纂委员会）	王守仁的心与上帝的主宰
炎湖泽（韩国大田大学）	关于王阳明圣学的研究
李东熙（韩国启明大学）	从过程哲学看朱子学和阳明学
任秉学（韩国忠南大学）	《传习录》体现的阳明的易学观
宋奉九（韩国灵山大学）	阳明的致良知与水云的侍天主的比较研究
李明洙（韩国釜山大学）	全球化、相生、阳明学的近代思维
井上厚史（日本岛根县立大学）	李退溪的诚与王阳明的诚
金允京（韩国成均馆大学）	霞谷学派的《老子》读法
权相佑（韩国新罗大学）	新儒学地形图中霞谷哲学的坐标
钱明（中国浙江省社会科学院）	郑霞谷对阳明学说的阐释与解构
郑仁在（韩国西江大学）	李勉伯先生的生平与思想
郑多云（韩国岭南大学）	凡父金鼎卨和阳明学
金世贞（韩国忠南大学）	钱德洪的力动的良知本体论

【附】王阳明全集补遗整理编校说明

钱明（中国浙江省社会科学院）

8. 第八届江华阳明学国际学术大会：霞谷学和韩国性理学的对话（2011）

【主旨发言】韩国阳明学的历史成果与发展方向

宋锡俊（韩国公州大学）

【特别发言】江华岛和霞谷郑齐斗

金容载（韩国诚信女子大学）

王兴国（中国深圳大学）	霞谷先生的功夫论探要
泽井启一（日本惠泉学园女子大学）	安东省庵与阳明学之间的对话
林维杰（中国台湾“中研院”）	王阳明谈知行：一个诠释伦理学的观点
洪元植（韩国启明大学）	西厓柳成龙学习阳明学与退溪心学
李东熙（韩国启明大学）	坎威尔伯和阳明学
李尚勋（韩国天主教大学）	霞谷郑齐斗和寒州李震相的心性论比较研究
金允京（韩国成均馆大学）	郑齐斗的心即理说研究
金衡石（中国台湾“中研院”）	江华学派李忠翊的《椒园谈老》中的形而上学结构研究
白井顺（日本学习院大学）	郑齐斗的周边——沈錥，李震炳，李星龄
朴弘植（韩国大邱韩医大学）	霞谷生理说的哲学史意义
李庆龙（韩国世宗大学）	李忠翊的修养学习论
李宗禹（韩国成均馆大学）	对比王守仁和李震相的心即理说
何淑静（中国台湾政治大学）	由圣人看荀子的知礼义与虚壹静
李英浩（韩国成均馆大学）	通过张岱《四书遇》看阳明学派经学的一面
李真京（韩国忠南大学）	从主体观点看朝鲜后期从善恶到真假的思想讨论的转移和意义

9. 第九届江华阳明学国际学术大会：霞谷郑齐斗与18世纪东亚思想文化（2012）

【主旨发言】江华阳明学国际学术大会的足迹与未来

金世贞（韩国忠南大学）

【主旨发言】与世界的“和谐”，通过阳明学阅读

崔在穆（韩国岭南大学）

周群（中国南京大学）	郑齐斗思想平议

中纯夫（日本京都府立大学）　李匡臣学术思想对霞谷学的接受
李瑞全（中国台湾“中央”大学）　程明道定性书之心学诠释
朴正心（韩国釜山大学）　基于阳明学的真我论确立：韩国近代主体的产生
张秉汉（韩国灵山大学）　郑齐斗和沈大允的《中庸》注解比较考察
高海波（中国社会科学院）　明代阳明学的分化与修正
金允景（韩国圆光大学）　李忠翊的《假论》
李相虎（韩国国学振兴院）　阳明学的展开和霞谷学
金闰敬（韩国成均馆大学）　霞谷哲学的朝鲜性理学基础
蔡家和（中国台湾东海大学）　王阳明《传习录·答顾东桥》书信中知行问题之分析
韩艺媛（韩国朝鲜大学）　霞谷学与东亚学
陈成秀（韩国成均馆大学）　清代考证学的渊源性考察
许哲夫（韩国明知大学）　从知性史看朝鲜朱子学与阳明学
李兰秀（韩国岭南大学）　k-pop 的“感兴”与阳明的心学，内心的活力
李宇镇、李南玉（韩国韩国学中央研究院）
江华学派形成论的重新构建

10. 第十届江华阳明学国际学术大会：江华阳明学与理想社会（2013）

【主旨发言】和同的理想社会论

黄甲渊（韩国全北大学）

金贤宇（蒙古乌兰巴托大学）　朴殷植“大同思想”的思想渊源和展开
赵南浩（韩国国际脑教育研究生院）　胡直对罗钦顺的批判
金浩镇（韩国霞谷学研究院）　霞谷郑齐斗和闵以升的阳明学论辩
金亨锡（韩国诚信女子大学）　从李忠翊《椒园谈老》中看三教思想
郑仁在（韩国西江大学）　月岩李匡吕的实心实学
钱明（中国浙江省社会科学院）　中晚期的讲会运动与阳明学的庶民化
李恩勇（韩国江华基督教历史研究会）　霞谷郑齐斗的领导能力研究
任秉学（韩国忠南大学）　从《正易》的立场看王龙溪的易学思想
金延在（韩国公州大学）　从《经权之道》的领导力看王阳明的“知行合一”说和经世观
吾妻重二（日本关西大学）　郑齐斗的礼学——阳明学与礼教

李庆龙（韩国霞谷学研究院） 霞谷郑齐斗中年时的良知论辩与圆满解析
金敏宰（韩国诚信女子大学） 郑齐斗的良知所具有的直观性格分析
千炳敦（韩国大真大学） 兰谷李建芳《兰谷存稿》研究
金胜荣（韩国忠南大学） 朴必周对阳明学批判之考察
李兰秀（韩国成均馆大学） 试论郑寅普的《魂》之美学
河正淑（韩国霞谷学研究院） 日莲佛法与阳明学

11. **第十一届江华阳明学国际学术大会：现代文明与江华阳明学（2014）**

【主旨发言】通过《诗经》看心灵治愈

南相浩（韩国江原大学）

李庆龙（韩国霞谷学研究院） 阳明学的孝悌子爱与现代家庭伦理
阮大东（越南哲学学会） 论阮攸《心灵与主人》思想的比较研究
张秉汉（韩国灵山大学） 19世纪儒教的国利民福的再造计划论
李红军（中国延边大学） 郑齐斗与王阳明的“良知”思想及其现代意义探究
山泰幸（日本关西学院大学） 阳明学的人间像与幸福的问题
陈圣秀（韩国全北大学） 从阳明学看家庭教育
金世贞（韩国忠南大学） 霞谷郑齐斗的生态意识
黄甲渊（韩国全北大学） 科学与良知
郑甲任（韩国世明大学） 生命，儿童的内心与游戏
李恩善（韩国世宗大学） 我所信任的，韩国生物女性政治的根据
千炳敦（韩国大真大学） 耕斋李建升的民族精神
金妍在（韩国公州大学） 王艮的安身立本说和生命共同体意识

12. **第十二届江华阳明学国际学术大会：江华、霞谷学和未来：知性、人性、灵性（2015）**

【主旨发言】王阳明心学的精神世界

宋河璟（韩国成均馆大学）

【主旨发言】江华、霞谷学和未来

郑熙秀（美国密苏里大学）

赵平略（中国贵阳学院） 2014年中国的王阳明研究
小川晴久（日本东亚实学研究会） 最强的阳明学学者李二曲
陆永胜（中国贵阳学院） 黔中王学的形成及其意义
李庆龙（韩国霞谷学研究院） 花潭徐敬德建立朝鲜心学

张秉汉（韩国灵山大学） 霞谷后学者沈大允的知性论与王道论
黄甲渊（韩国全北大学） 考察阳明对朱子哲学批判正确与否
李弼淑（韩国成均馆大学） 秋史金正喜“性灵论”的阳明心学的意义
金贤宇（蒙古国立生命科学大学） 朴殷植接受基督教和良知论
金洽荣（韩国江南大学） 王阳明与卡尔·巴特的模式转变
李恩勇（韩国仁川大学） 19 世纪末至 20 世纪初江华儒学家们接受基督教状况研究
李香满（韩国天主教医学院） 儒教式基督教的“亲民”灵性
李恩善（韩国世宗大学） 其他儒教，其他基督教——知性、人性、灵性的融合
高成根（韩国仁川黔丹小学） 基于霞谷学习论的小学人性教育实践方案
严贤京（韩国华都小学） 阳明学教育教学现状研究
李宇镇（韩国忠南大学） 王阳明“心即理”的道德教育意义
金圣焕（韩国阳史小学） 阳明学教育方案研究
金惠秀（韩国全北大学） 对比朱子和王阳明的学习论

13. 第十三届江华阳明学国际学术大会：沟通与共鸣，江华阳明学（2016）

【主旨发言】通过阳明的人生看到的沟通和共鸣的阳明学

金世贞（韩国忠南大学）

陆永胜（中国贵阳学院） 王阳明龙冈书院讲学考论
蔡家和（中国台湾东海大学） 探析心学人性论的现代意义
田炳述（韩国建国大学） 走向和平之路
李庆龙（韩国霞谷学研究院） 恒斋李匡信先生的格物与朱王学术的沟通
金俊胜（韩国成均馆大学） 王阳明和施泰纳的教育论比较
梁先振（韩国忠南大学） 王阳明眼中的人工智能（AI）时代科技伦理
李兰秀（韩国朝鲜大学） 用近代视角看的风流客人的美学形象
金贤宇（韩国朝鲜大学）、李美林（韩国成均馆大学） 近代转换期女性观的变化

14. 第十四届江华阳明学国际学术大会：霞谷学、走近人文学（2017）

【主旨发言】江华的骄傲，江华阳明学的思想意义

金教彬（韩国湖西大学）

金世书利亚（韩国梨花女子大学） 后人类人文学之霞谷学
金允京（韩国传统文化大学） 霞谷学派的真假论与实学

束景南（中国浙江大学）	朱陆之学论战与《朱子晚年定论》的诞生
李南玉（韩国韩国学中央研究院）	霞谷郑齐斗的人际网络
卢官范（韩国首尔大学）	从媒体现象重新解读朴恩植的儒教改革论
鹿博（中国贵州师范大学）	《阳明年谱长编》：21世阳明学研究的丰碑
赵智善（韩国忠南大学）	霞谷郑齐斗哲学的人性教育研究的必要性和意义
郑和顺（韩国公州大学）	李光师心学学习的真谛
蒋丽梅（中国北京师范大学）	得意忘象与得意取象

15. 第十五届江华阳明学国际学术大会：江华阳明学派的沟通与未来（2018）

【主旨发言】江华学案编述的提案

沈庆昊（韩国高丽大学）

【主旨发言】“知行合一”何以为“知行本体”？

李承贵（中国南京大学）

金秀珍（韩国首尔大学）	阳明学文本的独有和流传
朴铉贞（韩国成均馆大学）	霞谷郑齐斗的体用观研究
姜宝升（韩国成均馆大学）	霞谷郑齐斗的《大学》解释与格物致知论
朴成浩（韩国圆光大学）	王阳明和郑霞谷在学习上的无概念及其意义
千炳敦（韩国大真大学）	江华阳明学派思想观点
李南玉（韩国韩国学中央研究院）	郑齐斗和西人——老论界的思想观点
陈浩（中国贵阳学院）	论心学的本末关系
吴小丽（中国贵阳学院）	阳明心学体系的建构与宗教学理论的会通
韩正吉（韩国翰林大学）	兰谷李建芳的阳明学理解和现实应对理论
李兰秀（韩国传统文化大学）	近代巡礼的空间，看金刚山的两种视线
金世贞（韩国忠南大学）	江华学派李建昌和郑寅普研究现状与课题
郝光明（中国贵阳学院）	罗近溪与禅

第四章

阳明心学在俄罗斯的传播研究

20世纪初，与阳明学在日本和韩国等亚洲国家的“如火如荼”相比，王阳明在俄罗斯的传播还是“悄无声息”的状态。直到20世纪30年代，俄罗斯汉学家通过西方传教士接触了阳明学，在近一个世纪的时间里，王阳明从苏联斯大林执政时期一直“走到”俄罗斯普京执政时期，历经了从“随风潜入夜”“野径云俱黑”到“江船火独明”“不觉鸟啼喧”的曲折而复杂的历程，也让我们见证了阳明学和中国传统哲学在俄罗斯“一波三折”的传播历史轨迹。

根据阳明学传入俄罗斯的情况，我们将本章分为上下两篇展开论述。上篇主要论述阳明学在俄罗斯的传播历程，涵盖阳明学在苏联早期的传播、阳明学在苏联后期的传播，以及苏联解体后阳明学在俄罗斯的传播。下篇主要论述俄罗斯汉学家对阳明学的认知和译介对比，分专题重点探讨俄罗斯阳明学专家科布杰夫（А. И. Кобзев，1953—　）对阳明学的认知、王阳明著作在俄罗斯的翻译历程、对比分析科布杰夫和阿列克谢耶夫（В. М. Алексеев，1881—1951）对王阳明的译介，最后是俄罗斯研究阳明学的最新进展，以及科布杰夫访谈录。

上 篇

阳明心学在俄罗斯的传播历程

阳明学在俄罗斯的传播可谓一波三折：经历了从苏联时期众口一词的否定排斥到俄罗斯时代异口同声的肯定赞誉；从斯大林执政时期“资产阶级”的精神支柱到普京执政时期中国哲学家的杰出代表；从彼得罗夫（А. А. Петров，1907—1949）眼中极端的主观唯心主义到科布杰夫认知下理智的主观自然主义。王阳明及其学说自从 20 世纪初流传到苏联以来，在从苏联到俄罗斯不同社会意识形态转换的潮流中，像一叶扁舟穿行在汉学界和哲学界的惊涛骇浪中，历经了“从主观唯心主义到主观自然主义”的认知流变。

第一节　阳明心学在苏联早期的传播

阳明学开始在西方传播最早体现在日本于 1893 年刊登的一篇阐述本国哲学流派的英文版文章中。文章指出，在当时日本所有的哲学流派中，阳明学居于显著、重要的地位[①]。辛亥革命以后，在南京任教的美国传教士恒吉（F. G. Henke）

① Haga, T. Notes on Japanese schools of philosophy. *Transactions of the Asiatic Society of Japan*, 1893: 20.

于 1913—1914 年发表了第一批专业论述王阳明的英语文章[①]。两年以后，即 1916 年，倾注了作者全部心血的专著《王阳明哲学》（*The Philosophy of Wang Yang-ming*）问世，其中收录了王阳明文章的英文译作[②]。明末清初，在中国见证了“洋务运动”“戊戌变法”与“辛亥革命”的法国传教士——研究中国宗教和哲学的学者威格（L. Wieger，1856—1933）指出，目前，阳明学作为独树一帜的儒家学说在日本的研究已经如日中天并得到了很高的肯定和评价。在近代中国，对他的研究因为“西学东渐”才开始兴起并被推崇，他的主观唯心主义观点正好迎合了西方的思潮[③]。当时的苏联汉学家、历史学家和中国古典哲学研究学者彼得罗夫（1945—1947 年在中国出任大使）把威格的这段话录入《苏联大百科全书》（«Большая Советская Энциклопедия»），并指出“明末清初在中国新兴资本主义青年中阳明学思潮开始推广和流行起来，但是随后的反帝反封建的武装革命运动中断了这个学说在中国的推广”[④]。彼得罗夫的这段话标志着俄罗斯接触王阳明思想学说的开端。

一、“野径云俱黑”——苏联早期对王阳明的认知

俄罗斯最早接触阳明学是在 20 世纪 30 年代中期斯大林执政时期[⑤]。苏联汉学家彼得罗夫在 1935 年 1 月 25 日通过答辩的博士学位论文《中国哲学史中的王弼》（«Ван Би. Из истории китайской философии»）中指出，王阳明是迎合资产阶级的“极端主观唯心主义者”[⑥]。时隔一年，此论文于 1936 年以专著的形式出版。同年，彼得罗夫发表了有关中国哲学史的文章《中国》（«Китай»），再一次强调了上述观点，该文章被收录到 32 卷本的《苏联大百科全书》里[⑦]。后来彼得罗夫在 1940 年出版的专著《中国哲学史概论》（«Очерк философии Китая»）里进一步指出，王阳明从“极端的主观唯心主义转为直觉主义”[⑧]。

继彼得罗夫之后，关于王阳明的类似观点和评价也出现在苏联汉学家、日本

① Henke, F. G. The philosophy of Wang Yang-ming. *Journal of the North China Branch of the Royal Asiatic Society*, 1913(44)；Henke, F. G. The philosophy of Wang Yang-ming. *Monist*, 1914(24).

② Henke, F. G. *The Philosophy of Wang Yang-ming*. London & Chicago: The Open Court Publishing Co., 1916.

③ Wieger, L. *Textes philosophiques. Confuciisme. Taoïsme. Buddhisme*. 2 éd. Hien-hien, 1930.

④ Петров А.А. Китайская философия // Большая Советская Энциклопедия. т. 32. М., 1936.

⑤ 杨春蕾. 王阳明思想学说在俄罗斯的传播与影响. 湖北社会科学, 2018（7）：89-95.

⑥ Петров А.А. Ван Би. Из истории китайской философии. М.–Л., 1936 . с. 40.

⑦ Петров А.А. Китайская философия // Большая Советская Энциклопедия. т. 32. М., 1936.

⑧ Петров А.А. Очерк философии Китая // Китай. М.–Л., 1940. с. 267.

学家拉杜里-扎杜罗夫斯基（Я. Б. Радуль-Затуловский，1903—1987）于1937年3月15日通过答辩的博士学位论文《儒家学说及其在日本的流传》(«Конфуцианство и его распространение в Японии»）中。10年以后，该论文以专著的形式出版。拉杜里-扎杜罗夫斯基认可彼得罗夫的观点，认为王阳明不仅仅是主观唯心主义[①]，而且还是神秘的直觉主义[②]。上述观点得到了当时苏联科学院哲学研究所的权威汉学家和哲学家们一致赞同和拥护，他们在各自的著作中都表达了相类似的观点：诸如20世纪40年代杨兴顺（1904—1989）的《生命哲学》(«Философия жизни»）[③]，50年代谢宁（Н. Г. Сенин，1918—2001）的《孙中山的社会政治观》(«Общественно-политические взгляды Сунь Ятсена»）[④]，以及70年代布罗夫（В. Г. Буров 1931— ）的《17世纪中国思想家王船山的世界观》(«Мировоззрение китайского мыслителя XVII века Ван Чуаньшаня»）[⑤]。20世纪50、60年代在五卷本的《哲学历史》(«История философии»，1957）和《哲学百科》(«Философская энциклопедия»，1960）中，以及《苏联大百科全书》（1971）的第三版中，彼得罗夫的观点都在当时的苏联学界得到了一致认可和赞同。除此之外，一些中俄现当代哲学家和汉学家也在相关文章中表达了和彼得罗夫相类似的观点，并被收录进《哲学百科》和《苏联大百科全书》中，比如贝科夫（Ф. С. Быков）、乌斯科夫（А. М. Ушков）、谢宁、侯外庐、冯友兰、胡适等[⑥]。[⑦] 另外，基于上述观点和评价，拉杜里-扎杜罗夫斯基在专著《论儒家学说和在日本的传播》[⑧]、布罗夫在《17世纪中国思想家王船山的世界观》[⑨] 等书中对王阳明的思想又进一步展开了详尽的叙述。不论是在西方还是东方，都有将对王阳明作为一个整体思想流派进行研究这一方法，而该方法实际上始于日本。从王阳明以日本追随者的视角进行观察和探究，这一点也体现在拉杜里-扎杜罗夫斯基的著作里。

20世纪30、40年代的苏联，正处于一个特殊时期。阳明学从西方“随风潜入夜”进入苏联以后，以彼得罗夫和拉杜里-扎杜罗夫斯基为代表的汉学家把王阳明

---

① Радуль-Затуловский Я.Б. Конфуцианство и его распространение в Японии. М.–Л., 1947. с. 114, 278, 324, 327 и др.

② Радуль-Затуловский Я.Б. Дай Чжэнь – выдающийся китайский просветитель // ВФ. 1954, № 4. с. 126.

③ Ян Хин-шун. Философия жизни» – идеологическое оружие империалистической реакции в Китае // ВФ. 1948, № 1. с. 254.

④ Сенин Н.Г. Общественно-политические взгляды Сунь Ятсена. М., 1956. с. 128.

⑤ Буров В.Г. Мировоззрение китайского мыслителя XVII века Ван Чуаньшаня. М., 1976. с. 58-63.

⑥ Философская энциклопедия. т. 1-5. М., 1960—1970. т. 1, с. 227, т. 2, с. 397, 515-517, т. 3, с. 56, 64, 512, т. 4, с. 44, 133-134; т. 5, с. 800, 832, 846.

⑦ Большая Советская Энциклопедия. 3-е изд. т. 4. М., 1971. с. 295.

⑧ Радуль-Затуловский Я.Б. Конфуцианство и его распространение в Японии. М.–Л., 1947. с. 327-343.

⑨ Буров В.Г. Мировоззрение китайского мыслителя XVII века Ван Чуаньшаня. М., 1976. с. 58-63.

认定为中国“极端主观唯心主义”的代表，并很快得到其他苏联学者的响应和支持。这个观点同时被带有苏联官方权威的《苏联大百科全书》收录并得到旗帜鲜明的肯定和宣扬。“野径云俱黑”——由此可以窥见，这一观点也迎合了苏联当时政治背景下的社会意识形态。

二、“凌寒独自开”——阿列克谢耶夫和休茨基对王阳明的青睐

在当时苏联汉学界和哲学界众口一词把王阳明认定为“主观唯心主义”代表的背景下，针对王阳明在苏联学界受到的曲解和抨击，同时期的杰出汉学家、苏联科学院院士阿列克谢耶夫力排众议，公开站出来对王阳明进行客观公正的评价。阿列克谢耶夫在 1935 年 8 月写的一篇文章《在革命和动乱中的中国文化》(«Китайская культура в деградации и революции»，此文在 2003 年才得以发表）里指出：“在汉代以来的儒家学说革新者中，王阳明是一个最著名的改革者，他让我们用直接和抽象的方法从‘自知’心理学的角度去感知事物和了解儒家经典。在欧洲，对他的研究刚刚兴起，仅仅是接触到这个学说的表面（更确切的是，在欧洲关于他的一切资料是未知的）。但是，在中国和日本，（研究者）对阳明学有着深刻的认知和独特的见解。”[①] 阿列克谢耶夫的这番话像一股清流，汇入喧闹的学术大海，在哗然一片的苏联学术界，让人感到耳目一新。由此也可以看出，在当时的苏联学术界，“极端主观唯心主义”这种官方公开的评论是非常武断和草率的，他们在缺乏深入了解的情况下盲目对王阳明下了主观论断。阿列克谢耶夫这段话不仅让我们看到了一个治学严谨、有担当的汉学家和人文科学院院士，也间接地印证了在 20 世纪 30 年代，阳明学刚刚传入欧洲时，在整个欧洲和当时的苏联对王阳明的认识还比较肤浅，相关的资料也非常匮乏。与此同时，我们也从侧面了解到，在当时的中国和日本，对王阳明是极为推崇的，特别是在日本，王阳明的地位可谓如日中天。

阿列克谢耶夫、比丘林（Н. Я. Бичурин，1777—1853）和瓦西里耶夫（В. П. Васильев，1818—1900）是俄苏汉学史上三个划时代的著名学者，在俄苏汉学史上有着举足轻重的地位，推动和影响了汉学在帝俄时代和苏联时期的产生、发展和转型。比丘林和瓦西里耶夫分别代表 18 世纪下半叶至 19 世纪上半叶、19 世

① Алексеев В.М. Труды по китайской литературе / Сост. М.В. Баньковская. Кн. 1, 2. М., 2002, 2003. кн. 2, с. 280, примеч. 12.

纪下半叶两个时期。阿列克谢耶夫则代表20世纪上半叶，为第三个时期[①]。阿列克谢耶夫继比丘林和瓦西里耶夫之后把俄苏汉学推向了新的阶段。

尽管当时的《苏联大百科全书》给王阳明贴上了负面标签，但是在20世纪30年代，苏联学界对王阳明的研究兴趣已经是“随风潜入夜，润物细无声”。来自西方的对阳明学的兴趣在阿列克谢耶夫和他的学生中“萌芽”了。阿列克谢耶夫本人在炮火纷飞的二战期间，在异常艰苦的条件下仍坚持把中国文学集《古文观止》里有关王阳明的三篇短文首次译成了俄语，但此译文在2012年才得以出版问世[②]。

阿列克谢耶夫最杰出的学生、《易经》(《周易》)的研究者休茨基(Ю.К. Щуцкий，1897—1938)1935年应阿列克谢耶夫的要求在自传体《履历》中指出：“在中国的哲学中，引起我极大兴趣的不是周朝那一辈的杰出哲学家，而是中世纪从葛洪到王守仁这一类的哲学家。”[③] 休茨基被王阳明的思想和学说深深吸引，立志要成为王阳明学说在俄罗斯研究的开拓者和奠基人。早在20世纪30年代，休茨基就做出了和杜维明一样的论断：王阳明的学说具有独特的“唯意志论和责任感”，是“哲学的导论，在当今时代不仅应该在东方和西方，而应该在全人类中普及和推广”[④]。阿列克谢耶夫在为休茨基的论文《中国经典哲学“易经”》(«Китайская классическая “Книга перемен”»)写评论时确认道：休茨基曾立志写一部有关王阳明的专著[⑤]。[⑥] 在20世纪初，阳明学流传到西方不久，俄罗斯刚接触和开始认识王阳明时，这位杰出的天才汉学家就以卓有远见的洞察力早于杜维明几十年做出了这个伟大的结论：王阳明不仅仅属于中国和东方国家，更属于全世界。这不得不让我们赞叹我们的邻邦——俄罗斯对中国文化和哲学的热爱和深入研究。但令人扼腕叹息的是，这位年轻的优秀汉学家完成王阳明专著的心愿还没来得及付诸实践，就死于非命了。这不失为俄罗斯汉学界的重大损失，也是阳明学研究海外学术界的极大缺憾。从此，直到时隔近半个世纪，有关王阳明的第一批专业性的论著才得以由科布杰夫完成并在苏联出版问世。

综上所述，在20世纪初的苏联学界，对阳明学的认知分为两派：一派为汉学家阿列克谢耶夫及其学生休茨基，另一派为汉学家彼得罗夫和哲学家拉杜里-扎杜罗夫斯基。他们对中国文化和哲学领域研究的侧重点和角度不一样，对王阳明的

---

① 李明滨. 阿翰林的学术成就——纪念苏联汉学的奠基人阿列克谢耶夫院士诞辰110周年. 北京大学学报(哲学社会科学版)，1991(6)：120-123.

② Шедевры китайской классической прозы в переводах академика В.М. Алексеева: неизданное. М., 2012. с. 33-44.

③ Щуцкий Ю.К. Китайская классическая «Книга перемен». 2-е изд. / Сост. А.И. Кобзев. М., 2003. с. 55.

④ Елесин Д.В. К биографии Ю.К. Щуцкого (1897—1938) // 25-я НК ОГК. М., 1994. с. 75.

⑤ Алексеев В.М. Наука о Востоке. М., 1982. с. 388.

⑥ Китайская классическая «Книга перемен». 2-е изд. / Сост. А.И. Кобзев. М., 2003. с. 516.

认知也大相径庭。阿列克谢耶夫和休茨基主要研究中国古典文学和哲学，彼得罗夫和拉杜里-扎杜罗夫斯基对中国哲学和苏联哲学及日本哲学进行对比研究。以上学者在各自的研究领域以不同视角和维度对王阳明做出了迥异的认知和评价。两个派别的汉学家对王阳明的认知形成了一条鲜明的分界线，贯穿于苏联学界，但是“主观唯心主义”的观点仍然处于主导和显性地位。

从20世纪30年代苏联开始接触王阳明以来，苏联的权威出版物《苏联大百科全书》就公开给王阳明冠以“代表资产阶级的极端主观唯心主义”的帽子。这个观点失之偏颇，有些片面和主观化。阿列克谢耶夫及其弟子在那个特殊时期“出淤泥而不染”——敢于站出来公开驳斥当时学界公认的观点，给予王阳明较为客观、公正的评价，彰显了他们“凌寒独自开”的非凡勇气和卓越的学术视野及远见。同时，阳明学以独特的魅力引起了休茨基极大的兴趣，虽然处于严酷的环境，他依然执着于全面专业地研究王阳明思想，深为遗憾的是，这一宏愿未能实现。

当时，苏联的文献既缺乏对王阳明及其作品的专业性研究资料，相关的翻译资料又几乎“无踪可循”，因此对王阳明的评价难免偏颇和片面化，得出的结论往往是对立和矛盾的。彼得罗夫和拉杜里-扎杜罗夫斯基从日本学界对王阳明的研究资料里了解王阳明，并直接认定王阳明属于主观唯心主义和直觉主义，这种观点是非常片面和主观的。但是阿列克谢耶夫和休茨基在一片“烟雾迷蒙”中却能“独具慧眼”，看到了王阳明对中国哲学和文化，甚至世界哲学和文化的价值和贡献，敢于挺身而出，公开挑战当时学术界的权威观点。我们在对阿列克谢耶夫和休茨基的胆识和学识深为钦佩的同时，也为王阳明思想和中国传统文化对世界所产生的价值和影响而引以为傲。

第二节　阳明心学在苏联后期的传播

进入20世纪60年代苏联赫鲁晓夫执政时期，随着苏联经济的飞速发展，一股春风吹散了早些时候“令人窒息”的阴霾，文化和意识形态领域也逐渐变得开放和活跃起来。与此同时，随着欧洲更多地接触和了解王阳明，苏联汉学界对阳明学的关注也越来越多，研究视野逐渐拓展，对他的认知也变得逐渐清晰和客观起来。这一时期的学者康拉德（Н. И. Конрад，1891—1970）、博日涅耶娃（Л. Д.

Позднеева，1908—1974）和瓦斯科列谢斯基（Д. Н. Воскресенский，1926—2017）都给予了王阳明更为客观和正面的评价，肯定了他在儒家学说中的地位和对儒学的创新作用，同时强调了王阳明对中国哲学的贡献。

一、"不觉鸟啼喧"——苏联学界对王阳明的认知纷呈

20 世纪 60 年代中期，1964—1965 年间，汉学家和日本学家康拉德在自己的研究领域，提出"王阳明—文艺复兴"的概念，他在《东方和西方》（«Запад и Восток»）一书中把王阳明称作"中国哲学思想上最后一位文艺复兴式的代表人物或者最后一位中国文艺复兴的哲学家"[①]。同时，他在 60 年代再版的《哲学百科》上也承认：王阳明学说是儒家学说的发展和完善[②]。汉学家博日涅耶娃在《中世纪的中国文学和东方文学》（«Китайская литература // Литература Востока в средние века）中也肯定地指出：王阳明给儒家思想和学说带来了根本性的打击，是启蒙运动（教育）的先驱[③]。而汉学家瓦斯科列谢斯基在《16—18 世纪中国文化中的奇人和作用》（«Странные люди (цижэнь) и роль индивидуальности в китайской культуре XVI–XVIII вв.»）中认为"王阳明是哲学个人主义的主要理论家，引导了中国启蒙运动思想的发展"[④]。著名汉学家李福清（Б. Л. Рифтин，1932—2012）在《17 世纪远东文学的区域性规律和相互关系》（«К изучению внутрирегиональных закономерностей и взаимосвязей "литературы Дальнего Востока в XVII в."»）中则称他为"理学批评家"[⑤]。除此之外，从 20 世纪中期到 21 世纪初，上述对王阳明的看法和评价也体现在其他俄罗斯哲学家和历史学家的著作中，比如：西蒙诺夫卡娅（Л. В. Симоновская）的《中世纪晚期的中国》（«Китай в эпоху позднего средневековья）、巴斯别罗夫（Б. В. Поспелов）的《现代日本社会和哲学概论》（«Очерки философии исоциологии

---

① Конрад Н.И. Запад и Восток. 2-е изд. М., 1972. с. 203, 263.

② Философская энциклопедия. т. 1-5. М., 1960—1970. т. 4, с. 43.

③ Позднеева Л.Д. Китайская литература // Литература Востока в средние века. Ч. 1. М., 1970. с. 208.

④ Воскресенский Д.Н. «Странные люди» (цижэнь) и роль индивидуальности в китайской культуре XVI–XVIII вв. // он же. Литературный мир средневекового Китая: китайская классическая проза на байхуа. М., 2006.. с. 251.

⑤ Рифтин Б.Л. К изучению внутрирегиональных закономерностей и взаимосвязей (литературы Дальнего Востока в XVII в.) // Историко-филологические исследования. М., 1974. с. 91.

современной Японии»）和《中国历史》（«История Китая»）等[①]。

关于王阳明对理学及对理学教条主义和经院哲学的态度，俄罗斯学界的评价和观点大相径庭。早在20世纪30、40年代，拉杜里-扎杜罗夫斯基就曾指出："中华民族几千年来的确有过杰出的哲学家和思想家，比如老子、杨朱和朱熹等，王阳明也算其中一个。他对经院哲学的教条主义极端厌恶，基于实际事例，他提出了'自我认知'的要求。"[②] 而齐赫文斯基（С. Л. Тихвинский，1918—2018）的观点则完全相反，他在《中国的革新运动和康有为》（«Движение за реформы в Китае и Кан Ю-вэй»）一书中写道："在明朝，当王阳明宣布通过格物致知（通过周围实际存在的事物达到致知）行不通，只有通过内省才能达到致知（致良知）时，宋代儒家学说及著名的'纯理论主义的学说（理学）'的教条主义和经院主义获得了进一步的发展。"[③] 齐赫文斯基在时隔半个世纪再版的《中国的革新运动和康有为》中一字一句地再次强调了上述观点[④]。他还提出，王阳明学说走的是和佛学相近的路线，这一观点在当时广为流行，但是也引起了一些异议。布罗夫指出，以上观点源于17—18世纪王阳明同时期的哲学家对他的评定，其中包括王船山（1619—1692）和颜渊（1635—1704）[⑤]。中国著名学者冯友兰也是认可此观点的，他认为王阳明学说使用了禅的理论，是佛禅传统的延伸和扩展，王阳明比佛教徒本身具有更纯粹的佛教精神[⑥]。

在当时还存在另一种看法，即不论是王阳明学派还是朱熹学派都公开宣扬顺从的道德。在《哲学历史》中和这种说法相对立的另一种观点是：王阳明思想本质上反对朱熹理学的教条主义，同时又提出"王阳明和他反对的理学教条主义表达了对人类追求自由和高尚道德的尊重"[⑦]。基于这个观点，博日涅耶娃认为王阳阳明率先开创了"理性"世界，李福清认为"在16—17世纪王阳明的观点是超前的，因为相对于儒学中的'中庸'，阳明学促进了个性的发展"[⑧]。

---

① Симоновская Л.В., Стужина Э.П. Китай в эпоху позднего средневековья // История стран Азии и Африки в средние века. М., 1968.с.362；Поспелов Б.В. Очерки философии и социологии современной Японии. М., 1974.с.281-282；История Китая / В.В. Адамчик и др. М., 2005.с.493-494.

② Радуль-Затуловский Я.Б. Конфуцианство и его распространение в Японии. М.–Л., 1947. с. 439-440.

③ Тихвинский С.Л. Движение за реформы в Китае и Кан Ю-вэй. М., 1959. с. 72.

④ Тихвинский С.Л. Избранные произведения. Кн. 1. М., 2006. с. 99.

⑤ БуровВ.Г. Мировоззрение китайского мыслителя XVII века Ван Чуаньшаня. М.,1976. с. 164；Философская энциклопедия. т. 1-5. М., 1960—1970. т. 5, с. 616.

⑥ Фэн Юлань. Краткая история китайской философии. СПб., 1998. с. 335, 337, 339.

⑦ История философии. т. 1, 5. М., 1957, 1961. т. 5, с. 846.

⑧ Позднеева Л.Д. Китайская литература // Литература Востока в средние века. Ч. 1. М., 1970. с. 208；Рифтин Б.Л. К изучению внутрирегиональных закономерностей и взаимосвязей (литературы Дальнего Востока в XVII в.) // Историко-филологические исследования. М., 1974. с. 91.

在 20 世纪 60、70 年代，相对于王阳明在中国“文化大革命”期间被完全打入冷宫、销声匿迹的情形，在当时的苏联，阳明学的研究呈现了“拨开云雾见日月”和“不觉鸟啼喧”的趋势，学术界可以开始公开、正面地评价王阳明。究其原因，其一，政治上苏联和中国正处于历史上的“紧张”阶段，处于中俄外交史上的“冰冻”时期。不排除苏联当局默许学界和中国“唱反调”，从各个方面，尤其是在意识形态领域，“借王阳明”公开评论和影射中国的“文化大革命”。其二，在苏联进入 60 年代以后，在赫鲁晓夫和勃列日涅夫执政时期，苏联经济高度发达，文化领域也正处于“解冻”时期，这一时期的学者有了更多的学术自由。

二、“江船火独明”——科布杰夫对王阳明的独特认知

进入 20 世纪 70 年代，不仅日韩两国对王阳明的研究和追捧“如日中天”，而且西方国家也越来越多地接受和推崇阳明学，它以自身的独特魅力在西方国家大放异彩。在同一时期的苏联，对阳明学的研究兴趣呈野火蔓延之势，已经势不可挡。70 年代以前关于王阳明的专业性研究在苏联“无踪可循”，学者们对王阳明的看法和观点只是散见于个人研究领域的论著中，因此这些观点都是“蜻蜓点水”式的“各抒己见”，缺乏系统性和全面性。直到进入 70 年代，科布杰夫的出现改变了这一局面。

20 世纪 70 年代的苏联，迎来了阳明学研究的“春天”，科布杰夫的专著《阳明学和中国古典哲学》（«Учение Ван Янмина и классическая китайская философия»）的问世，标志着在当时的苏联对王阳明的研究进入了公开、系统、全面的时期[①]。

进入 20 世纪 70 年代末以来，在苏联以科布杰夫为首的阳明学研究团队成绩斐然，大量有关阳明学的论文论著陆续问世。从 1977 年起，第一批研究王阳明哲学的专业性文章开始如雨后春笋般涌现。科布杰夫的第一篇关于王阳明的论文《王阳明：良知的认识论和伦理学》（«Ван Янмин: гносеология и этика благосмыслия»）于 1977 年在苏联科学院东方研究所的论文集里被刊登出来[②]。紧接着，他于 1978 年发表了《术语“悟”和王阳明哲学》（«Термин «у» и философия Ван Янмина»）一文；1979 年，发表了《论中国传统哲学中的“知”与“行”问题》（«К проблеме знания и действия в традиционной китайской философии»）和《论中国和欧洲文化中的个性认知》（«О понимании личности в китайской и

---

① 杨春蕾. 王阳明思想学说在俄罗斯的传播与影响. 湖北社会科学，2018（7）：89-95.

② Кобзев А.И. Ван Янмин: гносеология и этика благосмыслия // VIII НК ОГК. Ч. 1. М., 1977.

европейской культурах проблема организмических моделей»）；1981 年，在“中国社会和国家”论坛上推出了论文《王阳明哲学中的逻辑实践认识论的统一》（«Синтез традиционных гносеопраксиологических идей в философии Ван Янмина»）；1982 年，发表了《理学中的创新理论》（«Теоретическая новация в неоконфуцианстве как текстологическая проблема»）和《王阳明和道家学说》（«Ван Янмин и даосизм»）；1983 年，又发表了《理学研究和注释中的现阶段》（«Современный этап в изучении и интерпретации неоконфуцианства»）和《儒家学说中人的本性问题》（«Проблема природы человека в конфуцианстве от Конфуция до Ван Янмина»）等一系列关于王阳明的文章，从多个侧面和维度对王阳明展开了研究和论述。1984 年，他发表了论文《中国当代专家学者中的理学》（«Неоконфуцианство в оценках современных китайских исследователей»）与《王阳明和禅宗佛教》（«Ван Янмин и чань-буддизм»）。

1978 年，科布杰夫历经三年时间完成了其副博士学位论文《王阳明哲学（1472—1529）》[«Философия Ван Янмина (1472—1529)»]，并于 1979 年 3 月 5 日在莫斯科大学顺利通过答辩。后来科布杰夫对论文进行了详尽的补充完善，他的第一部专业、详尽的专著《阳明学和中国古典哲学》于 1983 年出版。这部专著囊括了科布杰夫前期发表的学术成果和博士学位论文。在专著中，科布杰夫力排众议，提出了与当时苏联学界“标准型”观点“主观唯心主义”相对立的结论，“江船火独明”——开创性地把阳明学认定为“主观唯物主义”（“主观自然主义”），确切地说，是主观自然主义或者是自然主义的一元论（单子论）[①]。

科布杰夫把阳明学说置于整个中国哲学史的框架中进行观照，指出中国古典哲学来源于自然界，顺应万物而生，如果非要用西方哲学术语“唯物主义和唯心主义”来划分的话，中国古典哲学都应该属于“唯物主义”或者“自然主义”。这种排除法使阴阳学派回归到中国传统哲学的轨道，最后回归到自然主义故乡的怀抱。科布杰夫指出：“王阳明的心学实际上指的不是客观世界在主观认识中的统一，而是身体和思想的统一、身心的统一，是客观和主观的统一、宏观世界和微观世界的统一。”[②] 在这个结论中，他一方面提出了不为苏联哲学界所了解的主观唯物主义类型（作为从康德主义到存在主义广谱系的标志），另一方面又清晰地表达了阳明学是属于和“主观唯心主义”相对立的“主观唯物主义”。由此，在苏联哲学界和汉学界，阳明学是“主观唯心主义”的认知自然而然地被科布杰夫所提出的

---

① Кобзев А.И. Учение Ван Янмина и классическая китайская философия. М., 1983 (1983в). с. 96-97, 120, 252-253.

② Кобзев А.И. Учение Ван Янмина и классическая китайская философия. М., 1983 (1983в). с. 113.

“主观唯物主义”的观点所替代。这样一来，就实现了阳明学和中国哲学史的统一，并且对中国传统哲学来说是具有典型特征的统一。

在从苏联初期的“寒冬”迈向苏联中期的“春天”阶段，苏联意识形态和学界正处于“百废待兴”的“沉寂”时代，科布杰夫旗帜鲜明和意味深长的论断，一反常态地出现在“在烟雾迷蒙中跋涉”的致力研究中国哲学的苏联汉学界中，就像一匹横空出世的“黑马”，震惊了整个哲学界、汉学界和相关学术界。科布杰夫的这一观点在当时引起了一些争论。雷谢科（В. Г. Лысенко，1953— ）反对给中国传统哲学贴上“唯物主义和唯心主义”的标签，认为把中国哲学注释为“唯心和唯物”是对重要原则的蓄意侵犯，并带有正义感地指出，早在1974年卡拉别齐耶夫（А. М. Карапетьянц）就对类似使用这个原则的观点表示了怀疑[①]。

当时，卡拉别齐耶夫小心谨慎地发表声明，把中国汉朝以前的哲学流派分为唯心主义和唯物主义，在一定程度上唯心主义没有体现出事物的本质，虽然他也承认“在上述方面，阴阳学派是唯一的例外，可以毫无疑问地认为它是唯心主义的”[②]。在2010年再版的这一著作的前言中，关于《易经》卡拉别齐耶夫指出：“对于哲学来说，在我们国家，唯心主义和唯物主义的对比被认为是最基本的，但是对中国哲学来说，这未免太牵强。”[③] 在文中，卡拉别齐耶夫首次表达了对于传统中国哲学来说这个对照是无关紧要的，这也是不同于其他学者的看法。

根据卡拉别齐耶夫自我下的定义，他承认持有不同政见的学者具有令人不容置疑的勇气[④]，但是值得指出的是，这个对照在较为狭窄的思想中以极端脆弱的形式被表现出来。

首先，卡拉别齐耶夫文章的精彩之处在于他在原则上把中国哲学历史分为前汉代和后汉代两个时期。前者只是相对于整个时期而言，作者否认“唯物主义和唯心主义”的对立立场，和欧洲哲学史上的前苏格拉底时期进行全面对照，对前苏格拉底时期来说，上述对立立场同样是毫不相干的；后者对照后苏格拉底时期，已经表现出“柏拉图和德谟克利特线路的斗争”的特点。王阳明被怀疑为唯心主义的理学正是属于后汉代时期。

其次，他认为阴阳学派这个唯一的例外完全破坏了整个哲学史的画面，因为

---

① Лысенко В.Г. Компаративная философия в России // ВФ. 1992, № 9; то же // Сравнительная философия. М., 2000. с. 156.

② Карапетьянц А.М. Древнекитайская философия и древнекитайский язык // Историко-филологические исследования. М., 1974.с. 359；Карапетьянц А.М. У истоков китайской словесности: собрание трудов. М., 2010. с. 39-40.

③ Карапетьянц А.М. У истоков китайской словесности: собрание трудов. М., 2010. с. 39.

④ Там же, с. 13.

它不仅从实质上把质的特性变成了数量的特性——在中国很少存在唯心主义者，如果扩展到汉代和后汉代的哲学，他便可以忽视这个微不足道的数量差别。因为卡拉别齐耶夫自己也承认，从汉代开始，儒家学说得以成为显学是借助于在主要形式方面起源于“阴阳学派”的形而上学体系，就是说，如果非要用“唯心主义和唯物主义”来观照中国思想，那么儒家学说也可以被认定是“唯心主义”学说[①]。

这些结论比较符合以前卡拉别齐耶夫颇为公正的观点“对于中国人来说唯物主义和唯心主义是迷惑不解的”[②]。它们源于卡拉别齐耶夫所证实的阴阳学派是唯一的唯心主义：“在《传习录》中直接认可物体是按照类似八卦的图形所创造的，而不是按照别的形状。为了证实以上判断是唯心的，应该确信八卦图示本身的唯心特性。令人难以置信的是，因为物质客体的形象是它本身固有的，而不是抽象意识的超感性。”[③] 在《四经传》（«Си цы чжуань»）里基本的八卦描述的是伏羲根据对自然现象的观察而进行手绘的物体代码。于是在任意一个经典注释中，借助于汉字“卦”，可以解释作为“意识”的术语。这种排除法就使阴阳学派回归到中国传统哲学的轨道，最后回归到自然主义故乡的怀抱。

卡拉别齐耶夫承认自然主义这一议题具有极其鲜明的原则性意义，正是在阳明学说领域，自然主义取代了唯心主义的对立立场。卡拉别齐耶夫回顾了科布杰夫所著的王阳明专著，认为科布杰夫得出了“重要结论：如果用主观主义解释王阳明学说，那就是主观唯物主义（更确切地说是自然主义），而不是主观唯心主义。王阳明学说——这是中国古典哲学发展的最后的制高点，也是中国文化精神的集中体现，是了解中国传统思想和世界观的钥匙”[④]。

为了和卡拉别齐耶夫的观点进行对比，可以援引苏联其他权威专家——扎娃卡娅（Е. В. Завадская，1930—2002）和伊戈那托维奇（А. Н. Игнатовича，1947—2001）于同一时期给科布杰夫专著写评语时所提出的观点：“科布杰夫专著的重大成就在于揭示了有关王阳明的广为流传的基本主观性含义，王阳明的主观性表示的仅仅是在宏观世界和微观世界相似的基础之上，宏观世界转化为微观世界并进一步转化为自己内心认知的可能性。”[⑤]

科布杰夫描述阳明学是“唯一可信的学说”的有关专著一经问世，在当时的

① Карапетьянц А.М. У истоков китайской словесности: собрание трудов. М., 2010. с. 46.
② Там же, с. 13.
③ Там же, с. 39.
④ Карапетьянц А.М. [Рец. кн.:] А.И. Кобзев. Учение Ван Янмина и классическая китайская философия // НАА. 1985, № 1. с. 200, 201.
⑤ Завадская Е.В., Игнатович А.Н. [Реф. кн.:] А.И. Кобзев. Учение Ван Янмина и классическая китайская философия. М., 1983 // Философские науки. 1986, № 1. с. 174.

苏联学界就被默认并达成共识，进而被大量印刷发行。但是，在上文提到的冯友兰的《中国哲学简史》中（该书由季塔连科审校并在 1989 年出版发行，总发行量是 46000 册），季塔连科仍对王阳明抱有"偏见"，他指出："王守仁蒙昧主义的主观唯心主义哲学是为了挽救濒临灭亡的封建社会于即倒，因此在明朝末期的一定时期内占有主导地位并起着反动立场的作用，它动摇了民族革命的战斗精神和意志……"①

季塔连科在俄罗斯发行量巨大的《中国哲学简史》俄文译著的后记中做了简明扼要的概述，他公开尖锐地批评了"对中国哲学发展史所做的肤浅粗俗的社会评论，正如对唯物主义和唯心主义两个阵营之间不可调和的对立斗争进行的此类评论"②。季塔连科非常赞同并附和了当时一些专家的意见，他确认道："中国智慧的显著特点是倾向于在整体上、在每部分的有机联系和发展的连续性中审视事物的本质，因此直到 20 世纪之前，自然、人类和精神（灵魂）在中国哲学中仍被看作是有着相互关系的某种有机统一体。"③ 在评价王阳明时，季塔连科偏离了正确的观点，称他"自身实际上是主观唯心主义的创立者，但却是一个复杂和矛盾的哲学流派的创立者"④。由此可以反映出季塔连科所指出的"普罗克鲁斯的习惯定式：唯物主义者即唯心主义。一些中国学者就有这个惯性思维模式，他们一方面断言'关于知行合一的王守仁的学说是最纯粹的唯心主义'，另一方面又肯定'从王阳明学说中可以得到唯物主义的结论'"⑤。

第三节　苏联解体后阳明心学在俄罗斯的传播

1991 年，苏联解体，俄罗斯时代到来，俄罗斯学术界、哲学界和汉学界新风习习。除科布杰夫之外，越来越多的俄罗斯学者和汉学家开始关注王阳明和他创立的学说。

① История китайской философии / Пер. В.С. Таскина, послесл. М.Л. Титаренко. М., 1989. с. 381.
② Там же, с. 531.
③ там же, с. 529.
④ там же, с. 534.
⑤ там же, с. 537.

一、“百般红紫斗芳菲”——当代俄罗斯学界对王阳明的认知

把阳明学阐释为主观唯心主义这一错误的论断在当时也影响到了另外一个苏联权威哲学家和汉学家菲阿季斯托夫（В. Ф. Феоктистов，1930—2005），他在《关于中国哲学的研究方法》（«К вопросу о методологии изучения истории китайской философии»）一文中，在引言的开头部分公开继续维护关于唯物主义和唯心主义斗争的半官方论调[①]。历时 10 年以后，当“自由之风”完全吹进俄罗斯学术界时，他在 1996 年出版了《中国古典哲学中的唯物主义和唯心主义之争问题》（«Китайская классическая философия и современность к методологической постановке вопроса»）一书。在该书引言的开头部分，菲阿季斯托夫自我批评地称自己当时的意见是迷失了方向[②]。他又力挺和当时的论调完全对立的观点，称“用欧洲哲学术语把中国哲学分为唯心主义和唯物主义是不能令人信服的”[③]。

后来，菲阿季斯托夫在《中国古典哲学和其现代性》（«Китайская философия и современная цивилизация»）一书中援引了特权等级的方法论，对阳明学进行了相关阐释：“主观唯心主义，甚至唯我主义的观点被认为来源于《孟子》的‘万物皆备于我’，能使我们详细地弄清楚阳明学中‘人与宇宙是一个统一体’这一哲学概念的背景。”[④] 遗憾的是，菲阿季斯托夫没有正确地引用孟子的名言“万物皆备于我”，因而草率地做出了一个不正确的结论，这句名言在这里“指的是人用理智拥抱整个世界万物的能力”[⑤]。但是在科布杰夫看来，王阳明思想的核心理念“心即理”实际上“指的不是在主观认知中和客观的统一，而是客观和主观、宏观和微观在身心、物体和精神上的统一”[⑥]。

菲阿季斯托夫认为，正如凌驾于国王之上的保皇主义者常以新信徒的身份自居，常常同样错误地把“唯物主义—唯心主义”的标签强加给我们，空想出某种

---

① Феоктистов В.Ф. К вопросу о методологии изучения истории китайской философии // Проблемы Дальнего востока. 1986, № 3.

② Феоктистов В.Ф. Китайская классическая философия и современность (к методологической постановке вопроса) // Китайская философия и современная цивилизация. М., 1997. с. 33-34, 41.

③ Феоктистов В.Ф. К вопросу о «борьбе материализма и идеализма» в китайской классической философии // II Всероссийская конференция «Китайская философия и современная цивилизация». М.: ИДВ РАН, 1996. с.15；Феоктистов В.Ф. Становление отечественной философской синологии // Китай на пути модернизации и реформ. 1949—1999. М., 1999. с. 134.

④ Кобзев А.И. Учение Ван Янмина и классическая китайская философия. М., 1983 (1983в). с. 113-118.

⑤ Феоктистов В.Ф. Философские трактаты Сюнь-цзы. Исследование. Перевод. Размышления китаеведа. М., 2005. с. 372-373.

⑥ Кобзев А.И. Учение Ван Янмина и классическая китайская философия. М., 1983 (1983в). с. 113.

“困难”和“创作的痛苦”，在企图“证明和维护王阳明观点的物质特性”时，根据最初的把王阳明哲学用“物质主义”符号来代替的本质，从侧面评定王阳明哲学是多重属性的（诸如“人格论学说”“现象学”“人格单子论学说”等）[①]。

实际上，菲阿季斯托夫指出，科布杰夫的《王阳明和中国古典哲学》（«Учение Ван Янмина и классическая китайская философия»）[②] 提到王阳明的物质性是有“条件”的，是那种“在我们理解中的”物质性，不是解决哲学基本问题时有意识选择的结果。菲阿季斯托夫在《本国哲学派汉学的形成》（«Становление отечественной философской синологии»）一书中又提到这一观点，因此这个中国哲学家的学说被认定为“自然主义”是较为正确的[③]。

著名评论家托尔齐诺夫（Е. А. Торчинов，1956—2003）理解并且认同这个观点，他从科布杰夫的《王阳明和中国古典哲学》中引用上述观点[④] 并证实道：“在苏联科学界，这个中国哲学自然主义的概念首次被科布杰夫深入研究。”[⑤] 托尔齐诺夫赞同科布杰夫所提到的阳明学的重大作用和把中国世界观认定为“活力自然主义整体论”的理论[⑥]。

1996—1999 年，菲阿季斯托夫提出要重新正面评价中国哲学的特性，要么集中就中国哲学本身进行概述，排除一切民族特点：中国思想家感兴趣的不仅仅是精神和思想的相互关系问题，从一个方面来说，是物质和存在的相互关系问题，从另一方面来说，还有诸如事物的起源和存在的开端问题[⑦]；要么还是“老生常谈”重复论述大家所熟知的另外一个文献资料来源：中国哲学家是“心智健全（理智）”的幼稚的现实主义者[⑧]；谈到“心智健全（理智）”这个概念，不得不提到科布杰夫在《传统中国文化的精神基础》（«Духовные основы традиционной китайской культуры»）中的解释：“中国方案——这是心智健全（理智）的、社会化的、正常及发达的文化观，类似心智健全（理智）的结果就是：中国哲学一

① Феоктистов В.Ф. Китайская классическая философия и современность (к методологической постановке вопроса) // Китайская философия и современная цивилизация. М., 1997. с. 35.

② Кобзев А.И. Учение Ван Янмина и классическая китайская философия. М., 1983 (1983в). с. 96-97, 120.

③ Феоктистов В.Ф. Становление отечественной философской синологии // Китай на пути модернизации и реформ. 1949—1999. М., 1999. с. 134.

④ Кобзев А.И. Учение Ван Янмина и классическая китайская философия. М., 1983 (1983в). с. 96-97, 120.

⑤ Торчинов Е.А. Даосско-буддийское взаимодействие (теоретико-методоло-гические проблемы исследования) // НАА. М., 1988, № 2. с. 48.

⑥ Торчинов Е.А. Пути философии Востока и Запада: познание запредельного. СПб., 2005.

⑦ Феоктистов В.Ф. Философские трактаты Сюнь-цзы. Исследование. Перевод. Размышления китаеведа. М., 2005. с. 412.

⑧ Там же, с. 372.

直都是科学的主宰，从来没有沦为‘神’的奴仆。”[①] 菲阿季斯托夫认为还是应当集中到矛盾的、模棱两可的、老生常谈的论调：“‘精神’相对于‘物质’和‘存在’的关系问题在中国哲学传统中不是主要的，它将要被其他问题替代，如关于对所存在事物和客观世界的认知界限、人类本身的认知极限，以及作为宏观世界的一部分的人类等问题。”[②] 那种用认识论替代本质论的方式，在发达的哲学传统中未必可行，况且还和前面所提到的关于“存在的开端”这一问题相矛盾，而在中国哲学中，人类学有一个共同点，即它的“多层次特征”。

因为在接触到原则意义上的其他哲学——欧洲哲学前，王阳明哲学是中国本土哲学发展的顶峰，用欧洲哲学对其进行分析得出的结论，成为科布杰夫从 19 世纪 80 年代开始研究全球文化（西方—东方中国）更替的整体理论基础[③]。对此，在哲学提纲中“唯心—唯物主义二元论和物质主义的一元论的对立具有显著的特色”，并被收录在 1993 年再版的《俄罗斯哲学》参考书目中[④]。托尔奇诺夫支支持这个理论并注意到阳明学的重大作用，他把中国世界观认定为“活力自然主义整体论”的理论[⑤]，认为同样可以用中国佛教的资料来证明这个理论[⑥]。英国著名汉学家菲杰拉里特（Ч. П. Фицджеральд，1902—1992）在其译著《中国文化简史》（«Китай: Краткая история культуры»）的序言中义正词严地指出，非常严重的不足之处是缺乏阳明学的信息，阳明学不仅在 17—18 世纪广为流行，在当今也是现代儒学的思想基础——就是所谓的新儒学（后儒学）[⑦]。

二、“散作乾坤万里春”——俄罗斯阳明学研究界“一骑绝尘”的科布杰夫

2002 年，科布杰夫的《中国理学哲学》（«Философия китайского неоконфуцианства»）

---

① Кобзев А.И. Духовные основы традиционной китайской культуры // «Науки о духе» в техническом вузе. М.: МФТИ, 1992. с. 22.

② Феоктистов В.Ф. К вопросу о «борьбе материализма и идеализма» в китайской классической философии // II Всероссийская конференция «Китайская философия и современная цивилизация». М.: ИДВ РАН, 1996. с. 18.

③ Кобзев А.И. 1983; 1984в; 1988; 1992; 1994а; 2002а; 2006а; 2006б/2011а.

④ Кобзев А.И. 1993, с. 87; 1999, с. 374.

⑤ Торчинов Е.А. Пути философии Востока и Запада: познание запредельного. СПб., 2005. с. 51-53.

⑥ Торчинов Е.А. Даосско-буддийское взаимодействие (теоретико-методоло-гические проблемы исследования) // НАА. М., 1988, № 2. с. 48.

⑦ Фицджеральд С.П. Китай. Краткая история культуры. СПб., 1998. с. 319.

问世。此专著内容翔实丰富，不但详细论述了以朱熹为首的理学思想及其影响，还包括和朱熹相对立的阳明学及其发展历史的内容[①]。2010 年以后，由科布杰夫翻译的《大学问》俄文译著多次再版。此译著自从 1982 年问世以来已经六次再版，后来又添加了科布杰夫在 1977—1978 年翻译的《古文观止》中王阳明的三篇短文译文。这些译文和《大学问》，以及王阳明的相关研究著作一起被收录进《中国精神文化大典》（«Китайская духовная культура»）。除此之外，关于东林学派王阳明后人的一些最新的作品也首次出现在《大典》中。

科布杰夫的专著《阳明学和中国哲学的特点》及其"主观自然主义"这一观点在 1978 年问世后，在当时的苏联学界没有引起太多的非议和否定，反而其"主观唯物主义和主观自然主义的观点"被当时的哲学界和汉学界普遍认可，进入俄罗斯时期以来该书被大量印刷发行。

苏联解体后，科布杰夫有关王阳明的论文被收录进俄罗斯一些重要的和基础的百科类出版物中，诸如《哲学百科辞典》《中国哲学》《新哲学百科》《俄罗斯大百科》《俄罗斯新百科》《中国精神文化大典》，以及《环球》电子百科等。除此之外，科布杰夫团队对阳明学的研究也"渐入佳境"，越来越多的专业学术著作相继问世，如：《东方和西方的对立》（«О противостоянии Восток – Запад»，2006）、《中国精神文化大典中的王阳明》（«Ван Ян-мин // Духовная культура Китая: энциклопедия»，2006）、《中国精神文化大典中的阳明学流派》（«Ван Ян-мина школа // Духовная культура Китая»，2011）、《王阳明的东林学派遗产》（«Дунлиньское наследие Ван Ян-мина»，2011）、《论阳明主义政治化派别和东林学派》（«Дунлиньская школа и политизация янминизма»，2011）、《〈大学问〉和孔子学说》（«Великое учение» и учения великих конфуцианцев»，2011）、《阳明学在俄罗斯的研究和中国哲学的特点》（«Изучение Ван Янмина в России и специфика китайской философии»，2012）、《王阳明和〈大学问〉》（«Ван Ян-мин и "Великое учение"»，2012）、《阿列克谢耶夫和有关王阳明的翻译》（«Первые русские переводы Ван Ян-мина и В. М. Алексеев»，2013）、《俄罗斯哲学历史中的中国哲学历史：以王阳明为例》（«История китайской философии в истории российской философии: казус Ван Янмина»，2013），等等。

进入俄罗斯时期后，除科布杰夫之外，越来越多的俄罗斯学者和汉学家开始关注王阳明和他创立的学说。从 1990 年到 2000 年，在论述明朝后期中国社会的意识形态时，谢罗娃（С. А. Серова）在《中国戏剧和传统中国社会》（«Китайский

① Кобзев А.И. Философия китайского неоконфуцианства. М., 2002 (2002а). с. 50-400, 488-508.

театр и традиционное китайское общество»）与《中国戏剧——世界美学形式》（«Китайский театр – эстетический образ мира»）[①] 中，马良文（В. В. Малявин）在《16—17 世纪的中国：传统和文化》（«Китай в XVI–XVII веках: Традиция и культура»）、《道的没落——迈入新时期的中国文化》（«Сумерки Дао: Культура Китая на пороге Нового времени»）和《中国文明》（«Китайская цивилизация»）中都指出阳明学是留给世界的宝贵精神遗产[②]。

根据马良文的说法，"阳明学说及其布道似的哲理思考风格，反映出整个中国思维的本质特征，强调的是人生真理的直接体验和师生个人交往的重要性，还反映出了对人生实践的兴趣、对充满强烈感情的道德责任感的兴趣、对道德模范力量的信仰和崇拜的兴趣"[③]。此外，还有以下学者从不同的侧面对阳明学进行了探究，诸如博罗赫（Л. Н. Борох，1933—2011）在《儒学和 19—20 世纪的欧洲思想》（«Конфуцианство и европейская мысль на рубеже XIX–XX веков»）里分析了阳明学对梁启超的影响[④]；玛尔德诺夫（Д. Е. Мартынов）在《儒家学说和毛泽东思想》（«Конфуцианское учение и маоизм»）中研究了王阳明的"知行合一"和毛泽东思想的关系[⑤]，还有在《儒家学说：教学资料》（«Конфуцианское учение: учебное пособие»）中提纲挈领地简述了王阳明哲学及儒家教科书中王阳明传人的观点[⑥]。

此外，俄罗斯学者除了关注本国对中国哲学的研究之外，也把眼光投向了西方国家对中国哲学的研究，包括阳明学在西方国家的研究状况。在西方，对王阳明的研究呈蓬勃兴起之势，有关王阳明的著作也从西方越来越多地传播到俄罗斯，其中，陈荣捷（Chan Wing-tsit，1901—1994）关于王阳明的专著《王阳明传记》和《王阳明：在西方的研究和参考书目》的摘要被沃拉霍娃（А. А. Волохова）翻译成俄语[⑦]；纳得（Р. Л. Надо）关于王阳明简短的介绍被任尼内（С. В. Зининый）

---

① Серова С.А. Китайский театр и традиционное китайское общество (XVI–XVII вв.). М., 1990.; Серова С.А. Китайский театр – эстетический образ мира. М., 2005.

② Малявин В.В. Китай в XVI–XVII веках. Традиция и культура. М., 1995. с. 87-89；Малявин В.В. Сумерки Дао. Культура Китая на пороге Нового времени. М., 2000 (2000а). с. 126-128；Малявин В.В. Китайская цивилизация. М., 2000 с. 218-219.

③ Малявин В.В. Сумерки Дао. Культура Китая на пороге Нового времени. М., 2000 (2000а) . с. 127.

④ Борох Л.Н. Конфуцианство и европейская мысль на рубеже XIX–XX веков. Лян Цичао: теория обновления народа. М., 2001.

⑤ Мартынов Д.Е. Конфуцианское учение и маоизм. Казань, 2006. с. 7-8, 174-179.

⑥ Мартынов Д.Е. Конфуцианское учение: учебное пособие. Казань, 2009. с. 89-94.

⑦ Волохова А.А. [Реф. ст.:] Чжань Вин-тзит. Ван Янмин: биография // РЖ. Общественные науки за рубежом. Сер. VII: «Востоковедение и африканистика». 1972, № 1.; Волохова А.А. [Реф. ст.:] Чжань Вин-тзит. Ван Янмин: изучение на Западе и аннотированная библиография // РЖ. Общественные науки за рубежом. VII: «Востоковедение и африканистика». 1972, № 1.

从英语翻译过来[①]；冯友兰所著英文版本的《中国哲学简史》中有关王阳明的章节也被科捷卡（P. B. Котенко）在1998年翻译成俄语。[②] 后来，越来越多的有关王阳明的著作陆续被汉学家从汉语直接翻译成了俄语。其中，《中国哲学简史》由塔斯基内（B. C. Таскиный，1919—1995）于1989年从汉语翻译成俄语，并由季塔连科完成校对[③]；《中国历史》由乌伊特尔（Дж. Уинтл）于2008年从汉语翻译成俄语[④]；《经典中国》于2006年由卡米那维奇（И. Каменарович）从汉语翻译成成俄语[⑤]。

纵观王阳明在俄罗斯的研究历史，在不同的社会意识形态下对王阳明的思想和学说有着不同的认知、观点和评价。从斯大林执政时期某个年代的"代表反动势力的极端主观唯心主义"，一直到赫鲁晓夫执政时期"解冻"背景下的"中国哲学家的杰出代表"，到20世纪70年代末"冰消雪融"时期的"主观自然主义和主观唯物主义之争"，一直到苏联解体后"百花齐放"阶段的"主观自然主义"的定论，王阳明从苏联"走到"俄罗斯，饱经贬损和赞誉。从王阳明在俄罗斯"一波三折的经历"，可以反观不同政治环境下俄罗斯社会意识形态的变化及其对学术界所产生的影响，也可以观照中国哲学和传统文化在俄罗斯的传播轨迹和认知历程。

在俄罗斯，除学术界之外，王阳明也正被越来越多其他领域的人所了解。"他山之石，可以攻玉"，这首先得益于日本著名文学家三岛由纪夫（Мисима Юкио，1925—1970）。三岛由纪夫是王阳明的忠实粉丝，其文学作品在俄罗斯读者中很畅销，因此俄罗斯年轻一代读者可以由此接触到王阳明的思想。2012年，在三岛由纪夫死后，他的《革命哲学的阳明学》（«Учение Ван Янмина как революционная философия»）[⑥] 被翻译成俄语，此举更好地提高了王阳明在读者中的知名度。此外，科布杰夫创立了汉学网站，也有益于推动王阳明在俄罗斯的传播和影响。

---

① Надо P.Л. Ван Янмин // Великие мыслители Востока. М., 1998.

② Фэн Юлань. Краткая история китайской философии. СПб., 1998. с. 327-337.

③ История китайской философии / Пер. B.C. Таскина, послесл. М.Л. Титаренко. М., 1989. с. 371-381.

④ Уинтл Дж. История Китая. М., 2008.

⑤ Каменарович И. Классический Китай. М., 2006.

⑥ Мисима Юкио. Учение Ван Янмина как революционная философия // он же. Голоса духов героев / Пер. А.Г. Фесюна. М., СПб., 2002.

下　篇

科布杰夫和王阳明的渊源及对其的译介

在俄罗斯，科布杰夫是第一位，目前为止也是唯一一位系统全面地研究王阳明的俄罗斯汉学家。科布杰夫是俄罗斯著名的汉学家、阳明学家和哲学家，研究领域为中国哲学、比较哲学、历史，主要研究方向为阳明学和“易经”。科布杰夫出生于1953年苏联时期的诗人家庭，小时候因其父亲和当时的中国交往密切而对汉语产生兴趣，大学时期就读于莫斯科大学东方语言哲学系中国语言和哲学专业。科布杰夫以优异的成绩于1975年本科毕业，后继续在莫斯科大学东方哲学和语言系深造，于1979年在莫斯科大学以《王阳明哲学》论文顺利通过答辩，获得哲学副博士学位。时隔10年，于1989年以论文《中国理学哲学》获得“大博士”学位，成为当时苏联最年轻的“大博士”，1999年科布杰夫被评为教授。

科布杰夫从1978年开始在俄罗斯（苏联）科学院东方学院中国研究部工作，从2001年起担任中国研究部主任，是俄罗斯科学院东方学院杰出的学者和荣誉教授。科布杰夫同时担任莫斯科国立人文大学“东方哲学”教学研究中心领导。根据俄罗斯第一任总统叶利钦的指令，著名的莫斯科工程物理学院设立人文学科，由科布杰夫担任历史和人文系主任。科布杰夫于1990—1991年在北京大学哲学系进修；2004年起任北京“易经”国际协会成员；2009年起任北京儒家国际协会秘书；2012、2013年为中国社会科学院访问学者；2019年受董平、钱明教授力邀担任即将创刊的《中国心学》杂志编委会委员。

科布杰夫一生著作等身，论文、专著和译著多达1300部（篇），主要专著有

《阳明学和中国古典哲学》（1983）、《中国古典哲学中的象和数学说》（1994）、《中国理学哲学》（2002）、《“大学”和伟大儒学家的学说》（2011）、六卷本的《中国精神文化大典》（2001—2016，副主编）。译著有《大学》《诗经》《大学问》《金瓶梅》等，目前正致力于《传习录》的翻译。

2010 年，科布杰夫因为以第二主编的身份领衔六卷本恢宏巨著《中国精神文化大典》的编写，以及在发展本国和世界汉学方面的杰出贡献，获得由时任总统梅德韦杰夫亲自颁发的俄罗斯国家奖章。

第一节　科布杰夫和王阳明的渊源与对其的深度认知

一、“众里寻他千百度”——科布杰夫和王阳明的渊源

科布杰夫是在大学期间的教师布罗夫的引荐之下开始接触王阳明的（约为 20 世纪 70 年代初期）。布罗夫对科布杰夫介绍说，王阳明是一位伟大的中国哲学家，20 世纪 70 年代西方国家开始肯定王阳明的价值，欧洲普遍把王阳明和康德相提并论，认为王阳明是康德式的哲学家，在俄罗斯迄今为止还没有人专门研究王阳明和他的学说。俄罗斯学界对他的认识仅仅是间接来自日本和西方其他国家的“只言片语”，还没有全面和直接地了解王阳明[①]。在 20 世纪初期，西方传教士把阳明学传到了欧洲，引起了欧洲和俄罗斯学界的关注。科布杰夫最早接触的有关王阳明的文献，也是从欧洲流传过来的英语和法语版本的资料。后来从俄罗斯传教士带回国的中国书籍中，科布杰夫颇费周折地收集到了一本古汉语版本的有关王阳明的中文书籍。科布杰夫从此开始接触王阳明，并深深地被其思想和学说所吸引。

在俄罗斯，科布杰夫不仅开创了全面、系统研究阳明学的先河，还见证了阳明学在新中国从“文革”前被打入冷宫到新时期以来受到热捧和推崇、从低谷到高峰这一戏剧性的历史转折过程。在中国过去一百多年的历史转折时期，对阳明学的态度成为确定中国哲学整体特性的试金石。

---

① Российское китаеведение-устная история. ИВ РАН.2008-2015гг. III, с. 20

1930 年以来，在中国的一些哲学百科和参考书中，阳明学被列为主观唯心主义学说，西方国家和苏联的学者也普遍视阳明学为主观唯心主义学说。在威格对中国当时社会和思潮产生关注之前，即将到中国赴任的苏联驻中国大使彼特罗夫在《苏联大百科全书》里指出，在中国当时的“资本主义年轻人”中，王阳明学说广为流传[①]。但是随后的社会背景变化切断了阳明学的推广和传播。中华人民共和国成立后，一切都发生了天翻地覆的变化，改革开放之前王阳明一直被打入冷宫，特别是“文化大革命”期间，王阳明学说被认为是封建的反人民的主观唯心主义和神秘的直觉主义，王阳明本人也被认为是“最不受欢迎的人”之一。在当时的社会政治环境下，阳明学被打入冷宫，王阳明的著作和相关文字处于全面被封禁的时期，王阳明和他的学说在当时的中国“销声匿迹”了。改革开放之前中国学术界对待王阳明的态度，我们可以从 1982 年出版的《中国哲学史》中“窥一斑而知全豹”，这是来自全国九所师范（包括北京和上海）院校的作者于 1980 年集体创作的成果。书中说，王守仁镇压了江西的农民起义，平定了贵州和广西少数民族的起义。当时的明朝已经到了强弩之末、苟延残喘之际，为了拯救他所处的封建社会于即倒之际，他所创立的“主观唯心主义学说—心学”，为遵守“封建社会法律和道德标准服务”，加强了“封建思想的统治”[②]。

正当中国处于“文化大革命”时期，远在万里之遥的苏联，俄罗斯汉学家科布杰夫已经开始了对王明明的研究历程。

在中国，在改革开放之后，在思想界和文化界，中国犹如经历了一次东方式“文化复兴”，儒家思想（阳明学）重新被关注和推崇，儒家文化和阳明学新儒家文化在中国重新焕发了生机。中国这位伟大的思想家、哲学家慢慢地“浮出水面”。经过几个世纪以来的“波折”和“埋没”之后，王阳明这个伟大的思想家和杰出的政治家在当今的中国引起了极大的关注并获得了极高的声誉。《王阳明全集》在 1992 到 2012 年以两卷本、三卷本和六卷本的形式被多次印刷出版。这一时期，中国台湾版本的相关书籍也进入大陆。在台湾广受欢迎的不仅是第一部现代文版本的《传习录》摘抄本，还有带有详细注释的和批评集的版本，以及为了使读者能够全部理解和掌握，甚至有带拼音的现代文版本。进入 21 世纪以后，阳明学在中国经历了巨大的变化，王阳明在中国“力撼春回、重获新生”。在当下的中国，王阳明被尊称为位于“孔子”之后的中国“第二大圣人”。王阳明的《传习录》进入 21 世纪以后在出版界一直占据重要的地位。众多著名学者注释和翻译成现代汉语的王阳明专著《传习录》被不同的出版社多次再版发行，甚

① Петров А.А. Китайская философия // Большая Советская Энциклопедия. т. 32. М., 1936 (1936б). с. 754.

② История китайской философии / Пер. В.С. Таскина, послесл. М.Л. Титаренко. М., 1989. с. 372.

至出现了很多图文并茂的通俗版本。当下，王阳明的流行又具有一个新的特性，2012 年北京出版了针对广大读者的王阳明语录集，小标题是“王阳明的心学——神奇的智慧”，近五百年来已经融入中国人的血脉中。在中国，由于王阳明历史地位的抬升，位于贵州的省会贵阳——王阳明被流放之地——的阳明祠，也成为祭祀王阳明的和开展有关王阳明学术会议的热门之地。这一切都印证了当代最有名的儒家学者杜维明的论断——“21 世纪将是王阳明的世纪”①。

对阳明学在中国经历的“由衰而兴”的这一系列变化，科布杰夫总结道：正如新文化的诞生和旧文化的复苏，对待王阳明的态度在 21 世纪初的中国出现了 180 度的大转折，在我们看来，这不仅可以解释为是对传统价值正向的重新评价，更可被看作对民族思想根源的具体探寻。王阳明思想对于中国的意义在于：其一，是保持国家统一完整的精神支柱之一，这是因为，阳明学影响了千千万万的中国人，包括大量的港澳台同胞和海外侨胞；其二，王阳明思想对许多革命先驱发挥了一定的影响，赢得了较高的声誉；其三，在中国向全世界树立正面形象的契机之下，作为民族发达学说的创立者——王阳明被看作具有较大吸引力和影响力的中国文化和思想的杰出代表之一，因为王阳明已经超越了民族的界限，在相邻的国家（首先是日本和韩国）发挥了极大的影响力，并且赢得了国际声望，在一定程度上得到了国际上的推广②。

从对阳明学感兴趣和矢志研究阳明学开始，科布杰夫见证了王阳明在中国的意识形态和文化领域“翻天覆地”的戏剧性变化，因此科布杰夫也是阳明学和中国传统哲学在中国当代发展变化的见证人。

二、“清水出芙蓉”——科布杰夫对王阳明的深度认知

科布杰夫从整体上来审视中国文化的特性和中国哲学的普遍性问题，把王阳明放在整个中国哲学史的框架之下来研究，他在 1975 年的学士学位论文和 1979 年的博士学位论文中，首次提出王阳明学说是主观自然主义、即主观唯物主义学说。这一观点是科布杰夫基于阿基米德理论和马克思主义阶级论观点的基础，在哲学领域经过多年的探索和对中西哲学的对比研究，深入探讨主观唯物主义的理论，尝试发掘阳明学说中所体现的主观唯物主义思想，从独特的视角开创性地提

① Хэ Лань-шань. И-шэн фу-шоу бай Ян-мин (Всю жизнь склонять голову перед [Ван] Ян-мином). Пекин, 2011.

② Российское китаеведение-устная история. ИВ РАН.2008-2015гг. III.

出的主观自然主义观点。这在俄罗斯当时的哲学界无异于一颗“耀眼的新星”，引人注目。奇怪的是，这一观点并没有引起过多异议和抨击，“主观唯物主义”（“主观自然主义”）这种观点甚至被当时的学术界所默认。

进入21世纪以后，俄罗斯的学术界和思想界也进入百花齐放和百家争鸣的时期，对中国的政治、社会、文化、文学、哲学、历史等领域也可以畅所欲言，汉学家们在学术界空前活跃起来，涌现出了大量的关于中国的学术论著，汉学家们对中国哲学也注入了极大的热情。当下，科布杰夫进一步对阳明学进行研究，详细阐释了“主观唯物主义”这一观点，在2012年前后出版了一系列相关著作。科布杰夫认为，阳明学中的“心即理”（世界万物是自己内心的反映）这一观点还和东方的“佛禅”思想相吻合，王阳明最重要的哲学著作《大学问》中的“致良知”和“知行合一”也是儒家最重要的著作“四书”的延伸和扩展，开创了儒家思想的新天地[①]。科布杰夫还认为，在明朝，阳明学自从诞生之初就一直是最具影响力的哲学思想，在清朝时期直到民主运动时期也是中国哲学和思想界关注的中心，但是当时一直处在社会的“风口浪尖”之上，引起很大的反响和来自各方的尖锐批评和无情攻击，不被当时的执政者重视并遭到打压，但作为儒家学说的中流砥柱，一直屹立在学术界和思想界舆论的惊涛骇浪中。

在科布杰夫看来，在诸如康有为、谭嗣同、梁启超和孙中山等反清改革者的眼中，阳明学象征着民族思想发展的顶峰，对这些思想家产生了重要影响，在1911年推翻清政府以后，涌现出了重新把阳明学视为中国哲学领袖的倾向。这些划时代事件的直接见证者威格写道:“王阳明思想作为儒家思想的精华在当今的日本被高度评价和重视，新民主主义共和国成立后王阳明学说得到了普遍的推广，看似这个学说已经胜出，占据了主导地位。尤其是王阳明的主观主义很好地契合了被引入的现代理论”。[②] 类似的情况也发生在朝鲜，“从1905年开始，潘恩喜在儒家学说领域开展了资产阶级革新运动，试图在王阳明思想精神里重新解释儒家思想，让它为国家的资产阶级革新服务”[③]。无独有偶，1893年，日本关于阐明朝鲜哲学流派的英文版刊物首次刊登了有关王阳明的文章，在所有的朝鲜哲学流派中阳明学占据显著位置[④]。在科布杰夫看来，以上都反映了阳明学研究在那个时代具有迫切的现实性。

科布杰夫指出，王阳明的伟大之处不仅体现于他自身，还体现在他的思想中。

---

① Российское китаеведение-устная история. ИВ РАН.2008-2015гг. III.

② Wieger, L. *Textes philosophiques. Confuciisme. Taoïsme. Buddhisme*. 2 éd. Hien-hien, 1930. c. 255-256.

③ История философии. т. 1, 5. М., 1957, 1961. c. 847.

④ Haga, T. Notes on Japanese schools of philosophy. *Transactions of the Asiatic Society of Japan*, 1893: 20.

王阳明首先是一个儒家弟子，文韬武略，具有杰出的军事能力和政治才干，更重要的是，他是一个伟大的思想家，王阳明的哲学思想首先强调的是“知行合一”（从实际行动出发）。科布杰夫还出人意料地发现：王阳明的哲学观类似早期马克思理论联系实际的观点，即“中国哲学是以各种方式对世界进行的阐释并对世界进行改变”[①]。科布杰夫引用了著名学者吴光所著的三卷本《王阳明传记》和《王阳明全集》中曾国藩的评价——开展“洋务、自新运动”。晚清时期礼部侍郎、翰林院院士曾国藩高度肯定王阳明在思想领域破旧立新，开创了新的哲学思想，认为他的贡献和作用不亚于“大禹”。

综上，科布杰夫用高尔基的“一切存在于人自身中，一切为了人本身”的观点来解释王阳明的“心即理”“心外无物”。科布杰夫阐释主观唯物主义的依据和理由是：主观是阳明学出自“自我、本我”，世界万物一切都“源自内心”；把阳明学视为唯物主义是因为把阳明学置于整个中国古典自然主义（唯物主义）的框架之内来考量。也就是说，一切来自“内心”，心影响着人们的行为、心影响着社会、心影响着世界万物。因此，从这个意义上来审视和观照阳明学，科布杰夫认为阳明学属于独特的“主观唯物主义”，也就是“主观自然主义”。

第二节　王阳明著作和相关作品在俄罗斯的翻译历程

一、阳明学在俄罗斯翻译第一人

在斯大林去世后，随着苏联社会、经济的发展，对阳明学的研究在苏联（俄罗斯）呈现“蓬勃发展”之势，学术界逐渐认可阿列克谢耶夫的观点，对王阳明由曲解贬斥逐渐转为公正地评价和赞誉，直到完全接受科布杰夫的“主观唯物主义”（“主观自然主义”）观点。但是，俄罗斯在阳明学译介方面还处于“沉寂”状态。关于王阳明著作在俄罗斯的译介情况，目前在俄罗斯仅有《古文观止》中的三篇短文被翻译成俄文和 1982 年科布杰夫翻译的《大学问》出版问世。最近几年，科布杰夫一直在致力于《传习录》的翻译，在接受本书作者采访时，译文已

① Российское китаеведение-устная история. ИВ РАН.2008—2015гг. III.

经完成了百分之六十左右，遗憾的是由于资金和时间等各方面的原因，翻译进展缓慢。

在俄罗斯，王阳明著作最早的翻译通常认为是开始于上文提到的阿列克谢耶夫的得意门徒——英年早逝的休茨基。但是经过半个世纪以后，出其不意地爆出一条消息：正是阿列克谢耶夫本人最早翻译了《古文观止》里三篇王阳明的短文：《稽山书院尊经阁记》《象祠记》和《瘗旅文》[①]。（以上三篇短文在 1977—1978 年也曾被科布杰夫翻译过，并于 1999 和 2002 年被多次印刷出版。）“早在 2003 年，这三篇王阳明的短文译文在阿列克谢耶夫的女婿巴尼科夫斯基（Н. Г. Баньковским）所整理的《阿列克谢耶夫中国文学翻译明细以及出版社和内容》中被提到过。”[②] 他的翻译手稿（见图 4-1）时隔 70 年，在 2012 年秋天才得以出版面世，之前几十年一直处于被埋没的状态。

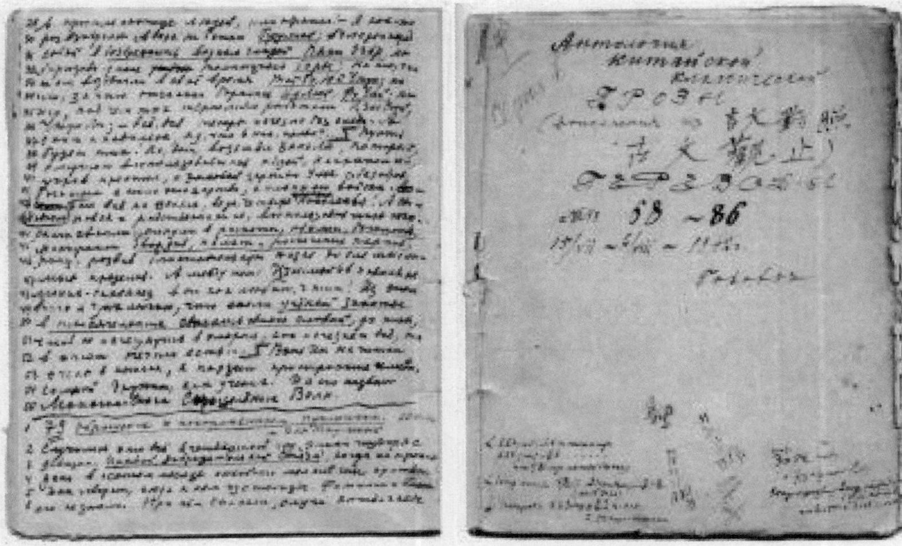

图 4-1　阿列克谢耶夫的翻译手稿

在阿列克谢耶夫对王阳明作品翻译的几近神秘的历史中，令人震惊的是，他未出版的整卷译作是由当时的责任编辑阿里莫夫（И. А. Алимов）负责发表的，当时阿里莫夫完全不知道 10 年之前科布杰夫翻译出版王阳明作品的情况。后来在

① Шедевры китайской классической прозы в переводах академика В.М. Алексеева: неизданное. М., 2012. с. 33-44.

② Алексеев В.М. Труды по китайской литературе. В 2 кн. / Сост. М.В. Баньковская. М., 2003. кн. 2, с. 415.

《东方文学》出版社经理阿尼科耶夫（С. М. Аникеев）排版期间，根据科布杰夫的建议，用注释纠正和解释了阿里莫夫的这个令人遗憾的失误，作为编者按标注了一句话："此处三篇关于王守仁短文的译文此前由科布杰夫翻译并出版过。"[①]

在出版阿列克谢耶夫译文时，在前言中阿里莫夫特别声明：此译文是阿列克谢耶夫在 1941—1944 年撤退到哈萨克斯坦的"巴拉沃姆"地区完成的[②]。无独有偶，在《阿列克谢耶夫院士及其汉学学派》一文中，孟列夫也指出："阿列克谢耶夫兴趣十分广泛，研究领域也一直在不断拓宽。1941—1944 年第二次世界大战期间，阿列克谢耶夫同其他学者一道被疏散到北哈萨克斯坦的博罗沃耶疗养地。他可以随身携带的书籍十分有限，但他充分利用了这些书籍，返回祖国时，竟然已经完成三十余个完整的课题。"[③] 在这里，阿里莫夫所指的"巴拉沃姆"地区应该就是孟列夫所提到的"博罗沃耶疗养地"所在地。而关于阿列克谢耶夫翻译这三篇短文的时间问题，在阿列克谢耶夫的王阳明译文手稿的封面上，有着特殊的标志符号 15.7—6.8.42（注明的日期是 1942 年 7 月 15 日—8 月 6 日）。但是一些证据表明，这个译稿是在这之前完成的。首先，手稿中很少有改动的痕迹，而且标注的日期间隔很近，这一切都表明这个手稿不是阿列克谢耶夫二战期间撤退到哈萨克斯坦时初次翻译的，而很有可能是以前翻译的誊抄本；其次，2012 年在《中国杰出散文家文选》附言中刊登了李福清的文章，李福清在文中谈到阿列克谢耶夫在 1914 年 4 月到 8 月期间和时任著名编辑萨巴斯尼科夫（М. В. Сабашниковый，1871—1943）的来往信件，信中他们探讨了出版《中国优秀散文家选集》（是于 2006—2012 年出版的《中国优秀散文集》三卷本的原型）一事[④]。由于第一次世界大战的爆发，《中国优秀散文家选集》的出版没能如愿完成，于是阿列克谢耶夫打算完成所有的译文后一并出版[⑤]。由此可以推断，始于第一次世界大战前夕的译稿，出于这样那样的原因，延续了四十多年，在第二次世界大战期间阿列克谢耶夫才得以完成。

关于 2012 年出版的阿列克谢耶夫的译文手稿，令人感到震惊和遗憾的是，时任责任编辑阿里莫夫没有经过认真检查和校对就仓促出版了。有人发现，阿列克谢耶夫关于王阳明三篇短文的译文中有些遗漏之处，还有擅自对原有译文进行的

---

① Шедевры китайской классической прозы в переводах академика В.М. Алексеева: неизданное. М., 2012. с. 277.

② Шедевры китайской классической прозы в переводах академика В.М. Алексеева: в 2 кн. М., 2006.кн. 1, с. 22; 5, с. 8.

③ Л.Н.孟列夫，黄玫. 阿列克谢耶夫院士及其汉学学派. 国际汉学，2005（1）：41-46.

④ Шедевры китайской классической прозы в переводах академика В.М. Алексеева: неизданное. М., 2012. с. 239-249.

⑤ Там же, с. 244.

添加和修改的情况，甚至还存在一些令人费解之处，具体表现在以下方面：一是在 2012 年出版的阿列克谢耶夫的《中国优秀散文家选集》里，王阳明的三篇短文译文在排列顺序方面是很随意和令人费解的：它们既不符合《古文观止》原文里的顺序，在阿列克谢耶夫手稿里的顺序是互相矛盾的，也不符合译文抄写时的排序。由此可以推断，关于译文手稿目录里的顺序，阿列克谢耶夫原本想标注为 74、75、79 的，结果在手稿里标注成了 79、74、75。但是，这很明显和整体出版的排版结构是相矛盾的，况且令人感到更加疑惑的是，出版时编辑把其他作家的文章插入这三篇短文中（在这种情况下就把其他作家的文章标注为 76、77 并被穿插到 75—79 之间），比如李贽的文章在《中国优秀散文集阿列克谢耶夫选译》里被标注为 76 号[①]。二是在《尊经阁记》里，阿列克谢耶夫手稿里的翻译是«Надпись у Зала культа канонов»，在巴尼科夫斯基（Н. Г. Баньковского）的书目中也是«Надпись у Зала культа канонов»这一翻译[②]。但是在 2012 年出版的《中国优秀散文家文选》里，令人费解和多此一举地添加上了“классиков”，变成了«Надпись у Зала культа классиков-канонов»[③]。三是在《中国优秀散文集家选集》中阿里莫夫在附言中提到《基山书院尊经阁》，谈到阳明学学者南大吉（1487—1541）时，阿里莫夫把他的出生日期写成 16 世纪初期，将其生平缩短了 13 年[④]。四是责任编辑阿里莫夫在出版《瘗旅文》挽歌时，把阿列克谢耶夫开始的两句译文“Вершины одна за другою у самых краев небес, – да, небес! Летящая птица туда не проникнет.”遗漏掉了。由此可以看出，王阳明的三篇译文是在阿列克谢耶夫去世后才得以浮出水面，并于 2012 年进行编排出版的，有些细节之处已经无法得到译者本人的确认，后人只能根据猜测和推断来排版。同时由于时任编辑缺乏严谨的工作态度，在出版时出现了一些本该避免的纰漏和失误之处，从而使著名汉学家阿列克谢耶夫的珍贵译文资料中存在这样那样的问题，实在令人感到遗憾和为之痛心。

尽管如此，阿列克谢耶夫关于王阳明的译文历经半个多世纪，在这个杰出的汉学家院士去世之后终于出版面世，这不论对研究阿列克谢耶夫还是研究王阳明的中俄学者来说都是令人振奋和引人注目的。

综上可以看出，单就最早的译文方面，阿列克谢耶夫为王阳明作品翻译第一

---

① Шедевры китайской классической прозы в переводах академика В.М. Алексеева: в 2 кн. М., 2006. кн. 2, с. 295-296.

② Алексеев В.М. Труды по китайской литературе. В 2 кн. / Сост. М.В. Баньковская. М., 2003. т. 2, с. 415.

③ Шедевры китайской классической прозы в переводах академика В.М. Алексеева: неизданное. М., 2012.с. 35.

④ Так же, с. 279.

人，《古文观止》里收录的王阳明三篇短文是阿列克谢耶夫于第二次世界大战期间翻译完成的，但在 2012 年才得以出版。在谈到最早的译文出版时，科布杰夫是最早出版王阳明三篇短文译文的汉学家，他在 1977—1978 年之间完成三篇短文的翻译并于当年出版。

王阳明这三篇短文译文的出版，在当下中国文化“走出去”的背景下，在阳明学在全世界逐渐得到肯定和推崇的环境下，尤为珍贵，极具研究价值。

第三节　阿列克谢耶夫和科布杰夫译本对照分析

在俄罗斯，王阳明三篇短文的译文存在两种版本，一种是上文所述的阿列克谢耶夫版本，另一版本由科布杰夫于 1977—1978 年翻译出版，后经多次再版。笔者在收集、整理两位汉学家的译文中，发现不论在译文风格、翻译方法，还是在翻译用词释义方面，阿列克谢耶夫译文和科布杰夫译文都存在着较大的差异，现把两种译文选取一二进行对比分析。

一、《尊经阁记》翻译对比

从俄罗斯文化视角审视中华传统文化现象，尤其是面对一些民族特有的文化事物时，必然受到自身固有文化认知的影响。这些内涵丰富的“文化负载词”构成了一种特色鲜明的文化标志，因此精准地理解这些文化现象，从源文本考量其内涵才能做出恰当的翻译。首先，《尊经阁记》中对“阁”字与“尊经阁”一词的翻译对比，可以凸显出这种文化独有的翻译特色与些许不足。

汉语原文呈现如下面的《稽山书院尊经阁记》选段：“越城旧有稽山书院，在卧龙西岗，荒废久矣。郡守渭南南君大吉，既敷政于民，则慨然悼末学之支离，将进之以圣贤之道，于是使山阴令吴君瀛拓书院而一新之；又为尊经之阁于其后，曰：经正则庶民兴，庶民兴斯无邪慝矣。阁成，请予一言，以谂多士。予既不获辞，则为记之若是。”① 节选片段首先介绍文章的来历和缘由：1525 年，时任绍

① 吴楚材. 古文观止译注. 上海：上海古籍出版社，2009：651.

兴知府的王阳明弟子南大吉因见旧有的稽山书院荒废已久，令山阴县令重建拓展书院，并在书院后面建了一座尊经阁，目的是规劝当时的读书人正确认识和理解儒家经典，把人们引上圣贤正道。尊经阁建成以后，南大吉请王阳明为其写一篇记文[①]。在稽山书院发展的鼎盛时期，王阳明也曾在此讲学，其心学弟子众多。稽山书院历经多个朝代，饱经历史沧桑，见证着儒家文化、宋明理学和阳明心学的发展和兴衰。阿列克谢耶夫将《尊经阁记》的题目译为«Надпись у Зала культа канонов»，科布杰夫把题目翻译为«Запись о посвященном канонам зале библиотеки у горы (Гуй) цзи»；两位汉学家对"阁"的翻译都使用"зал"一词，"зал"在词条里的意思是" Большое помещение для многолюдных собраний, для занятий чем-л. и др. целей"，意为"供很多人聚在一起从事某活动的室内很大的空间场所"。"阁"在《现代汉语词典》里的词条是"风景区或庭院里的一种建筑物，四方形、六角形或八角形，一般两层，周围开窗，多建筑在高处，可以凭高远望"[②]，如滕王阁、回澜阁等。由此可见，两位汉学家把"阁"翻译成"зал"显然表现不出其汉语文字的意义和文化内涵，词语释义从空间与视觉上很难描述其面貌。"阁"作为中国古代所特有的建筑文化景观，在俄罗斯文化语境中缺乏相对应的单词。文中的"阁"属于民族特有事物词汇空缺现象引起的文化误解，即词汇空缺现象，这是一种语言中表示特有事物或概念的词语或语义在另一种语言中找不到对等成分的现象[③]。因此，面对民族特有的文化现象翻译时，尤其是中国古代特色文化词汇，譬如对"阁"的翻译最好采用直译或者音译加注释的方式，这样能准确地传达"阁"的文化语境及其内涵。

两位汉学家对"尊经阁"一词的翻译字面表达上相去甚远但是意义上有殊途同归之效。阿氏翻译为"Зала культа канонов"，其中"культ"在《奥热戈夫详解词典》(«Толковый словарь С. И. Ожегова»)上的词条意思是"1. В религии: служение божеству и связанные с этим действия, обряды. Христианский культ.（宗教上指几百神灵或与之相关的活动和仪式，如基督教敬拜）；2. перен. Преклонение перед кем-чем-н., почитание кого-чего-н. (книжн.). К. личности.（转义，指的是对某人或者某物的崇拜，常用于书面语，如个人崇拜）"。此处用"культ"一词表达出尊敬、崇拜之意，即"尊敬经典"的意思，在一定意义上表现出作者写作《尊经阁记》目的之所在，即着重强调儒家经典的重要作用和意义，并且对当时社会上存在的对待儒家经典的不当态度予以批判。这里暗示了儒家思想在一定意义上被视

① 吴楚材. 古文观止译注. 上海：上海古籍出版社，2009：647.

② 中国社会科学院语言研究所词典编辑室. 现代汉语词典. 6版. 北京：商务印书馆，2012：438-439.

③ 郭爱先. 词汇空缺及其可译性. 解放军外语学院学报，1998（5）：43-45.

为中国历史上一种“宗教”——所谓儒教的崇尚地位。阿列克谢耶夫的翻译文本从“儒家”文化内涵及作为儒家典籍的“外在表现”形式上都展现出尊崇、敬拜之意。相比较而言，科氏的翻译是“посвященный канонам зал библиотеки”，其中“посвященный”俄语意为“献给……的，专供……用的；奉为神圣的”，字面意思为“专门供奉经典书籍的厅堂”：一方面，能体现出所谓“尊经阁”的“经”字，此处意指儒家经典著述，用“посвященный”一词能表现出这个建筑物的用途和目的之所在，即尊崇先贤的经典著述；另一方面，科氏的翻译也更为直观，能在遣词用句上让读者明白其翻译文本的用意所在，由此也能显示出对待儒家经典的直观态度。因此，相比较而言，阿列克谢耶夫的翻译更注重内涵，而科布杰夫则在当今俄语释义的外延意思上更胜一筹，益于俄语文化受众理解。

此外，两位汉学家虽然对“书院尊经阁”的翻译从不同的角度表达了相同的意思，符合上文提到的王阳明弟子当初建“尊敬阁”的目的和意义。但是在阿氏的翻译中，没有把“稽山书院”翻译出来，而在科氏的翻译中将“稽山书院”翻译成“библиотека у горы（Гуй）цзи”即“稽山旁边的图书馆（藏书室）”，“библиотека”不能完全恰当地反映书院的意思，翻译成“библиотека”失之偏颇。但相比较而言，科氏的翻译已相对详尽地再现原文意旨。“书院”作为起源于我国唐朝的特有的文化现象，是我国古代一种有别于官学的教育机构，是一种聚徒讲授、研究学问的场所①，并且对我国的文化事业发展起到重要的推动作用，后期流传至海外。明朝初年书院转衰，直到王阳明时期，书院再度兴盛②。由此可见，书院一词有较为深刻的历史文化渊源，仅用一个词语或者忽略其翻译都很难再现原文意旨，因此，笔者认为针对这一文化现象采取直译加注释的方法，加以详尽描述更为妥当。

综上对比分析可见，在《尊经阁记》的翻译对比中，两位俄罗斯汉学家的翻译相对较为准确地表达原文意旨之外，还存在着些许不妥之处：一是对中国古代的书院没有从历史渊源的角度理解和认识，这里的“书院”应该类似于俄罗斯的私人或者官方的“академия или высшая школа”；二是在俄语译文中缺乏对“阁”的等值表述，翻译“阁”时采用音译加注释的补偿方法更为恰当。

---

① 安海. 漫话书院. 当代人，2013（11）：76-77.

② 王中原. 王阳明政治伦理思想研究. 长沙：中南大学博士学位论文，2010：88.

二、《象祠记》翻译对比

在《象祠记》这篇短文中，王阳明开端即介绍其缘故："灵、博之山，有象祠焉。其下诸苗夷之居者，咸神而祠之。宣慰安君，因诸苗夷之请，新其祠屋，而请记于予。"[①] 说的是，在贵州黔西地区的灵鹫山和博南山一带建有一座祠堂，称为象祠。山下住着许多苗族人民，他们都把象当作神来祭祀。顺应苗民的请求，把祠庙的房屋重新修整一番，因此请王阳明为象祠作一篇记。在两位汉学家对题名的翻译中，阿氏翻译成«Надпись на храме в честь Сяна»，科氏翻译为«Запись о капище Сяна»。在这里"象"是人名，两个人均用音译来表达。"祠"字阿氏用"храм"，科氏使用"капище"。"капище"是俄语中古老的词汇，用于多神教举行祭祀和仪式的场所，在俄语百科词典的释义为"идолище, языческий храм, жрище, поганище, кумирня; бурханище, монгольский храм"，指"（多神教的）庙堂、寺庙、祠堂"，其词义较为宽泛，意思也指如雅典神庙类似建筑，包括"храм"。而"храм"在俄语中意义是：（1）专门用于崇拜和举行圣礼的建筑物（或场所，例如礼堂、洞穴），以及其他与侍奉神和崇拜有关的活动；上帝特别存在的地方，"地上的天堂"。（2）在旧约中的耶路撒冷神庙。从文化载体上分析，两者是同义词，"капище"侧重多神教和各种不同信仰文化意义上的祠堂和庙宇，"храм"侧重西方宗教文化意义上的教堂、庙宇等。因此，此处科布杰夫选择"капище"一词在词语文化内涵上相较更为确切。

另外，对"记"的翻译，两位汉学家用不同的单词来表示，阿氏用的是"подпись"，科氏则是"запись"。"подпись"在维基百科词典上解释为"уникальная совокупность символов, написанных от руки, с применением определенных оформительных приёмов, служащая для идентификации человека"，即确认、鉴别和表示一个人身份的"签名、签字、题词、题字"等意思，"запись"在维基百科词典上的词条是"Информация, сохранённая на бумаге или другом носителе; то, что записано"，即用纸或者其他方式保存下来的信息，也就是记下来的某种信息或者文字。"记"在《现代汉语词典》中的一个词条是："记载、描写事物的文字（多用于书名和篇名）。"[②] 由此字面意义而言，科布杰夫的"запись"更贴切、恰当。况且，从俄语语法层面看，科氏"запись"后面用的是前置词"о"来概括限

① 吴楚材. 古文观止译注. 上海：上海古籍出版社，2009：653.

② 中国社会科学院语言研究所词典编辑室. 现代汉语词典. 6 版. 北京：商务印书馆，2012：612.

定其后所支配的对象，意为“关于……的记载文字”，范围限定更为确切；而阿氏在上文中用的是“Надпись на храме в честь Сяна”指的是“在象祠里的题字”，容易让人误解为在象祠堂之上的题词，而非为纪念象祠而写的一篇文字记载。因而对于题目的翻译，科布杰夫的“Запись о капище Сяна”相对更为准确。

此外，对于某些地名的翻译很容易因为不熟悉具体地理环境而产生误译，如“灵博之山，有象祠焉”说的是象祠的位置在贵州省黔西县[①]，即当时的灵博山[②]。在阿列克谢耶夫的译文中把“灵博之山”概括译为“в Линбоских горах”（灵博群山之上）[③] 在灵博山上，虽然字面直译未加注释，但仍然不失为地名的一种直观恰当的译法；而科布杰夫将其译为“灵博之山”——“В горах Лин (Духов) и Бо (Широкая)”，为了精准彰显其释义且避免造成误解，同时采用意译和音译相结合的翻译方法，虽然从文章排版上来看略显烦琐，但是能让读者从两个方面来准确地了解“灵博之山”这一地名，相比较而言，科布杰夫此处对地名的翻译是一种更为妥帖的方法。

三、《瘗旅文》翻译对比

王阳明在《瘗旅文》开头部分介绍此文写作的缘由：“维正德四年秋月三日，有吏目云自京来者，不知其名氏，携一子一仆，将之任，过龙场，投宿土苗家。薄午，一老人死坡下，傍两人哭之哀；明日，见坡下积尸三焉，念其暴骨无主，将二童子持畚、锸往瘗之，就其傍山麓为三坎，埋之。嗟吁涕洟而告之。”[④] 意思是：有个吏目携一子一仆从京城到黔南去赴任，经过龙场，一日一夜之间，相继死于蜈蚣坡下。作者“念其暴骨无主”，率二童子“就其傍山麓为三坎”，把死者埋葬起来；并写了一篇充满同情、充满伤感的祭文。对于题目《瘗旅文》，阿氏译为«Обращение к похоронённым путникам»，科氏译为«Поминальное слово о захоронении путешественника»，阿氏用的是“Обращение к”（三格，表示“给……”），是“请求、宣言、号召、呼吁书”的意思，略显随意和口语化。科氏用的是“Поминальное слово о”（六格，表示“关于……”），是“追悼词”的意思，因此，科氏的翻译更严谨和书面化，突出了祭奠的字面意思，而且与全文意旨

① 吴楚材. 古文观止译注. 上海：上海古籍出版社，2009：653.

② 王鸿儒. 夷汉视角看黔西象祠. 当代贵州，2013（16）：18-20.

③ Шедевры китайской классической прозы в переводах академика В.М. Алексеева: неизданное. М., 2012. с. 33.

④ 吴楚材. 古文观止译注. 上海：上海古籍出版社，2009：656.

相通。再者，行路人用“путник”，相比于“путешественник”也更具口语化色彩。

在《瘗旅文》中，专有地名“蜈蚣坡”在阿列克谢耶夫的翻译中使用音译加意译的方法译为“Усуновское взгорье”（吴松的山坡）①，这里作者把“蜈蚣”译为“吴松”，这是译者的笔误或者视觉上的失误，何况阿氏没有加注解，此处属于意义上的误译之处。而科布杰夫采用意译法，将其译为“Сколопендровый склон”（蜈蚣坡），显然更直接、准确地传达了原文的字面含义。科氏对地名的翻译均采用的是以意写意的描述法，补偿了地名的来源及其隐含的文化信息。王秉钦在《文化翻译学》中指出：“地名具有指称意义、词源意义、地名背后蕴藏着丰富的社会人文信息。”② 为此，对地名的翻译采取音译并辅以文化注解的方法或者描述补偿策略将更为恰当。

《瘗旅文》中提到“自吾去父母乡国而来此三年矣”，自从王阳明开始离开故土被流放直到写此文时“是过了两年或者第三个年头”，而《瘗旅文》中的事件发生在维正德四年（1509）秋月三日（1509）③，也就是王阳明开始被流放的第三个年头，“明武宗正德初，王守仁上疏救戴铣等人，得罪了宦官刘瑾，被贬为贵州龙场驿丞”④，“王阳明于正德二年（1507）的十二月离开绍兴，于次年，即正德三年（1508）的春天到达贵州龙场”⑤。可以看出，在《瘗旅文》里的三年是虚指，这里的三年容易被误解成两层意思：“第三个年头”和“三年”，根据史实，此文中应为前者之意。但是，对阿列克谢耶夫而言，文章以外的历史资料他研究并不详尽，因此，他根据文章的意思直接翻译成了“三年”，即“С тех пор как я ушел из мест родных, где жили мать моя, отец, и поселился здесь, три года уж прошло”⑥。相对比而言，在这个问题上，科布杰夫持怀疑态度。经过多方考证，科布杰夫把这句话翻译为“С тех пор как я покинул отца, мать, родину и прибыл сюда, уж минуло два года”⑦。通过此处的对比可见，科布杰夫的译文相对而言史料更为翔实、丰富。

---

① Шедевры китайской классической прозы в переводах академика В.М. Алексеева: неизданное. М., 2012. с. 41.

② 王秉钦. 文化翻译学. 天津：南开大学出版社，2007：191-192.

③ 吴楚材. 古文观止译注. 上海：上海古籍出版社，2009：656.

④ 吴楚材. 古文观止译注. 上海：上海古籍出版社，2009：655.

⑤ 董平. 传奇王阳明. 北京：商务印书馆，2010：68.

⑥ Шедевры китайской классической прозы в переводах академика В.М. Алексеева: неизданное. М., 2012. с. 42.

⑦ Кобзев А.И. Первые русские переводы Ван Ян-мина и В.М. Алексеев // Архив российской китаистики / Сост. А.И. Кобзев. т. II. М., 2013 (2013а). с. 232.

综上，从两位汉学家对王阳明三篇短文的翻译中，“窥一斑而知全豹”，可以从侧面发现两位译者本身的知识结构和治学范畴的不同之处，译文的区别亦出于此。阿列克谢耶夫是从文学的视角进行翻译，采取直译与意译相协调的手法，在标题和相关地名、时间的翻译中带有文学色彩的通俗性和文艺笔调，但在一定程度上缺乏历史资料考证，采用直译手法，译文略有不妥之处。科布杰夫是从哲学研究视角翻译这三篇短文，对文中的相关地名和时间做了详尽的考证，因此，译文较为精准和严谨。但是，两位汉学家在对某些民族特有的词汇的解读和翻译上都存在着一定的偏差。

四、译文整体风格对比分析

除了在文章标题及用词造句等方面的翻译存在差异之外，两位汉学家的译文在翻译手法和风格方面也大相径庭，本部分以两个翻译版本的《瘗旅文》片段对两位汉学家的译文从整体上进行对比。原文：“连峰际天兮，飞鸟不通。游子怀乡兮，莫知西东。莫知西东兮，维天则同，异域殊方兮，环海之中。达观随寓兮，莫必予宫，魂兮魂兮，无悲以恫。”[①] 现代汉语意为：“连绵的山峰直插青天啊鸟飞不通，游子怀念家乡啊不辨西东。不辨西东啊却顶着同样的一个天空，虽说是异方他乡啊却同处环海之中。胸襟开朗到处可以为家啊，何必一定要住在自己家乡的屋中。灵魂啊灵魂，不要悲伤惊恐。”[②]

该片段是《瘗旅文》中的祭词挽歌，王阳明运用了《诗经》中离骚体（楚辞体）的表达句式，字句篇幅组合有一定的格式和规律，借用“兮”抒发感情并在全文中循环重复，增强原文的语气与感情色彩。祭文采用汉语拼音韵尾“ong”，一韵到底、工整严密，读来朗朗上口、情真意切，给人以无限低回、一唱三叹的艺术感受[③]。

阿列克谢耶夫的译文如下：

> Вершины одна за другою у самых краев небес, – да, небес!
>
> Летящая птица туда не проникнет.
>
> А путник бродячий тоскует в мечтах о родной стороне, да, стороне!

① 吴楚材. 古文观止译注. 上海：上海古籍出版社，2009：658.

② 吴楚材. 古文观止译注. 上海：上海古籍出版社，2009：658.

③ 陈振鹏，章培恒. 古文鉴赏辞典. 上海：上海辞书出版社，2014：1576-1578.

Не знает, идти на восток ему иль на запад,

Не знает, идти ли ему на восток иль на запад, да, запад!

Лишь небо для него одно, одно и то же.

Ныне края и земля – далекая, там где-то,

Средь окружающих кольцом мир наших морей.

Коль взгляд мой прозорлив, живу я где пришлось, да, где пришлось!

И нет нужды, чтоб то был дом, и дом был непременно мой.

Душа, о душа – да, душа! незачем будет тебе болеть, горевать![①]

科布杰夫的译文如下：

Густой чредою горные вершины

Макушками уперлись в небосвод –

И птицы ввысь стремящийся полет

Не покорит величья исполинов.

А те, кто в странствиях исчерпывают жизнь,

В душе лелеют образы отчизны,

Не ведая, где запад, где восток,

Не ведая, где запад, где восток,

Небесный лишь для них един простор.

В любом конце чужих краев,

В кольце предельных вод,

Бросая взгляд, находят кров –

Не строя свой оплот.

О вышняя душа, о вышняя душа!

Оставь вкушать печали горький плод![②]

对比发现，以上两个版本的译文呈现出完全不同的翻译手法和风格。通观全段，阿氏使用散文体裁翻译成格式较为严谨的韵律诗。阿列克谢耶夫的译文语言相对朴实、通俗易懂，直白地表达了原文的意思，字句组织上呈现出现代汉语的语句风格，译文力求用“т”作韵尾押韵，但是篇章句式的排列和原文有较大的偏

① Шедевры китайской классической прозы в переводах академика В.М. Алексеева: неизданное. М., 2012. с. 43.

② Кобзев А.И. Первые русские переводы Ван Ян-мина и В.М. Алексеев // Архив российской китаистики / Сост. А.И. Кобзев. т. II. М., 2013 (2013а). с. 232-233.

差，在翻译手法上，作者采用迂回重复的表现手法，并借助语气词“да”来体现原文中“兮”的咏叹风格：“небес, – да, небес!; стороне, да, стороне!; запад, да,запад!; где пришлось, да, где пришлось!”

科布杰夫的译文讲究遣词造句，用词考究、语言精练、排列工整且书面语运用较多，保留了原文（文言文）的风格和特点。与阿列克谢耶夫的处理方法相同，科氏也是极力用“т”作韵尾押韵，但韵律上和原文仍有相异之处。相比较而言，科氏译文在遣词用句和体裁风格上接近古文诗歌，兼具离骚诗体和文言文的语言魅力。在科氏的译文中，原文中的语气词“兮”译者没有特别突出和强调，译文整体上略显严谨有余，韵律不足。

下面着重分析两者对“达观随寓兮，莫必予宫，魂兮魂兮，无悲以恫”[①]一句的翻译：

> Коль взгляд мой прозорлив, живу я где пришлось, да, где пришлось!
> И нет нужды, чтоб то был дом, и дом был непременно мой.
> Душа, о душа – да, душа! незачем будет тебе болеть, горевать!
>
> Бросая взгляд, находят кров –
> Не строя свой оплот.
> О вышняя душа, о вышняя душа!
> Оставь вкушать печали горький плод!

综观全文，这句不仅仅是王阳明对于所埋葬的死者的祭文和哀歌，也是其感同身受，由“吏目”联想到了自己同样遭受迫害的悲伤处境。此处作者的身份是一种“隐匿”的状态，虽然字面意思为哀悼死者，其实是作者哀伤自怜的情感表达。在此意义上而言，阿列克谢耶夫用“Бросая взгляд, находят кров – Не строя свой оплот.”一句，尤其是“свой”（自己的）一词指向，很明显传达了原文的精确意旨，能将原文的感情色彩体现在诗句中间，因此，阿氏在此处对原文的感情色彩表达较为精确。

此外，对单个词的选取能显示出两位译者的侧重点不同，比如，“达观”说的是不喜不悲的中庸态度，能平和地看待事物，顺其自然、随遇而安之态，在本句中“达观”能表达出作者对于不如意的境遇豁达的处世态度。阿氏使用“прозорливый”一词，其本意为“有洞察力的，有远见的”，此处表达的“达”字的比喻义，且在诗歌整体意思的表达上，这层意思可以隐含而并非一定要突出

① 吴楚材. 古文观止译注. 上海：上海古籍出版社，2009：658.

表达出来，阿氏的字面意思理解为“如果我的眼睛富于洞察力，那么我就应该住在我必须去的地方”，句式为假定句，但是此处仍然需要说明为什么这种无家可归者是有洞察力的人，阿氏并未给出解释。而在科氏译文“Бросая взгляд, находят кров”，即流浪者生活在他们目光所及之处。而且，“Бросая взгляд”表达的是“куда ни глядя”（不管往哪里看），也就是“широко глядя”（到处看）之意，这句看似直译，表达字面意思的同时也有具体所指，能反映实际的逻辑意义，即不管走到哪儿，流浪者都可以四海为家并能安之若素。这能表达出作者此种境遇下的心境——有随遇而安之意，与下文“灵魂”一词相互呼应，与汉语句意吻合度极高。

综上，从译介主体的感情色彩来分析，阿氏在译文中注入了更多主观性的感情色彩，在翻译中由翻译客体推及主体，主、客体合而为一，他对文中的“吏目”遭遇感同身受，借翻译阐明了自己当时离乡背井、四海为家的窘迫处境，同时也抒发了在逃亡的恶劣环境下随遇而安、豁达乐观的心境，因此阿氏译文的句式也略显随意和自由，感情色彩较为强烈。相比较而言，科氏的译文缺乏译介主体的主观性感情色彩。由于科氏翻译这三篇短文时处于苏联和平发展时期，译者本人正处于学术发展初始阶段，没有与文中“吏目”相似的经历，缺乏译介客体的心理感受。只是站在译介主体的角度客观地呈现王阳明当时所经历的处境和心情。由此，科氏的译文虽然在篇章句式方面和原文吻合度较好，但缺乏原文中王阳明所流露出的那种复杂的感情色彩。

对比可见，阿氏的译文词语简练，致力于大众阅读的审美需求，能使人望文知义。其翻译语言朴实、通俗，较直白地表达了原文的意思，且译文不受原作严格的诗歌形式的束缚，如句末的押运“ong”，因而在用词上更显灵活，且选用的词语的范围更广，字里行间有更多的空间去“阐释”原文中的意义，更注重感情色彩的传达，立足于解析文章隐含的情感基调，让人能通过字句表达体会作者的深意。但是，译文体量上字数和行数偏多，韵律和意境的传递和原文有一定的偏差，因此，一定意义上而言，阿氏翻译缺少体裁上，尤其是中国诗歌的格律与形式上的诗意和韵味。诚然，鉴于历史文化因素及个人的理解等方面的因素，瑕不掩瑜，整体译文仍不失为佳作。相比较而言，科氏的翻译则更注重篇章意义的完整呈现，不会忽略任何字句，译文看似比较晦涩难懂，但是语言凝练、句式工整、用词考究，全文多用书面语，对仗工整、音韵和谐，保留了原文（文言文）风格和特点。科布杰夫对篇章句式的处理和词语的选用上都相对更贴近原文，在翻译的整体意义上更注重文章字面意思的准确呈现，但是音韵方面仍与原文有一定的偏差。译文表现了译者在古汉语和古诗歌研究方面，以及中国传统思想文化研究上的高超造诣。

两位著名汉学家译文的翻译方法和风格对比，也可以侧面反映出两位汉学家所处的历史背景及本身知识结构的不同之处。前者译文完成于第二次世界大战期间，在当时艰苦的条件下，能把译文翻译得如此精彩已经实属难得，如此译文也得益于译者深厚的汉学功底和中国文学研究的精深造诣。科布杰夫是当代俄罗斯著名汉学家，其译文完成于 20 世纪 70 年代，学术环境相对优越，加之译者对于中国哲学、历史和文化，尤其是对于阳明学和易经的研究积淀，使得其译文形美意达、诗味浓郁。整首诗翻译得既严谨又工整，做到以格律诗译格律诗[①]，达到哲学性和艺术性的统一。

综上所述，跨越时空的两位汉学家由于所处的时代背景、地理位置及自身的治学方向研究范畴的不同，虽然在翻译方法、翻译风格及翻译的精准度方面存在着些许不妥之处，但瑕不掩瑜，他们的译文各有千秋，精彩纷呈。

阳明心学作为儒学的创新，是中国古代哲学的重要组成部分，阳明心学提出的“致良知”是儒学发展的重要转折点。王阳明及其代表的阳明心学近年来不仅在国内的研究越来越逐步深入，而且在海外的传播也变得日益广泛。俄罗斯汉学家阿列克谢耶夫基于其本身对于中国古代哲学和文化的深厚造诣，对王阳明作品率先进行了翻译，由科布杰夫开始的新世纪阳明学翻译和研究为俄罗斯汉学界的阳明学研究奠定了基础。其后从 20 世纪 80 年代至今，俄罗斯汉学家科布杰夫对王阳明及其学说的俄译做了大量工作。

两位汉学家对译文都做了精准的翻译，这促进了阳明学在俄罗斯的传播与研究。值得一提的是，科布杰夫不仅致力于阳明学的研究和翻译，还热衷于王阳明思想在俄罗斯的推广，希望在俄罗斯有更多的研究者加入阳明学的译介与研究队伍，为阳明学的研究增加新鲜的血液，更希望对王阳明思想的认知不仅局限于俄罗斯汉学界、学术界，而能被更多的普通民众所了解和接受。阳明学的“致良知”“知行合一”在当今世界不仅能指导人们的思想和行为向着良知的方向发展，而且在当今世界“文明对话或对抗”的情境中，也能让世界各国理智地思考当下现实。这种思想也正契合我国“一带一路”倡议下的文化走出去的发展思路，本书从两位汉学家的译介历时性特征，以及对于宏观意旨和细节词句的处理上进行分析，以期探寻当今时代更为恰当的阳明学乃至中国传统思想文化的传播方法。

① 罗选民. 衍译：诗歌翻译的涅槃. 外语教学理论与实践，2012（2）：60-66.

结　语

在俄罗斯，科布杰夫不仅一直致力于阳明学的研究和翻译，还热衷于王阳明思想在俄罗斯的推广。他和休茨基、杜维明有着殊途同归的观点和理念，他们充分肯定王阳明的世界性价值，坚信21世纪是王阳明的世纪，王阳明不仅属于中国、日本和东亚汉字文化圈，更属于整个世界，阳明学的“致良知”“知行合一”在当今世界不仅能指导人们的思想和行为向着良知的方向发展，而且在“文明对话或对抗”的情境中，也能让世界各国理智地思考当下现实。

随着王阳明思想在中国的复兴和在全世界的推崇，有一种来自中国的无形力量使科布杰夫备受鼓舞，他不仅在不久前发表的《阳明学在俄罗斯和中国古典哲学的特点》中，而且还在《中国社会与国家》第42届研讨会和在俄法《汉学、日本学和西藏学：历史和未来》学术座谈会的报告中，阐明了王阳明哲学和思想在向俄罗斯传播的过程中充满艰辛复杂和富有戏剧性的经历，在苏联前期的政治和思想领域对王阳明的观点和认知一直以来都是矛盾对立和大相径庭的，直到在苏联后期，苏联学界才慢慢地接受和认可王阳明，特别是科布杰夫的出现，更是把阳明学推向专业化研究的新高度。科布杰夫对阳明学的研究不局限于从本国的角度来认知阳明学，还从全世界的视域下对阳明学进行观照。

科布杰夫的最大心愿是看到俄罗斯有更多的年轻学者加入阳明学研究的队伍，为阳明学研究增加新鲜的血液，更希望对王阳明思想的认识不再局限于俄罗斯汉学界、学术界，而是被更多的普通民众所了解和接受，为此他创立了“汉学”网站www.cinologia.ru。为了身体力行地推动阳明学在俄罗斯的传播，科布杰夫期待在俄罗斯科学院东方研究所的阳明学研究中心继续完成《传习录》的译作，同时希望能得到中国有关方面的支持和赞助。

附　俄罗斯研究阳明学的学者与中国的往来

顺应最近几年在全世界范围内掀起的“阳明学”研究的热潮，阳明学不仅在俄罗斯的研究和传播有了新的突破和进展，以科布杰夫为首的俄罗斯阳明学研究者与中国研究机构和学者的交流和往来也更加频繁和密切起来。

一、和中国的学术合作活动

早在 2014 年，浙江省余姚市国际阳明学研究中心举办了第三届国际阳明学研讨会。美国、俄罗斯、日本，以及中国的 40 余位学者应邀参加了会议。会议的三大主题是“阳明学”“阳明后学”“中国思想文化”。在会上，俄罗斯科学院远东研究所布罗夫教授做了报告，比较了王阳明与王船山对于“知”“行”不同的理解和阐释。

2018 年 6 月，科布杰夫的弟子鲁登寇，受俄罗斯阳明学研究院的全权委托，参加于绍兴市举行的第二届“阳明心学高峰论坛”，并在会上做了“俄罗斯的阳明学研究”的主题发言，回顾了阳明学在俄罗斯的传播、翻译与影响情况，表达了在俄罗斯继续发扬光大阳明学的心愿。

同年 10 月，鲁登寇代表科布杰夫出席贵州举办的纪念王阳明先生“龙场悟道”510 周年的“国际阳明文化节”。在文化节上，鲁登寇表示希望做两件事，一是在俄罗斯成立阳明学研究中心；二是希望能获得中方机构的赞助，以便尽快完成《传习录》的翻译。

此外，科布杰夫教授于 2019 年 10 月底到 11 月初对中国各著名高校进行了访问和学术交流活动，并做了一些有关俄罗斯汉学和阳明学的讲座：

10 月 15 至 10 月 24 日，在山东大学进行了学术交流，做了为期两周的专题学术讲座，内容为中国哲学在俄罗斯的传播，涵盖了“儒学、道家学说、经学、易经、阳明学”等内容。

10 月 20 日，在山东师范大学长清校区做了主题为“俄罗斯的中国哲学研究史”的学术讲座，介绍了俄罗斯对中国哲学的研究现状并着重分析了 1949 年新中国成立以来的中国哲学研究。

10 月 25 日，在中国石油大学文学院做了“中国文化在俄罗斯”的主题讲座，从哲学的角度系统分析了中国传统文化中的“两极”观点。

10 月 30 日，受南开大学的邀请，进行了为期两天的学术交流，围绕“中国精神文化大典和中国通史的编撰”做了两场学术讲座，重点介绍了俄罗斯汉学家对中国思想文化的研究和严谨的治学态度。

11 月 2 日至 11 月 4 日，访问了黑龙江大学，进行了学术交流并且做了四场讲座。讲座内容涵盖“俄罗斯汉学发展的历史和现状、俄罗斯编撰《中国通史》的情况及俄罗斯国际汉学学术会议情况”等三大主题。

11 月初，拜谒了王阳明墓地，访问了绍兴市王阳明研究院，并在王阳明研究院举办了“阳明学在俄罗斯的传播”的讲座。绍兴市组织部为此举办了新闻发布会。绍兴市电视台对科布杰夫进行了电视采访，采访内容如下。

问：尊敬的科布杰夫教授，您是第一次来绍兴吗？您这次来到绍兴有什么感想和感受吗？

答：非常感谢邀请方——王阳明研究院对我的邀请。特别感到荣幸和欣慰的是能在王阳明的生日前夕来到绍兴。作为王阳明的研究者和追随者，能来到绍兴这个地方拜谒王阳明，是非常期待和深感荣耀的。我这次来绍兴，没想到绍兴已经成立了王阳明研究院和纪念堂，这尤其让我感到惊喜。10 年以前我来绍兴的时候，我记得当时王阳明的踪迹根本无踪可循。那时我参观了鲁迅和徐渭的故居，却无法找到王阳明的故居，深感遗憾。我尤其感到惊喜和欣慰的是，现在普通百姓对王阳明也重视和尊重起来了。当 20 世纪 70 年代我开始研究王阳明的时候，不论在中国还是在当时的苏联，人们对王阳明都是负面评价或者是绝口不提王阳明。现在感觉完全变了，对王阳明开始重视起来，对他的评价也很高，符合实际了。这非常好，就应该是这样的。关于王阳明的生日和忌日，我特别关注过，因为在西方和苏联学术界，他的忌日往往被混淆。有的研究资料里标注的是 1528 年，有的资料里是 1529 年，造成这种情况的是因为中国有阳历和阴历之分。

问：科布杰夫教授，请问您是什么时候开始研究王阳明的？是什么机缘促使您研究阳明学？

答：这是由于我们国家当时的历史环境和我个人的经历吧。我是 1970 年进入莫斯科大学开始学习的。由于当时中俄两国的国际环境，在莫斯科大学首次成立了研究中国哲学的专业性的学科和班级。在1969年的战争冲突以后，当时的苏联当局意识到和中国的交往不仅要在政治和军事上，还要在意识形态上，要了解中国的意识形态，所以就下令创立了中国哲学学科和班级。在我开始研究中国哲学的几年后，我了解到在中国还有一位重要的哲学家——王阳明。一方面，当时的苏联很少有人对他进行专业性的研究；另一方面，我也了解到他是一位非常著名的、伟大的哲学家。在中国历史上，他是明朝时期的重要人物，是一位杰出的哲学家。除此之外，王阳明还对世界上一些当代哲学家产生了重要影响——他不仅对中国当代著名哲学家产生了重要影响，还对全世界范围内研究中国文化的当代哲学家，包括华侨哲学家产生了重要影响（目前在美国就有一些王阳明的研究者和追随者）。我最感兴趣的是中国哲学史上最重要的和最复杂的两种哲学，这也是我一直致力于研究的课题，就是王阳明哲学和“周易”。

问：请教授谈谈您对王阳明思想的看法。

答：王阳明思想通过两种形式表现出来——文本的形式和实践的形式，也就是他对追随者的影响是通过直接和间接的形式实现的。在西方学界，研究王阳明的学者对王阳明这个杰出的历史名人一直都是非常关注的。就像同时期德国最著名的哲学家康德所说，任何一个著名人物对社会和大众文化产生广泛影响都是可能的。从另一方面来说，王阳明思想接近于佛家流派，西方按日本的叫法称其为“禅”，中国则称其为“禅宗”学派。禅宗学和禅学对当时的欧洲文化产生了重大的影响，在20世纪70年代对西方文化和对美国文化整体上都产生了重要的影响，甚至实际上改变了其文化成分。许多作家和社会活动家，比如美国著名作家塞缪尔就深受日本禅学哲学的影响。禅学哲学近似于阳明学。总体来说，毛泽东思想和王阳明思想，实际上都对西方产生过影响。20世纪60年代，毛泽东思想在西方曾经比较流行。1968年，法国的大学生就曾经以“毛泽东思想特征的口号”这类题目进行演讲。

问：听说您正在翻译王阳明的《传习录》，能不能谈谈您对《传习录》的翻译情况？

答：到今天为止，我已经翻译出版了王阳明的四部著作和几篇散文诗。我正在翻译王阳明的主要著作《传习录》，打算最近就完成翻译并出版整本译著，俄语译文的出版将是很重要的贡献。

问：请谈谈您对于俄罗斯研究阳明学的计划和打算。

答：我认为，计划有短期（小）计划和长期（大）计划。短期计划就是出版《传习录》译著和新的研究著作，译著打算出版中俄双语版本的。长期计划就是在俄罗斯，在我们学院，创立阳明学研究中心，在这个中心把王阳明思想从研究和教学层面转向普遍推广，也就是在俄罗斯更广泛地推广王阳明思想。为了实现这个目标，还要拍摄音像制品、创立专门网站、编写关于王阳明的通俗读物。可惜的是，不是可惜，是实际上，目前在俄罗斯，人们对中国有着广泛的兴趣，但我对中国和中国文化的了解还不够。值得庆幸的是，中国政府现在支持传统文化的复兴和弘扬，这是非常重要的。而我们俄罗斯对中国的传统文化了解很少，虽然在苏联时期我们主要研究的是中国传统文化，但那时由于紧张的关系，对中国当代消息知道得很少。而现在俄罗斯把中国传统文化也忘得差不多了，我们也想回忆起中国传统文化，希望致力于推广中国传统文化的朋友们能把中国传统文化知识推广到俄罗斯来。我还想，是非常想，把王阳明的塑像，半身或全身的，放到我们东方学院王阳明研究中心。希望绍兴市政府能帮我们完成这个心愿。

二、科布杰夫莫斯科访谈录

本书作者于 2019 年 8 月 12 日，莫斯科时间下午 4 时，在俄罗斯科学院东方研究所中国研究部主任办公室，对科布杰夫进行了长达两个小时的访谈，访谈内容如下。

问：如何看待王阳明说人人都可以成为圣人？如何才能成圣人？这与世界哲学大会上的“学以成人”有什么区别？

答：Ван Янмин развил до предела традиционный конфуцианский тезис о единстве человеческой природы. И Мэн-цзы утверждал, что «всякий человек может стать [святомудрым] Яо или Шунем», и Сюнь-цзы – «Природа [святомудрых] Яо и Шуня и [негодяев] Цзе и Чжи едина. Природа благородных мужей и ничтожных людей едина» и «[обычный] человек с улицы может стать [святомудрым] Юем». В основе этого подхода две идеи: 1) у всех людей общая природа, 2) святомудрые (шэн) отличаются не особыми интеллектуальными способностями, недоступными для других людей, а идеальным исполнением моральных норм, что в принципе по силам любому человеку. Положение о том, что следует «учиться, чтобы стать человеком», может иметь разные смыслы. Например, тот, что человек – это только проект человека или сверхчеловека, как у Ницше, т.е. человек – животное, которое, рождаясь, является человеком лишь потенциально. К этой точке зрения был близок Сюнь-цзы. Ван Янмин же, напротив, распространял признаки человечности – гуманность (жэнь) на всю природу и полагал, что это реализуется не через внешнее воздействие (учебу), а через раскрытие внутреннего содержания человека.

王阳明发展了儒家思想中人性的一致性（同一性）论题。孟子说过：人人都可以成为尧舜那样的圣人，而荀子说：圣人尧舜和恶人桀和赘的本性都是一致的，高贵的和卑贱的人本性也是一致的，这样一来，大街上的普通人都可以成为圣人大禹。在这一理论的基础之上有两层思想含义：（1）所有人拥有共同的本性，（2）圣人的特点不是表现在普通人达不到的智力层面的才能，而是能完美地执行对每个人来说都是力所能及的道德标准。实际情况是应当为了成为有思想的人而学习。比如，人在尼采看来，这仅仅是人或者超人的原型，也就是说人生下来就是动物性的，只是在潜意识层面上才成为了人，古代的荀子也发表了类似的观点。而王阳明对此是持反对意见的，他扩展了人性的特征——也就是对一切本性而言的“仁”，并推测道，“仁”的实现不是通过外在的作用（学习）得到的，而是通过人的内在展示出来的。

问：王阳明思想在俄罗斯的传播可以分为几个阶段？每个阶段都有什么特色？请简要介绍一下当前俄罗斯学者对王阳明思想研究的现状、瓶颈及趋势。

答：Как общественного или культурного явления распространения идей Ван Янмина в России нет. Они известны только в кругах китаеведов и востоковедов исключительно потому, что мною было проведено комплексное исследование его творчества, защищена диссертация о нем, опубликованы две книги, множество статей и переводы. Впервые о Ван Янмине стало известно в СССР в 1920-30-е годы, когда академик В. М. Алексеев и его ученики, особенно Ю. К. Щуцкий, отнеслись к нему с большим интересом. Потом он был признан официальной советской наукой субъективным идеалистом, а значит, противником марксистско-ленинского материализма, не достойным изучения. Такое положение продолжалось до середины 1970-х годов, когда я начал исследовать его творчество и публиковать работы о нем.

王阳明思想作为一种社会或者文化现象在俄罗斯还没有传播开来。我的一系列有关王阳明的研究作品是阳明学的博士学位论文及我的一些译作，仅仅在汉学家和东方学家圈子里引起了一定的关注。王阳明最初在俄罗斯引起学界的关注是在 20 世纪 20、30 年代的苏联，表现为当时的科学院院士、著名汉学家瓦西里耶夫及其弟子休茨基对他的关注，特别是休茨基对阳明学的迷恋。当时王阳明被苏联官方学界认定为主观唯心主义，也就是说他是马克思列宁主义唯物主义的对立学说，被禁止研究。这种情况持续到 20 世纪 70 年代中期，当时我开始着手研究王阳明并出版一系列研究著作。

问：王阳明在普通民众中的接受情况如何？普通人该如何致良知？当前俄罗斯社会或者学界是如何接纳和诠释阳明心学的？

答：Благодаря моим публикациям информация о Ван Янмине, его учении и влиянии на Дальнем Востоке сейчас представлена во всех российских общих и специальных энциклопедиях и справочниках, специальных учебниках, учебных пособиях и курсах. Она доступна всем носителям русского языка, что гораздо больше числа жителей России, но не является элементом массовой культуры или общественного сознания.

由于我出版了一系列关于王阳明的著作，目前阳明学及其影响在远东地区已经出现，展现在俄罗斯公开的和专业性的百科全书、工具书、教材和课程中。王阳明思想不仅适用于俄罗斯民众，也会有益于所有说俄语的人们。但是目前王阳明思想在俄罗斯还远不是大众文化或者社会普遍认知的元素。

问：王阳明思想中的哪些内容在俄罗斯当前社会中值得大力弘扬？

答：Идеи Ван Янмина полезно популяризировать в России, поскольку главное в них – утверждение личной моральной ответственности и полной индивидуальной свободы каждого человека, а этого не хватает в российском обществе.

推广王阳明思想在俄罗斯是非常有益的，因为他的思想核心是确立个人道德责任（良知）和每个人的个性化自由，而这些正是在俄罗斯社会中所缺乏的。

问：王阳明思想中的哪些内容同俄罗斯本国的思想家有异曲同工之处，两种思想是否在某些方面有融合或者互补？

答：У русской и китайской философий есть несколько общих свойств: 1) преобладание литературной формы, беллетристичность, 2) доминирование этической и социальной проблематики, 3) склонность к эгалитаризму и коллективизму, 4) тесная и недифференцированная внутренняя взаимосвязь с религиозной мыслью, 5) вместе с тем натуралистичность. Конкретно на Ван Янмина в русской философии больше всего похожи религиозные философы «серебряного века», т. е. конца 19 – начала 20 в., например Н. Бердяев.

中国哲学和俄罗斯哲学存在着几个共同之处：一是都具有文学的形式、小说文学的形式；二是都反映了社会和伦理问题；三是都倾向于平均主义和集体主义；四是都和宗教思想紧密联系在一起，存在着不稳定的内部相互关系；五是都具有自然主义特性。确切地说，在俄罗斯哲学中，19 世纪末 20 世纪初“白银时代”的宗教哲学，比如别尔嘉耶夫的学说，更像阳明学。

问：您对王阳明思想在中国思想史中的地位如何评价？如何看待阳明思想中的良知？如何看待王阳明思想中的“心即理”？

答：Ван Янмин в наиболее простой и адекватной форме, т. е. с учетом неоконфуцианских достижений в реагировании на буддизм и даосизм, выразил конфуцианскую идеологию, начало которой положил Мэн-цзы, введший в философский оборот термин «благосмыслие» (лян-чжи). Благосмыслие – индивидуальное, морально-духовное качество человека, которое одновременно делает его личностью и полноценным членом общества, поскольку человек является таковым только в обществе. Это качество является благим, поскольку природа человека, по Мэн-цзы и Ван Янмину, исконно добра. А доброта человеческой природы состоит в том, что его сердцу (синь) изначально присущи принципы (ли), лежащие в основе не только социума, но и мироздания.

阳明学是反映了包含佛家和道家的理学成就，以简单和相似的方式，表达了儒家的思想体系，孟子用哲学术语“良知”奠定了儒家思想体系的开端。良知是个人的精神道德品质，同时正在把它变成个性化的和完全的社会成分。因为人只是在社会中才会拥有那样的品质，这个品质是好的，因为在孟子和王阳明看来，人性是良善的，人性的善良在于，心灵（心）的特点自古以来就是原则（理），理不仅构成共性的基础，而且还是宇宙的基础。

问：您认为我们该从哪方面入手来传播王阳明思想？

答：Согласно одному из важнейших принципов Ван Янмина, «знание совпадает с действием» (чжи син хэ и), и в своей жизни он следовал этому принципу. Поэтому знакомство широкой публики с творчеством Ван Янмина надо начинать с сообщений о его жизни. Лучше всего это делать в визуальной и художественной форме. То есть прежде всего нужны изобразительные выставки и фильмы, как документальные, так и художественные.

阳明学最重要的一个原则是“知行合一”，王阳明在一生中一直遵循这个原则。因此广大群众要想了解王阳明的思想、学说和著作，应该先开始了解他的生平，最好通过视觉和艺术的形式来了解王阳明，也就是最先需要通过直观形象的展示，比如纪录片和艺术片等来认识和了解他。

问：王阳明在前苏联地区（主要是中亚国家）的传播和接受情况如何？

答：Там практически ничего о нем не известно. Может быть, немного известно в Прибалтике и Украине благодаря старым связям с Россией.

前苏联地区其他国家对王阳明是一无所知的，可能在波罗的海国家和乌克兰由于以前和俄罗斯的接触而略知一二。

问：如何理解“心即理”“知行合一”“致良知”？阳明学在俄罗斯传播期间曾经被当作主观唯心主义学说，您认为阳明学应如何避免主观主义？

答：Человеческому сердцу (синь) изначально присущи принципы (ли) всего мира, включая человечество. Философски это – единство (гомоморфизм) мира и человека, научно – антропность вселенной. По Ван Янмину, это – универсальная гуманность (жэнь) космоса, принципы которого моральны, а «совпадающее единство знания и действия» (чжи син хэ и) – это принцип морального поведения, в котором знание нормы тождественно ее исполнению. Фи лософия Ван Янмина, по моему определению, – субъективный натурализм, а не субъективный идеализм. Ее субъективизм – это апология индивидуальной свободы и ответственности, т. е. позиция не онтологическая, а этическая.

人乃至人类的心灵（心）自古以来的特点就是整个世界的原则（理）。达观是世界和人的统一，科学地说，是宇宙的本性。按王阳明的说法，是宇宙中的包罗万象的“仁”，宇宙的原则是道义（精神层面）上的，是知与行的完全统一、“知行合一”，这是道德行为的原则，其中知和行是平等的。王阳明哲学，按照我的观点，是主观自然主义，而不是主观唯心主义。他的主观性，解释为个性的自由和责任，也就是说，不是本体论的观点，而是伦理性的。

问：阳明学是否受到禅学的影响？您认为其在哪些方面受到禅学的影响？阳明学是否与禅学有根本的差别？

答：Чань-буддизм, конечно, повлиял на Ван Янмина, как и на все неоконфуцианство, но философ сумел, напитавшись им, его переварить и трансформировать в оригинальную неоконфуцианскую доктрину. Главная проблема чань как разновидности буддизма – спасение. Его достижение в чань представлено максимально индивидуализированным путем. Этот индивидуализм Ван Янмин конфуцианизировал и сделал неоконфуцианским, поскольку его главной целью стало усовершенствование личности, семьи, государства, общества и Поднебесной (как это описано в «Да-сюэ» - «Великом учении»), а не выход за пределы социального и реального мира в отшельничество и нирвану.

佛禅学就像影响到了整个理学一样，自然也影响到了王阳明。王阳明善于吸收它，把它转化为独创的理学学说。禅学作为佛学的另外一种形式，主要的问题就是救赎。禅学的成就是最大限度地进行个性化发展。王阳明将此个性主义儒家化，使它变成了理学，因为他最主要的目的是完善个性、家庭、国家、社会和天下（就像《大学》里描述的一样），而不是逃脱现实和社会化的世界转为隐居和涅槃。

问：如何看待阳明学和朱子学的关系？阳明学如何看待自我与他者？

答：С Чжу Си у Ван Янмина были сложные отношения. Сначала он был его последователем, потом критиком и оппонентом, а затем попытался доказать их единомыслие друг с другом. Чжу Си был человеком больше слова, чем дела, а Ван – больше дела, чем слова. Поэтому его литературное наследие по размеру не сопоставимо с наследием Чжу Си. Но оба они являются важнейшими китайскими философами последнего тысячелетия и неоконфуцианства в целом. Я думаю, что Ван Янмин был высокого мнения о себе и прекрасно понимал свою значимость, но при этом умел ценить и других людей, в целом будучи благородной личностью.

朱熹和王阳明有着复杂的关系。首先，王阳明是朱熹的传承者；然后，是他的批评者和对立者；再后来，王阳明又试图证实他们彼此思想的一致性。就两个人的特性而言，朱熹说的多于做的（行多于言），而王阳明则行多言少。因此王阳明的文学遗产在数量上不能和朱熹的相提并论。但是，他们两个整体上是最近一千年来最重要的哲学家和理学家。我想，王阳明能正确评价自己和了解自己的意义，由此他也善于正确和认识评价别人，在整体上成为天生优秀的个性。

问：阳明心学在俄罗斯的传播与阳明心学在日本和朝鲜的传播是否存在一定的关系？

答：В 20-30-е гг. XX в. и сейчас существовалась и существуется связь. В Японии и Корее учение Ван Янмина было реальной идеологической силой, воздействовавшей не только на философию, но и на образование, науку, политику, искусство и культуру в целом, а в России оно является только предметом научных исследований.

王阳明在 20 世纪 20、30 年代和当代其在俄罗斯的传播与阳明学在日本的传播有一点关系。（在 20 世纪 30 年代，苏联汉学家、日本学家拉杜里-扎杜罗夫斯基在其博士学位论文《现代日本哲学中的儒家学说》中认为，王阳明不仅仅属于主观唯心主义，还属于神秘的直觉主义。当代阳明学在俄罗斯的传播得益于日本著名文学家三岛由纪夫。由于他是王阳明忠实的粉丝，三岛由纪夫的文学作品在俄罗斯读者中很畅销，由此俄罗斯年轻一代读者接触到王阳明及其思想）。在日本和朝鲜，王阳明是现实中思想上的力量，不仅影响了日本哲学，而且整体上作用于教育、科学、政治、艺术和文化，而在俄罗斯，阳明学仅仅是学术研究的对象，还没有普及开来。

问：您本人想与中国国内的阳明学爱好者分享点什么？

答：Мне хотелось бы, чтобы специалисты и поклонники философии Ван Янмина в Китае подробно и точно узнали об истории ее изучения в России, поскольку эта история очень интересна и драматична.

我希望中国的专家、学者和王阳明的追随者能正确和详细地了解阳明学在俄罗斯的研究历程，因为这个研究历史很耐人寻味，充满戏剧性。

问：您最看重王阳明的哪些著作？为什么？

答：Наиболее ценные его произведения легко назвать, поскольку его наследие относительно невелико. Главные произведения Ван Янмина – «Чуань-си лу», «Да-сюэ вэнь» и три эссе, включенные в антологию «Гу-вэнь гуань-чжи». Все их я переводил на русский язык и публиковал. Планирую закончить перевод самого крупного – «Чуань-си лу» и полностью издать.

王阳明的著作都很宝贵，本来他所遗存下来的著作就不多。最主要的是《传习录》《大学问》和三篇《古文观止》中的短文。以上著作（除了《传习录》）基本上我都翻译成俄语并出版了，《传习录》也翻译了一多半，计划最近完成翻译并出版，争取让它尽快和俄罗斯读者见面。

后记：最近从科布杰夫教授处获悉，以科布杰夫教授为首的俄罗斯科学院东方研究所中国研究部近期除了致力于《传习录》的翻译和完成王阳明研究院委托课题之外，也同时对美国心理学家詹姆斯的阳明学对比研究深感兴趣，近期将推出一系列相关研究论文。

第五章

越南的儒学传统与阳明心学在越南的传播研究

越南是中国的紧邻，两国关系源远流长。《尚书大传》中“越裳国以三象重九译而献白雉”的记载可以看作两国关系的滥觞。公元前214年，秦始皇出兵南征百越之地，设置了南海（在今广东境内）、桂林（在今广西境内）、象（在今越南北部）三郡。秦末汉初，南海郡尉赵佗趁中原楚汉相争正酣之时，发兵吞并桂林、象二郡，自立为南越武帝，建立起南越国。公元前111年，汉武帝派兵灭南越国，分其地为九郡，在今越南北部和中部设交趾、九真、日南三郡。三国时期，其地称交州。唐代于674年在交州设安南都护府，此地又称安南。此后直至939年，安南人吴权自称为王建立吴朝之前，越南一直在中国封建王朝的管辖之下，史称“内属时期”或“北属时期”。944年吴权死后，各地封建主割据争雄，连年混战，形成为时22年的“十二使君之乱”。968年，丁部领削平十二使君，统一宇内，建立了大瞿越国。975年宋太祖封丁部领为检校太尉、交趾郡王，视越南为“列藩”。学术界一般认为，越南自主封建国家的建立，应从968年开始。此后，越南先后经历了前黎朝（980—1009）、李朝（1010—1225）、陈朝（1225—1440）、胡朝（1400—1407）、后黎朝（1428—1784）、西山朝（1788—1802）、阮朝（1802—1885）等封建王朝。1802年，越南最后一个封建王朝的开国皇帝阮福映依惯例向中国清朝请封，次年清朝封阮福映为越南国王。这是“越南”作为国名的开始。1884年，越南沦为法国保护国。1945年，越南人民取得“八月革命”的胜利。同年9月2日，越南民主共和国宣告成立。此后，越南进行了长达30年的抗法及抗美救国斗争，1975年南北统一。1976年7月2日，越南民主共和国改称越南社会主义共和国。

从以上历史发展过程来看，即使独立之后，越南和中国也一直保持着宗藩关系，直到越南沦为法国保护国。

中国和越南山水相连，两国之间有着千丝万缕的关系。受中国文化两千多年的浸润，越南文化带有太多的中国文化的印痕。从典章制度到生产方式，从宗教民俗到人伦礼仪，从建筑风格到文学艺术……林林总总，或著或微都可以看到中国文化的影子。正是因为这个原因，西方东方学界一般把越南列入“中华文明世界”或“华化世界”，我国学术界则认为越南是汉文化圈中的一分子，是汉文化圈的“南翼”[①]。越南学者承认中国文化对越南文化产生了深刻的影响，承认儒家思想在帮助越南建立国家制度和稳定封建王朝统治政权方面起到了重要的作用，承认儒家文化影响了越南的学术和文学的发展。同时，越南学者也强调儒家文化传播到越南之后，跟当地文化进行了有机结合，释儒道三教的融合更加密切，儒佛两家此消彼长，只有到了后黎朝和阮朝之后才真正做到独尊儒学；而随着西方殖民者的到来，儒家思想很快遭到了排斥，法国殖民者只是把它作为自己的统治工具。有的越南学者在不否认中国文化深刻影响的同时更加强调越南文化的东南亚性。陈国旺在《越南文化——探索与思考》一书中称：“越南文化、红河文明从根本上、从起源上跟中国文化、黄河文明是不同的。”[②] 这个结论在某种程度上弱化了中国文化对越南文化在形成过程中所产生的影响。陈玉添在《越南文化本色研究》一书中写道：“由于东方的思维具有整体和辩证的特性，因此阴阳五行思想属于东方道学类型，而不是像西方科学一样是一个体系。这些思想早已形成（大部分形成于文字出现之前），后来人们从中华的书籍中得以了解。因此，人们容易先入为主地认为这些思想是华族的产品，而那些书籍对这些思想的起源却从不涉及或者写得很模糊。……所有的努力都使我们得出这样的结论：阴阳五行源自南方，八卦源自北方。华族人在整合知识然后系统化并架构起宏大的知识楼台，继而又把这些知识发扬光大并影响到整个地区方面所做的贡献是巨大的，这一点显而易见。”[③] 他的论述很容易让人误以为阴阳五行理论不是中国人的创造发明，中国人的能力仅在于对知识的整合和普及。

中国文化，特别是儒家文化，对越南的影响是巨大的，学术界一直在此领域孜孜不倦地进行了诸多挖掘，取得了不小的成绩。然而，越南囿于学术传统的限制，历史上对中国的儒家学说大部分都是加以注释解读，并没有真正形成某一家的学说。而且，越南所尊崇的是汉儒的孔孟学说和宋儒朱熹的思想学说，至于后来的阳明心学，由于其强调的是实践，提倡的是“知行合一”“在事上磨炼”，跟越南民族“不好实学”“判断常侧重于实际”[④]的性格特点并不很相符，再加上社会文化的发展，西方文化东渐等的影响，阳明心学在越南的推广传播没有取得明显的进展。

---

① 陈玉龙，等. 汉文化论纲. 北京：北京大学出版社，1997：30.

② Trần Quốc Vượng, Vănhóa Việt Nám – Tìmtòivàsuyngẫm, NXB Vănhóa Dântộc, 2000, tr. 15.

③ Trần Ngọc Thêm, Tìmvềbảnsắcvănhóa Việt Nam, NXB Thànhphố Hồ Chí Minh, 1997, tr. 100.

④ Đào Duy Anh, Đềcươngvănhóa Việt Nam, NXB Vănhóa Thông Tin, Hà Nội, 2002, tr. 23.

第一节　儒学在越南的传播与发展

一、北属时期儒学在越南的传播

中国文化在越南的传播始于秦汉时期，严格地说，最初的传播局限在现在的越南北方而且主要集中在红河中下游及横山以北地区，这个地区从秦始皇南征百越在当地设置郡县到公元10世纪初一直处在中国封建王朝的统治之下。

公元前221年秦始皇统一中国之后，雷厉风行地推行"书同文""车同轨""度同制""行同伦"的文化政策，致力于思想文化的统一。公元前214年，秦始皇平定岭南，设置南海、桂林、象三郡，派官吏前往统治，迁徙大量的移民与当地土人杂居。《史记》卷一一三《南越列传》记载："秦时已并天下，略定扬越，置桂林、南海、象郡，以谪徙民，与越杂处十三岁。"秦始皇废除周代以来的封建建国制度，粉碎地区壁垒，平定岭南，把广漠的南越五岭统一于中央朝政的政令、军令之下，使岭南成为华夏统一的多民族大家庭中的一员。同时，他通过大规模的移民，致力开发边境地区，传播先进的中原文化。"与越杂处"的举措促进了民族文化与血统的交融。伴随着灿烂的中国文化的传播，中原文化开始对越族产生影响。当然，这时的影响应该是相当微弱的。

赵佗称王之后，继续在全境传播和推广华夏文化。越南黎朝史学家黎嵩在《越南通鉴总论》中赞扬他"以诗书而化训国俗，以仁义而固结人心，教民耕种，国富兵强。词极谦逊，南北交欢，天下无事，享国百余年。真英雄才略之主也"。赵佗是河北真定人，从黎嵩的论述中可以看出，赵佗是一个典型的中国知识分子，是一个很有才能的统治者，他"以诗书而化训国俗，以仁义而固结人心"的统治方式是典型的儒家政治理念。赵氏政权的统治使儒家文化得以比较顺利地传入越南，越北地区逐渐进入了文明阶段。

公元前112年，汉武帝平定南越，分置九郡，其中交趾、九真、日南三郡大致相当于今越南北部和中北部地区。从此，儒家思想文化在越南的传播进入了一个新阶段，到锡光、任延、士燮时期更有了长足发展。

郡县之初，这个地区的社会经济文化还是相当原始落后的。《后汉书》卷八六《南蛮传》载："凡交趾所统，虽置郡县，而言语各异，重译乃通。人如禽兽，长幼无别。项髻徒跣，以布贯头而着之。后颇徙中国罪人，使杂居其间，乃稍知言语，渐见礼化。”九真郡则更加不堪，农产品短缺不能满足百姓的需要，必须经常向交趾购粮。《后汉书》卷七六《任延传》载：“……九真俗以射猎为业，不知牛耕，民长告籴交趾，每致困乏。……又骆越之民，无嫁娶礼法，各因淫好，无适对匹，不识父子之性，夫妇之道。”西汉平帝元始三年（公元3年），汉中人锡光任交趾太守，东汉初南阳人任延任九真太守，他们都来自汉代文化最发达的地区。到任之后，他们大力传播和推广先进的汉文化，在当地“教其耕稼，制为冠履。初设媒聘，始知婚娶，建立学校，导之以礼”（《东观汉记》卷五）。任延为使百姓知父子之性，夫妇之道，“乃移书属县，各使男年二十至五十，女年十五至四十，皆以年龄相配，其贫无礼聘，令长吏以下，各省俸禄以赈助之。同时相娶者二千余人。是岁风雨顺节，谷稼风衍。其产子者，始知种姓，咸曰‘使我有是子者，任君也。’多名子为‘任’”（《后汉书》卷七六）。正是他们的不懈努力，促进了当地社会经济文化的进步，史称“岭南华风，始二守焉”（《后汉书》卷七六）。九真人更为任延立生祠，以示尊崇。东汉末至三国吴时，苍梧广信人士燮任交趾太守达40年（187—226），此时中原政局混乱，烽烟四起，而士燮固守一方，“教取中夏经传，翻译音义，教本国人”（《殊域周咨录》卷六），专心推行儒家文化，取得了明显的效果。《三国志》卷四九称士燮“既学问优博，又达于从政，处大乱之中，保全一郡，二十余年疆场无事，民不失业，羁旅之徒，皆蒙其庆”。士燮招纳的“羁旅之徒”很多都是饱学之士，他们为了躲避中原的战乱而前往交州，依附士燮。他们的到来无疑加强了中原文化在交州的传播，促进了交州地区文化的发展。黎嵩的《越鉴通考总论》称：“士王习鲁国之风流，学问博洽，谦虚下士，化国俗以诗书，淑人心以礼乐，治国逾四十年，境内无事。”越南黎朝史学家吴士连在《大越史记全书・外纪》卷三则称赞士燮：“我国通诗书习礼乐，为文献之邦，自士王始，其功德岂特施于当时，而有远及于后代，岂不盛矣哉。”从这些史书的论述可以看出，士燮在越南普及中国华夏文化的成绩是显著的，他的功绩赢得了世人的尊敬。因此“越人立庙事之，号士王德”（《大越史记全书・外纪》卷三）。至此，越族已深具汉文化特别是儒家文化的气质。

两晋南北朝时期，中原文化继续源源不断流入越南。隋唐时代，中央政权加强对越南的统治，屡次选派贤能良吏前往治理，其中佼佼者有令狐熙、高骈等。这些贤能良吏在任期间，努力改善社会文化面貌，安抚人民，建筑城邑，扩辟耕田，设立学校，鼓励百姓研读“四书”“五经”，使中国文化得到了进一步传播。儒家文化、科考制度对越南社会发生了广泛而深刻的影响，产生了姜公辅（唐朝进士，官至谏议大夫，同中书门下平章事）、姜公复（唐朝进士）、廖有方（唐朝进士）等杰出的人才。

由此可见，整个北属时期，汉文化得以在越南的传播与发展，首先是因为中国封建王朝出于集权统治和教化的需要。在开发越南和传播华夏文明的过程中，历任贤能良吏的功绩是显著的。其次，来自中原的饱学之士，如许靖、刘熙、薛综、牟子等，为华夏文明在越南的传播起到了非常重要的作用。最后，历次中原移民的到来促进了民族文化的交流，汉将军马援北撤时留下的部分士兵（史称马留人）也做出了一定的贡献。正是他们的共同努力，使得当时的越南一步步进入了比较文明的社会，社会经济有了极大的进步，增进了汉越民族在经济生活、文化生活乃至文化心理上的共同性；而杰出人才的出现，则证明了当时的儒学教育是成功的，而且已经有了一定的普及性。

二、独立之后儒学的传播与发展

经过一千多年的浸润，中国文化奠定了越南文化发展的基础。10世纪末越南独立之后，儒家文化在越南传播的势头并未稍减，反而日益得到加强。究其原因，完全是越南封建王朝加强自身统治和发展本国社会生产力的需要。

内政方面，学习和借鉴中国的典章制度以建立和维持稳固的封建王朝离不开儒家思想。“越人之俗，好相攻击”，虽在赵佗等的治理下“相攻击之俗益止”（《汉书》卷一下），但吴权独立之后，不久就爆发了十二使君之乱，丁、黎二朝，也是战争连绵。因此，要建立和维持一个稳固的封建王朝，很好地发展社会生产力，必须先设立一个较为完备的封建中央集权专制君主制度，这个制度应该是以宗法色彩浓厚和君主专制高度发达为主要特征的社会政治结构，其样板就是中国唐宋中央政治制度的模式。而宗法与专制的结合，在政治上表现为儒法合流，在文化上的反映则是伦理政治化和政治伦理化。这一点还是比较适合独立后的越南社会的。所以，建国之初，越南封建王朝虽然把佛教列为国教，但实际执行的是“以佛治心，以儒治世”的政策。1070年，李圣宗在升龙修建文庙，塑孔子、周公像，并画七十二贤像，四时祭祀。1075年，李仁宗诏选明经、博学及儒学三场，拉开了越南实行中国式的科举取士制度的序幕。随着越南封建王朝越来越尊孔崇儒，儒家学说一步步取得了意识形态中独尊的地位；随着儒学教育和科举制度的发展、成熟与兴盛，儒家思想进一步渗透到越南社会的各个阶层。要了解儒家学说就必须学习“四书”“五经”等儒家经典，要深入理解儒家经典就必须有人对原著加以注解。

外交方面，跟中国保持藩属关系以求得一方平安离不开儒家传统。越南第一个完全意义上的王朝丁朝建国不久就上书中国宋朝请求册封。975 年，宋封丁部领为交趾郡王，封其子丁链为静海军节度使、安南都护，此后直至法属之前的 19 世纪中后期，越南一直是中国的藩属。中越两国保持宗藩关系符合当时的历史条件和地理环境要求，有利于双方政治外交活动的开展，可以增进两国人民睦邻友好关系和有效地促进两国间的商业贸易来往。可以说，双方的交往是互利的。建国之初，越南的统治者们清楚地认识到了这一点，他们利用各种外交场合向中国封建王朝表明心迹，如吴真流应黎大行之命写给宋使李觉的赠别词《王郎归》就具有这样的含义："祥光风好锦帆张，遥望神仙复帝乡。万重山水涉沧浪，九天归路长。情惨切，对离觞，攀恋使星郎。愿将深意为边疆，分明奏我皇。"这首词一方面表示了对使者李觉的眷恋之情，另一方面希望李觉返宋后向大宋皇帝奏明黎大行愿保边疆安宁的心迹[①]。从这首词可以看出，越南封建统治者对宗藩关系的认识是清醒的。

随着封建中央集权专制君主制度的建立和宗藩关系的加强，中国先进的文化源源不断地输入越南，中越两国保持了政治制度和思想传统的对接。在整个越南封建时期，各个朝代的儒学发展并不平衡，如早期的丁、前黎、李、陈等朝，开始逐渐提倡儒学，但同时佛学的发展相当兴盛，不少僧侣既通佛学，亦通儒学，有的甚至身居朝堂高位，如前面提到的吴真流。吴真流少时攻读儒学，成人之后出家修行，40 岁时精通禅学，被丁先皇封为匡越禅师，授予僧统一职，以国师礼对待。后黎朝建立之后，他仍然得到后黎朝皇帝的重用，参与朝政，于 986 年受命跟法顺禅师一起接待宋朝使臣，写下了著名的《王郎归》一词。

李朝仍然尊崇佛教，这与其获得政权的背景有关。李朝的开国皇帝李太祖（李公蕴）本人为僧侣李庆文的养子，李公蕴在登上皇帝宝座的过程中得到了前黎朝旧臣万行禅师的支持。登基之后，李公蕴在天德府皇城内建寺，大力提倡佛教，立佛教为国教，僧侣可参政。第二代皇帝李太宗（李佛玛）28 岁登基，在位 27 年。他是无言通禅宗派的第七代弟子，精通佛经。不过，李朝虽然尊崇佛教，但已开始改变独尊佛教的局面，李太祖注意"以儒治世"，他的《迁都诏》便体现了儒家的天命思想：

> 昔商家至盘庚五迁，周室迨成王三徙。岂三代之数君徇于己私，妄自迁徙。以其图大宅中，为亿万世子孙之计，上谨天命，下因民志，苟有便辄改。故国祚延长，风俗富阜。而丁黎二家，乃徇己私，忽天命，罔蹈商周之迹，常安厥邑于兹，致世代弗长，算数短促，百姓耗损，万物失宜。朕甚痛

① 祁广谋. "大瞿越"国名释——兼及吴真流《王郎归》的语义分析. 东南亚纵横，2000（增刊）：35-38.

之，不得不徙。

况高王故都大罗城，宅天地区域之中，得龙盘虎踞之势。正南北东西之位，便江山向背之宜。其地广而坦平，厥土高而爽垲。民居蔑昏垫之困，万物极繁阜之丰。遍览越邦，斯为胜地。诚四方辐辏之要会，为万世帝王之上都。

朕欲因此地利以定厥居，卿等如何？

随后的数代皇帝，一代比一代更加推崇儒学。1070 年，李圣宗在京城升龙（今河内）建文庙，奉祀孔子、周公和四配（颜回、曾子、子思、孟子）及儒家的七十二贤，四季礼拜，越南对儒学的推崇于此达到了新的高度。1076 年，李仁宗下诏开科取士，设有明经、博学和儒学三场。这是越南最早的一次科举，从此文人儒士有了进入仕途的途径。1076 年，李朝建国子监，以此作为王太子和文职官员学习儒家经典的场所。1086 年，李朝又建翰林院，并组织文学考试，考中者入翰林院为官。

陈朝兴起时，程朱理学在中国流行并传入越南，儒家思想开始占优势。陈太宗即位不久，考察前代诸例，改定刑律礼仪二十一条，实行科举选官制度，大力传播孔子思想。陈仁宗诏学者讲"四书""五经"，在升龙城准设私学讲授孔孟之道，至此，朱子学流行于士大夫之间，出现了张汉超、朱文安、杜子平等名儒。张汉超极力主张排佛，主张"为士大夫者，非尧舜之道不陈前，非孔孟之道不著述"（《大越史记全书·本纪》卷六）。朱文安被称为"越南儒宗"，他曾担任国子监司业，一生从事儒学教育，还给太子讲解儒经。朱文安教出了范师孟、黎括等朝廷重臣，为儒学在越南的传播做出了重要贡献。黎括在《北江沛村绍福寺碑记》中对以往尊佛抑儒的现状倍感痛心："佛氏之祸福动人，何其得人之深且固矣。上自王公以至庶人，凡施于佛事，虽竭所有，顾无靳啬。苟今日托付于寺塔，则欣欣然如持左券，以取明日之报。故自内京城及外州府，穷村僻巷，不令而从，不盟而信，有人家处必有佛寺，废而复兴，坏而复修，钟鼓楼台，与民居殆半。其兴甚易，而尊崇甚大也。余少读书，志于古今，粗亦明圣人之道，以化斯民，而卒未能信于一乡。常游览山川，足迹半天下，求所谓学宫文庙，未尝一见。此吾所以深有愧于佛氏之徒远矣，辄暴吾以书。"因此，他和范师孟皆主张尊儒排佛。在张汉超、朱文安、范师孟、黎括等名儒的推动下，儒学在陈朝得到了进一步的发展，佛教的地位开始下降。

陈朝末年，权臣胡季犛阴谋篡权，作《明道十四篇》评论先儒，斥韩愈为"盗儒"，程朱为"剽窃"，对孔子亦有微词。史臣批评胡季犛："前圣之道，非孔子无以明，后圣之生，非孔子无以法，自生民以来，未有盛于孔子者，而敢轻议之，亦不知量也！”（《大越史记全书·陈纪》卷八）1400年，胡季犛趁机推翻陈朝，建立胡朝。胡氏政权大肆杀戮陈朝宗室官员，对人民也采取高压手段，各社设置巡店，严密监视居民活动，导致了国内政局混乱。1406年，明成祖借口胡氏篡权，出兵讨伐胡季犛。次年，明军胜利，胡朝灭亡，明朝占领越南，改安南为交趾，越南进入第二次北属时期——属明时期（1407—1427）。在属明时期，明朝在发展儒学方面做了三件大事：一是广揽人才，重用儒生；二是向越南颁赐“四书”“五经”“性理大全”；三是在各府州县“设立文庙”“开设学校”（《大越史记全书·属明纪》）。这三项措施的实施提高了儒生的地位，推动了儒学，特别是程朱理学的传播，使得孔子和儒学的影响进一步深入各地州县。史载：（己亥1419）春二月，明遣监生唐义，颁赐五经四书、性理大全、为善阴骘、孝顺事实等书于府州县儒学。俾僧学传佛经于僧道司[①]。明朝统治者的政策推进了程朱理学在越南的传播和发展。

后黎朝独尊儒学。1428年，黎太祖采纳儒臣阮廌的建议，在京城设国子监，置祭酒、直讲学士、教授，诸路县设学校，置教授。到黎圣宗（1460—1497）时，儒学盛极一时。1467年，黎圣宗首置“五经”博士，并颁官版《五经》于国子监。《大越史记·本纪实录》卷三云：“光顺八年三月，初置五经博士，时监生治《诗》《书》经者多，习《礼记》《春秋》《周易》者少，故置五经博士，专治一经，以授诸生……夏四月，颁五经官板于国子监，从秘书监学士武士祯之言也。”后黎朝进一步加强科举考试取士制度，黎太宗规定所有试场都考“四书”，并确立了进士立碑提名的制度，以起到“会试登科有录，既足以表当代之盛明……又足以示后来之广劝”（《大越史记全书·黎纪·太宗》）的作用。这些进士题名碑一直保存在河内文庙中。后黎朝的300多年间，大儒辈出，其中以阮秉谦、潘孚先、吴士连、黎贵惇最为著名。

阮朝一如既往，尊孔崇儒，该现象在阮朝前期臻于极盛。由于定都顺化，所以儒学就从北部普及到了中部和南部。1884年，越南正式沦为法国保护国，传统儒学在越南开始衰落，但是儒学中的大一统观念、忠君爱国思想、华夷观念等已经积淀于越南的传统，融入越南民族的血液之中，成为越南抵御西方文化入侵，特别是法国在政治、文化上的殖民化的强有力思想武器和精神力量。

---

① 参见：李未醉，余罗玉，程继红. 儒学在古代越南的传播与发展. 学术论坛，2005（5）：39-41.

第二节　越南的儒学传统

在传承和发展儒学的过程中，越南形成了自己的儒学传统。

一、确立了宗法制度和君主专制以保证国家的稳定

939 年，吴权自称为王，建立吴朝。944 年，吴权死后，各地封建主割据争雄，连年混战，形成为时 22 年的十二使君之乱。969 年，越南第一个封建王朝丁朝建立，但其及后来的前黎朝，一直都未能建立强有力的宗法制度和君主专制制度，各种势力争斗，所以享国极短。从李朝开始，越南各王朝越来越强调“以儒治世”，到最后更发展为独尊儒学，这应该是看到了儒家思想所提倡的宗法制度和君主制度适合越南社会的发展，而且经过上千年的北属，儒家思想在越南社会已经扎下了根，形成了传统。当然，越南社会也深受佛家思想的影响，佛家思想一度还占据主导地位，越南人“以佛治心”，李朝时期发展达到鼎盛，陈朝继续发展。然而，陈朝的封建统治者后来看到了佛教的危害，因此加大了对佛教僧侣的抑制。

另外，儒家忠君报国思想对增强民族凝聚力、培养民族整体观念和国家利益至上精神有着独到的价值，陈朝陈国峻的《谕诸裨将檄文》正是以忠君报国思想和国家社稷观念来激励士气以赢得胜利的。檄文引用了中国典籍中忠君报国的典型作为榜样：

> 余常闻之：纪信以身代死而脱高帝，由于以背受戈而蔽招王，豫让吞炭而复主仇，申蒯断臂而赴国难，敬德一小生也身翼太宗而得免世充之围，杲卿一远臣也口骂禄山而不从逆贼之计。自古忠臣义士以身死国何代无之，设使数子区区为儿女子之态，徒死牖下乌能名垂竹白，与天地相为不朽哉。

直至 20 世纪，胡志明要求越南人民军战士“忠于党，孝于民”的训诫仍然闪烁着儒家的哲学思想。

二、形成了人才培养体系

佛家思想下形成的人才培养体系培育了越南文人士子经世致用、“内圣外王”的儒家思想，造就了一大批国家建设的有用人才。科举考试选拔出来的人才任职翰林院和各个国家机构，逐渐成为国家机器中一个重要的组成部分，为封建王朝的政治外交事业做出了巨大的贡献。在解读和传播儒家学说的过程中，也产生了朱文安、阮秉谦、黎贵惇等汉学硕儒，他们对培养国家人才和促进越南文化的发展做出过巨大的贡献。

朱文安（1292—1370），又名朱安，号樵隐，字灵泽，是越南历史上著名的儒学教育家、文学家、医学家，曾任陈朝国子监司业、国子监司酒等职，因不满佞臣弄权，上书《七斩疏》，建议朝廷处斩佞臣，没有得到接受，于是辞官回乡课徒。朱文安继承朱熹的思想，对宋儒理学有很深的领悟，所著《四书说约》对儒家的经典《大学》《中庸》《论语》《孟子》进行了详细的解释，《越史总论》将其学术思想概括为“穷理、正心、除邪、拒嬖”。他是越南第一个开办私学的人，对越南儒家思想的传播做出了贡献。潘辉注在《历朝宪章类志》中对其大加称赞：“朱安清潭人，性刚介，清修苦节，不求利达，居家读书，学业精醇。所居号文村，筑书室于潭上大阜以授徒，远近闻其名就学甚众。”朱文安培养了诸多门生，其中以范师孟、黎括最为出色。朱文安被百姓尊为“万世师表”，去世之后皇帝赐谥“文贞公”。

阮秉谦（1491—1585），字亨甫，号白云居士，别号雪江夫子，是越南南北朝时期的哲学家、预言家、诗人，也是越南后世高台教的“圣人”之一。阮秉谦从小受到父母儒家思想的熏陶，长大后又师从大儒士榜眼梁得朋，这种教育形成了他根深蒂固的儒家正统思想。他的君臣父子观念极为明显，把“君臣之义、父子之亲、夫妻之别”作为完善自身道德的必要规范，同时也作为治世妙方。他教导子女和他人，一切言行要合乎儒家道德伦理的人生态度，不要偏离“正道”。

阮秉谦的哲学观融合了儒家和道家的思想，主要是在宋代理学的基础上发展形成起来的，受到北宋邵雍的影响很深。阮秉谦根据邵雍采用道教“先天图”的理论，以数的关系组构了自然界和历史发展内在的世界图式，用数来说明天地万物的形成和变化。依据邵雍的原理，他也认为世事之沉浮乃是必然，而且谁也无法改变，抗拒自然、社会的不停运动是徒劳无益，自讨没趣。阮秉谦所谓的“天理”“天道”，主要是君臣父子等伦理道德。阮秉谦生逢南北朝动荡时期，主张道法自然，主张“乐天”“知命”，颂扬“安闲”。他在《感兴》一诗中写道：“泰和宇宙不虞周，互战教争笑两仇。川血山骸随处有，渊鱼丛雀为谁驱。重兴已卜渡江马，后患应防入室貙。世事到头休说着，醉吟泽畔任闲游。”阮秉谦是当时儒士文人隐居不士的代表，但他仍然关注时局，常怀先忧之念。他在《中津馆寓兴》一诗中写道：“满目干戈苦未休，暂乘余暇觅闲游。栖栖燕壁多孙衍，寂寂箕山几许由。千丈光摇新剑气，三春暖入旧书楼。老来未没先忧志，得丧穷通岂我忧。”阮秉谦儒家和道家兼容的思想对后人产生了极大的影响。

黎贵惇（1726—1784），字允厚，号桂堂，幼名黎名芳，是越南历史上著名的学者、文人、史学家、哲学家和政治家。他学识渊博、涉猎甚广，其爱好涉及诗文、史学、地理、哲学、医学、天文、农学等多个领域。生平著述丰富，哲学类的有《芸台类语》《群书考辨》《圣谟贤范》《见闻小录》《阴骘文注》《书经演义》《四书约解》等，史学类的有《黎朝通史》《北使通录》，文学类的有《全越诗录》《桂堂诗集》等，大部分著作均收入《黎贵惇全集》中。黎贵惇在越南哲学史和思想史上占据重要地位，被称许为越南集大成学者。

黎贵惇大体上接受并发扬了宋儒朱熹的思想，认为：“太极者一也、混元一气也。一生二、二生四、以成万物、是太极有一也。”传统的观念认为，天属阳、主动；地属阴、主静。黎贵惇认为此为“分配之言耳”，“天不静则四维何以安固、七政何以附丽？地不动则只块然一物，而生意几宁息矣”，他得出结论——“天形动而气静，地形静而气动”，提出了“天静地动”的看法。黎贵惇从“天人感应”的思想出发，推崇“天人合一”“天人一理”之说，认为人与自然是可以相通的，是和谐的，人与自然可以齐一。他提出天人合一的关键在于“道”，“道在事物、事物有道、远而际天蟠地、近而人伦日用、莫不有其理焉，有其义焉、君子固不容以不知也”。人能知“道”，合“道”的方法就是要“正心”“虚静”，此即“天人合一”之理（《黎贵惇全集》）。

三、规范了思想道德和礼仪行为

儒家思想的伦理范式在一定程度上规范了越南人的思想道德和礼仪行为。黎圣宗参照隋唐律例，编《洪德法典》，颁布《二十四训条》，将儒家教化具体化为法律法规。1663 年，黎玄宗颁布“教化四十七条”，诏谕“为臣尽忠，为子止孝，兄弟相和睦，夫妻相爱敬，朋友止信以辅仁，父母修身以教子，师生以道相待，家长以礼立教，子弟恪敬父兄，妇人无违夫子……”。条文颁行全国，悬挂于衙门公堂之上与村杜乡亭之中。1719 年，黎裕宗诏谕“恤民当施仁政”，鼓吹儒学思想，并颁行《教化十条》，宣传“礼义忠信”，倡导儒家伦理道德为行为规范。这些政策的颁布和实施对规范思想道德，稳定社会秩序发挥了积极的作用。直至 20 世纪，胡志明要求干部“勤俭廉正，至公无私”，这一要求仍然体现着儒家“修身、齐家、治国、平天下”的积极精神。

四、培养和逐步完善了越南的学术和文学传统

这方面首先表现在历史著作的撰写上。越南的许多历史著作是对王朝正统和文治武功的梳理和肯定，因此李朝时期出现的对皇帝和公侯将相们歌功颂德的汉字碑文可以看作越南历史著作的滥觞。此后，陈朝时出现了黎文休的《大越史记》，黎仁宗时出现了潘孚先的《大越史记续编》，黎圣宗时更出现了吴士连广为流传的《大越史记全书》；也出现了《越甸幽灵集》《岭南摭怪》等野史。这些历史著作都是用汉字写成的。

由于没有自己的文字，越南最初的书面文学是用汉字来书写创作的，其体裁学自中国的诗、赋、记等，文学观念也主要是继承儒家的“文以载道”观念。汉字文学的发展为后来喃字文学的发展奠定了基础。越南黎朝大文豪阮廌的喃字诗集《国音诗集》不是凭空产生的，而是产生于其深厚的汉字和汉学文化基础之上，产生于越南民族广泛而深厚的汉字文学传统上。

关于儒学在越南传播发展的途径及其对越南社会政治文化的影响，《越南历史纲要》指出：“当按照北方模式建设国家成为必要的时候，儒学的作用也就越来越重要……在人民中间，儒学也一步步得到了发展。刚开始是僧院寺庙教授汉字和经史著作，后来很多儒士、太学生不出仕，在家乡开馆教学……儒学教育的发展对在人民中普及三纲、五常、忠君的儒家思想做出了贡献。尊师重道的传统也得以形成。”①

① Trương Hữu Quýnh (chủbiên): Đạicươnglịchsử Việt Nam (tập I), NXB Giáodục, 2001, tr. 264-265.

第三节　阳明心学在越南的传播

一、阳明学对近代之前的越南影响甚微及其缘由分析

阳明心学对后世产生了深远的影响，早在阳明生前就已传到朝鲜半岛，后又传入日本，对明治维新影响极大。阳明学是中国对周边国家和地区产生过重要影响的思想学说，是整个东亚思想史的组成部分。然而，纵观越南思想发展史，很少有论及王阳明的影响的，阳明心学在越南的传播情况并不理想，这与阳明学在日本成功融入主流社会的情况截然不同。越南历史学家和政治人物陈重金（1883—1953，又译陈仲金）出版了专门研究王阳明的著作《王阳明》来介绍王阳明思想。在《儒学》一书中，陈重金又花了大量的篇幅来介绍王阳明的身世功业及哲学思想，还介绍了阳明心学的有关学派及阳明心学在日本的传播，但没有介绍越南历史上有哪个儒学家受到过阳明心学的影响。近年，越南学者范越胜致力于把越南的黎贵惇跟王阳明进行对比，他在《越南黎贵惇的格物致知与王阳明的格物致知思想比较》中认为，黎贵惇是越南历史上的儒学集大成学者："黎贵惇在深入研究儒学过程中已受到宋明理学的深刻影响，特别是朱熹和王阳明的哲学思想。虽然如此，他也承认其他学说。换言之，他把儒家理论作为一种棱镜以接受各种不同理论，补充他的宇宙论与认识论。他找出儒术、佛教与道家之间的共同点，还阐扬佛老，主张开放而不是独尊某学派的思想。所以，黎贵惇的某些思想跟朱熹、王阳明的思想会有不同之处。"最后他得出结论："经过分析黎贵惇与王阳明的格物致知思想，笔者认为，黎贵惇在推论格物致知时已经或多或少受朱熹与王阳明思想的影响，同时也接受了《易》之辩证的观点。值得注意的是，黎贵惇所处的时代是一个非常特殊的历史阶段，当时的社会情况非常复杂，在种种危机与剧烈的变动中，作为一位儒者，黎贵惇必须找出一个常道。这个常道得贯彻治国原则、社会规范和德行标准。然而他与当时一般的儒者不同，他始终是一位儒学家，在这个基础上，他一直探求各种规范、标准的基本原理，努力寻找出万事万物的依靠。为了满足自己在认识上的要求，完成自己的哲学体系，黎贵惇必须解决宇宙观与认识论的问题。正因为如此，黎贵惇的这番贡献已证明了他

在越南思想史上具有集大成的地位。"[①] 而在《比较王阳明政治思想与越南黎贵惇政治思想的相同》一文中，范越胜认为："越南已接触并学习了中国儒学很长时间。因此，王阳明与黎贵惇虽然出生于不同的时代及国家，但他们都吸收和继承了儒家的核心思想，那就是主张提高王道及'阳儒阴法'结合仁治与法治的思想。这也就是黎贵惇所希望的可以结合中国儒学与越南儒学的成就，进而发展出一个可以处理越南民族难题的思想。在这样的前提下，他要越化儒家思想，也就是让儒家思想渗入越南本土，发挥更多更适切的作用，所以他需要一层一层回到整个儒家思想原本的体系中。在明察这整个体系的过程中，他认为应该建立起另外一套儒学体系、儒学结构，在这个结构中每个成分体现在每一个概念上都需要接近于越南民族思考的理解。正因为如此，黎贵惇这番贡献已证明了他确实占有越南思想集大成的地位。"[②] 在后一篇文章中，范氏没有再提到黎贵惇和王阳明的传承关系。

范越胜的探讨无疑是有益的，但对他关于黎贵惇与王阳明之间有传承关系说法，证据明显不够充分。陈重金在《儒教》一书中明确写道：

> 我越南国为中国侧畔之一小国，国窄民少，然自立国以来，幸有儒教，代代人才辈出，文官武官，道德文章，气节高尚，甚为荣光，不愧文献之邦名声。但至于学术及思想，只因循由中国传入之数种学说。李陈二朝，我之所学为汉儒唐儒之训诂，黎朝之后，因循宋儒，以程朱之学为标准。我仅围绕此二学说，不能脱离创立他说。我学术有此弱点，皆因过去交通不便，书籍不足以考究。观其中国，明清时期有多少学派我竟不知，其中如阳明学普及该国并传向日本，而我国竟无人提及。或者有人知道并有提及，但也并不影响到学术。[③]

那么，究竟是什么原因限制了阳明心学在越南的传播呢？上面陈重金提到的"交通不便，书籍不足以考究"是一个方面。另外，还需要从越南的政治传统和性格传统等方面进行考察。

政治传统方面。北属时期，安南地区遵循汉儒唐儒，无可厚非。越南独立之后，历代越南封建统治者都毫无例外地仿效中国模式建立统治体制，并受到中国历朝历代的影响。李陈二朝，先本汉唐儒学，再尊宋儒，都是从政治传统出发。朱云影论述道："在政治方面，儒家主张为政者应该正心诚意，实行仁政，越南历代

---

① 范越胜．越南黎贵惇的格物致知与王阳明的格物致知思想比较．王学研究，2017，6（1）：308-320.

② 范越胜．比较王阳明政治思想与越南黎贵惇政治思想的相同．王学研究，2019，10（1）：188.

③ Trần Trọng Kim, Nhogiáo, NXB Vănhọc, 2003, tr. 659.

君臣多受儒学的熏陶，亦时常流露此种思想。”[①] 在战胜明朝军队之后，阮廌以黎利之名发布《平吴大诰》，开宗明义地提出“仁义之举，要在安民，吊伐之师，莫先去暴”，指责明军“败义伤仁”，最后黎利能“以大义而胜凶残，以至仁而易强暴”，通篇以“仁义”提纲挈领。阮廌首先是一个政治家，然后才是儒学家，他的一生值得考究的地方不少。胡朝篡权之后，他是第一批参加科考并被录用为官的。明军入越，他曾被明军软禁于河内数年，这数年他是如何度过的，不得而知。后来，他投靠黎利，辅佐黎利抗明。后黎朝建立之后，他官居高位，最后受荔枝园案件牵连，被诛夷三族。阮廌不愧是熟知孔孟之道的人，所以他抓住了“仁义”这一核心。

对于越南因循政治传统，遵从孔孟思想，陈重金进一步批评道：

> 国内大多数人认为，经传中圣贤之言已然足够，后人难以逾越，学者唯有遵照道理践理实行，无人留心真理常流行变化，而非一成不变。就中而言，有人达到儒教渊深之处，但却认为这应该是理所当然的，而不能以文字传播。因此我国先儒只作诗文寄托性情而已，不喜著述分析道理以发明思想。结果是儒教学说遍及我国，而学说不见有发明补充。[②]

性格传统方面。在处理自身跟自然与社会的关系中，越南人形成了自己的性格特点。陶维英指出：“精神面貌方面越南人大致聪明，但古今罕有才情奇特之人。记忆力比较发达，艺术想象力强过科学思维力，直觉胜于逻辑。多数人好学，然而喜好辞藻华丽的文章更甚于喜好实学，喜古板形式而不愿独立思考。由于注重实践而削弱了想象力，因此越南人很少去梦想，判断常侧重于实际。越南人特别是北方人的吃苦耐劳能力很少有民族比得上：他们感觉稍微迟钝，但善于忍辱负重；性格稍显急躁，毅力差，容易放弃希望，爱浮夸，好虚名和爱赌博；平时性格懦弱，不喜争斗，但遇事能为大义而牺牲；创造力不高，但模仿力极强，善于融会贯通。越南人比较注重礼教，但有时也乖顽，爱抬杠讥讽。”[③]

在儒家思想文化史上，孔子和朱熹都是集大成的人物：孔子称得上是上古文化集大成的代表，而宋代的朱熹可以称得上是近古文化集大成的代表。他们的思想对越南的社会文化都有着深刻的影响。除孔子之外，越南推崇朱子学说。阳明心学在中国传播之后，并没有传入越南。一方面，因为越南固守政治传统；另一方面，相比较而言，朱子学说更加符合越南社会的土壤。朱熹是南宋著名的思想

① 朱云影. 中国文化对日韩越的影响. 桂林：广西师范大学出版社，2007：115.
② Trần Trọng Kim, Nhogiáo, NXB Vănhọc, 2003, tr. 660.
③ Đào Duy Anh, Đềcươngvănhóa Việt Nam, NXB Vănhóa Thông Tin, HàNội, 2002, tr. 23.

家、哲学家、教育家和大学者，后人称其学术“致广大、尽精微、宗罗百代”。在南宋以后，朱熹和他的思想对中国乃至东亚的社会文化影响很大。朱子学说最重要的部分是“格物致知”的理论，其明显的特色是极力为人求取事物的知识的活动确立一个地位。朱子学提倡“主敬”所代表的自我约束、严肃认真、勤勉专一的工作态度，对于维持越南社会的伦理秩序，仍然是重要的思想资源。而阳明学说的主要哲学命题是“心即理”“致良知”，而“知行合一”是其思想的一个重要特色。阳明学强调实践，体现于王阳明一贯提倡的“知行合一”“在事上磨炼”，这对于“性格稍显急躁，毅力差，容易放弃希望”的越南人来说，不是那么容易做得到的。

二、阳明学对于越南20世纪初开放与维新运动的间接意义[①]

（一）潘周桢与越南20世纪初的维新运动

19世纪末，越南古传文化已经开始面临西方文化潮流的冲击。历史记载指出，在越南早有一流的维新思想，发起者为阮长祚、阮露折、范富次、邓辉著等。到了20世纪初，维新思想在其代表人物如潘佩珠、潘周桢等的发扬光大下得到了进一步发展。在法国殖民侵略越南时，越南成为一个属地半封建之国。在当时的越南社会，一个具有资本主义色彩的民族工商业者阶层刚刚出现。这个阶层的人大多脱胎于中小封建地主、官员，带有浓厚的儒家思想。他们一方面对阮朝有所不满，另一方面又幻想朝廷能实行某些改革，发展工商业。20世纪初，实际上法国殖民者已经把自己的殖民文化强加给越南传统文化。在此背景下，越南民族传统文化面对的一个巨大的危机就是失去自我，被外来文化同化。

潘周桢（1872—1926），号西湖，别号希玛，广南省三岐府先福县人（今属广南省富宁县），出身于封建小官吏家庭。父亲潘文平是阮朝的下级武官，母亲黎氏钟来自阮朝官吏门第。父母俩都信守“忠君爱国”思想。潘周桢幼时随母亲攻读儒学，并在父亲的指导下练习武艺。父亲去世后，由哥哥聘请宿儒施教，1889年考入广南省督学学堂。1900年应乡试，考中举人。1901年应会试，考中副榜。1903年受命为阮朝礼部承编。他入朝做官后，起初幻想推动上层官吏实现朝政改革。后来，他看到“到官场如市肆，视人民为鱼肉”的种种现象，才认识到必须

① 以下部分为范越胜博士撰写。

自下而上对政治、经济、教育、社会各方面进行改革。1905年，他辞官回家，周游全国各地，会见爱国人士，探求国家的出路。

在国家民族遭遇危难之际，潘周桢关注到一个大问题，即怎么做才能够帮助民族避免那种可怕的危机？他认为：

第一，在东—西文化交流的时代，对于越南及其他亚洲国家，接受西方文化是一个自然的、难以拒绝的倾向。

第二，想要振兴国家民族，唯一的道路就是自力自强，全面改革，主动、积极地在国际舞台上与其他国家站在一起。换句话来说，就是保留发挥国家民族好的传统文化价值，同时接受时代的文化、教育价值观念，以满足国家民族发展的需求。

1906年，他秘密去广东与潘佩珠会见并交流思想，后来两人一起去了日本，与那里的许多政治人物（其中还有梁启超）联系并研究日本的明治维新运动。他说："我们国家的人常常声称自己与日本是同类、同道、同文，当他们看到日本不停地向上发展时就抽泣着赞美，而不严肃地考虑日本为何获得了成功及先进。他们只因建造炮舰而富强，或因培养道德、修正伦理才能有如今的成功？"

为了解决这些难题，潘周桢在众多工作中提倡三个要点：开民智、振民气、厚民生。其中，他认为开民智是排在第一位的。潘周桢这样选择是基于如果民智太差，则难以实现其他目标，如民气、民生、民主、民权的观念。他从小就接受了儒学的影响，长大以后也吸收了西方文化的影响。他读过西方资产阶级启蒙思想家卢梭、孟德斯鸠的政治论著，还认真阅读了《戊戌政变记》《饮冰室文集》《中国魂》和《日本明治维新三十年史》。对中国维新思想家康有为、梁启超猛烈抨击中国黑暗的封建制度，提倡向西方国家学习、变法图存的论述，十分推崇。在中西思想的影响下，潘周桢开始形成了自己的政治主张，概括起来就是：废除君主制，建立民主制；开通民智，争取民权。他要求法国政府改变政策，礼贤下士，任用良才，兴利除弊，为民生谋出路，予士绅以言论自由，办报纸以通民情，明赏罚以正官署；当务之急，为改革法律，废除科举，开办学校，设立图书馆，振兴工商业。

在潘周桢的影响下，越南著名的维新运动逐渐兴起。这次维新运动的实质，是在不从根本上触动越南现存制度的前提下进行一些改良。但由于各地情况不同，加上人民群众的推动，该运动后来发展成一场民族主义运动。北部的维新运动主要是开办学校。1907年3月，潘周桢和梁文玕在河内桃行街创办了东京义塾，由阮权任校长，招收学生上千人，并免收学费。东京义塾的活动不限于校内正常的教学、召开演说会和评文会、出版书籍报刊，还让教师学生走出校门，到各地去进行爱国宣传，提倡使用国货，倡议破旧学立新学，反对科举取士，革除封建陋习。潘周桢曾多次到校演说，宣传范围日益扩大。不久，北部和中部就有十多个省办起了东京义塾分校。

在中部，维新运动主要以振兴工商业为实际内容。在潘周桢的倡导下，阮权、黄曾赍在广南创立了广南协商公司。吴德继、邓元瑾则在义安开设朝阳商馆。在藩切，还开有联成公司。这些公司、商馆，有的经营国货或土特产，有的从事纺织业，有的开办制帽厂，有的在农村建立共耕社性质的组织，称“农会”，种植出口土产肉桂。它们与河内的大商店如同利济、鸿新兴，股份公司如广兴隆、东成兴等，以及西贡的南通兴商行和芹苴的明新工艺社等，连成一气，自产自销。中部维新运动的发展已超过了潘周桢原来的设想，因而分为两派：潘周桢、黄叔抗等主张进行改良，反对暴动；范德言、黎文勋等主张暴动。因此，当潘周桢等人号召振兴工商业、服从国货、废除陋习时，暴动派则在人民群众和兵士中进行爱国反法宣传，并与黄花探秘密联系，准备声援黄花探发动河内武装起义。于是运动很快地就由城市向农村发展。从 1908 年 2 月底起，“不向法国殖民者纳税”的口号开始在人民群众中传开。到了 3 月初，潘周桢的家乡——广南省首先爆发了反拉夫、反课税的示威游行，后来蔓延到广义、平定、富安、承天、河静、义安等省。成千上万的人涌向街头，抗租抗税。愤怒的人民群众包围府县衙门乃至省城法国公使官邸，强烈要求减免徭役和捐税。有些贪官污吏被打死，许多府县官吏弃职潜逃。

因为越南是法国的保护国。法国殖民政府决不会容许越南出现任何实质性的进步改革，特别是当人民群众抗租抗税斗争已威胁到法国的殖民统治时，它就动手进行镇压，残杀了人民群众几百人，逮捕了维新运动的领导人潘周桢、黄叔抗、范德言、吴德继、黎文勋、阮廷坚，并判处他们死刑，后把他们减刑下狱，流放昆仑岛，在案卷中注明“遇赦不赦”，还处死了陈秀玲。到 1908 年 5 月，维新运动被镇压了下去。

在教育方面，潘周桢也有所贡献。自从 1902 年以来，他目睹了旧社会的封建和落后。他认为，想要恢复国魂必要改革教育，修改考试方式，改旧的教育方式为新式教育，以实用知识作为教学内容，让人民群众学到人生必要的知识。他极力反对辞章博古的学习方式，称其只是表面上的学习，学习者没有学到本质，使人退步落后。他多次要求政府取消旧的考试方式，开新学校、教新知识给越南人民。他振臂呼号：“同胞！有什么能比学习强？”他不畏艰辛，从南方跑到北方，以便扩大民立学校，同时写古文诗歌鼓励学习。他开办的学校所使用的教材主要是新书、新文，另有其他教材是他和他的同志编写的。其中，“魂歌精国”作品突出新的教育思想。可以说，他是第一个建立了新教育基础、注重实践内容、满足国家发展需求的人。

根据潘周桢的教育思想，人民在维新学校学习，最基本的可以学会认字——越南语甚至法语，会买卖东西，等等。在这样的环境中学习，不仅可以知道什么是真正的学习、真正掌握知识并获得真正的创新能力，还可以意识到学习与社会现实的联系，即公共命运及人民切身需求的密切关系。可以说，20 世纪初的维新运动，民智就意味着民主和民权。

由于开民智、振民气、厚民生的主张很符合越南当时的情况并得到了人民的支持，维新运动在短时间内就遍布全国各地，并在国外有了一定的知名度。或多或少，维新运动已经成功实现开民智，给劳动人民展现出新远景，为他们装备了社会、文化、人类文明的新知识及信息，让他们能够建立进步社会、学习进步文化、迈入新生活。通过许多领域的活动，维新运动已再一次振民气，唤醒国民的爱国之心，保卫民族独立的精神，按照非暴力、和平、公开、合法的斗争方法建立文明民主社会，为人民创造幸福。在这个前提下，维新运动在许多领域进行改革，寻找发展经济、振兴科技等的新路，以求为人民创造富裕、幸福的生活。目标是为民，给予民；方式是开发人民实力以装备全民族实力；结果是厚民生，使人民可以享受他们的活动成就。

（二）潘佩珠与越南 20 世纪初的东京义塾运动

东京义塾是越南近代史上一所存在时间较短，但具有重要历史意义的教育机构。义塾建于越南河内，其创设目的是改革 20 世纪初期处于法国殖民统治下的越南社会。

1906 年，领导“东游运动”的潘佩珠又从日本写信回国，指出越南“亡国”的原因之一是缺乏教育和无知，而反观日本已摒弃旧风俗，走上开办学校、教育子弟读书的新道路，民智获得开启。越南国内也有一些进步人士主张发展文化、教育事业。在潘佩珠的敦促之下，酝酿已久的东京义塾于 1907 年 3 月在东京（今河内）桃行街建立了，主要创办者为梁文玕，以及其他著名爱国者如潘佩珠、潘周桢、潘俊丰、阮权等。其宗旨是：反对旧习俗，提倡新风尚，反对科举制度，大力推行国语字（越南文），注重实业，提倡国货等。经费由进步人士资助，学生无须缴费，故吸引了越南百姓纷纷参与，多达几千人。东京义塾是在东游运动的直接影响下建立的，以日本著名思想家福泽谕吉的庆应义塾大学作为榜样，根据当时所公布的材料，这些读书人遵循文化革命的方针和接受福泽所创立的日本庆应义塾的影响去教育人民。同时，在东游运动的影响下，中圻开始开办“商会”，掀起以振兴实业为主要内容的维新运动。东京义塾与维新运动两相呼应，与东游运动三位一体，把20世纪初越南资产阶级改良运动推向了高潮。

对于潘佩珠来说，从日本回来时他的思想已经有所转变，他坚定地认为，革命不是为暴动而暴动，而是除了暴动之外，还需要与教育、经济改革活动相结合……以便创造激发国民潜力的实力，实现抗法武装斗争的条件。所以，他们主张放弃儒家思想，学习西方和日本的新思想。作为教学的新途径，该教育机构使用拉丁化拼音文字——国语字来出版教材和报纸，对国语字的普及起到了促进作用，并从某种程度上降低了传统的汉喃文的影响。义塾还给所有想了解新思想的人免费授业。

建立东京义塾是为了提高人民的爱国心、国民自豪感及积极进取精神，“开民智，振民气，厚民生”，传播新学术思想基础及进步文明生活；同时配合全国兴起的潘佩珠东游运动和维新风潮。

东京义塾运动将文言文并列于国语字文、法语一并教授。东京义塾的机关杂志《登鼓丛报》采用了文言文、国语字文两版并载的形式，这是河内第一次用国语字发行报纸。1907年3月28日的《登鼓丛报》以“安南人应该写安南文字”为题，主张“喃字没有规范谁都写成自己想写的那样，因此必须推测才能读；汉字为外国借来的文字学习困难；国语字出现较晚而且使用人少，但能完全表现我们的想法，没有错误，而且容易学习”。越南国语字从16世纪发端，是亚历山大·德罗德（Alexandre de Rhodes，1591—1660）与很多欧洲传教士，如弗朗西斯科·德皮纳（Francisco de Pina，1585—1625）、加斯帕·德阿玛拉尔（Gaspar de Amaral，1594—1646）、安东尼奥·巴博萨（Antonio Barbosa，1594—1647）等人，以及其他越南知识分子根据拼写原则整合而成的。因为很多原因，越南国语字到19世纪末还不能超越基督教教民的范围扩展到越南所有阶层人民。

东京义塾运动的更新教育基础首先是培训一批有用的人。教育课程除了提供普通知识之外，还指导学者进行实验。因此，国语字成为第一有力武器以开拓民智，推动了学习国语字的潮流。国语字被宣传、普遍给了所有民众层级，代替了汉字：“首先要马上学习国语，避免（使用）两种语言，不同的文字。我的字我已背熟。说出声音，写出成字成文。有了好的基础，才能开拓心智。”这句话是确定东京义塾运动的标准。在《文明革学书》作品里面被视为学校活动大纲的语句是：“国内学者把国语字当成工具，在一两个月的时间里，妇女、小孩都学会认字。国语字已被用来记载古代生活，记载今天的生活……那真是新的起步，充满智慧的。”

正如“义塾”的名称所揭示的，东京义塾是一所免费学校。创办人主要是梁文玕、陶元普、潘俊丰、阮权、邓经纶等人。梁文玕任校长，阮权为学监。除主持人外，还有许多进步人士出钱出力，赞助办学。学校分为教育、财政、鼓动和著作 4 组。

教育组负责招生和各班的教学。教师大多是具有新思想的儒生士大夫，其中有两位女教师起初是义务教师，后来仅领取 4 块钱的少量津贴。学校初创即有学生 400—500 人，后增至千余人。学生有男有女，有成人也有儿童。共 8 个班，分日夜上课，以适应从事各种工作的学员的生活条件。学习的内容已摒弃了在封建社会中作为金科玉律的“四书”“五经”，而代之以地理、历史、格致、卫生等新学。学校还为儒生开法语和国语字（拼音文字）课，为通法语的翻译、书记等学员加修汉语。除正课外，学校还面向社会，组织评文、讲文、演说和读报，借以激励团结爱国之心。学校反对旧的科举式的学习方法，注重发展实业，提倡新的生活方式，如穿短衣，剪发髻，不染黑齿，使用国货，废除乡饮，革除陋习，等等。学校特别设立了收藏中国新书报的图书馆，如《日本三十年新史》《中国魂》《万国史记》《瀛寰志略》等，校内外人士均可借阅，借以传播新思想。

著作组负责编写教材和宣传材料。在短短几个月内，他们编写出《国民读本》《南国佳事》《南国伟人》《国文教科书》《伦理教科书》《越南国史略》《南国舆地》《文明新学策》等教科书，还把潘佩珠从日本寄回的激励爱国精神的文章作为教材。同时，购买中国改良派的一些书刊，并从日本和中国买进一部分自然科学方面的书籍，通过这些材料积极传播新学。《文明新学策》作为东京义塾教材之一，提出了启迪民智的如下六项措施：

第一，使用国语字，使国人在几个月之内能读会写，这是启迪民智的第一步；

第二，撰修书籍，以越南史为主，对旧书要择其有用部分，用国语字编写作教材；

第三，改革考试制度，废除八股文，提倡独立思考、自由发挥；

第四，鼓励人才，批判脱离实际的教育，旧学培养出来的人要补新学的课，而后考核录用；

第五，振兴工商，鼓励向外国学习，奖励本国能工巧匠；

第六，创办报纸，刊登时事稿件，报道创造发明消息，降低报价，使之能深入农村。

东京义塾的影响远远超出了一个学校的范围，它不仅仅是文化运动，还是爱国运动，产生了巨大的政治影响。在当时家里挂一幅越南地图都要被判罪的殖民统治下，东京义塾讲授越南的历史和地理就不是单纯的传授知识，而是利用办学和演讲唤起民众的爱国热情。可以说，东京义塾运动为当时越南当时振兴民族精神、开拓民智、培训人才做出了贡献，并努力摈弃落后的教育方式，奠定新的教育基础，促进国家的发展。

东京义塾运动的影响不断扩大，甚至影响了在法国军队中的越南士兵，导致法国军方惊呼东京义塾是北圻叛乱的根源。起初，法国殖民者看到东京义塾的活动具有合法和改良的性质，并未出面干涉，只是设法加以限制，并派密探打进去掌握活动情报。但当东京义塾的活动发展成一个团结爱国的运动并威胁到他们的统治时，法国殖民者便采取了无情的镇压措施来扑灭这个运动。1907 年 11 月，法国殖民政府下令封闭东京义塾。他们逮捕了几乎所有的教员，解散商会，关闭《登鼓丛报》，禁止演说，没收并严禁收藏和流传东京义塾的材料。东京义塾以彻底失败告终。

东京义塾运动仅存在九个月，但已经给一千多人开了一百多个国语字教学班，编出了十几本用国语字写的包含爱国内容的书，如《新订伦理教科书》《国民读本》《南国地余》《文明新学策》……，发表了一系列鼓励学习国语字的演说。因此可以说，东京义塾运动存在时间虽然比较短，但它有力地冲击了封建旧思想，传播了新思想，为越南后来的革命准备了思想条件。

越南已经接触并学习中国儒家思想长达 20 个世纪，但在中国领土上所产生的中国儒学，其首先是为了处理中国、中华民族的难题。因此，如果将其勉强套用到另外一个社会结构与历史环境不同的民族中，这些模式就恐怕无法发挥其本来的作用。在越南的阳明学很有可能因此未能显现其直接影响。但是，从东亚地区儒家的角度来看，越南的儒家思想也在亦步亦趋地跟随该地区的儒家学说同行，虽然其形式和程度或多或少有所不同。

因此，我们可以初步判断，阳明学，一种带有开放性与实践性的儒学思想，很有可能已被越南各个爱国维新志士（如潘周桢、潘佩珠等人）通过日本明治维新运动及中国辛亥革命而间接地、慢慢地接受。

第六章

阳明心学在欧洲大陆的传播研究

上　篇

王阳明哲学在欧洲的研究与影响：从 17 世纪早期到 20 世纪末[①]

本篇概述了历史上欧洲学界对王阳明哲学的接纳过程与状况，其中包括德语、法语、意大利语、荷兰语和部分英语的出版物。俄文出版物不在本篇介绍范围内。在一些特别重要的关联条件下，也会提及一些并不在欧洲出版，或由华裔学者用非中文编写的出版物。需要强调的是，在欧洲文化语境内发生的关于王阳明哲学思想的学术讨论一直是在多语种的环境下进行的：最初是用古典的学术语言拉丁语，之后是一些地区性语言，如法语、德语、英语、荷兰语等。而不同国家的学者在研究王阳明时，因为各种原因也会大量参考其他语言的文献。因此在本篇中，无法按照语言来对与此相关的著作进行分类。作者经过思考，选择了按照时间顺序来进行论述，以确保能够清晰地为读者提供王阳明在欧洲被接纳的整个发生过程与各学者和著作之间的相互关联性。

一方面，王阳明哲学在欧洲的早期接纳史可以分为两个主要阶段：（1）从 17 世纪开始，王阳明思想的片段以几乎隐蔽的方式出现在欧洲人的讨论中。从 18 世纪下半叶开始，王阳明的名字和他的思想片段开始在不同的文本中出现。（2）大

① 大卫・巴拓识（David Bartosch）著，彭蓓译（联系方式：David Bartosch、彭蓓　北京师范大学珠海校区全球化与文化发展战略研究中心，珠海　519087）。

约在 20 世纪上半叶，在欧洲汉学中出现了有关王阳明与其哲学的有目的性的、明确的学术研究。在此之后出现的当代对王阳明的接纳不在本章中讨论，详情请看另一个相关章节。

另一方面，从系统性角度来对这些文献进行分类，可以发现四种不同的情况：（1）关于王阳明与其哲学的专著；（2）出现在对中国哲学史进行论述的著作中的某个章节；（3）专业学术刊物上的论文；（4）简略而零散地提到王阳明的文章。当然，我们不能简单地以篇幅长短来区分这些文献的重要性，而要从其内容与影响出发来区分。有的文章虽然短小，但却是由重要的作者书写的，或出现在重要著作中。需要注意的是，至今欧洲地区还没有出现完整的王阳明哲学著作的译本。

第一节　17 世纪到 19 世纪的接纳史

对王阳明哲学在欧洲的接受史的研究，最早在华裔学者陈荣捷（Wing-tsit Chan）1972 年的相关论文中首次被呈现出来。陈荣捷认为，王阳明在 1893 年通过一位日本学者的英文论文，才首次出现在西方学界的视野中[①]。现在，通过新的研究，我们已经知道这是不正确的。1983 年，昆特・伦贝克（Knud Lundbaek）在一篇关于王阳明在欧洲文献接纳史的文章里还随意地说了一句："就我所见，王阳明并没有出现在 17 世纪耶稣会士的印刷品中。"[②] 1998 年，瑞士学者耿宁（Iso Kern，1937— ）在一篇重要的文章《中国哲学在欧洲的传播》中也谈道："王阳明和从他那里产生的不同的哲学流派并没有引起传教士的兴趣，因为他们对佛教和道教表现出同情，这些教义没有获得官方地位。"[③]

这样一来，似乎我们可以放弃去回顾欧洲 17 世纪对王阳明的认识了。但是，如果我们进一步明确自己的目标并考虑到一些特殊的个别情况，那这些说法就不能再被视为普遍有效的。因为，虽然在 17 世纪欧洲出现的印刷品中没有直接提到过王阳明的名字，但是其哲学的基本思想早在 17 世纪就已经被欧洲耶稣会成员所接受，并且进行了一些隐蔽的讨论。18 世纪时，耶稣会方面对王阳明思想燃起了更多兴趣。从 18 世纪最后三分之一时期开始，这些兴趣在暗含王阳明思想的西语文

① 参见：Chan 1972，第 75 页。（本章为翻译作品，脚注格式参照原文。——编者注）
② 参见：Lundbaek 1983，第 28 页，注脚 16。
③ 参见：Kern 1998，第 279 页。

本的互译中一直延续下去。因此，我们还必须区分欧洲人对王阳明西语互译文本的接纳史，这与欧洲人对王阳明汉语译本的接纳史有着事实上的区别。我们会发现，其中既有对王阳明直接而公开的接纳，还有一些间接的，甚至是隐蔽的接纳。耿宁对于直接接纳文本的研究，在今天看来仍然是基本正确的。而在此基础上，还不得不更为细致与深远地对王阳明在欧洲语境下的接纳与影响进行调查，这也是本书的主要写作目的之一。

欧洲对王阳明的了解要从教士兼学者利玛窦（Matteo Ricci，1552—1610）[①]说起。众所周知，利玛窦是欧洲基督教对中国传教的创始者之一，其古汉语水平很高，常常被称为欧洲第一汉学家。利玛窦对王阳明的非书面形式的接纳可能始于16 世纪最后十年。1595 年，他曾到过南京，又到过南昌。其间，利玛窦曾多次应邀到岳麓书院进行哲学方面的讨论。我们现在保存下来的资料说明，他在这些讨论中与王阳明的追随者们进行了交流。这些人包括当时岳麓书院的院长章潢（1527—1608）、李贽（1527—1602）、祝世禄（1539—1610）、焦竑（1540—1620）和邹元标（1551—1624）[②]。在利玛窦的作品《天主实义》中就有关于王阳明作品的文字记载，该书于 1603 年首次以中文出版，此时利玛窦已在北京生活。1601年，利玛窦在北京成为第一个直接为中国皇帝服务的西方人，《天主实义》一书随后也于 1607 年在杭州和江西分别出版了两个汉语版本。1610 年，还有一个中文版在福州流传下来[③]，18 世纪时又以中文重印出版。

我们有证据认为，利玛窦很可能在南昌期间就已经写好了《天主实义》。当时他正与阳明学派的哲学家进行接触[④]。虽然作品的原文是用中文书写的，但这是利玛窦第一次从欧洲人的文化视野走近王阳明，因此也算得上是欧洲人与王阳明的初识。而这本书在后来是如此著名，以至于几乎所有的耶稣会中国传教士都知道其内容。它被认为是 1583 年至 1773 年整个耶稣会中国传教活动中影响最大的文本，已经被欧洲第一代的汉学家们所熟知。例如，我们只需要看看德国汉学家西奥菲勒斯・巴耶（Theophilus S. Bayer，1694—1738）的私人图书馆的目录就知道了，如今他的这本《天主实义》被保存在英国的格拉斯哥大学[⑤]。巴耶本人曾在俄国圣彼得堡大学任教。1734 年 7 月 26 日，德国耶稣会士戴进贤（Ignatius

① 关于利玛窦的生平，参见：Sebes 2001。

② 参见：黄 2010，第 127 页；Israel 2018，第 365 页。

③ 参见：Meynard 2016，第 11 页。

④ 参见：*Lettres* 1783，第 xiv 页：«Il y composa quelques Ouvrages des Science & de Morale qui furent goûtés & répandus dans toute la Chine.»（在那里，他创作了一些科学与道德书籍，并在中国各地流传。）这句话指的是他在南昌的停留，这里的道德书籍只可能是指《天主实义》这本书。

⑤ 参见：Weston 2018，第 206 页。

Kögler，1680—1746）和来自北京的耶稣会士徐懋德（Andreas Pereira，1690—1743）将这本书寄给了巴耶[1]。由此可见，这本书在当时流行的范围甚广。

《天主实义》英文版的译者蒂埃里·梅纳德（Thierry Meinard）指出，利玛窦在书中至少有八次直接或间接地引用了王阳明的思想[2]。这里的直接引用是指与王阳明文本中的某些段落在文字上是直接对应可查的，间接引用则是指利玛窦提到了与阳明思想有明显联系的观点和思想。但是有一点非常特别，利玛窦自己从未直接提到王阳明或是王守仁这个名字，无论是在直接还是间接引用王阳明的文字和思想时。

这个现象十分值得我们深思。在通读全文后，我们就可以发现这是事出有因的，利玛窦匿名引用王阳明并非因为他对阳明不甚了解，而是始于利玛窦对阳明的负面认识立场。也就是说，他对阳明的基本态度是消极的和拒绝的，并且还刻意将阳明思想简单化和刻板化。例如，利玛窦间接地批评了王阳明把"心"放在绝对地位的观点，认为这是违反基督教教义中敬畏上帝的根本思想的："圣人不敢居圣，而令恒人拟天主乎？"[3] 这个说法当然本身是不成立的，因为在王阳明的世界观念中，根本就没有上帝的存在。因此，利玛窦指责阳明心学不能辨别人与神的问题，这就是不成立的。利玛窦的这种错误的中西思想比较论其实极为典型。其根源并非单一学者的认知局限，而是基于西方基督教本身的创造性逻辑的世界观，与中国新儒家自身的转换性逻辑上的世界观之间的根本区别，这在笔者相关书籍中已经有详尽的叙述[4]。

还有另一个例子。在《天主实义》第244节中，利玛窦写道："中士曰：谓同体之同也。曰：君子，以天下万物为一体者也；间形体而分尔我，则小人矣。君子一体万物，非由作意，缘吾心仁体如是。岂惟君子，虽小人之心，亦莫不然。"[5] 其中，第一句话与王阳明的原文及下一句原文相关："学易能而才易成者，正以大端惟在复心体之同然。"[6] 而利玛窦的第二句话，则是间接地、简略地引用了王阳明下面的一段话："阳明子曰：大人者，以天地万物为一体者也。其视天下犹一家，中国犹一人焉。若夫间形骸而分尔我者，小人矣。大人之能以天地万物为

---

① 参见：Weston 2018，第206页。

② 参见：Ricci 2016，§123，第112页、113页，注脚175；§213，第172、173页，注脚254；§244，第186、187页，注脚273；§245，第188、189页，注脚274，§250，第190、191页，注脚277；§325，第234、235页，注脚326、327；§436，第290-293页，注脚421；§460，第304、305页，注脚443。

③ Ricci 2016，§213，第172页。

④ 参见：Bartosch 2015，第25-122页。

⑤ Ricci 2016，§244，第187页。

⑥ 王守仁 1933a，第51页。

一体也，非意之也，其心之仁本若是。其与天地万物而为一也。岂惟大人，虽小人之心亦莫不然，彼顾自小之耳。”利玛窦在描述他对阳明“万物为一体”思想的反对意见时，误导性地宣称“万物为一体”意味着一种绝对的无区别。这当然并非王阳明的本意。即使自我绝对地认同自己与你是“一体”，但在两者的关系中，仍然是以两者不同的位置，即它们的形式上的差异为前提的。此外，利玛窦在这里还错误地声称“为一体”的意思应该是“来自同一个源头”，即基督教中的上帝创世的源头。他在此不知是有意隐瞒，还是忽略了王阳明的世界模式中并不需要这种天神创世的理念。同时，利玛窦也忽略了“气”在王阳明思想背景下的功能。对王阳明来说，万物都是“为一体”的，这是因为万物都是在不间断地“一气流通”中不断形成的。这里的“气”当然不是基督教思维模式中那种从无到有创造世界的源头。“气”不是被创造出来的，或者说“气”不需要先决条件就是有效的，它不是创世的前提，它也不需要创造者。

我们也注意到，为什么利玛窦在引用王阳明时，总是只说“中士曰”，而不提阳明的名字？哪怕在整本书中只提一次？为什么会出现这种引用模糊的情况？难道阳明的追随者没有提到阳明的名字吗？还是利玛窦故意想要冷落王阳明吗？

在此我们要再次观视利玛窦文本的书写目的与服务对象：利玛窦的文本是以对话的形式书写下来的。整本书以虚构的一位中国学者与一名西方医生的对话为基本背景，其显然是为了服务于他在中国的基本目的：对中国人进行传教[①]。作为一个坚定的基督教信徒，利玛窦从小就坚信只有他的基督教世界观才是唯一有效的真理[②]。他认为，中国人和当时几乎所有的欧洲人一样，迟早都要成为基督徒。作为一个受过亚里士多德学派训练的学者，利玛窦擅长形式逻辑结构论证技术，认为自己的宗教立场比王阳明中国式的思想立场更优越、更理性、更具逻辑性。因此，利玛窦的出发点并不是在中国本土的儒家思想中去发现什么新的思想。他对中国哲学家的思想分析是为了达到他的传教目的而被工具化了的。因此，《天主实义》的出发点并不是发起一场平等的文化对话与学术探究。利玛窦的最终目的是温和而稳定地消解阳明所塑造的中国思想文化，并将罗马—基督教的宗教体系借助中国文化本来就有的话语呈现出来而已。《天主实义》不是真正的理性的哲学论证，而是一种带有特殊使命的战略性的诡辩。阳明的哲学思想在其中被通过“中士曰”来只言片语地篡改和工具化了。这种最为笼统的称呼形式（“中士曰”），避免了间接地去宣传王阳明，同时也严重简化了中国不同儒学思想家在不

① 参见：Übelhör 1972，第 179 页。

② 参见：Ricci 2016，第 42 页：“此天主道，非一人一家一国之道。自西徂东，诸大邦咸习守之。”

同时代提出的各种立场，让中国哲学显得片面化和刻板化。

当然，还有一种假设是，利玛窦为了避免让人发现，公开引用了一位亲近佛教的新儒学思想家的话语。这是因为当时耶稣会把佛教视为主要敌人[①]，因此可能会给他自己带来麻烦，更会给在中国传教的其他教团带来麻烦。耿宁也指出过，当时耶稣会的著作另一方面也是为了给传教士们的工作做广告，这样才能获得欧洲方面的资金支持[②]。有可能的是，利玛窦也要避免显得与中方进行过于亲近的哲学讨论，因为当时欧洲的其他耶稣会徒是坚决反对与基督教以外的教义进行过于亲密的接触的。这个假设可以用以下的一个史实来论证：

非常值得注意的是，这部作品当时虽然很有名，但是在很长一段时间内都没有以西方语言出版，而只以汉语和其他东亚语言被流传。直到 1776 年欧洲传教士的工作正式结束后，《天主实义》的第一部法译本才以 *Entretiens d'un lettre chinois & d'un docteur européen, sur la vraie idée de Dieu*（《一个中国学士与一个欧洲博士的讨论，论上帝的真实理念》）为题出版。作者在研究过程中，已经找到了三个法文版本，它们都可以在不同版本的 *Lettres édifiantes et curieuses écrites des missions étrangeres*（《外国传教中具有启发性和奇异的信札》）中被找到。这是一套共 34 卷的耶稣会传教士从中国和世界各地寄往欧洲的信件集。其第一版在 1702 年至 1776 年间逐卷出版[③]，但当时传教士的工作还在进行，因此其中还没有包含利玛窦的这篇论著[④]。而在耶稣会传教活动被迫结束后，又出版了一个新版的信札集（Novelle Édition），在其中才出现了这篇论著。笔者在 1783 年和 1811 年的两个版本的第 25 卷中都能找到它。1783 年版本在巴黎出版，1811 年版本在图卢兹出版。在里昂版中找到的这段文字，在 1819 年出版的第 14 卷中可以看到[⑤]。

在欧洲范围来看，利玛窦的这个文本至今还未被从法语翻译成德文。因为德文版的《耶稣会信札》主要是根据法文第一版的信札编写而成的。有一个意大利语的版本是源自法语版本的，以 *Ragionamenti di un letterato cinese, e di un dottore europeo*（《一个中国学士与一位欧洲博士的讨论》）为标题。与法文版相比，利玛窦的名字在书中被更突出地提及。1827 年在米兰出版的 *Scelta di lettere edificanti scritte dalle missioni straniere*（《外国传教具启发性的信札选集》）的第三卷的开

① 参见：Ricci 2016，第 42 页："吾将译天主之公教，以徵其为真教。"

② 参见：Kern 1998，第 235、279 页。

③ 第一卷由 Charles Le Gobien（1652—1708）在 1702 年出版，1709—1743 年又由 Jean Baptiste Du Halde（1674—1743）出版，到 1776 年为止的其他卷中，第 27—28、31 和 33—34 号由 Louis Patouillet（1699—1779）出版，第 29—30 和 32 号由 Ambrose Maréchal（生卒年不详）出版。

④ 参见：Stöcklein (Hg.) 1726—1762。

⑤ 参见：*Lettres* 1783，第 111-418 页；*Lettres* 1811，第 143-385 页，*Lettres* 1819，第 66-248 页。

头[1]，则更为强调利玛窦的重要作用。

从内容上看，不同译本的内容也有所出入——在法语对中文原本的翻译中，上文讨论过的利玛窦间接引用的阳明的语句是这样翻译的：

> Le lettre chinois: Ils la mettent dans l'ordre des identités des substances; & voici comme ils s'expliquent: le Sage ne fait véritablement qu'une même chose avec le monde entier. Le vulgaire feul divise cette substance, en employant ces termes de toi, de moi. Ce n'est pas à dire que cette identité vienne de l'idée que se forme le Sage. Elle a son origine dans la bonté du cœur humain, laquelle n'est point réservée au Sage feul, & que le vulgaire ne peut jamais détruire.[2]

> 中国学士说：他们将其放在实质同一性的顺序中；他们是这样解释的：智者真正做到了与整个世界一体。庸俗的争斗用他、你和我这样的概念，把这种实质分割开来。这并不是说这种同一性来自智者自己构造的观念。它的源头是人心的善，愚蠢的人无法了解这样的智慧，普通人永远也无法摧毁它。

相比之下，意大利语里这段话是这样翻译的：

> Il letterato. Essi la collocano nell' ordine delle identità delle sostanze; ed ecco come si spiegano: il saggio non sa veramente che una stessa cosa col mondo interno. Il volgo solo divide questa sostanza, usando i termini die te, die me; e questa identità non viene dalla idea che se ne forma il saggio. Essa ha la sua origine nella bontà del cuore umano, la quale al solo saggio non è serbata, e che il volgo non può mai distruggere.

> 学士说：他们将其放在实质同一性的顺序中；这里是这样解释的：智者的内心世界的认识其实是不一样的。人们用你、我的概念来分割这种实质，而这种同一性并不是来自智者自己构造的观念。它的源头在于人心的善良，这种善良不是为智者一人而保留的，人们永远无法破坏它。

值得注意的是，利玛窦的中文版本中原有的内容，已经以简化的方式来表达王阳明，但在译文中却又被进一步扭曲了。而利玛窦的“中士曰”在法语文本中

---

① 参见：*Lettere* 1827，第 5–212 页。

② *Lettres* 1783，第 243 页。此处原书标点有错误。

变成了“中国学士”，在意大利语中只剩下了“学士”。

总之，自1776年以来，《天主实义》在耶稣会的传教工作背景下已经没有任何实际作用，它本身已经被认为是一部历史性的文献，因此才可以被呈现给当时欧洲几乎完全是天主教规范下教育的读者。除了上述两种语言外，利玛窦的这本书还被翻译成俄语、韩语、越南语和日语等[①]。在亚洲语系中，它肯定具有了传教的实践功能。

对于王阳明的早期接纳史，还可以进一步探究：耶稣会中的少数人，即所谓的索隐派学者（Figurist）——顺便说一下，利玛窦也是其中一员——认为中国人从很早的古代已经知晓了基督教的启示。在这些索隐派学者中，有一些在哲学方面颇有建树，他们在利玛窦去世一百年后才产生了影响。约阿希姆・布韦（Joachim Bouvet，1656—1730）[②] 直到1704年还坚持认为，儒家经典书籍中包含着对基督教所有原则神秘和预言性的总结[③]。参考耿宁对大卫・蒙盖洛（David Mungello）的研究，布韦也了解王阳明的思想，并把他作为朱熹的批评者看待[④]。

更为重要的是，伊莱瑞（George L. Israel）在其2018年的颇有价值的英文研究报告中提到了两位耶稣会士：赫苍璧（Julien-Placide Hervieu，1671—1746）[⑤] 和杜赫德（Jean Baptiste Du Halde，1674—1743）[⑥]。[⑦] 伊莱瑞还提到伊莎贝尔・兰德里-德龙（Isabelle Landry-Deron）2002年的一篇法语研究论文[⑧]。赫苍璧是向欧洲传播中国知识的重要耶稣会传教士之一，他在北京待了45年。他翻译了一篇以1538年出版的王阳明文集为基础的文章，并且寄往欧洲出版。杜赫德随后将这篇文章整合到他了的四卷本 *Description geographique, historique, chronologique, politique, et physique de l'empire de la China et de la Tartarie chinoise*（《中华帝国及其所属鞑靼地区的地理、历史、编年纪、政治和博物》）中。这部著作最早于1735年在巴黎以法文出版[⑨]，是一部关于当时“中华帝国”的百科全书式的巨著，几乎

① 参见：Meynard 2016，第11页。
② 关于其生平参见 Witek 2001 页。
③ Yü 2016，第356页。
④ Kern 1998，第279，提到了 David Mungello 在1988的文本，第55页。遗憾的是，在本研究框架内，我无法接触到这项研究，我也无法直接查阅相关文献。指的是 Mungello 1988，第55页。
⑤ 他对中医的重要报告至今仍在欧洲闻名。参见 Rall 1978。
⑥ 参见：Jomand-Baudry［2015—2019］。
⑦ 参见：Israel 2018，第366页。
⑧ 参见：Laundry-Deron 2002。
⑨ 参见：Israel 2018，第365-366页。

包含了对中华文明各个方面的记录与思考。

笔者在对这本书的研究中，发现了以下一些问题：在该著作的第二卷中可以看到这篇王阳明的译文，首先是第 654 页至 655 页的标题“Petit Discours (a) sur le silence dont l’Auteur est Ouang Yong Ming. Il le rapporte lui-même, [...] raconte à quelle ocassion il le tint à Leang Tchong Yong”（“关于沉默的短论，由王阳明撰写，他谈到了自己与梁仲用的对话”）①。这篇短文的内容是关于沉默的价值和言论的自我约束的。王阳明将不道德的沉默与值得称道的沉默区分为四种类型。王阳明认为，这可能是各种善的原因造成的，也能产生善意的影响。从对王阳明的接纳史来看，这篇文章的重要意义在于杜赫德是第一个正式提到王阳明名字的欧洲学者，将王阳明正式引入欧洲读者的视野。这本书也是历史上最早的将王阳明翻译成欧洲语言的作品。

笔者找到的 1741 年出版的同一本书的英文第三版校正版（第一版出版于 1736 年）被删节过。与法文原版不同的是，在英文版中没有王阳明的译文②。但在同年的另一个装订成两册的英文版中（这个也在伦敦由不同的出版社出版），上述王阳明的文字可以从第 613 页开始，以“A Short Discourse upon Silence, Composed by Wang Yong Ming, Who Relates It, Together with the Occasion of His Delivering It, to Lyang Chong Yong”（“关于沉默的短论——由王阳明撰写，他谈到了自己与梁仲用的对话”）为标题出现③。这是继法国人之后，英国人接纳王阳明的开始。与法国原版相比，王阳明的名字甚至出现在了目录中④。

1748 年杜赫德著作德文版的第二卷中的目录并没有提到王阳明，但从法文译出的第 631 页至 633 页的标题为“Siebentes Stück, (§.319) Darin eine kurze Rede über das Stillschweigen enthalten, dessen Verfasser der Ouang Yong Ming ist. Er zielet auf sich selbst, und erzählet, bey welcher gelegenheit er sie dem Leang Tchong Yong gehalten”（“第七节（§.319）　关于沉默的一篇短论——由王阳明撰写，他谈到了自己与梁仲用的对话”）⑤。748 年，德语世界对王阳明的接纳就此开始。在书中的一个注脚里，王阳明被定义为明代思想家⑥。

另有其他四篇杜赫德翻译的王阳明文章，载于 1735 年的法语译著中。此书的英文版于 1741 年出版，德文版于 1748 年出版。这四篇文章的三个语言版本的

---

① Du Halde 1735，第 654–655 页。

② 参见：Du Halde 1741a 页。

③ 参见：Du Halde 1741b，第 613 页。

④ 参见同上，第 3 页在第 xi “A Dissertation”，[无页数]之后。

⑤ 参见：Du Halde 1748，第 631–633 页。

⑥ 参见同上，第 631，注脚 *。

标题分别如下：

（1）第一篇文章（中文译为《同一作者：与之前同文另论其弟子之父黄坦夫去世》）

法文版：Autre Discours (a) du même sur la mort de Hoang hien fou pere d'un de ses Disciples①；

英文版：Discourse of the Same Author, upon the Death of Whang Hyang Fu, Father of One of His Disciples②；

德文版：Achtes Stück. Darin eine andre Rede von eben demselben über den Tod des Hoang hienfou dem Vater eines seiner Schüler, enthalten③。

（2）第二篇文章（中文译为《王阳明给两位弟子的回答》）

法文版：Réponse de Ouang Yong Ming à deux de ses Disciples④；

英文版：An Answer of Wang Yong Ming to Two of His Scholars⑤；

德文版：Neuntes Stück Darin eine Antwort des Ouang Yong Ming an zween seiner Schüler enthalten⑥。

（3）第三篇文章（中文译为《同一位作者劝告他的弟子，在他不在的时候要经常举行聚会》）

法文版：Le même exhorte ses Disciples, à tenir en son absence de fréquentes Conférences⑦；

英文版：The Same Author Exhorts His Disciples, to Hold Frequent Conferences in His Absence⑧；

德文版：Zehentes Stück. Eben derselbe vermahnet seine Schüler, fleißige Zusammenkünfte in seiner Abwesenheit zu halten⑨。

（4）第四篇文章（中文译为《王阳明给弟子们的劝诫信》）

法文版：Lettre d'exhortation du même Ouang Yong Ming à ses Disciples⑩；

① 参见：Du Halde 1735，第 655–658 页。
② 参见：Du Halde 1741b，第 614–616 页。
③ 参见：Du Halde 1748，第 633–637 页。
④ 参见：Du Halde 1735，第 659 页。
⑤ 参见：Du Halde 1741b，第 616–617 页。
⑥ 参见：Du Halde 1748，第 637–638 页。
⑦ 参见：Du Halde 1735，第 660–664 页。
⑧ 参见：Du Halde 1741b，第 617–619 页。
⑨ 参见：Du Halde 1748，第 638–644 页。
⑩ 参见：Du Halde 1735，第 664–667 页。

英文版：Letter of Exhortation from the Same Wang Yong Ming, to His Disciples[①];

德文版：Eilftes [sic!] Stück. (§.342.) Darin ein Ermahnungsschreiben eben dieses Ouang Yong Ming an seine Schüler enthalten[②]。

在这里，我们可以清楚地看到，耶稣会士对王阳明哲学表现出的兴趣。以杜赫德和赫苍璧为例，他们一定对儒家道德哲学，特别是对王阳明的思辨方法很感兴趣[③]，否则这些文本不会被翻译出版。

伊莱瑞还指出了这类历史著作中的另一个片段。有一部十二卷本的 *Histoire générale de la Chine, ou annales de cet empire, traduites du Tong-Kien-Kang-Mou*（《中国通史，即此帝国的史册，译自〈资治通鉴〉》），作者是冯秉正（Joseph Anne-Marie de Moyriac de Mailla，1669—1748）[④]。他曾于 1701 年以耶稣会传教士的身份来到中国，并在大清帝国一直待到去世，大约在中国待了 47 年之久[⑤]。这本书大概写于第一部王阳明译本出现的时候，出版于耶稣会传教活动结束后三年，比利玛窦的第一部法文译本（1783）早四年。其中包含了王阳明作为将军在著名的宁王之乱中采取的战略和其他成就[⑥]。

王阳明及其思想在 18 世纪总是出现在法语文本中，部分地出现在英文和德文译本中，到了 19 世纪 20 年代，又特别出现在意大利语的文献中。其中：（1）对阳明思想进行了工具化的虚假批评，但没有提到他的名字；（2）在翻译中提到他的名字的情况下，都是报以友好的态度；（3）在他曾经影响过的重要历史事件的语境中被提到。不过，这些提法都不过点到而止，信息零碎，有的也只是敷衍了事而已，有的甚至是隐晦地提及。值得注意的是，所有这些提法都是在耶稣会传教士带到巴黎的信息背景下叙述的。

随着英国殖民主义在中国地区的猛烈渗透（关键词：鸦片战争），之前对王阳明零星的接纳研究在 19 世纪最后三分之一的时间里转移到了英语地区。在这方面，伊莱瑞提请大家注意英国的托马斯・沃特斯（Thomas Watters，1840—1901）。沃特斯的中文功力很强，可以直接阅读 1826 年版的《王阳明先生全集》。正如伊莱瑞所言，西方读者通过沃特斯第一次有机会更详细地了解王阳明的生平传记。更重要的是，他展开了对“良知”这个阳明核心概念的讨论，并且

① 参见：Du Halde 1741b，第 621 页。

② 参见：Du Halde 1748，第 644-648 页。

③ 参见：Landry-Deron 2002，第 318-321；Israel 2018，第 366 页。

④ 参见：其生平见 Hartig 1913。

⑤ 参见：Israel 2018，第 365 页。

⑥ 参见同上，第 365 页；参见：de Moyriac de Mailla 1779，第 294-298 页。

进一步讨论了“良知”这个词的翻译问题[①]。沃特斯是欧洲方面第一个发现这一概念在阳明哲学中有多层面意义的人。他说：“在阳明那里，良知的适用范围广泛而多样，它有时对应于良知，有时对应于意识，而在另一些时候，它似乎又对应于本能。”[②] 沃特斯作为第一个阳明学说的西方接纳者，他提出来的问题至今都还在非中文的阳明学术讨论中占据了重要的位置[③]。笔者从个人已经进行的跨文化比较哲学的角度来看，沃特斯已经指出了王阳明跨文化比较研究的可能性，这是一件非常了不起的事情。他以王阳明与迪卡儿为例做比较，认为：“王阳明的生活和观点与迪卡儿的生活和观点之间，有许多不仅仅是表面上的相似之处，对他们相似之处的研究将会被证明是有益的。两人都是军人，都热衷于哲学，虽然异教徒相比于基督徒，会为更崇高的事业而战。两人都认为精神具有天生的辨别高深真理的能力，并有教导人们独立自主的重要性。”[④] 然而沃特斯这本书是在上海出版的，而不是直接在英国出版的。这样就很难让欧洲的读者，尤其是英国以外的欧洲读者接触到它。

1893 年，在日本的一本杂志上，又出现了一篇非常简短的关于王阳明的英语文章[⑤]。这篇文章在英国和其他欧洲国家的图书馆可能一直都可以查阅到，对其后的学者产生了重要的影响。1898 年，在英国外交家、汉学家翟理斯（Herbert Allen Giles，1845—1935）编撰的《中国人传记词典》中，就出现了一篇关于王阳明的词条，其中的信息应该就是来自该文章的[⑥]。

第二节　20 世纪的接纳史

欧洲认识王阳明的第二个阶段始于 20 世纪初。在这个阶段，欧洲人不仅是简单地对阳明文本进行翻译与介绍，而是展开了更具有学术性的研究工作。这个阶段以利昂・威格（Léon Wieger）的著作 *Textes philosophiques*（《哲学文本》）的研究为起点展开。威格虽然也是一位法国耶稣会士，但他的阐述是科学而客观

① 参见：Israel 2018，第 363 页。
② Watters 1879，第 215 页。
③ 笔者关于这个问题的解答参见：Bartosch 2015，第 69-72 页，注脚 141 和第 71-72 页，注脚 145。
④ Watters 1879，第 216 页。
⑤ 参见：Haga 1893；Chan 1972，第 87 页。
⑥ 参见：Israel 2018，第 363 页。

的，不再像400年前的利玛窦那样被工具化和宗教化。威格在履行他传教士职责的同时，还对现代汉学，特别是对中国民俗学、佛教和道教的研究做出了杰出的贡献。威格在1906年首次在中国献县出版的《哲学文本》一书中，把王阳明作为儒家发展史上的巅峰人物来进行描述[①]。威格在本书中B至G节里，对阳明哲学的主要内容进行了简短但正确的总结[②]。但是，该书并没有给出中文参考书目。文中A节里，关于阳明其人其事的解释不完全正确。比如他说阳明曾是朱熹执着的追随者，后来又突然找到自己的定位，因为王阳明的书房在一次起义中被毁，无法再查阅以前的书籍[③]。本书最后的H部分包含了王阳明诗词的法语翻译，笔者认为这是王阳明诗词的首次西语翻译[④]。笔者最近也将最后一首诗从中文翻译成德文，在此可以作为参考[⑤]。

威格在他1917年的后续著作 *Histoire des croyances religieuses et des opinions philosophiques en Chine depuis l'origine jusqu'à nos jours*（《中国宗教信仰史和哲学观点从起源至今的发展历程》）的另一个章节中又谈到了王阳明。威格在这里特别指出，明代心学相比清朝的儒家思想对基督教更为宽容[⑥]。这个章节对阳明的哲学和诗词做了简要的介绍，同时还包括了一些对日本儒学史的简短说明，其中也解释了王阳明学派对日本儒学的影响[⑦]。

威格对王阳明的兴趣可能是发生在一个时代大背景之下的，伊莱瑞在他的研究报告中对此进行了详细的描述：1911年的美国资料显示，王阳明的思想在这一时期经历了全面的复兴，并且寻找到了全新的定位[⑧]。这一时期的另一份资料[⑨]也展示了恒吉（Frederick Goodrich Henke，1876—1963）对王阳明的研究。恒吉是美国人，自1907年起在南京担任心理学和哲学教授。据了解，恒吉是第一个将阳明的主要著作——包括一些信件——翻译成英语的人[⑩]。他对王阳明的研究获得了1824年成立的大不列颠和爱尔兰皇家亚洲协会（Royal Asiatic Society of Great Britain

① 参见：Wieger [2]1930[2011]，第249页［第一版：第255]-255[260]页. 笔者只找到了第二版的一个电子版本，这一版与第一版有一些差异，并且被标记了出来。（本章中，出版年之前的数字上标表示版别。——编者注）

② 参见同上，第251-253［257-259]页。

③ 参见同上，第249-250［255]页。

④ 参见同上，第254-255页。

⑤ 参见：Bartosch 2015。

⑥ 参见：Wieger [2]1922，第357［698]页。

⑦ 参见同上，第359-363［700-704]页。

⑧ 参见：Israel 2018，第369-370页。

⑨ 参见同上，第371页。

⑩ 参见：Henke 1916.

and Ireland）的推动和支持[①]。

恒吉在1912年秋做了一次关于王阳明的演讲后，于1913年以*A Study in the Life and Philosophy of Wang Yangming*（《王阳明生平与哲学研究》）为题将他编辑的译本发表在皇家亚洲学会会刊上。伊莱瑞强调，这是西方研究者在西方学术期刊上发表的第一篇关于王阳明的论文[②]。恒吉在1914年与1916年，在美国发表了第二篇文章的翻译作品。关于对恒吉翻译的批评，大家可以参考美国出现的王阳明的第二位重要译者陈荣捷的话："恒吉的《王阳明的哲学》选取了不少有代表性的材料，但翻译得却很差。"[③]

1922年，在德国出版了一本重要的书，这本书在以往所有的王阳明接纳史的研究中都被大家忽略了。这本书的标题是*Das Lebensproblem in China und in Europa*（《中国和欧洲的生命问题》），1922年在莱比锡出版。该书由当时的两位著名学者鲁道夫·欧肯（Rudolf Eucken，1846—1926）和张君劢（Carsun Chang，1886—1969）合著。欧肯在序言中称该书是"一本奇特的作品[……]，它可以称为是'中国人的人生观'"[④]。这是一次跨文化的对话，因为它"[……]应该是欧洲文化和中国文化之间进行一次对话，使它们各自能够呈现出自己的特殊表达方式。指导性的哲学思想要把生活的形态塑造成一个整体，要去指明这里和那里该如何行事"[⑤]。还有一段话指出："这本书首先是写给中国的知识分子的，因为现在中国的知识分子正处于巨大的变动之中。但我希望这本书在德国也能找到读者，这些读者能充分认识到东西方之间更紧密联系的巨大重要性，并希望能让其与德国精神进行有力的合作。"[⑥]

欧肯来自德国北部农村的东弗里斯兰，他是当时世界上最著名的思想家之一，在1908年获得诺贝尔奖[⑦]。作为一个唯心主义思想家，欧肯的学术生涯大部分时间是在耶拿度过的，费希特、谢林和黑格尔都曾在耶拿执教过，后来欧肯又担任了几个客座教职，先后到过英国、美国和荷兰，直到第一次世界大战开始。比他小40岁的张君劢曾是20世纪20年代中国最重要的哲学家之一。他也曾以德国社会民主主义为榜样，作为社会民主政治家活跃在当时的政治舞台上。张君劢后来

① 参见：Israel 2018，第372页。
② 参见同上，第372页。
③ 参见：Chan 1972，第355页。但是陈荣捷自己的王阳明英语译本也不是没有问题的。
④ 参见：Eucken; Chang 1922，第III页。
⑤ 参见同上，第III-IV页。
⑥ 参见同上，第V页。
⑦ 关于欧肯生平参考Raeber 1959。

作为王阳明研究的主要发起人在美国活动[①]。

一本面向中国知识分子的书用德语来出版，这初看起来似乎很奇怪，但德语在当时是最流行的学术语言，在学界有类似于今天英语的地位。当时还有很多中国知识分子在德国留学（例如周恩来）。欧肯甚至将此书描述为“中国德高望重的政治家和学者向我提出的建议[……]的结果”[②]。在欧肯撰写的该书第一章“欧洲式的表征”中，他为中国知识分子们介绍了在欧洲文化中对生命主题的阐述。之后的第二章较长，全部由张君劢撰写，题为“中国伦理学的历史发展”。其中“结论和批判性考虑”这一章可能是他与欧肯合写的。后面的两个主要章节是德国老人欧肯和中国青年思想家张君劢的讨论。

在此书中，作者们在介绍了心学的创始人陆象山之后[③]，提到了王阳明[④]。张君劢强调，王阳明对中国知识界的影响仅次于孔子和朱熹。他言简意赅地解释道："王阳明自己讲述了他学说的发展过程，他先是经历了所有的哲学，如老子、佛教、朱熹等的哲学，最后才找到了自己的观点。他的指导思想是：第一，‘心即理’（在这里‘理’被翻译为‘理性’—Vernunft）。第二，‘知行合一’。第三，还有一个另外的问题。”[⑤] 在对“心即理”和“知行合一”进行解释之后，他简要讨论了“人天性中本来的良知的塑造”[⑥]。这一介绍是西方王阳明接纳史上非常值得纪念的一笔。需要强调的是，这本专书是面向更广泛的，甚至是政治精英主义的读者的，并不是要“建立一个特殊的伦理学体系，或者对汉学做出什么贡献”[⑦]。

荷兰汉学家戴闻达（Jan J. L. Duyvendak，1889—1954）是另一位王阳明的介绍者[⑧]。戴闻达是一位荷兰学者，也用荷兰语写作。然而，伊莱瑞在他的研究中忽略了戴闻达第一次写王阳明的文章不是在1927年，而是在1922年，戴闻达以“Een herleefd Chineesch wijsgeer”（《一位复兴式的中国哲学家》）为题，在阿姆斯特丹的*De Gids*（《指南》）杂志上发表了一篇文章介绍王阳明[①]。戴闻达应该是在汉学研究

---

① 参见：Chang 1957-1962；Chang 1962。

② 参见：Eucken; Chang 1922，第III页。

③ 参见同上，第104-105页。

④ 参见同上，第105-109页。

⑤ 参见同上，第106页。

⑥ 参见同上，第108页。

⑦ 同上，第III页。顺便说一下，同年，伟大的翻译家、汉学家卫礼贤也出版了他的著作《中国人的生命智慧》。这本书也是围绕着生命问题的中国式解决而展开的。但其中还没有提到王阳明，见 Wilhelm 1922。张春劢与卫礼贤相识，并且非常欣赏他。1930年他还专门为卫礼贤写了一篇赞扬性的讣告。参见 Chang 1930，第71-73页。

⑧ 参见：Israel 2018，第368，379-380页。

① 参见：Duyvendak 1922。

重镇荷兰莱顿完成的这篇文章[①]。伊莱瑞在其研究报告中提到的戴闻达在1927年发表的同内容的文章（可惜笔者目前无法获得这篇文章），应该是1922年文章的重印或修订版，因为两者内容是非常相似的。

在文章内容上，戴闻达在一开始就提到了他所处的时代——清朝末年——背景下中国面临的问题。他的出发点与同时期的欧肯、张君劢相似，都是想要阐述当时中国人所面临的新时代生活中的一些问题，因为“旧的智慧已经不够用了”[②]。在戴闻达看来，王阳明为当代中国人的实践提供了宝贵的意见。他认为，一方面，中国人必须打破清朝传统的桎梏，才能进入更丰富多彩的物质化的生活和西方式的思想开放的生活；另一方面，中国人又要保留中国古老的思想传统，在新时代对其进行进一步的发展[③]。

戴闻达描述了他与一位不知名的中国学生的偶遇。这位学生向他指出，中国当时到处都流行着王阳明哲学的版本，甚至是廉价又简略的版本，而且阳明的知名度还在不断增长。戴闻达由此提出了一个新的研究问题：“这个两次唤醒民众的人是谁，他的影响力的秘密究竟是什么？”[④] 戴闻达接着叙述了阳明的生平，再写到了阳明的精神探求和发展[⑤]。他说，阳明曾经尝试了道教和佛教的方法，但是从长远来看他并没有从中获得满意的答案。经历了毫无结果的禅修后，阳明最后得出结论：“这种错误的自我暗示并不是真正的道路。”[⑥] 王阳明从《大学》入手对格物的问题进行了探讨，最终形成了自己的基本观念，即只有从自己的本性出发，才能够认识事物。戴闻达接着说：“王阳明想要表达，在他的时代精神是如何被加以讨论的，尤其是万物都以什么为出发点。”[⑦] 接下来，他参照了朱熹和其他思想家的观点，对宋代新儒家进行了较长的介绍，并对其中的一些概念，如理、气、阴阳等，进行了讨论。讨论结束后，他又回到王阳明那里，并且说道：“王阳明是少数几个既不否认朱熹的功绩，也不反对朱熹的体制的人之一，他要在正统与僵化过时的身体中注入新的生命。在他的时代，这些过时的身体遍地都是，他并不想成为异端。他也提到了孔子和经典，然而他宣告一切异端的开

① 参见：Duyvendak 1922，第477页。

② 参见同上，第445页。

③ 参见同上，第446页。戴闻达提到了美国外交家保罗·莱因施（Paul Reinsch）的一篇文章。他在1911年出版的《远东知识分子和政治潮流》是在美国对阳明的接纳史的语境中出现的。参见：Israel 2018，第369-370页；另见Reinsch 1911。

④ Duyvendak 1922，第448页。

⑤ 参见同上，第448-449页。

⑥ 同上，第449页。

⑦ 同上，第450页。

始，那就是思想自由和对真理的个人体验。”①

这段引文成为戴闻达后续对王阳明哲学核心主题进行详尽论述的一段重要前奏，这在当时来说，可以算得上是针对阳明非常出色的论述了②。由于篇幅原因，这里就不一一详述戴闻达后续的阐述。但值得一提的是，戴闻达和其他很多人一样，都谈到了著名的“花树”主题③。他还谈到了“良知”，并把这个核心概念翻译成荷兰语“intuïtieve kennis”（直觉认知）。④ 戴闻达富有感情地总结道：“[良知]天生敏锐，明察秋毫，具有深刻的洞察力和全面的知识。它宽厚、丰饶、仁慈、温柔，它冲动、有活力、强壮、执着，它平衡、端庄、正直、守正，它充满了辨别力和支配力，深沉、敢于探索，它包容、博大、深沉、无条件地作为根源，持续发散着其美德。”⑤

戴闻达还讨论了王阳明与道教、佛教的关系，以及他的禅修方法。由此，他得出的结论是：“他思想的独创性在于，他作为一个直觉主义者，只重视直觉与通过经验得到的发展的直接关系。这是王阳明思想的第二个中心点，这对当代人来说具有重要意义。不要只讲究清静无为，而要行动。”⑥

让我们转而谈下一个学者。在欧肯和张君劢的德语文本和戴闻达的荷兰语文本出版一年后，有一本法语的关于世界哲学的书在巴黎出版，标题为 *Histoire de la philosophie orientale: Inde—Chine—Japon*（《东方哲学史：印度—中国—日本》）。其作者是勒内·格鲁塞（René Grousset，1885—1952），他是几本非常重要的东亚和中亚历史著作的作者，也是一位博物馆馆长和著名的法兰西学院的院士。格鲁塞在书中题为“§2—L’École des Lettrés. Tchou Hi et Wang Yang Ming”（第二章：文学学派——朱熹与王阳明）的部分介绍了王阳明⑦。其中叙述朱熹的篇幅很长⑧，关于王阳明的分章则较短①，但格鲁塞表现出对阳明比对朱熹更多的赞赏。与法国耶

① Duyvendak 1922，第 458-459 页。

② 参见同上，第 459-477 页。

③ 参见同上，第 460 页。

④ 参见同上，第 462 页。

⑤ 同上，第 462，463 页。校注：戴闻达这段话应该是对王阳明书信“答南元善”中一段话的翻译，在这段话中王阳明用《中庸》里面形容圣人之至德的语言赞叹良知，原话为“盖吾良知之体，本自聪明睿知，本自宽裕温柔，本自发强刚毅，本自齐庄中正文理密察，本自溥博渊泉而时出之”（《王阳明全集》卷六，上海古籍出版社，2014 年，第 235 页）。

⑥ 同上，第 465-466 页。

⑦ 参见：Grousset 1923，第 325-359 页。

⑧ 参见同上，第 331-354 页。

① 参见同上，第 355-359 页。

稣会士相类似，格鲁塞把朱熹描述为一个唯物主义者。格鲁塞认为，朱熹并没有把太虚理解为一种形而上的虚无（un Néant metaphysique），而是把它理解为一种“原初的雾”。他认为，这样的解释就把人锁定在了唯物主义的决定论中，由此走入了绝境[①]。按照格鲁塞的说法，王阳明把“太虚”一词换成了“无”（Néant），这就把视角转移到了一种形而上的境地中（而不是物质的实体上）[②]。“事实上，王阳明打破了官方的朱熹主义的常规，宣告了个人探索的主张，道德事实从物质过程中独立出来。”[③] 在他的“良知”（法语：savoir inné，直译为“先天的知识”）概念中，形成了一种“主观主义的和直觉的儒家思想”[④]。伊莱瑞在自己的研究中，也已经注意到了格鲁塞是在日本文化的背景下提到阳明学派的重要性的[⑤]。由此，格鲁塞也提到了上文叙述过的加拿大耶稣会士利昂・威格[⑥]。

1924 年，弗里德里希・克劳斯（Friedrich E. A. Krause，1879—1942）的 *Ju-Tao-Fo. Die religiösen und philosophischen Systeme Ostasiens*（《儒道佛——东亚的宗教和哲学体系》）一书在慕尼黑出版。这位本来鲜为人知的作者出生于波兹南（现在的波兰），根据书中的序言，他是在海德堡写下本书的。在书中，他提到了中国儒学史晚期的发展。然而，他只用了一页多一点的篇幅来介绍王阳明。他错误地认为阳明思想在 20 世纪以前从来没有任何意义，对阳明学在 16 世纪下半叶的发展也一无所知。另外，他对王阳明思想要点的介绍似乎有些过于简单了[⑦]。

三年后的 1927 年，德语世界中类似的作品越来越多。这一年是德语世界研究和传播中国哲学史的一个重要年份，因为出现了三部重要著作，它们都涉及中国思想史的全局：恩斯特・维克多・泽克（Ernst Viktor Zenker，1865—1946）的 *Geschichte der chinesischen Philosophie*（《中国哲学史》）第二卷在莱辛堡出版[⑧]，其中提到了王阳明。同年在慕尼黑出版的海因里希・哈克曼（Heinrich Hackmann，1864—1935）的著作 *Chinesische Philosophie*（《中国哲学》）[①] 也是如此。而阿尔

① 参见：Grousset 1923，第 355 页。
② 参见同上。
③ 参见同上，第 356 页。
④ 参见同上。
⑤ 参见：Israel 2018，第 369 页。
⑥ Groussets 的文献目录参见：Grousset 1923，第 358，注脚 2。参见：Israel 2018，第 370-371 页。
⑦ Krause 1924，第 124-125 页。
⑧ 参见：Zenker 1927 页。
① 参见：Hackmann 1927。

弗雷德·福克（Alfred Forke，1867—1944）在慕尼黑出版的 *Gedankenwelt des chinesischen Kulturkreises*（《中国文化圈的思想世界》）[①] 一书中，也提到了王阳明。

恩斯特·维克多·泽克并不是一位专业的汉学家，而是一名来自奥地利的记者和议员[②]。泽克早期的作品大多与东亚无关，他主要致力于政治话题或新闻史。直到 19 世纪和 20 世纪之交后，他似乎才转向社会伦理学的话题，并在此基础上找到了中国和东亚传统思想的新方向。1914 年，他发表了一篇非常诙谐的长篇作品 *Soziale Moral in China und Japan*（《中国与日本的社会道德》）[③]，并在其中展现出对东亚文化和文明惊人的理解和洞察力。13 年后他又发表了两卷册的 *Geschichte der chinesischen Philosophie*（《中国哲学史》）[④]。泽克的作品随后被翻译成法语，译本于 1932 年在巴黎出版。泽克在书中对王阳明思想的论述里，首先对宋代新儒家的史前史进行了非常精辟、简洁的概括介绍。就笔者的理解而言，这大概是至那时为止的西方学者对宋代新儒家最好的描述了[⑤]。遗憾的是，泽克并没有给出他的参考文献，我们无法得知他在这里使用了哪些原始资料。

在此之后，泽克带来了德国汉学家阿尔弗雷德·福克的一段较长的引文[⑥]，当时福克已经发表了欧洲第一篇关于陆象山的学术文章[⑦]。在对元朝进行了简短而内容丰富的描述之后[⑧]，泽克又关注了明代的思想家。他在这里对王阳明的性格和他的人生经历的描述是正确的[⑨]。然后，泽克又完全投入对阳明哲学世界观的研究中，并借鉴了王阳明的原文的翻译。非常重要的是，他否定了王阳明作为唯心主义者的解释，并提出了另一种选择[⑩]。在第 19 章，泽克特别提到了王阳明关于“花树”的讨论。这是西方学者第一次以直译的方式让德语或法

① 参见：Forke 1927。

② 伊斯雷尔在他的著作 2018 年第 367 页上说，泽克是德国人。他出生在波希米亚，当时是库克族君主国。在笔者看来，他应该是奥地利人。

③ 参见：Zenker 1914。但是在此没有提到王阳明。

④ 参见：Zenker 1926—1927。

⑤ 参见同上，第 611-615 页。

⑥ 参见：Zenker 1932［2006］，第 615-617 页。

⑦ 参见：Forke 1926，第 914-915 页。

⑧ 参见：Zenker 1932［2006］，第 617-619 页。

⑨ 参见同上，第 620-622 页。

⑩ 参见同上，第 623 页。

语的读者了解到这段话[①]。伊莱瑞对此进行了总结与评述[②]。但是，笔者不完全同意伊莱瑞的评价。例如他提出，泽克对王阳明的理解是“简单的，是在欧洲哲学范畴中形成的”[③]。伊莱瑞作为历史学家，并没有从哲学的角度去关注泽克对王阳明的相关讨论，而只是直接指出了怀疑泽克将王阳明归于“唯心主义者”[④]。然而，泽克认为，王阳明作为中国最伟大的哲学家之一[⑤]，比较好的归类应该是先验现实主义者。从阳明哲学的角度来看[⑥]，必须批评的是，如果我们对王阳明哲学有足够精确的认识，那么对其“唯心主义”的归属确实会成为问题：它的问题是因为在西方对阳明接纳至今，有很多人肤浅地支持这种观点，而不是去进一步地质疑它。泽克正是为了摆脱这种错误，对此进行了评述。在笔者看来，从泽克的言论中我们可以清楚地看到，他在这里并非如伊莱瑞所说的那样，把阳明与康德进行简单的比较，并且由此从欧洲哲学范畴出发，对阳明的思想进行简单直接的定位。相反，泽克更注重搭建理解的桥梁。他想要把阳明的思想正确地“翻译”出来，也就是正确地传达给欧洲的读者。因此，他把阳明与欧洲最有名的哲学家康德进行了比较。泽克的论述表明，他也许是那个时代最能理解王阳明观点的人，也是研究王阳明思想最深刻的人。

所以，当泽克提出要把王阳明理解为一个先验的实在论者的时候[⑦]，我认为这应该被理解为一种矫正性的、跨文化比较的举动[⑧]，而且它具有一定的进步性和前瞻性。泽克本人并没有掌握阳明哲学的全部内容，如果他能够再加上一些王阳明的原文，就很容易巩固自己观点的地位[⑨]。这一点伊莱瑞也提出来了，笔者非常同意他的观点[⑩]。当然，我们今天比泽克当年对王阳明的认识更加深刻和全面了，但仍然可以从他的一些观点出发对王阳明进行进一步的讨论。此外，泽

---

① 王守仁. 1933b，第 18 页；参见：Zenker 1932［2006］，第 626 页。

② 参见：Israel 2018，第 382-384 页。

③ 同上，第 384 页。

④ 参见：Zenker 1932［2006］，第 627 页。

⑤ 参见同上，第 628 页。

⑥ 参见：Bartosch 2015。

⑦ 参见：Zenker 1932［2006］，第 627 页。

⑧ 参见：Neville 2009，第 37-38 页；参见笔者的相关论述：Bartosch 2015，第 18-19 页。

⑨ 笔者已经提到了这些内容，也提供了支持泽克立场的论据，具体参见：Bartosch 2015，第 183 页。关于这个问题的另一篇文章正在笔者撰写中。

⑩ 参见：Israel 2018，第 383 页。

克还以惊人的理解力向德法读者介绍了阳明的良知观[①]。泽克强调了道教动机对阳明的影响，但他没有对禅宗的影响进行更深入的介绍[②]。同时，他把阳明对道教和佛教的批判也引入到文中[③]。泽克最后还提到，如果王阳明的教义在当时占据上风，而没有在 17 世纪被新儒家正统思想打压，那么对中国的发展是非常有利的。此外还值得一提的是，泽克对朱熹和王阳明关于格物的不同观点，以及朱熹对《大学》的看法进行的比较[④]。

接下来要讨论海因里希·哈克曼在其 1927 年的著作 *Chinesische Philosophie*（《中国哲学》）中对王阳明的接纳。哈克曼是路德派神学家、宗教史学家和汉学家。在莱比锡和哥廷根学习后，他曾于 1894—1901 年在上海担任德国教区牧师。此后，他从 1901 年开始曾游历华南地区，最后穿越中国西南地区一直到了缅甸（1902/1903）。之后，他在伦敦担任了六年教区牧师（1904—1910），又返回东亚和南亚各处旅行。他的特殊兴趣是研究佛教，哈克曼也是德国早期杰出的中国佛教哲学的研究专家[⑤]。

哈克曼在对王阳明的描绘中，简略提及了宋、元及明三朝早期的历史[⑥]。他叙述的内容与泽克不同，所以两者的描述是互补的。哈克曼在这之后开始对王阳明的思想进行非常精确的描述。他说道："在这里，一位思想家出现在我们面前，他实际上已经掌握了生命最强大的形式，他是一名精干的战士，是一位杰出的统领，他曾经站在生命的巅峰上，又深深跌入深渊，他接受了巅峰与深渊两者，从内心深处并不计较得失。简短地说，他是一个生活充实、丰富的人，但同时又是一个天生的思想家。他总是被吸引到存在问题的奥义中，去追踪'不足''不可描述'的东西。"[⑦] 哈克曼从王阳明生平出发，对阳明一生中经历过的最重要的阶段和事件进行了非常详细的描述。这是迄今为止欧洲文学界对阳明传记最准确的描述[⑧]。

哈克曼对王阳明哲学的介绍从传记式的过渡转入，他提到了阳明很早就表现出来的对"为圣人"的关注。他认为，对于阳明来说，感情的人本质的真实性至

---

① 参见：Zenker 1932［2006］，第 630-633 页。
② 参见同上，第 634-635 页。
③ 参见同上，第 635-636 页。
④ 还可以参见：Israel 2018，第 383 页。
⑤ 所有传记数据均来自：Grimm 1966。要了解其他相关信息，可参见 Israel 2018 的内容。
⑥ 参见：Hackmann 1927，第 356-357 页。
⑦ 参见同上，第 358 页。
⑧ 参见同上，第 358-361 页。

关重要[①]。“真理性和真实性构成了他的生命印记”[②]，以及“于是，他带着充沛的活力开始了他的探寻，他从自己的内心出发真真切切地探寻这哲理，以成为智者”[③]。哈克曼回到阳明的龙场悟道，以及阳明对“心即理”的相关见解和对格物的相关看法。他还详细地提到了阳明的“人的天性足以贯穿一切”的基本看法。哈克曼说：“我们的哲学家在无穷无尽的各种存在现象中看到了一种现象，这种现象虽然以各种形式和活动显现出来，但从根本上却是一致的，是从我们的存在内在，从我们的精神中才能获得的。”[④]

和泽克一样，哈克曼也谈到了“花树”的问题。但与泽克不同的是，他并没有把阳明理解为一个先验的实在论者，而是先把阳明定性为“认识论的唯心主义”的代表[⑤]，但是他马上又补充道：“不过总体上看，与我们的认识论唯心主义者不同的是，王阳明认为物质与精神、心与物是同等存在的。”[⑥] 尽管对阳明哲学的范畴分类不同，但泽克和哈克曼对王阳明基本立场的理解非常相似。在笔者看来，泽克的见解在哲学上要更为深刻些。

随后，哈克曼对良知进行了有趣的讨论。他认为良知是“一种在我们体内运行的基本力量[……]，从字面上看就是真正的或善的认知”[⑦]。他建议，用德语把“良知”翻译成“intuitive Kraft”（直觉力量）或“Intuition”（直觉）。哈克曼还正确地指出，王阳明的良知不同于西方的良知概念，它是对所有理想的一种形而上的总结，是一种对“统一在所有精神完备性中的宇宙般的伟大”[⑧]。在此基础上，哈克曼进一步论述了善与恶的区别问题，还有一切运动中心是永恒不动的话题，以及“知行合一”的问题[⑨]。最后，他提到了王阳明本人对其他重要的哲学先行者的接纳。阳明与道教、佛教的关系也被再次考问。最后，哈克曼对王阳明后学做了一个简短的概述，在此他提到了王阳明之后的学派，以及阳明学当时在日本和中国的进一步发展。

现在我们来看 1927 年出版的第三部德文作品：阿尔弗雷德·福克的

① 参见：Hackmann 1927，第 361-362 页。
② Hackmann 1927，第 362 页。
③ 同上。
④ Hackmann 1927，第 363 页。
⑤ 同上，第 364 页。
⑥ 同上，第 365 页。
⑦ 同上，第 366 页。
⑧ Hackmann 1927，第 366 页。
⑨ 参见同上，第 368 页。

Gedankenwelt des chinesischen Kulturkreises（《中国文化圈的思想世界》）[①]。福克是 20 世纪上半叶一位伟大的德国汉学家，他还对中国哲学情有独钟[②]。福克对当时最著名的汉学家卫礼贤（Richard Wilhelm，1873—1930）进行过激烈的批评。但是，与卫礼贤相似，福克最初也是以翻译家的身份崭露头角的，他翻译了王充的《论衡》，以及墨子学派的全部著作。

随着《中国文化圈的思想世界》写作的开展，福克进入了他研究的一个新阶段，即越来越多地将中国哲学史作为一个整体来进行研究。这部著作颇有系统性研究的意味，也就是说，他并非严格按时间顺序来考察中国哲学史，而是按照一些中国哲学的基本概念来分类考察，这与后来出现的其他编年体的中国哲学史著作从方法上看是完全不同的[③]。在福克这里，王阳明是以"唯心主义掌门人"[④]的身份出现的。

此书在阐述不同哲学问题时，王阳明的立场被分别与其他思想家结合起来[⑤]。例如，在"关于知识起源问题上的学派立场"[⑥]一章中，福克就提到了王阳明是"儒家唯心主义者"[⑦]。这里讨论了"良知"的问题，最重要的段落被以简略的形式进行了论述。遗憾的是，福克在这里只有一条直接引文给出了参考文献，其他间接引文都没有给出参考文献。他在下一章"认识论"[⑧]中也参考了王阳明的观点。在这里他说道："王阳明否认我们的心外有物。[……]物的存在只有在心灵感受到它们时，并意识到它们的时候才会持续。当人不再意识到它们时，它们就会消失，所以它们只能断断续续地存在。王阳明说，它们在沉寂或沉睡。"[⑨] 事物不能同时消失和沉寂。在王阳明的思想中，不仅仅是物在沉寂，而是与各种物关联的心，以及被心唤醒的物，这两者在某个瞬间，在彼此的关系中都是沉寂的。此外，福克在这部作品中对有关岩中花树的著名段落的看法并不如此精妙[⑩]。

王阳明等思想家被误解为西方意义上的唯心主义者，这在福克那里也导致了进一步的误解。福克指出，阳明认为："谁能幻化出天地，谁就一定比世界更高

① 参见：Forke 1927.
② 关于福克的生平参见：Franke 1961。
③ 见下文详解。
④ Forke 1927，第 8 页。
⑤ 福克在此引用了 Henke 的翻译，参见同上，第 36 页。
⑥ 参见同上，第 26–29 页。
⑦ 同上，第 27 页。
⑧ 参见同上，第 29–36 页。
⑨ 同上，第 32 页。
⑩ 见上面王阳明的原文引文。

明，谁就是神。”[①] 在这里，福克的理解是错误的，因为阳明认为的“心”并不是基督教意义上的创世神，而是在某种高度上与康德理解的意义类似，是一种个人的、个体的视角，但它同时又与心的起源中所有其他视角的整体相互吻合。当然，这里的个人并不能被看作神。因此这样的概念在阳明的思想中是不可能出现的。福克在此语境中对王阳明的评述，忽略了道家的虚无，即他所认定的心的“沉睡或沉寂”，与树上不可见的花朵是一致的，而并非他间接认为的基督教玄学中的绝对虚无[②]。最后，福克甚至称阳明的“唯心主义”是一种“泛神论”[③]。但王阳明的思想无论如何也不能成为一种有神论。换句话说，心在它的活动中，给情境中万物以实际性，改变万物的状态，但并没有从绝对的虚无中创造万物。

在关于伦理的一章中，福克还提到了王阳明关于善与恶的思想。在这里，王阳明被定义成“自主的伦理学家”，因为他在自己身上寻找道德原则[④]。还有另一个观点，即“无善无恶”，福克把王阳明的一段原文在此进行传达[⑤]。在此书的附录“中国哲学在日本”一节中，福克又多次提到王阳明，特别提到了阳明影响到的诸位日本思想家们的情况[⑥]。

卫礼贤（Richard Wilhelm，1873—1930）是如此著名，在此不必多做介绍。上述提到的各部在 1927 年出版的相关王阳明的文本，似乎也影响到了这位最著名的，或者说当时最受欢迎的中国古典思想作品的德国翻译家。在他 1928 年的著作 *K'ungtse und der Konfuzianismus*（《孔子与儒学》）中，我们就能发现他关于王阳明的叙述。为了说明儒家传统在历史上的转变，卫礼贤提出：“王阳明的唯心主义式的神秘学说在明代引发了一次转变。”[⑦] 一年后，也就是在 1929 年，卫礼贤的 *Chinesische Philosophie: Eine Einführung*（《中国哲学：一篇导论》）出版。在其中他关于王阳明哲学的描述中，有一段很短的文字是值得一提的。因为卫礼贤在此为了尽可能简明扼要地描述王阳明的思想特点，引用了一段名言来表达他对善恶问题及格物致知的主要观点：“无善无恶是心之体/有善有恶是意之动/知善知恶是良知/为善去恶是格物。”[⑧] 可以推测，如果卫礼贤不是在 1930 年就已经去

① Forke 1927，第 61 页。
② 参见同上，第 62 页。
③ 参见同上，第 63 页。
④ 参见同上，第 145 页。
⑤ 参见同上，第 146-147 页。
⑥ 参见同上，第 205，209-212 页。
⑦ Wilhelm 1928，第 92 页。
⑧ 王守仁 1933b，第 26 页。参见：Wilhelm ^{2}2012，第 115 页。

世，他也许会针对这些重要的阳明引文做出更加深刻的诠释。

1935 年，耶稣会士亨利 • 伯恩哈德–梅特尔（Henri Bernhard-Maitre，1889—1975）的 *Sagesse chinois et philosophie chrétienne*（《中国智慧与基督教哲学》）一书以法文在荷兰莱顿出版[①]。该书最初是为献县而写的，与威格 1906 年的作品相同。伯恩哈德–梅特尔的作品将王阳明置于一个新的语境中来进行考察。他为此研究了 16 世纪以来中国传统思想与基督教哲学的交流史。本书的第一章作为准备，简明扼要地介绍了中国哲学史上最重要的一些方面。在其最精彩之处——也就是基督教哲学与中国思想真正相遇前不久，伯恩哈德–梅特尔谈到了“王阳明的直觉主义”（L'intuitionnisme de Wang Yang-ming）[②]。与之前的其他作品相比，这一章并没有提供什么新的内容，也并不是特别深刻。伊莱瑞强调，这些内容在另一位学者威格的作品中已经可以找到了[③]。

之后第二年，也就是 1936 年出版的 *La philosophie morale de Wang Yangming*（《王阳明的道德哲学》），作者是王昌祉（Wang Tch'ang-che，1899—1959）。这是第一本关于王阳明的专著[④]。虽然其作者是中国人，但因为他与欧洲的阳明接纳史有一定关联，所以我们在此也要提到他。王昌祉与威格一样，也是一名耶稣会士。他对王阳明的研究是在巴黎完成的，此书也是用法文写作的。此人于 1928 年移居欧洲，在里昂的一所天主教神学院学习后成为一名牧师。1929 年，他进入巴黎天主教学院，1935 年成为该校第一位获得神学博士学位的中国牧师，而他的博士学位论文就是关于王阳明的[⑤]。

王昌祉的《王阳明的道德哲学》一书的内容相当广泛，有 200 多页。笔者在此进行一下简要的概述：

第一章的标题是“环境与人”[⑥]。本章主要涉及精神与政治环境[⑦]、王阳明其人[⑧]，当然还有他的教义和著作的概述[⑨]。

第二章的标题是“我们心中规范的内在性”[⑩]。在这一章中，作者首先从“一

① 参见：Bernhard-Maitre 1935。此处则可以参考 Israel，2018，第 381 页。
② 参见：Bernard-Maitre 1935，第 82–88 页。
③ 参见：Israel 2018，第 381 页。
④ 参见同上，第 376 页。
⑤ 参见同上，第 376–377 页。
⑥ 参见：Wang 1936［2014］，第 15–40 页。
⑦ 参见同上，第 15–23 页。
⑧ 参见同上，第 23–34 页。
⑨ 参见同上，第 34–40 页。
⑩ 参见同上，第 41–60 页。

般文士的错误到朱熹的教义”的主题展开来[①]。在此致力于阐述朱熹的格物观[②]，以及王阳明的“心即理”观[③]。他解释了“王阳明与朱熹的根本区别”[④]，以及阳明认为人人都有达到完美的可能[⑤]。

第三章的标题是“良知的概念”[⑥]。在其中的第一小节中，首先解释了王阳明“需要一个新名词的必要性”[⑦]，然后提到了良知的特点[⑧] 和“对良知的信仰”[⑨]，最后是“对良知的一些拓展开的看法”[⑩]。关于“良知”一词的翻译问题，王昌祉采取的态度是直接音译“良知”——“liang-tche”，而不是用西语词汇进行翻译[⑪]。

第四章的内容是关于“实现良知”[⑫]。作者先将“知行合一”看作是一个“不太成功的公式”[⑬]，然后提到了他认为更好的公式“致良知”[⑭]，再论及“良知在独特的和普适的工作的意义上的实现”[⑮]。本章以“论实现良知之教的优越性”为重点[⑯]。

在第五章中，作者更为具体地论述了“致良知的实践”[⑰]。首先，作者论述了在实现良知中出现的障碍问题，即自私自利的意志运动[⑱]。然后谈到了一些“实用的手段”[⑲] 和“普遍的准则”[⑳]。通过这些实际的手段，作者认为第一是要净

---

① 参见：Wang 1936 [2014]，第 41-47 页。
② 参见同上，第 44-47 页。
③ 参见同上，第 47-53 页。
④ 参见同上，第 53-56 页。
⑤ 参见同上，第 56-60 页。
⑥ 参见同上，第 61-79 页。
⑦ 参见同上，第 62-65 页。
⑧ 参见同上，第 65-70 页。
⑨ 参见同上，第 70-73 页。
⑩ 参见同上，第 73-79 页。
⑪ 参见笔者的相关研究，Bartosch 2015，第 71 页，注脚 145。
⑫ 参见：Wang 1936 [2014]，第 80-98 页。
⑬ 参见同上，第 81-87 页。
⑭ 参见同上，第 87-90 页。
⑮ 参见同上，第 91-94 页。
⑯ 参见同上，第 94-98 页。
⑰ 参见同上，第 99-122 页。
⑱ 参见同上，第 101-109 页。
⑲ 参见同上，第 109-113 页。
⑳ 参见同上，第 113-122 页。

化心灵，通过沉思和隐居，来控制游离的想象力，使其摆脱邪情的干扰[①]。第二是要培养坚定的意志，并且克服利己主义。第三是个人对这些手段的实施[②]。第四是进行自我观察，不断与自己进行斗争[③]。作为普遍准则，王昌祉在每一点中都强调自己应该在日常行为中去积极实践良知[④]，专注于最本质的东西[⑤]，同时也要“不强求”[⑥]。

第六章的内容是“良知之教与心之内在性的普遍概念”[⑦]。首先，王昌祉关注的是“王阳明的普遍态度”[⑧]。接着，他写到了“内在自我与动和静的概念”的子命题。下一个主题是“心的内在自我的统一性和多重性”[⑨]。这一章主要解释的另外两个重要观点是：良知的“内在自我”（法语：l’en-soi）总是具有启发性的[⑩]；另外，良知不能被减少，也不能被增加[⑪]。

第七章的标题是“是否需要修炼良知的内在自我?”[⑫]。这一章是关于良知的实现与根据道德直觉[⑬]和不同的观点行事，是否要和如何在“良知的内在自我”（l’en-soi du liang-tche）中下功夫[⑭]。

第八章的标题是“自我的圆满的善与道德的修行”[⑮]，是整部作品的最后一章。这一章简而言之，就是讲关于善恶关系的问题，以及是否有两种实现方式。这个问题影响了阳明学派的进一步发展。

作者在其极具启示性的结论[⑯]中再次强调，王阳明对良知的实现是其哲学关怀的中心：“良知的实现是王阳明道德哲学的中心思想。”[⑰] 他强调：“王阳明有他的直觉和综合性的思维，并不愿意脱离坚实而直接的意识基础而去冒险。”[⑱] 作者

---

① 参见：Wang 1936［2014］，第 109 页。
② 参见同上，第 110–111 页。
③ 参见同上，第 111–112 页。
④ 参见同上，第 114–116 页。
⑤ 参见同上，第 116–118 页。
⑥ 参见同上，第 118–122 页。
⑦ 参见同上，第 123–141 页。
⑧ 参见同上，第 124–126 页。
⑨ 参见同上，第 129–134 页。
⑩ 参见同上，第 134–138 页。
⑪ 参见同上，第 138–141 页。
⑫ 参见同上，第 142–162 页。
⑬ 参见同上，第 143–144 页。
⑭ 参见同上，第 144–162 页。
⑮ 参见同上，第 163–186 页。
⑯ 参见同上，第 187–196 页。
⑰ 同上，第 187 页。
⑱ 同上，第 188 页。

强调了王阳明哲学的两个关键性贡献：王阳明的良知学说教导我们要尽可能地将道德规范的内在性牢牢地掌握在自己的心中；王阳明以自己为例，教导我们要对精神生活的现实和活动同时保持一种关注的态度。这种哲学的另一个特质是其本质上的实践性，这源于其作者的生活经验[①]。

下面谈一下另一本提到王阳明思想的重要的德语著作：*Geschichte des chinesischen Denkens*（《中国思想史》）。该书写于1937年到1939/1940年间，至今有两个德文版本，但直到2002年才作为遗作出版。非常特殊的是，它写于非洲加蓬的兰巴雷内，在一个远离世界上所有图书馆的非洲丛林中。这本书的作者史怀哲（Albert Schweitzer，1875—1965）是一位具有传奇性的天才。他不仅是医生、哲学家和神学家，同时也是著名的管风琴家和作家。当时他作为传教士在非洲丛林中工作。时至今日，人们对史怀哲曾经深入地研究过中国哲学仍然知之甚少。但我们必须注意，中国思想对他本人产生了很大影响。这部未完成的作品《中国思想史》只是他对自己所了解的中国思想的一些简短总结而已。

笔者已在其他文章中多次提到了史怀哲与王阳明思想的关联性。史怀哲非常欣赏王阳明。1937 年，他写道："[王阳明]精彩又深刻地解答了关于认知与行为的内在一致性，揭示了人格的独特性和伟大性。按照他的说法，人不是通过纯粹的求知欲在真理中前进的，而是通过认识[作为]活动。只有精神，既是认知的，又是行为上的。它与认知的、神秘的[世界之源]保持着鲜活的关联。[阳明]说，认识是行动的开始；行动是认识的结论。脱离了认识，就没有行动；脱离了行动，就没有认识。在实践思想时，真理就是一种经验，在这种经验中，认识和行动是相互间以神秘的关联相互参与的，[阳明]是真正完善了[孔子孟子]的教义的人。"[②]

史怀哲不仅是一位理论家，也是一位伟大的实践家。他与王阳明一样，都真正地做到了把自己的思想运用在行动上。史怀哲还特别赞同王阳明关于善恶问题的观点。他说："正如一株植物本身并不是杂草一样，只是因为生长在被认为是不属于它的、有害的地方，才成为杂草。善与恶本身并不存在，只是与存在和将要创造的条件有关。当人的内心完全平静的时候，一般意义上的善与恶对他来说都是不存在的。这样的人就像自然界一样，以一种本原的、超越伦理的方式成为善的人。只有在他感觉到偏爱和倾向的时候，并且要做出某种决定的状态下，他才

---

① 参见：Wang 1936［2014］，第189-190页。

② Schweitzer 2002，第275页。

会提出正当的、区分善恶行为的问题。到那个时候，无私的就是善的，自私的就是恶的。”[①]

史怀哲对王阳明的接纳的出发点之一就是前面已经讲述过的泽克的著作。和泽克一样，史怀哲强调阳明是“一位伟大的思想家[……]，他把道家世界观和孔子的人生伦理观统一起来”。这样一来，阳明就创造了一种与之前的朱熹的新儒家世界观相对应的世界观[②]。

在非洲期间，史怀哲完成他的第二版《中国哲学史》时，正值 1938 年福克的 *Geschichte der neueren chinesischen Philosophie*（《中国现代哲学史》）第一版在德国出版。这是福克关于中国哲学史的重要著作的第三卷，也是最后一卷。第一卷 *Geschichte der alten chinesischen Philosophie*（《中国古代哲学史》）已于 1927 年问世，与上文已经提到过的他的另一部著作《中国文化圈的思想世界》同时问世。第二卷 *Geschichte der mittelalterlichen chinesischen Philosophie*（《中国中世纪哲学史》）也于 1934 年出版。这三卷书在 1964 年都在德意志联邦共和国重印了第二版，第二版是未经修订的。这部著作的重要性在于，它至今仍然代表了以德文书写的最全面的中国哲学史。

福克在《中国现代哲学史》（1938）中对王阳明的理解意义重大，在当时是非常优秀的。福克是一个有趣的人物——他原本是学习法律的，还获得了法学博士学位。但是从 1890 年到 1903 年，他在北京的领事机构担任中文翻译一职[③]。1903 年，他又担任了东方语言讲习所的教授。1923 年，他转任汉堡大学的汉学教授[④]。

福克在此书中用近 19 页的篇幅介绍了王阳明的哲学，这一分章的标题为“Wang Schou-jên”（王守仁）[⑤]。这一分章被放在一个更为全面的被称为“Wang Yangming und seine Schule”（王阳明及其学派）的章节之中，而这一大章有近 67 页之多[⑥]。很有意思的是，福克在此并没有直接针对王阳明本人，而更多是批判了胡居仁（1434—1484）。因为福克认为胡居仁在某些方面可被看作是“王阳明的前辈”[⑦]。当然，他也提道：“[王阳明]是朱熹之后的最伟大的哲学家，也是明

① Schweitzer 2002，第 274 页。

② 参见同上，第 272 页；对史怀哲的王阳明诠释见笔者的文本：Bartosch 2015，第 705 页。

③ 参见：Goldmann 1899，第 162 页。

④ 关于其生平，可参见：Franke 1961。

⑤ 参见：Forke [2]1964，第 380–399 页。

⑥ 参见同上，第 371–428 页。

⑦ 参见同上，第 377 页。

代最重要的现象。”[①] 福克在此简明扼要地介绍了王阳明的生平，还对阳明学派直到明末产生的影响进行了详细的描述[②]。

福克把王阳明哲学的介绍放在了“Sein Lehrsystem”（其学说体系）这一小节中，这不仅反映了他对中国哲学的良好理解，而且也顺带体现了他对德国哲学传统的理解。在福克这里，我们看到了中德哲学传统之间的一次跨文化的讨论。虽然他把王阳明称为唯心主义者，但是又称阳明为“Identitätsphilosoph”（同一性哲学家）[③]。这在之前是没有发生过的。他给出这种称号的出发点是在引用的下面这一段话中（福克在此还专门提供了中文的引文）：“只要知身心意知物是一件。”[④] 他给出的解释是：“身体和心灵，思想和存在是一致的。这就是同一性哲学的立场。”[⑤]“同一性哲学”的概念可以追溯到德国哲学家弗里德里希·谢林（Friedrich W. J. Schelling，1775—1854）——谢林本人将他 1801—1806 年的哲学思想称为绝对同一性体系。

我们不想在这里评判福克对王阳明思想的分类在多大程度上是适用或是不适用的。但比起唯心主义这个模糊的统称，这种更为准确的称号提供了更好的讨论起点。无论如何，福克把他对阳明的理解用几句中文的原话来作为支撑[⑥]。除此之外，福克也在他的著作中加入了大量的原文引文。他是除了泽克之外为数不多的正确解释了那个著名的“花树”段落的人。福克这样诠释道：“这是由如何理解心灵的宁静状态来决定的。按照中国人一般的看法，这是一种心境[福克在这里指的是‘心’]，在这种心境中，人不去想、不去感受、不去进行任何活动，他的实质应该以完全纯净的状态出现，也就是无意识的状态，就像在睡眠中那样。这时，花树也应该进入这种无意识的状态，如果花树没有被人感知到。花树并没有完全消失，但它的实质像沉睡的心一样继续存在，它没有呈现出来，也不是有意识的。即使人的心没有感知到它，它仍然通过世界精神，即是理性的原则存在。”[⑦] 福克在这里使用的概念，是从同一性哲学的意义出发的，也回到了德国唯心主义哲学中。“世界精神”“理性原则”这些概念听起来很像是黑格尔的说法，它们当然并非直接出现在王阳明那里。在笔者看来，福克在这里使用这些概念是为了去

---

① Forke [2]1964，第 380 页。

② 参见同上，第 380-383 页。

③ 参见同上，第 388 页：“据他介绍，王阳明是一个同一性哲学家，但基本上他的思想是唯心主义的。然而，福克对这一归属（唯心主义者）的进一步论证，在我看来是可以批判的。”

④ 王阳明的原文引文见同上第 385 页，注脚 1。

⑤ 同上，第 385 页。

⑥ 参见：Forke [2]1964，第 385-386 页。

⑦ 同上，第 387 页。

比较，为了更快地将王阳明的立场传达给了解德国哲学的德国读者。

在另一节中，福克首先论述了王阳明与朱熹对“格物”的诠释的对比问题[①]。之后，他又在另外一个小节中阐述了他对王阳明关于“先天的、直觉的知识”的说法，即良知的看法[②]。他进一步地解释了良知最重要的功能之一，是无懈可击地去把握区分善恶，并且可以以此来教导人们[③]。最后，福克在文中又在“善与恶”这一分章[④] 中说道：“在伦理学上，王阳明澄清了善与恶的概念，这是一件伟大的功绩。”[⑤] 紧接着，福克又讨论了“王阳明与其他哲学家的关系，尤其是与陆象山和朱熹的关系”[⑥]。最后，他又回溯了当代学者对王阳明的评价[⑦]，他认为泽克将王阳明的哲学描述为同一性哲学，是值得肯定的。当然，正如我们刚才所讲到的那样，泽克并没有称阳明哲学为同一性哲学，而是曾将阳明的立场与康德的先验主体观与康德的“物自身”相比较过。

在针对王阳明的叙述之后，福克又对明代阳明后学的主要代表人物进行了详细的报道。他提到的哲学家有：王艮（1483—1540）[⑧]、徐爱（1487—1517）[⑨]、鄒守益（1491—1562）[⑩]、钱德洪（1496—1574）[⑪]、王畿（1498—1583）[⑫]、罗洪先（1504—1567）[⑬] 和顾宪成（1550—1612）[⑭]。

在福克的这些著作出版后不久，第二次世界大战的爆发残酷地阻碍了德国汉学研究的发展，也打压了随着福克的作品而开始的对王阳明更详细研究的可能性，因为许多研究人员在这个时候受到了迫害。其中，卡尔·雅斯贝尔斯（Karl Jaspers，1883—1969）是当时一位非常有名的哲学家和心理学家。1937 年雅斯贝尔斯曾因为他的妻子是犹太人而被迫退休，后来他的作品也被禁止出版。在战争结束前不久，纳粹甚至计划将他和他的妻子驱逐到集中营。笔者曾在以前的相关文章中指出，正是在这段艰难的时期，雅斯贝尔斯转而投向了中国的儒家思想和中国的哲

---

① 参见：Forke ^{2}1964，第 388-389 页。
② 参见同上，第 390-394 页。
③ 参见同上，第 393 页。
④ 参见同上，第 395-396 页。
⑤ 同上，第 395 页。
⑥ 参见同上，第 396-397 页。
⑦ 参见同上，第 398-399 页。
⑧ 参见同上，第 399-403 页。
⑨ 参见同上，第 403-405 页。
⑩ 参见同上，第 405-409 页。
⑪ 参见同上，第 409-413 页。
⑫ 参见同上，第 414-423 页。
⑬ 参见同上，第 423-425 页。
⑭ 参见同上，第 425-428 页。

学传统[①]。非常有意思的是，尽管雅斯贝尔斯与王阳明的历史时代和文化背景如此不同，但仍然可以看出两位思想家在伦理道德和人生态度上存在着某种共鸣[②]。在这种背景下，雅斯贝尔斯很可能在当时阅读了德文版的关于王阳明的著作，他在其非常重要的著作 *Die großen Philosophen*（《大哲学家》）的第一卷中也曾经提到了王阳明[③]。[④]

在雅斯贝尔斯还在世之时，1964 年瑞士出版了一本非常了不起的书，如今这本书在德语世界似乎多少被人遗忘了。该书名为 *Konfuzianische Bildung und Bildwelt*（《儒家教育与图像世界》）。这本书是当时一个非常著名的大丛书《古世界图书馆》中的一本。对这本书的描述如下："儒家文化对中国文化具有的重要性，使《古世界图书馆》专门为亚洲开辟的系列丛书中，加入了一套儒家译本。"[⑤]《儒家教育与图像世界》一书的文字部分是由德国汉学家孔达（Victoria Contag，1906—1973）翻译与书写的。她对中国美术史也有重要贡献。遗憾的是，这位杰出的研究者在今天几乎被人遗忘了。本书对整个前现代的中国儒学史进行了有价值的总结与介绍。在书中，孔达翻译了王阳明的部分文字，总共达 27 页之多。然而，最重要的不是她翻译的数量，而是她对翻译文本段落的选择是经过仔细思考的。通过这本选集，王阳明哲学的主要内容第一次以较大篇幅被翻译成了德语。她将《传习录》中选译的片段分别称为：Über die Naturanlagen（论自然的性情）、Zum Entstehen der Absicht（论意念的出现）、Wesen des besseren Wissens（论良知）、Vom Üben der Heiligen Menschen und der Edlen（论圣人与君子）、Wert der Bezeichnungen und der Dinge für die Erkenntnis（论概念和事物对认知的价值）、Einheit von Erkennen und Handeln（知行合一）、Übertriebene Höflichkeit（夸张的礼貌）、Inneres Heitersein（内心的明朗）、Stellung zu Chu Hsi（对朱熹的立场）。非常有意思的是，孔达将"良知"译为"besseres Wissen"，即"更善的知"。因为在德语中，这是一个俗语，其意思也是良知。这个词在德语中用法是指，如果有人不听从内心的良知，就违背了他"更善的知"。

在接近 20 世纪的接纳史中，应该提一下日本的一本关于朱熹和王阳明的专著的德文译本。这部作品的名称为 *Die neokonfuzianische Philosophie. Die Schulrichtungen*

---

① 参见：Jaspers 1958，第 383 页；Bartosch 2008。

② 参见同上。

③ 参见：Jaspers ^{8}2007，第 185 页。

④ 参见：余 2009，第 198 页，以及注脚 1。

⑤ Franke 1964，第 V 页。

Chu Xis und Wang Yangmings（《新儒家哲学：朱熹与王阳明的学派》）①。本书的日语原本作者是日本人岛田健二（Shimada Kenji，1917—2000）②，由德国汉学家余蓓荷（Monika Übelhör，1940— ）翻译成德语。她在 1988 年至 2005 年担任马尔堡大学的教授。该译本是第一次专门论述理学与心学关系的德文文献。几年后，该译著又以第二版的形式出版③，间接证明了这一文本在德国受到的关注。在本书中，岛田健二从新的角度介绍了王阳明的哲学和历史背景。该著作对德语世界的王阳明研究具有重要的借鉴意义。例如岛田健二提到④，从王阳明开始，经过程颢（1032—1085）、中国禅宗的到僧肇（374—414）和鸠摩罗什（343—413），甚至与庄子（约公元前 365—290）思想之间的联系⑤。随后，余蓓荷再次撰写了一篇文章："Die Auflösung des neokonfuzianischen Bildungsbegriffes bei Wang Yangming"（《王阳明新儒家教育观的消解》）。该文发表在 1980 年的《亚洲研究》杂志上⑥。

在详细介绍耿宁与笔者大卫·巴拓识（David Bartosch，1977— ）的两部宏大的关于王阳明的专著前，还想再提及一本书——在 2000 年发表的博士学位论文 *Yomeigaku 阳明学 im Japan der frühen Meiji-Zeit: Yamada Hôkoku 山田方谷 (1805—1877)*（《明治初期日本的阳明学：山田方谷，1805—1877》）。这部作品的作者阿尔穆特·迈尔（Almut Mayer）在书中写了一个章节，名为"Wang Yangming-Konfuzianismus"（王阳明—儒家），介绍了王阳明学说最重要的概念，以及一些基本的哲学历史背景⑦。除此之外，她还特别提到了阳明学在日本的发展。其中，迈尔还贡献了一些重要的文本翻译，揭示了明治初期王阳明在日本的接受情况。她的工作为德语世界研究王阳明带来了更多以前没有的信息，丰富了德语世界的王阳明研究。

最后，还要再提一下鲍吾刚（Wolfgang Bauer，1930—1997）用德文书写的 *Geschichte der chinesischen Philosophie: Konfuzianismus, Taoismus und Buddhismus*（《中国哲学史：儒家、道家、佛家》）⑧。作者用了多年时间，直到 1997 年才完成这部作品。2001 年，他去世后，该书才由他的学生叶翰（Hans van Ess，1962— ）

---

① 参见：Shimada 1979。
② 参见：Fogel 2001。
③ 参见：Shimada ^{2}1987。
④ 参见：Bartosch 2015，第 113 页。
⑤ 参见：Shimada ^{2}1987，第 49、142 页。
⑥ 参见：Übelhör 1980。
⑦ 参见：Mayer 2000，第 15-107 页。
⑧ 参见：Bauer 2001。

编辑完成并且出版。这本书中包含了一个关于心学的章节，其中有一个专门写王阳明的分章[①]。在之后一个简短的分章中，还介绍了王阳明的门生们[②]。但是，从内容上看，这部作品中关于阳明的认知并没有超过福克，而福克在此之前提出的内容也更为详细。

参考文献

注：以下书目中的资料均为原文，书目的写法遵循国际通行的《芝加哥文体手册》的形式（姓、名、年、作品或文章的标题和相应的补充信息）。18 世纪和 19 世纪的一些文本没有提到编者，因此在脚注中只标明了这些文本的简称和出版年份。根据这个简写的标题，这些特殊的文本可以在以下书目中找到。

Bartosch, David / 大卫・巴拓识. 2008. 《王阳明与雅斯贝尔斯哲学思想的共同点——从跨文化哲学的角度看》，《王学研究》49，42-47.

Bartosch, David. 2015. *»Wissendes Nichtwissen« oder »gutes Wissen«? Zum philosophischen Denken von Nicolaus Cusanus und Wáng Yángmíng*. Paderborn: Wilhelm Fink.

Bauer, Wolfgang. 2001. *Geschichte der chinesischen Philosophie. Konfuzianismus, Daoismus, Buddhismus.* München: C. H. Beck.

Bernhard-Maitre, Henri. 1935. *Sagesse chinoise et philosophie chrétienne*. Leiden: Brill (Les humanitésd'extrême-orient / Cathasia. Série culturelle des hautes études de Tientsin).

Chan, Wing-tsit. 1972. "Wang Yang-ming: Western Studies and an Annotated Bibliography". *Philosophy East and West* 22 (1), 75-92.

Chang, Carsun. 1930. „Richard Wilhelm, der Weltbürger." *Sinica* 5(2), 71-73.

Chang, Carsun. 1957—1962. *The Development of Neo-Confucian Thought*; 2 Volumes. New York: Bookman Associates.

Chang, Carsun, 1962. *Wang Yangming: Idealist Philosopher of Sixthteenth-Century*

① 参见：Bauer 2001，第 277-283 页。

② 参见同上，第 283-290 页。

China. Jamaica, NY: St. John's University Press.

Contag, Victoria (Hg. / Ü.). 1964. *Konfuzianische Bildung und Bildwelt*. [其中包含了一个序言与王阳明原著的翻译.] Zürich; Stuttgart: Artemis.

de Moyriac de Mailla, Joseph Anne-Marie. 1779. *Histoire générale de la Chine, ou annales de cet empire; traduites du Tong-Kien-Kang-Mou*; 10. Publiées par M. L'Abbé Grosier. Paris: Ph. D. Pierres.

Du Halde, J. B. [Jean Baptiste]. 1735. *Description geographhique, historique, chronologique, politique, et physique de l'empire de la Chine et de la Tartarie chinoise*; 2. Paris: P. G. Le Mercier.

Du Halde, P. [Jean Baptiste]. 1741a. *The General History of China. Containing a Geographical, Historical, Chronological, Political and Physical Description of the Empire of China, etc. Including an Exact and Particular Account of Their Customs, Manners, Ceremonies, Religion, Arts and Sciences. The whole adorn'd with curious maps, and variety of copper plates*; 2 [of 4]. Transl. from French. 3rd corrected edition. London: J. Watts.

Du Halde, P. [Jean Baptiste]. 1741b. *A Description of the Empire of China, etc.: Containing the Geography and History (Natural as well as Civil) of Those Countries*; 1[of 2] From the French. Illustrated with general and particular maps, and adorned with a great number of cuts. With notes geographical, historical, and critical, and other improvements, particularly in the maps, by the translator. London: Edward Cave.

Du Halde, Johann Baptista [Jean Baptiste]. 1748. *Ausführliche Beschreibung des Chinesischen Reiches und der grossen Tartarey*; 2. Aus dem Französischen mit Fleiß übersetzt, nebst vielen Kupfern. Mit einer Vorrede Sr. Hochwohlgebohrnen und Hochwürden, Herrn Johann Lorenz von Mosheim, Canzlers der Universität Göttingen. Rostock: Johann Christian Koppe.

Duyvendak, Jan J. L. 1922. "Een herleefd Chineesch wijsgeer". *De Gids* 86 [Amsterdam: von Kampen & zoon], 445-477; URL [geredigeerde elektronische versie], URL: https://www.dbnl.org/tekst/_gid001192201_01/_gid001192201_01_0029.php (2020/08/04)

Duyvendak, Jan J. L. 1927. *China Tegen de Westerkim*. Harleem: Bohn.

Eucken, Rudolf; Carsun Chang. 1922. *Das Lebensproblem in China und Europa*. Leipzig: Quelle & Meyer.

Fogel, Joshua A. 2001. "Shimada Kenji (1917—2000)". *The Journal of Asian Studies* 60 (1), 302-303

Forke, Alfred. 1926. „Lu Hsiang-schan, der Begründer des chinesischen Idealismus." *Orientalische Literaturzeitung* 10, 914-915.

Forke, Alfred. 1927. *Gedankenwelt des chinesischen Kulturkreises.* München: Oldenbourg [als Sonderausgabe aus *Handbuch der Philosophie*].

Forke, Alfred. [2]1964. [zuerst 1938] *Geschichte der neueren chinesischen Philosophie.* 2. Aufl., Hamburg: Cram, de Gruyter (Abhandlungen aus dem Gebiet der Auslandskunde; 46: Reihe B, Völkerkunde, Kulturgeschichte und Sprachen; 25).

Franke, Herbert. 1961. „Forke, Alfred." *Neue Deutsche Biographie* 5, 300, URL: https://www.deutsche-biographie.de/pnd118862715.html#ndbcontent (2020/08/02).

Franke, Herbert. 1964. „Vorwort." Contag 1964, V-VIII.

Goldmann, Paul. 1899. *Ein Sommer in China. Reisebilder*; 2. Frankfurt am Main: Literarische Anstalt Rütten & Loening.

Grimm, Tilemann. 1966. „Hackmann, Heinrich." *Neue Deutsche Biographie* 7, 413-414, URL: https://www.deutsche-biographie.de/pnd119511835.html#ndbcontent (2020/07/31).

Grousset, René. 1923. *Histoire de la philosophieorientale: Inde – Chine – Japon.* Paris: Nouvelle Libraire Nationale.

Hackmann, Heinrich. 1927. *Chinesische Philosophie.* München: Ernst Reinhardt (Geschichte der Philosophie in Einzeldarstellungen; Abt. 1: Das Weltbild der Primitiven und die Philosophie des Morgenlandes; 5).

Haga, T. 1893. "Notes on Japanese Schools of Philosophy". *Transactions of the Asiatic Society of Japan* 20, 134-147.

Hartig, Otto. 1913. „Joseph Anna-Marie de Moyria de Mailla."*Catholic Encyclopedia*; 9, URL: https://en.wikisource.org/wiki/Catholic_Encyclopedia_(1913)/Joseph-Anna-Marie_de_Moyria_de_Mailla (2020/08/01).

Henke, Frederick Goodrich. 1913. „A Study in the Life and Philosophy of Wang Yang-ming." *Journal of the Royal Asiatic Society Shanghai* 44, 46-63.

Henke, Frederick Goodrich, ed./tr. 1916. *The Philosophy of Wang Yangming*. La Salle, Il: Open Court Press.

黄文树. 2010. 《阳明后学与利玛窦的交往及其含义》,《汉学研究》27 (3), 127-158.

Israel, George L. 2018. "Discovering Wang Yangming. Scholarship in Europe and

North America, ca. 1600—1950." *Monumenta Serica. Journal o f Oriental Studies* 66 (2), 357-389.

Jaspers, Karl. 1958. *Philosophie und Welt. Reden und Aufsätze*. München: Piper.

Jaspers, Karl. [8]2007. *Die großen Philosophen: Erster Band*. Ungekürzte Taschenbuchausgabe. 8. Auflage, München; Zürich: Piper.

Jomand-Baudry, Régine. [2015-2019.] „DU HALDE." *Dictionnaire des journalistes*, URL: http://dictionnaire-journalistes.gazettes18e.fr/journaliste/268-jean-baptiste-du-halde (2020/08/01).

Kern, Iso. 1998. „§7. Die Vermittlung chinesischer Philosophie in Europa." Jean-Pierre Schobinger (Hg.): *Die Philosophie des 17. Jahrhunderts*; 1: *Allgemeine Themen, Iberische Halbinsel, Italien*. Basel: Schwabe (Grundriss der Geschichte der Philosophie/Ueberweg), 225-295.

Krause, Friedrich E. A. 1924. *Ju-Tao-Fo* 儒道佛. *Die religiösen und philosophischen Systeme Ostasiens*. München: Ernst Reinhardt.

Landry-Deron, Isabelle. 2002. *La Preuve par la China: La "Description" de J.B. Du Halde, jesuite, 1735*. Paris: Éditions de l'École des Hautes Études en Sciences Sociales.

Lettere 1827 →[Nessuna informazione sull'editore.] 1827. *Scelta di lettere edificianti scritte dalle missioni straniere preceduta da quadri geografici storici, politici, religiosi e lettererari de' paesi di missione accresciuta di un ragguaglio storico su lle missioni straniere di nuove lettere edificianti ed altri scelti fezzi*; 3. Traduzione dall' originale francese. Milano: Presso Ranieri Fanfani.

Lettres 1783 →[Aucune information sur l'éditeur.] 1783. *Lettres édifiantes et curieuses, écrites des missions étrangeres*; 25: *Mémoires des Indes et de la Chine*. Nouvelle édition. Paris: J. G. Merigot.

Lettres 1811 →[Aucune information sur l'éditeur.] 1811. *Lettres édifiantes et curieuses, écrites des missions étrangeres*; 25: *Mémoires des Indes et de la Chine*. Toulouse: Noel-Etienne Sens / Auguste Gaude.

Lettres 1819 → [Aucune information sur l'éditeur.] 1819. *Lettres édifiantes et curieuses, écrites des missions étrangeres*; 14: *Mémoires des Indes et de la Chine*. Nouvelle édition, ornée de cinquante belles gravures. Lyon: J. Vernarel / Cabin et C.

Lundbaek, Knud. 1983. "The Image of Neo-Confucianism in Confucius Sinarum Philosophus". *Journal of the History of Ideas* 44 (1), 19-30.

Mayer, Almut. 2000. *Yomeigaku 阳明学 im Japan der frühen Meiji-Zeit: Yamada Hôkoku 山田方谷 (1805—1877)*. Dissertationsschrift, Eberhard-Karls-Universität. Tübingen.

Meynard, Thierry. 2016. "Introduction". Ricci 2016, 1-32.

Neville, Robert Cummings. 2009. „Philosophische Grundlagen und Methoden der Komparativen Theologie." Reinhold Bernhardt; Klaus von Stosch (Hgg.): *Komparative Theologie. Interreligiöse Vergleiche als Weg der Religionstheologie*. Zürich: TVZ (Beiträge zu einer Theologie der Religionen; 7), 35-54.

Raeber, Thomas. 1959. „Eucken, Rudolf." *Neue Deutsche Biographie* 4, 670-672, URL: https://www.deutsche-biographie.de/pnd118682555.html#ndbcontent (2020/07/31).

Rall, Jutta. 1978. „Die Kenntnis der chinesischen Medizin im Europa des 17. und 18. Jahrhunderts." *Deutsches Ärzteblatt* 3, 150-151, URL: https://cdn.aerzteblatt.de/pdf/75/3/a150.pdf (2020/08/01).

Reinsch, Paul S. 1911. *Intellectual and Political Currents in the Far East*. Boston & New York: Houghton Mifflin / Cambridge: The Riverside Press.

Ricci, Matteo. 2013. *Le Sens réel de «Seigneur du Ciel»*. Traduction par Thierry Meynard, S.J. Paris: Les Belles Lettres.

Ricci, Matteo. 2016. *The True Meaning of the Lord of Heaven*. Revised edition by Thierry Meynard, S. J., translated by Douglas Lancashire and Peter Hu Kuo-chen, S. J. Chestnut Hill, MA: Institute of Jesuit Sources.

Schweitzer, Albert. 2002. *Geschichte des chinesischen Denkens*. Hg. v. Bernhard Kaempf u. Johann Zürcher. M. e. Nachw. v. Heiner Roetz. München: Beck. (Werke aus dem Nachlaß).

Sebes, J. 2001. "Ricci, Matteo". *Diccionario histórico de la Compañía de Jesús: biográfico-temático*. Ed. por Charles O'Neill; Joaquín Ma. Domínguez. Roma: Institutum Historicum, 3351-3353.

Shimada, Kenji. 1979. *Die neo-konfuzianische Philosophie. Die Schulrichtungen Chu Hsis und Wang Yang-mings*. Hamburg: OAG (Mitteilungen; LXXIV).

Shimada, Kenji. ^{2}1987. *Die neo-konfuzianische Philosophie. Die Schulrichtungen Chu Hsis und Wang Yang-mings*. 2. Auflage, Berlin: Reimer (Marburger Studien zur Afrika- und Asienkunde, Serie B; 9).

Stöcklein, Joseph Hg. 1726-1762. *Der Neue Welt-Bott. Mit allerhand Nachrichten Dern Missionariorum Soc. JESU: Allerhand So Lehr- als Geist-reiche Brief/Schrifften und Reis-Beschreibungen /Welche von denen Missionariis der Gesellschaft Jesu aus Beyden Indien/und andern Über Meer gelegenen Ländern/Seit An. 1642. biß auf das Jahr 1726. in Europa angelangt seynd*. Jetzt zum erstenmal Theils aus Handschrifftlichen Urkunden/theils aus denen Französischen Lettres Edifiantes verteutscht und zusammengetragen. Augspurg; Grätz: Philips/Martins/und Joh. Veith seel. Erben.

Übelhör, Monika. 1972. „Geistesströmungen der späten Ming-Zeit, die das Wirken der Jesuiten in China begünstigten." *Saeculum* XXIII (2), 172-185.

Übelhör, Monika. 1980. „Die Auflösung des neokonfuzianischen Bildungsbegriffes bei Wang Yangming." *Asiatische Studien* XXXIV (1), 1-17.

Wang, Frédéric. 2013. «Matteo Ricci et les lettrés de Nankin.» Isabelle Landry-Deron, éd. *La Chine des Ming et de Matteo Ricci*. Paris: Les éditions du Cerf, 29–42.

王守仁. 1933a. 传习录，中. 王文成公全书，二册，卷二，语录二，王云五主编. 上海：商务印书馆，37-82.

王守仁. 1933b. 传习录，下. 王文成公全书，三册，卷三，语录三，王云五主编. 上海：商务印书馆，1-48.

Wang Tch'angtche. 1936. *La philosophie morale de Wang Yang-ming*. Shanghai: T'ou-sè-wè / Paris: Geuthner (Variétés sinologiques; 63); version pdf par Pierre Palpant 2014 [différent de la mise en page originale], URL: https://www.chineancienne.fr/début-20e-s/wang-tch-ang-tche-la-philosophie-morale-de-wang-yang-ming/#tele (2020/08/09).

Watters, Thomas. 1879. *A Guide to the Tablets in a Temple of Confucius*. Shanghai: American Presbyterian Mission Press.

Weston, David. 2018. *The Bayer Collection. A preliminary catalogue of the manuscripts and books of Professor Theophilus Siegfried Bayer, acquired and augmented by the Reverend Dr Heinrich Walther Gerdes, now preserved in the Hunterian Library of the University of Glasgow*. University of Glasgow; URL: https://www.gla.ac.uk/media/Media_586405_smxx.pdf (2020/07/26).

Wieger, Léon. ^{2}1922. *Histoire des croyances religieuses et des opinions philosophiques en Chine depuis l'origine jusqu'à nos jours*; 2. 2e édition, Hien-hien; version pdf par Pierre Palpant [différent de la mise en page originale], URL: http://classiques.uqac.ca/classiques/wieger_leon/C11_histoire_croyances_religieuses/croyances_opinions_2.pdf (2020/07/30).

Wieger, Léon. [2]1930. *Textes philosophiques*. 2e édition, Hien-hien; version pdf par Pierre Palpant 2011 [différent de la mise en page originale], URL: https://www.chineancienne.fr/début-20e-s/wieger- textes-philosophiques/#tele (2020/07/30).

Wilhelm, Richard. 1922. *Chinesische Lebensweisheit*. Darmstadt: Otto Reichl.

Wilhelm, Richard. 1928. *K'ungtse und der Konfuzianismus*. Berlin: De Gruyter.

Wilhelm, Richard. [2]2012 [zuerst 1929]. *Chinesische Philosophie. Eine Einführung*. Text behutsam revidiert nach der Ausgabe Breslau: Hirt 1929. Wiesbaden: Marix.

Witek, J. W. 2001. "Bouvet, Joachim." *Diccionario histórico de la Compañía de Jesús: biográfico-temático*. Ed. por Charles O'Neill; Joaquín Ma. Domínguez. Roma: Institutum Historicum, 512-513.

余怀彦. 2009. 《王阳明的五百年——中国与世界的王阳明》. 贵阳：贵州教育出版社.

Yü Ying-shi. 2016. *Chinese History and Culture*; 2: *Seventeenth Century Through Twentieth Century*. New York: Columbia University Press.

Zenker, Viktor. 1914. *Soziale Moral in China und Japan*. München: Duncker & Humblot (Schriften des Sozialwissenschaftlichen Akademischen Vereines in Czernowitz; 4).

Zenker, Viktor. 1926—1927. *Geschichte der chinesischen Philosophie*; 2 Bände. Reichenberg: Gebrüder Stiepel.

Zenker, Viktor. 1927. *Geschichte der chinesischen Philosophie*; 2: *Von der Han-Dynastie bis zur Gegenwart*. Reichenberg: Gebrüder Stiepel.

Zenker, Viktor. 1932. *Histoire de la philosophie chinoise*. Traduit de l'allemand par G. Lepage. Paris: Edition Payot; version pdf 2006 par Pierre Palpant [différent de la mise en page originale], URL: http://classiques.uqac.ca/classiques/zenker_ernst_viktor/C17_histoire_philo_chinoise/zenker_philosophie.pdf (2020/07/31).

下　篇

阳明心学在德语世界的传播与研究[①]

在欧美的阳明学传播与研究中，德语世界的阳明学研究占有特殊的一席。单从研究者和论文、论著的数量看，德语世界的阳明学研究可能与美国、日本的阳明学研究难以相提并论，但是德语世界的阳明学研究却具有某种非同寻常的深度、分量，个别学者对阳明学论著的汉译甚至对汉语世界的阳明学研究回过头来产生了重要的启发，这里面首屈一指的当然是瑞士的哲学家、汉学家耿宁。德语世界的阳明学传播与研究之所以没有停留在单纯的译介阶段，而是在很短的时间里就取得了相当深入、有分量的成就，一个重要原因是德语世界的文化与阳明心学具有很深的亲缘性，因为德语文化是一种特别具有反思性、内在性和形而上学传统的文化。因此，在这一部分，我们有必要先交代阳明学在德语世界传播的文化接受背景，简要介绍一下构成这一背景的德语世界的宗教与文化。然后，我们再分别介绍20世纪下半叶以来几位有分量的德语世界阳明学研究学者及其主要论著。

① 李旭、大卫·巴拓识著（李旭，哲学博士，浙江省社会科学院政治学所副研究员）。

第一节　德语思想文化与阳明心学的亲缘性
——阳明心学在德语世界传播的接受背景

德意志民族在欧洲是一个文化上相对晚熟的民族，虽然在古罗马时代，日耳曼人就以骁勇好战著称，但其民族文化特色的形成与展示都要等到马丁·路德（Martin Luther，1483—1546）的宗教改革之后。在此之前，爱克哈特（Meister Eckhart，1260—1327）大师与库萨的尼古拉（Nicolaus Cusanus，1401—1464）的神学与哲学思想已经表现出德意志文化的某些特征，只是他们主要还以拉丁文写作，因此不能说是严格意义上的德语思想家。

爱克哈特的思想被认为是"德国哲学的一种最初尝试，是德国精神的严谨性的首次表现"[①]。爱克哈特的神学思想表现出强烈的主体性和平等性维度，他认为上帝的内在性突出地表现在人的灵魂之中。这与王阳明"心即理"的观点颇有相近之处。爱克哈特还抱有"人人可以成为基督"的观点，在他看来，"《圣经》所讲的有关基督的一切事情，也同样适用于一切善良的和有神性的人"[②]。这一见地与阳明学"见满大街都是圣人"的圣人观若合符节。爱克哈特的思想对后来的德国哲学，尤其是德国泛神论的发展有深远的影响。

15世纪德国最著名的思想家是库萨的尼古拉，他也被称为"德国哲学的真正创始人"。相比爱克哈特大师，库萨的尼古拉受到了更多文艺复兴时期人文主义的影响，是一位具有人文主义色彩的哲学家，他的思想也推动了之后马丁·路德领导的宗教改革运动。库萨的尼古拉知识渊博，精通数学、天文学、法学、神学和哲学等多门学问，代表作是《论渊博的无知性》《关于智慧的门外汉》等。他的思想富有张力，既揭示出了人的理性在知识和上帝的无限性面前的有限性，又肯定了理性的某种主体性力量。他把人的思想比喻成"量规"，认为思想作为量规并没有固定的大小，却完全可以按照各种确定的尺寸而相适应地发生变化，思想就是这样根据精神性的手段把多种多样的不同对象导引到理性的范围，促使多样性转变成统一性[③]。这一思想突出了人的理性作为思维矩度的主体性地位，是后来康德"人为自然立法""人为自身立法"思想的先驱，与王阳明以"良知"为内在"规

① 高宣扬，《德国哲学通史》第一卷，上海：同济大学出版社，2007年，第27页。以下简称《德国哲学通史》。
②《德国哲学通史》，第30页。
③《德国哲学通史》，第36页。

矩”[①]的思想也暗通款曲。库萨的尼古拉所生活的时代略早于王阳明，德国学者大卫·巴拓识近年出版了《“博学的无知”与“良知”：对库萨的尼古拉与王阳明的哲学思考》[②]一书，从多个角度系统比较研究了二者的思想。本书后面会对巴拓识教授这一著作进行专门介绍。

另一位与王阳明生活年代更接近的德国思想家是马丁·路德。他所开启引领的宗教改革运动不仅在德国，而且在整个欧洲都是一个划时代的革命性事件，对德国文化和思想此后的发展产生了巨大的影响，其地位在同时代的东方只有阳明心学在儒学内部所引发的革命堪可比拟。高宣扬教授指出：“路德的宗教改革思想，最先集中表现了具有独立特色的新型的德国民族精神，概括了即将全面发展的崭新的德国哲学的主要倾向。”[③] 路德宗教改革最重要的突破是以《圣经》的权威代替教会的权威，批判了当时罗马天主教会的腐败，否定了教会的特权地位；其次是恢复了保罗“因信称义”的思想，从人生的深刻反省中建立对神的信仰。路德“因信称义”的神学强化了德意志文化重视内省的品性，给后来德国文化与德国哲学的发展打上了深刻的烙印。

在欧洲 17、18 世纪的启蒙运动中，莱布尼茨是一位享誉欧洲的德国大哲学家。在与英国经验主义的论战中，莱布尼茨发展了欧陆哲学理性主义的传统。在知识论上，他继承发展了迪卡儿的天赋观念论，反对洛克的白板说；在本体论上，他反对机械主义的原子论，主张有机的、精神性的单子论。莱布尼茨的知识论代表作是《人类理智新论》，他继承迪卡儿的天赋观念论，主张“我们灵魂的一切思想和行动，都是源自自己内部，而不是由感觉所给予的”。作为与牛顿齐名的微积分的发明者，莱布尼茨的先验论的重要知识基础是纯数学，不过，他认为即使在数学之外，我们也可以在逻辑、形而上学、神学和法理学中，找到各种不是来自经验和感觉，而是来自“天赋的内在原则”的必然的真理[④]。这种天赋观念论明显与王阳明的良知说接近，只不过在莱布尼茨那里有更强的数学、逻辑背景。莱布尼茨的单子论主张宇宙的实体不是物质性的，而是精神性的原则，他认为“单子”是一种“主动的力”（vis primitive active），其活动表现为“知觉”（perception）和“热望”（appetition）两种类型，通过“热望”，一种“知觉”可以转向另一种“知觉”，因此“热望”相对“知觉”而言是更根本的[⑤]。因此，莱

① 《王阳明全集》卷二十六，上海：上海古籍出版社，2014 年，第 1068 页。

② David Bartosch. *»Wissendes Nichtwissen« oder »gutes Wissen«? Zum philosophischen Denken von Nicolaus Cusanus und Wang Yangming*. Paderborn: Wilhelm Fink, 2015.

③ 《德国哲学通史》，第 43 页。

④ 《德国哲学通史》，第 157 页。

⑤ 《德国哲学通史》，第 159 页。

布尼茨通过单子论奠定了德国哲学的唯意志论传统。20 世纪最伟大的德国哲学家海德格尔在解释尼采的著作中就说，“把一切存在者之存在理解为意志的观点，包含在德国哲学的最好、最伟大的传统路线之中”，而莱布尼茨则是这一传统的奠定者，因为他“把存在之本质规定为 perceptio 与 appetitus 的原始统一，即表象和意志的原始统一”。[①] 这一表象（知觉）与意志原始统一的原理与王阳明基于《大学》“诚意”论的“知行合一”思想非常接近。耿宁先生在探讨王阳明“致良知”与“立志”的关系时认为，王阳明给人的印象有时是一个“唯意志论者”（Voluntarist），有时又像是一个“唯智识主义者”（Intellektualist）[②]。阳明心学之所以给耿宁先生这种印象，正因为阳明心学中的“心体”如莱布尼茨的单子一样是“知觉”与“意志”的原始统一。

莱布尼茨单子论的主体性原理，特别是其中包含的唯意志论底色，在后来的康德、黑格尔哲学，乃至尼采的生命哲学、海德格尔的生存论哲学中一直余响不断。德国哲学中的这个主体性、意志论传统构成了与阳明心学的亲缘性，也是德语世界阳明学研究者的重要学术背景，这个背景在余蓓荷、耿宁和巴拓识等几位学者的阳明学研究中或隐或显地都可以看到。

第二节　余蓓荷的《王艮及其学说》

德语世界关于阳明学的研究大概可以分为三个阶段，第一阶段是 17—19 世纪，这个阶段只有一些零星的介绍；第二个阶段是 20 世纪上半叶，这个阶段一些关于中国思想史、哲学史的著作中开始有较大篇幅介绍王阳明及其学派的思想；第三个阶段是 20 世纪 80 年代至今，出现了好几本有分量的王阳明研究专著，专门的论文也开始增多。关于前两个阶段德语世界的阳明学研究，可参看大卫・巴拓识教授写的本章上篇“王阳明哲学在欧洲的研究与影响：从 17 世纪早期到 20 世纪末”。

德语世界的第一部阳明学专著应该是余蓓荷的《王艮及其学说》。这本书原来是余蓓荷于 1982 年春提交给图宾根大学人文学院的大学授课资格论文，原题为

① 马丁・海德格尔，《尼采》，孙周兴译，北京：商务印书馆，2000 年，第 36 页。
② 耿宁，《人生第一等事——王阳明及其后学论“致良知”》，北京：商务印书馆，2014 年，第 255-260 页。

"Wang Gen und seine Lehre. Neuzeitliche Tendenzen im China der Ming-Zeit"（《王艮及其学说——明代中国之近代趋势》）。其中的副标题体现出很明显的与西方现代性相对照的文化比较意图。1986 年该著作出版时改题为《王艮及其学说——晚期儒学中的一个批判立场》。之所以改变了副标题，很可能是对原来的"近代趋势"这一视角做了批判性的重审。该著作由邱黄海、李明辉翻译，于 2018 年在中国台北由台湾"中研院"中国文哲研究所出版。中译者序言对该著作的特点和优点做了简明扼要的介绍，以回应这样一个问题——"在海峡两岸王艮思想的研究已如雨后春笋般不断出现的今日，我们有必要将一本将近三十年前出版的德文研究译成中文吗？"[①]

中译者从两个角度回答了上面问题。首先，是原始资料的使用。中文学界的王艮研究大致是根据日本嘉永元年（1848）和刻本影印的《王心斋先生全集》及清宣统元年（1909）袁承业所编的《明儒王心斋先生遗集》。余蓓荷的研究除了使用这两个版本之外，主要依据明万历二十三年（1595）版《王心斋先生全集》。这个版本目前只见于东京"内阁文库"，其中有许多资料不见于前述两个版本。这使得该书在取材方面较之中文学界已有研究有其优胜之处。其次，该书结合了哲学史的研究与思想史的研究，既展示了王艮思想的哲学史脉络，又说明了王艮思想的时代意义。在展示王艮思想与人格的有机统一方面，余蓓荷的著作表现得非常出色。该著作用了一章十节的篇幅来介绍王艮的生平，占全书的三分之一还要多。西方通行的思想史，特别是哲学史研究著作，一般不太重视研究对象的生平历程，因为哲学家以沉思为其主要的生命活动，其思想就是其生命，研究一个人的思想就是理解其生命。德国著名哲学家海德格尔在他的亚里士多德研究课上曾以这样一句话将亚里士多德的生平介绍打发过——他出生，他工作，他死了。这确实是一位标准的哲学教授的一生。但是对中国的思想家而言，特别是对王艮这样一位有着传奇色彩的平民思想家而言，其学说显然不能脱离生平而抽象地解释。正如中译者在序言中所讲的，在一般的思想史写作中，对人物生平的介绍往往是例行公事，作者是作者，思想是思想，生平与思想只是外在地置放于一起，余蓓荷对王艮生平的考察则实现了思想与人格的结合，其中一个突出的例子就是通过对王艮生平中具体的"孝德"与"孝行"的叙述显示了王艮"孝"思想的特殊性[②]。

《王艮及其学说》一书考证精严，内容全面，体现了德国学者治学谨严的风格。我们从以下几个方面介绍该著作的特点，从中一窥余蓓荷眼中的王艮。

---

① 余蓓荷，《王艮及其学说——晚期儒学中的一个批判立场》，邱黄海，李明辉译，台北：台湾"中研院"中国文哲研究所，2018 年，中译者序言。以下简称《王艮及其学说》。

②《王艮及其学说》，中译者序言。

一、该书章节与主要内容

《王艮及其学说》一书共六章，加上余论，主体内容一共七个部分。第一章“导论”部分介绍了西方和汉语学界王艮研究的现状，交代了该书的方法论反思。作者特别清醒地意识到：“在透过欧洲语言以表述中国哲学之构想的同时，要避免以本地的概念来诠释，甚至扭曲所表述的思想，确有其困难。”她应对这一困难的方式是：“透过与王艮时代所提出的种种问题之对话来锤炼其思想的意义，并且让其中所使用的哲学观念，通过它们所处的脉络及其附属的说明，以取得它们自己的命题力量。”具体做法则是通过一个详细的传记研究来开启其思想命题的生命史意义。[①]

第二章“王艮生平之批判的考察”，名为批判性考察，是比对了有关王艮生平的各种传记性资料的结果。作者指出，各种传记文献的表述价值都是有限的。她特别提示，“由于其文体特色，家谱及由家族成员或朋友所写的传记并不足以描绘出个人作为一个个体的公允形象”[②]。这种科学谨慎的态度值得治思想史者学习。在第二节“家世背景及其早年生活”与第三节“归宗孔子”部分，余蓓荷讲到王艮24岁探访曲阜孔庙之行使得他获得了改变他整个生命的决定性动力，王艮年谱中记载他至曲阜拜谒孔庙，受孔庙之中的神圣气氛及孔子的尊荣所感动，决定要成为儒师，并开始理解了“圣人可学而至”这句话[③]。这个细节对理解王艮生平极为关键，他后来的“补天”之梦与着古冠服周游四方的古怪行为可能都与孔子榜样的激励有关，这也表明了王艮所身处的儒家历史文化氛围在他生命成长过程中的作用。王艮生平中另一个突出之处是其孝行，除了以身代役等躬身服侍父母的孝行之外，余蓓荷突出了王艮孝行中劝父母以义的维度。王艮所作《孝弟箴》体现了孝中之“义”，他的行为也体现了这一点。例如，他鼓励父亲将依里俗而放在祖先神位上的道教与佛教的神像加以焚化，说动父亲依照朱熹《家礼》的规定而祭祀祖先，他通过讽谏的方式说服喜欢打猎的父亲烧掉猎具等[④]。

作为阳明心学极具个性的大弟子，王艮生平中最重要的事件之一当然是受教于王阳明的因缘。余蓓荷用了两节的篇幅介绍王艮受教于阳明的经历。这段经历一般介绍王艮生平的著作都会提到，余蓓荷著作的独到之处在于突出了王艮在见

① 《王艮及其学说》，第24页。
② 《王艮及其学说》，第28页。
③ 《王艮及其学说》，第43页。
④ 《王艮及其学说》，第49页。

阳明之前对科举出身的士人所抱有的成见，在王艮看来，这些仕途中的士人所关心的不外是自己的事业前途与利益而已，因此王艮见阳明最初的动机其实有教训的意味，要确定阳明是否以其学误天下[①]。这确实是狂者的气派。他见阳明的结果，众所周知，是最终折服于阳明，标志就是改原名王银为“王艮”，字“汝止”。这个来自《周易》“艮”卦的改名是王阳明对王艮最大的教诲之一，王艮后来的思想发展在一定程度上都体现了这一改名的思想意蕴。例如，其著名的“明哲保身论”，就未尝没有“时行则行，时止则止”的“思不出其位”的智慧。

该书第三章题为“‘身’在王艮学术中的理论地位”，主要讨论王艮的“明哲保身论”与著名的“淮南格物”；第四章题为“理想的人格与大人之学”，主要讨论了王艮“大人造命”的思想；第五章题为“和谐社会的实践”，讨论王艮的社会政治思想；第六章题为“王艮之学的评价”，介绍了当世与后世对王艮的各种评价；余论部分探讨了从西方哲学的角度评价王艮思想的问题。从这些章节题目可以看出余蓓荷对王艮思想的介绍研究与汉语学界的研究角度有些差异[②]，例如，对王艮学说中在阳明后学中引起争论较多的“现成良知”问题就基本没有涉及，也基本没有讲到王艮著名的“大成学歌”涉及的学政关系及道统问题。

二、对王艮学说的研究

《王艮及其学说》中最具有理论性的部分是第三、四章。余蓓荷指出，王艮思想的基本出发点是“身”的基本重要性，他对《大学》“格物”条目和“止于至善”纲领的理解都基于这一点。“身”的概念在王艮思想中是指怀着自我保存与被尊重之愿望的个人。指出这一点很重要，这使得王艮那里“身”的概念不至于与“肉身”完全等同。余蓓荷又指出，王艮基于身与道的同一性来论证他“明哲保身”的良知，他的保身论认可了“个人利益期望”的合理性，赋予自我保存格外强烈重要性的观念与儒家主流见解完全不同。余蓓荷还通过王艮对孟子“守身为大”一语的引用与朱熹《四书集注》中对这一章解释的不同来表明王艮思想与儒家传统的出入。[③] 她还指出，王艮对保身的极度重视与王阳明的思想也有出入。这表明余蓓荷对宋明理学有相当细致深入的造诣，熟悉理学的整体话语与学脉。

---

① 《王艮及其学说》，第 57 页。

② 可对照吴震的《泰州学派研究》第一章“王艮：泰州学的创立”，北京：中国人民大学出版社，2009 年。

③ 《王艮及其学说》，第 94 页。王艮将“守身”理解为“自我保存”。朱子则将“守身”解释为“持守其身，使不陷于不义也”。显然，与朱子将“身”解释为人格的身不同，王艮将之解释为肉身生命的身。

王艮基于他“保身”的基本思想得出了对《大学》“格物”的独到解释，即著名的“淮南格物”说。余蓓荷先简要介绍了王阳明格物说与朱熹的不同。她指出，“天理”在朱熹那里是贯穿于人文秩序与自然秩序的普遍原则，这一普遍原则要透过对于其繁复的各种显现进行全面而耐心的研究而发现，这个研究的过程就是格物穷理——“即物而穷其理”。阳明则将“格”解释为“正”，将“物”解释为行为方式与行为的对象，“格物”即“依照先天本有的对于善的认知（良知）而调整一切他所有的行动”。余蓓荷指出，阳明虽然并不反对经典，但在他的格物论中经典的地位确实下降了，“他以在内容方面不能事先被确定而必须仅仅完全让它自作主宰的良知概念取代在经典中所包含的有关正确行为之具体事例”[①]。王艮的格物论在不依傍经典而诉诸主体自身反思力方面接近阳明，同时有其独到之处，更紧扣《大学》原文。

余蓓荷指出，王艮对问题横生的《大学》格物段落的诠释从“物有本末，事有终始”这个句子出发。他将“物”解释为身与家国天下本末一贯的“物”“格”为“絜度”：

> 身与天下国家，一物也。唯一物而有本末之谓。格，絜度也。絜度于本末之间而知本乱末治者否矣，此格物也。物格，知本也。知本，知之至也。

王艮将“格”解释为“絜度”依据的是《大学》“平天下在治其国”一章所讲的“絜矩之道”。他说：

> 格如格式之格，即后絜矩之谓。吾身是个矩，天下国家是个方。絜矩，则知方之不正，由矩之不正也。是以只去正矩，却不在方上求，矩正则方正矣，方正则成格矣。故曰物格。吾身对上下前后左右是物，絜矩是格也。“其本乱而末治者否矣”一句，便见絜度格字之义。

余蓓荷指出，王艮的格物论所表达的其实是“己所不欲，勿施于人”这一套语的意思，其实质是说“个人同时也是他人行动的接受者”。

由于包含了这一“主体际性”，王艮的“格物”说与王阳明有显著的不同，并有其优点。王艮与阳明同样认为“格”是导向行为的，是“导正”。但在阳明那里，“每一个行为动力显示其自己的良知乃所以校准行为者”，这其实是自正（证），而关于人自以为的良知是否时时处处都能校正自己的行为，这一点是有争议的。王艮的格物说省掉了这个问题，因为“他的‘格物’诠释——对个人的基本重要性

① 《王艮及其学说》，第 99 页。

之认知，以及与之相连的个人与外在世界互动的不和谐表示自己的行为有问题——使得个人行为方式的可检验性之系统性证成成为可能”[①]。用时下话语来说，王艮的格物说相比阳明而言多了一层“客观性”——主体际性——的检验维度[②]。这一对王艮与阳明格物说之间的辨析可谓切中肯綮。

余蓓荷还将王艮的格物说与康德的“定言命令”做了对照。王艮的格物说要求“我对待他人、每一个个体，就如同我自己要求被对待的那样”，我自己的基本要求则包含自我保存与被尊重两个基本层面，即保身与敬身。这类似于康德的定言命令：“仅根据你能同时意愿它成为一项普遍法则的那项格律而行动！”以及：“如此行动，即无论是你的人格还是其他每个人的人格中的‘人’，你始终同时当作目的，决不只当作工具来使用！”这一对照显示了康德定言命令的两个维度——交互普遍性的形式维度与人格目的性的内容维度。这一对照也让我们看到了王艮的格物说包含了反身絜矩的形式性维度和保身、敬身的内容维度。不过，余蓓荷也指出了王艮的学说与康德定言命令的不同，王艮及王阳明的“良知”作为理性知识的基础具有从自身发出作用的生命冲动的意涵。这一点敏锐地指出了“良知”的自发性意蕴与康德更具形式意味的实践理性之间的差异，也包含了儒家的忠恕之道与康德定言命令之间的差异。

余蓓荷对王艮的格物说给予了高度评价，指出这一学说中包含了“自他互动之不和谐表示自己的行为也出了问题”之观念，这一观念并没有多大空间可以被了解成泰州学派的批评者所攻击的“怠惰”与“情识而肆”，至少比传统的见解要小。她又指出，《明儒学案》虽然对王艮有批评，但也肯定了王艮的格物说。余蓓荷还介绍了王艮以“安身”解释《大学》“止于至善”的观点，指出王艮的这一思想承认了个人欲求的合理性，与程朱理学以来存天理去人欲的思想有差异，王艮将个人的欲求理解成对他人之理解与恰当对待的出发点[③]。她也指出，《明儒学案》虽然肯定了王艮的格物说，但对王艮以“安身”解释“止于至善”的观点却未置一词。

在书的第四章，余蓓荷专门研究了王艮的“大人”观念。该观念的主要来源是孟子“大丈夫”的讲法。孟子将大丈夫与“以顺为正”的“妾妇之道”进行对比，突出了大丈夫“富贵不能淫，贫贱不能移，威武不能屈”的独立气概。王艮宣扬大丈夫“出则必为帝王师，处则必为天下万世师”的担当气概。余蓓荷总结

① 《王艮及其学说》，第 103 页。

② 但另一方面，王艮的反身格物说似乎又缺失了阳明格物说中自发自证的先天维度，落在“恕”道上而缺失了一些原发的“忠”。

③ 《王艮及其学说》，第 113 页。

了王艮“大人”观念的如下特征：

（1）他以自己为模范带领他人向善。

（2）大人充其心可与万物为一。

（3）由于大人与乾元的创造性力量合一，他亦与保证生生不息的天地同合，化育万物。

（4）他努力从事，以使人人能发展其本性，并耐心而持续地促进自己与他人的福祉。

（5）由于大人直接地依循其本性，他自然而不造作地践履行道。[①]

在这些特征里面，王艮比较突出的地方是依据《周易》乾卦的“大人”观念发掘了这一观念的本体论意义和社会政治意义。基于乾卦的“大人”观，王艮提出了“大人造命”的著名命题。她指出，王艮这一观点与儒家传统的“知命”“穷则独善其身”的思想有所不同。“对于王艮而言，对抗恶劣环境是一种任务，经由持续的努力，最终将不利的原始环境翻转过来。在这样的脉络中，他举出传说中舜的例子。”余蓓荷还考察出了“造命”的概念在《抱朴子》炼丹养生术中有其渊源[②]。“大人造命”说尤为突出地体现了王艮与阳明心学中发挥主体能动性的精神。不过，这种“主体性”与西方现代的主体精神还是有所区别，并非与自然对立的精神，而是与天道创造性力量合一的乾元本心。“大人”精神中主体性与自然性的同一在王艮津津乐道的“乐学”观中也有体现。

余蓓荷还着重介绍了王艮依据乾卦九二爻“见龙在田，利见大人”来阐发其“大人”观的思想。她指出，九二“见龙在田”表征大人处在一种虽具有兴发力但并未承担任何职务的阶段，这正恰合王艮本人的布衣处境。王艮所作著名的《鳅鳝赋》形象地表明了王艮以“在田”之龙自况的信心。在介绍王艮生平时，余蓓荷就全文引用了这篇《鳅鳝赋》：

> 道人闲行于市。偶见肆前育鳝一缸，覆压缠绕，奄奄然若死之状。忽见一鳅从中而出，或上或下，或左或右，或前或后，周流不息，变动不居，若神龙然。其鳝因鳅，得以转身通气，而有生意。是转鳝之身，通鳝之气，存鳝之生者，皆鳅之功也。虽然，亦鳅之乐也。非专为悯此鳝而然，亦非为望此鳝之报而然，自率其性而已耳。于是，道人有感，喟然而叹，曰：“吾与同类，并育于天地之间，得非若鳅鳝之同育于此缸乎？吾闻，大丈夫以天地万物为一体，为天地立心，为生民立命，几不在兹乎？”遂思整车束装，慨

①《王艮及其学说》，第 122 页。

②《王艮及其学说》，第 126 页。

然有周流四方之志。少倾，忽见风云雷雨交作，其鳅乘势，跃入天河，投于大海，悠然而逝，纵横自在，快乐无边。回视樊笼之鳝，思将有以救之。奋身化龙，复作雷雨，倾满鳝缸。于是，缠绕覆压者，皆欣欣然有生意矣。俟其苏醒，精神同归于长江大海矣。道人欣然就车而行。或谓道人曰："将入樊笼乎？"曰："否！吾岂匏瓜也哉？焉能系而不食！""将高飞远举乎？"曰："否！吾非斯人之徒与而谁与？""然则，如之何？"曰："虽不离于物，亦不囿于物也。"因诗以示之曰："一旦春来不自由，遍行天下壮皇州。有朝物化天人和，麟凤归来尧舜秋。"[①]

这篇奇文显示了王艮以与鳝同处一缸的鳅自况的"神龙"抱负，这条神龙一般的鳅虽然"在田"，但其实有大济天下苍生的"飞龙"之志，但是这神龙一般的鳅又不愿入体制的樊笼，而是要保持樊笼之外的自由，不离于物也不困于物，甘于做遍行天下却在野的麟凤。余蓓荷在这篇赋中看到了王艮独特的大人抱负及其与政治之间富有张力的关系[②]。

值得一提的是，余蓓荷既看到了王艮"大人"观念中的豪杰气象，又注意到了王艮学问中曲通人情的微妙之处。她在介绍王艮思想中的修学功夫时讲到了在王艮那里交友对为学的重要性，并探讨了王艮眼中的交友之道。她指出，"依照王艮与阳明的见解，人人所固有的良知之作用并无法透过书本的研究而认取，而是必须在人际交往之间体验"。在人际交往中，"王艮一再强调：直接批评他人是错误的。那是因为，在这个说法的背后有一个'正己而物正'的观念；除此之外，这里也多了一层心理认识的考量——批判会轻易地造成受批判者立场的僵化，并且引起直接的或升高的对抗反应。相反地，如同在友朋之间寻常可见一样，以一种体贴的方式对待他人，就会减轻改正错误的冲击。王艮强调，不可当面批评弟子，而是要等待时机——可能的话——以幽默的方式引领他，让他自己看到错误行为背后的原因"。余蓓荷还指出，在王艮那里，这种交友之道中的温和委婉并不只是出于人际关系的技巧，更是出于对他人的尊敬与爱护。[③]

在接下来的第五章"和谐社会的实践"中，余蓓荷研究了王艮的社会政治思想。在这方面王艮思想最突出的是对孝弟的重视。余蓓荷着重讲到了王艮孝弟观中劝父兄以义的维度，她指出，王艮在《孝弟箴》中提出了这样的要求："一个好

---

① 《王艮及其学说》，第 65 页。

② 以九二"在田"之龙自况，并比之于与相对惰性的鳝同处一缸而生机满溢的鳅，表明了王艮所代表的泰州学派觉民行道的平民精英品格。不过对王艮及泰州学派"觉民行道"的社会政治取向，余蓓荷此书并未多着墨。

③ 《王艮及其学说》，第 155 页。

儿子有义务批判地思考父亲的命令，并在必要的时候阻止父亲的不善行为。”这个要求虽然在《孝经·谏诤》章中有依据[①]，但在王艮的时代几乎已被遗忘[②]。“孝”对王艮而言，并非意谓自我否定的顺从，而是对天理的主动参与[③]。这一点是余蓓荷反复强调的。王艮将孝看作国家的基石，在制度安排上，他主张国家应该让孝行纯笃者居于高位。王艮在《与南都诸友》的信中写道：

> 不取天下之孝者立乎高位治其事，是未能尽其术业。取之在位，所以劝天下以孝也。立乎高位，所以尊天下之孝也。使之治事，所以教天下以孝也。[④]

这其实是主张恢复汉代举孝廉的制度。在余蓓荷此书附录的《王道论》一文中，王艮就明确建议“当于科贡之外，别设一科与科贡并行，如汉之贤良方正孝廉”[⑤]。当然，王艮没有注意到汉代这一制度的流弊。余蓓荷比较了王艮的社会理想与当时儒家的正统观点。她指出，王艮提出“孝”是简择官员的决定性判准，实则他是要求人人皆可为官出仕，而由于他许诺道德之要求有其报酬，违反了“我们必须依道德而行，而无任何利益考量”[⑥]的儒家基本原则。她在这一章的开头引用了张居正读到王艮关于治国之道的上书后对人的评论：“世多称王心斋。此书数千言，单言孝弟。何迂阔也！”[⑦] 这是当政者对王心斋治国思想很有代表性的一种评论。

在第六章中，余蓓荷提出了自己对王艮之学的一般性看法，并择要介绍了王艮当世人及后世人对他学问的评价。她总结道：“王艮学说有两个特别的要素。其一，王艮确信，人人事实上皆可成就理想人格，而且人人也必须如此成就，以便和谐地建立社会的共同生活。其二，则是王艮的《保身论》。”[⑧] 实际上，第一条是宋明理学家，特别是阳明心学的共识，第二条才是王艮思想的特点。余蓓荷指出，王艮在《保身论》中“并非单纯地以实现天理的名义要求务必去除私欲，而是由于：他从一般而毋须事先教育的每一个人皆能解悟之前提推衍出去除私欲的必要性”。基于这一点，王艮大大推进了阳明心学中的平民维度——“不仅是领导

① 《孝经·谏争章》：“父有争子，则身不陷于不义。故当不义，则子不可以不争于父，臣不可以不争于君。故当不义则争之，从父之令又焉得为孝乎？”
② 《王艮及其学说》，第164页。
③ 《王艮及其学说》，第170页。
④ 《王艮及其学说》，第167页。
⑤ 《王艮及其学说》，第231页。
⑥ 《王艮及其学说》，第174页。
⑦ 《王艮及其学说》，第157页。
⑧ 《王艮及其学说》，第181页。

精英，而是每个人都得在道德上自我圆成”[①]。这一点，应该说也是现代学者对王艮思想的一个共识。余蓓荷的独到之处在于，针对后世一些对王艮不实的批评做了有根有据的辩护。首先，《明史·王艮传》中讲到王艮“出入于二氏”的问题。余蓓荷指出，王艮并未研究佛教哲学，而且有证据表明他清楚地与佛教划清界限，他后期的教学法中也反对任何方式的静坐而更重视日常实践，因此王艮学说亲近佛教观念是无法证实的，但他的思想（尤其早年）部分受到道教观念的影响则是可能的[②]。其次，针对王艮的泰州学派透过“无善无恶”之说为私欲的放纵恣肆铺路的指控[③]，余蓓荷指出王艮从未说过“无善无恶”之句，这一学说最重要的支持者毋宁是王畿，而《明史》却将王艮与王畿放在一块儿论究了，在王艮的“保身论”与“格物论”中，“个人欲求甚至只是一种桥梁，以便能更理解他人、更公平地对待他人”，因此“王艮之学并不为率性与安逸或利己主义之证成提供任何空间”[④]。应该说，这是一个堪称卓识的公允之论。

余蓓荷还分析了对王艮及其学派不同评价背后的社会政治动机。她提到了以高攀龙等士人为首的东林学派对泰州学派的攻击。东林学派攻击王艮及其泰州学派的一个理由是，一个好官在必要的时候需要为完成道德要求而牺牲生命，而王艮的“保身论”则为临难苟免开了一扇门。余蓓荷虽然没有明确说，但实际上默认了这一批评的合理性。不过她也指出了东林学派的精英主义色彩，以高攀龙为例，朱熹的“半日静坐，半日读书”实际上是一种只有少数有闲暇的读书人才能做到的功夫。余蓓荷揭示了王艮之学对传统儒家精英秩序的冲击：“依照传统的看法，和谐的秩序有赖于那些能体认天理之受教育的小部分精英。传统的儒师所教授的知识将士大夫提高到一般的愚蒙百姓之上，并以之证成他们的统治权力。相对于此，王艮以危险而明白的方式主张，和谐的秩序并非来自知识阶层的较佳洞察力及其统治术。依王艮，当包括平民百姓在内的一切参与者，皆同意社会和谐的根本原则，并主动地促成其实现时，和谐的秩序方得到保证。”[⑤] 按照这一观点，传统读书人阶层对泰州学派的批判，一个重要的动机是感到自己的知识和道德权威地位受到了威胁。这种知识社会学的分析有一定的启发性，但不等于对王艮及泰州学派义理上的辩护。

---

① 《王艮及其学说》，第 182 页。

② 《王艮及其学说》，第 199-204 页。

③ 即黄宗羲在《明儒学案》中讲的“情识而肆”。

④ 《王艮及其学说》，第 208 页。

⑤ 《王艮及其学说》，第 212 页。

三、余蓓荷的王艮研究的特点

作为德语世界阳明学研究的第一本专著，余蓓荷的《王艮及其学说》是一本非常优秀的著作，即便放在汉语和东亚世界的阳明学研究中也毫不逊色。除了该书的译者序言所讲到的资料占有方面的优点外，余蓓荷的研究还有以下方面的一些特点和优点：（1）将生平、历史背景等方面的知识社会学研究与学说义理的研究相结合，给予了读者一个立体丰富的王艮人格与思想全景，作者在介绍与分析王艮的平民儒者身份时运用了知识社会学的视角，将王艮的学说与当时人们对其学说的评价放在明代思想社会变化的大背景中考察，这一知识社会学的视角暗合于中国“知人论世”的论学传统。但该研究仍然主要是一项哲学义理性的研究，余蓓荷对王艮独到的学说进行了具有哲理深度的介绍与分析，让读者在理解王艮其人的同时也能获得深刻的哲理启发。（2）除了德语世界已有的中国哲学和明代思想研究之外，余蓓荷对英语世界与日本学界的阳明学及明代思想研究状况也较为熟悉，大量采用了美国汉学家狄百瑞（William Theodore de Bary）及日本阳明学学者冈田武彦、岛田虔次等人的研究，但对中国内地学者的阳明学研究成果汲取较少，其中原因应该是该研究完成的时候尚是中国改革开放初期，内地的阳明学研究处在恢复、壮大的起步阶段。（3）余蓓荷的王艮研究有一定的中西文化比较背景，例如将王艮著名的格物说与康德的道德哲学对照。但是余蓓荷在这么做的时候保持了高度谨慎，并没有简单地以欧洲思想和社会发展的模式来套王艮思想与阳明学。

在该书的“余论”部分，余蓓荷专门探讨了从西方哲学的角度评价王艮思想的问题。她坦言其著作的关怀是“内在于文献去诠释，并透过时代的脉络去说明王艮学说”，并意识到该书并未从通常处理像王艮这样的思想家的提问角度出发——“明代思想史是否平行于近代西方思想的发展”。之所以如此，是因为她意识到了这类平行性比较的难处。[①] 余蓓荷指出，“西方近代思想的主要关怀乃是规定个人为独立的主体。在此，就关涉到从传统学说系统中解放出来的愿望，也就是，去创造纯粹依循理智而导出的价值体系”[②]，王艮“大人造命”的思想，他对《大学》“格物”和“至善”的解释与西方近代自我负责的个体概念看起来在很大程度上可以等同。在指出这一近似之后，余蓓荷接着提醒，“王艮的学说活动是一个与欧洲

---

① 《王艮及其学说》，第 223 页。

② 这一立足于主体理智的个人独立性主题在迪卡儿的“我思故我在”中得到最初奠基，在康德“人为自然立法”和“人为自身立法”的批判哲学中得到系统构建。

近代思想颇为不同的哲学脉络”，欧洲的启蒙思想是离开“未成年”状态的重要一步，这个“未成年”状态是基督教创世神观念笼罩的世界，从这一状态中转变解放出来的结果是，人取代了原来创世神的位置，将所有的“非我”都看作主体的“对象”，科学对自然的研究即属于这一拥有世界目标的关键一环，但是中国并没有西方基督教意义的“创造神”观念，宋明儒家的“天理”观念与“上帝”观念地位相近，但意义不同，人“在人间世界”分享实现天理的责任，这种“实现天理”的“个人”并不将他人与大自然当作被研究和征服的“对象”。在王艮学说中，个人的人格是作为一个广泛的整体的部分，而不同于西方近代思想中将他人与世界对象化的“主体”。因此，余蓓荷的结论是：“尽管在中国与西方有相同的本质关怀，但仍必须注意，中国与西方哲学，至今为止，乃是奠基于非常不同的基本观念，并依据这些基本观念而导出不同的哲学系统。尽管这些系统之个别部分可相互比较，其类似性却毋须显示类似的发展过程。”① 这即是说，我们要提防从微观的相似性比较中得出一些宏观的结论。这种就事论事的谨慎治学态度值得我们尊敬和学习。

第三节　德语世界阳明心学研究的扛鼎之作——耿宁的《人生第一等事——王阳明及其后学论“致良知”》

耿宁于 1937 年 10 月出生在瑞士伯尔尼，1961 年以《胡塞尔与康德——关于胡塞尔与康德和新康德主义之关系的研究》为题在比利时鲁汶大学完成其哲学博士学业，此后一直从事现象学哲学研究。1979—1984 年，耿宁先后在中国的台湾大学、南京大学、北京大学及美国的哥伦比亚大学潜心学习中国哲学。1984—2006 年，他任教于瑞士的伯尔尼大学、弗里堡大学和苏黎世大学，讲授欧洲哲学与中国哲学。2010 年初，耿宁先生出版了关于儒家心学的巨著 *Das Wichtigsteim Leben: Wang Yangming (1472—1529) und seine Nachfolgerüber die «Verwirklichung*

① 《王艮及其学说》，第 226 页。

des ursprünglichenWissens（《人生第一等事——王阳明及其后学论“致良知”》，以下简称《人生第一等事》）。倪梁康教授称《人生第一等事》为“生命之作”[①]，并将其译为中文，于 2014 年在商务印书馆出版。该书在汉语阳明学研究界引起了很大反响。

耿宁的《人生第一等事》是其阳明学研究的总结之作，其中的一些主要见解已经发表在他之前的系列文章中。在专注于阳明心学研究之前，耿宁主要的研究领域是胡塞尔的现象学与佛教唯识学，他对阳明心学的研究也有很强的现象学、唯识学背景。耿宁在该书出版前所发表的与阳明心学直接相关的论文情况大致如下：

1993 年，在台湾大学法学院发表“从自知的概念来了解王阳明的良知说”演讲[②]。

1994 年，发表《论王阳明“良知”概念的演变及其双义性》（“Die Umwandlung und Zweideutigkeit von Wang Yangmings Begriff des ‚ursprünglichen Wissens (Liangzhi)‘”）[③]，开始用“本原知识”（ursprüngliches Wissen）这一独出心裁的术语译解“良知”。

2000 年，发表“王阳明及其弟子关于良知与‘见闻之知’的关系的讨论”[④]。

2008 年，发表《中国哲学向胡塞尔现象学之三问》（“Three Questions from Chinese Philosophy Addressed to Husserl’s Phenomenology”）[⑤]。

2010 年，发表《我对阳明心学及其后学的理解困难：两个例子》[⑥]。

这些文章中的基本见地都汇拢在他的《人生第一等事》一书中了，因此我们主要以他的这部代表作为依据来介绍、分析耿宁的阳明心学研究。

一、《人生第一等事》一书的结构与宗旨

无论就篇幅[⑦]还是思想内涵来看，《人生第一等事——王阳明及其后学论“致良知”》都可以称得上是一部致广大而尽精微的巨著。这是一本系统地将王阳明及

① 耿宁，《心的现象——耿宁心性现象学研究文集》，倪梁康，张庆熊，王庆节等译，北京：商务印书馆，2012 年，编后记。以下简称《心的现象》。

② 原载于《台湾文哲研究通讯》1994 年，第 4 卷第 1 期。

③ 原载于 *Asiatische Studien*，XLVIII，1994 (4)。

④ 原载于上海中西哲学与文化比较研究会编，《时代与思潮（7）——20 世纪末的文化审视》，上海：学林出版社，2000 年。

⑤ 中译文原载于《哲学研究》2009 年，第 1 期。

⑥ 中译文原载于《哲学研究》2010 年，第 6 期。

⑦ 该书中译本正文有 1130 页，德文原文正文 788 页，加上索引合计 855 页。

其第一代重要弟子的“致良知”思想完整地加以研究阐述的专著，可以称得上是目前为止阳明心学研究的一部巅峰之作。耿宁之所以将王阳明第一代最出色的弟子与王阳明的致良知思想放在一部专著中来论述，并非基于一般思想史对学派传承流变关系的考察兴趣，而是将其当作“致良知”这一件实事的内在环节来体察分析。就这一点耿宁自己解释道：

> 我没有仅仅限于王阳明本人，而是也将他的弟子和继承者的第一代一并纳入研究范围，这并非随意而为之。因为在王阳明自己的理解中，他真正的哲学事业不是他的哲学著述（如我们西方哲学家所以为的那样），而是他的弟子们。他将自己首先视为哲学老师与教育家，视为一个精神运动和伦理革新的发起人，因而对他的思维与教学在其弟子那里所产生的作用以及他们对此所做的反思，就是他自己的哲学思考的一个完整组成部分。[①]

这即是说，仅仅以王阳明的哲学著述为研究对象，无法完整地理解王阳明的哲学精神，通过其思维与教学，王阳明与其弟子之间形成了一个精神—伦理革新运动的学问生命共同体，只有通过对这一学问生命共同体的全面考察，才能相对完整地理解阳明学派“致良知”思想的丰富精微。

基于对王阳明及其弟子之间学问共同体的完整理解，耿宁将他的著作分为两大部分。第一部分为“王阳明的‘致良知’学说与他的三个不同‘良知’概念”，第二部分为“王阳明后学之间关于‘致良知’的讨论”。另外还有一个附论，题为“刘宗周与黄宗羲对王阳明‘四句教’的诠释。刘宗周针对王阳明‘致良知说’所提出的‘诚意说’是否体现了一种哲学的进步？”。刘宗周和黄宗羲的相关思想可以看作王阳明心学在晚明的一个余响，这个附论与前面两个部分有一定关系，但并不特别紧密。

耿宁先生首先是一位现象学家，而不只是汉学家，他对阳明心学的研究有哲学与文化比较的背景，尽管《人生第一等事》并非专题化的比较哲学著作。该著作并非历史、社会学方面的研究，但留意了相关人物的思想世界发展于其中的社会的、地理的和纪年的状况，作者的解释是：

> 因为他们的学说并不是那些按几何学方式建立的（more geometrico）思想体系，不是那些应当纯粹从内部理解为无时间的概念系统和证明系统，而是必然具有其历史的个体的精神—伦理尝试与相应经验的见证。恰恰是他们

① 耿宁，《人生第一等事——王阳明及其后学论“致良知”》，倪梁康译，北京：商务印书馆，2014 年，前言，第 11 页。

> 之中的那些更为独立的思想家，他们尝试实践自己学说的本己经验乃是对于这些学说的证实或证伪而言的最重要标准，因为一门学说对他们来说只能在这样的意义上才是正确的，即它曾帮助他们接近他们的目标：成为一个“圣人”。

耿宁进一步指出，王阳明及其弟子们留下的哲学文本大都是口语对话的记录或接近口语对话的书信，实际上都是“机缘文字”，是一种“口语哲学而非书面哲学”，这与欧洲哲学中在孤独的、系统的思考中以书写方式构想的哲学文章——迪卡儿的《形而上学沉思》、斯宾诺莎的《伦理学》或康德的《纯粹理性批判》等——迥然有别[①]。这表明耿宁对阳明心学区别于欧洲哲学理论传统的生命实践特点有清晰充分的认识。不过，耿宁又补充说，独特性并不等于封闭性，王阳明及其弟子的“致良知”经验“原则上对所有人都是开放的”，是“可以为所有人所达及的”，即使对于欧洲传统来说也不是完全陌生的，例如，阳明心学关于动静统一的经验、求放心的功夫、对心的隐蔽根基与起源的深入，这些也可以在埃克哈特大师或约翰・陶勒尔的学说中找到[②]。

正是基于对王阳明及其弟子“致良知”经验既独到又具有人类共通性这一点的认识，耿宁道出了《人生第一等事》一书的双重宗旨与所期待的两个方面的读者。这部书虽然原作是用德文写的，但却不只是写给德语世界的读者看的，耿宁在写作中就有对中国读者的期待。他写道：

> 我有理由首先对那些通过严谨的现象学意识分析而在提问方式和观看方式上训练有素的中国哲学家们抱有希望：希望他们会遵循那些出自他们传统的思想家们的指示，会让我们这些异乡人，但也让他们的那些越来越多带着科学来思考的同时代人，更好地理解那个传统的经验。……因此我将这项研究特别题献给那些研究由埃德蒙德・胡塞尔构想的意识现象学同时也研究他们自己传统的所谓“心学”的中国的哲学朋友们……[③]

通过这段话我们也就理解了该书的题献——“献给我的那些以现象学方式探究中国传统心学的中国朋友们”。基于此，耿宁自道他该项研究“最终的目标并不在于，将中国的[本真]心的学习[心学]转变为现象学的理论，而是在于，使现象学的明见服务于对[本真]心的学习”。另外，耿宁也期待他的研究能够对西方哲学

① 《人生第一等事》前言，第11页。
② 《人生第一等事》前言，第13页。
③ 《人生第一等事》，第14页。

传统有所助益：

> 这样一种对中国的心（意识）传统的现象学澄清也会给在西方传统中进行哲学活动的我们带来巨大收益。因为，一方面它可以为我们开启在另一种文化中的邻人的重要精神经验，今天他们越来越频繁、越来越紧凑地与我们相遇；另一方面它会在与他们的哲学思想家的对话中使我们回忆起我们自己的、源自苏格拉底的哲学活动的原初问题：我们作为人如何能够过一种伦理上好的生活。这也可以称为对所有那些在今日西方学院哲学中就此问题变得完全无能为力的状况的一种矫正。[①]

这样一种对人类精神—伦理状况的普遍关怀应该是耿宁先生投入此“生命之作”的基本动力。

二、阐明王阳明的三个不同“良知”概念

《人生第一等事》对王阳明心学的研究紧紧扣住“致良知”这一王阳明思想成熟期最鲜明的宗旨，这样做虽然使得该书对王阳明早期“知行合一”、晚期“四句教”等重要思想的讨论显得相对简略，却有主题集中、探讨深入的优点。作者在该书中第一次明确提出了王阳明有三个不同的“良知”概念，并以此为纲对王阳明的“致良知”思想进行了系统深入的研究。

专注于王阳明的“致良知”思想，并且系统地分析王阳明不同时期的三个良知概念，这显得是一项高度理论化、分析性的工作，与王阳明的学问、教学风格似不相恰。耿宁意识到了这一困难。他指出了王阳明对其著作出版所持的谨慎态度，王阳明的学问自觉地具有与医家“因病立方”相类的辨证论治风格，警惕学者将其随机设教立为文字后“守为成训”而普遍化、绝对化[②]。耿宁坦陈，王阳明对待其哲学陈述的这种态度当然会使得这里所做的研究变得可疑，因为这里的研究就是想将他的关于‘致良知’的陈述纳入到一个可理解的、或多或少系统的联系中并在其中把握到它的含义。对这个困难，耿宁给出了四点回应：

> （1）王阳明今天已不再作为活的人而言说于我们个体的实践领域之中，他不再给我们以个体的处方，而只是通过他的许多发表了的文本在述说着。

---

①《人生第一等事》，第 15 页。

②《人生第一等事》，第 168 页。

如果我们想认识它们的含义，我们就必须将这些文本加以相互比较，在论题上加以联结与整理。……

（2）任何一个尝试在王阳明思想中发现内容系统联系的尝试，在其进行过程中都始终要留意：王阳明的各种陈述都产生于他的实践经验的历史之中，他的各种看法都处在变化之中，并且不可能从它们的时间数据中脱身出来。……

（3）为了明确王阳明思想的正确与错误，我们必须将它们与我们自己对这些思想的经验联系起来，也就是说，要将它们与对我们的体验活动的本己意识联系起来，并且也要用那些对我们而言尽可能清楚的概念来表达它们。……

（4）对王阳明学说的单纯理论理解并不一定会歪曲这门学说，但却只能从它那里把握到某些抽象的、片面的东西。它的完整意义是在其原初的伦理实践环境之中，而这个意义也只能在这样一种实践中才能重新为我们所获得。……①

在解释了自己工作的局限性与应对之策以后，耿宁展开了他对王阳明三个“良知”概念的分析。

王阳明于正德三年（1508）在龙场大悟格物致知之旨，并开始他与官方朱子学权威分庭抗礼的心学之路，次年在贵阳书院论“知行合一”，其后王阳明教法多变，一直到正德十六年（1521）始揭“致良知”教②，从此，“致良知”成为王阳明心学最重要的“口诀”。耿宁注意到，王阳明在1521年之前就已经用到“良知”这个概念，并且以“良知”来解释《大学》中的格物致知，但是没有以“致良知”为其学问宗旨。耿宁的解释是，王阳明那时还一直是在孟子所赋予这个词的意义上来理解“良知”，即将其理解为向善的自然禀赋、德性的开端，“1520年前，王阳明是在一个本质上并未超越出孟子思想的意义上使用‘良知’这个表达”③。对这一王阳明早期的“良知”概念，耿宁的阐释比较简略，他的重点放在王阳明的第二个“良知”概念。耿宁指出，王阳明新的“良知”概念在1520年即已出现，这个概念有别于那个受孟子规定的较早概念的根本之处在于：

这个较早的概念指的是在人心（精神）中的向善的秉性，它表现在同情、爱、羞等情感中、在对正确与错误的“感觉”中，以及在由这些自发的

① 《人生第一等事》，第172-174页。
② 参见：《王阳明全集》卷三十三、三十四“年谱”正德三年、十六年。
③ 《人生第一等事》，第188页。

> 萌动所直接产生的善的倾向或意向[意念]中。新的“本原知识”概念所指的是一种对本己意向的直接伦理意识、一种对其伦理性质的“知识”。……它是一种对这些意向的道德善、恶的直接“知识”。这个道德意识不能被理解为一种对本己意向进行伦理评判的反思。因为这种“本原知识”在王阳明看来是在一个本己意向出现时直接现存的，而且是必然与它同时现存的……[①]

耿宁通过与佛教唯识学中“自证分”思想的对照来解释王阳明作为道德自身意识的“良知”。“自证分”说的是意识在意识到对象（相分）的同时意识到意识行为（见分）本身，就像灯光在照亮周围时也照亮自身一样，这种对意识行为本身的自我意识就是“自证分”。良知对意念之善恶的自知就相当于意识到意识行为的“自证分”。当然，耿宁也指出，“良知”并不可以简单地等同为“自证分”，不像“自证分”那样是意向一般的“自身意识”，而是对意向的善与恶的“道德自身意识”[②]。耿宁的辨析主要依据王阳明的这一类语录：“意与良知当分别明白。凡应物起念处，皆谓之意。意则有是有非，能知得意之是与非者，则谓之良知。依得良知，即无有不是矣。”[③] 耿宁指出，这一“知得意之是与非者”的“道德自身意识”才是王阳明独到的有别于孟子的“良知”概念。王阳明在 1520—1521 年历宸濠、忠、泰之变后获得这一独到概念，是他彼时揭“致良知”教的关键契机。耿宁从多个角度详细地研究了王阳明这第二个“良知”概念，如良知作为“独知”，“致良知”与“立志”的关系，良知的“自慊”等。通过对第二个与第一个“良知”概念的辨析，耿宁解释了一个非常关键的问题——王阳明“致良知”发展了孟子的独到之处。

有鉴于此，耿宁还发现了王阳明的第三个“良知”概念——“始终完善的良知本体”。这一概念在王阳明晚年居越教学时期（1521—1527）得到发展。这个“良知”始终是清澈的、完善的、不生不灭的，是所有意向作用的起源，也是“作为‘心（精神）’的作用对象之总和的世界的起源”，王阳明在说及这个“良知”时也说“相信[信]它”。据此，耿宁将这一“始终完善的良知本体”称为信仰概念、“宗教—神性”概念，而第一个和第二个“良知”概念则分别是“心理—素质”概念和“道德—批判（区分）”概念。在阐述“始终完善的良知本体”这个概念时，耿宁首先对王阳明及其弟子的“本体”与“体”概念的歧义性进行了分析。他指出，这两个词在王阳明那里有密切关联的两个意思：

---

① 《人生第一等事》，第 217 页。

② 《人生第一等事》，第 219 页。

③ 《王阳明全集》卷六，“答魏师说”。

> 首先，王阳明用这两个词来表达那些我们译作一个实事的“本己本质”（eigentliches Wesen）或“本己实在”的东西。它是其完成了的、真实的形态。其对应概念是这个实事的非本己的、有缺陷的、尚不完善的、不纯粹的、被模糊了的形态或显现。……其次，王阳明也用这两个词来表达我们称之为一个实事的“实体”（Substanz，“根本实在”）的东西。“实体”的对应概念是这个“实体”的“发用”“作用”，中文是“用”。①

根据这一辨析，耿宁分析了王阳明第三个“良知”概念，以及与之相关的“致良知”的丰富含义。“良知本体”在王阳明那里意味着“良知”的完善具足性，意味着良知的本己具足之体段（Wesen，本质）。对这层意思，耿宁引证了王阳明的一些语录：

> 道即是良知。良知原是完完全全，是的还他是，非的还他非，是非只依着他，更无有不是处。这良知还是你的明师。（《传习录》下，第265条。）

> 圣人只是还他良知的本色。（《传习录》下，第269条。）

其次，耿宁揭示了“良知本体”的宇宙论意义，“良知是造化的精灵。这些精灵，生天生地，成鬼成帝，皆从此出，真是与物无对……”。这里的“体”即有“实体”、根据的意思。在“良知本体”的这两层意思中，耿宁更关注的是第一层意思——良知本体的始终完善性。这层意思可以包含良知作为世界之“根据”的意思。就王阳明第三个“良知”概念，耿宁探讨了其与佛学的“佛性”概念的亲缘性、良知本体之为“仁”或“真诚恻怛”、良知本体的动静统一。这些问题在阳明的第一代弟子那里继续得到了深入的讨论。《人生第一等事》的第二部分对王阳明弟子“致良知”思想的考察分析与耿宁此处对王阳明第三个“良知”概念的揭示有密切的关系。

关于耿宁对王阳明三个“良知”概念的分析，陈立胜教授曾制作了一个简表（见表6-1），可以帮助我们理解。

① 《人生第一等事》，第274页。

表 6-1　对王阳明三个“良知”概念的分析

三个“良知”概念	良知Ⅰ	良知Ⅱ	良知Ⅲ
名称	本原能力（向善的秉性）	本原意识（对本己意向中的伦理价值的直接意识）	本己本质（始终完善的良知本体）
范畴	心理—素质概念	道德—批判概念	宗教—神灵概念
实现良知的方式（负/正）	克服利己意图的障碍	克服自欺	克服固、着、执、留
	培养、扩充本原能力	澄明本原知识	复良知本体

陈立胜认为，在这三个“良知”概念中，“最值得关注的是良知Ⅱ”，尤其是耿宁将其与唯识的“自证分”对照，指出了良知与所照察的意念之间“同时现存”的关系，这可以解答后来生出的很多关于“良知”的论争[1]。

就道德层面看，王阳明的第二个“良知”概念确实最紧要切实，不过，从耿宁对阳明后学关于“致良知”讨论的考察看，第三个“良知”概念是非常关键的。

三、王阳明后学之间关于“致良知”的讨论

《人生第一等事》这部书第二部分的这个标题与整部书一样独辟蹊径而又切中实事。这部分不是像通常的哲学史、思想史著述那样对王阳明几个最出色弟子的思想做分别的研究，而是关注他们之间的思想互动，特别是他们对一些“致良知”重大议题的分歧与论争，在材料上也更多借助了他们之间的论学书信往来与讲会的记录。耿宁也没有按照流行的做法将阳明后学分为现成派（王畿、王艮等）、归寂派（聂豹、罗洪先等）和修证派（钱德洪、邹守益等）[2]。

在第二部分的“引论”，耿宁对王阳明去世后弟子聚会讲学的情况及几个重要弟子的思想做了简要介绍，其中包括对王艮、邹守益等人“致良知”思想的考

① 陈立胜，《在现象学意义上如何理解“良知”？——对耿宁之王阳明良知三义说的方法论反思》，《哲学分析》，2014 年，第 4 期。

② 关于这三派划分及思想分析，可参见：冈田武彦，《王阳明与明末儒学》，吴光，钱明，屠承先译，钱明校，重庆：重庆出版集团，2016 年。

察。这部分考察篇幅不大，显然，耿宁的关注重心不在引论中简述的几位，而在后面五章的详细铺陈。第一章——“钱德洪与王畿之间的讨论：‘致良知’究竟是通过依照良心的行为，还是通过对‘良知本体’的明见？”这一章主要讨论了钱德洪与王畿这两位王阳明后期大弟子之间关于四句教、关于良知本体与致良知功夫之间的理解分歧。从王阳明的三个“良知”概念看，钱德洪依据的更多是第二个良知概念，重良知的省察功夫；王畿依据的则主要是第三个良知概念，重良知本体的顿悟。第二章——“王畿通过‘觉良知本体’来‘致良知’”。这一章主要分析了王畿的“悟说”。在耿宁看来，王畿是王阳明亲传弟子的核心人物，用了单独两章的篇幅来讲他的“致良知”思想，而且在第三章与第四章，王畿也是重要的参与主角。第三章——“聂豹一方面与欧阳德、邹守益，另一方面与王畿进行的讨论：‘良知本体’必须在先于所有动的静中实现吗？”第四章——“罗洪先与王畿之间的讨论：当下‘良知’是具足的，还是需要‘收摄保聚’的功夫”。聂豹与罗洪先在以往的阳明后学研究中往往被一起归为“归寂派”。但是耿宁看到了罗洪先与聂豹之间的差异，这个差异很大程度上是罗洪先在与王畿的论辩中受到王畿影响而发生转变的结果。耿宁给了罗洪先很高的评价，对他与王畿之间的论学交往也论析最详。第五章——“王畿所列举的在他看来王阳明学派内部不正确的‘致良知’观点”。这一章介绍了王畿所认为的当时对“致良知”理解有偏差的一些代表性观点。

在“结尾的评论与进一步的现象学的问题”这一节，耿宁对王阳明第一代出色弟子的“致良知”思想给出了总结性的评论。他指出，王阳明及其后继者们就“致良知”进行的所有讨论最终都涉及这样的问题——“我们如何能够成为‘圣人’，即真正的善人或真人？使我们有可能成为‘圣人’的起源、力量和手段是什么？”。王阳明及其弟子的“致良知”思想就是对这一问题的回答。王阳明的三个不同的“良知”概念——“心理素质的”概念、“道德—批判的”概念和“宗教—神性的”的概念——是他的后继者们及其讨论的出发点[①]。耿宁认为，钱德洪和欧阳德认取的主要是王阳明第二个“道德—批判的”良知概念，他们两人都是伦理方面的伟大人物和杰出的教师[②]。归寂派的聂豹反对仅仅根据道德意识来进行“致良知”，通过一种“静坐”沉思的方法将“良知”的“实体”从其所有朝向世界的活动或意向中分离出来，然后沉入寂静的、尚未活动的“良知”深处，以此来培

① 《人生第一等事》，第1053页。
② 《人生第一等事》，第1054页。

育和强化其力量或潜力。欧阳德和王畿对聂豹的“归寂”方法提出了严厉指责，指出其割裂动静而耽于习静的功夫无法保证在伦理实践中的静定[①]。按耿宁的辨析，聂豹实际上误解了王阳明的“良知本体”，将其看作先于发用的“实体”(Substanz)，而不是动静一如的完善本体（Wesen）。王畿与聂豹一样不满足于依据道德省察的功夫来致良知，而是诉诸对“良知本体”的悟，诉诸“先天之学”，但他所理解的“良知本体”并不偏好“静”，而是体用一如动静一贯的[②]。在王阳明第一代出色弟子中，耿宁给了王畿和罗洪先最高的评价。他称道罗洪先“从未见过王阳明，但对其学说抱有生存论层面的兴趣，他在其一生中以极为真诚的态度分析了‘致良知’的所有可能和角度”，指出罗洪先的致良知口诀“收摄保聚”与聂豹的“归寂”不同，克服了聂豹那里静与动的分离，“试图在行为的时间里也通过一种精神的‘收摄保聚’的连续方法来赋予‘良知’在意识中的持续当下，从而使它有可能逐渐得到在自己的追求和行为应属于它的持续主宰者的地位”，这一点受到了王畿的影响，但不同意王畿以“见在良知”为具足，而是要“从现在寻源头”[③]。耿宁认为，“在王阳明的后继者中进行的所有关于‘致良知’的讨论中，王畿与罗洪先之间的讨论所涉及的问题或许是最为深入彻底的。在王阳明的后继者中，这两个人是面对当时各种精神潮流最开放的、目光最开阔的和在哲学上最敏锐的”，二人之中，他尤为称道罗洪先，称其是王阳明第一代后继者中“对‘致良知’做了最彻底的思考、最仔细的实践和在建基于本己经验的话语中最可靠把握的人”[④]。

在这个总结性的评论中，我们看到耿宁实际上把王阳明第一代后继者主要分成了四派（见表 6-2）。

根据表 6-2，耿宁在王阳明的三个良知概念中尤为重视的是第三个概念，而在第三个概念中，他对“本体”的“实体”(Substanz)与“本己体段”(eigentliches Wesen)的辨析又起了很重要的作用，罗洪先与王畿超出聂豹之处就在于完整地领会了“始终完善的良知本体”，而聂豹所理解的“良知本体”则只是先于发用的良知“实体”。

---

①《人生第一等事》，第 1055-1056 页。

②《人生第一等事》，第 1057-1059 页。

③《人生第一等事》，第 1060 页。

④《人生第一等事》，第 1061 页。

表 6-2 王阳明第一代后继者主要派别

派别	代表人物	“致良知”功夫	良知概念
归寂派	聂豹	从外物和实践事务中抽回到心的宁静根底（实体）	第三个“良知”概念（先于用的未发“实体”）
慎独派	钱德洪 欧阳德	对本己意向的谨慎省察	第二个良知概念（对本己意向中的伦理价值的直接意识）
见在良知派	王畿（泰州学派与之接近）	一念自反即得本心，良知见在顺应天机	第三个良知概念（始终完善的良知本体，即体即用）
收摄保聚派	罗洪先	在活动与寂静中一并保持的自身收摄与坚定	第三个良知概念（始终完善的良知本体，以体摄用）

四、耿宁的研究在汉语学界得到的评价及其贡献再思

耿宁先生对阳明心学的现象学研究很快就对汉语阳明学界产生了回馈的影响，这很大程度上得益于倪梁康教授等国内学者及时同步的翻译引介工作。就笔者所知，国内学界就耿宁的现象学心学研究至少召开了两次大型的学术研讨会。第一次是“第九届《哲学分析》论坛：耿宁心性现象学学术讨论会”，由上海社会科学院哲学研究所《哲学分析》编辑部、中山大学现象学研究所、商务印书馆学术出版中心联合主办，2013 年 12 月 4—8 日在广东省江门市召开，来自上海社会科学院、中山大学、商务印书馆、台湾“中研院”、香港中文大学、南京大学、厦门大学的近二十位专家学者围绕耿宁先生的著作《心的现象——耿宁心性现象学研究文集》进行了深入的研讨。大多数与会学者都曾参与编辑和翻译此论文集的工作，且学术研究领域主要为中国心学或是西方意识哲学。这次研讨会是一场中

西心学的热烈而富有成效的对话[①]。另一次是在《人生第一等事》中译本出版之后，于 2014 年 11 月 13 日由贵州大学中国文化书院、中山大学人文学院、商务印书馆学术出版中心、《广西大学学报》（哲学社会科学版）等单位联合举办的"商务印书馆学术论坛 • 耿宁《人生第一等事——王阳明及其后学论'致良知'》国际学术讨论会"。学术讨论会在贵州大学中国文化书院及贵阳市修文县召开，来自瑞士、中国等国家和地区的五十多位学者参加了此次会议，提交论文二十余篇[②]。

以上两次会议的专家论文大都在相关刊物发表了。专家们对耿宁先生的工作给予了高度评价，也提出了一些商榷意见。陈立胜教授认为，耿宁先生基于现象学精神对阳明心学的中西贯通研究于中于西都大有裨益，"通过深入的现象学的反思，阳明学内部的一些问题会得到不期而然的解决。耿宁从自知、内意识、自证分的概念来了解阳明之良知这一理论成果，尤其能反映出这种基于阳明所呈现的良知实事本身而进行的中西贯通性的研究之意义"。他肯定耿宁对王阳明三个良知概念的分析并且特别重视对第二个概念的分析，指出耿宁出于其敏锐的现象学意识揭示出了王阳明的作为"自知"的"良知"概念（良知Ⅱ）实际上跟现象学所说的原意识、"内意识"、跟唯识宗所说的"自证分"是基本一致的，"这可以说是耿宁以现象学立场研究阳明学之最重要的理论成果"[③]。关于耿宁的阳明后学研究，台湾"中研院"中国文哲研究所林月惠研究员在论文《耿宁对阳明后学的诠释与评价》中提出，耿宁教授对阳明三个良知概念的区分的提法虽具卓识，但在文本与义理分析上有待商榷。对于耿宁教授强调罗洪先与聂豹之异，而力图指出其与王畿之同，林月惠研究员并不认可。对耿宁的评价——在阳明后学中，王畿与罗洪先在思考致良知功夫上最具哲学敏锐度，而且罗洪先的思考最彻底，实践最仔细——林月惠也有异议，认为就"信得及见在良知"与"即用见体"来评论此三者，则罗洪先的哲学敏锐度仍不够[④]。笔者认为，王畿与罗洪先之间在哲学敏锐度上孰高孰低，这一点耿宁先生的评价或有个人气质偏好的因素，可以再议，但指出罗洪先接受王畿批评而在后来的思想发展中与聂豹区别开来，指出罗洪先的"收摄保聚"说与聂豹"归寂"说的重要差异，诚为目光如炬的伟论。从方法论看，这一独到之见得益于耿宁先生以阳明后学之间关于"致良知"的讨论为考察对象，而不是像一般的哲学史写作那样孤立地研究单个哲学家的代表性观点。

---

① 王钰，《中西心学的对话——第九届《哲学分析》论坛：耿宁心性现象学学术讨论会综述》，《哲学分析》，2014 年，第 3 期。

② 廖峰副等，《王阳明及其后学论"致良知"国际学术讨论会综述》，《阳明学刊》，2014 年，第 7 辑。

③ 陈立胜，《在现象学意义上如何理解"良知"？——对耿宁之王阳明良知三义说的方法论反思》，《哲学分析》，2014 年，第 4 期。

④ 廖峰副等，《王阳明及其后学论"致良知"国际学术讨论会综述》，《阳明学刊》，2014 年，第 7 辑。

对于耿宁关于王阳明三个不同的“良知”概念的分析，也有学者表示异议。李明辉教授不同意耿宁对王阳明第一个“良知”概念的分析，指出孟子的“四端”之心不只是“德性的开端”，而是我们对良知的不同侧面之直接意识，它已是德性，已是完善状态①。这一理解颇与王畿的“见在良知”说相合。张祥龙教授则指出对亲属的爱特别是孝悌之爱在王阳明良知经验中的根基地位，详细分析了王阳明“与悟道相关的亲情经验”，比如龙场悟道、宸濠之变时对祖母与父亲的亲情，认为“在阳明的思想世界中，亲情经验即为良知，良知本体离开亲情经验即无可言说，这与佛教摒弃亲情是不一样的”，王阳明的第一个良知概念“不外在于第二个良知概念，也不可能被后两个良知概念超越，而可以，甚至就是它们的发端和导引”②。陈立胜教授则指出了耿宁关于王阳明三个“良知”概念的分析在编年史上有可商榷之处，第三个“始终完善的良知本体”概念在早期已经有了③。这些异议表明，耿宁先生对王阳明早期思想的关注与研究确实可能有不足之处，王阳明的第一个“良知”概念未必能完整体现其龙场悟道之后的早期心学思想。

尽管可能有这样那样的不足，但无疑《人生第一等事——王阳明及其后学论“致良知”》的出版堪称中西哲学交往史上的一个大事件。就笔者所知，一部由西方学人撰写的论中国思想的著作在中国本土的专业领域内引起如此广泛而且也将会是深远的影响，在百余年来的中西文化交往史上还是从未有的。这也表明了阳明心学的海外传播不只是一个单向播撒的过程，一旦遇到真正的沃土，它在异域的生长将会给本土带来美好的回馈。这种情况在日本阳明学那里显现得更早、更显著。

耿宁先生对阳明心学的研究卓有成效，这一方面基于他对王阳明及其继承者的思想文献有大量、充分的搜集钻研，对他们的为人与为学有深切的体认，另一方面也得益于他深湛的现象学和西方哲学素养，还包括他对佛教唯识学的钻研。在笔者看来，耿宁先生对阳明心学的现象学研究，特别是他的《人生第一等事》有以下几个突出的特点与贡献。

第一，通过对王阳明不同时期的三个“良知”概念的分析彰显了王阳明心学的独到境地，由此可以较为明晰地论析王阳明心学与孟子、与陆象山心学思想的继承发展关系。这一点通过前面的介绍已经可以看得很清楚。

第二，耿宁通过对王阳明“致良知”思想中关键概念的译解、辨析，为阳明

---

① 李明辉，《耿宁对王阳明良知说的诠释》，《哲学分析》，2014 年，第 4 期。

② 廖峰副等，《王阳明及其后学论“致良知”国际学术讨论会综述》，《阳明学刊》，2014 年，第 7 辑。

③ 陈立胜，《在现象学意义上如何理解“良知”？——对耿宁之王阳明良知三义说的方法论反思》，《哲学分析》，2014 年，第 4 期。

心学的研究开拓了新境，解开了一些重要疑难。他将王阳明的“良知”翻译为“本原之知”（ursprüngliches Wissen），而没有采用德文中现成有的 Gewissen[①]一词，也没有沿袭 innate knowledge of the good（对善的先天知识）、pure knowledge（纯粹知识）、intuitive knowledge（直觉知识）等已有的译法，包含了他对王阳明的“良知”独到的理解，彰显了良知超伦理的精神维度、生存论维度。他发现了王阳明“体”“本体”概念中的歧义，分析出其不同用法里实包含有西方哲学中的 Substanz 与 eigentliches Wesen 两层有关联的含义，更是目光如炬，表明了借助现象学陌生化[②]，但又是朝向实事本身的分析眼光能够给不太重视分析的中国思想带来绝妙的贡献。Substanz 即“实体”，与之对应的是“功能”，而“实体”与“功能”相当于中国哲学中讲的“体”与“用”。王阳明讲的“良知本体”里有这层“实体”义，这不难看到。耿宁先生的慧眼独具在于，他看到了王阳明及其弟子那里的“本体”还有另一层意思，他译解为 eigentliches Wesen，倪梁康教授翻译为“本己本质”。这个翻译字面上没有错，德文中的 Wesen 相当于英文的 essence（来自拉丁文），在哲学著作中通常译为“本质”。但耿宁用这个词来译解王阳明的“本体”有自觉的考虑，特别关联了这个概念的**目的论**背景。他注意到了王阳明关于“本体”的这类表述：

> 孩提之童无不知爱其亲，无不知敬其兄，只是这个灵能不为私欲遮隔，充拓得尽，便完；完是他本体。（《传习录》上，第 118 条）

> 至善是心之本体，只是“明明德”到“至精至一”处便是。（《传习录》上，第 2 条）

耿宁指出，这些及王阳明后期陈述中的“本体”可以看作“一个始终已经实存的完善现实、一个隐德来希”，并且明确说“我在这里有意使用了希腊本体论的两个表达，因为整个问题域都使我们回忆起我们关于存在（ousia）、观念（eidos）、形式（morphe）、隐德来希（entelecheia）的古代讨论”[③]。简言之，耿宁是在亚里士多德哲学中“隐德来希”（entelecheia，完善现实）的意义上来使用德文的 Wesen 一词的，也是基于其目的论意义来以 eigentliches Wesen 译解“本体”的“本来完足”义。这层“完足”的目的论意义在“本质”的译法中不显著，笔者建议可将此一短语译解为“本己体段”。德文的 Wesen 在哲学中确实通译为“本质”，但在

---

① Gewissen 这个词相当于英文中的 conscience，在海德格尔的《存在与时间》中是关键词，表示开启本真生存的本真领会，在康德、黑格尔的伦理学中地位也颇重要。

② 现象学通过悬搁对事物习惯、流行的观念，可以让我们以一种重新陌生化的“赤子之眼”来看世界。

③《人生第一等事》，第 278 页。

日常德语中也有特征、体貌（Gestalt）的意思，形容词 wesentlich 有根本的、本质的这一义项，也有大大地、远远地、显著地这些义项，其目的论—形态学的意味很明显，与古汉语中的“体段”[①]一词正相应。将耿宁用来译解“本体”的 eigentliches Wesen 回译为“本己体段”，在字面上也更呼应。耿宁的译解精到地揭示了王阳明讲的“心之本体”“良知本体”之“本体”实具有“本己的完满境界”意思[②]。这层“境界”义包含在“体段”之“段”中，如围棋段位之“段”。辨析出王阳明第三个“良知”概念的“本体”兼有“实体”与“本己体段”的意思，可以澄清阳明及后学那里很多重要论题，如聂豹的“归寂”说偏重的其实是先于“作用”的未发“实体”，却未达良知的“本己体段”，良知的“本己体段”实兼“体”（实体）与“用”“静”与“动”“未发”与“已发”，“至善”“定”“乐”与“诚”都可以说属于良知的“本己体段”，良知的本地风光[③]。正是基于他对“良知本体”的独到理解，我们可以认为耿宁最重视的其实是王阳明第三个“良知”概念，他对王阳明后继者关于“致良知”讨论的考察也主要是围绕“良知本体”概念展开的。

第三，第一次在德语世界中对王阳明第一代后继者的“致良知”思想做了系统完整的研究。这一研究是拓荒性的，难度相当大，其所凭借的阳明后学文献绝大部分都是首次译为德语乃至欧洲语言，这一点与记录王阳明本人思想的《传习录》和部分王阳明书信已经有英译的情况不一样。正如耿宁先生自己所讲到的：“我允许自己在这里说明，我在这里再现的文本的绝大部分此前还从未被翻译成一种欧洲语言，遑论德语。”[④] 因此，耿宁的工作实际上为德语世界乃至欧美的阳明后学研究做了重要的开拓性工作。

第四，耿宁先生对阳明心学研究的极大贡献还不仅在于从学理上提供了现象学的新方法、提出了一些重要的新观点，更在于朝向实事本身的诚敬精神，这一精神为我们超出当今学院化、功利化的理论思辨而接续发扬阳明心学圣人之道的

---

① “体段”一词在理学中有用到过，如《朱子语类》卷二四：“问：李先生谓颜子‘圣人体段已具’。‘体段’二字，莫只是言个模样否？曰：‘然。’”此处“体段”有“形态”“规模”（相当于希腊文中的 morphe，德文中的 Gestalt）义。另，《朱子语类》卷六二：“‘道不可须臾离，可离非道’，是言道之体段如此。”此处“体段”亦有“规模”义。

② 王阳明有“至善者心之本体”“诚是心之本体”“乐是心之本体”“定是心之本体”这些话头，陈来教授在探讨时也指出其中的“本体”具有“理想境界”的意思，阳明把境界的话语转化成了对于“心之本体”的种种规定。参见：耿宁，《有无之境》，北京：生活•读书•新知三联书店，2009 年，第 92 页。

③ 或许著名的四句教中的“无善无恶心之体”的“体”也可以据这个辨析判定为“实体”之“体”，而非“体段”之“体”。而“至善者心之本体”则说的是心的“本己体段”。这样就可以化解阳明那里一些看似相互矛盾的表述。

④《人生第一等事》，前言，第 16 页。

真学脉提供了一个典范。《人生第一等事》一书显示了耿宁系统展开论题、深入辨析名理的深湛思辨能力，但又不止于此，他时时注意到以理论思辨的方式对待王阳明及其弟子“致良知”思想的不足与局限，而要达到对这一思想的真实理解，离不开亲身的心灵修习与伦理实践。耿宁先生指出：“中国的心学是随同它的心灵修习及它的伦理实践而一同起落的。”[①] 在当下的阳明学热中，这句话值得每一位阳明心学的爱好者与研究者听取。以亲身的心灵修习与伦理实践为宗旨去体察研究王阳明及其后学丰富深湛的心学思想，这正是孟子所讲“反身而诚”的精神，也可以说即是在耿宁先生的研究中所体现的现象学精神。

第四节　德语世界阳明心学研究的后起之秀
——大卫·巴拓识的阳明学研究[②]

近年在德语世界出现的阳明心学研究后起之秀是大卫·巴拓识（David Bartosch）。

巴拓识对王阳明的研究并非出于汉学研究的角度，而是从跨文化比较哲学的方法与内容出发的。至今为止，除了发表一本王阳明比较学研究的代表作之外，巴拓识还用德文、英文和中文发表了一系列相关的学术论文。下面将介绍他的相关研究背景、内容和方法，以及他的专著与一系列相关文章。

一、研究背景

作为一个来自德国哲学传统，或者说作为背靠西方哲学传统的学者，巴拓识与其他来自汉学界的学者的研究方法有很大不同。巴拓识并没有把王阳明和他的思想单单作为一种中国传统文化的经典现象来进行考察，而更多地从西方哲学的语境中出发，关注以王阳明思想为例的中西方思想文化的比较与对话。这种研究

① 《人生第一等事》，前言，第 15 页。
② 该节主要参考大卫·巴拓识著《大卫·巴拓识对王阳明的研究》，彭蓓译。

方法的产生是基于巴拓识对"我自己作为观察者"进行反思而形成的。作为一个植根西方哲学传统的观察者，用德语的哲学概念和思考逻辑为德语读者解释王阳明哲学思想时，不可避免地会用西方哲学语言来诠释阳明思想，不可避免地会踏入一个跨文化比较的境地。巴拓识选择直面它们，并且将这些问题用独立的跨文化比较哲学的方法进行进一步剖析，最终深刻地去寻求中西哲学中最根本的差异性与共同点。

2005 年，巴拓识第一次到贵州，了解到了王阳明这位大哲学家的生平事迹。回到德国后，他发现这位对中国，甚至整个东亚哲学思想影响极大的哲学家，居然在当今的德国哲学界几乎还不为人所知。这让巴拓识产生一种使命感，就是要把这位伟大的中国思想家的精妙思想介绍到德国哲学界去。这种使命感，是他继续研究王阳明的动力。

从 2008 年起，巴拓识开始对王阳明进行系统研究。经过 7 年的努力，出版了*»Wissendes Nichtwissen« oder »gutes Wissen«? Zum philosophischen Denken von Nicolaus Cusanus und Wáng Yángmíng* 这本德语专著，中文可以译为《"无知的博学"或"良知"？——库萨的尼古拉与王阳明的哲学思想》[①]。这本全文 826 页的书于 2015 年在德国由著名的哲学学术出版社（Fink）出版。由于其篇幅很长，至今尚未能翻译成中文，因此在中国还没有引起阳明学界的学者关注。

从内容上看，本书从中西方思想史上选择了两位重要的哲学大师：王阳明（1472—1529）和库萨的尼古拉（1401—1464）来进行比较。其中王阳明是中国近 500 年来最重要的哲学家，而库萨的尼古拉则是欧洲文艺复兴时期最重要的哲学家。他们虽然都是历史人物，但是在今天两国的思想界又都是非常具有话题性的。两位思想家的哲学在本书中占有同等的比重。也就是说，这本书一方面是关于王阳明的，另一方面是关于库萨的尼古拉的，而且将两人又进行了系统性的比较。由于本书有一半篇幅是专门介绍王阳明和他的思想的，因此这又是德国哲学界中第一部关于王阳明哲学的专著[②]。同时，这也是世界范围内跨文化比较哲学背景下第一部全面的关于王阳明的著作。

为何要选择在比较哲学的范畴中来介绍王阳明？巴拓识自陈，原因是当代德国哲学界研究的一个特殊的情况：至今为止还没有一位专业的德国汉学家或哲学家出版过关于王阳明的专著。德国哲学家们虽然植根自己的哲学传统，但几乎没

---

① 参见 David Bartosch. *»Wissendes Nichtwissen« oder »gutes Wissen«? Zum philosophischen Denken von Nicolaus Cusanus und Wáng Yángmíng*. Paderborn: Wilhelm Fink, 2015.

② 从欧洲范围的德语文化圈来看，在此之前，有瑞士的耿宁教授所著的一本关于王阳明的著作。另外，就广义的阳明学而言，在此之前，还有余蓓荷关于王艮思想的专著。

有任何中文知识，也几乎不了解中国传统哲学思想。但是在掌握中文的德国汉学界，学者们又极少去深入研究中国传统哲学思想。即使有极少数关注中国哲学的学者，他们的研究又几乎都集中在中国明朝之前的思想家和著作上。而且汉学家们关于中国古代思想家的著作，又一直很难被德国哲学界所接受，因为这些汉学家虽然具有一定的哲学亲和力，但是他们对哲学的理解，却不如哲学专业的同事们来得深刻。

基于这种当代德国哲学和汉学研究的现况，巴拓识的出发点是设计一种新的研究王阳明的方法，让德语学者和读者们能够在自身具有的哲学和文化底蕴之上，通过把王阳明的思想与欧洲著名哲学家的思想进行对比，用德语来深入阐发阳明的思想。也就是说，以西方哲学为桥，让西方读者能够借此跨越到中国思想的世界中来。为了达到这个目的，巴拓识选择了库萨的尼古拉来作为这座理解的桥梁。

王阳明和库萨的尼古拉几乎处于同一历史时间层。库萨的尼古拉在德国哲学界和其他欧洲国家哲学界的地位，就跟王阳明在中国和亚洲范围哲学界的地位类似。库萨的尼古拉是 15 世纪德国最重要的哲学家，也是对后来 18 世纪和 19 世纪德国哲学家们产生重要影响的人物。库萨的尼古拉也学习了从古希腊哲学传统而来的所有思想，经过很长时间的探索，才找到自己的哲学道路。一个有趣的现象是，这两位伟大思想家均在 36 岁左右经历了思想上的重大转折，也可以称其为悟道，或者用现代的表述——构建了各自独树一帜的哲学体系。他们的思想有可比性，因为虽然他们从完全不同的哲学文化传统出发进行哲学思考，但其哲学有一个共同的特点，即都探寻了人类生命一些最根本的命题，并对这些最基本的哲学命题做出了独树一帜的解答。

王阳明和库萨的尼古拉都是各自所处的哲学传统的集大成者。他们都以相似的广度接受了在此之前出现的各种哲学流派，汇集了各自文明中出现过的思想精华。比如，王阳明哲学是对宋代理学的批判性回应，库萨的尼古拉的思想也是对欧洲中世纪（稍晚于朱熹）哲学的批判性回应。撇开库萨的尼古拉的论述不谈，专门就王阳明哲学的这个特点而言，思考和介绍王阳明哲学的历史背景对于欧洲读者来说也是非常重要的。因为至今为止，欧洲人对阳明时期哲学发展在整个中国思想史中的地位和关联还知之甚少。把王阳明放到中国哲学史的整体性中进行分析，可以证明中国哲学始终是充满活力和不断发展的，也可以消除许多国外哲学家对中国哲学的刻板印象。

另外，巴拓识选择把王阳明和库萨的尼古拉进行比较的另一个重要原因是，他们都处于欧洲哲学和中国哲学相互接触和交流之前。在他们生活的时期之后不久，通过耶稣会士在中国的活动，中国思想被迅速地传到欧洲，对欧洲人产生了不小的影响。对他们的比较研究，可以帮助我们在全球化的今天更好地去认识中西方传统文化交融前，中国和欧洲哲学传统中的一些重要的不同点，并且由此了解我们过去和现在所经历的文化交融中，到底哪些思想是“外来的”，哪些是“本来的”。

二、研究内容与研究方法

《“无知的博学”或“良知”？——库萨的尼古拉与王阳明的哲学思想》一书由总共八章构成。此外，在开头还有一篇导言，在结尾处有一篇结语。导言介绍了该书将会使用的新的比较哲学的方法论。总结性的结语之后还把王阳明和库萨的尼古拉的生平事迹从时间轴上并行地呈现出来，以便于读者们对这两位思想家的整个人生经历有一个大概的了解，并且也能就此进行一些比较。最后，还列出了一份非常详细的文献总汇，将该书所使用的所有关于库萨的尼古拉与王阳明的原始文献，以及相关的研究文献汇总。其中包括 98 部中国和国外哲学史名家关于王阳明和库萨的尼古拉的著作，以及 428 篇相关的论文。之后，另有 49 部该书使用到的百科全书、辞典和其他辅助资料。书中的附录不少都带有插图。为了便于德国读者阅读和查找相关片段，书末还加入了汉语术语和人名（拼音和繁体字）词汇表。也就是说，充实的附录使该书可以作为研究王阳明的德语工具书来使用。

该书的导言非常详细地论述了作者的研究背景和方法，解释了这种比较研究的特殊性和必要性。从研究方法上来看，作者以对王阳明和库萨的尼古拉的可比较的核心哲学概念的叙述与比较为主线，阐发两者哲学体系的相异性与相同性。最终，以此为出发点，读者一窥中国哲学与西方哲学从根本上存在的一些异同点。这种方法的可造作性建立在下面的基础上：虽然这两位大思想家的哲学体系以完全不同的语言和文化背景为基础，但其核心共性在于他们都涉及了对相同的基本哲学命题进行提问和回答，也就是说都基于对相同的、对所有人类都面临的基本问题进行思考。因此，该书并没有对两位思想家毕生涉及的所有哲学观点进行比较，而是选取了他们最具有代表性的、共同的哲学问题进行比较。这些问题具有天然的跨文化的亲和力，巴拓识称其为哲学上的“普遍问题”。

王阳明和库萨的尼古拉都各自明确或隐晦地提出过如下的“普遍问题”：（1）是什么创造了世界，并为人们的世界经验提供前提条件？（2）人的意识存在的结构是如何的？（3）人为什么要从肉体上或者精神上去传承自己？（4）最高的哲学洞见的不可言性是什么？（5）什么是认知与观念？（6）如何自我完善？

（7）什么是道德？（8）什么是爱？这八个普遍问题是巴拓识在研读两位哲学家的思想时逐步找到并提炼出来的。在其专著中，这些问题构成了比较两位哲学的基本内容。

除此之外，巴拓识还找到两位思想家哲学思想的一个最为核心的理念，这个理念可以用德国哲学的一个命题来描述，即"相同性与差异性的统一"，或者说，"统一是通过共性与差异的辩证法来实现的"。这种基本逻辑在经过哲学家们世世代代的讨论后，在德国一直延续到了以黑格尔为基础的马克思主义思想中的现代辩证法。从纯粹形式的角度来看（即不包括各自哲学传统的和诠释性的内容和概念），王阳明和尼古拉都从哲学逻辑上关注了这一个基本理念。巴拓识把它称为"基本逻辑"。基本逻辑代表着对最基本的哲学思维形式的洞察，而其他的普遍问题从内容上充实了这种逻辑思维形式。这种基本逻辑在以上提到的八个普遍问题中都存在，它是王阳明和库萨的尼古拉哲学思维的基础形式。

以上提到的作为主要内容的"普遍问题"与主要形式的"基本逻辑"互为经纬，构成了该书的研究框架：从"对立统一"的基本逻辑出发，分析两位思想家哲学的（1）创造逻辑，（2）意识逻辑，（3）生成性逻辑，（4）不可言性逻辑，（5）认知与洞察逻辑，（6）自我完善的逻辑，（7）道德逻辑，（8）爱的逻辑。该书就是在这个框架中展开来的。

第一章用德国读者比较熟悉的库萨的尼古拉开篇。本章以"创造性"为题（第 26 至 122 页），分析了王阳明和库萨的尼古拉对无所不能的创造性的不同看法。从内容上看，王阳明和库萨的尼古拉分别用不同的逻辑方式思考了世界和人类一切经验的创造性起源何在。当然，从库萨的尼古拉所处的基督教的历史社会环境来看，这个问题在德国的语境中所处的地位会比在王阳明那里更为重要和根本。但是在该书中，对这个问题的讨论旨在引导西方读者从一个自己熟悉的方面来走向王阳明，把较为熟悉的理念与新的东西进行比较，以便西方读者首先了解王阳明的思维与西方思维的一个最根本的差异何在。换句话说，这是一条通往中国哲学的"思想路径"（马丁·海德格尔）。在第 1.2 节"易的逻辑"中，王阳明作为对比者出现。其中以"造化"和"物"、"易"和"动静"为中心，讨论了阳明理念中造化、生、成、精灵、无对、阴阳、天地、鬼神、天地万物、两仪、易、未发之中、无前后内外、浑然一体、未发、已发、无形、良知之虚、天之太虚、良知之无、灵明、心之本体、发动、性、物、良知之体、至诚无息、己、此心还此理、千古一嘘吸、恒久、恒照、天地万物为一体、吾一体、虚灵明觉、应感、无有无物、动静、生生、阴阳一气、明镜、无起无不起、精、阴阳无始，这一系列的概念与观点。除了相应的讨论之外，其中还包含了 14 段对《传习录》原文片段的翻译。

从对比的角度来看，王阳明的“造化”和“物”具有全面的创造性。而库萨的尼古拉关注的却是万能的“造物主”。并且库萨的尼古拉不认为造物主是可转化的，他带来的是不断从无到有的创新。对库萨的尼古拉来说，万物都是“造物主”的“被造之物”（creaturae），这是一种典型的以基督教神学为基础的思维模式。而在王阳明那里却是完全不同的。阳明的世界观里没有造物主，在他看来万物都来自“动静”之中的“化（易）”。这一点不仅仅是两位思想家之间的不同之处，也是中国哲学与西方哲学这两种哲学体系之间存在的巨大差异。基于这些语境，在第一章末尾还延伸出一个关于库萨的尼古拉对“偶然性”的理解与中国传统思想中非任意性的“偶”的对比。

第二章“意识性与创造性”（第123页至190页），对上一章的研究结果进行了扩充，讲述了王阳明和库萨的尼古拉各自对人的思想核心和经验核心的说法，研究了王阳明和德国文艺复兴时期的思想家库萨的尼古拉是如何分别反思人的“意识”的，以及人类精神的核心是如何与世界相互融合起来并且反思世界的。在这里，要比较两位思想家的相关思想，就需要专门引入新的反思概念。在此，库萨的尼古拉关注的是“意识存在”（Bewusstsein）与“创造”原则之间的联系。而王阳明说的是“意识存有”（Bewussthaben）与“易”原则的联系。

第2.1.1节和2.2.1节讨论了王阳明和库萨的尼古拉各自所理解的“人”和homo（拉丁语：人）的特殊地位，同时也谈到了他们各自对非人类生物的考量。王阳明的哲学立场与儒家经典《礼记》中人作为“天地之心”的认识是相关的。在他看来，人是中心，是一切世界基本原则的意识性的关联。而库萨的尼古拉对人的认识来自另一种传统的哲学立场，也就是把人（homo）隐喻为“上帝的影像”（imago）。在他看来，可以去思考和去体验的人虽然本身是一个有限的“显像”（apparitio），但是仍然来自一个无限的创造性的源头。虽然两位思想家对人的看法有所差异，但有他们的共同点在于，认为人都处于一个充满创造性的世界的中心地位。

在这一章中，关于王阳明哲学的解说占了一半以上的篇幅。在这里，巴拓识翻译了王阳明的八段原文。在第2.2.1节“论人的特殊地位”中，从“人”这个基本概念入手进行具体说明，同时也系统地比较了库萨的尼古拉的“homo”概念。此处涉及了以下概念：心、良知、本体、虚灵、一体、人心一点灵明、心之本体、良知本体、体用和气。接下来的第2.2.2节“附论：理学”为德国读者详细地介绍了关于“心学”的哲学史发展背景，还提到了宋代一些重要思想家与阳明的不同观点，如：形而上、形而下、太极、无极、道心、人心。第2.2.3节“心学的地位”讲到了心学与理学的系统划分，尤其是王阳明的观点与朱熹的观点的不同。这里讨论了一些概念：生生之理、阴阳之生、太极、道、天、天理、心即理、心即道、天人合一、我的灵明、主宰、同体、一气流通。

第 2.1.3 节和第 2.2.4 节关注了库萨的尼古拉与阳明对于视觉的哲学追问。库萨的尼古拉的“观视”（拉丁文：visio）与阳明的“见”都在他们各自的哲学中具有重要意义。在这里，巴拓识追问了阳明著名的“花树”在他的意识逻辑中有什么意义。同时被提及的阳明思想还有：闻见之知、用、知行合一、感应、一时和用。

第三章“传承性与创造性”（第 191 页至 232 页）从一个更宽泛的角度具体阐述了王阳明与库萨的尼古拉哲学各自所处的思想传统之间的差异。在这一章中也有不少对阳明原本的翻译。对于库萨的尼古拉来说，在他的创造逻辑中，人类的传承性主题始终是被置于创世概念的背景下的。他从古代柏拉图哲学传统中的“Ἔρως”出发，把肉体的传承拓展转化到了精神思想的传承上，最后上升到一种完美的人的自我反思上去。因此，精神传承的主题也与库萨的尼古拉的认识论有关。第 3.1.1 节和 3.1.2 节就专门论述了库萨的尼古拉的相关思想，而第 3.1.3 节则专门论述了古希腊哲学中对摒弃超越肉体生殖的必要性的阐述。

然而在王阳明那里，人在肉体上的传承性与他的“易”的逻辑的基本立场有关。巴拓识从王阳明著作中的四句话出发，来分析他对此的看法。与库萨的尼古拉做比较，库萨的尼古拉的造物神被认定为无限的“永恒”（aeternitas），其“被造者”（creatura）体现为“时间”（tempus），而在王阳明这里却没有相应的概念。对王阳明来说，人的精神中心，不管是被称为“心”还是其他的名称，都不是被造物神创造的。因此，不存在库萨的尼古拉那样的看法，王阳明想要极力脱离低级的人的肉体生殖，以便从精神上回溯到更高层次的源头那里去。王阳明的“儒家的自我”在这里也必须与库萨的尼古拉的新柏拉图式和基督教式的“精神”（mens）区分开来。

第 3.2.1 节“气、身与精”和第 3.2.2 节“阴与阳”介绍了王阳明的观点。他认为家庭先祖构成的长链是一个通过个体死亡和其在一个家庭关联中起到的延续作用形成的统一体。良知不仅是身的主宰，人类生育所需的“精”也是良知的一个方面。因此，良知是人类的意识性和经验的核心，没有良知人就不能通过自己的“身”去体验天地万物。在每一个身体里，都存在一种个体性的经验视角。它的产生本身就是人基于性的繁衍。而肉体的死亡并不代表着良知的消亡，良知是不死的。与此相关的是第 3.2.3 节的附录“变”与“通”。这里讨论的重要概念有气、身、精、心、理、独知、性、生、本原、恻隐、羞恶、是非、自性、见、性善、浑然一体、同此一气、相通、家、德、良知一也、妙用、神、阴阳、游散、通、变。

在第四章“不可言性”（第233页至300页）中，巴拓识从王阳明和库萨的尼古拉的角度论述了中西方哲学的另一个基本问题：没有任何一种语言的交流是完美无缺的，能表达一切观点的。每一个词的运用都只是一种指向，它指向某一种自身之外的含义。而在对语言和思维的起源层面进行反思的时候，我们就需要另一种哲学化的语言，它通过自身来传达这种语言和思维的源头的不可言性。这种不可言性在中国的文化语境中，在《道德经》的开篇“名可名，非常名”就已经被完美地体现出来了。

在这一点上，身处欧洲的库萨的尼古拉和在中国的王阳明都在构建自己的思想时，用不同的方式表达了对不可言性的认识，并且他们在不同的生命时期对不可言性的表述也是不同的。第4.1节首先谈到的是王阳明和库萨的尼古拉在各自早期时的不可言性思想的比较。在这里，对立统一的基本逻辑也是支撑着二位思想家观点的基础。因为不可言说的东西只有在意义超验的言说中才能被证明出来。就算是单纯的沉默，也只能是一种包含某种意义的语义行为。如第4.1.1节所讲到的，库萨的尼古拉倡导的是“不可言之言”（ineffabile fari）。而王阳明所说的“默而识”基本上也是表达了相同的意思。当然，阳明的立场来自道家，但其中也包含了儒家和佛家的因素。而库萨的尼古拉对不可言性问题的思考主要来自古希腊柏拉图的传统。在第4.2节中，作者从系统的角度具体阐述了关于王阳明和库萨的尼古拉对待不可言性方法上的异同之处。其中特别重视概念上的对比。第4.3.1节（关于库萨的尼古拉）和第4.3.2节（关于王阳明）这两节从内容上是平行的，涉及他们在哲学成熟期对不可言性问题的解答。在此，两位思想家都用了非常精练的语言来说明问题。

第四章引用了很多王阳明和库萨的尼古拉的原文，集中讨论了6条王阳明的比较长的语录。这些段落也被作者翻译成了德语。还有一些相关的其他来源的重要语句，例如来自《易经》和其他道家与儒家经典的语句都被翻译过来。王阳明的重要名词，或者与王阳明思想相关的名词，在此被一并讨论，如：道、悟道、心、理、天、知、卜筮、无知无不知、本体、有心、信、非言非默、易、意、阴阳、良知、知良知、卜筮是理—理亦是卜筮、博学、审问、慎思、明辨、吾良知二字、一语之下、不能尽、法、禅师、尘尾提起。

第五章“意识性”（第301至424页）论述了王阳明和库萨的尼古拉各自的意识性逻辑。其中除了引用库萨的尼古拉的原话和其他许多资料外，还收录了王阳明的19段较长的引文，并且对这些引文进行了分析阐述。本章的出发点是，两位思想家都把使思维成为可能的形式和结构理解为一种对立的统一。他们探究了意识性在人的基本结构中的构成。这一章与第二章的关系尤为紧密，在关于库萨的尼古拉的方面，也与第3.1节中关于思维过程的传承性有重要联系。

第5.1.1节直接从比较入手，把库萨的尼古拉的“灵”(mens)与阳明的“心”进行比较。他们都把人的思想核心理解为既动又不动的、主动与被动的统一体。比较的一个重要出发点还在于，两位思想家也都认为“我们的灵”（nostra mens）和“心”是使生命成为可能的必要条件。库萨的尼古拉认为“灵魂”（anima）是生命的能量。它是“我们的灵”（nostra mens）的核心组成部分。而在王阳明看来，“心”是一切感知体验的源泉，是身的主宰。由此出发，我们可以把王阳明的“人”和“心”，以及库萨的尼古拉的“人”（homo）和“灵”（mens）的概念组合进行比较。在这一章中涉及王阳明相关的术语有：心、身之主、虚灵明觉、本然、良知、汝心、发窍、本体、原无非礼、真己、躯壳的主宰、自然、独知、这心、心之本体、良知本体、无动无静、无前后内外、真知、自私自利、未发、已发、有事、寂然、感通、循理、动中有静—静中有动、动而无动—静而无静、生动、酬酢万变、槁心。

第5.1.2节继续并深化了第二章中已经涉及的话题。库萨的尼古拉和王阳明都在他们的哲学中，用同样的生活情境中的一些事物作为隐喻来解释思想与经验之间的某种联系。例如，他们都用了镜面具有的反射功能来说明反省、良知、心的作用。还有，两位都提到了日和光。本章将他们对这些隐喻的运用进行了分析比较，还延伸到了这些比喻在中西文化的哲学和历史背景：圣心如明镜、明镜之悬、不信、知行、物、圣人、心之本体、天地之心、见闻、窍、良知、心之本体、天理、意、自私自利、日、光、日光、明、照心、恒照、尔我、大知、喜、怒、哀、惧、恶、欲、太虚、复其体。

第5.2节以库萨的尼古拉的理性为主。之后整个第5.3节“意识存有逻辑”都是关于王阳明对人的意识结构的思考的。第5.3.1节“心的结构”是建立在王阳明原文的一些段落上的。“心即理”是此处的核心思想，并且谈到了王阳明隐晦地构建成的一个复杂的意识模型。接下来的第5.3.2节“性与凝聚”对此进行了更进一步的分析，紧随其后的第5.3.3节“心的结构”则对此进行了深化和总结。在这一章中，相关的重要关键词是：心即理、至善、天下、主宰、良知、天理、孝、亲之身、理、凝聚、性、主宰、发动、意、明觉、知、感应、物、体用。

第六章“认知与明察”是该书内容最丰富的一章（第425页至600页）。它涉及库萨的尼古拉和王阳明关于认知与智慧的概念，也就是他们不同的认识论。首先，

第6.1节“理论化认知与洞见的逻辑”对库萨的尼古拉的立场做了说明。在这里，库萨的尼古拉以“博学的无知”“精密”“知识”“洞见”为出发点的思想，预示着欧洲现代科学理论的萌发。随后的第6.2节“认知与洞见的逻辑”提到了王阳明的观点：“知”作为“行”“格物”、情境—诗意的认知与洞见，与前一节是相互对应、互为比对的。第6.3节“激励的时刻：哲学信仰”从德国哲学家卡尔·雅斯贝尔斯的“哲学信仰”的理念出发，探讨了库萨的尼古拉从“信仰的灵光”和王阳明从“良知”的“自信”中是如何获得知识和见解的。第六章一共收录了21条王阳明语录及其翻译。这里出现的重要阳明理念有：一真一切真、自家经历、良知、知良知、本体、知行合一、知、自私自利、复心体之同然、妙、圣人、心之本体、静坐、无纷杂之念、意思、天理精明、省察、格物、德、心学、理学、性理学、悟道、明明德于天下、治其国、无念、修其身、正其心、诚其意、致其知、格物、道、气、己、本性、心、理、明明德、规矩、尺度、方圆、卜筮、真知、昭昭之天、总是一个本体、象数理、乾、坤、神明、礼、阴阳、博学、审问、齐其家、明辨、笃行、涅槃、学、中庸、能、心之体、至诚、功夫。

最后两章——“自我反思”（第601页至656页）和“道德与爱”（第657页至742页）——之间的关系非常密切。回到导言中提到的研究方法，最后两章共涉及自我完善、道德、爱三个基本逻辑。而在其中，王阳明和库萨的尼古拉在一定程度上显现出高度的相似性，尽管他们生活在完全不同的历史环境和语言传统及思想传统中。

两位思想家对自我反思的思考极具文化代表性。王阳明的出发点是要通过自我反思“为圣人”，而库萨的尼古拉称自我反思是一种自我完善的实践方式，其最终理想是成为“上帝之子”。两种哲学观点在第7.1节中得到详细的讨论。第7.2节则讨论了一个惊人的共同点，即虽然两位思想家没有任何交流，但都使用了相同的隐喻来论述人的自我完善和自我反思，这在第7.2.1节“金”的隐喻和第7.2.2节“镜”的隐喻中有过详细的讨论。

第八章以王阳明和库萨的尼古拉各自的“善”的概念，以及如何行善的实践问题为主线。这是两个对他们来说非常重要的问题。库萨的尼古拉在把赞美上帝作为一种道德练习。在此，他认为在日常生活中要对造物之美和世间之善心存感恩，并且要去赞美它们，来与上帝最高的美和善相呼应。而王阳明从“致良知”的方法论和实践背景出发，提倡通过“功夫”达到“仁”的目标。最后一节即8.2节“爱的逻辑”再次深化了成为完人和实现道德的主题，两位思想家都认为人具有一种不断指向“爱”的根本倾向。但他们对爱的观察和表达方式却是不同的。第8.2.1节“爱之知”讲的是库萨的尼古拉关于“爱”的理论，以及如何培养一种全方位的“大爱”的意志活动。由于在基督教中，作为教士的学者独身生活是常态，所以库萨的尼古拉没有谈及对后代或祖先的亲情之爱，而是从理论上探讨了人如何从精神上有意识地、独立地修行，来不断接近“大爱”。第 8. 2. 2 节讨论了与库萨的尼古拉不同的王阳明的“父子之爱”。这里显现出王阳明强烈的儒家立场。与库萨的尼古拉不同，王阳明认为父子之爱是仁爱的一种原型，通过延伸父子之爱才能够培养“大爱”。

最后两章除了大量引用库萨的尼古拉和其他哲学家的名言，还有作者自己翻译的 28 条王阳明著作中的重要段落。在此出现的王阳明思想中的一些重要的概念是：为圣人、成人、心、理、道统、天下、此时、此事、人心有仲尼、独知、心之本体、良知本体、古今、气、知行、佛、圣人之学、仙、儒、大道、小道、三教合一、性命、分两、神、相、物、感应、知、凝聚、意、仁、父子兄弟之爱、自私自利、功夫、主宰、见闻、视人犹己、圣、在纯乎天理、此心、善恶、至善、良知、心之本体、天地万物、一体、同体、天地万物本吾一体、不学而能、有我之私、无我、真我、廓、大公、私意、君子、视人犹己、小人、大人、分尔我、自然、自然知、心之体、意之动、无善无恶、善恶只是一物、过、人心生意发端处、仁民爱物、生生不息、真如、亲吾之父、亲吾之兄、天地万物之体、天地万物之用。

由于王阳明作品至今为止在德语中还没有被系统翻译过，因此，巴拓识在书中对大量的王阳明原文进行了翻译。这些原文来自 1933 年“万有书库”的《王文成公全书》。除此之外，巴拓识也参照了 2006 年出版的现代汉语版的全集。在对《传习录》进行翻译研究时，他还参考了华裔学者陈荣捷 1963 年的英译本。由于库萨的尼古拉使用拉丁语写作，因此在书中巴拓识也翻译了大量拉丁文原著。这些翻译的片段涵盖了王阳明与库萨的尼古拉的整个哲学生涯不同阶段的思想。这种将汉语和拉丁语两种截然不同的语言的哲学段落同时翻译成德语的做法，对于作者对这两位思想家进行平行的、深入的理解与比较研究非常重要。因为，正是通过这一特殊的比较语境下的翻译行为，巴拓识寻找到了翻译王阳明一些概念的新途径。他发现在英译本和早期的德译本中经常出现一个问题，就是译者会不假思索地使用西方哲学或是宗教概念来直接翻译王阳明的语句，由此引发了大量的误读。而在该书中，恰恰因为库萨的尼古拉既是哲学家也是神学家，他对很多概念的解释是经典性的。作者发现，如果要寻找王阳明与库萨的尼古拉的思想差异，就必须考虑他们对一些概念的理解与运用的极大不同。例如，拉丁语中的 substantia 必须翻译成德语 Substanz，但这个德语词却不用像其他译者那样被用来翻译王阳明的“本体”。这样，作者就不得不面对一个问题，为阳明的“本体”寻找一个其他的德语词，来确保它不会与库萨的尼古拉的 substantia 产生混淆。巴拓识把“本体”翻译成 Grund des Wesens（或许可以用中文翻译回来：本质根据）。虽然中文听起来似乎有些奇怪，但是在德语中，Wesen 可以作为一个动词化的名词来使用，表达一种主动的过程。马丁·海德格尔在他的思想中也这样使用过这个词。

除了以上总结所述的专著之外，巴拓识还发表过一些有关王阳明的论文。

最早的一篇论文在 2008 年中国学术期刊上以中文发表。题目是《从跨文化哲学的角度看王阳明（1472—1529）与卡尔·雅斯贝尔斯（1883—1969）哲学思想的共同点》。当时巴拓识在中国参加王阳明悟道 500 周年的纪念活动，又正值德国哲学家卡尔·雅斯贝尔斯 125 岁诞辰，他的轴心时代思想目前在中国也被学者们所重视。基于雅斯贝尔斯对儒家思想的亲近，也基于他对王阳明有所研究，巴拓识在此文中比较了两位思想家思想的一些相似之处。此文涉及他们的哲学思想，也涉及他们个人的发展道路和生存环境的一些比较①。

2009 年发表的一篇关于王阳明的中文文章，标题是《小探王阳明和库萨的尼古拉的跨文化经历》。在这里，巴拓识把王阳明和库萨的尼古拉共有的悟道经历进行了比较，展示了在不同环境下的哲学家那里，顿悟对于他们的哲思所产生的巨大转折性的影响②。

2009 年，还有另一篇文章《从现代量子物理看王阳明哲学》在一本会议论文集中发表，2011 年又被公开出版。其中从跨学科的角度出发，去证明王阳明思想中的一些关键点与现代量子物理学的一些思路是相吻合的。这就把王阳明的思想放到了一种全新的现代科学领域去观察，也展示了阳明学未来的研究潜力及其与其他学科的互动性③。

2010 年，巴拓识在德国学术刊物 *Oldenburger Jahrbuch für Philosophie 2010*（《奥尔登堡哲学年鉴 2010》）中发表了一篇关于王阳明的德语论文。这是一篇较长的文章，题目是“Zur Rede vom immanenten guten (Ge-)Wissen (liángzhī 良知) bei Wáng Yángmíng (王阳明 1472—1529) aus interkulturell-komparativer Perspektive”（《从跨文化—比较的角度论王阳明（1472—1529）的良

---

① 大卫·巴拓识，《王阳明与雅斯贝尔斯哲学思想的共同点——从跨文化哲学的角度看》，《王学研究》，2008 年，第 49 辑，第 42-47 页。

② 大卫·巴拓识，《小探王阳明和库萨的尼古拉的跨文化经历》，《阳明学刊》，2009 年，第 4 辑，第 100-108 页。

③ 大卫·巴拓识，《从量子物理看王阳明哲学》，《阳明学派国际学术研讨会论文集》，杭州：杭州出版社，2011 年，第 12-17 页。

知》)。在这篇文章中，作者首先对中国哲学思想进行了概括性的介绍，然后从《大学》一书中对“格物”的论述出发，介绍了王阳明哲学的一些重要理念。例如：格物的问题、对道的理解、对理、气、圣人、悟道，特别是他的心即理，等等。当然，还包括了一些对他原文的翻译与分析，比如王阳明那里所有与“理”有关的重要段落，最重要的是对“良知”一词含义的解读。在最后一部分，作者也做出了自己的哲学延伸思考①。

在 2010 年的另一篇较短的德语论文中，巴拓识在三教合一的背景下提到了王阳明。这篇文章题为“Von der Toleranz zur reziproken Integration des Zuwiderlaufenden: Anmerkungen zur Einheit der drei Lehren des Konfuzianismus, Daoismus und Buddhismus (sānjiaoheyi 三教合一) während der Ming-Zeit (1368—1644) aus interkultureller Perspektive”(《从宽容到对冲突的相互接纳——从跨文化的角度谈明代（1368—1644）的儒、道、佛三教合一》)②。

2013 年，巴拓识在一本德语论文集中发表了文章“Miszellen zum interkulturell philosophiehistorischen Vergleich am Beispiel Nicolaus Cusanus und Wáng Yángmíng 王阳明”(《以库萨的尼古拉和王阳明为例的跨文化哲学比较随笔》)。其中，他再次提到了王阳明，这一次是放在了库萨的尼古拉的对比者角度上的。以此为例，巴拓识想解释在哲学中以跨文化比较的方式进行研究意味着什么，以及如何有条不紊地、深入地进行比较哲学研究，以促进两种哲学传统之间的对话。从内容上看，巴拓识在其中关于库萨的尼古拉与王阳明把哲学作为自我教育的手段这个话题上，特别提到了王阳明的“心”和库萨的尼古拉的“灵”这两个术语。这篇文章可以算得上是他在同一年里完成的关于王阳明和库萨的尼古拉的博士学位论文的一篇导读③。

2015 年，巴拓识在一本关于动物伦理学的论文集中发表了论文“Tierethik in der chinesischen Tradition”(《中国传统中的动物伦理学》)。在文中他概述了儒家、道

① 参见：David Bartosch: „Zur Rede vom immanenten guten (Ge-)Wissen (liángzhī 良知) bei Wáng Yángmíng (王阳明 1472—1529) aus interkulturell-komparativer Perspektive.“ In: Christine Zunke (Hg.): *Oldenburger Jahrbuch für Philosophie 2010*. Oldenburg: BIS, 2010: 7-37.

② 参见：David Bartosch: „Von der Toleranz zur reziproken Integration des Zuwiderlaufenden: Anmerkungen zur Einheit der drei Lehren des Konfuzianismus, Daoismus und Buddhismus (sānjiàohéyī 三教合一) während der Míng-Zeit (1368—1644) aus interkultureller Perspektive.“ In: *Rundbrief des Lehrstuhls für Religionsphilosophie und vergleichende Religionswissenschaft der TU Dresden*, 2010, 34: 17-18.

③ 参见：David Bartosch: „Miszellen zum interkulturell philosophiehistorischen Vergleich am Beispiel Nicolaus Cusanus und WángYángmíng 王阳明.“ In: Tom Müller; Matthias Vollet (Hgg.): *Die Modernitäten des Nikolaus von Kues. Debatten und Rezeptionen*. Bielefeld: Transcript, 2013 (Mainzer Historische Kulturwissenschaften; 12): 57-86.

家和佛家看待动物的立场，也特别提到了王阳明的思想①。

2015 年，巴拓识在格尔达-汉高基金会该年的学术年报上发表了一篇较短的论文"Zum philosophischen Denken von Nicolaus Cusanus und Wang Yangming"(《论库萨的尼古拉和王阳明的哲学思想》)。这份年报是供全德国所有与此基金会有联系的学者阅读的②。

2017 年，巴拓识的英语论文"Wang Yangming and the Coming Age: The Philosophical Problem of Technology from the Perspective of 心学 Xīnxué"(《王阳明与即将到来的时代：从心学的角度看技术哲学问题》)在山东邹城举办的首届国际青年儒学论坛的论文集中出版。在这篇文章中，作者没有对王阳明的思想进行历史性的回顾，而是把他的思想与德国的近代技术哲学联系起来，也就是从 1877 年德国技术哲学家恩斯特·卡普开始。这个技术哲学学派后来深刻地影响了恩斯特·卡西尔和马丁·海德格尔等重要哲学家，具有很强的时代性。而巴拓识再次尝试，从中国古代思想传统中，也就是从王阳明思想中寻找到一些可以与这些现代哲学命题相互结合的内容，以便将王阳明思想进行现代化的运用③。

2017 年，巴拓识还在欧洲著名的汉学杂志上也发表了一篇影响较大的英文文章，题目是"Explicit and Implicit Aspects of Confucian Education"(《儒家教育的显性和隐性角度》)。在此，儒家教育的基本要素被从显性的(也就是用语言传递的)知识，到用符号及用不可言说的知识和技能（即是哲学的）展现出来。文章从儒家教育观入手，指出了儒家教育的明确内容和目标，以王阳明为例谈到了儒家教育的一些核心层面④。

在 2017 年的一篇国际关系学领域的文章《和谐的力量：为什么中国不会威胁世界》中，巴拓识在结尾处提到了王阳明。他谈到了"和谐的力量"这个新概念，从文化上来展望未来中国的外交政策中传统文化的可运用性⑤。

另一篇英文论文"Cultural Diplomacy with Traditional Chinese Characteristics"(《有中国特色的文化外交》)于 2018 年发表在第五届尼山世界文明论坛论文集上。

---

① 参见：David Bartosch: „Tierethik in der chinesischen Tradition." In: *Coincidentia. Zeitschrift für europäische Geistesgeschichte*, 2015, 6/2: 449-468.

② 参见：David Bartosch: „Zum philosophischen Denken von Nicolaus Cusanus und Wang Yangming." In: Gerda Henkel Stiftung (Hg.): *Jahresbericht 2015*. Gerda Henkel Stiftung: Düsseldorf, 2015: 46-47.

③ 参见：David Bartosch: "Wang Yangming and the Coming Age: The Philosophical Problem of Technology from the Perspective of 心学 Xīnxué". In: 首届国际青年儒学论坛论文集, 2017: 346-366 [publication status unclear].

④ 参见：David Bartosch: "Explicit and Implicit Aspects of Confucian Education." In: *Asian Studies / Azijske Študije, Confucianism and Education*, 2017, V (XXI/2): 87-112.

⑤ 参见：大卫·巴拓识，《和谐的力量：为什么中国不会威胁世界》，《国际传播》，2017 年，第 3 期，第 1-14 页。

这篇文章探讨了中国传统思想的元素如何在文化外交中成功应用的问题，其中也提到了王阳明的思想。该文中译本和修订本已于 2019 年在一本有关中国国际关系的杂志上发表[①]。

2018 年，巴拓识发表了英文文章“Karl Jaspers' 'Philosophischer Glaube' (Philosophical Belief) and Wáng Yángmíng's 'Zìxìn 自信' (Self-believing): A Euro-Confucian Reflection”（《卡尔・雅斯贝尔斯的“哲学信仰”与王阳明的“自信”：一个欧洲—儒家的反思》）。目前，该论文的修订版以《卡尔・雅斯贝尔斯的哲学信仰与王阳明的自信在两种思想传统的对话》为题，在德国著名的汉学杂志上发表。文章从卡尔・雅斯贝尔斯的哲学信仰概念出发，关注宗教信仰、科学信仰和哲学信仰之间的区别。在此基础上，以王阳明的“自信”为例，论述了带有良知的哲学信仰。首先，对孔子和孟子的这种认识的起源进行了回溯，然后在康德的实践力概念基础上，对康德和王阳明的思想进行了一次跨文化的比较，来说明王阳明的做法在某些方面甚至比康德更先进[②]。

2019 年，在武汉举办的一个比较哲学国际论坛上，巴拓识发布文章“Self-Perfection and Self-Realization Along the Ancient Silk Road: Philosophical Perspectives by Wang Yangming, Ibn Sina and Nicolaus Cusanus”（《古丝绸之路上的自我完善与自我实现——王阳明、伊本・西那和库萨的尼古拉的哲学观》）。此文将于今年发表。其中，巴拓识从三个不同历史文化背景下的三位著名哲学家的角度来思考自我完善和自我实现的话题[③]。

2020 年，巴拓识还发表了一篇德语论文，文中专门介绍了德国最伟大的汉学家之一乔治・冯・德・加贝伦茨。在该文中，巴拓识把他的语言哲学和合成语法概念与王阳明的哲学进行了系统的关联。这篇文章题为“Zu sprachphilosophischen Aspekten bei Georg von der Gabelentz aus werksbiographischer und sinologischer Perspektive”（《从乔治・冯・德・加贝伦茨的作品传记与汉学观点看他语言哲学的观念》）。在其最后一节也可以找到对王阳明思想的思考，特别是王阳明思想与

---

① 参见：David Bartosch: “Cultural Diplomacy with Traditional Chinese Characteristics.” In: *The Conference Proceedings of the Fifth Nishan Forum on World Civilizations*, Nishan, 2018: 454-465.

② 参见：David Bartosch: “Karl Jaspers' “Philosophischer Glaube” (Philosophical Belief) and Wáng Yángmíng's “Zìxìn 自信” (Self-believing): A Euro-Confucian Reflection.” In: *The Conference Proceedings of the International Symposium on “Axial Age in China”*, Guiyang, 2018, 74-89; David Bartosch: Karl Jaspers's Philosophischer Glaube (Philosophical Belief) and Wang Yangming's Zhixin 自信 (self-Believing).” *Minima Sinica*, 2019, 31: 45-64.

③ 参见：David Bartosch: “Self-Perfection and Self-Realization Along the Ancient Silk Road: Philosophical Perspectives by WángYángmíng, Ibn Sīnā and Nicolaus Cusanus.” In: 世界历史与世界哲学——比较哲学的时代方向会论文集，武汉，2019: 1-16.

语言哲学之间的关系[①]。

2021 年底，巴拓识在一家国际学术期刊上以英文发表文章“The Understanding of Understanding: A Philosophical Reflection from a Transcultural Perspective”（《对理解的理解：跨文化视角下的哲学反思》）。其中讨论了什么是理解，还尝试系统地将古希腊、德国及中国古代和近现代的哲学放在一起考虑。在此背景下，以王阳明的哲学为例，讨论了中国传统文化对意识和理解的理解[②]。

① 参见：David Bartosch: „Zu sprachphilosophischen Aspekten bei Georg von der Gabelentz aus werksbiographischer und sinologischer Perspektive.“ In: Henning Klöter (Hg.). *Von Lindenblättern und verderbten Dialekten: Neue Studien zu dem Sinologen und Sprachwissenschaftler Georg von der Gabelentz (1840—1893)*. Wiesbaden: Harrassowitz, 2020 (Veröffentlichungen des Ostasien-Instituts der Ruhr-Universität Bochum): 53-76.

② 参见：David Bartosch: “The Understanding of Understanding: A Philosophical Reflection from a Transcultural Perspective.” In: *International Communication of Chinese Culture*, 2021, 8(1): 121-143.

第七章

阳明心学在美国的传播研究[①]

① 本章部分内容以《阳明学在美国的早期传播：论亨克对阳明学的译介与诠释》为题发表于《浙江学刊》2021 年 2 期（亨克，一般译为“恒吉”——编者注）。

在阳明心学的海外传播中，美国是重要的组成部分。王阳明的思想首先传播到东南亚、欧洲，有地理和历史上的因素。欧亚大陆历史上就有来往，文化交流频繁，两大具有历史传统的文化区域通过陆路和海洋都能产生联系。与之相对，美国远离亚洲，未有陆地相连接，并且自身历史较短。在阳明思想的海外传播中，中国和美国之间的联系就不同于中国与东南亚和欧洲的交流。在与东南亚和欧洲的交流中，贸易先行，器物和习俗随后，而观念和思想的交流也与之伴随着自然而然地开展起来。在与美国的交流中，早期的传教士和外交官发挥了一定的作用，随后日本近代的阳明思想热和欧洲的汉学研究也对美国产生了影响，但我们会发现，现当代专业的学术研究者在其中发挥的作用更大。根据各个时期的交流和传播特点，学界概括出阳明思想在美国传播的几个阶段。其中，具有代表性的理解是伊莱瑞（George L. Israel）教授描述的三个阶段特征：近代以来到 20 世纪中期为接触、引介、翻译阶段；20 世纪中期到 2000 年为从了解走向中西哲学的比较研究阶段；21 世纪起为从比较哲学走向哲学自身的原创性研究阶段。

第一节　阳明心学在美国早期的传播（1600—1950）

不同于亚洲和欧洲，北美洲接触中国传统哲学思想的时间要晚很多。即使从更大范围的汉学研究上来看，相较于 20 世纪美国汉学研究的繁荣与发展，19 世纪的汉学局限在汉语教学、社会情况调研、传教和商贸往来等实用目的上。从事的人员也以北美的传教士及美国和清政府对外工作的官员为主，几乎没有纯粹的学术研究者。在这一时期，北美汉学研究和中美文化交流中除了少部分关于中国人国民性和中国文化总论方面的研究之外，其实用性目的远远大于理论性目的。这与欧洲汉学在纯理论上的兴趣形成鲜明对比，早在 17 世纪末朱子思想已传往欧洲，并且影响了莱布尼兹这样的学术大家，使他展开了其单子哲学的研究①。

一、美国初遇王阳明的标志

有确凿证据表明，北美最先与阳明思想相遇的时间至少是在 19 世纪上半叶，地点是在中国。第一位来华的美国传教士裨治文（Elijah Coleman Bridgman）于 1832 年在广州创办了一份重要的英文刊物《中国丛报》(*The Chinese Repository*)(月刊)，向西方世界介绍中国。从 1837 年开始，刊物先后迁往澳门和香港，1845 年再迁回广州，并由后来的第一位美国汉学教授，著名传教士外交官卫三畏（Samuel W. Williams）管理。1833 年《中国丛报》第二期中的“杂记”（Miscellanies）栏目第 265 页刊登了一篇名为“Systems of Budha and Confucius Compared”的文章②，即王阳明《谏迎佛疏》的英译文。在译文前还附上了一小段全文摘要，并点评了这篇谏疏，认为其完美展现了中国逻辑的独特性，展示了儒家有教养阶层的说理方式。可以看出，当时的编者和译者对中国传统儒家思想已经有所了解，并能用之分析王阳明的谏疏。思想上的相遇需要文字作为载体，尤其是美国人能看懂读懂的英译文献。这篇英译的《谏迎佛疏》可以说具有标志性意义，开创了阳明思想为英语世界，尤其是为美国所了解的先河③。事实上，早在 1826 年，密歇根大学图书馆就推出了一套包括年谱在内的《王阳明先生全集》，共十本④，但却是全中文的线装图书，当时的美国几乎没有人能读，影响非常有限。另外，按照陈荣捷先生在《王阳明：西方研究与文献》中所言，日本学者羽贺（T. Haga）在《日本亚洲学会年刊》（*Transactions of the Asiatic Society of Japan*，1893）上发表的用英文向西方介绍日本哲学的《日本哲学流派述评》（“Notes on Japanese Schools of Philosophy”）一文中，用不到一页纸的篇幅提到阳明学（Wang Yang-ming School,

---

① 陈荣捷. 欧美的阳明学. 外国问题研究，1981（3）：99.

② 《中国丛报》的这篇英译文是从英国人米怜（William Milne）在马六甲主编的《印支搜文》(*The Indo-Chinese Gleaner*, 1817: 149-157）第一辑中摘录而来，译文和点评都有一些修订和调整。关于《中国丛报》的历史和简介，参见：顾钧. 中国的第一份英文刊物. 博览群书，2011（10）：94-97.

③ 参见：顾钧. 中国的第一份英文刊物. 博览群书，2011（10）：94-97. 注意其中关于《中国丛报》发行量的统计。当时，其海外发行量中美国占据一多半。

④ 海西数字图书（Hathi Trust）收入了其图片扫描版，展现了密西根大学这套近两百年前的图书。网址为：https://babel.hathitrust.org/cgi/pt?id=mdp.39015078175802&view=1up&seq=1.

Ōyōmei)，并认为这可能是在西方语言中第一次提到王阳明[①]。陈荣捷的这一观点在近期被一些关于阳明学欧美传播史的中外研究多次引用。显然，1833 年《中国丛报》的译文已经明确提到 Wang Yang-ming 的名字，在时间上要更早，在内容上更直接全面。事实上，如果按照公开发行出版物的标准，那么有北美人参与的最早传播阳明思想的地方，其实是在中国而不是日本，即《中国丛报》。所以，我们认为在恒吉（Frederick G. Henke）的译本出现之前，《中国丛报》上的这篇王阳明的《谏迎佛疏》的译文具有标志性意义。

二、19 世纪的探索[②]

自 16 世纪欧洲的西方汉学（sinology）发端之始，宋明儒学受到的重视程度就不如先秦时期的中国古典哲学；后来，在汉学开始着手研究宋明儒学之时，程朱理学又比阳明学受到更多的重视。到 19 世纪末，欧美汉学家已经普遍对朱熹的生平、著作和思想有了大致了解，但是对阳明学的研究开始得非常晚。在学术界，由于恒吉译本的出现，欧洲和北美洲几乎同时开始研究阳明思想。众所周知，美国人恒吉最早将《传习录》翻译成英文 *The Philosophy of Wang Yang-Ming*（1916），此译本一直到 20 世纪中期都发挥着持续的影响，直到陈荣捷先生的译本问世。近年来，集中研究阳明思想欧美传播史的伊莱瑞教授在划分其不同传播阶段时，就是以恒吉的译本为分界线的。但是，在《谏迎佛疏》英译文和恒吉的译本之间还有大半个世纪的时间。在这段时间里，美国和阳明思想的接触大部分都发生在中国，另有部分发生在日本。有通过介绍和谈论其他学者，例如朱熹，间接谈到王阳明的；也有论及明朝重大历史事件，例如宁王叛乱，而非常间接地谈及王阳明的。从逸事、功绩和观点、思想等视角多维度切入，王阳明这位对美国民众来说陌生的人物逐渐地呈现出了其轮廓。

其中，比较重要的一位是英国人托马斯·沃特斯（Thomas Watters），即马华脱。他在《文庙牌位指南》（*A Guide to the Tablets in a Temple of Confucius*，1879，以下简称《指南》）中专门撰写了“56. Wang Shou-jen（王守仁） S. Po-an（伯安）”

---

① Chan, Wing-tsit. Wang Yang-ming: Western studies and an annotated bibliography. *Philosophy East and West*, 1972, 22(1): 75-92. 本书中收录的关于“王阳明”的英文翻译，因为时代不同，所依据的标准不同，译法多样，只能就照抄照录，展现原貌。——编者注

② 下文关于 19 世纪美国王阳明思想传播的论述，部分参考了伊莱瑞博士的文章：Israel, G. L. Discovering Wang Yang-ming: Scholarship in European and North America, ca. 1600—1950. *Journal of Oriental Studies*, 2018, 66(2): 357-389.

这一词条[①]，对王阳明的生平、事迹、思想及其和其他学派、后学的渊源做了相对详细的介绍，并从西方学者的视角出发，对阳明思想和西方哲学进行了初步比较。虽然沃特斯是英国人，但这本书却是由美国长老会差会在上海开设的美华书馆（The American Presbyterian Mission Press）出版的，因此也可看作美国汉学发展的一部分。从书中前文的注释和导论可以看出，沃特斯阅读中文的能力非常强，参考了很多中文原本，例如《圣域述闻》（1824）、《文庙祀位》（1872）、《资治通鉴纲目》（成书具体年代不详）等，还大量参考了其他以研究中国历史、哲学和儒家经典为主的汉学家的著作和译著，例如理雅各（James Legge）和帕拉特（Johann Heinrich Plath）等。因此，《指南》是一部优秀翔实的儒家思想介述著作。除了第56条专门讲解王阳明之外，在其他相关词条中都有反复提及王阳明。在第55条“Lo Chin-Shun（罗钦顺）”中，论及罗钦顺批判陈献章混淆儒家学说和佛教教义时，就谈到了罗对王阳明的批评，在后面清代理学家的词条论及了他们与阳明思想的差异与争论。例如，在张履祥词条中，沃特斯也论及了张从着迷王阳明到投向《大学》与朱熹之后摒弃王阳明，严厉批判陆九渊和王阳明[②]；同样的情况也出现在张伯行和陆陇其的词条中。

正如伊莱瑞提到的，沃特斯在第56条王阳明词条中还讨论了其哲学理论术语的翻译和义理分析，这是《指南》非常突出的一个特点。该词条的前半部分扼要介绍了王阳明的生平，从他的出生地余姚和父亲王华的情况说起，到15岁接触佛老思想，到从仕途、与刘瑾的遭遇、平定江西与宁王，再到立院讲学、平定广西、病逝于1584年、祀于孔庙，相当完整。词条后半部分则着重介绍王阳明的著作出版情况及为什么他的思想会被误认为是在传播佛学；阳明对朱熹和陆九渊的批评，批评他们俩各执一端，没有找准古代圣贤经典和培养内在本心的共同点，却相互攻伐；阳明批判继承了陆九渊提出的“良知”；以及最重要的，对之前关于“良知”的翻译提出异议。沃特斯认为，良知是阳明思想中重要的哲学概念，是人获得最初的最确定知识的能力（faculty），而理雅各根据良知这一说法可能来自孟子，把它翻译为 intuitive knowledge，这是不准确的[③]。因为良知范围很广，有时候指良心（conscience），有时指意识（consciousness），有时指直觉（instinct），存在于每一个人身上。沃特斯从分析良知的内涵入手，阐述良知与《大学》和其他儒家经

---

① Watters, T. *A Guide to the Tablets in a Temple of Confucius*. Shanghai: The America Presbyterian Mission Press, 1879: 211-216.

② Watters, T. *A Guide to the Tablets in a Temple of Confucius*. Shanghai: The America Presbyterian Mission Press, 1879: 233, 235.

③ Watters, T. *A Guide to the Tablets in a Temple of Confucius*. Shanghai: The America Presbyterian Mission Press, 1879: 215.

典之间的关系，还试图为阳明受到的攻击辩护，认为阳明思想是正统儒学，是对孔子和孟子的理性的恰当诠释，其对佛教的看法，也是儒家思想的发挥。因此，沃特斯其实已经间接地讲到了儒释道三家合流。如果说以上内容，沃特斯还是仅仅在介绍中国的思想或复述《王阳明先生全集》(1832）中的内容，那么，将王阳明和迪卡儿进行比较则具有开创性。此时的中西比较是西方学者特有的优势。沃特斯认为，王阳明和迪卡儿在人生经历和学说思想上都有相似之处：他们都曾经是战士，参加过战争，都热爱哲学，都认为心灵（mind）具有了解真理的先天能力，都强调主体自身的能力（self-dependence）；差异只在于王阳明有勇气坚持己见，而迪卡儿却臣服于宗教压力。虽然只是轮廓性的比较，但突出了二者对主体性的强调，这是独具慧眼的。中西哲学在肯定人的内在价值方面，具有趋同性，只是或许由于囿于西方宗教思维的限制及对中国传统哲学中“天”“天道”概念理解总隔着一层，沃特斯未能言明二者的主体性是有差异的。总之，沃特斯在《指南》中对王阳明的译介翔实可靠，选择迪卡儿与之比较也别具慧眼，在《中国丛报》上的《谏迎佛疏》译文之后，对阳明学在欧美的进一步传播具有重大意义。

出版《指南》的美华书馆是由北美传教士创办的。早期来到中国的美国人以传教士为主，他们从先来到中国的那些欧洲同行获得信息和帮助之后，获得了较高的研究起点。同时，他们还具有一个优势，即亲自到中国接触第一手资料，并对前人的翻译和理解做出反思，例如沃特斯对理雅各翻译的反思。卫三畏也是这些人士中杰出的一位。伊莱瑞认为，卫三畏是一位很早就提到王阳明的美国学者，但是卫三畏是在《中国总论》(*The Middle Kingdom*，1848）中一个名为“士人对佛教的反抗”(“Opposition of the Literati to Buddhism”）的小节中，才提到王阳明谏正德皇帝不要迎佛，并未提及《谏迎佛疏》，也并未提到 15 年前《中国论丛》已经刊出了这篇文章的英译文。除了《谏迎佛疏》和《指南》中的词条之外，在 19 世纪之前关于王阳明的资料主要由意大利和法国的耶稣会士介绍和翻译，以利玛窦（Matteo Ricci)、冯秉正和杜赫德为代表。

从以上的历史可以看出，20 世纪之前阳明思想在美国的影响与传播，具有以下特点：首先，相较于欧洲汉学中关于王阳明的论述而言，文献数量较少，开始的时间也较晚。其次，在前人介绍的基础上，开始向王阳明的具体文献翻译和学理梳理方向发展。随着对中国哲学介绍和研究的范围越来越全面，思想深度也逐渐加强，美国的汉学研究逐渐走向专业化，出现了像卫三畏这样的以汉学为专业的全职教授。美国学界全面研究阳明思想只是一个早晚问题。

三、美国阳明思想传播的奠基者：恒吉

在阳明思想向西方传播的过程中，恒吉是一个绕不开的人物。虽然 19 世纪欧美传教士的译介工作开创了用西方语言介绍阳明思想的先河，但是这些译著和介绍对后来美国 20 世纪的继续研究影响并不大，甚至还有断档。进入 20 世纪后，首先，美国的汉学研究逐渐形成气候，成为专业的学术研究活动。这些研究所倚赖仰仗的王阳明文献，很少是从 19 世纪的零星译介中选取的，而主要依据的是恒吉的译本。其次，随着研究的丰富和深入，西方的中国哲学逐渐从汉学、东亚研究中脱离出来成为真正的哲学研究领域。恒吉翻译编辑的《王阳明的哲学》以《传习录》为主体，几乎涵盖了中国哲学所有的基础概念，也逐渐被更多研究中国哲学的西方学者所熟知。在 20 世纪后半叶，在欧美阳明思想研究迅速发展起来之前，恒吉的译本是 20 世纪前期最重要的一项学术成果。正如陈荣捷先生所言，恒吉是欧美第一个研究阳明哲学的人，他的工作是使王学逐渐兴盛起来，促进王学研究的主要原因之一①。

“1916 年，美国学者恒吉翻译出版以《传习录》内容为主体的《王阳明的哲学》(*The Philosophy of Wang Yang-Ming*, London: Open Court Publishing Co.)，这是英语世界第一部王阳明作品选集，它的出版无疑对王阳明的海外传播有椎轮作始之功。”② 恒吉于 1876 年出生于美国艾奥瓦州，1900 年来到中国江西传教，1907 年回到美国读书，并于 1910 年获得芝加哥大学博士学位，然后于当年返回中国，受聘到金陵大学担任哲学心理学教授。在此之后，恒吉开始深入研究阳明思想，取得了一些成果：1912 完成了《王阳明的生平与哲学研究》(“A Study in the Life and Philosophy of Wang Yangming”）并于次年发表在英国皇家学会华北分会的会刊上③。1913 年恒吉返回美国任教，于 1914 年在著名杂志《一元论者》(*The Monist*)发表了《王阳明：一个中国唯心论者》(“Wang Yang-ming, a Chinese Idealist”)。在这些前期积累和准备下，他于 1916 年出版了最重要的《王阳明的哲学》。针对恒吉译本是否有严格对应的中文底本的问题，经过中美专家历年来反复的详细考证，现在一般认为，恒吉译本以施邦曜的《阳明先生集要》为底本，进行了重新

① 陈荣捷. 欧美的阳明学. 外国问题研究，1981（3）：100.

② 王宇. 亨克《王阳明哲学》及其中文底本《阳明先生集要》考述. 浙江社会科学，2018（10）：110-115. 关于亨克生平与这本译著及其中文底本的介绍，还可以参见：刘孔喜，许明武. 亨克及王阳明心学著作在英语世界的首译. 国际汉学，2019（3）：45-53，204.

③ 根据伊莱瑞的说法，这是第一篇在西方学术杂志上刊登的关于王阳明研究的学术文章。

编排，添加了概述性的序言、内容提要并且删减了施邦曜的部分评语。译本忠实于中文底本，在学术严谨性上没有任何问题[①]。以恒吉发表的论文和翻译编辑的译著为标志，阳明思想逐渐演变为现代学术中专业研究的对象，在其西传过程中，至少在形式上实现了现代化。

尽管恒吉主观上试图努力做到忠实于原文，但作为一位成长于当代欧美哲学神学传统中，受过现代大学教育的西方学者，他对阳明思想的理解和阐释具有非常鲜明的特点。他的翻译（也即他的理解）甚至引发了后来东方传统中的现代学者，以华裔、日本学者为主的一方，与以欧美的白人汉学家为另一方的进一步争论。其后对恒吉译本的书评和其他学者对他翻译的评价，甚至可以看作 20 世纪东西方哲学思想的首次交锋与对话。恒吉在其论文和译著中把王阳明诠释为一位哲学上的绝对唯心主义者（absolute idealist），并认为布拉德雷、泰勒、罗伊斯这些英美著名的唯心主义学者会以王阳明为同道；同时也依据其行动哲学的特点将其看作是对旧传统上伦理权威进行的改革。天理不在外部世界，而是反身求己，提升了个体主体性的价值；心外无物，心外无理，心的创造性活动构成世界事物。这一点的确与迪卡儿通过认识论转向来提升个人主体性地位，有异曲同工之妙，也是 19 世纪沃特斯将二者联系起来的原因。心、良知、致良知，作为阳明思想中的基本概念和主要内容，也引起了恒吉的重点关注，甚至成了他主要的关注对象。“恒吉提出王阳明研究的译本之后，只专重良知。”[②] 陈荣捷先生自己花费了巨大功夫翻译《传习录》，他对恒吉译本的关注点、译文做出的评价为：“只是他的译著都是远在六十年以前所完成的。那时新教传教士和十七八世纪天主教牧师对朱子哲学的理解不同，因而 Henke 对王学尚未入门，并且由于不了解《传习录》的中文评论和日文的注释书，译文中存在许多误译。”[③] 恒吉缺乏中国哲学的背景，且不了解朱子哲学思想；陈荣捷先生的担心是合理的。但是，恒吉没有更多关注到“知行合一”、四句教和心性本体方面的内容，也是可以理解的。因为把心翻译为 mind，把良知翻译为 intuitive knowledge，这恰好和近代西方哲学认识论转向之后的哲学理论框架相契合；而东方的体验与心性功夫、动态的形而上学却难以用西方哲学的理论语言表达出来。如果认识不到这一点，在研究恒吉的译本时就容易出现过度诠释的问题。例如，伊莱瑞在分析恒吉所理解的王阳明创建心学的动机时，就认为恒吉把王阳明立学理解成担心当时中国的政治、宗教和道德方面的困

① 王宇先生甚至考证出中文底本是上海明明学社铅印的《学部校正阳明先生集要》。

② 陈荣捷. 欧美的阳明学. 外国问题研究，1981（3）：102.

③ 陈荣捷. 欧美的阳明学. 外国问题研究，1981（3）：100. 陈荣捷先生仅在此一页中，就列出了 6 条误译。

境，而迫切需要提出的改革，将问学建立在心学牢靠的基础上①，因此忽视了当时佛学与朱熹理学在学理上对阳明的重大影响。

恒吉译本出版时，日本正处于明治维新之后迅速全面西化的发展阶段，阳明思想在这一时期前后对日本精英界和知识界的影响非常大，加之日本历史上很早就浸染于中国哲学②，东西方哲学、传统与现代的交汇与碰撞是当时日本知识界面临的重大问题。西方知识界也意识到这点："而且这本书为我们呈现了日本思想中的核心源泉，因为它在日本就如同在中国一样被广泛地阅读。"③ 因此，西方社会如何理解和看待阳明学对日本的意义不言而喻。当时日本知识界的领军人物、宗教研究领域的著名学者姊崎正治（Anesaki Masaharu）立刻发表了一篇关于恒吉译著的书评，提出了一些严厉而中肯的批评。"由于欧美偏重良知，必不可免地造成王阳明主静而近于禅的印象"④，但是奠定了日本现代宗教研究的权威姊崎正治却不认可这种理解。他认为，恒吉译本所使用的英文理论术语过于当代化、普遍贫乏，以至于王阳明看起来就像是在现代哲学的意义上克服朱熹的二元论和经验论一样。尤其是把"良知"翻译为 intuitive knowledge 和 intuitive faculty of the good 不可接受，这是把王阳明整个哲学和伦理思想的基石还原到一种心理学上的观点；而把"致良知"翻译为 to extend knowledge to the utmost 和 to extend the use of intuitive knowledge to the utmost 更是不得要领。姊崎正治认为"致良知"更好的翻译是"实现良知"（to realize the liangzhi）或"把良知完全实现出来（在思想和生命中）"[to bring the liangzhi to full light and efficiency (both in thought and life)]⑤，这样的翻译和理解可以契合到功夫论，而不至于把儒家的心性功夫理解成了做功（work）或者完成任务（task）。即使当时的欧美把阳明思想看作近似于禅宗，也把握不准确；"功夫（kong-fu）这个词源自佛学'冥想'（meditation），在王阳明的思想和一生中有重要作用……译文就简单地翻译为'task'或者'work'，或在有些段落就完全省略了这个词"⑥。这些翻译上的缺陷，就是理解上的不到位，甚至不准确。这恰恰就是姊崎正治对恒吉译本缺乏一个完整性的导论，不能给出一

① Israel, G. L. Discovering Wang Yang-ming: Scholarship in European and North America, ca. 1600—1950. *Journal of Oriental Studies*, 2018, 66(2): 357-389.

② 朱子学在 15、16 世纪的镰仓时代就已经传入日本。参考：桥本高胜，蔡毅. 中国哲学在日本. 文史知识，1996（3）：65-76. 阳明学在了庵桂悟时期（王阳明生前接触的日本人之一）就已经传入日本。参考：钱明. 王阳明与日本关系新考. 宁波大学学报，2005（5）：10-14.

③ Henke, F. G. The Philosophy of Wang Yang Ming. *The Biblical World*, 1917, 50(5): 317.

④ 陈荣捷. 欧美的阳明学. 外国问题研究，1981（3）：103.

⑤ Anesaki, M. Reviewed Work(s): The Philosophy of Wang Yang-Ming by Frederick Goodrich Henke. *The American Journal of Theology*, 1918, 22(4): 596.

⑥ Anesaki, M. Reviewed Work(s): The Philosophy of Wang Yang-Ming by Frederick Goodrich Henke. *The American Journal of Theology*, 1918, 22(4): 597.

个整体性的阳明思想鸟瞰的不满。在他看来，恒吉译本没能很好地把握佛学和包括朱熹、王阳明在内的儒家之间的关系和互动，对“体”（metaphysical entities）、“用”（phenomenal manifestation）这些儒家与佛学共同使用、共同塑造的中国哲学基本概念，更是缺乏掌握和介绍，以至于在英译文中使用了诸多不同的说法来翻译“体”“用”，没有一个统一的用法，对“体”“用”没有一个统一的理解。这些翻译的缺陷、不到位、不准确，对基于儒家和佛学而来的阳明思想中的基本概念没有系统性的把握，导致译本中存在两个非常严重的错误。其中之一就是对王阳明回忆龙场悟道的翻译：“After I had been at Lung-ch’ang I did not discuss the meaning of the intuitive knowledge of good, for I was not able to interpret it.”（吾良知二字，自龙场以后，便已不出此意。只是点此二字不出。于学者言，费却多少辞说。）恰当的翻译是 I have nothing but 而不是 I did not discuss。姊崎正治评价道：“这个惊人的翻译，几乎使王阳明的生命、努力和功绩化为乌有。”[①] 在不到 8 页的书评中，姊崎正治明确指出，存在问题的页码不下 30 处，可见他的不满。由于没有完整的导论，加之语录体的形式又不能很好地形成系统性内容，译著的标题《王阳明的哲学》名不副实，让期望获得一套系统的王阳明哲学思想的读者无所适从。姊崎正治和陈荣捷对恒吉译本的评价相差近半个世纪，他们都是学界这一领域的重量级人物。可以看出，浸润于东方哲学思想传统中的学者，虽然认可恒吉译本在世界范围内的重要意义，但是对其核心理论术语的翻译却持较大的保留意见，担忧译著是否能准确地呈现系统性的阳明思想。

不同于东方传统中的学者，西方欧美汉学家普遍对恒吉译本的效用和价值评价很高。恒吉在芝加哥大学的导师塔夫茨（James Hayden Tufts）教授，是当时与詹姆斯、杜威齐名的非常有影响力的一位学者，在为恒吉译本所作的序言中指出，这不仅仅是一本汉学方面的书籍，而且还是哲学著作，对西方人了解中国哲学有重要意义。在对王阳明的介绍中，塔夫茨沿用恒吉的说法，自然而然地运用西方哲学思想来界定王阳明，将他称为一元观念论者（idealist of the monistic type），并用“知行合一”类比康德哲学。杰出宗教史学家和东方学专家穆尔（George Foot Moore）则在《哈佛神学评论》上发表书评推介恒吉的译著。作为专业的东方学学者，穆尔深知恒吉译本对此领域的学术研究，尤其是在学生培养上的重要意义。塔夫茨、穆尔和姊崎正治是同一时代的学者。显然，和前两者比起来，后者的中国哲学造诣和对佛学、禅宗的理解应该更深。这也反映在他们对恒吉译本的评价和态度上。前两者重在凸显恒吉译本的破冰意义，并用西方哲学中的概念来框定

---

① Anesaki, M. Reviewed Work(s): The Philosophy of Wang Yang-Ming by Frederick Goodrich Henke. *The American Journal of Theology*, 1918, 22(4): 599.

恒吉译本中的阳明思想，即试图从语录体式的片段中提炼出西方人可以把握的哲学理论；姊崎正治则不关注西方人是否能把握或确定阳明思想而不至于迷糊不清，而是担心他们所谓确定的解读是否有误、不到位、不全面或过度诠释，是否在没有相关整体背景下误读阳明思想。半个世纪之后，和陈荣捷先生同时代的另一位著名汉学家、中国哲学专家倪德卫（David S. Nivison）教授则比他的两位美国前辈更精通中国传统思想，能和姊崎正治、陈荣捷在同一层面上评价恒吉的译本。

在恒吉译本出版半个世纪之后，夏威夷大学哲学系的陈荣捷教授也出版了他自己翻译的《传习录》英文译本（1963），斯坦福大学的倪德卫教授随即发表了书评，不仅仅评价了陈的译本，还把陈译本和恒吉译本做了比较。正如书评的标题一样，倪德卫教授同时对这两本著作做出了评价。虽然时隔半个世纪，中国哲学在北美的发展相较于20世纪初已大有改观，但此时再来评价恒吉译本，或许更能显示出它持久的价值。在论及恒吉时，倪德卫首先指出陈荣捷对恒吉的评价是有失公允的。恒吉的译本和陈荣捷的一样，都包含《传习录》和《大学问》，而且恒吉重新对内容做了编排。尽管恒吉译本所没有的部分内容出现在陈荣捷的译本中，但恒吉译本其实更忠实于原文的结构，因为恒吉的重新编排是对整段整篇而言的，而陈荣捷则根据自己的理解将某些原文篇章分割后再编排，所以，倪德卫认为恒吉更忠实于原本。此外，恒吉译本的第三卷和第四卷包括很多有趣的哲学短篇和书信，而陈荣捷的译本中却没有。恒吉在其译本序言中自述用的原本是上海商务的《王阳明全集》，并在正文中尽量附上中文的原文页码。倪德卫甚至以目录对比的形式列出图标比较两个译本的结构，认为恒吉的译本在结构上更忠实于原本。恒吉的中文阅读有些困难，他在几乎每一段里都犯有错误，王阳明的口语体拖累了他，经常让他搞不清楚一些语法和词汇……尽管如此，恒吉译本有非常好的韧性，完全能够弥补那些微不足道的小错误。因此，倪德卫教授站在西方学者的立场，认为恒吉译本虽然不够完美，但却提供了一个可读性、可理解性非常强，且忠实于原本的好译本。其在西方非华裔学者中的影响力可见一斑。

从20世纪20年代和60年代的东西方学者的评价可知，恒吉译本的影响力毋庸置疑。恒吉的英译文借助已经理解的西方哲学术语和理论来译介王阳明著作，这在传播的初期使得西方学者能迅速接纳阳明思想，以形成海外阳明学学术圈，培养这方面的学术新生力量。但是，如此的翻译也存在弊端，即要么过度诠释，要么把握不到位。抛开翻译细节中一些具体的瑕疵，这应该才是东方传统中的学者对恒吉译本评价不高的主要原因。这有待以后的译本推陈出新和中西比较哲学的发展对其改进。例如，西方学者在关注到王阳明和迪卡儿的相似性之后，继续注意到二者之间的差异，即阳明思想中“心”的根本性和唯一性，而不是迪卡儿式的二元论。在继续深入阳明思想时，就追溯到心学的起源陆九渊。然而，进入这一阶段后，又把阳明思想看作一元唯心论，还是从西方哲学传统中寻找诠释和理解的资源。例如，李约瑟就把王阳明称为一个东方的贝克莱主义者。恒吉译本由敞院出版社（Open Court）出版，其撰写的关于阳明思想的文章选择在《一元论者》这样的杂志发表，就足以说明了其看待阳明思想的立场。其把阳明思想比作克服迪卡儿二元论和不彻底康德哲学的黑格尔主义，看作某种一元观念论，与出版社和杂志的创办理念及当时主编卡鲁斯（Paul Carus）的立场不谋而合。[①]

从罗明坚（Michele Ruggieri）、利玛窦时代开始，西方世界翻译介绍中国经典已有四百年的历史。目前的中西哲学交流和比较研究的现状，已远远不同于四百年前。这不单指译著和研究成果的积累与丰富，且指从清末以来，已经有精通西方哲学的中国学者、海外华人学者，以及精通某一中国哲学领域的白人学者参与到中国经典的翻译和中西哲学比较研究中来，形成了一股重要力量，而不再仅仅是西方传教士及西方哲学家的一家之言。他们对中国哲学经典的体悟更直接深刻，尤其是那些接受了现代学术训练又自幼受到儒家经典洗礼的中国本土及华人华裔学者。哲学是反思性的理解活动，而联系母语的理解最为直接深刻。这批学者对翻译中存在的细微差别尤为敏锐。例如，把“良知”翻译为 intuitive knowledge，把 God 译为“上帝”，在当时或许起到了译介传播的作用，但现在这些基本核心概念的翻译得到重新关注和研究。如何把握好准确理解和翻译，与传播、比较、接受之间的关系，也是这批学者面临的首要问题之一。恒吉的译本就处于此前后交替的过渡阶段，同一时期的还有德国卫礼贤的翻译活动。经此过渡阶段，前期的以翻译传播为主逐渐走向了反思比较的层次，理论性哲学性更强。同时，前期“东学西渐”过程中隐藏的问题也逐渐暴露出来。总之，恒吉译本至少给我们带来了以上两方面的启示。

四、语言翻译上的困难

虽然恒吉将“良知”翻译为 intuitive knowledge 受到后来学者的诟病，但是陈荣捷先生后来的翻译有时也把“良知”译为 innate knowledge，将“良知”中的“知”等同于英文的 knowledge，侧重认识论上的含义，使其成了一个外在于人

---

① 关于敞院出版社和《一元论者》的建立和宗旨，参见 Wikipedia 的 Paul Carus 词条，以及 Israel, G. L. Discovering Wang Yang-ming: Scholarship in European and North America, ca. 1600—1950. *Journal of Oriental Studies*, 2018, 66(2): 374.

的对象性存在。中文的“知”字还含有根源性的体验这层意思，其含义较现代英语的knowledge一词要深广许多。西方在赖尔（G. Ryle）出版《心的概念》（1949）之后，广泛地注意到know-that和know-how之间的区别，开始明确认识到有体验的上手状态的“知”，非对象性的“知”。然而，由于陈荣捷先生有时也把“良知”翻译为innate knowledge，这就容易给人造成一种印象，仿佛陈荣捷对王阳明的“良知”的理解和恒吉差不多，把“良知”看作是一种不同于经验论（Empiricism）的能力，使其成了知识论上的一个理论术语，潜在地支持了早期欧美学者把朱熹看作实在论者（Realist），把阳明看作观念论者（Idealist）的粗线条划分。类似的情况还有将“心”翻译为mind，这是个为许多中外学者所接受的翻译[①]。“良知”翻译为intuitive / innate knowledge，“心”翻译为mind，从西方哲学的视角看恰好相互映衬，似乎还构成了一套整体融贯的系统，呼应了西方哲学近代的认识论转向。殊不知，这一整套融贯的体系或许不是中国哲学和阳明学的本义。正是出于这样的担忧，成中英教授建议把“心”翻译为heart-mind，不仅是认识心，还是情感心、道德心、天地宇宙心；更重要的是它们不是二分的而是合一的。可见语言翻译上的困难不是恒吉一个人所面临的，即使在以汉语为母语的东方传统中成长起来的学者也面临着这个困难。这需要反复地思考、斟酌和改进基本概念的翻译，进一步讲，这涉及基本概念是否可译的问题。从姊崎正治对恒吉的批评中可以看到，他用音译liangzhi来翻译“良知”。陈荣捷先生有时就把“良知”直接音译为liangzhi。“秦嘉懿认为像‘心’和‘良知’之类的中国哲学术语用音译法比较好。”[②] 成中英先生也曾对笔者提起，带着根源性理解的基本概念无法找到对应的英语，无法很好地翻译，有时国外人甚至无法理解，唯有音译再以一套理论系统说明之。所以，沃特斯在19世纪对“良知”翻译的讨论，点明“良知”中包含的各种不同含义，是非常有预见的。语言翻译上的争议与困难，其背后是一整套理论，甚至世界观的差异。因此，核心理论词承载了太多的人类文化内涵。

五、形而上学上的困难

恒吉译本中隐含的最大问题是把阳明思想看作一种不同于朱熹实在论（Realism）的一元唯心论或一元观念论（Monistic Idealism）。这粗线条的对比显

① 夏威夷大学的成中英教授就不赞同把“心”翻译为mind，而将其译为heart-mind。

② 吴文南. 阳明学在美国的译介与传播. 重庆三峡学院学报，2019（2）：29.

然是任何成长于东方哲学传统中的学者所不愿接受的，无论是对于阳明思想还是对于朱子思想而言。核心基本概念就是形而上学概念。实在论和观念论这套西方形而上学概念的构建基于自古希腊以来的实体哲学（philosophy of entity）传统的演变。哲学思考的对象是实体，抽象的或具体的（abstract entity or concrete entity）。在思考一与多、变与不变、人与物与他人之间的关系时，对象性（objectivity）一直是其主要特征；经过近代认识论转向和科学革命之后，要么为各个具体学科中的基本概念所代替，要么成为纯粹哲学思辨中的理论概念，以至于形而上学概念更和人的日常生活、理解相去甚远。中国的形而上学传统却是把天地宇宙当作一个整体来理解。道，不是外在于人的对象，而是连着人的生命的具有根源性的可理解的常理。无论心即理还是性即理，理都不是一个对象性的存在物。“良知者心之本体”，对本、体、用缺乏把握，如何深入理解良知呢？欧美学者一般都注意到了王阳明受到佛学影响，批判朱子理学思想，却很少关注到两人同有儒家传统和深厚的易学功底。两人思想之间的关系远非观念论和实在论之间的对立。西方世界要深刻地理解阳明学，必然要在儒家传统中来获得理解，要在中西比较和古今对话中来理解。

六、恒吉译本的启示和价值

语言翻译与形而上学上的困难，从侧面反映出传统中国哲学经典的翻译和传播，面临着来自内部对理论思想的忠实和外部接受传播的双重压力。

一方面，从地理大发现到全球化的今天，虽然时空壁垒已被打破，但传播交流的隐形壁垒却仍然存在，甚至还会造成已经被克服的假象和误解。正如伊莱瑞所言：“恒吉可能改变了王阳明能够被英译本读者所能理解的概念视野（conceptual horizon）的范围。语言障碍巨大，且仍然如此。恒吉用西方的概念框架（conceptual frameworks）来评价他的思想。”[①] 误解，虽不可避免，但有时却可加速流传。恒吉当时是想为英文读者提供能理解的译本，如果音译概念的数量过多，显然会影响到英文读者的接受效果和译文的流传范围。可以肯定的是，恒吉译本把可读性和准确性之间的平衡把握得非常好，在原义忠实和读者接受的双重压力下获得了成功。

另一方面，哲学理论语言中不少涉及当时人们的具体情境，不完全是等价运算的符号操作系统，而且还涉及人作为主体，在具体情境中带有根源性的理解。

① Israel, G. L. Discovering Wang Yang-ming: Scholarship in European and North America, ca. 1600—1950. *Journal of Oriental Studies*, 2018, 66(2): 357-389.

因此，这不仅是中西翻译的问题，还涉及具体语言情境的古今变迁。核心理论概念的含义是否一直不变呢？当今中国人对“天”的理解和古人一样吗？专家学者们的考证和阐释能使之越发清晰明了，但这是停留在学理层面的描述，很难获得古人在具体情境中带有根源性的理解，就如同停留在纸面上的“知行合一”、从事道德哲学研究的人不一定道德一般。因此，中西对话和古今对话交融在一起，密不可分；理解，是相互理解；将带有根源性的理解培植在中西、古今之中，建立起它们之间的共通感（*sensus communis*）是不可回避的工作。恒吉译本还需要完善，在早期保持平衡而完成传播的前提下，慢慢推进对话和理解，这也是当代中西比较哲学领域的专家们努力的方向。

除前文所述利弊之外，恒吉译本因在传播上的开拓性价值而受到持续好评。恒吉在译者序中描述道：“当时欧美学界对自孔孟思想之后的中国哲学思想史了解甚少，范围也很狭窄，甚至于觉得除‘四书’‘五经’，以及老子的《道德经》以外，中国再无其他具有哲学价值的优秀作品。”① “[恒吉译本使]我们了解到，我们关于中国思想的知识一直以来是多么的零碎和不足，因为我们一直认为从孔子、孟子之后，中国对世界的知识几乎没有贡献。”② 正是出于这个原因，倪德卫这些西方汉学家认为恒吉译本的价值非常大。因此，从当时的时代背景和西方的汉学研究积累来看，陈荣捷先生对恒吉译本的过高期望是有点苛求。恒吉个人的功绩也值得肯定，就连对译本持非常大异议的姊崎正治也称赞恒吉所付出的巨大艰辛和耐心。正如王宇先生所言：“《阳明先生集要》是一部层次繁复、体裁多样、结构非常复杂的大部头著作，书中既有阳明自撰的文章，又有弟子记录的阳明语录，又有两种类型的施邦曜评语。在英语世界对王阳明所知甚少的20世纪10年代，恒吉能够将全部正文和部分施邦曜评语翻译成英文，需要非凡的热情、勇气和耐心，《王阳明哲学》的面世无疑具有里程碑意义。”③

七、同时代的其他美国学者

除了恒吉之外，20世纪上半叶还有多位用西语译介和研究阳明思想的重要学者。他们来自中国、美国、德国、法国和荷兰等地。其中的北美学者有：曾任美驻华公使的学者型外交官芮恩施（Paul S. Reinsch）、在日本先传教后成为关西学

---

① 转引自：刘孔喜，许明武. 亨克及王阳明心学著作在英语世界的首译. 国际汉学，2019（3）：45-53，204.

② Henke, F. G. The Philosophy of Wang Yang Ming. *The Biblical World*, 1917, 50(5): 317.

③ 王宇. 亨克《王阳明哲学》及其中文底本《阳明先生集要》考述. 浙江社会科学，2018（10）：110-115.

院大学哲学教授的阿姆斯特朗（Robert C. Armstrong）、在中国山东任教的夔德义（Lyman V. Cady）、前文提到的卡鲁斯等。事实上，在日本境内的北美学者所撰写的论及阳明思想的著作要稍早于他们在中国的同胞。当时日本的学术影响力高于中国，阳明思想在当时的日本更兴盛。“在接受近代‘阳明学’概念的问题上，不仅中、韩两国受到日本影响，而且西方人最早了解王阳明也可以说是通过日本人才得以实现。”[①] 北美学者注意到了阳明思想在当时中日社会变革时期所产生的巨大影响力。他们不仅关注纯粹理论上的理解和介绍，而且带有实际目的，注重当时中日的国情与阳明思想之间的关系。日本“明治维新”运动中阳明学影响巨大，中国的维新和革命运动也有朝着这一方向发展的趋势。同时，他们也注意到当时中国和日本对待阳明思想的差异。中国是朱子学占据主导且向往着变革，而日本当时则是阳明学大行其道。包括美国学者在内的西方学者非常重视吸收日本思想家对阳明思想的阐释与发展。从陈荣捷先生认为日本学者羽贺是第一个用西语介绍阳明学的，以及陈荣捷自己在美国参考的大量日本译本就可以看出，当时日本学界重视阳明学研究并与西方学界有充分交流，而欧美学者对日本阳明思想的研究可以追溯至 1893 年。

（一）芮恩施（Paul Samuel Reinsch）

1872 年，一群驻日的美国和英国外交官、商人和传教士成立了日本亚洲学会，并出版年刊。在 1893 年的年刊中，日本境内的阳明学就已经得到了关注和讨论，其在学会中的影响力越来越大。芮恩施在 1911 年出版的《远东的思想和政治潮流》（*Intellectual and Political Currents of the Far East*）中分析了中日的发展走向。他看到了阳明思想在日本的影响力，以及为日本带来的后果，并认为中国有可能重复日本的道路：中国正变得像日本一样越来越推崇国家主义和军国主义，这与阳明思想在中日的影响有关系。日本人发现了阳明思想在构建新的国民生活和国家力量时带来的巨大影响，王阳明的著作比孔子的受到更广泛地阅读；同样地，在

① 钱明. 关于东亚世界的“阳明学”概念. 贵阳学院学报，2015（2）：8. 钱明教授与伊莱瑞教授通信交流后得知后者认为第一批向西方介绍王阳明的是当时在日本的传教士，例如阿姆斯特朗。阿姆斯特朗的《日本儒学研究》（1913）与亨克的《王阳明哲学》（1916）在时间上相差无几。但钱明根据他们都曾在日本传教，且当时日本学术氛围势头强劲阳明学影响力大，认为阿姆斯特朗是第一位向西方介绍阳明学的人。他得出结论：“西方人知道王阳明，日本阳明学是其中重要媒介，甚至可以说，西方人了解王阳明是通过日本阳明学才实现的。”足以可见，日本在阳明学走向世界中的桥头堡作用。但是，如果就王阳明自身的生平事迹和思想而言（而不是“阳明学”这一学术概念），从我们前文可知，伊莱瑞和钱明的论断都不适用。

中国，王阳明不再只为读书人所学习研究，而是为越来越多谋求积极生活（active life）、锐意进取（aggressive firmness）的中国人所了解[①]。这种巨大影响与阳明学的学理内涵，与当时中日社会对阳明思想的理解有关。芮恩施注意到这一点，并进一步分析"心""良知""知行合一"这些基本概念和行动哲学、个人实践、个人价值在当时中日的普通读者中引发的共鸣和激励作用。从芮恩施的"individuality in reasoning""trueness to life and one's self"等用语就可以看出，打破传统的权威，锐意进取，实现个人的主体性和价值，达到圆满善，人人成圣，是英美学者对当时中日阳明学的主要解读视角。阳明思想顺应了当时中日社会的需要，尤其是日本社会；反过来，当时的中日社会亟须变革与现代化又使得阳明思想凸显出来，影响越来越大，被英美等西方学者所关注。

（二）卡鲁斯（Paul Carus）

不仅是在中日境内的欧美学者观察到了阳明思想在东亚和日本的影响，远在北美的学者同样如此，例如，和铃木大拙合作翻译了《道德经》（1913）的敞院出版社负责人、《一元论者》杂志主编、著名的德裔美国学者卡鲁斯。卡鲁斯和铃木大拙合作十年（1897—1907），将东方的禅宗佛学带到了美国。在这个过程中，不可避免地会涉及阳明思想。卡鲁斯著作等身，其学术研究领域横跨宗教界、科学界和哲学界，凭借着其出色的学术活动能力、出版社经营能力，以及杰出的跨地域跨文化跨学科的阐释能力，在美国当时的知识文化界影响甚大[②]。除了关注佛学和日本禅宗思想之外，卡鲁斯还出版了专著《中国哲学》（*Chinese Philosophy*，1898）、《中国思想：中国的世界概念之主要特征的阐述》（*Chinese Thought: An Exposition of the Main Characteristic Features of the Chinese World-conception*，1907）。另外，他和铃木大拙合作编译了道教经典善书《太上感应篇》（*T'ai-Shang Kan-Ying P'ien*，1906）、《阴骘文》（*Yin Chih Wen: The Tract of the Quiet Way*，1906）和《中国生活和习俗》（*Chinese Life and Customs*，1907）。他在《阴骘文》导论中指出："和《感应篇》一起，它被中国人在学校和家庭里阅读、学习、讲授，几乎找不出一个中

---

① Reinsch, S. P. *Intellectual and Political Currents of the Far East*. Boston: Houghton Mifflin Company, 1911: 132-133.

② 卡鲁斯著作表请参考网站 The Online Books Page。他与当时包括美国在内的欧美许多有影响力的思想家保持着通信。其家族在卡鲁斯去世后于美国哲学协会（APA）设立了卡鲁斯讲座（Paul Carus Lecture），包括杜威、蒯因、塞拉斯、普特南等一大批杰出的美国主流哲学家曾受邀主讲。蒯因的《指称之根》即为此讲座讲稿。

国家庭没有它。”[①] 显然，卡鲁斯了解中国社会与人为善的伦理道德习俗和承载它的理论基础。他熟悉易经哲学传统，在《中国哲学》中用易经（Yih King）串联起各个主题，从“阴”“阳”概念讲起，将中国文化的哲思追溯到伏羲，介绍河图、洛书和卦象变化、洪范九畴、朱熹的理气、太极、道，还将朱子的“理”类比康德的先天范畴和纯形式，将朱子在中国的地位比作康德在西方的地位[②]，用从阴阳变化的角度并举老子与孔子来阐释道、德等，最后以反省易经哲学、展望中国文化在融入世界之后的可能发展作为结尾。因此，他大致了解易经哲学思想、道家思想，儒家对这两者的吸收，以及在中国社会普通民众的伦理道德规范与经典之间的关系。这是因为卡鲁斯在《中国哲学》中参考了大量以理雅各、卫三畏为代表的欧美前人著作。虽然并未到过中国，但显然他比恒吉更熟悉中国的哲学传统。可是，在这洋洋洒洒的《中国哲学》中，卡鲁斯并没有论及王阳明，而是在《日本哲学》（“Philosophy in Japan”，1899）一文中论及王阳明。他使用的是日本对王阳明的称呼 Ōyōmei，只在其后面加括号标注 Wang Yang Ming。所以，身在美国的他极有可能是通过旅美的日本学者才注意到阳明思想。

日本最初没有原创的哲学思想，而是从中国引入了儒家和佛学。朱子学通过藤原惺窝（1561—1619）及其弟子林罗山的发展，逐渐成为德川幕府的官家学说。同时，稍晚于藤原惺窝的中江藤树（1608—1648）则从朱子学转向了阳明学，批判林罗山只有知识而不知生命践行，开创了日本的阳明学传统。通过藤原惺窝和中江藤树，朱子学和阳明学在近代日本得到发展，逐渐成为有日本特色的独立的主流哲学思想。中江藤树自己就忠实于自己的学说，做到“知行合一”，强调知识必须与行动、实践相合才是真知，要求哲学和道德、宗教信仰和科学应该合而为一。他被后世尊作德行典范，称为近江圣人（The Sage of Omi），并与他的弟子们一起形成了心学学派，影响甚大。其中一位再传弟子三轮执斋（1669—1744）于 1712 年刊行了《标注传习录》[③]，并在随后的《拔本塞源录私抄》中确立起了从中江藤树到熊泽蕃山到他自己的日本国阳明学道统。卡鲁斯不识当时的中国哲学家，但和日本哲学界和宗教学界建立了联系。鉴于阳明学在日本近代的重要地位，他在《日本哲学》[④] 中必然会论及王阳明。目前，我们可查到的最早提及《传习

---

① Carus, P. *Yin Chih Wen*. Chicago: Open Court Publishing Co., 1906: 3(Introduction). 在 HathiTrust 上此书的永久链接：https://hdl.handle.net/2027/hvd.hnvb9p.

② Carus, P. Chinese Philosophy. Chicago: Open Court Publishing Co., 1989: 35. 在 HathiTrust 上此书的永久链接：https://hdl.handle.net/2027/hvd.hnnmui.

③ 疋田启右. 阳明学与幕府末期的思想家们. 浙江学刊，1989（4）：28。根据疋田启右先生所述，虽然冈月宗知在 1650 年也曾刊行过《传习录》，但作为注释版，三轮执斋这本是日本国最早的一版。

④ Carus, P. Philosophy in Japan. *The Monist*, 1899: 274。卡鲁斯在文中将中江藤树的去世时间错写成了 1678 年。

录》的西文文献，就是卡鲁斯的这篇《日本哲学》。其中，他重点梳理了日本的朱子学和阳明学的发展脉络，呈现了两个学派在日本的联系与纠缠，同时将从中江藤树到三轮执斋再到大盐中斋的日本阳明学道统介绍给了19世纪末的西方读者。在论及三轮执斋刊行的注释版《传习录》时，卡鲁斯使用了其日本的称呼，*Denshuroku*，并附上了汉字“传习录”和英文意译 *Record of Transmitting Practical Morality*。这是我们找到的最早在美国出版的学术杂志上提到《传习录》。通过介绍日本的阳明学，卡鲁斯把阳明思想介绍到了美国。同时，加之他在宗教、科学和哲学领域的深厚学养和广泛影响，对中国易经哲学传统和儒家传统的了解，使得他能在恒吉出版《王阳明的哲学》之前，很好地引介《传习录》和阳明思想。

卡鲁斯自身追求贯通统一和谐的哲学立场，这使得他更倾向于在东西方哲学传统之间做出比较和联系。此时的联系已经不同于早期为了理解东方思想而借助于已有的西方哲学来进行类比式的理解，而是追求中西学理上的贯通。比如，不同于沃特斯从迪卡儿的二元论来类比王阳明的心和良知而将之视为抽象存在物，卡鲁斯将王阳明与阿奎那（Thomas Acquinas）做比较，在中西比较的学理层面上更深入一层。阿奎那沟通了基督教信仰和亚里士多德哲学；类似地，王阳明连接了儒家和佛家，使二者的冲突得到缓和，并在一定程度上通过“知行合一”融合起来。在比附二者的相似性时，卡鲁斯也充分注意到了其差异：阿奎那是一位僧侣和纯学术性人物，而王阳明却不是停留在信仰和理论层面上——他将理论哲学与行动哲学融为一体。其行动就是哲学的体现，从政从军从教，立德立功立言。可以说，在恒吉的阳明学论著问世前，卡鲁斯对阳明思想的介绍在美国学界为之做了前期准备。

（三）阿姆斯特朗（Robert Cornell Armstrong）

除了芮恩施和卡鲁斯之外，阿姆斯特朗和夔德义也是这一时期的代表人物。在卡鲁斯、芮恩施之后，恒吉之前，美国人阿姆斯特朗到日本传教和日本的大学任教，同时研究日本儒家，出版了《东方之光：日本儒学研究》[①]（1914）。他在其中用了大量篇幅对王阳明及日本的阳明学派进行了实质性的介绍，尤其是日本幕府时期和明治时期的阳明学追随者。整本书由五部分和结论部分构成，是一部完整的具有实质内容的学术著作。第一部分研究日本的早期儒家；第二部分研究

① Armstrong, R. C. *Light from the East: Studies in Japanese Confucianism.* 本书在 HathiTrust 上的永久链接：https://hdl.handle.net/2027/aeu.ark:/13960/t4bp1dq52.

日本儒家的朱熹学派；第三部分讲的就是日本儒家的阳明学派（Part Ⅲ Studies in the O-Yomei School of Confucianism in Japan）；第四部分研究日本儒家的古学派（Classical School），以山鹿素行、伊藤仁斋、荻生徂徕等为讨论对象；第五部分研究日本儒学的折中学派（Eclectic School），以细井平洲等为研究对象。其中，第二部分和第三部分内容最丰富。第三部分阳明学派共由十一章构成。第一章概述阳明思想，总共用了七页的篇幅描述宋明儒学中朱子和阳明思想的背景：追溯心学根源的古代圣贤孟子的思想，朱熹对陆九渊（Riku Shouzan）[①]的评价，陆九渊的佛学儒学之辩，概述王阳明的主要观点，刻画心（heart）、理（Ri）、气（Ki: breath or soul）、天理（Heavenly Ri）等宋明儒学的核心概念。从第二章讲解中江藤树学派开始一直到第十一章，总共讲解了十多个日本的阳明学学者及其学派，例如熊泽番山、北岛雪山、三轮执斋及其弟子中根东里、大岛中斋、藤田东湖等，对日本阳明学的介绍可谓充实全面。尽管其对日本阳明学主要学者的介绍和卡鲁斯在《日本哲学》中的有重叠之处，但范围覆盖更广，内容更深入。阿姆斯特朗专辟第一章“Part Ⅲ Chapter Ⅰ The O-Yomei School of Confucianism”讲解中国儒学传统中的阳明思想，这是卡鲁斯文中所不具有的内容，为西方学界首次出现的介绍阳明思想的专章专节。

阿姆斯特朗自述第三部分第一章大量参照了井上哲次郎（Inoue Tetsujirō）和山路爱山（Yamaji Aizan）的著作[②]。井上哲次郎曾在东京帝国大学主讲阳明学（1892），并出版了《日本阳明学派之哲学》（*Nihon yōmei gakuha no tetsugaku*，1900），精通儒学和德国唯心论，其思想和著作对阿姆斯特朗撰写《日本儒学研究》非常有价值。借助这些既有传统东方哲学教育背景，加之西方留学经历的日本学者的著作，阿氏能在第三部分第一章写出比以往任何西方学者的介绍更详细的导论，全面呈现出中国传统中阳明思想的轮廓。首先大量地引用陆象山语录。陆象山不赞成皓首穷经反对注疏章句，强调从心（heart）出发，心不能成为经典的奴隶，否则即使熟读《论语》也只是摧毁了本心，“学苟知本，六经皆我注脚”，进而人皆有是心，心皆具是理；读《孟子》读出的是“万物皆备于我”“吾心即宇宙，宇宙即吾心”，发现心即理。这些陆象山的主要观点在文中均有论述。沿着陆象山突出的心这一概念，第一章接着绍述了王阳明所发挥的静坐冥思而达道的思想，心本于天，天、道、理、心同一，引用“圣人之道，吾性自足，不假外求”“吾心自有光

① 阿姆斯特朗在第三部分的开篇就把陆九渊的生辰逝世纪年错写为 Riku Shouzan（1042—1094），参见：Armstrong, R. C. *Light from the East: Studies in Japanese Confucianism*. Toronto: University Toronto Liberian, 1914: 119.

② Armstrong, R. C. *Light from the East: Studies in Japanese Confucianism*. Toronto: University Toronto Liberian, 1914: 119.

明月，千古团圆永无缺”等王阳明的表述[①]。天地之间，万事万物为一体，只是同一善好的不同形式罢了。阿氏对王阳明关于天地万物一体的表述，本意是要阐述阳明的内求于心（heart）的思想，却呈现出了凸显出禅坐修行和泛神论的意味，难怪伊莱瑞对阿氏的评价是：他把阳明思想看成一种东方的泛神论和宇宙唯心论[②]。在强调内求和修心的基础上，阿氏重点描述王阳明关于得道和六经之间的关系，以及对朱熹关于六经、天理、道的论述的点评，突出阳明“心即理”与朱熹“性即理”的对立立场，进而阐述王阳明的“为学”态度，不需要经过一个对外在“理”的认识，而是“知即行”“知而不行，只是未知”，不同于朱熹。借助与朱熹的对立和已经获得的关于朱熹的了解，更能刻画出阳明思想的主要轮廓。阿氏对比后认为，朱熹说先知后行，但王阳明认为只有当去行才是知。在引用王阳明的“哑巴吃苦瓜，与你说不得”时，他非常欣赏王阳明的举例说明，称赞这个例子非常好地说明了“知即行，只有经历过[吃苦瓜]才能有真知”（that knowing is acting and that a man only really knows that which he has experienced）[③]。阿姆斯特朗对朱熹与王阳明的对比，一方面体现在“认识论”上，即二人对“知”的不同理解上；另一方面则体现在“本体论”上，即二人对“理”“气”“心”“性”关系的理解上。二人对“知”的不同理解，根源在于他们的天地宇宙本体论上的差异。阿氏在论述了内求于心、心即理、知即行之后，再回到“气”（Ki: breath or soul）“理”（Ri: reason）这一套本体论概念陈述二人的异同。早期中国传统哲学中关于“气”的二元论观点（the terrestrial and the celestial）被朱熹吸收进一个更大的二元论系统中，形成理气二元的宇宙论学说。“按照朱熹学派的看法，‘理’‘气’是不可分的。在阳明的思想中此二元论却消失了。‘理’等同于心（heart），没有了心就没有什么都没有。心，就是天（heaven），就是道（the way）。”[④] 阿姆斯特朗绍述相当完整，在对比了王阳明和朱熹表明其不同于朱子正统儒学的特点之后，又论述了王阳明自辩其学问是儒学而非佛学和道家之学。王阳明认为佛学在克服贪欲、发挥人的本心以求达到完满的知这方面与儒家有相似之处，但佛教徒的心是自私之心，只追求他们自己的利益。因此，虽然他的心学思想和佛学思想有一定相似性，但本质上是兼济天下的儒家思想。阿氏还在文中引用了“体段功夫大略相

① Armstrong, R. C. *Light from the East: Studies in Japanese Confucianism*. Toronto: University Toronto Liberian, 1914: 122.

② Israel, G. L. Discovering Wang Yang-ming: Scholarship in European and North America, ca. 1600—1950. *Journal of Oriental Studies*, 2018, 66(2): 372.

③ Armstrong, R. C. *Light from the East: Studies in Japanese Confucianism*. Toronto: University Toronto Liberian, 1914: 124.

④ Armstrong, R. C. *Light from the East: Studies in Japanese Confucianism*. Toronto: University Toronto Liberian, 1914: 125.

似，但佛氏有个自私自利之心”[①]这一说法。在刻画佛教本心类似于阳明的良知时，阿氏用“intuitive knowledge”翻译良知。同时，阿氏引用《大学》来说明老子只是阐释发扬德性却忽视改造众生，这也不为阳明所接受。总之，阿氏在第三部分第一章抓住了儒家传统中理解心学独特性的要点。在儒家传统中，对比王阳明与朱熹的“知”“行”“理”等哲学概念，突出心学在儒家中的独特点；在儒家与佛学、道家的对比描述中，又突出阳明思想中的践行和为政为德的“仁”学层面。在王阳明与朱熹、与佛学和道家的两个对比维度中，阿氏刻画出了中国传统中阳明思想的大致轮廓。

王阳明阐述的内求于心的为学态度与古希腊的灵魂回忆说有相似之处。阿氏引用柏拉图《美诺篇》中借苏格拉底之口表述的观点“学习就是回忆”来类比王阳明的内求于心的为学态度[②]。这对于理解王阳明“心”与“知”之间的关系有一定的积极意义，但这是停留在认识论层面上的类比，且阿氏自己也认识到王阳明所讲的“知”需有亲身经历的体知、体认。这一差异在深层次上表现为王阳明的“心”（heart）与柏拉图的“灵魂”（soul）之间的差异。东方传统中的“知”不同于西方近代认识论转向之后的“知”，前者的知、体知天然系联系于心（heart），而后者联系于心灵（mind）。那么，在西方哲学近代认识论转向之前，其古希腊—希伯来传统中的“灵魂”是否能和东方传统的“心”相类比呢？从成中英先生的“本体学”来看，“灵魂”已经是一个作为生成了的对象性的“体”的存在，但“心”却并不完全只是一个体而是还联系着生生之易的“本”。换言之，“心”不完全是一个独立的实体性的存在物，而是连接着具有根源性的变化之本。因此，心和灵魂不完全是同一个层面的存在物，不能完全用本体论（ontology）来分析两者的同异，强行类比只会加深误解。

从阿姆斯特朗在《东方之光：日本儒学研究》第三部分第一章中对阳明思想的介绍可以看出，他对中国传统哲学思想，尤其是易经哲学的了解要弱于卡鲁斯。同时，阿氏又试图对阳明思想做较为细致的刻画，用英文描述出具体而细致的概念内容。这就带来了两方面的后果：一方面，内容丰富，能为英语世界的读者呈现出实质性的阳明思想内容；另一方面，暴露出当时西方学者对东方哲学理解的不确切和不充分问题，对中国哲学、阳明思想的理解把握不到位。所以，阿氏才在一元论和二元论、一神论和泛神论的西方传统的本体论哲学范畴中打转周

---

① Armstrong, R. C. *Light from the East: Studies in Japanese Confucianism*. Toronto: University Toronto Liberian, 1914: 124.

② Armstrong, R. C. *Light from the East: Studies in Japanese Confucianism*. Toronto: University Toronto Liberian, 1914: 123.

旋，用这些概念资源来理解王阳明，阐述王阳明与朱熹、佛学、道家的差异。从西方的宗教哲学来解读中国儒家传统中的“知行合一”“天人合一”的和谐思想。但是，中国的本体学根源于易经哲学，不同于西方的本体论哲学。介绍得越细致、理解越深入，前见和前理解就无可避免地随之植入越深。因此，用一元论、二元论、泛神论的这些西方本体论哲学范畴来分析王阳明的思想，会带来削足适履的牵强解读。

总之，阿姆斯特朗这本英文著作极像导论性的教科书，在西方世界刊行并被大学图书馆收藏。例如海西图书（HathiTrust）上的这本就是多伦多大学于 1914 年出版并为阿尔伯塔大学图书馆收藏。这是阳明思想在北美传播的一次重大突破。阿姆斯特朗这本著作承前启后，在卡鲁斯介绍了日本阳明学的轮廓并首次在西方提到了《传习录》之后，在恒吉的以《传习录》主体的《王阳明的哲学》出版之前，首次系统详细地论述了中国传统哲学中的阳明思想体系。

（四）夔德义（Lyman V. Cady）

19 世纪末 20 世纪初，从事阳明思想研究的欧美学者分布于北美、日本和中国，大部分集中于日本和中国。在中国研究阳明思想的北美学者并不多，除去恒吉之外，还有一位重要的学者就是曾经在山东济南齐鲁大学神学院任教的夔德义（Lyman V. Cady）教授。他于 1928 年在英文杂志《一元论者》上发表了一篇研究阳明思想的长文《王阳明的良知论》（“Wang Yang Ming’s Doctrine of Intuitive Knowledge”）。这是一篇较早的系统研究王阳明良知学说的专论，通过反省恒吉对“良知”的三种翻译（intuitive knowledge, the intuitive faculty, intuitive knowledge of good）来探讨王阳明使用“良知”一词的本来用意；分析中国哲学传统中良知、心和天理之间的关系；用西学范式分割讨论良知的知识论层面、良知的道德论层面；在宏观对比中国宋明时代思想转变和西方近代文艺复兴科学革命的转变之下，将阳明思想与迪卡儿、斯宾诺莎、莱布尼茨、柏格森的思想做了全方位的比较；在这些梳理分析比较下，最后对王阳明学说进行了评价，指出其优势与不足。相较于以前的西文文献，夔德义教授这篇专论不可谓不全面。此外，他还在《美国政治和社会科学学会年鉴》上发表了《中国哲学导论》（“An Introduction to Chinese Philosophy”，1930）。在卡鲁斯、恒吉和阿姆斯特朗等前人的积累和普及下，北美阳明思想研究，已经开始走向学术型和专业型研究而非仅以介绍为主，夔德义教授的专论论文就是代表之一。但是我们仍可发现，夔德义教授依据不同的上下文，对“天理”，采用了不同的译法，例如 intuitive faculty, natural law, cosmic

moral principle, moral principles。夔德义教授这一做法透露出以下几点。

第一，对阳明思想中的核心概念的翻译尚未有定论，翻译存在困难。虽然夔德义反思了恒吉对良知（liang chih）的三种不同译法并对之做出了分析性的评价，以揭示出阳明思想中“良知”的本义及其各个不同维度，但在他自己的行文中，也不得不根据上下文使用不同英文语词来梳理同一个中文术语的内涵。

第二，夔德义对“天理”灵活的翻译，可视为在英文中建立起对应术语之间的内在联系，以呈现出其对应的中文术语之间的内在理路。例如，把天理翻译为intuitive faculty，能够和良知的一种翻译 intuitive faculty，建立起直接的联系。在宇宙论的语境中，天理就是良知。“‘良知’（liang chih）经常被等同于‘天理’（tien li）‘天赐原则，或道德法则’（heaven-given principles, or moral law）……因此，我们将能够把良知学说（the doctrine of intuitive knowledge）与王阳明的形而上学联系起来。”[①] 这种有意识地建立起阳明思想英文翻译中术语之间的内在联系，对北美和英文世界从整体层面把握阳明思想非常有价值。

第三，对前人翻译工作的继续推进。从 19 世纪前期到 20 世纪早期，英语世界的学者尝试理解和介绍阳明思想，但逐渐发现很难在英文中找出一个固定不变的语词来翻译不同上下文中的“良知”，除非音译 liang chih，随之在不同语境中采用彼此相似但又有差别的表述。其实，这是一种散点—联结—聚焦式的翻译和理解进路，在理解中自然而然地发生。经过阳明思想英译学者们的共同积累，逐渐建立起一套英语中相互关联的阳明思想术语体系，以对应于中国哲学的概念网络。在夔德义的理解和翻译中，英语世界中阳明思想的表述逐渐塑造出轮廓和系统。这也使得他继续反思术语翻译如何变得有意义，并能够进行学术层面的研究。

从以上的发展可以看出，阳明思想在美国的传播轨迹整体上表现出了一个层层递进，逐渐发展的过程。从最早的中国南方的《中国论丛》杂志到沃特斯，到日本阳明学受到美国学者的重视，到美国本土学者对中国哲学和日本阳明学的逐渐深入了解，经过卡鲁斯、阿姆斯特朗直到恒吉译著问世，再到敞院出版社和《一元论者》发挥的巨大作用，再到 20 世纪中前期为止，这些发展已经为 20 世纪中期之后的全方面继续深入发展做好了前期准备。在时间上，二战后北美阳明思想讨论的重心逐渐深入到其自身的阐释与研究上，翻译上的考量越来越与义理上的分析相联系，而非仅仅为了翻译而翻译。在空间上，北美阳明学研究逐渐从东亚转移到了美国本土，随着东西方学术联系的增强，中国与美国在阳明思想的研究

① Cady, L. V. Wang Yang Ming's doctrine of intuitive knowledge. *The Monist*, 1928, 38 (2): 264.

与交流上越来越紧密，而非某一方单方主导。20 世纪中期之前，恒吉的译本发挥着重要作用。它开启了一个契机，是北美了解阳明思想的主要途径。从 20 世纪下半叶开始，随着北美华人学者加入英文世界的王阳明研究，随着陈荣捷的译本、秦嘉懿译本的出现，恒吉的译本不再是唯一选择，翻译、义理分析和中西比较的研究越来越丰富，涉及的论题也越来越广泛。

（五）徐宝谦

中国学者徐宝谦（Pao-chien Hsü）于 20 世纪 20 年代赴美留学，在哥伦比亚大学获得哲学博士学位。其博士论文《新儒家思想的伦理实在论》（*Ethical Realism in Neo-Confucian Thought*）于 1933 年由哥伦比亚大学出版。主修神学的徐宝谦，在此书中对阳明思想和禅宗（Ch'an Buddism）做了大量讨论。

八、总结

我们认为，按照对阳明思想的认知发展而非地域变迁的办法来划分这一时期的美国阳明学研究与传播更为合理，并将这一时间节点设在 19 世纪上半叶到 20 世纪中期之前。最初以在华传教士的介绍和传播为主，北美来华传教士开办机构、创办杂志介绍中国文化与思想，零星地谈到王阳明学说。随后，在日本的北美传教士和学者官员深入地了解日本的阳明学，并将其引介到了美国，和恒吉译本一起为美国本土研究阳明思想埋下了种子。中日学者与北美学者交流的增加也给美国本土的汉学研究提供了更大的平台，为阳明学在美国的发展提供了厚实的土壤。

从研究内容上看，早期阶段的成果可大致分为两个方面：一方面是王阳明著作的资料翻译。这以恒吉的《王阳明的哲学》译本为代表，还包括接受了西方教育的日本学者的间接介绍和意译。相对于中国学者，当时的日本学者与美国的联系更加紧密，卡鲁斯与铃木大拙的合作、阿姆斯特朗学习井上哲次郎的著作就是典型的代表。恒吉与日本学者的工作对后来美国阳明学的普及和推广发挥了重要作用。另一方面，除了译著之外，还有大量介绍性的论著和少量研究性的论文。早期的美国学者几乎不了解中日传统思想、汉学，以介绍性的论著为主，后来逐渐过渡到义理研究和中西比较。在内容上，早期传播中存在很多不足：首先，翻译的准确性和内容的准确性都存在着问题。前文已经论述了陈荣捷和姊崎正治对恒吉译本的批评。比较完善和准确的恒吉译本尚且如此，其他零星摘译、转译、意译的文献质量可想而知。虽然恒吉译本建立起了阳明思想翻译的基础和范式，但是对“良知”“心”“致良知”等核心概念的翻译，尚处于探索和试验阶段。其次，在介绍性和研究性的论著中，除了翻译问题之外还存在内容准确性的问题，例如，卡鲁斯把中江藤树的去世时间写错；阿姆斯特朗把陆象山的生辰逝世时间写错。相对于恒吉的直接翻译，介绍性和研究性论著中由于引用文献的复杂多样和来源不可考的间接引用，更容易在内容准确性上出现偏差。最后，专名的译名欠缺统一。阳明思想中的核心概念涉及形而上学、传统中国哲学和佛学，理解上存在客观困难。恒吉对“良知”翻译的试验，夔德义、陈荣捷和姊崎正治等对其的反思与讨论，都反映出了翻译和理解上的缓慢发展。但是，专名在英译上的不同却可以有效地克服，尤其是对美国阳明学传播影响巨大的中日阳明学在英文中专名表述不同的问题。例如，人名、地名、学术名称等；“王阳明”的英译就有 Wang Yangming, Ōyōmei。多条途径的传播在早期有积极意义，但在后来的发展中却会带来不便。

从研究目的看，北美早期对阳明思想的研究以实用目的为主，着重于了解、介绍、分析阳明思想对当时东亚社会的影响，为当时在东亚活动的商人、宗教和政府组织提供了参考资料，也试图理解当时日本和中国社会变革在思想观念上的动因，也为北美社会引入了新的宗教、文化资源，例如将日本的禅宗和阳明学带到美国。20 世纪中期之后，阳明学已经在北美有一定的基础，构成北美汉学发展的一个重要组成部分。此后，以东亚社会经济发展背景考察为主体的实用目的逐渐淡出，而义理分析、中西哲学比较等纯理论上的旨趣开始占据主导。在下文我们将看到，这既有东亚尤其是中国自身发展与影响力加强等因素，也有世界化、全球化语境下人类要求整合资源，通过中西哲学比较对道德、人与自然、冲突与合作进行新理解的因素。中西哲学比较从早期作为一种帮助理解的辅助手段，即利用已知的西方哲学、宗教神学来类比理解未知的阳明思想，逐渐变成美国阳明学研究的主要方法和主要研究内容。中西比较也从单纯的概念类比，如把良知类比成迪卡儿的直觉，开始走向中西互释，不仅以西释中，而且以中释西。从沃特斯类比王阳明和迪卡儿的生平，到夔德义用王阳明对良知的论述来分析柏格森的直觉，就可以发现后来的中西比较哲学中纯粹理论旨趣的趋势。

第二节 阳明心学在美国近代的传播（1951—2000）

除了恒吉的译本和某些著作中的篇章和部分论文之外，美国 20 世纪上半叶出版的专门讨论阳明思想的英文文献并不多见。美国阳明学在经过 20 世纪上半叶早期的发展之后，经历了一个短暂的低潮期。从 20 世纪下半叶开始，一方面，由于二战前日本的崛起和其突然对美国发动战争而导致美国直接卷入二战，美国认识到，对环太平洋周边国家，尤其是有实力的中国和日本进行研究的重要性。美国政府和私人基金增加了对中国相关研究的资助，成立了不少以亚洲和远东为研究对象的研究中心和研究院。另一方面，二战前后不少具有深厚中国传统哲学背景的中国学者到北美交流学习哲学或移民北美，并在北美的大学中开设中国哲学的研究生课程，加之早期积累的基础，北美阳明学研究迎来重大发展。经过 10 多年的发展，20 世纪 60 年代之后，美国已经成为中国之外最重要的中国哲学研究中心。[①] 除了历史上的客观原因之外，20 世纪下半叶美国阳明学的发展还有积极的现实意义："正如美国夏威夷大学哲学系终身教授成中英所说，阳明学的以道德良知为核心的道德理想主义，对于救治当今世界道德滑坡、唯利是图、物欲横流的非人性化弊端无疑是一剂对症良药。"[②]

为了纪念王阳明 500 周年诞辰，1972 年美国夏威夷举办的东西方哲学家研讨会的主题被定为"王阳明比较研究"。这是北美阳明学研究的一个标志性事件。当时参会的学者中既有知名的大家如陈荣捷、方东美、唐君毅、牟宗三、冈田武彦，也有中青年生力军如成中英、杜维明，还有倪德卫等非华裔学者。当今美国研究阳明学海外传播的专家伊莱瑞教授描述道："在 20 世纪 60 至 70 年代间，这个研究领域中的许多学术文献都是用英文撰写的。一群学者曾为了纪念王阳明 500 周年诞辰而在夏威夷大学举办过研讨会，大家在会上展示了自己的研究报告，至今已有将近半个世纪。与会学者包括陈荣捷、倪德卫和杜维明。这些学者及未能参加会议的秦家懿和张君劢，在将王阳明介绍给英文读者的过程中发挥着变革性作用。"[③] 这些学者绝大部分在美国的大学和学术机构中任教，使得从事东亚相关研究的美国本科生和研究生得以学习与阳明思想相关的课程。这一时期阳明思

① 崔玉君. 东西方哲学家会议与中国哲学研究在美国的发展. 国外社会科学，2005（4）：42.

② 辛红娟. 阳明心学在西方世界的传播. 光明日报，2019-05-11（11）.

③ Israel, G. L. The transformation of the Wang Yangming scholarship in the West, ca. 1960—1980: A historical essay. *Asian Philosophy*, 2018(4): 1.

想在美国的传播，一方面得益于美籍华裔学者如陈荣捷、成中英、柯雄文、杜维明、秦家懿等人的努力，另一方面得益于研究王阳明的非华裔汉学家如狄百瑞、倪德卫等人的工作。美国刊登阳明学研究论文的主要期刊有《美国东方学会会刊》（*Journal of the American Oriental Society*）、《东西方哲学》（*Philosophy East and West*）、《国际哲学季刊》（*International Philosophical Quarterly*）、《亚洲与非洲研究季刊》（*Journal of Asian and African Studies*）等。其中，《东西方哲学》在北美阳明学研究中发挥了重要作用，扮演了当年《一元论者》的角色。“《东西方哲学》从1973 年第 23 卷第 1 期就开始发表王学相关研究的文章，刊登了牟宗三、倪德卫、冈田武彦、唐君毅和杜维明等学者的研究论文。这些文章最初是在 1972 年 6 月夏威夷大学举办的王阳明学术会议上发表的。”①

需要注意的是，在这一时间段的前期，美国的王阳明研究主要仍然以汉学和东亚思想研究的形式存在于大学的东亚系或神学院。美国传统的哲学系中仍然没有中国哲学的地位，仍然以古希腊哲学、英国哲学、德国哲学、分析哲学等论题为主。随着中国哲学在美国的发展，以夏威夷大学哲学系为代表②，越来越多的美国大学哲学系开设中国哲学课程，甚至授予相关研究的博士学位。中西比较哲学视域下的阳明学研究，也不再仅仅是限于阳明思想和古希腊哲学和欧洲大陆传统哲学的比较研究，美国本土的实用主义和分析哲学领域内的专家学者也开始关注和研究阳明思想，形成了中西比较哲学中的一些新领域。例如，师从哈佛大学著名分析哲学家蒯因教授并以研究归纳逻辑获得哈佛博士学位的成中英先生，在 1972 年夏威夷大学“王阳明比较研究”会议上宣读了英文论文“Unity and Creativity in Wang Yang-ming’s Philosophy of Mind”（《王阳明心学的统一与创新》），从描述的现象学方法和元哲学层面分析了王阳明的心学（或心灵哲学）的形而上学基础，从心灵哲学视角对王阳明哲学的心物关系、知行关系进行了解读。这篇文章也发表在 1973 年的《东西方哲学》第 23 卷上。如果说成中英先生是有深厚中国哲学背景的华人，只是深入了西方分析哲学传统的核心再来研究阳明思想，因此不具有普遍性。那么，以加州大学施维茨格贝尔（Eric Schwitzgebel）教授为代表，主要研究领域为经验心理学、心灵哲学的非华裔学者，其研究王阳明心学对道德信念决策的启示，研究王阳明“知行合一”论对行动哲学和信念证成论题的拓展③，

① 司马黛兰. 王阳明研究在西方. 杭州师范大学学报（社会科学版），2019（4）：12.

② 夏威夷大学是美国第一所开设中国哲学课程的大学，先后六次承办东西方哲学家会议，是东西方哲学交流的世界性平台。参见：费周瑛，辛红娟.《传习录》在西方世界的传播与研究. 浙江社会科学，2019（5）：121-127.

③ Schwitzgebel, E. The Pragmatic Metaphysics of Belief (in draft)，以及他博客上的文章：http://schwitzsplinters.blogspot.com/2016/07/wang-yangming-on-unity-of-knowing-and.htm.

则具有典型的意义。北美的阳明学，已经不再只是华人学者的阳明学、也不是东亚系或哲学系中国哲学专业的阳明学，而逐渐发展成了美国哲学中的普遍论题，趋向于成为有自身特点的美国阳明学。因此，包括阳明学在内的中国哲学在美国的发展与研究有一定的特殊性，不同于英国经验论和德国唯心论等西方传统哲学在美国的发展，不同于美国本土生长起来的实用主义，也不同于二战后美国语言哲学和分析哲学的发展，而表现出独特的传播与影响模式。这一独特的传播和影响模式是在中西交流、中西比较哲学发展的大的时代背景与阳明学在心灵哲学、行动哲学和道德哲学上的独特性的合力作用下形成的。

一、1972 年夏威夷"王阳明比较研究"会议之前的发展

自从亨德义于 20 世纪 20 年代末在《一元论者》上发表了《王阳明的良知论》之后，北美学者和美国学界在阳明思想研究方面出现了暂时的低潮。之前积极出版阳明学学术文献的敞院出版社和《一元论者》杂志也陷入沉寂。从二战结束之后到 50 年代之前，冯友兰先生于 1947 在宾夕法尼亚大学讲授中国哲学，讲稿后来被整理成英文的《中国哲学简史》在美国出版，其中有专章介绍王阳明的思想，成为美国这一时期仅有的与王阳明相关的学术文献。但接下来，从 50 年代到夏威夷召开国际王阳明研究会议之前，美国的阳明学研究就有了相当大的发展。其中的代表人物有张君劢、陈荣捷、倪德卫等。按照程志华的美国儒学五阶段的划分，这一时期正是中国哲学逐渐独立于"中国学"这类宽泛的汉学，而趋向于专门的单独研究的开始[①]。在中国哲学获得独立研究领域的过程中，研究阳明思想的学者之间开始建立起频繁的联系，逐渐形成了学术共同体，有些讨论甚至相互交织在一起，明显不同于早期芮恩施、恒吉、阿姆斯特朗、亨德义等各自独立的介绍与著述了。

（一）张君劢（Carsun Chang）

张君劢先生是中国现代著名哲学家、政治活动家，第一代现代新儒家代表人物。他曾经留学德国和法国，师从德国著名唯心论哲学家倭铿（Ridolf Eucken）和法国生命哲学家柏格森（Henry Bergson），还曾经在德国耶拿大学短暂执教，对

① 程志华. 美国儒学史. 北京：人民出版社，2019：4-5.

西方哲学非常熟悉。他在中国积极从事教育事业和政治事业的建设，在 20 世纪上半叶的中国文化界、教育界和政治界均有较大影响。在第一代现代新儒家代表人物和《为中国文化敬告世界人士宣言》（1958）联署发表人中，张君劢先生是唯一一位曾经长期在海外居住和长期在海外从事过教学的学者。晚年，随着政治活动的减少，他将主要时间用在了学术研究和出版上；从 1951 年起就赴美国生活和讲学，具有海外影响力。现代的文化意识、政治意识，以及对中国古典哲学和西方哲学的熟悉，促使他晚年在海外弘扬与反思中国传统文化，接引中国哲学与世界哲学。他参与发表了著名的《为中国文化敬告世界人士宣言》，认为坚持中国文化不仅有价值，而且还有非常重要的现代意义。

在弘扬中国传统文化和哲学的过程中，张君劢尤其重视阳明思想。“张君劢对阳明学的重视，首先与他的人生志趣有着莫大的关系。他一生徘徊于政治与学术之间，具有政治抱负与学术理想，王阳明是其心目中‘立德立功立言’的先贤典范。”[①] 虽然他在夏威夷王阳明国际会议召开的三年前就已经在旧金山离世，但晚年致力于阳明思想研究并在美国产生了影响。他先发表了专论论文《王阳明的哲学》（“Wang Yang-ming's Philosophy”，1955）。然后在两卷本《新儒家思想史》（*The Development of Neo-Confucian Thought*，1957—1962）专著的下卷中用整整四章的篇幅来讨论阳明思想，包括王阳明的生平、学说、和罗钦顺与湛若水的论辩、在中国的后学及阳明学在日本的兴起。在对儒家思想史进行梳理的过程中，他尤其重视宋明新儒学中的心性之学。由于具有扎实的西方哲学功底，他能够更好地了解科玄之争中的古今差异、中西差异，从反思经验主义、科学主义和风行一时的实证主义的角度来澄清心性之学对人类的价值，凸显其形而上学和伦理学的维度。这对当时整个西方学界具有积极的意义。同时，张君劢也通过与近代日本阳明学发展的对比，指出了中国的阳明学陷入枯禅的问题，要求将心性修为理论与儒家的经世致用之学有效地结合起来。一方面，中国的阳明思想研究要从禅宗的空妙玄想中解放出来，心性修为、知行合一、天人合一要落实在家国事业的实处；另一方面，也要继续发挥其长于体悟和理论反思的维度，接引西方哲学中的德国观念主义（唯心主义）和法国直觉主义，构建起连接现代西方哲学的中国直觉主义，成为当代世界化的心性之学。得益于早期日本旅美学者，以及卡鲁斯和敞院出版社具有影响力的工作，禅宗在美国兴盛发展。张君劢对阳明学的新诠释，从禅宗中拯救出阳明学的工作，对于阳明学在美国获得有别于禅宗的独立地位，确定阳明学的形而上学和伦理学面向，在中西比较中探索出新的哲学理论，树立起阳明学的哲

① 宋淏. 张君劢与“阳明学”的旅行. 中国文化研究，2018（3）：85.

学理论内涵有正面意义，为后学打开了美国阳明学研究的局面。

张君劢最后一部关于王阳明研究的著作是《王阳明：中国 16 世纪唯心主义哲学家》（*Wang Yang-Ming: Idealist Philosopher of Sixteenth-Century China*, 1962）。这本专著“围绕王阳明思想中最核心的两个概念——‘心’和‘致良知’，对阳明思想进行了较为全面的论述，书末附有涉及王阳明研究的英文参考书目，被视为西方世界迄今为止对王阳明讨论最全面的一部著作”①。如果说他前面的工作仍然是在总结梳理过去的阳明学研究，那么在这本专著中则有推进与创造。他在第二章中将王阳明的学说概述成唯心论、本体唯心主义或本体观念论（ontological idealism），并认为这是东方的阳明思想体系优于德国康德思想体系的一点：“由于他是本体唯心主义，王阳明并不认可康德式的本体与现象（noumenon and phenomenon）二分，他也不认可将知识分裂为实在给予的成分和心灵对这些实在给予成分的组织（即他并不将知识分离为感觉与感性和知性的形式）。对王阳明而言，知的行动和过程与被认识的对象是同一个实在。”② 我们生活于其中的世界是可理解的（intelligible），但是此可理解性却并不需要假设一个本体与现象的二分。张君劢分析出了六条阳明思想原则，来阐释此世界可理解性的整体性和统一性：

> （1）人的心灵就是宇宙的心灵。（Man's mind is the mind of the universe.）
>
> （2）心灵的认知就是实在的核心，即实在包含于意识之中。（The mind's knowing is the core of reality; that is, reality is contained in consciousness.）
>
> （3）通过了解，可以发现一切事物的原理；对我们来说，事物不是外在的，而是意识的对象。（Through knowing, the principles of everything can be found; things are not external to us but are objects of consciousness.）
>
> （4）宇宙是一个整体，人类是它的心灵或中心；人类构成了兄弟姐妹情谊，物质实体与心灵有着精神上的相通。（The universe is a unity in which man is the mind or center; men comprise a brotherhood, and physical things show a spiritual affinity with mind.）
>
> （5）如果没有心灵或直觉知识，宇宙将无法运作。（If there were no mind or intuitive knowledge, the universe would not operate.）
>
> （6）与心灵一起共事的是物质，或自然世界。（Matter, or the world of

① 辛红娟. 阳明心学在西方世界的传播. 光明日报，2019-05-11（11）.

② Chang, Carsun. Wang Yang-ming: Idealist Philosopher of Sixteenth-century China, 1962: 13. 参见本书的网上电子版 https://archive.org/details/wangyangmingidea00zhan/mode/2up.

nature, is material for the mind to work with.）[①]

由于宇宙、心灵、实在是统一和相通的，可理解性就是整体的可理解性，就是实在的和心灵的可理解性。这与宋明新儒家提倡的心性修为、知行合一、天人合一有贴合之处。张君劢先生在此书中只提及了康德而未在任何地方提及黑格尔，但他从唯心论视角对阳明思想所做的诠释中有黑格尔的"绝对精神"的影子。显然，他忽视了将从阳明思想中阐释出的中国直觉主义区别于黑格尔主义的工作，而仅仅关注于对康德的超越。黑格尔是对康德工作的推进，而且比张君劢的工作还要早。尽管如此，张君劢在此书中的开拓性工作还是值得肯定的。

优点：这是学界第一次明确地用英文表述出阳明思想中的本体论维度。张君劢接引中西来阐释阳明思想，使之现代化、世界化的尝试是值得肯定的。前人的译介，多集中于唯心论，少有点出其本体论层面，但是阳明思想中的确存在一个本体论层面，正如为张君劢作序的西赫（Paul K. T. Sih）所言："如果朱熹在宋代将儒家思想提升到了它在宇宙哲学中的最高表达，那么王阳明则将同样的传统提升到了认识论领域中的最高表达，甚至可能是本体论领域中的最高表达。"[②] 张君劢意识到了这点，他用"本体唯心论"解读阳明思想是一创举。他在追溯阳明思想的来龙去脉中试图呈现出阳明的"本体唯心论"与中国直觉主义之间的关系，正如陈荣捷先生所评论的："张君劢论述了王阳明的心学理论和良知的实现，并大量引用了《大学问》和《传习录》里的内容。通过展示王阳明是如何试图解决个人与宇宙、心灵与世界、认知与行动的二元论问题，张君劢对他的唯心主义体系进行了解释……分析了王阳明思想与他所说的'中国直觉主义'之间的关系。"[③] 因此，我们不能简单地认为张君劢"是用西方理论解释儒家学说，……张君劢表面上是要建立一种适用于古今中西的具有普遍性的哲学理论，但他所说的'东西古今所共者'无疑是以西方哲学为标准来重新选择和解读儒家传统的结果"[④]。是否只要援引了西方哲学的资源来阐释中国哲学，就是以西释中，缺乏世界普遍性呢？又有什么哲学理论是所谓的普遍性哲学理论呢？从陈荣捷的评论可以看出，张君劢从本体唯心论来透视阳明思想，试图呈现出中国直觉主义的哲学深度，在世界哲学中的深度，其意义值得肯定。他在此方向上的努力在后来牟宗三先生的工作

① Chang, Carsun. Wang Yang-ming: Idealist Philosopher of Sixteenth-century China, 1962: 13. 参见本书的网上电子版，网址为：https://archive.org/details/wangyangmingidea00zhan/mode/2up.

② Chan, Wing-tsit & Chang, Carsun. Wang Yang-ming: Idealist philosopher of sixteenth-century China. *Journal of the American Oriental Society*, 1962, 82 (3): vi.

③ Chan, Wing-tsit & Chang, Carsun. Wang Yang-ming: Idealist philosopher of sixteenth-century China. *Journal of the American Oriental Society*, 1962, 82 (3): 458.

④ 宋淇. 张君劢与"阳明学"的旅行. 中国文化研究，2018（3）：92.

中也能看到影子。当代化和全球化中的阳明学理论和术语需要在探索中摸索和锤炼，否则只会故步自封，与世界脱离。

不足：张君劢先生虽然第一次用英文明确表述出阳明思想中的本体维度，但却缺乏本体意识。他未能深入到这一点可能与他的研究动机有关，即补足中国阳明学中缺乏的“事业”短板，补足日本阳明学中缺乏的“理论”短板。只要满足了这个目标，那么重新诠释阳明思想的目的就达到了，却也错过了一次深刻反思中西本体学之间异同的机会。我们需要继续阐释被看作唯心主义的阳明式“直觉哲学”与近代德国唯心主义的异同，至少需要讲出其与黑格尔哲学的不同。这就需要进一步深入到 noumenon 和 ontology 与中文的本、体、本体（benti）之间概念的辨析。中国直觉主义可以认识和理解的对象，也就是心灵即天地宇宙，那么它究竟是不是作为第一存在者的 ontology？它究竟比 noumenon 多出什么成分？如果纯粹的理智直觉能够去理解认识万物，而且自身即是本体，那么它是否有像绝对精神一样的发展轨迹？未来阳明学在美国传播发展，中国哲学当代化世界化，都需要回应这些问题。

（二）陈荣捷（Wing-tsit Chan）

与张君劢同时推进阳明学在美国传播的还有一位非常重要的美籍华人学者——陈荣捷先生。陈荣捷先生早年毕业于哈佛大学，于 1929 年获哲学博士学位，是国际朱子学权威。他从 1937 自岭南大学到美国夏威夷大学任访问教授以来，先后在达特茅斯学院、查塔姆大学和哥伦比亚大学教学，一直在美国从事中国哲学翻译、研究与教学，对中国哲学在美国的传播发展贡献巨大，功勋卓著。自戈鲲化、赵元任以来，陈荣捷是 20 世纪 30 年代到 70 年代之间在美国汉学界和中国哲学界影响最大的一位中国学者。他们三人同为哈佛大学校友，赵与陈同为哈佛哲学系博士学位获得者，二人曾于 1938 年至 1939 年在夏威夷大学短暂共事，但只有陈荣捷一人自始至终在中国哲学领域内工作，尤其是宋明理学。“作为 20 世纪中国哲学领域的领军人物之一——其他人还包括唐君毅、牟宗三、冯友兰和钱穆——陈荣捷是完全到西方工作生活的一位。他的个人生活和学术研究都在西方，同时使用英文和中文进行教学和出版活动。”[①] 众所周知，陈荣捷是国际朱子学权威，但当时新儒家领军人物牟宗三先生却并不认可朱子的儒家正统地位，而以陆王为儒学嫡传，陈荣捷却并未厚此薄彼。“开平子[陈荣捷先生]看重朱熹，并不意味着他

① Bloom, I. Remembering Wing-tsit Chan. *Philosophy East & West*, 1995, 45(4): 466.

看轻王阳明。他同样不遗余力地向西方推介王阳明。传统的门户之见，很难在陈先生身上出现。”① 相对于大部分港台地区新儒家而言，陈荣捷作为一位大半生都在美国生活学习工作的学者，对美国学界中国哲学和东亚学的影响更为直接迅速。其中就包括美国的阳明学。最直接的体现，就是陈荣捷关于阳明学的译著和注释。他于 1963 出版了王阳明的《传习录》(*Instructions for Practical Living and Other Neo-Confucian Writings*, 1963）和《中国哲学资料书》(*A Source Book in Chinese Philosophy*, 1963)，后者是在英语世界极具影响力的一本资料书，通常被用来作为中国哲学经典的引用文献。陈荣捷在中国哲学经典翻译与整理上花费了巨大精力。根据成中英的回忆：“1962 年到 1963 年，我在哈佛读书的时候，常常在哈佛燕京东亚图书馆碰到他[陈荣捷]在那里查资料。他从汉诺威的达特茅斯学院过来，大约 3 小时，当时公车也方便。这位先生的确很了不起，他来了后待上一天，很用功地查阅资料，自己一个人做研究。”② “陈荣捷先生出版的英文版《传习录》翻译得很仔细，把日本的资料用上了，注释特别多。《传习录》的中文篇幅看起来并不是很大，而英文却变成了三四百页，相当沉重的一本书。”③ 成中英在 1965 年到夏威夷大学执教时，《中国哲学资料书》就已经开始在教学中使用了；他在上研究生课程时会使用这两本书。在查尔默斯等人建立的 philpapers.org 上检索陈荣捷先生发表的文献，除了《传习录》英译本之外，关于阳明思想的专论文献就有近十篇，而论及阳明思想的文献则更多。其合著者广泛——包括与倪德卫等非华裔美国学者的合作，阅读者众多，影响巨大。

在美国大学里面阅读最为广泛的《中国哲学资料书》中，第三十五章是“动力唯心论：王阳明”(Dynamic Idealism in Wang Yang-ming)，包括了三部分：导论、《大学问》(整篇）和《传习录》(节选）的英译文，囊括阳明思想中最精华的部分。虽只有一章内容专论王阳明，但是其他篇章也对王阳明有大量讨论；书尾编制的索引中，王阳明的一条索引可交叉到其他篇章的内容，信息量非常大。书尾还为每一章做了专门的参考文献，陈荣捷为此章列出了冯友兰、张君劢，以及他自己的专论王阳明思想的文献，还包括徐宝谦的博士论文（1933)，刘述先、狄百瑞、恒吉、伊岐弘之（Iki Hiroyuki）等人的文献，涉及的范围广泛且内容详尽、深入。尽管《中国哲学资料书》与《传习录》英译本同在 1963 年出版，但前者要晚于后者，而且《中国哲学资料书》中包含了英译本中的节选内容④。陈荣捷不仅编

① 周炽成. 向西方介绍中国哲学：陈荣捷的学思与功业. 学术研究，1999（8)：41.

② 成中英，潘松. 成中英先生谈阳明学在北美. 吉林师范大学学报（人文社会科学版)，2021，49（1)：11.

③ 成中英，潘松. 成中英先生谈阳明学在北美. 吉林师范大学学报（人文社会科学版)，2021，49（1)：11.

④ Chan, Wing-tsit. *A Source Book in Chinese Philosophy*. Princeton: Princeton University Press, 1963: xiii.

译资料，而且在儒家哲学的推进上和思想传播的梳理上也有贡献。程志华将其总结为三个方面：突出儒学也是人本主义；儒学的形而上学是综合，而非西方二元论；儒学也具有一定宗教性[①]。这三方面特点对西方世界的研究针对性非常强。具体到王阳明学说，则表现为对知行关系的重视，强调阳明哲学中的动态发展性。“在陈荣捷看来，知与行的关系，长久以来一直是儒家关切的一个问题。这个问题在王阳明‘知行合一’的学说中发展到最高峰。”[②] 这些特点也体现在他为《中国哲学资料书》所撰写的导论上。

陈荣捷为第三十五章撰写的导论可谓简洁全面，对西方学界迅速全面地把握住阳明思想的大致轮廓非常有益。导论还包括页下注的微型的王阳明生平简述。陈荣捷将阳明思想所产生的重大深远影响归结为王阳明哲学的动态特质（the dynamic quality）；本章的标题“动力唯心论”就已经明确突出了此特点。阳明心学的动态特质是两方面合力的结果：“一方面是由于朱熹哲学中的不良成分，另一方面是王阳明自己生命历程中的苦难。”[③] 陈荣捷从王阳明在理论上对朱子的改进和行动上的睿智来刻画阳明学说的动态特质，而不仅仅将其看作一个静态的、抽象的思想。这种将圣贤所言与圣贤所行合而为一的描述方式和评价方式，充分体现出了东方传统哲学不同于西方哲学的人生哲学特点。这也符合心性之学、知行合一的实际要求。动态特质，即知的理论学说与人的具体实践互动的结合，凸显出王阳明学说中强调的人的道德层面、生命历程的整体维度，即人本主义和整体综合性，而不是二元的割裂的非人的理智运用。

朱熹对儒家传统思想的权威性诠释中所包含的理性探究、真诚追寻大道的精神，到王阳明时代的“已经堕入到琐碎的细节，王阳明称之为支离破碎、分散孤立的片段”[④]。以朱熹的经典诠释作为权威正统而确立起来的科举选拔考试，逐渐成了追求利益和功名的工具。在王阳明看来，这些弊端都源于程颐和朱熹所倡导的“格物”（investigations of things）之学中其理论自身所包含的弊端。大千世界万事万物都有各自的理，如都需要人去格物，理就会琐碎分散，不能汇集成一个整体的道。只有支离破碎的各种理而没有了人所追求的大道，更没有完整的整体的人的生命，因此反而失去了“仁”。据此，陈荣捷重点梳理了王阳明对朱子学说进行批判的理论渊源，围绕王阳明追溯《礼记》古本反驳朱熹重新编排《大学》以示“格物”先于“诚意”（sincerity of will）的观点进行了生动的描绘。简单几

① 程志华. 陈荣捷儒家哲学思想三题. 哲学研究，2015（3）：66.
② 程志华. 陈荣捷儒家哲学思想三题. 哲学研究，2015（3）：70.
③ Chan, Wing-tsit. *A Source Book in Chinese Philosophy*. Princeton: Princeton: Princeton University Press, 1963: 654.
④ Chan, Wing-tsit. *A Source Book in Chinese Philosophy*. Princeton: Princeton University Press, 1963: 654.

句就呈现出阳明与朱子在“心”“物”（物外在于心或内在于心）、“理”（理外在于心或内在于心）关系上的差异；并引用《传习录》中关于“孝道”存于心中、是心的展开与实现的论证来佐证[①]。朱子从《大学》中解读出，先要通过“格物”得到“致知”，有了清晰的知，方能诚意；阳明却认为诚意先于格物，物不在心外，格物就是正心。陈荣捷用一句话就概述出阳明与朱子差异的焦点：“阳明与朱子的根本差异在于这样的事实：朱子的进路是理智上的（intellectual）而阳明是道德上的（moral）。”[②] 这是阳明思想中人本主义的集中体现，指向现实中活生生的整体的人，同时也指向了实践哲学维度。这一差异也表现出二者对“格物”的不同定位：“朱熹将格物诠释为一种对事物的理性的和对象性的研究，而王阳明却更愿意用这个词来指称‘正其不正以归于正也’。换言之，格物就是‘为善去恶’。”[③] 在格物一说上，朱子与阳明呈现出了共性与个性，普遍与特殊的差异；普遍的理与特殊的活生生的人之间的紧张。

陈荣捷从朱子与阳明在格物上的差异引入了对阳明的“致良知”的讨论，指出“致良知”是王阳明对中国哲学的最大贡献[④]。从朱子与阳明关于“格物”的不同理解，从二人在正心、诚意上的不同理解，导向“致知”“致良知”，进而追溯到儒家经典《大学》中的“致”和《孟子》中的“良知”的义理。陈荣捷追溯了“致良知”一词在中国传统哲学中的渊源与来历。致，来自《大学》经文“欲成其意，先致其知，致知在格物”；良知，来自《孟子》的良知良能。王阳明创造性地将“致”和“良知良能”结合，进而导向“知行合一”的学说和对天理的理解。在把《孟子》的“良知”翻译为 the innate knowledge of the good 的基础上，陈荣捷将“致良知”翻译为 the extension of the innate knowledge of the good (*chih liang-chih*)。良知，即心之本体（the original substance of the mind），即天理（the principle of nature），即心的智性与灵明（the pure intelligence and clear consciousness of the mind）。心的良知良能受之于天，无时不在从内向外地闪耀。但是，陈荣捷此处并未引入王阳明的“良知是天理之昭明灵觉处，故良知即是天理，思是良知之发用”（《传习录·答欧阳崇一》）的说法，而仍然主要从心的本体来阐释阳明的“知行合一”。譬如，他举例心本体中蕴含孝道的理，从而自然而然地对父母产

① Chan, Wing-tsit. *A Source Book in Chinese Philosophy*. Princeton: Princeton University Press, 1963: 655. 陈荣捷在该书第四章《大学》的导论中指出了朱子重新编排《大学》古文的章节，把格物放在诚意之前，而阳明把“格”看作“正”，正心，但同时也指出了它们的共同点，即区分出价值次序的等级（见第 84 至 85 页）。

② Chan, Wing-tsit. *A Source Book in Chinese Philosophy*. Princeton: Princeton University Press, 1963: 655.

③ Chan, Wing-tsit. *A Source Book in Chinese Philosophy*. Princeton: Princeton University Press, 1963: 655.

④ Chan, Wing-tsit. *A Source Book in Chinese Philosophy*. Princeton: Princeton University Press, 1963: 656.

生孝行。这就又回到了心、心本体的形而上学维度。陈荣捷自己是朱子学的立场，对王阳明有关心本体的形而上学理解其实并不赞同："王阳明的理论是彻底的主观的（subjective），并混淆了实在（reality）与价值（value）。他的格物理论让人难以接受，因为如果格物这个术语意味着正心，那么为什么要称为格物而不称为正心呢？他的诠释当然是基于心物同一理论。但他的这个理论基石非常不牢靠。"[①]从格物与正心的辨析到对致良知的追溯，陈荣捷已经完整地勾画出了他所谓的"动态特质"的第一个方面。朱熹《大学章句》对《大学》中止于至善的解读，最终是要得出格物致知，进而能止于至善。虽然朱子阳明二人对什么是格物、格物与诚意的先后关系理解不同，但止于至善的共同目的是无疑的。陈荣捷将之阐释为：这表明二人都同意善好有等次或等级差异，以及存在一个至善。同时，一方面，善好的等次差异指向人伦社会的道德层面；另一方面，至善蕴含有形而上学的维度。读者可在陈荣捷先生的阐释基础上继续追问，朱子和阳明在至善的存在论和形而上学维度在是否不同？

从第二方面而言，王阳明不仅是从正心、正心诚意的角度去理解"格物"，用"知行合一"去阐发"致良知"，而且在现实的求学中也经历了从格物到正心的转变。陈荣捷在简要勾画明朝后期的政治经济社会的混乱状态后，从王阳明"格竹"这个知名的故事开始，对其一生中重大的节点和事件也做了扼要概述，着重展现出王阳明的几次大起大落的历程[②]。同时，王阳明一生中的初溺于任侠之习，再溺于骑射之习，三溺于辞章之习，四溺于神仙之习，五溺于佛氏之习等方面也都有提及。西方哲学传统中不乏具有传奇色彩的哲学大家，而在东方哲学中个性鲜明的王阳明的一生也富有传奇色彩。相对于西方哲人，东方传统中的传奇更具有独特性；龙场悟道等突然大彻大悟的事情，似乎只在东方的传统中发生。突然一下子，悟了。如果不了解其专于佛老、被贬贵州，经过多次濒临死亡的种种遭遇、磨难[③]，王阳明的顿悟和学说就会显得异常神秘。从欧美文化传统来看，就容易将阳明思想理解成一种宗教上的体验和修行。陈荣捷以"动态特质"来刻画王阳明，很好地平衡了这一点。他不仅用"动态唯心论""动态特质"反应映阳明思想形成的要素，还用它来表明王阳明本质上持有的是儒家经世致用的思想。王阳明自己积极参与世俗事务、砥砺心性，绝不是所谓的枯禅空禅空想。归根结底，王阳明还是儒家而不是禅宗，那是因为他追求的是"仁"（humanity）；他与禅宗的相似只是表面上的相似。这有助于改善之前卡鲁斯和日本禅宗在北美传播阳明思想中附

① Chan, Wing-tsit. *A Source Book in Chinese Philosophy*. Princeton: Princeton University Press, 1963:.655.
② Chan, Wing-tsit. *A Source Book in Chinese Philosophy*. Princeton: Princeton University Press, 1963: 657.
③ Chan, Wing-tsit. *A Source Book in Chinese Philosophy*. Princeton: Princeton University Press, 1963: 658.

带的宗教倾向，维护其哲学特质，完善北美中国哲学的整体图景。

在用“动态特质”概述了阳明自身的事迹与思想之后，陈荣捷还讨论了阳明后学及其在中日的影响。例如，阳明后学在日本与朱熹学派的对立，以及其在明治维新思想界所起到的领导作用；在中国的部分后学打着王阳明良知的幌子行恶；等等。与在日本明治维新的积极作用形成鲜明对比，在中国的小部分阳明后学在反驳正统权威中却有自甘堕落的可能，在明朝覆灭时期扮演了消极堕落的角色。这一对比反映了诠释发展阳明思想的多重维度，也反映出其在不同个体中呈现出来的巨大差异。陈荣捷还提及了受到阳明思想影响的现代中国著名人物，如谭嗣同、孙中山、熊十力等人。这些信息对于欧美世界了解中国现当代阳明思想的状况和脉络非常有意义。

陈荣捷先生的王阳明翻译研究工作对北美阳明学的传播有重要影响。在翻译和研究阳明著作的过程中，他有意识地将其引进到西方学术界、哲学界，甚至自觉地反思考察阳明思想在北美的传播现状。“陈荣捷于 1972 年发表了《王阳明：西方研究》一文。该文并不局限于文献学研究，实际上也是对当时西方和亚洲学者以英语发表的关于王阳明研究的状况分析。”[①] 这一过程也与他所在的夏威夷大学在建立中国哲学作为独立学科的努力密不可分。“在陈荣捷为代表的中西学者推动下，宋明儒学研究在欧美逐渐兴起，消除了长期以来西方‘秦汉之后无哲学’的误解。”[②] 如前文所述，陈荣捷还大量反思了恒吉的译本，与倪德卫一起对恒吉译本做出批评，对张君劢的阳明思想研究做出评价。从翻译学的角度来看，其对阳明学英译术语的铸成有积极的建设意义。辛红娟就认为：“陈荣捷英译《传习录》时直视中西文化差异，通过转喻式术语置换，在文本中呈现中西哲学话语体系的差异，属于典型的比较哲学意义上的文本翻译，对于构建中国海外学术话语体系具有启示意义。”[③] 对陈荣捷译本的赞誉不用过多赘述，从其在美国大学的教学研究中的影响和后学对其的研究中就可以了解到。在刻画阳明思想的轮廓时，他先从王阳明和朱熹的差异切入，从而更容易固定住王阳明的位置，锚定王阳明的大致位置之后再逐渐丰富，且更具有中国传统哲学思想的广度和特征。

但是，陈荣捷对王阳明的阐释和翻译也存在一些值得商榷之处。王阳明本人立德、立言、立功，是他自己思想的表率，但他的后学中却有一部分陷入了空禅，偏向空论思辨而不重实践修行功夫。陈荣捷用动态唯心论、动态特质的特点来刻画王阳明就突出了这一点。可是，这样阐释容易造成一个疑问，究竟是王阳明的

① 司马黛兰. 王阳明研究在西方. 杭州师范大学学报（社会科学版），2019（4）：12.

② 吴文南. 阳明学在美国的译介与传播. 重庆三峡学院学报，2019（2）：30.

③ 辛红娟，费周瑛. 陈荣捷《传习录》英译的转喻视角. 国际汉学，2019（2）：160-170.

立功反过来支持了他的立言、立德，还是他的立言、立德导向了他的立功？也许阳明思想自身是要表明立德立言、知行合一能够导向至善及经世致用。但王阳明是唯一的，他的个人经历太具有传奇色彩。人人皆可为圣人，人人都有本心，都可致本心的良知，但如何“致”却因人而异。这个差异不仅可能是内在的本心良知的不同，还可能是外在条件遭遇的不同。这就会造成一个印象，因为王阳明自身的践行和立功，才能反证其心学的现实人伦意义。另外，如前文所述，如果不凸显动态特质，又容易造成心学是一种宗教上的体验和修行的印象。因此，陈荣捷用动态唯心论、动态特质来刻画王阳明的学说，是一把双刃剑。如果欧美人能进入中国哲学传统语境，就能更好地把握阳明学说，否则就在普遍知和特殊行、知致还是行致、行证知还是知引行的关系中打转，陷入迷糊状态。此外，普遍的本心和良知，与特殊的“致”“行”之间的张力，也存在于有关良知的翻译上。已经是 innate knowledge 了，还怎么去“致”呢？如何体现功夫呢？如前文讨论恒吉译本中的翻译困难所言，innate knowledge 侧重于认识论的维度，偏向于非单独个体自身具有的对象性知识，用它来指代人伦道德中的先天因素，欠妥。西方传统中，作为 innate 的 knowledge 还可以是不属于人而是属于外在超越的上帝，由上帝赋予人的。innate knowledge 和 innate idea 近义，一提及 innate 就能让西方读者联想到与个体的经验对立的普遍观念。用 innate knowledge of the good 来翻译良知，就容易导向一个先天的外在的存在，如一些学者将王阳明类比到迪卡儿。而中国传统中却没有一个独立的外在超越性的存在。因此，成中英先生建议将“良知”翻译为 inborn moral heart-mind，突出是人的、人自己与生俱来的特质。“inborn 是在我们自己生出来就有的，与生命连在一块儿。”①

（三）唐君毅（Tang Chun-i）

1949 年后，唐君毅先生定居于中国香港。自 20 世纪 50 年代起，他多次赴美拜访张君劢，商讨新儒家的发展和西方世界对中国传统哲学的理解与传播。此后近二十年，他一直参与海外新儒家的推进和发展。他参加了 1965 年在美国召开的明代思想会议，1972 年的夏威夷东西方哲学家研讨会。这是欧美研讨阳明思想的两次非常重要的会议。前一次标志着欧美王学专门研究的开始②，后一次标志着美国阳明学的全面发展。唐君毅全程参与其中，并发表数篇重要论文。例如，陈荣

① 成中英，潘松. 成中英先生谈阳明学在北美. 吉林师范大学学报（人文社会科学版），2021，49（1）：11.
② 陈荣捷. 欧美的阳明学. 外国问题研究，1981（3）：101.

捷非常推崇的《道心观念从王阳明到王畿的发展》（“The Development of the Concept of Moral Mind from Wang Yang-ming to Wang Chi”），在其中唐君毅从分析良知的体用不二、为善去恶切入，对“良知之前首先有无善恶意念的问题”进行了梳理，认为王畿重良知而不考虑未发已发之分，是贴合王阳明体用不二的本义，是对阳明之后争论的回应，是对阳明思想的推进。

（四）倪德卫（David S. Nivison）

美国著名汉学家，斯坦福大学的倪德卫教授是阳明思想在美国的重要研究者和传播者。他早年毕业于哈佛大学，曾师从杨联陞研习汉学，之后在斯坦福大学执教。他是美国首批积极倡导儒学独立于汉学而拥有自己的研究领域的学者[①]，也是二战后第一批从事阳明思想研究的美国本土学者。同时，他还在美国培养了大量优秀的中国哲学研究者，如当代著名的艾文贺（Philip J. Ivanhoe）、夏含夷（Edward Shaughnessy）、信广来（Kwong-loi Shun）、万白安（Bryan W. van Norden）等。其在美国的中国哲学界的影响力不亚于陈荣捷。根据倪德卫的自述，在六十年的学术生涯中，他总共探讨追求了三个主要论题。第一个就是把之前看似不相融贯的两种研究中国的进路沟通融合起来：一种是研究中国古老的思想和文化；另一种是研究现代中国及其对西方的回应。他的重量级著作《章学诚的生平及其思想》（*The Life and Thought of Chang Hsueh-Cheng*），以及相关的文章《王阳明以来中国思想中的“知识”与“行动”问题》（“The Problem of ‘Knowledge’ and ‘Action’ in Chinese Thought since Wang Yang-ming”），就是在第一个追求下产生的结果[②]。倪德卫在当时有实现第一个主要追求的得天独厚的工作环境。他“长期身处分析哲学的重镇斯坦福大学，以其精细分析及细密思考和不懈努力，使斯坦福大学成为美国中国哲学研究的著名机构”[③]。他的学生万白安在斯坦福大学办的“哲学谈话”（Philosophy Talk）上悼念他的讣告中透露，倪德卫曾经向斯坦福大学的同事苏佩斯（Patrick Suppes）教授（著名的科学哲学、分析哲学学者）借阅蒯因的《逻辑的方法》（*Methods of Logic*）。此后，倪德卫还曾经在哲学系教逻辑课。“倪德卫和哲学系的合作对他的研究产生了重大的影响，他开始运用‘分析哲学’的技术

① 程志华. 由“儒学在美国”到“美国的儒学”——百多年来美国儒学的发展脉络. 深圳大学学报（人文社会科学版），2017（3）：5-16.

② 倪德卫在古根海姆（Guggenheim）基金会官网上的自述：https://www.gf.org/fellows/all-fellows/david-shepherd-nivison/.

③ 程志华. 美国儒学史. 北京：人民出版社，2019: 143.

和论点于中国思想的研究中。”① 在中西比较哲学研究中引入分析哲学的方法和论点，在当时是一种全新的尝试。最突出的例子，就是他和当时还在斯坦福任教的影响力巨大的著名分析哲学家戴维森（Donald Davidson）之间的交流。他们相互交流“意志薄弱”等与心灵哲学相关的论题。戴维森后来在论文集著作《行动与事件》（*Essays on Actions and Events*）的致谢中感谢了倪德卫；而同时期的倪德卫也发表了知识与行动方面的论述。总之，倪德卫自述的三个学术目标中的第一个（另外两个分别是塑造第一个目标的共同术语和关于中国古代文字和古代史的研究）是他研究工作的首要目标，也是倪德卫教授最为关心、投入心血最多的研究方向。信广来也在纪念他的文字中总结道：“倪德卫的学术著作，对于沟通中国传统经典研究及西方哲学探索，有深远的影响。”② 在倪德卫广泛的儒学、中国哲学研究中，对阳明思想的讨论集中表现在前文提及的他关于知识与行动的论文，以及在影响广泛的《儒家之道》（*The Way of Confucianism*）中的两章专论：“十四、王阳明的哲学”（14. The Philosophy of Wang Yangming）和“十五、王阳明的道德抉择”（15. Moral Decision in Wang Yangming）。

倪德卫将分析哲学的精神态度引入中国哲学的研究，首先体现在关于“德性悖论”（paradox of virtue）的讨论中。悖论（paradox），就是一个逻辑术语。熟悉分析哲学的人都知道“罗素悖论”，即在逻辑分析为数学奠定严格基础的过程中产生了矛盾。从中衍生出来的逻辑分析和语义分析方法，被用在了讨论哲学上的存在论和认识论问题。在研究儒学的过程中，“倪德卫认为‘德性的悖论’是理解早期中国哲学关键”③。他使用了一个分析哲学中常见的刻画论证的逻辑结构术语，来概括他所认为的中国哲学的首要问题。这一做法中就蕴含着明显的分析哲学精神，用概念分析和逻辑分析的方法来处理哲学问题。程志华将倪德卫所谓的德性悖论总结为：“除非道德主体已经有了‘德性’，否则他不能真正地实施‘德行’；然而，实际上并非如此，即道德主体实施‘德行’前并没有‘德性’。质言之，人应该先有德，然后才可能行德。很明显，这样一种预设包含着逻辑矛盾。这种矛盾可称为‘德性的悖论’。”④ 且不论倪德卫对德、德性、德行的陈述是否符合中国传统哲学中关于“德性”的本义，借助于逻辑分析和概念分析来阐释中国哲学的核心概念，这至少是关于“德”的一种研究进路上的新尝试，非常

① https://www.philosophytalk.org/blog/obituary-stanford-professor-emeritus-david-s-nivison.

② Shun, Kwong-loi. Nivison and the philosophical study of Confucian thought. *Early China*, 2015, 38: 41-53.

③ 程志华. 美国儒学史. 北京：人民出版社，2019: 145. 国内当前比较系统地研究美国儒学发展的程志华教授在此书中的倪德卫一节中专设一小节“三、阳明心学乃一种‘自我转化’”来讨论倪德卫在北美阳明学中的贡献。

④ 程志华. 美国儒学史. 北京：人民出版社，2019：145.

具有拓展中西比较哲学维度的意义。从“德性悖论”的逻辑刻画开始，倪德卫追溯孟子的“一本论”和告子与夷之的“二本论”之间的差异，在澄清孟子“一本论”为儒家道德来源的基础上，进而分析了“一本论”道德中的心、知、行之间的关系。“他（指孟子——引者）从道德上考虑，人作为天生之一物，只有‘一本’。当然，对他来说，这个本就是‘心’，是不同方面的意向之‘心’。”① 探讨心、知、行，就会面临知而不行、知而乱行的困难，倪德卫用“意志薄弱”或“意志无力”②对其进行分析，则必然会导向对王阳明的“知行合一”的深入分析。

根据程志华的论述，倪德卫对宋明儒学有深入的研究，尤其是对阳明哲学有独到见解。对德性所做的逻辑分析和历史追溯，使得倪德卫已经具备研究宋明理学的扎实基础。将德性和心本体相结合，使得倪德卫能够对王阳明的“良知”概念做出自己独到的理解。他一方面把王阳明的“心”“精灵”类比到贝克莱主义，另一方面又对“良知”中包含的体用关系做出独到的解释：“‘良知’乃心之‘体’对心之‘用’的自我评价，而并非指通常意义的主观心理经验。”③ 回顾前文可知，这是自姊崎正治批判恒吉译本没有注意到中国哲学中“体用”（metaphysical entities, phenomenal manifestation）这一重要概念无统一理解、无统一译法之后，西方学界在讨论阳明思想中首次明确地提出“体用”概念，并在和贝克莱主义相对比的视角下，用“体用”来分析“良知”的独特性。无疑，从20世纪50年代开始，以倪德卫为代表的科班出身的北美汉学家，对中国传统哲学中的基本概念和核心术语已经有了比较深入的掌握。倪德卫将“致良知”分析为诚意与正心的结合，通过“心体”以作为功夫的“行”来展开“用”，以“意之所在”来完善心体自身、人自身，即致良知。“自我修养，即自我留心和自我完善的‘功夫’，必须是持续不断的，不是指向学会规则，通过阅读和学习而获得一般意义上的‘智慧’，而是指向心刚发动时的一闪念。”④ 这是一种主体的自我转化论，指向阳明思想的“人人皆可成圣人”。

倪德卫在用逻辑分析和概念分析方法阐释“德性”并得出“德性悖论”时，也不可避免地受到从分析哲学讨论问题的通病的限制，即忽视概念的发生与历史，

① 倪德卫. 儒家之道：中国哲学之探讨//程志华. 美国儒学史. 北京：人民出版社，2019: 149.

② 倪德卫研究意志薄弱（weakness of will）时，戴维森也正从基于事件（events）的物理本体论来研究行动（actions）之间的因果链、分析其逻辑关系，并试图用这一套理论来分析意志薄弱的可能性。倪德卫和戴维森之间就这个问题进行了交流。从周炽成的翻译和程志华的阐释来看，在中国传统哲学的语境下讨论 weakness of will，如倪德卫所做的，将之翻译为“意志无力”比“意志薄弱”要贴切。因为，中国哲学知行合一语境下的意志无力是和“德”“德性”深刻地联系在一起。而依据倪德卫的理解，“德”蕴含着一种能力、施加力量的意思。

③ 倪德卫. 儒家之道：中国哲学之探讨//程志华. 美国儒学史. 北京：人民出版社，2019: 152.

④ 倪德卫. 儒家之道：中国哲学之探讨//程志华. 美国儒学史. 北京：人民出版社，2019: 154.

停留在共时性的静态分析。如果倪德卫仅仅停留在用分析哲学的方法视野来理解“德”“德性”，那么他不仅不能对“良知”形成自己的独特理解，不能用体用关系和功夫来阐释“致良知”中“致”所呈现出来的“生生”之鲜活生命，而且其结果也会是美国的中国哲学学界的遗憾——一位土生土长的科班出身的白人汉学家仅仅停留在用英美分析哲学的方法探讨中国哲学的核心。但是，通过探讨阳明的“心”“心体”“致良知”，他注意到了“功夫”对主体带来的转化作用。这就已经窥探到了“德”与“道”的联系。中国传统哲学中“生生之德”“生生之道”所带来的动态的生成性的体验，也为倪德卫所注意到了。他并没有一味地使用分析哲学的方法。他不仅是做理智知性（intellectual understanding）上的理解，而且也做儒者的情感体验。据他学生信广来教授所言：“朱熹和唐君毅提倡我们研究一个早期思想家的思想的方法，是要亲身体验（personally experience，*tiyan*）它们，看它们是否与我们自己的经验产生共鸣。倪德卫在评价王阳明的上下文中，就显现出他的确有了王阳明这位儒者的情感（Confucian sentiment）。他注意到，一个人要理解王阳明的思想，需要这个人自己去试验（test out）这些思想。这就意味着一个人在多大的程度上正确地理解了这些思想，他也必须在多大程度上赞同它们。”[①] 结合自己亲身的体验和情感，即有价值上的立场和判断，才能理解知、行之间的印证和动态协调关系。因此，倪德卫才会说：“对于王阳明来说，之所以强调‘知行合一’是重要的，是因为如果不这样的话，学者就会看不到他们的学习和他们的道德行动的内在关联。”[②] 或许正是强调亲身体验、情感价值判断、动机，与行动之间的内在关联，他的同事戴维森才受到启发，在分析哲学、心灵哲学领域从内在（internal）进路来研究“意志薄弱”的问题。

心，展开“体”“用”，体现出良知。其展开都围绕着人自身，以人的“知”“行”为方式展开。在整个中国哲学发展的历史中，各个时期的知行观、各个人物的知行表现，均可看作“德性”的展开与呈现。自然而然地，倪德卫要探究“知行合一”和作为主体的人，就要探讨中国哲学传统中“德性”与“知行合一”在不同时期、不同（贤）人的思想理论和行动上的体现。倪德卫在北美阐释阳明“知行合一”论题的一个重要贡献，就是首次把毛泽东《实践论》中有关中国传统的知行关系和马克思辩证唯物主义结合起来进行了哲学阐释，让海外尤其是美国知识界认识到马克思主义与中国当下实践相结合的毛泽东思想中所包含的中国传统知行要素。倪德卫在《王阳明以来中国思想中的知行问题》（“The Problem of

① Shun, Kwong-loi. Nivison and the philosophical study of Confucian thought. *Early China*, 2015, 38: 41-53.
② 倪德卫. 儒家之道：中国哲学之探讨//程志华. 美国儒学史. 北京：人民出版社，2019: 151.

'Knowledge' and 'Action' in Chinese Thought since Wang Yang-Ming")[①] 这篇长文中，从王阳明的"知而不行，只是未知"这句名言切入，对中国哲学中的"知""行"概念进行追溯梳理，以概括出中国人思（thinking）的特征。他追溯到中国人最早对"知识"（knowledge）的认知，是《尚书》中记载的傅说（Fu Yueh）辅佐商高宗武丁的逸事。傅说的建议（advice）就是知识，商王能够遵从他的建议和指导，那么商王的德性就是完美的（virtue is thereby perfected），就做出了恰当的"行"（action）[②]。他从商朝开始，一直梳理到汉唐和宋代新儒家。然后，他专门花一章的篇幅，以"新儒家对'心'（mind）的看法与王阳明的'知行合一'"为题，专章介绍宋代新儒家对佛学、禅宗的吸收；朱熹理学思想对阳明的知行观的影响。随后，他又深入探讨了阳明对"学"（learning）的理解。可以看出，他对知行、宋明的理学和阳明学之间关系有深入的研究，相较于以前的汉学家和翻译家，已经具有非常高深的水准了。尤其值得注意的是，倪德卫论及了王阳明以来的时期，包括宋明、晚清，一直到中国变化巨大的近现代。如此进路的确符合他自己所追求的三大目标中的第一个目标，并开创性地将阳明以来关于"知识"和"行动"的传统中国哲学论题，扩展到20世纪中国杰出人物的分析中。在论述了历史上众多儒家学者和政治人物之后，倪德卫谈到了孙中山的"知难行易"及其与《尚书》中"知易行难"的对比，胡适对"知难行易"的批判等。随后，倪德卫大篇幅地讨论了毛泽东《实践论》中所体现出的行动哲学。他在参考了 1951年北京出版的毛泽东《实践论》之后，对《实践论》与马克思主义的实践观的详细论述，已经呈现出中国传统哲学思想与马克思主义结合而得出《实践论》的趋势。"尽管毛泽东的辩证唯物主义认识论自身并没有受惠于中国传统，但就像传统中国哲学对待知识的态度一样，毛泽东所强调的并不是要得出关于世界的正确的科学命题，而是要用行动把知识实践出来。"[③] 接着，倪德卫引用了中国的马克思主义者所熟知的那句名言："马克思主义哲学认为最重要的不是理解外在世界的规则并解释它，而是通过运用客观规律积极地改造世界。"[④] 在探讨了毛泽东的《实践论》之后，倪德卫接着讨论的最后一位人物是刘少奇，以及他关于共产党员的修养和党员伦理的论述。这篇文章结束之处，也开启了倪德卫对中国共产党伦

① Nivison, D. S. The problem of 'knowledge' and 'action' in Chinese thought since Wang Yang-Ming. In Wright, A.(芮沃涛) (ed.). *Studies in Chinse Thought*. Cambridge: Cambridge University Press, 1953: 112-145.

② Nivison, D. S. The problem of 'knowledge' and 'action' in Chinese thought since Wang Yang-Ming. In Wright, A.(芮沃涛) (ed.). *Studies in Chinse Thought*. Cambridge: Cambridge University Press, 1953: 113.

③ Nivison, D. S. The problem of 'knowledge' and 'action' in Chinese thought since Wang Yang-Ming. In Wright, A.(芮沃涛) (ed.).*Studies in Chinse Thought*. Cambridge: Cambridge University Press, 1953: 140.

④ Nivison, D. S. The problem of 'knowledge' and 'action' in Chinese thought since Wang Yang-Ming. In Wright, A.(芮沃涛) (ed.).*Studies in Chinse Thought*. Cambridge: Cambridge University Press, 1953: 140.

理的专篇讨论。后来的《共产主义德性品格和中国传统》（“Communist Ethics and Chinese Tradition”），也以王阳明的中国儒家的知行传统与黑格尔—马克思哲学的思辨实践传统比较讨论开始。王阳明的知行观是倪德卫深入中国的理论哲学、行动哲学的窗口。通过考察知行观，他从一个西方学者的视角建立了东方哲学世界古今之间的联系。为我们反思中国近代理论与实践、人的知与行提供了一个具有哲学深度的参考视角。他关于马克思主义与中国传统哲学中的知行观的讨论，在当时具有相当重要的意义，为西方学术界打开了一扇了解中国化的马克思主义的窗口。

从倪德卫后期在《儒家之道》中对中国哲学的术语翻译和使用来看，已经较20世纪50年代的用法更合理和完善。他用汉语拼音和汉字相结合的方式来翻译术语，例如“Wáng Yángmíng 王阳明”①，通常还会给出英文的翻译。而在50年代讨论王阳明的论文中，倪德卫使用的是更早的威妥玛拼音和英译来翻译术语，例如“‘Knowledge’(*chih*) and ‘action’(*hsing*)”。从倪德卫翻译的变化来看，北美西方哲学已经注意到核心概念的翻译对交流理解的重要性，改进核心词汇在东西方文化交流中的重要作用的工作得到重视。这表明，王阳明哲学思想在海外的传播已经从初步的文字翻译、浅层的扩张性传播，走向了对理论自身进行深入理解的理论性、哲学性传播。

（五）小　结

在二战结束后二三十年中，中国哲学越来越受到西方学术界的重视，其中的阳明哲学成为一股重要的力量。从早期的以华裔学者为主，逐渐发展成有现代西方哲学背景的白人学者加入。北美的阳明哲学传播，由于地域环境和政治环境的影响，尤其注重阳明思想在现当代的意义。古今的联系不可避免地要涉及中西的联系，更不必提在北美开展阳明哲学的研究。无论是华裔学者还是非华裔学者，中西比较哲学始终是阳明思想在美国传播中的一个重要领域，而且越来越受到重视。研究中国哲学的学者自发地从事中西比较研究，拓宽了阳明学研究的范围。越来越多其他的现代哲学分支领域的学者也注意到了阳明思想的价值。除了前文提及的学者之外，这一时期比较有影响的研究过阳明思想的美国学者还有狄百瑞（Theodore de Bary）②。他整理主编的《中国传统资料汇编》（*Sources of Chinese*

---

① Nivison, D. S. *The Ways of Confucianism: Investigations in Chinese Philosophy*. Chicago: Open Court Publishing, 1996: 217.

② 目前国内有周炽成指导的硕士论文《狄百瑞的王阳明研究管窥》（华南师范大学陈婕），对狄百瑞追求道德与学问，以身示教展现为己之学的梳理，描述出了其研究、践行阳明思想的特色。

Tradition, 1960）先于陈荣捷的《中国哲学资料书》出版。陈荣捷也参与了这本汇编的整理，并将部分内容纳入了他自己后来的一些资料书中。

二、1972 年会议之后的发展

1972 年，纪念王阳明 500 周年诞辰的“王阳明比较研究”会议具有多方面的重要意义。除了标志着北美中国哲学研究和阳明思想研究进入了全新的发展阶段，港台地区新儒家向北美及海外发展，还呈现出前代新儒家和后学之间传承交接的意义。例如，方东美先生与成中英先生，牟宗三先生与杜维明先生就是师生关系。在这之后，成中英与杜维明逐渐接过了方东美和牟宗三致力于的中国哲学世界化和现代化的工作。二位先生主要活动在美国的学术界，对中国哲学在当代美国及西方的影响贡献卓著。粗略而言，成中英从中西纯理论的纯哲学视角切入，聚焦中国本体论和西方存有论的形而上学差异和互补；杜维明从现代的社会学和宗教心理学视角切入，凸显儒家在实践中所强调的内在精神体验。这也反映在他们对阳明哲学的解读和态度上。由于纯理论性上的差异和接受程度的差异，前者的创造性影响主要在纯哲学的学术领域，而后者在纯理论领域之外的影响更大。在 1972 年会议之后不久，成中英于 1973 年创办并担任主编的《中国哲学季刊》（*Journal of Chinese Philosophy*）成为一份在美国发行的重要英文哲学杂志。第二年，该杂志就刊登了美国加州大学圣巴巴拉分校的斯宾诺莎专家韦恩帕尔（Paul Wienpahl）关于王阳明的专论《王阳明与冥想》（“Wang Yang-Ming and Meditation”）①，并陆续刊发了 12 篇以王阳明为主题的论文。但是，即使在北美，普通大众对纯粹哲学理论的接受程度，远远不及宗教体验、社会关系方面的学说和名人传记或传奇。更不必提，来自遥远东方世界的古代哲学家的思想。同样是在 1972 年会议之后不久，杜维明在 1976 年出版了以他的博士论文为基础写作的英文著作《行动中的新儒家思想：青年王阳明》（*Neo-Confucian Thought in Action: Wang Yang-ming's Youth*）。这本书通俗易晓，专注于王阳明悟道前后的个人经历和心理变化的分析，兼具陆象山和朱子哲学与阳明思想关系的论述，少了分纯学术的枯燥而多了分具体人物

① Wienpahl P. Wang Yang-Ming and meditation. *Journal of Chinese Philosophy*, 1974(1): 199-227. 此外，Paul Wienpahl 还在《宗教研究》上发表了《斯宾诺莎与王阳明》，参见：Wienpahl P. Spinoza and Wang Yang-Ming. *Religious Studies*, 1969, 5(1): 19-27. 从 1974 年开始，《中国哲学季刊》（*JCP*）总共刊发了 12 篇以王阳明为主题的文章，作者有温帕尔、陈荣捷、刘述先、贝蒂（L. Stafford Betty）、Jig Chuan Lee、史密斯（John Smith）等人。最近一篇是倪德卫的学生、著名学者信广来教授的《王阳明论〈大学〉中的自我教化》，参见：Shun, Kwong-loi. Wang Yang-Ming on self-cultivation in the *Daxue*. *JCP*, 2012 (March).

心路历程的鲜活，影响巨大。这本书的出版是海外阳明学说传播的重大事件。正如杜维明自己所言，这本书的问世与当时美国正在形成的阳明思想研究氛围是相互呼应的："1972 年 3 月，在纽约举行的亚洲研究学会的年度会议期间，大会组织了一次专门的会议，纪念王阳明 500 周年诞辰。同年 6 月，东西方哲学家会议在夏威夷大学举行。会议赞助举办了一个国际研讨班，也是为了纪念王阳明。此后，在王阳明生平和思想的方面，有为数不少的解释性新作首次以英文形式出现。"① 杜先生这本书之后，柯雄文（Antonio S. Cua）出版的《知行合一：王阳明道德心理学研究》（*The Unity of Knowledge and Action: A Study in Wang Yang-Ming's Moral Psychology*），也形成了一定影响②。

（一）杜维明

杜维明先生早年毕业于台湾东海大学中文系，师从牟宗三先生，后赴美国留学。他于 1968 年在哈佛大学获得历史与东亚语言学博士学位。此后，他一直在美国的主流学术圈从事教学研究工作，直到 2010 年退休，然后担任北京大学人文高等研究院院长至今。他的著作《青年王阳明》关注王阳明在龙场悟道之前大起大落的人生经历，再现了当时明朝的政治社会环境，以及这一时期王阳明的生平经历，非常鲜活，生活现实性（相对于纯理论）和可读性都非常强。杜维明从王阳明起伏的人生经历和思想跃进出发，对王阳明的心路历程、学术游历、植根于终极关怀的内圣追求中的"转化"（transformation）进行了细致刻画，并同时表明这些超越和转化并不意味着王阳明"是一个见风使舵、为应付自己的处境而多次转变的实用主义的哲学家"③。"知行合一"意味着动态中的平衡而非静止不变，那么动态变化所依据的理由和指向目标就显得十分重要了。从前文可知，陈荣捷在关于阳明思想的论述中也刻画出了其"动态的特征"（dynamic quality）。杜维明也注意到了这点，并在这一基础上进一步开展研究工作，在动态特质中进一步挖掘出"知行合一"和转化、心性之学、心性一致之间的联系。他在致谢和导言中都提及了陈荣捷的贡献。"许多人试图把'知行合一'与阳明的人生经历联系起来，但其中很少有人费心去探讨阳明精神追求的'内心感受'（inner sensibility）是什么。一个值

① 杜维明．宋明儒家思想之旅：青年王阳//郭齐勇，郑文龙．杜维明文集：第三卷．武汉：武汉出版社，2002：9.

② 参见华蔼仁（Irene Bloom）给柯雄文这本书撰写的书评。

③ 杜维明. 宋明儒家思想之旅：青年王阳//郭齐勇，郑文龙. 杜维明文集：第三卷. 武汉：武汉出版社，2002：22.

得注意的例外是陈荣捷教授，他在一系列注释性的翻译和专题研究工作中，系统地探讨了阳明的思想经历。他的开拓性工作，为进一步研究阳明的生平和思想提供了必要的基础。”[①] 同样毕业于哈佛大学，同样长期在美国大学任教，杜维明与陈荣捷有着天然的联系，他在《青年王阳明》一书中大量参考了陈荣捷的阳明文献翻译和研究。至20世纪70年代，美国的阳明学研究已逐渐形成了一些学术团体。杜维明撰写这本书，不仅参考了杰出华人学者的研究成果，也借鉴了白人学者的出色研究。除了陈荣捷之外，杜维明还特意感谢了史华慈（Benjamin I. Schwartz）、狄百瑞（T. de Bary）、魏斐德（Frederic Wakeman）等人，后两位是有自己关于阳明思想的专论的。在导言中，他还提到了倪德卫的知行学说研究对他的影响；在梳理描述完王阳明的经历后讨论其思想突破的理论意义及与朱熹关于格物之争的全书最后一章中，他参考了葛瑞汉（A. C. Graham）对二程的卓越研究——*Two Chinese Philosophers: Ch'eng Ming-tao and Ch'eng Yi-ch'an*（《中国的两位哲学家——程明道和程伊川》），尤其对葛瑞汉关于自二程以来“格物”的定位非常赞同。在这些前人研究中，陈荣捷在美国的翻译和研究是杜维明参考得最多的文献资料。因此，可以看出，杜维明的《青年王阳明》是建立在当时美国已有的阳明思想研究的坚固基础之上。著作问世之前，美国阳明研究已经具有广泛的基础，从华人和白人学者形成的学术共同体就能看出此基础。在此之前的研究多为纯粹理论及零碎分散的王阳明个人经历介绍，像《青年王阳明》这样系统地从王阳明家世谱系、出生、游学到磨难、大悟的仔细追溯则不多见；再结合全书最后一章的哲学理论辨析，使得美国学术界、甚至是对东方文化感兴趣的普通大众，对王阳明其人和他的“知行合一”有了一个整体认识。所以，这不只是一部学术著作，还是一部可读性非常强的关于东方经典哲学家的普及读物。出版之后，许多学者，如汉德林、乔治、华蔼仁等[②]都在美国的各大刊物上撰写书评推介这本书。

正如杜维明先生自己在书中多处所言，考察“良知”概念超出了《青年王阳明》这本书的范围。他在全书的最后一章最后一节“知行合一的含义”中的注释道：“‘良知’概念不在我们直接讨论的范围内，但应该指出，在研究阳明哲学的著作中，对‘良知’的分析往往先于‘知行合一’……‘良知’在逻辑上和在本

---

① 杜维明．宋明儒家思想之旅：青年王阳//郭齐勇，郑文龙．杜维明文集：第三卷．武汉：武汉出版社，2002：12.

② Handlin, Joanna F. *The American historical review.* Volume 82, Issue 4, Oct. 1977；Hatch, George. *Journal of Asian and African Studies.* Leiden Vol. 15, Issue. 3, Jul 1 1980; Bloom, I. *Philosophy East and West.* Vol. 27, No. 4 Oct. 1977；Orzech, C. D. *Journal of the American Oriental Society*, Vol. 99, No. 2 Apr. - Jun. 1979. 这些杂志都刊登书评推荐《青年王阳明》。

体论上都是一个更基本的概念。”[①] 换言之，他并没有深入分析“良知”“致良知”这些哲学性理论性上更深入更基本的概念。这从他对良知的英文翻译中就可以看出——他仍然用 innate knowledge 来翻译良知，基本承接了陈荣捷先生的翻译。虽然杜维明在这本书中较少涉及在纯粹的哲学学理和中西哲学概念比较方面的阐述，但是在这最后一章“知行合一的含义”中从抽象层面对阳明龙场悟道在哲学概念上的前后连接则相当丰富全面，而且有前文对王阳明个人经历的生动描述作为基础。这样的安排实则对以英文为母语的美国读者，尤其是学界之外的大众普通读者，抓住阳明思想及其当时的宋明儒学的大致轮廓相当有益。

在《青年王阳明》问世之后不久的 1989 年，杜维明的另一本在美国有影响的著作《中与庸：论儒家思想的宗教性》（*Centrality and Commonality: An Essay on Confucian Religiousness*）出版了，这是一本纯学术性的哲学著作。他通过对《中庸》中“君子”“政”“诚”的阐释，“希望证明诸如自我与社会之间的紧张、伦理与宗教之间的冲突一类大家熟知的种种二分法，同《中庸》的精神方向完全不相容”[②]。在这样的解读视角下，儒学不再仅仅是一种社会哲学或伦理体系[③]，而多了一个更深层次更重要的维度：道德形而上学。同时，“诚”这个概念就显得更加重要，在《中庸》的主体性深化中，“诚”展现出来了宗教性的维度[④]。但这一宗教维度不同于西方传统中的宗教，“在《中庸》既没有‘社会契约’，也没有‘公意’的对等观念。它的思维方式根本不具有卢梭主义的特征。诚然，《中庸》坚持人性本善的观点，强调教育的重要性和自我修养的必要性，这些都与卢梭的精神导向确实有一致之处，但是，它的伦理宗教关切却根本不同于卢梭的文化和宗教观点”[⑤]。顺着这一思路，杜维明对《中庸》第一章“天命之谓性”做出了超越性的解读：

> 尽管“天”在儒家传统中不是一个人格的上帝或全能的创世主，但是它也并非没有超越的指涉。而且，正是在这个意义上，《中庸》中的道德才可以

---

① 杜维明. 宋明儒家思想之旅：青年王阳//郭齐勇，郑文龙. 杜维明文集：第三卷. 武汉：武汉出版社，2002：185.

② 杜维明. 论儒学的宗教性——对《中庸》的现代诠释（增订本）//郭齐勇，郑文龙. 杜维明文集：第三卷. 武汉：武汉出版社，2002：364.

③ 杜维明. 论儒学的宗教性——对《中庸》的现代诠释（增订本）//郭齐勇，郑文龙. 杜维明文集：第三卷. 武汉：武汉出版社，2002：364.

④ 杜维明. 论儒学的宗教性——对《中庸》的现代诠释（增订本）//郭齐勇，郑文龙. 杜维明文集：第三卷. 武汉：武汉出版社，2002：440. 杜维明提到：“‘诚’这个汉字似乎可以恰当地译作‘sincerity’（真诚）。然而，在讨论过程中，我们会清楚看到，在《中庸》的语境中，‘诚’还具有超出它这个英文对应单词的意蕴。”

⑤ 杜维明. 论儒学的宗教性——对《中庸》的现代诠释（增订本）//郭齐勇，郑文龙. 杜维明文集：第三卷. 武汉：武汉出版社，2002：438.

说是具有一种超越的支撑点。这并不意味着道德的这种超越的支撑点是我们的日常经验所无法体验的。实际上，《中庸》主张普通人类经验本身就体现着道德的这种终极依据，从而为在常人的生活中实现天人合一提供了理论基础。①

正如杜维明所言，《中庸》中的基本概念“天”，就具有非常强的超越性。君子通过诚的转化实现政，从而向着天人合一的超越境界发展。但是，“杜维明认为，儒学体现出来的‘超越性’又确不同于基督教的‘全然他者’，因为超越具有‘内在性’”②。从杜维明对《中庸》基本概念的解读和程志华对杜维明的阐释中，我们可以发现，“超越”有两种意义。现当代海外新儒家所谓的“外在超越”和“内在超越”中的“超越”一词，是两个“超越”，并不同义；而将其作为同一个东西的内在和外在的两面，值得怀疑。中国传统哲学中从“诚”这一概念开显出来的“超越”是必然包含着主体性的“自我转化”，和人自身的修养和创造性转化有关系。正是在这个意义上，才能讲内在超越。其实，完整的讲法应该是“内在—转化—超越”。而西方哲学—宗教传统中的“超越”缺少了主体性的转化这一环节，所以是超越到彼岸世界，少以普通人的日常经验为基础。因此，植根普通人经验的儒家传统中的宗教性或许能够更好地克服现代性所带来的“祛魅”，为当代科学主义泛滥之后祛魅带来的人类意义的减损，提供一个不同于西方宗教传统的视角。如此看来，杜维明在美国传播传统中国哲学和王阳明心学就具有非凡的意义。

但是，杜维明对《中庸》的内在超越的宗教性解读是否能得到当代其他新儒家的认可，其对中国哲学宗教性的解释能否得到美国学界和民间宗教界的响应，则有待观察。第三代新儒家代表之一成中英就在《中国哲学新动向》中表示：“杜维明关注的中心是儒学现代化。他从现代社会科学中汲取多种视角来解读儒学，但他又把自己的工作看作是将儒学阐释成一种鲜活的宗教传统（a living religion tradition）。”③ 且不论在东方哲学传统中如何，单就西方的文化传统中，科学中自然科学和社会科学存在张力；科学与宗教之间更存在张力。跨文化、跨学科的比较视角，通常会给我们带来启发和新意，但是无论是西方传统还是东方传统，都面临着古今、科学—哲学—宗教之间的紧张关系。这种紧张关系并不会随着中西哲学比较而消失，有时候反而使得问题变得更为复杂而不清晰。传统儒学现代化，也是阳明思想面临着的问题。成中英对儒学现代化中存在的问题有深刻认识。“杜

① 杜维明. 论儒学的宗教性——对《中庸》的现代诠释（增订本）//郭齐勇，郑文龙. 杜维明文集：第三卷. 武汉：武汉出版社，2002：439.

② 程志华. 美国儒学史. 北京：人民出版社，2019：302.

③ Cheng, Chung-Ying. Recent trends in Chinese Philosophy in China and the west In Cheng, Chung-Ying & Bunnin, N. (eds). *Contemporary Chinese Philosophy*, 2008: 361.

（Du）批判用现代哲学方法去研究儒学，他想将儒学辩护为一种宗教而非哲学。我们或许可以追问，依照前面两代的当代新儒家的工作，杜是如何来理解儒学的；杜自己是如何在他自己的言行中去求证儒学的。”[①] 当代的第一、二代新儒家面临的最根本问题，就是传统儒学的当代化、现代化和世界化的问题。作为第二代新儒家的弟子，杜维明和成中英都在美国哈佛大学获得博士学位，长期在美国从事研究与教学，比起其他第二代新儒家接触了更多西方精神、当代科学和当代西方哲学。那么，他们如何看待（反思）前面两代新儒家的工作，则对儒学现代化具有非常重大的意义。对于成中英的追问，杜维明在某种程度上是给予了回答的。

杜维明在《青年王阳明》中判定程朱和陆王的关系以定位朱熹时，引用了牟宗三的说法；在指出“知行合一”和“良知”在逻辑上和本体论上的先后顺序时，又援引了牟宗三的《王阳明的致良知教》。他后来出版的《中与庸：论儒家思想的宗教性》则在扉页上写明：“献给吾师牟宗三先生。”在1985年出版的《儒家思想新论：创造性转换的自我》和1989年出版的《中与庸：论儒家思想的宗教性》中，延续了牟宗三先生关于道德的形而上学与中国哲学中智的直觉的讨论。尽管在《青年王阳明》中很少对“良知”这一概念做哲学分析，但杜维明在随后的一些学术论文中对“良知”“心”“本体”等概念做了深入讨论。部分论文结集出版，编入了《中与庸》和《儒家思想新论》中。杜维明发挥了其老师牟宗三的思想资源，从阳明的心追溯到孟子的心，着力阐述中国哲学的道德形而上学维度。因此，杜先生至少对第二代新儒家代表人物牟宗三先生的思想学说有继承和发挥。尤其是在《儒家思想新论》中，对牟宗三最具哲学代表性的《心体与性体》和《智的直觉与中国哲学》有创造性发挥。其中最后两篇《新儒家的宗教信仰和人际关系》和《新儒学本体论初探》分别论述了：从孟子以来心的内在转化扩大与心安置于“由各种成对的人际关系构成的一个特殊网络中”[②]之间的动态平衡，强调儒家的修心的内在精神追求与日常人际关系、日常生活之间的不可分割；从心的修持转化追溯到人性的形而上学基础，如何学以成人、学以成圣，探讨“何以修养我的‘身心’以使我能真正地理解我的为人的本性，并进而知天？”[③] 这两篇文章可看作是沿着王阳明的心学和牟宗三对王阳明心学的解读，以及道德的形而上学的建构而进行的进一步发挥。值得注意的是，《新儒学本体论初探》（“Neo-Confucian Ontology: A Preliminary Questioning”）这篇纯理论性非常强的论文最初是发表在成

① Cheng, Chung-Ying. Recent trends in Chinese Philosophy in China and the west. In Cheng, Chung-Ying & Bunnin, N. (eds). *Contemporary Chinese Philosophy*, 2008: 361.

② 杜维明. 儒家思想新论：创造性转化的自我. 曹幼华，单丁，译. 南京：江苏人民出版社，1996：12.

③ 杜维明. 儒家思想新论：创造性转化的自我. 曹幼华，单丁，译. 南京：江苏人民出版社，1996：12.

中英主编的英文杂志《中国哲学季刊》（1980）上的。所以，杜维明对阳明思想在当代的发挥是继承和延续了第二代新儒家的学理的。从宗教性切入，归旨于成人成圣；通过阳明的人生经历和心路历程，呈现出心性修持的内在转化和日常社会生活与人际关系的动态发展与平衡，杜维明提供了一种不同于西方超越宗教的宗教性解读，将东方传统中心性、人伦、本体恰当地引荐到了西方社会。那么，西方世界又是如何看待这种对阳明思想的宗教解读呢？尤其是具有宗教背景的西方白人学者，是如何看待阳明学说中的宗教性维度的呢？

（二）韦恩帕尔（Paul Wienpahl）

加州大学圣巴巴拉分校哲学系教授韦恩帕尔（1916—1980）是一位研究斯宾诺莎哲学的专家、日本禅宗专家和宗教哲学专家。同时，他还研究弗雷格、维特根斯坦和存在主义，研究对象横跨哲学的多个领域。这些研究背后都有他个人强烈的体验和经验，并与宗教神秘主义相关。国内学界对这位学者的关注不多。殊不知，他还从斯宾诺莎哲学和宗教冥想（meditation）的角度来研究和解读王阳明，并在美国学界形成了一定影响。他长期在加州大学洛杉矶和圣巴巴拉分校任教，讲授哲学和自由技艺，传播通识教育，受到学生的广泛尊重和爱戴，在学生中产生了巨大的影响。他曾担任过加州大学圣巴巴拉分校哲学系系主任、美国哲学协会太平洋分会副主席。20 世纪 60 年代，中国香港中文大学和美国加州大学签订留学生交流协议，加州大学教育留学中心成立。韦恩帕尔曾在此担任中心主任。他从 1969 年起成为《东西方哲学》的会员，并在 1976 年担任夏威夷大学客座教授。[①] 在成为夏威夷大学客座教授的两年前，他在成中英主编的《中国哲学季刊》杂志上发表了《王阳明与冥想》。他于 1969 在夏威夷发表了关于斯宾诺莎与王阳明的演讲，并与成中英就阳明思想与佛学之间的关系进行了交流，共同研究了陈荣捷对阳明思想中佛学成分的分析。这些学术活动表明，韦恩帕尔和六七十年代的夏威夷儒学圈联系非常紧密，多有互动。

尽管他不懂中文，完全依靠陈荣捷与恒吉等人的翻译资料[②]，以及当时已有的

---

① Fingarette, H. & Sesonske A. Paul D. Wienpahl 1916—1980. *Proceedings and Addresses of the American Philosophical Association*, 1980, 53(6): 860-862. 网络版参见加州大学数字图书馆（CDL）：http://texts.cdlib.org/view?docId=hb1j49n6pv&doc.view=frames&chunk.id=div00110&toc.depth=1&toc.id=.

② Wienpahl P. Wang Yang-Ming and meditation. *Journal of Chinese Philosophy*, 1974(1): 199. 韦恩帕尔在这篇文章中表明，他自己不懂中文，完全依靠陈荣捷翻译的《传习录》和撰写的评注，结合他自己的体验经验来研究王阳明。因而他的研究不能以事实判断为对象，例如“王阳明是不是一个佛教徒”之类，而只能限制在阐释性和启发性方面的研究，例如，王阳明的言传身教中是否可能涉及冥想（meditation）的成分。

英文二手文献，如张君劢和唐君毅等人的著作和文章，但这并不妨碍他提出有价值的见解。加之他很早就熟悉日本禅宗，也间接地了解到阳明思想在近代日本的巨大影响。由于他具有较强的宗教心理学活动的实践背景，以及在教学活动中与学生之间的非常成功的“教”和“学”互动的实践经验，他在对待强调“知行合一”的阳明学说时，在方法论上就天然地与“知而不行，只是未知”有共通的理解和情感。他自觉地反思当时已经完全学术化、理论化，以逻辑实证和分析哲学范式占据主导地位的哲学研究和传授形态。首先，他对当代西方哲学中的学院化和纯粹理论化就保持着警惕。“在西方哲学中，我们会习惯性地谈到柏拉图思想和斯宾诺莎哲学，仿佛这些人的著作呈现出了一种系统性的教条（systematic doctrine）——能够被凝练改进、详细描述，或者能够被当作错误来加以批判的教条。这些活动中的大部分恰恰是我如今所谓的‘做哲学’（doing philosophy）。”[①] 其次，韦恩帕尔参考了张君劢的著作文献之后，警觉到他的这种理论化和系统化的做法中存在的问题。前文提到，张君劢先生于20世纪五六十年代在海外传播阳明思想，且其求学于德法，受过正统的西方哲学学术训练。有感于丰富深刻的中国哲学未能为西方世界所有效了解，未能进入现代学术体系，张君劢积极地提出并着手构建中国哲学的现代化术语与系统，例如，他提出了阳明哲学中的“本体论唯心主义”、构建了中国直觉主义哲学体系。韦恩帕尔对张君劢的阳明思想现代化建构却存有不同意见：

> 目前中国思想家撰写的关于西方哲学家和中国圣人的文字陷入了同样的习惯，例如张君劢在他的《新儒家思想史》和《王阳明》中。在后者中，他写道：“在王阳明流放龙场时所做的那些讨论中，我们可以发现他哲学系统的基础”；还写道：“他持续地召集身边的友人来讨论哲学”——仿佛他的哲学就是像算数一样的一门学科。这种实践很大程度上模糊了柏拉图、斯宾诺莎，尤其是王阳明的教师身份。……王阳明并没有给他的受众提供理论或哲学命题。他给予他们的，借用他自己的类比，仅仅是治疗他们正在遭受病痛的良药。因此，认为王阳明有一套系统性的教条学说，是错误的。[②]

由于韦恩帕尔自身的哲学背景，以及其对于哲学界的纯理论和纯学说风格的反思，让他对当时急于走向世界，融入现代学术体系的中国哲学家所做的介绍和建构更为警惕。因此，他这么一位西方哲学界的学者所做的关于阳明思想中实践成分的讨论，即对冥想的讨论，就非常具有价值。早期留学海外而具有现代西学

① Wienpahl P. Wang Yang-Ming and meditation. *Journal of Chinese Philosophy*, 1974(1): 199.
② Wienpahl P. Wang Yang-Ming and meditation. *Journal of Chinese Philosophy*, 1974(1): 200.

背景的华裔学者，在研究和传播阳明思想时，能与韦恩帕尔这样的西方学者进行思想碰撞，实属幸事。

韦恩帕尔虽然主要依靠陈荣捷等人编译的资料和介绍来进行研究，但并不意味着他就完全赞同陈荣捷的看法和论断。例如，陈荣捷在为其翻译的《传习录》所做的注释中，以及在《王阳明是怎样的佛教徒？》一文中，指出王阳明虽然确实教授过禅宗冥想，但是批判佛学和坐禅实践。但韦恩帕尔不认可陈荣捷的这个论断。在深入研读陈荣捷翻译和注释的《传习录》，并辑录出徐爱和钱德洪的记录予以分析后，韦恩帕尔指出，徐爱记录的一段文字是描述王阳明在冥想的：

> **先生明睿天授，然和乐坦易，不事边幅。**人见其少时豪迈不羁，又尝泛滥于词章，出入二氏之学。骤闻是说，皆目以为立异好奇，漫不省究。不知先生居夷三载，处困善静，**精一之功，固已超入圣域，**粹然大中至正之归矣。爱朝夕炙门下，但见先生之**道，即之若易**，而仰之愈高，见之若粗，而探之愈精，就之若近，而造之愈益无穷。十余年来竟未能窥其藩篱。[①]

> Our Teacher is endowed with intelligence and wisdom. *But he is at peace, happy, self-possessed and simple, and pays no attention to his appearance.* [People have not realized that] after having been in a barbarous land for [nearly] three years, living in hardship and nourished by tranquility, our Teacher has achieved *a refinement and singleness of mind which has definitely penetrated the sphere of the sages* and has arrived at a point of great perfection and absolute correctness. I have been exposed to his teaching day and night. I can only see that *the way* of our Teacher, in our immediate contact with it, *seems to be easy,* but the more we look up toward it, the higher it becomes.... Approach it and it seems near, but the more you try to accomplish it, the more inexhaustible it becomes. After more than ten years I have not been able to penetrate its depth.[②]

韦恩帕尔认为徐爱的描述看起来就像是一位在练习冥想的人。虽然陈荣捷的翻译与原文之间存在一些差异，可能给了韦恩帕尔更多的发挥空间，但是韦恩帕尔从文字出发，做出了多方面联系的融贯的分析，仍然能带来启发意义。除了引用这段陈荣捷翻译的徐爱记录的文字，从文字字面意义来解读之外，他还通篇分

① 王阳明. 传习录（上）. 贵阳：贵州人民出版社，1998: 1. 黑体字对应韦恩帕尔引文所用斜体。

② Wienpahl P. Wang Yang-Ming and meditation. *Journal of Chinese Philosophy*, 1974(1): 209. 韦恩帕尔引用这一整段陈荣捷的翻译，并添加了斜体作为强调。

析了陈荣捷为《传习录》所做的注释，并将冥想和“知行合一”、天地万物一体而成圣、将反对二元论联系在一起，构成了一个比较融贯的解释。韦恩帕尔自己是一位研究禅宗的专家，在研究阳明思想之前已经发表了较多禅宗研究方面的成果，但是，他有意识地将阳明学说与禅宗、佛学区别开来；同时，又突出阳明心学的实践特色和冥想成分。一般儒家讲冥想不是像佛家那样什么都不想，而是如有事焉，专心把某一问题想彻底想通透，使之成为自身的修养，形成“知行合一”的坚定意志。[①]“王阳明十分地关切在他自己生活中和教学中的冥想实践。”[②]韦恩帕尔并不是就冥想来讨论冥想。他从冥想来解读致良知和知行合一，认为王阳明的冥想不是形式上的坐禅，不是“坐”和“禅”，而是把冥想和日常生活合一，冥想和知行合一结合在一起。“当形式上的冥想和生活被认为是两种不同事物时，就犯下了错误。冥想，应该扩展到日常的行动。因此在传授时，我们必须致良知（extend our innate knowledge）。”[③]用冥想来连接王阳明所谓的知行合一、致良知和天地万物一体。“因此，在他[王阳明]的两种基本的教学中，他是在批判坐禅。但是这种批判是他的非二元论（non-dualism）的最基本的运用。”[④]这样的运用体现在阳明学说的各个方面，“如果王阳明所谓的‘正心’能看作是一种指向冥想的方法，那么它所在的任务单上就包括了格物、致知、诚意和正心”[⑤]。在韦恩帕尔看来，王阳明的这些教学修行的方法，正是要在冥想的活动中克服身心分离的二元论而达到一种冥想与日常生活，进而与天地万物相统合的状态。其结果就是用冥想串联起了格物、致知、正心、诚意，把“致良知”和“知行合一”融合了起来。西方学者对二元论深恶痛绝，但又缺乏应对的思想资源。从东方哲学中所获取的洞见，在他们看来简直就是发现了一种新的思想资源。或许正是受到西方传统中二元论困扰的影响太大，韦恩帕尔非常突出地强调王阳明言传身教中的非二元论特质，甚至多次引用王阳明《大学问》中的“昔大人者，以天地万物为一体者也。其视天下犹一家”，认为大人之学，即通过冥想而达到身（body）心（mind）合一，知行合一，天地万物一体。

总之，韦恩帕尔赞同陈荣捷对王阳明与佛家之间关系的判断，但对王阳明的思想学说和言传身教中的冥想，持肯定态度。此冥想非佛家的冥想。王阳明是儒家，在儒家传统中引入冥想是要积极入世，而非出世。天地万物一体，是从格物致知到正心诚意的“实”而非“空”。韦恩帕尔从冥想和日本禅宗的资源来解读王

---

① 此部分内容受惠于苏森森博士的帮助。

② Wienpahl P. Wang Yang-Ming and meditation. *Journal of Chinese Philosophy*, 1974(1): 222.

③ Wienpahl P. Wang Yang-Ming and meditation. *Journal of Chinese Philosophy*, 1974(1): 203.

④ Wienpahl P. Wang Yang-Ming and meditation. *Journal of Chinese Philosophy*, 1974(1): 203.

⑤ Wienpahl P. Wang Yang-Ming and meditation. *Journal of Chinese Philosophy*, 1974(1): 216.

阳明和《传习录》确实扩大了阳明学在美国的论域范围。或许他可以继续讨论为什么王阳明的后学会堕入空禅和枯禅。当然，这方面的研究可能超出了韦恩帕尔的中国哲学素养。

值得关注的是，韦恩帕尔还注意到《传习录》中好几处涉及医学治疗上的类比说理，从而将王阳明在《传习录》中借用治疗的讲道理的方式联系到维特根斯坦的哲学治疗学说。"在《传习录》中有好几处医疗类比……就像维特根斯坦所言的'没有一种方法是哲学的方法，虽然有各种方法，就像有不同的疗法'。"[①] 韦恩帕尔从王阳明的类比治疗的说理方式引申到冥想，从而从维特根斯坦哲学中也阐释出有关冥想的意义。对此，他引用了维特根斯坦在《蓝皮书》开头的几句话来说明。"冥想是一种涉及身心的实践。其结果是将二者作为一体。当维特根斯坦说'我们在这里涉及哲学混乱的重要根源之一：一个名词促使我们去寻找一个与它相对应的事物'时，他得到了类似的洞见。"[②] 在王阳明和维特根斯坦这两位在各自当时的传统中看来是另类的哲学家之间，韦恩帕尔找到了一种联系方式，为两者架起了桥梁。通过他的努力，王阳明哲学研究在北美学术界与当时已经颇具影响的禅宗划清了界限，与斯宾诺莎思想和维特根斯坦哲学建立起了联系。

（三）魏斐德（Frederic Evans Wakeman, Jr.）

相较于韦恩帕尔、倪德卫等学者，魏斐德更为中国读者所了解。他是美国汉学家、历史学家，伯克利加州大学教授，曾任美国历史学会和社会科学研究会会长。他在中国民间学术圈儿中甚至都被称为美国汉学三杰之一。"魏斐德（1937—2006）是美国著名中国史和上海史研究专家，先后出版了《大门口的陌生人》《控制与冲突》《中华帝国的衰落》《洪业》，以及《上海警察》《上海歹土》等著述。"[③] 他的著作中已经有十几部在国内翻译出版。其中就包括涉及王阳明的《历史与意志：毛泽东思想的哲学透视》（*History and Will: Philosophical Perspective of Mao Tse-Tung's Thought*，1973，以下简称《历史与意志》）。在国内历史学界已有多篇关于魏斐德研究的学术论文和博士学位论文发表。人民出版社在 2018 年还出版了魏斐德的夫人梁禾的著作《魏斐德：壮阔人生远航者》。

作为历史学家，魏斐德论及了近代中国的诸多风云人物和重大事件。他眼中

① Wienpahl P. Wang Yang-Ming and meditation. *Journal of Chinese Philosophy*, 1974(1): 224.

② Wienpahl P. Wang Yang-Ming and meditation. *Journal of Chinese Philosophy*, 1974(1): 223. 维特根斯坦的文字参考：涂纪亮. 维特根斯坦全集（第六卷）• 蓝皮书. 石家庄：河北教育出版社，2003：3.

③ 吴原元. 略论美国学者魏斐德的毛泽东研究. 江西师范大学学报（哲学社会科学版），2012(5)：41.

的王阳明少了几分形而上的气质，多了几分中国历史进程中的现实感。在成中英看来，魏斐德和韦恩帕尔是当时在美国学界谈论王阳明的两位重要学者。“在《历史与意志》这本书中，魏斐德面向20世纪和思想史，通过研究欧洲与中国的思想家，诸如康德、黑格尔、王阳明和康有为等人的著作，来研究毛泽东的理智形成（intellectual formation）。”① 魏斐德撰写关于毛泽东思想研究的著作的想法由来已久。“《历史与意志》讨论的主题既不是毛泽东的理论观念本身，也不是毛泽东的思想发展史，而是毛泽东的所谓‘知识环境——毛泽东转变为马克思主义者之前的知识环境’。”② 明清以来的思想史，以及毛泽东熟读的史实就成了魏斐德关注的焦点。成中英曾经给魏斐德的这本书撰写过英文书评，非常了解他的研究。“Wakeman在看到阳明的这些思想、策略和功绩的时候，可能会想到毛泽东。……从历史上看，毛泽东很有斗志，志向是非常坚定的。他自己读书也非常多，遇到问题能够改正，找到一个好的解决问题的办法。例如，四渡赤水的经历就是一个典型。这和王阳明在讨伐江西宁王朱宸濠中突出的意志、学识和最后综合的判断，有相似处。……从阳明的精神和意志来概括历史方面的某些困境……。这是一种比喻，也是很有启发性的说法。阳明精神的实践嘛。当然，也不是随便的实践，而是有志向、要改过、要责善。”③

魏斐德在《历史与意志》第四部分“必然性”（Necessity）中的第十六章“王阳明：践履的并行传统”（Wang Yang-ming: The Parallel Tradition of Practice）和第十七章“王阳明：存在的承诺”（Wang Yang-ming: Existential Commitment）两章中分别详细地讨论了王阳明的生平事迹、学说和其思想学说在后学中的发展轨迹和影响。得益于美国当时已经开始形成的中国哲学研究学术共同体，他能获得不少研究资料，比如陈荣捷、张君劢、王昌祉、唐君毅和倪德卫、狄百瑞等人翻译、点评和撰写的英文资料。加上他自己也能阅读中文、日文，他还参阅中国台湾出版的中文著作“王文成公全书”“四书”“四书集注”，以及日本冈田武彦的著作。在讨论王阳明后学在明朝后期发挥的作用、扮演的角色时，魏斐德还大量参考了中国台北1955年版的黄宗羲《明儒学案》。因此，魏斐德在这部研究毛泽东思想背景的著作中，对阳明思想及其后学的发展也做了相当大量的研究和介绍，为英语世界对阳明思想的了解拓宽了视野和深度。

在该书第四部分第十五章“马克思主义”（Marxism）这一部分中，魏斐德表

---

① Scheiner, I, Esherick, J. W. & Yeh, Wen-hsin. In memoriam//Wakeman, F., Jr. *Perspectives*, 2006. 参见网址：https://senate.universityofcalifornia.edu/_files/inmemoriam/html/fredericwakeman.htm.

② 王平. 魏斐德与他的中国学研究. 上海：华东师范大学博士论文，2013：82.

③ 成中英，潘松. 成中英先生谈阳明学在北美. 吉林师范大学学报（人文社会科学版），2021，49（1）：11.

明，毛泽东虽然是马克思主义者，但是他对于实践的理解中应该有中国传统思想的影子。其中就有王阳明的影响。“我相信毛泽东很有可能受到中国哲学家王阳明拒斥二元论的影响。毛泽东没有表明受到过王阳明的启发，但是他的《辩证唯物主义》尤其强调了认识论上的二元论所带来的危害。”[①] 随后的两章中，魏斐德就紧接着详细讨论了王阳明的思想及其在明清以来的影响。值得注意的是，他在前人研究的基础上，所做的介绍详略得当，既突出了关键与重点，又全面仔细。他在第十六章介绍了王阳明作为儒家对佛家的批判和对理学的批判。虽然对龙场悟道的描述有韦恩帕尔突出阳明思想中“冥想”成分的痕迹，但魏斐德没有过于纠结阳明的“冥想”方法与佛家的关系，而是将主要内容放在阳明与朱熹，理学（School of Principle）与心学（School of Mind）[②]，这是非常恰当的。阳明思想及其与朱子思想的同异是第十六章的主要讨论对象。魏斐德对王阳明调整朱熹对《大学》的解释顺序做了较为细致的阐释，并刻画了王阳明在调整顺序之后，如何来协调“格物”与“正心诚意”，如何给予格物一个恰当的位置。[③] 在这之后，他还专门分析了王阳明关于自我实现和成圣人的论述：

> 王阳明所谓的圣人不是超越了凡人成就的超人的生物（superhuman creature）。事实上，对他[圣人]最好的定义是他与普通人最接近。按照王阳明对他[圣人]的描述，他是一种具有能够包含所有生物的心灵的存在，对他而言“至善是明明德、亲民的终极法则”（the highest good is the ultimate principle of manifesting character and loving people）。而最后一点，爱人，即亲民，也将王阳明的圣人区别于了朱熹的圣人。[④]

可以看出，魏斐德对阳明与朱子、心学与理学之间的差异把握非常全面。不仅对二人在关于《大学》顺序的理解上，格物和正心、诚意的关系上，甚至是心学与理学对圣人的理解上的不同都能描述准确、刻画深入。魏斐德在第十七章“王阳明：存在的承诺”（Wang Yang-Ming：Existential Commitment）中，阐述了王阳明去世前一年，即离家去广西之前，与学生王畿和钱德洪关于其思想体系的讨论，也就是我们熟知的天泉论道。魏斐德对王畿和钱德洪关于“四句教”的理解进行了详细的描述和阐述。“王畿认为，王阳明所说的‘良知’（liang chih），心的本体（the original substance of the mind），是无善无恶的。他是暗示在‘意’

---

① Wakeman, F., Jr. *History and Will*. Berkeley & London: University of California Press, 1973: 231.
② Wakeman, F., Jr. *History and Will*. Berkeley & London: University of California Press, 1973: 242-256.
③ Wakeman, F., Jr. *History and Will*. Berkeley & London: University of California Press, 1973: 247.
④ Wakeman, F., Jr. *History and Will*. Berkeley & London: University of California Press, 1973: 249.

（will）中是没有这个区分的。”[①] “钱德洪却认为心体是不能拥有恶的，因为它受之于天，是至善（supreme good）。……那夜，两位弟子与王阳明相会于天泉桥，请先生调解他们之间的意见的差异。”[②] 从天泉论道开始，魏斐德追溯王阳明弟子和后学们对其思想的发展与实践，其在王畿和钱德洪两派解释路径的追随者之间的冲突演变和衰亡，以及其这些发展演变中与道家、佛家之间的纠缠。在这些追溯和刻画之后，魏斐德引用冈田武彦的研究，把王畿描述成一个存在主义者（existentialist）[③]。王畿对自发性（spontaneity）的信念与欧洲的存在主义传统非常相似，魏斐德接着比较了王畿和胡塞尔、海德格尔关于自发性和存在的概念。

（四）秦家懿（Julia Ching）

在北美研究王阳明哲学的众多学者中有一位杰出的女性哲学家，这就是长期在美国和加拿大执教的秦家懿教授。她早年在教会大学求学，之后做了近二十年的修女，其知识与信念系统具有很强的基督教背景。宗教和儒家是她的主要研究对象。在20世纪70年代，她出版了一本王阳明哲学入门英文读物 *To Acquire Wisdom: The Way of Wang Yang-ming*（《求智：王阳明之道》，1976）。不同于杜维明集中于王阳明龙场悟道时的转变，秦家懿这本书更全面。她将王阳明的人生经历与学说思想放在整个宋明理学的大背景中来考察，从第一章概述“宋学”“明学”开始，层层分析推进，直到最后对“四句教”做出精彩阐释，并对王阳明本人的思想体系做出判定，判定王阳明与佛、道二教之间的关系。全书最后还有丰富的跋，介绍了日本和朝鲜的阳明学，以及附录介绍王阳明的年表和弟子名录，可谓相当全面。陈荣捷指出了这部著作独有的两个优势：“一个是对阳明诗歌的使用，相较于他的对话，它们通常能更清晰地展现阳明的感情和信念。……另一个独有的特点是[把阳明]对照于西方思想。整本书中，秦家懿将王阳明与西方哲学家做了有趣且富有启发性的对比，包括罗素、柏拉图、亚里士多德、奥古斯丁、迪卡儿、海德格尔、田立克、斯宾诺莎、肯特、黑格尔、布拉德利，以及希伯来的思想家们和基督教神秘主义。这些比较虽然非常简短，但它们指向了大量的可能的比较研究领域，有实质性的贡献。”[④]

总之，20世纪下半叶的美国学界已经充分注意到阳明心学的价值。这些发展

---

① Wakeman, F., Jr. *History and Will*. Berkeley & London: University of California Press, 1973: 259.
② Wakeman, F., Jr. *History and Will*. Berkeley & London: University of California Press, 1973: 259.
③ Wakeman, F., Jr. *History and Will*. Berkeley & London: University of California Press, 1973: 268.
④ Chan, Wing-tsit. Review Julia Ching, To Acquire Wisdom: The Way of Wang Yang-ming. *Journal of Chinese Philosophy*, 1977(4): 409.

以 1972 年夏威夷纪念王阳明 500 周年诞辰会议为标志。在此次会议之前是以海外华裔为研究主力，而之后的发展则有越来越多的西方学者参与进来，包括但不限于汉学家。这些研究为后来阳明心学在美国的传播发展奠定了厚实的基础，使其呈现逐渐扩大状态。

第三节　阳明心学在美国现代的传播（2001—2022）

在进入 21 世纪的前后，美国学界对阳明心学的研究已经由译介、绍述、浅层的中西比较走向了原创性的研究。中西哲学交流的大背景推动了阳明学的研究走向理论的深层次。在已有的翻译、评注和研究的基础上，中西比较哲学已经不再是罗列成对的近似概念，人为地建立起对应关系，而是越过了你有我也有的攀比心态。随着越来越多专门研究中国哲学的欧美学者的加入，中西比较哲学已经开始走向对各自哲学传统进行反思和创造性综合的发展道路。这不仅是中西比较哲学内部理路的发展，而且还有外在的环境变化的动力因素。当前，传统哲学的领域日益面临各种学科的蚕食，对心灵哲学、认知科学和一些交叉学科进行回应，以及对运用各种新方法分析认识论、形而上学做出哲学回应，是当今东西方哲学面临的共同问题。相互借鉴对方的理论资源，以开拓新的论域和理论范式，在此基础之上就可对传统哲学问题做出新的反思。在中国哲学领域，成中英吸收本体学、易学、分析哲学和诠释学而创发的本体诠释学，就是此创造性综合的代表。在西方哲学领域，则有吸收王阳明关于心灵的洞见以启发心灵哲学的研究，吸收知行合一以启发具身性的知识论、行动哲学、自由意志研究和决策论。在美国，各种主流哲学传统的学者纷纷加入阳明思想研究的领域，比较知名的包括信广来、施维茨戈贝尔（Eric Schwitzgebel）、万百安（Bryan W. Van Norden）[①]、安靖如（Stephen C. Angle）、伊莱瑞等。其中最具有代表性的是艾文贺（Philip J. Ivanhoe）。饶有趣味的是，信广来、艾文贺和万白安都是倪德卫的学生。本节重点介绍艾文贺。

辛红娟在《阳明心学在西方世界的传播》一文中说，艾文贺是 20 世纪八九十年代之后新成长起来的阳明学者中最典型的一位。“1990 年，艾文贺在博士论文的基础上出版《儒家传统中的伦理学：孟子和王阳明思想》，分析孟子—阳明心

① 著名的斯坦福哲学百科中“Wang Yangming”词条就由万白安撰写。

性学派的内在传承，认为王阳明的心性论是在吸收儒道思想基础上建构起来的道德形而上学。2009 年，艾文贺又出版《'陆王学派'新儒家文献选读》（*Readings from the Lu-Wang School of Neo-Confucianism*）一书，选译《传习录》《大学问》，以及部分论学书信、诗歌等，被认为是英语世界陆王学派研究领域的权威专著。"[①] 另外，艾文贺还为《国际伦理学百科全书》（*International Encyclopedia of Ethics*）撰写了"王阳明"这一词条。方朝晖在《正统之外的正统——Philip J. Ivanhoe》中对艾文贺教授的个人情况、求学经历、哲学观、研究领域和学术贡献，以及在美国同行中获得的评价，进行了精彩的介绍[②]。

众所周知，南乐山（Robert C. Neville）在《波士顿儒学》中将英语哲学界的中国哲学研究者分为三类：第一类是阐释性的哲学家（interpretative philosophers），通常是翻译者；第二类是搭桥型哲学家（bridging philosophers），在中西哲学之间进行比较研究；第三类是规范性哲学家（normative philosophers），即重心不在于阐释或比较，而在于以儒家或道家作为主要内容来反思当代的哲学问题[③]。其中第一类是较早从事海外中国哲学研究的华人和曾经来华或驻华的欧美学者型官员；第三类则是精通中国哲学并且在很大程度上以儒家精神来要求自己成为一名当代的儒者。艾文贺属于第二类，将儒学作为哲学研究的对象。他"自称自己不像南乐山那样是一个'儒家学者'。他以自己的西方哲学训练为基础，倾向于对儒学做客观公正的分析研究"[④]。这与他受到的学术训练和所在的学术传统不无关系。艾文贺的老师倪德卫就以研究儒家的分析式方法著称。从艾文贺已经发表和出版的学术文章和著作看，虽然他讨论的主要内容是中国哲学、儒家，论及了孟子、荀子、王阳明、章学成等，但是着眼点却都是当代的哲学主题，例如德性伦理。正因为如此，他的影响才不仅仅限于美国学界中的中国哲学学术圈，而是与美国当代主流哲学界多有交叉。不同于分析哲学中的认知主义、心灵哲学对阳明思想的现代运用，与分析哲学中注重价值、道德和概念史的学派进行深层次交流，更突出阳明思想的哲学深度。当代美国哲学界中迈阿密大学的讲座教授斯洛特（Michael Slote）是世界知名的德性伦理学家；匹兹堡大学的杰出教授麦克道尔（John McDowell）是匹兹堡学派核心人物，在心灵哲学等领域影响巨大；杜克大学的杰出教授弗拉纳根（Owen Flanagan）是著名的心灵哲学、道德哲学与道德

---

① 辛红娟. 阳明心学在西方世界的传播. 光明日报，2019-05-11（11）.

② 方朝晖. 正统之外的正统——Philip J. Ivanhoe. 参见：中国儒学网 http://www.confuchina.com/01%20zong%20lun/boshidun%207.htm.

③ Neville, R. C. *Boston Confucianism*. New York: State University of New York Press, 2000: 43.

④ 方朝晖. 正统之外的正统——Philip J. Ivanhoe. 参见：中国儒学网 http://www.confuchina.com/01%20zong%20lun/boshidun%207.htm.

心理学家。而且，他们通常被认为是处于美国分析哲学阵营的学者。在艾文贺之前，鲜有以中国哲学为主要研究领域的美国学者与这几位学者进行实质性的对话。

在《麦克道尔、王阳明和孟子对理解道德知觉的贡献》（“McDowell, Wang Yangming, and Mengzi’s Contributions to Understanding Moral Perception”）一文中，艾文贺从道德品质的形而上学状态和道德知觉如何实现出发，探讨了东西方哲学之间的相似与差异。需要知道，艾文贺早期系统地研究过孟子与王阳明之间的异同。他通过对从 G. E. 摩尔到 S. 布莱克本的西方伦理学科的系统考察廓清了麦克道尔在极端的道德实在论（moral realism）与非实在论之间的中间道路和语境依赖的重要意义[①]。在深入地比较分析研究之后，艾文贺认为麦克道尔的洞见其实在王阳明所发展的新儒学中已经呈现出来了。麦克道尔在道德知觉上努力去澄清的中间道路，在王阳明的“知行合一”学说中所蕴含的视觉隐喻的鲜活性和直接性而导向的道德判断（moral judgment）中得到实现。[②] 在艾文贺相互的诠释中，王阳明的“知行合一”获得了在当代心灵哲学、认识论、形而上学和道德哲学中的更新。同时，也廓清和加深了麦克道尔哲学的理解。这是一种非常卓有成效的比较哲学研究。

艾文贺的影响不仅体现在对当代已有哲学理论的研究上，还体现在他对其他知名学者点评的回应。对其他学者的批评和观点做出集中回应，一般是已经在学界举足轻重的学者。在最近一篇发表在《哲学与现象学研究》（*PPR*, 2019）杂志上的“Replies”中，艾文贺回应了同一期中的“书会”里各位专家对他主编的新书《统一性假说：超越自我的边界》（*The Oneness Hypothesis: Beyond the Boundary of Self*，2018）所展开的专题讨论。艾文贺主编的这本书，聚集了弗拉纳根、维茨戈贝尔、萨继贤等众多学者，国内目前还未曾对这本著作做充分研究。

总之，进入 21 世纪之后，美国学术界的阳明学研究越来越明显地朝着纯粹哲学领域发展。如果说第一阶段还是停留在美国汉学研究的阶段，第二阶段集中在翻译、中西比较哲学研究，那么目前的第三阶段则突出地聚焦于心灵哲学、认识论和道德哲学等纯哲学领域。在前人的积累基础上，部分非华裔的美国学者的中国传统哲学素养已经非常深厚，其对阳明思想在纯粹的中国哲学领域展开研究驾轻就熟。同时，他们还熟悉当代分析哲学传统和欧陆哲学传统，展开的中西哲学

---

① Ivanhoe, P. & McDowell, J. Wang Yangming, and Mengzi’s contributions to understanding moral perception. *Dao*, 2011, 10(3): 276.

② Ivanhoe, P. & McDowell, J. Wang Yangming, and Mengzi’s contributions to understanding moral perception. *Dao*, 2011, 10(3): 287.

对话逐渐走向深入的层面。阳明心学思想在美国的发展，引起了越来越多的非汉学、非中国哲学的哲学家的重视。一部分长期在分析哲学、欧陆哲学领域工作的哲学家也开始关注阳明思想中的洞见，从中获得启发和新的视角。可以预见，未来美国的阳明心学将朝着越来越全面和深入的方向发展。

附　近代部分日本阳明学学者英译名

有关阳明学研究的很多英文文献引用了不少近代以来日本思想家的观点，故我们把遇到的英译名所对应的日本人的中文名字汇总如下：

Asami Keisai	浅见纲斋
Hirata Atsutane	平田笃胤
Ito Jinsai	伊藤仁斋
Ito Togai	伊藤东涯
Kaibara Ekken	贝原益轩
Kitajima Setsuzan	北岛雪山
Kumazawa Banzan	熊泽番山
Miwa Shissai	三轮执斋
Miyake Shosai	三宅尚斋
Motoori Nobunaga	本居宣长
Nakane Tori	中根东里
Oggu Sorai （笔名 Butsu Sorai, *or* Bussorai）	荻生徂徕
Oishi Yoshio	大石良雄
Oshiwo Chusai	大盐中斋
Sato Naokata	佐藤执芳
Yamaga Soko	山鹿素行
Yamazaki Ansai	山崎暗斋

结　语

阳明心学海外传播与研究面面观

自承接“阳明心学海外传播研究”课题以来，课题组系统、全面地梳理了大量阳明心学海外传播与研究的资料，查证的文献资料语种范围涵盖日语、韩语、英语、俄语、德语、法语、越南语、意大利语、荷兰语等十余个语种，极大地拓宽了阳明心学海外传播研究的范围，弥补了国内学界还没有对阳明心学海外传播与研究资料进行系统性搜集和梳理上的不足。除此之外，课题组还访谈了海外的十余位阳明心学学者，洞悉了阳明心学在国外传播与研究的真实状况和最新动向。随着本项目研究的不断推进，研究者欣喜地发现，项目研究发现之丰富超出了先前的预期。通过考察，我们发现，阳明心学作为思想学说能在海外这么多国家和区域得以传播，实属难能可贵，委实不易！阳明心学能被这么多学者关注并得到认同，确实不凡！我们在考察中发现了很多意料之外的宝贵的信息，可谓是新发现层出不穷。在项目组的研究成果《阳明心学海外传播研究》一书最终完稿之际，现以“阳明心学海外传播与研究面面观”为题，从比较视域角度出发，对阳明心学在海外的传播与研究情况做出回顾性概述。

经过研究发现，阳明心学在海外传播的主要国家和地区有：日本、朝鲜半岛、越南、俄罗斯、欧洲大陆、美国。下面逐一进行总结性回顾。

在亚洲范围内，阳明心学大致在公元 1600 年前后传入近邻日本，以中江藤树、熊泽蕃山、渊冈山等为代表的一批日本学者对江户时代（1603—1868）阳明心学的传播与研究有肇始之功。江户时代初期的儒学者大多兼修佛教、朱子学和兵学武术，同时也可以兼修阳明心学，所以日本没有严重的学派对立。江户时期，阳明心学在日本的传播与研究有两大特点：在传播上，传入的阶级群体不断丰富和扩大，传入群体从早期以大名、幕吏、富商、豪农为代表的中上阶层拓展到中下武士阶层和部分农民阶层，并对幕末明治维新人士产生了深远影响；在研究上，形成了注重实践行动的事功派和注重精神修养的内省派。幕末至明治维新时期，日本阳明心学研究以阳明著作的注解和译读为主，阳明心学“致良知”“知行合一”思想为明治维新人士所重视。明治维新后至第二次世界大战前，日本阳明心学研究开始呈现出鲜明的目的导向，无论是将其作为反洋气与反洋学的理论武器，基于国家主义将其作为国民道德伦理建设依据，还是将其作为自由民权运动的思潮号角，相关研究流派都希望借由阳明心学在日本本土的传播产生一定的社会效应和价值导向，通过实现一定的伦理道德功能或政治思想功能来服务于特定的意识形态。这一时期由此产生的一些阳明心学认识出现了偏差，有不少值得商榷之处，例如将阳明心学误认为是一种宗教。二战后，曾为战火所阻的日本国内的阳明心学研究如火如荼地复燃起来，并进一步拓展到对阳明后学的研究领域；阳明心学的传播群体涵盖范围也更为广泛，学界、商界、政界和民间都有一定规模的阳明心学拥护者。20 世纪后，日本阳明心学研究蔚然成风，其研究成果已经成为海外阳明心学研究的资料宝库。但是，纵观阳明心学在日本 400 多年的传播史，其始终存在着程度不一的基于日本国体和彼时时代背景的本土化。不同时期的日本阳明心学学者在吸收和倡导阳明心学精神的同时，也在某种程度上将其和国粹主义、国家精神等特定时期存在于日本社会的思想风潮互鉴。

从附录二我们对日本学者的访谈记录可见，日本学者中纯夫（京都府立大学文学部历史学科教授）的观点是：“在日本提及阳明学，大多数人想到的是‘知行合一’。并且，他们大多把‘知行合一’理解为重视行动、重视实践的思想，并认为这才是阳明学的魅力所在。”[①] 对于此种不当看法，他指出：“‘知行合一’的思想不在于从伦理角度提醒人们什么是应当做的（为善去恶），应当具备怎样的思想认知（好善恶恶），而在于从生理的高度要求人们自觉规范自己的言行（如恶恶臭，如好好色）。即阳明学中的‘知行合一’思想应当是认识论层面的问题，而非单纯地告诫人们需要注重实践。至于上述的错误认识究竟是如何产生的，以及其是否源自日本人独特的价值观和感受，都值得我们去探讨。”

中外学界不乏对阳明心学是否对明治维新改革起巨大推动作用的争论，从我们采访日本学者的对话可见，日本学者佐藤炼太郎（国际儒联理事、北海道大学名誉教授、北海道中国哲学会会长）列举了幕末大盐平八郎、阳明学学者山田方谷、幕末兵学学者吉田松阴等人的事迹，认为是吉田的学生伊藤博文等推动达成了明治维新，他由此指出：“可以说，阳明学对日本政治改革有明显的影响。”

而另外一位日本学者小岛康敬（国际基督教大学名誉教授）在访谈中提及：“吉田松阴等人从阳明学中汲取的‘心即理’的思想，极大地影响了日本幕府末年的仁人志士。”然而，小岛康敬反对直接将阳明心学与革命哲学联系在一起。

① 参见附录二。以下的直接引用，均可在附录（或相关章节）中找到。

在访谈中，中纯夫认为："当前日本学界对阳明学影响了明治维新一事普遍存在质疑态度。如井上哲次郎，他认为这样的言论是自明治时期起，由'大盐中斋—吉田松阴—西乡隆盛'等阳明学派人物提出的。此外，梁启超、章炳麟、孙文等人也都在日本受到过这一学说的影响，以至于他们都认为'引导了日本明治维新的是阳明学'。"

由上可见，当代日本学者对此的看法也不统一，不管如何，阳明心学即使不算是"引导了日本明治维新"，也对明治维新产生了影响。

在另一近邻区域朝鲜半岛，对阳明心学传入的具体时间的界定还不统一，大致应该在 16 世纪前期。16 世纪阳明心学在朝鲜半岛的传播可谓筚路蓝缕，困难重重。自传入之初，便遭到以程朱理学为官学的朝鲜社会的强烈排斥与抵制，举步维艰。彼时，由于社会历史积淀，程朱理学是李氏朝鲜王朝的国家指导思想，是上层士大夫统治阶层的政治权力话语依据，是朝鲜社会全体的伦理道德标准，也是朝鲜知识分子群体的文化生存指南；既是国家上层建筑和政治朝堂的官学，也是民间和学界的显学。处于主流意识形态地位并经朝鲜民族本土化价值加成的程朱理学，为维持其正统性，自然会对阳明心学加以抵制和打压。在视阳明心学为异端邪说的学界风气下，这一时期许多朝鲜半岛的学者对阳明心学的认识和解读不够客观、中立，而且流于片面，不可避免地有所偏颇，往往还带有一定功利性。例如朝鲜大儒李退溪将阳明心学归为释氏禅学之说，逐条批判了"知行合一"说和"致良知"说，认为其流弊将贻害于天下。在度过艰难的传播与研究发轫期后，17 世纪以郑齐斗对阳明心学"心即理""致良知""知行合一"等学说的具体化、体系化的全面阐述为开端，朝鲜半岛阳明心学的传播与研究步入发展期。也是在这一时期，郑齐斗及其门人开创并发展了研究阳明心学的江华学派。郑齐斗的阳明心学研究具有三大特点：在研究态度上，秉持扬弃精神，以辩证批判的目光严谨审视阳明心学的各种思想观点；在研究方式上，受制于程朱理学带来的主流意识形态压力，以隐微的折中方式来体认阳明心学；在具体心学内容的吸收上，在整体忠于本宗阳明心学的基础上，立足于体用论，在心即理、致良知、无善无恶三个方面进行了创造性阐释，为朝鲜阳明心学理论体系的形成做出了突出贡献。但需要指出的是，17 世纪在朝鲜半岛，阳明心学总体上仍处于隐忍不发的状态。直到 20 世纪上半叶阳明心学才从幕后走到台前，正式步入朝鲜学术舞台，迎来了第一次研究热潮。这一时期的阳明心学研究注重与实学的互鉴、互融，注重阳明心学的诠释和本土化，以期为如何解决动荡时代下朝鲜半岛社会存在的现实问题寻求出路。遗憾的是，随着朝鲜半岛逐步沦为日本殖民地和二战的爆发，朝鲜半岛的第一次阳明心学研究浪潮为时代车轮所碾过，被迫偃旗息鼓。直到 20 世纪

80年代，朝鲜半岛阳明心学研究方迎来第二次研究热潮，步入更为成熟的系统研究阶段，并于20世纪90年代迎来成果产出的丰硕期，在研究视域上更为宽广，在研究内容上更为丰富。

纵观阳明心学在朝鲜半岛的传播和研究历程，并把阳明心学在我国和日本的传播与研究历史相比较，可以发现，朝鲜半岛阳明心学的发展具有三大个性特征：首先，阳明心学自传入朝鲜半岛以来，总有着挥之不去的程朱理学遮蔽，特别是李氏朝鲜王朝时期的阳明心学，其存在和发展始终很难摆脱程朱理学的阴影；其次，朝鲜半岛上阳明心学的传播与研究史存在断层，朝鲜王朝时代阳明心学研究和现代朝鲜半岛阳明心学研究存在一定割裂性；最后，朝鲜半岛学者始终注重阳明心学和朝鲜半岛本土文化的互融，注重阳明心学的本土化，并在本土化过程中关注阳明心学对指导现实社会生活和解决时代社会问题的价值。需要指出的是，过往某些时期朝鲜半岛阳明心学学者对阳明心学现实生活指导价值的过于理想化探讨，在一定程度上导致了阳明心学之核心——人格道德的修养退居为“方法”或“工具”，也造成了一些对阳明心学的误解，如19世纪末至20世纪初将阳明心学鼓吹为革命行动精神的风潮，便与阳明心学的良知学精神出入甚大。此外，直至目前，从梳理过的文献资料来看，朝鲜半岛的阳明心学研究曾经有明显的“家学”倾向，缺乏跨文化、跨区域的比较性研究，这或是未来朝鲜半岛阳明心学研究有待填补的空白。

相较于日本和朝鲜半岛，阳明心学在越南及邻近国家和地区的传播情况并不理想，可供收集和查阅的文献资料也较为贫乏。以越南为例，虽自秦汉以来，越南与我国即有密切的社会历史文化交流，儒学思想传入越南大地并得到发展，但阳明心学的传播资料稀少，目前只检索到一本越南语文献——陈仲金的《王阳明》一书。近年来，越南学者致力于把越南的黎贵惇跟王阳明进行对比，反映出积极的阳明心学研究信号。越南河内师范大学的范越胜博士在考察后初步判断，阳明心学作为一种带有开放性与实践性的儒学思想，很有可能已经通过日本明治维新运动及中国辛亥革命被越南的爱国维新志士（如潘周桢、潘佩珠等人）间接地、慢慢地接受。

回顾完阳明心学在亚洲的传播情况，接下来让我们把目光转向阳明心学在俄罗斯的传播与研究。阳明心学传入苏联的时间相对较晚，直到20世纪30年代方通过西方传教士传入。以苏联解体时间为分界线来看，阳明心学在苏联时期和俄罗斯时期的传播与研究情况存在显著差异。苏联时期的阳明心学传播与研究具有两大特点：一方面，在传播上，无论是传播资料的丰富度还是传播范围，都极度受限，大量资料来源于日本学界，专业性资料严重匮乏；另一方面，在研究上，苏联学界对阳明心学的认识和解读受制于时代，体现出当时的时代背景。在斯大林执政时期，阳明心学被解读为迎合资产阶级的极端主观唯心主义、直觉主义而遭到抵制与排斥，从政界到学界绝大多数人都将阳明心学贴上了该标签。当时，虽有阿列克谢耶夫、休茨基等学者一掷清音，较为客观地介绍阳明心学，但其发声无法影响主流观点。到 20 世纪 60 年代赫鲁晓夫执政时期，随着苏联经济发展带来的文化活跃，苏联学界对阳明心学的研究视野得到了一定程度的解放与拓展，对阳明心学的认识更为清晰、客观起来。但是，这一时期的阳明心学研究仍较为分散，缺乏成体系的专业性研究。直到 20 世纪 70 年代，得益于以科布杰夫为首的一批苏联学者的努力，苏联的阳明心学研究进入公开、系统、全面的时期。这一时期同时伴随着阳明心学在性质上究竟是主观自然主义还是主观唯物主义之争，以及是否以唯心、唯物的二元论来界定中国哲学思想的学界争论。1991 年苏联解体后，俄罗斯成为阳明心学在原苏联地区的传播与研究的主阵地，更为开放的学术氛围极大促进了阳明心学在俄罗斯的传播与发展。俄罗斯学者在关注本国阳明心学研究的同时，也把目光投向了国外的阳明心学研究。

欧洲大陆各国的阳明心学传播与研究处于多语种的学术环境下，其传播和研究涉及包括拉丁语、英语、德语、法语、意大利语、荷兰语等在内的多个语种，研究学者包括欧洲、美洲本土文化身份的西方学者和传教士、华裔学者及旅欧学者。阳明心学在欧洲的早期接纳史可以划分为两大主要阶段：（1）17 世纪开始的隐蔽化传播与发展时期，经 18 世纪下半叶的片段化、零散化传播与研究时期一直到 19 世纪末；（2）20 世纪上半叶开始的有明确目的性的传播与研究时期。17 世纪至 18 世纪下半叶前后，西方传教士向欧洲各国传入阳明心学，但由于西方传教士对王阳明哲学的不甚了解，加之西方基督教本身的创世性逻辑世界观与中国新儒家自身的转换性逻辑世界观存在巨大差别，使以利玛窦为代表的西方传教士本身对阳明心学持有消极拒绝的态度，对阳明思想的解读也流于简单化和刻板化。西方传教士是站在自身的宗教立场来了解和认识阳明心学并将其工具化的，最终目的是温和而稳定地消解王阳明所塑造的中国思想文化，并将罗马基督教的宗教体系借助中国文化本来就有的话语呈现出来。18 世纪，王阳明的名字及其思想主要出现在法语文本中，部分出现在英语和德语文本中，到了 19 世纪 20 年代，出现在意大利语文献中。随着鸦片战争以来英国殖民主义在中国的渗透，19 世纪后半叶，对王阳明及其思想的零星接纳研究转移到了英语地区。例如沃特斯不仅探讨了阳明心学的“良知”概念，还将王阳明哲学思想和笛卡儿哲学思想做了比较，认为二者存在内在的共通精神。自 20 世纪初以来，欧洲对王阳明的接纳和研究不再简单局限于对阳明文本进行翻译与介绍，而是展开了更为学术性的研究工作，同时在研究视域上一定程度上去宗教化，在研究目的上一定程度上去工具化，整体研究变得更为科学、客观，并涌现出如法国学者威格、德国学者欧肯、荷兰学者戴闻达等知名研究者。

20 世纪以来，欧洲阳明心学的传播与研究具有四大特征：首先，在传播内容上极大丰富，不仅包括阳明心学的哲学思想，更进一步拓展到对王阳明诗词等文学内容的研究；其次，在传播过程上，与亚洲各国学者相似，欧洲研究阳明心学的学者同样注重阳明心学和本土文化及民族精神的协调与互鉴；再次，用以传播阳明思想的语种也更为多样；最后，基于比较视域的研究也逐步开展了起来，将阳明心学与欧洲本土哲学思想如康德哲学等展开了辩证比较。

但需要指出的是，受制于中外语言和文化差异及哲学思想在形而上学层面上的传达困难，西方学者对王阳明及其心学思想的译介和解读仍存在不少疏漏或误解，有待完善，如威格曾将王阳明误解为朱熹的坚定追随者、克劳斯错误地认为阳明思想在 20 世纪以前从来没有任何意义。此外，至今欧洲地区还没有出现完整的王阳明哲学著作译本，阳明心学中的一系列思想术语也缺乏成体系的规范外语译名，这也是欧洲阳明心学传播与研究的一大遗憾。

阳明心学在美国的传播与研究史，具有代表性的阶段划分是伊莱瑞教授描述的三个阶段：第一，近代以来到 20 世纪中期为接触、引介、翻译阶段；第二，20 世纪中期到 2000 年为从了解走向中西哲学的比较研究阶段；第三，21 世纪起为从比较哲学走向哲学自身的原创性研究阶段。在接触、引介、翻译阶段，北美传教士，以及美国和清政府对外工作官员是引介中国汉学入美的先锋，且此时北美汉学研究和中美文化交流侧重于实用性目的。这一阶段出现的一大有趣现象是，美国学者接触阳明思想的主阵地在中国本土和日本，而非美国本土。总的来看，20 世纪之前阳明心学在美国的影响与传播，经历了层层递进、逐渐发展的过程，并具有两大特点：其一，相较于欧洲汉学中关于王阳明的论述而言，文献数量相对较少，开始的时间也较晚；其二，在前人介绍的基础上，开始向王阳明的具体文献翻译和学理梳理方向发展。这一时期的美国阳明心学研究，从研究内容看，可大致分为王阳明著作及资料的翻译、大量的介绍性论著和少量的研究性论文三大类；从研究目的看，对阳明心学的研究以实用目的为主，着重于了解、介绍、分析阳明思想对当时东亚社会的影响，为当时在东亚活动的商人、宗教和政府组织提供参考资料，也试图理解当时日本和中国社会变革在思想观念上的动因，并为北美社会引入新的宗教、文化资源。需要指出的是，语言翻译上的困难与形而上学上的困难，同样存在于阳明心学在美国的翻译、传播和研究过程中，使得相关阳明心学海外传播资料在翻译的准确性，尤其是内容的准确性、专名和译名的规范性上都有所欠缺。

20世纪中期之后，阳明心学已经在北美有了一定的基础，成为北美汉学发展的一个重要组成部分。此后，以东亚社会经济发展背景考察为主体的实用目的逐渐淡出，而义理分析、中西哲学比较等纯理论上的旨趣开始占据主导。中西哲学比较研究从早期的作为一种帮助理解的辅助手段，即利用已知的西方哲学、宗教神学思想来类比理解未知的王阳明思想，逐渐变成美国阳明心学研究的主要方法和主要的研究内容。中西比较也从单纯的概念类比，如把良知类比到笛卡儿的直觉，开始走向中西互释，不仅以西释中，而且以中释西。在这一时期，中西比较哲学视域下的阳明心学研究，研究视野进一步拓宽，不再仅限于阳明心学思想和古希腊哲学或欧洲大陆传统哲学的比较研究，美国本土的实用主义和分析哲学领域内的专家学者也开始关注和研究王阳明思想，形成了中西比较哲学中的一些新的研究领域。此时的北美阳明心学，已经不再只是华人学者的阳明心学、东亚系或哲学系中国哲学专业的阳明心学，而是逐渐发展成为美国哲学中的普遍论题，趋向于成为有自身特点的美国阳明心学。进入21世纪以后，各种主流哲学传统的学者纷纷进入阳明心学研究领域，美国学界对阳明心学的研究进一步由译介、绍述、浅层的中西比较走向原创性研究、走向理论的深层次研究，突出聚焦于心灵哲学、认识论和道德哲学等纯哲学领域的同时，在已有的翻译、评注和研究基础上，又对中西各自的哲学传统进行反思和创造性综合。

通过考察，我们发现海外对王阳明思想进行研究的领域非常广。对王阳明思想的研究涉及哲学、政治、军事、经济、教育、宗教等重要领域，还包括从道德、伦理层面进行的比较研究，甚至有从外交层面来进行的研究。这是由阳明心学的内在价值所决定的。但是，即使在阳明心学在海外传播最广的两个国家——日本和韩国，该学说也并没有达到尽人皆知的程度；当前海外对王阳明思想的研究主要还停留在学术研究的层面上。而且，即使在日本，当前对阳明心学的研究情况也不容乐观——从附录二的采访内容可以看出，正如小岛康敬（国际基督教大学名誉教授）所指出的，“由于研究人员不足，本人对日本阳明学研究的走向持悲观态度”。

在考察中，我们也发现了不少对王阳明思想的误解之处。例如，东京大学人文社会系研究科教授小岛毅在《近代日本的阳明学》中对阳明心学提出了负面评价，认为它是情绪化的、不好的“精神主义”的根源。海外对王阳明思想最大的误解就是将其贴上唯心主义、主观主义、实践主义的标签。在我们的邮件访谈中，中纯夫指出，在日本提及阳明心学，大多数人想到的是“知行合一”。人们大多把“知行合一”理解为重视行动、重视实践的思想，并认为这才是阳明心学的魅力所在。而在中纯夫本人看来，阳明心学中的“知行合一”思想应当是认识论层面的问题，而非单纯地告诫人们需要注重实践。欧洲学者常常把王阳明和康德相提并论，认为王阳明是康德式的哲学家，也有学者，例如福克，称王阳明为“Identitätsphilosoph”（同一性哲学家），何为“同一性哲学”？他给出的解释是：“身体和心灵，思想和存在是一致的。这就是同一性哲学的立场。”巴拓识在 2018 年发表的《卡尔·雅斯贝尔斯的“哲学信仰”与王阳明的“自信”：一个欧洲—儒家的反思》对康德和王阳明的思想进行了一次跨文化的比较，文中论及了王阳明的做法在某些方面甚至比康德更先进。给王阳明贴上各种标签的潜在目的是将王阳明思想与本土学者的思想进行比较。通过比较，有利于更快地将王阳明的思想传达给本国读者，尽管会发生偏离，但是潜意识地进行比较和牵强附会的理解始终不可避免。毋庸置疑，通过比较可以寻找出共同点来沟通理解，例如巴拓识就通过比较发现，尽管雅思贝尔斯与王阳明在历史时代和文化背景上如此不同，但仍然可以看出两位思想家在伦理道德和人生态度上存在着某种共鸣。当然，一味地求同也导致了王阳明被贴上了上述不同的标签。

此外，我们还需要充分地意识到，语言的隔阂会导致翻译的困难，语言中蕴含的文化、思想的差异是王阳明思想海外传播的绊脚石。由于概念与概念间既区别又勾连，概念还具有历史，使得一种语言中的概念体系很难被整体移植到另外一种语言中。毋庸置疑，翻译的困难为正确理解王阳明思想设置了障碍，给思想的跨文化传播带来种种不便。由于王阳明的思想博大精深，对于打算译介王阳明思想的中外学者而言，通读 200 余万字的《王阳明全集》会显得很吃力；精读《传习录》《大学问》而不了解其思想史背景者，也难以深入，因为其中涉及许多“四书”“五经”原文、宋明理学术语、一系列历史典故，以及一大批相关历史人物、历史事件。对于如何让王阳明思想在跨思想文化传播中不被曲解，是一个值得深入探究的问题。王阳明思想中的“心”“良知”“致良知”“知行合一”等关键概念的翻译，目前还存在很大的分歧。根据笔者初步统计，“良知”“致良知”“知行合一”的英文译法都有十多种，以恒吉译本为例，恒吉在译本中尝试区分出“良知”在不同层面的意思，他根据不同语境将“良知”分别译为：（1）liang chih；（2）intuitive knowledge；（3）the intuitive faculty；（4）intuitive knowledge of good。恒吉对“知行合一”的译法更是多达 7 种：（1）unity of knowledge and practice；（2）unification of knowledge and practice；（3）oneness of knowledge and practice；（4）unitary character of knowledge with practice；（5）the union of knowledge and practice；（6）combining knowledge and practice into one；（7）knowledge and practice are a unity。不同的译法肯定会带给读者不同的理解，译法的混乱必然会导致理解的偏差，严重影响阳明心学思想的准确传播。因此，有必要探索一套关于阳明心学思想概念的翻译规范来促进思想的传播和理解。2021 年，巴拓识发表了“The Understanding of Understanding: A Philosophical Reflection from a Transcultural Perspective”（《对理解的理解：跨文化视角下的哲学反思》）一文，旨在讨论什么是“理解”。该文尝试系统地将古希腊、德国，以及中国古代和近现代的哲学放在一起考察。在此背景下，他以王阳明的哲学为例，讨论了中国传统文化对意识和理解的理解，值得关注。

总的看来，阳明心学在海外传播与研究牵涉到的区域广阔，得到众多国家和区域不同语种、不同文化背景的学者的关注和认同，但是，各个区域之间阳明心学传播和研究的深入程度差距较大。日本、朝鲜半岛、美国的相关阳明心学海外传播和研究资料较为丰富，研究体系较为系统，对阳明心学的研究处于较为成熟的阶段。

综合阳明心学在日本、朝鲜半岛、俄罗斯、欧洲大陆、美国等国家和区域的传播与研究的情况可见：

第一，阳明心学在海外不同国家和区域的传播、研究与发展，都在一定程度上经历了被本土化的历程，与所传播国度和区域的本土文化、思想体系和民族精神相碰撞、相协调，发展出了与原宗阳明心学既富有联系，又有自身本土化特质的海外阳明心学。

第二，阳明心学在海外不同国家和区域的传播、研究与发展历程，都或多或少受到了以本土意识形态因素为代表的干扰因素的影响，或曾在夹缝中求生，或曾经历低谷，或曾误入工具化、宗教化等误区，但总体上，阳明心学在海外不同国家和区域的发展都处于螺旋上升状态。

第三，受制于文化背景、意识形态身份、资料获取途径、中华文化知识储备等诸多主客观因素，阳明心学在海外不同国家和区域的传播、研究与发展过程中，都存在一定程度上被误解的现象，海外对王阳明思想最大的误解就是将其贴上唯心主义、主观主义、实践主义的标签，将其片面化、二元对立化。

第四，如今，海外阳明心学研究涉及的领域不断拓宽，不仅在传统哲学领域可见阳明心学的身影，在政治、军事、经济、教育、道德、伦理乃至外交等多个领域里，阳明心学也同样有着丰富的内涵价值，有着可喜的研究前景和进一步拓展研究的空间。但也应该注意到，海外阳明心学的传播与研究的历史总体上仍以比较视域研究为主体，学界仍需要进一步拓宽研究视域，深化跨学科、跨语际、跨国度和区域的研究合作。

第五，当前的阳明心学海外传播与研究仍以学术界为主体，海外发展以学术研究为主要形式，亟须进一步丰富大众化的传播途径和形式，提升其作为文化软实力在海外民间的传播与植根能力，从而服务于我国文化软实力建设，真正做到在海外讲好中国故事，传播中国优秀的思想和文化。

第六，由于阳明心学自身作为一种成熟的思想体系存在着理解和阐释的复杂性，再加上语言翻译及概念移植与转换本身的复杂性，阳明心学在异域被接受与传播时不可避免地会产生不同视角下的异样阐释，这些阐释无疑会导致阳明心学在海外的失真和走偏。如何来纠偏？这需要从国家层面来思考应对方略。如何才能忠实地传播阳明心学？或者说怎样来促进阳明心学在海外更为准确、有效地传播，尽量避免语际转换过程中的翻译错误、不当或不规范？建立一套阳明心学思想概念的翻译规范是十分迫切且有必要的。

附录一：采访韩国学者崔在穆、金容载实录

【采访者】潘心荷、金明月、文炳

【受访者】金容载先生：诚信女子大学汉文教育系教授（韩国成均馆哲学博士）

崔在穆先生：岭南大学哲学系教授（韩国阳明学学会前会长）

1. 请您概述一下王阳明思想在韩国的传播历史。

受访者崔在穆先生

阳明学虽在16世纪前半期遭到了李滉等性理学家的批评，被排斥在朝鲜正统思想之外，但在壬辰倭乱前后，却受到了李瑶，南彦经、崔鸣吉、李睟光、张维等人的瞩目，宣祖也对此表现出了极大的关注。

这个时期的知识分子一般不会把阳明学当作一门学问来接受，而是从修养心灵的宗教角度去理解它。“人人都有良知，要用这种良知正物”的“知行一致”论引起了有改革志向人士的关注。之后，在18世纪初，郑梦周的后代郑齐斗登场，他撰写了《存言》《万物一体说》等文，建立了系统的理论体系，赢得了学术中心的地位。另外，受他影响，很多人开始接受阳明学。他还培养出了李匡吕、李光洙、李忠翊等弟子。大体上，阳明学是在政权中遭到冷落的少论派[①]和李朝亲族，以及庶子出身的人士之间延续的家学，并以江华岛为中心，在开城、汉阳、忠清道等西海岸地区得到了发展。

该地区是商业中心地区，因此也不能忽视商业和阳明学的连接。但阳明学学

---

① 老论派和少论派中的少论派。

者大多在学问上以性理学为基础，兼研阳明学，因此阳明学的势力在当时并没能得到扩大。从大韩帝国末期开始，日本统治时期的阳明学学者李建昌、李建芳、金泽荣、朴殷植、郑寅普等人继承了阳明学，并开展了国学运动。

2. 请您具体谈谈朝鲜思想史上“阳朱阴王”倾向的成因及表现。

受访者金容载先生

朝鲜思想史上的“阳朱阴王”①是朝鲜阳明学的一大特征。以近代市民精神为基础的阳明学，严重威胁到集权阶层的势力，故阳明学被当作异端排斥在主流思想之外（特别受到了退溪等朱子学者的攻击），甚至可以说是无立足之地。对阳明学感兴趣的学者们根本就没有自由的活动领域，连自己的学问倾向也不能表露在外，只能通过师承关系或家学延脉。这种表面上标榜朱子学，暗地里研究阳明学的方式就是阳朱阴王，形成了朝鲜阳明学的一大特色。朝鲜的阳明学就是以这种逻辑体系发展而来的。李珥是畿湖学派的代表，也是阳朱阴王的先驱，他批评过罗整庵，不主张人心道心为二，在“格物”与“知行合一”上也与阳明思想接近，他门下的李恒福与申钦等都是阳明思想的接受者。朴世堂与伊镌，因标榜阳明学而被视为斯文乱贼并被处死。虽然崔明吉曾公开宣扬阳明学，但后来因为有压力而放弃了，张维是阳明学造诣比较深的学者，崔明吉与张维及南彦经是连襟关系，郑齐斗又是崔明吉兄长的外孙。韩国阳明学靠这种家族式的关系，得到了延续。这与中国阳明学不同，而且基本上都属于阳朱阴王的范围。

韩国阳明学泰斗郑齐斗的学问倾向也属于阳朱阴王，他定居到江华岛之后，研究阳明学的学者们逐渐集中到此处，从此以后，门人和再传门人相传的学风就逐渐形成了江华学派，该学派也基本上都表现出了这种学问倾向。在朝鲜学者中，只有近代的郑寅普在《阳明学演论》中公开承认自己以阳明学为学。韩国阳明学虽与程朱理学在学派上有对立的倾向，但整体上呈现出程朱学特征，即与阳明学派中的极左思想相对立，体现出阳明右派特征。

3. 您如何看待朴殷植对阳明学在韩国传播的贡献？

受访者崔在穆先生

朴殷植是韩末日帝强占时期的民族史学家、独立运动家，韩国临时政府的第

① 也有学者称之为“明朱暗王”。

二代总统。他于1909年发表了《儒教求新论》，主张改革。我们从他在1910年所写的《王阳明实记》中可以看到他对阳明学的理解。在此书中，他对阳明学的主要概念“良知”进行了再释，体现了其鲜明的阳明学学派观点。这本书与郑寅普的《阳明学演论》是朝鲜半岛的阳明学学者研究阳明学时最重要的两本参考书。朴殷植的阳明学与李建昌、李建芳等江华学派的阳明学传统有关，从时期上看，《王阳明实记》处于传统的江华学派的阳明学与在其之后出现的现代江华学派之间，是连接二者的重要纽带，也是江华阳明学派的现代继承者郑寅普《阳明学演论》出现之前的重要资料。《王阳明实记》体现出了克服朱子学的弊端，以简单切要的阳明学说，即以“知行合一、致良知、世上磨炼、万物一体”等为主干的儒教求新思想。《王阳明实记》受到日本高濑武次郎的《王阳明详传》的影响。近代阳明学的“知”之发祥地为中国和日本，在托亚入欧的氛围中，受容（接纳）西洋近代思想实现明治维新的日本，通过对近代西欧的模仿与结合，创造出了阳明学的“知”，对韩国的知识分子产生了巨大的影响，并成为韩国学习的典范。这一点也表现在朴殷植的《王阳明实记》中，即“日本军人社会将王学作为一种信仰……我们今天追求精神教育，除了王学之外还有什么呢？”

可以认为，朴殷植的学术活动和政治行为的根本是阳明学。他为实现阳明学的根本精神，从各个方面介绍、宣传阳明学，并且欲以这种精神为基础，在韩末日帝强占时期救治国家和民族。朴殷植本从朱子学，在他认识到儒家，特别是朱子学的局限性后，虽受容进化论，但其思想并未西化，而是回归到阳明学。他的学问是一种公开以改革当时社会现状为中心的学术研究。他以西欧近代精神对抗日帝，主张忠国爱族，充满了开辟和救国独立精神、个人的平等主义，继而建立了以人权为基础的多种近代志向性思维体系。他以阳明学为核心，宣扬培养大众的民族和自主精神，最终开展了爱国启蒙运动，其爱国启蒙运动也是教育的中心课题。朴殷植在1920年前后，不仅延续了阳明学在韩国的发展，还响应中国、日本的阳明学思潮，站在了韩国阳明学的顶峰。

4. 王阳明思想在历史上对朝鲜半岛的影响主要有哪些？

受访者金容载先生

宣祖是比较支持阳明学的君主。他曾重用阳明学学者李瑶，也以其建议解决了许多国家重大问题。另外，在丁卯胡乱、丙子胡乱之际，他还将国家重担委托给阳明学学者张维和崔明吉，为平息乱局做出了贡献。其中发挥重要作用的崔明吉的“主和论”是一种权道思想，这是一种在危难之际采取的临时变通的方法，也是对阳明学的应用，即摆脱外部教条主义，依据良知而行。韩国阳明学以良知为依据，以事功为中心，应时代要求，为新出现的实学的发展、开化思想的发展打下了基础。到了郑齐斗，他以理气合一论，摆脱了禁锢人类的框架。同时，他吸收阳明学的良知论，主张万民平等论，为近代市民精神的形成打下了基础。韩国阳明学在韩国近代思想史中占有重要的地位，但相对于朱子学，其发展却是极其微弱的；然而每次在应对国难及乱局的时候，它都发挥了重要的作用，特别是在韩国近代化过程中，韩国阳明学起到了重要的媒介作用。

5. 韩国阳明学与最早的中国明朝时期的阳明学有哪些差异？主要体现在哪些方面？

受访者崔在穆先生

在韩国，王阳明思想的分裂形态表现在对重视功夫的消极侧面的良知体用论的受容和展开上。对于继承了张维、崔鸣吉的重视功夫之立场的郑齐斗来说，良知体用论乃是以《良知图》（其内容体现了良知体用论）的形式表现出来的。郑齐斗的良知论，是把良知理解为体与用（即良知之体与良知之用）的关系，并在此基础上明确揭示了良知之发挥和实现的阶段性。就这样，作为一种对异文化的受容方式，良知论在这里被巧妙排除了。然其实质，则说明了郑齐斗对良知的信赖感及关心度并未达到较高程度。于是，作为理解良知的必然归宿，郑齐斗批判了王阳明的致良知说，认为该说有任情纵欲之患（王学之病）。至于郑齐斗对致良知说的批判，似乎可以理解为现成良知论在韩国的挫折。可以认为，中国明朝的阳明学表现出积极与消极这两个方面，其中积极的方面占据了主导并得以展开。韩国阳明学则继承了阳明学的消极方面。而且，阳明学在朝鲜半岛的受容初期，也存在着像中国那样的“左倾”思想家，他们继承了王阳明的思想，使阳明学的积极方面占据了主导地位而得以展开。比如许筠的人欲肯定论，就表现出佛老倾向。这种倾向，经过崔明吉与张维的传接后便逐渐褪色，到郑齐斗时，又进一步形成了反批判的态势，从而使许筠的观点走到了尽头。良知体用论，一身修养论，以静态的省察之性格为基础的万物一体论、无私无欲论等，都使固守名教的思想更加完备，进而使权论思想抬头。“经”之权威的相对化过程，在韩国阳明学那里有了退缩。在韩国，对权的关注，乃是作为对经的补充而出现的，所以“经”之权威并不像其在中国那样被彻底相对化和对象化。拿经文与今之事实作比较，郑齐斗、张维原本就更重视后者，所以强调知时、识势、达变和通权。就连同样被视为权道论者的崔鸣吉，尽管也因时不时地受到严厉指责，而不赞成“经”的相对化和对象化，但却依然受到某种“蛊惑”。比如崔鸣吉虽批判了守经论者，坚持彻底的既“知经”又“达权”的立场，却并未坚决地批判和否定“经”。所以，他强调“心宁道与归”，明确主张达权必归道。中国阳明学的三教一致论在韩国也并没有得到展开。

6. 韩国学者对王阳明思想在哪些方面进行了扬弃或修正？其代表性观点有哪些？

本题与问题5大同小异，可参考崔在穆先生上一题的回复或以下金容载先生的补充

韩国阳明学的代表人物郑齐斗继承了阳明学，主张“心理为一”“知行合一”。其心即理的构造与阳明学的不同。王阳明认为理是气的条理，而郑齐斗却依据理气的体用本末论，主张理气合一，继而提出“生理说”，即生理是生气，生道。

另外，郑齐斗还认为性是良知的体，以它为中心，周边即为用（情），性与情呈现出体用本末的关系，这也与阳明学不同。韩国阳明学的特征比较单一，学派也只以江华学派为主，但克服了阳明左派的顿悟与禅学倾向等弊端，强调了“理”，带有朱子学派的特征，与阳明右派较为接近。

7. 目前韩国阳明学学者对王阳明思想研究的关注点有哪些？都有一些什么样的代表性观点？

受访者金容载先生

我认为阳明学和实学从根源上说是一致的。首先，这是克服社会各种问题，以新秩序来重新整顿社会混乱的需要。其次，阳明学和实学虽具有不同的思维构造，但二者的发端极其相似，即从观念世界中摆脱出来，以治疗现实中赤裸裸的问题为中心。从理气论的侧面来看，其所重视的不是理的，而是气的世界，就是以形而下作为中心，即核心在用，而非体。

现在研究者的主要关注点是：首先，要摆脱从霞谷学或江华阳明学开始的研究束缚。其次，有必要对“后霞谷学”与“后江华阳明学”进行研究。在韩国阳明学的研究上，应扩展这种对阳明学外延的研究。比如星湖学派中的“星湖左派”的学者是如何评价阳明学的，以及阳明学和西学的关系等。在东亚近代化过程中的“历史性”的范围下，阳明学思潮对个人价值观、国家观有怎样的影响，这些都是有必要并正在进行探讨的话题。最后，要从宏观的角度来对郑齐斗学问的本质特点和学统进行研究。目前对郑齐斗的独创性研究缺乏持续性，对明代阳明学及阳明后学的比较研究也不多见。对郑齐斗的学问倾向问题，目前中国学界和韩国学界的认识也存在差异。韩国学者大多认为郑齐斗的学问倾向于阳明右派，但有关其与阳明右派聂豹、邹守益等的比较研究却很少，关于郑齐斗的学问与右派的关系到底是怎样的也少有研究。另外，现在中国阳明学中探讨的问题意识、与韩国的阳明学研究方向性的比较，韩国阳明学本身是否具有充分的学派影响力和人物基础设施等都是未来要进行研究的方向。

8. 韩国有阳明学研究会，朝鲜是否也有阳明学研究会？二者之间是否有学术交往？如果有，具体体现有哪些？

受访者崔在穆先生

没听说有。更没有什么交流。

9. 近百年来，韩国普通民众和韩国企业是否对阳明学感兴趣？他们是如何看待阳明学的？

受访者崔在穆先生

韩国企业对阳明学不感兴趣。对于普通民众的调查结果是，韩国有一定国学素养的人对阳明学比较感兴趣，或许是在中国阳明学热的影响下。民间乡校及汉文同好会、网咖等组织，会学习儒学经典，其中也包括《传习录》。他们普遍认为，阳明学是禅学，同时也是一门高深的学问，但其学习热度不如《论语》《孟子》《周易》《风水命理》等。这与韩国人的传统不无关系。重视礼节的韩国人，相对良知，更喜欢划分等级的礼制、名教。

10. 您如何看待王阳明思想中的“致良知”“知行合一”“人人皆可成为圣贤”？王阳明的“致良知”和“知行合一”思想对当前韩国社会有哪些启示？

受访者金容载先生

王阳明的“知行合一”是对主知主义在教育哲学上所具有的局限性进行的批判。从学习者的立场来看，“教育”可以置换为“功夫”。而功夫一定随着行动（实践），而非理论功夫和暗记。

功夫包括人类的心身修养，省察之实践，即将我的“知”与我的普遍妥当的“行”合一。也就是说只有如此，阳明学的教育和功夫、知和行才可合二为一。在这样的“知行合一”基础上，才能共感“我与他人同（人人皆可为圣贤）”，才可实现全人类的共存价值。只有如此，我们才能做到在现实的漩涡中不迷失自我，维持人之为人的尊严。

11. 您如何看待阳明学对当下世界的现实意义？

受访者金容载先生

如果说有值得对当下“人类”存在的意义进行反思的哲学，那就应该是充满人类主体性、律动性和创造性的阳明学。阳明学在这个时代的新角色是为建立以“良知良能”为基础的“人之道德品德教育”提供理论基础。此时的教育应以坚守道德的人性教育为归宿。但是将阳明学中的人性教育建立在过去的东西哲学及东西方伦理学的框架上是不行的，因为在从西方学习过来的“人性教育”中，属于形而上学的“理性”一直都占据了中心。并且我们还以“理性”统治“感性”和“意志”的方式来论教育。在当今人工智能时代，人类有必要对感性层面进行重新审视，但这并不是说要让具有逻辑性的人类去无视理性能力。王阳明的良知就是孔子的仁，他们都致力于调节道德理性（知性）和感情境界，这一点是不容忽视的。

12. 目前在学术界形成了一股阳明学研究热，但有“泛化”的倾向，即把所有的事情与思想都硬性与阳明心学结合起来。对此您怎么看？

受访者金容载先生

这是一种夸大自我的表现。在第四次产业革命到来之际，我们从现在开始要重新对“人类的本质”进行反问和省察。传统儒学中的“自然”是敬畏的对象，不是工具与手段，是可以一起共存的伴侣。当下需要关注的是对现在人的价值和行为原则的设定，不是与正统儒家进行敌对，而是要以良知建立一种新的人与自然的关系。

13. 目前在韩国儒学史的研究中，阳明学研究在韩国阳明学学会推动下，无论是在量还是质上都取得了相当大的成绩，但相对于朱子学等正统儒学还是有一定的差距。请您展望一下未来韩国阳明学研究的走向。

受访者金容载先生

之前，韩国阳明学取得了令人瞩目的研究成果。但无论是在量还是质上都有必要自省。特别是 1995 年韩国阳明学学会成立之后，韩国阳明学研究主要集中在朝鲜阳明学传入的时期，对韩国阳明学的特征、本质的探讨，郑齐斗思想及周边的资料探索，以江华阳明学为主上。但在韩国阳明学研究的不同阶段中，除以上问题之外的多种问题意识已逐渐露出水面。这证明韩国阳明学研究还有很多可论之地。

（1）第一阶段为阳明学的传来阶段和过程中的特征考察阶段。此时经常登场的是批评阳明学的退溪及其门人。

（2）第二阶段为韩国阳明学接近阶段，以方法论和研究方向的探索为主，以《国译霞谷集》及对韩国阳明学的代表郑齐斗的阳明学特征的阐释为主。

（3）第三阶段为对郑齐斗家系和江华学派学脉的研究，是在霞谷学的范围内对江华阳明学及江华学人进行的集中研究阶段。

（4）第四阶段为对韩国阳明学的全面研究阶段，以对韩国阳明学的特征、哲学用语和概念的研究，以及从阳明学角度对经典注释进行的研究等为主。不仅如此，还开始了与中国阳明学同异的讨论。且注重将现代社会的核心话题与韩国阳明学精神相结合，突出阳明学作为人文学领域中实用之学的功能。

今后，关于“韩国阳明学”的研究应该施行双轨制，并进一步细化。

首先，要提高文化原型资料的保存价值，纯学术研究必须体系化。韩国阳明学要从质上有所提高，首先，要解决《霞谷集》的定本，具有详细注释的《国译霞谷集》全译本的问题。之后，将方向转向江华学人的文集，并将他们的文集以D/B（data base，数据库）及国译本的形式进行出刊。

其次，将阳明学大众化。为了将陈腐的前近代思维的产物——儒学与 21 世纪的现代思潮相适应，必须对过去的哲学史进行重新诊断并开出合理的处方。对韩国儒学史上不够受重视的阳明学，进行重新评价。提升阳明学的大众性，与学术研究同样重要。以阳明学来展望和批评现代社会中的问题意识时，就会形成对阳明学的 discussion（讨论）。

14. 就韩国阳明学研究情况，您还有其他内容需要跟中国阳明学学者分享的吗？

受访者金容载先生

从扩大韩国阳明学研究的外延和深度来看，在韩国和日本的近代化过程中，阳明学在历史及哲学上有怎样的影响，阳明学的出发点是什么，以及在东亚近代化过程中，在历史性和地域性的范围下，阳明学这种学问思潮对个人价值观及国家观的影响都是值得探讨的问题。在这样的研究中，可以看到在历史性和地域性的范围内，阳明学在东亚近代化过程中体现的作用和影响力。

采访者为潘心荷、金明月、文炳。主采访人：浙江理工大学潘心荷博士；访谈问题设计：文炳教授；访谈文字翻译：潘心荷博士、岭南退溪学研究院金明月研究员；校订：文炳教授。

附录二：邮件采访日本阳明学研究者实录

【采访者】徐青、文炳

【受访者】佐藤炼太郎（国际儒联理事、北海道大学名誉教授、北海道中国哲学会会长）

中纯夫（京都府立大学文学部历史学科教授）

田中正树（二松学舍大学阳明学研究中心主任、教授）

大桥健二（日本东亚实学研究会副会长）

小岛康敬（国际基督教大学名誉教授）

小川晴久（东京大学名誉教授、日本东亚实学研究会名誉顾问、二松学舍大学名誉教授）

说明：我们原本计划在对上述学者进行登门拜访时进行面对面的访谈，但由于疫情的影响，不得不改为通过电子邮件联系的方式邀请上述学者书面回答我们事先草拟好的问题。比起面对面的访谈，电子邮件访谈的效果要差一些，毕竟前者有利于我们根据反馈进一步跟踪问询。

1. 请您概述王阳明思想在日本的传播历史。

受访者小岛康敬先生

阳明学对日本的近世时期（此处指日本的江户时代，1603—1868）和近代时期（以明治维新为起点）均具有深远的影响。然而当前对阳明学的史学探究依然粗浅。

2. 您如何看待中江藤树对阳明学在日本传播的贡献？

受访者佐藤炼太郎先生（对第1～2题的回答）

明末清初时期，日本各地诸侯输入了大量阳明学派著作。日本各地图书馆和文库保存的明刻本甚至比中国还多。1603年创立的江户幕府决定以朱子学为官学，所有的武士必须学习朱子学，尤其是水户藩藩祖德川光圀邀请朱舜水后，朱子学尊王攘夷的思想慢慢地在日本普及。朱子学和日本神道及战国时代以来武士信仰的禅宗等融合，组成日本武士道。1192年武士创立的镰仓幕府时代，只有博士家和僧侣研究朱子学的经典诠释，德川幕府录用的朱子学者林罗山原来也是僧侣。江户时代初期的儒学者大概兼修佛教、朱子学和兵学武术，同时他们可以兼修阳明学。例如，林罗山、熊泽蕃山等朱子学者在诠释四书五经时，能引用明末阳明学学者的著作，所以日本没有严重的学派对立。首倡阳明学的中江藤树也学过朱子学。他们都是首先学习朱子学后兼修阳明学，所以日本没有明显的学派区别。但中江首倡阳明学修道，被称为“近江圣人”，在阳明学普及上有功，可算是阳明学学祖。武士阶级起初喜欢阳明学的实践主义，其中最有影响力的阳明学学者是幕末大盐平八郎（中斋，1793—1873）。他尊重阳明古本《大学》。他在天明（1782—1787）饥荒时，为了救援苦于缺乏粮食的大阪老百姓，叛乱反抗幕府，成为明治维新的先驱。大阪市民现在也敬重他。阳明学学者山田方谷（1805—1877）在备中松山藩改革藩政有功。幕末兵学者吉田松阴（1830—1859）因企图打倒幕府而被处死。吉田的学生伊藤博文等推动达成明治维新。一般的思想史书中以吉田为阳明学学者。吉田自己则表明，他的想法似阳明学，但自己不完全是阳明学学者。可以说，阳明学对日本政治改革有明显的影响。

受访者小岛康敬先生

中江藤树对阳明学在日本的传播具有重大贡献。至今为止，人们在谈及中江藤树与阳明学的关系时总是倾向于关注中江藤树对阳明学的影响，但中江藤树的贡献远不止于此。

3. 一个民族对外来思想的接纳，一定是以本民族文化的核心思想、核心理念为基础的，有所汲取，同时有所扬弃。您觉得日本学者对王阳明思想汲取的是哪些方

面？扬弃或者修正的又是哪些方面？其代表性观点有哪些？

受访者小岛康敬先生

日本在吸收阳明学的同时深化了对“心学”的认知。日本人伦理意识中珍视“诚信”的民族性与阳明学“良知良能”思想的异同问题，或将成为今后重要的研讨课题。

4. 王阳明思想在历史上对日本的影响主要有哪些？您如何看待阳明学对明治维新的影响？可以选择从政界、商界、军界、教育界等不同社会领域，以及过去、现在及未来分时间段来谈。

受访者小岛康敬先生

吉田松阴等人从阳明学中汲取的“心即理”的思想，极大地影响了日本幕府末年的仁人志士。然而，一味地追求“持纯粹心，做至诚人”也存在些许问题。本人素来反对直接将阳明学与革命哲学联系在一起。

5. 近阶段日本阳明学学者对王阳明思想研究的关注点有哪些？都有一些什么样的代表性观点？

6. 当前日本普通民众和日本企业是如何看待阳明学的？日本普通民众学习《论语》的热度一直不减，《传习录》是否也拥有众多读者？此外，近年来稻盛和夫的经营哲学在中国受到广泛追捧，您如何看待稻盛和夫的经营哲学与阳明学的关系？

受访者中纯夫先生（对第3～6题的回答）

我认为在中国近代思想史中，阳明学对《大学章句》和“即物穷理”思想的批判具有重要意义。在日本提及阳明学，大多数人想到的是“知行合一”。并且，他们大多把“知行合一”理解为重视行动、重视实践的思想，并认为这才是阳明学的魅力所在。司马辽太郎是日本著名的历史小说家，对现代日本人的历史认识产生了巨大影响，而他作品中对阳明学、“知行合一”的理解大多也如上所述。然而在我看来，“知行合一”的思想不在于从伦理角度提醒人们什么是应当做的（为善去恶），应当具备怎样的思想认知（好善恶恶），而在于从生理的高度要求人们自觉规范自己的言行（如恶恶臭，如好好色）。即阳明学中的“知行合一”思想应当是认识论层面的问题，而非单纯地告诫人们需要注重实践。至于上述的错误认识究竟是如何产生的，以及其是否源自日本人独特的价值观和感受，都值得我们去探讨。

我想，当前日本学界对阳明学影响了明治维新一事普遍存在质疑态度。如井上哲次郎，他认为这样的言论是自明治时期起，由“大盐中斋—吉田松阴—西乡隆盛”等阳明学派人物提出的。此外，梁启超、章炳麟、孙文等人也都在日本受到过这一学说的影响，以至于他们都认为“引导了日本明治维新的是阳明学”。

中纯夫援引了下列文献：

◆小岛毅，《近代日本的阳明学》

◆荻生茂博，《近代的阳明学研究和石崎东国的大阪阳明学学会》

◆荻生茂博，《近代、亚洲、阳明学》

7. 韩国有阳明学研究会，日本也有阳明学研究会，二者之间是否有一定的学术交往？如果有，具体体现有哪些？

受访者田中正树先生

本校和韩国的阳明学研究会没有直接的学术交流，但我校的阳明学研究中心在刊行的《阳明学》19 号中加入了“朝鲜·韩国阳明学专栏”，今后也将会继续劳烦韩国的各位老师为研讨会撰文、为相关论文撰稿。他们的研究成果曾陆续发表于《阳明学》22 号（唐甄专栏）、23 号（李二曲专栏），以及 24 号（海外阳明学研究专栏）中。此外，2017 年我们还拜访了与二松学舍大学缔结合作协定的韩国釜山大学、占毕斋研究所和韩国古典翻译院。

8. 中国台湾有不少研究阳明学的学者，其中有一些专门研究日本阳明学的学者，如张崑将等，日本阳明学学者与他们之间有哪些学术交流？

受访者田中正树先生

中国台湾有位叫锅岛亚朱华的日本老师，他曾在本校修完阳明学博士课程，之后以《明末〈大学〉注释》为题在我校取得了博士学位。

9. 日本阳明学学者与中国阳明学学者之间有哪些学术交流？

受访者田中正树先生

迄今为止，由我们的研究中心出版的学术杂志《阳明学》已经向许多中国专家约过稿。2019 年 3 月，我们邀请到了浙江大学彭国祥教授在我们举办的“当代王龙溪研究”研讨会上做学术报告，其研究论文发表在我们阳明学研究中心创办的刊物《阳明学》第 30 期《当代王龙溪研究特刊》上。此外，同年 11 月，我们还与浙江工商大学共同举办了“东亚与阳明学”国际学术研讨会，积极推动中日间阳明学研究的学术交流。

10. 请您谈一谈二松学舍大学阳明学研究中心对日本阳明学研究的主要贡献。

受访者田中正树先生

本校的阳明学研究中心是日本唯一专门研究阳明学的研究中心。我们不仅会定期举办研讨会，且迄今为止我们的杂志《阳明学》发表了无数与阳明学相关的研究论文，为日本国内阳明学研究的持续发展做出了一定贡献。

受访者小島康敬先生

二松学舍大学阳明学研究中心是学术研究的根据地，取得了大量实质性的研究成果。

11. 您如何看待王阳明思想中的“致良知”“知行合一”“人人皆可成为圣贤”？王阳明的“致良知”和“知行合一”思想对当前日本社会有哪些启示？

受访者小島康敬先生

阳明思想对当下的日本社会并无直接影响。当然这需要看我们如何定义此处的“影响”一词。

12. 您如何看待阳明学对当下世界的现实意义？

受访者小川晴久先生

我将采用明末清初阳明学学者李二曲（1627—1705）而非王阳明本人的思想来回答您的提问。

对第12题的回答 王阳明的“知行合一”思想长期且一直影响着日本，以及其他地区。

对第11～12题的回答 要说王阳明思想对现代日本的影响，我想用明末清初的阳明学学者李二曲的思想对日本现代的影响来举例回答。

我从2001年4月到2011年3月（60—70岁）在二松学舍大学任职。因为当时（2004年左右）指导学生的题目为《李二曲的悔过自新说》的毕业论文，我才知道了李二曲的存在。专题研究讨论时，我阅读了李二曲大量的学术著作。大概在2008年，我为他的整体思想所折服。2010年12月16日，二松学舍大学举办了以他命名的国际研讨会——“儒学者之光李二曲思想研讨会”。学校从中国邀请到了李二曲的第11代子孙李刚先生、张横渠的第28代子孙张世敏先生、陕西师范大学的林乐昌教授，日本研究李二曲的年轻学者和我都进行了演讲。当时的报告发表在二松学舍大学的《阳明学》（第23号，2011年3月）。

李二曲提出，人出生后就要一生践行上天（自然）赋予的“灵原”（又称为：良知、良心、真知、天真、真心），死去时要抛弃这一生积累的一切（名声、地位、财富等），只留有人出生时被赋予的“灵原”——他自己也是如此践行的。像他这样彻底的儒学者在中国历史上可谓是独此一人。就此，我发表了《最伟大的儒学者李二曲》（《二松》第25号）、《儒学者之光李二曲》（《阳明学》第23号）两篇文章。

我任职于日本东亚实学研究会，担任研究会的顾问。此外，我还是研究江户时代自然哲学的学者、三浦梅园的梅园学会会长。日本东亚实学研究会提倡称东亚近代以前的学问为“实心实学”，而我认为李二曲的思想是实心实学的最高形态。在梅园学会中，我最近在研究三浦梅园的“天人之合”观念，并发表了相关论文，而李二曲的思想及其生活方式是这一观念最为出色的典型例子。在东京举办的第45届梅园学会的会议发言中，我也提出了这一看法。想要践行李二曲的思想与生活方式并非易事，但他是我的榜样。我希望能大力宣传李二曲的思想及生活方式。

13. 请您展望一下未来的日本阳明学研究走向。

受访者大桥健二先生

从阳明学自幕末明治时期盛行以来，日本对阳明学的研究就一直集中在它是积极活跃的行动主义，即“知行合一”上。

在东大小岛毅的《近代日本的阳明学》中，其对阳明学也提出了负面评价，认为阳明学是情绪化的、不好的“精神主义”的根源。

在美国主导下产生的新自由主义和“特朗普现象”下，当代世界显然陷入了较严重的社会分层。虽然美方提出（善恶）二元论（即 with us or against us），但当前世界还未有（大的）战争。不过，我认为今时今日，人们比历史上的任何时期都需要阳明学提倡的“天地万物一体”的哲学思想。

受访者小岛康敬先生

由于研究人员不足，本人对日本阳明学研究的走向持悲观态度。

14. 阳明心学是一种实践哲学，将阳明心学大众化与学术研究同样重要。您认为有哪些途径可以促进阳明心学的大众化？

受访者大桥健二先生

近代日本，尤其是在战后民主主义社会，少有学者、学生在学术领域研究阳明学。可以说，现在几乎没有大学还会开设儒学讲座，也没有学生会接受这类教育。战后，阳明学并没有被作为学术研究对象，但正如安冈正笃之见，当下其仍可作为启发性的人生哲理，被逐渐平民化、普及化。

15. 就日本阳明学研究情况，您还有其他内容需要跟中国阳明学学者分享的吗？

受访者大桥健二先生

受武汉大学研究阳明学的欧阳祯人教授之托，我写的有关日本阳明学内容的论文预计将在 11 月的《中国阳明学研究》上刊出，但是否被采用尚且不详。在我看来，阳明学尤其是其中的良知哲学部分，与东亚三国（日本、中国、韩国）的文化和精神基础中的“气”有很强的关联。我认为阳明学就是“气学”。把“气”即良知理解为宇宙生命的、根本的能源，就能够从宇宙论和生命论的视角重新审视阳明学。

受访者小岛康敬先生

本人认为，不仅是中国，包括韩国、朝鲜等在内的东亚国家都应当重新关注和研讨阳明学。

16. 王阳明思想中的一些关键概念（例如“良知”“致良知”“心即理”“知行合一”等）在英语中很难找到对等或者对应的词语，译名的分歧很大，从而导致了理解上的分歧。在日语中是否也存在翻译或者理解困难？请您谈谈您对其中一些概念的英译、日译的看法。

受访者大桥健二先生

我有一本美国查塔姆大学陈荣捷教授的《传习录》英译本 *Instructions for Practical Living and Other Neo-Confucian Writings*（1963），书中将核心词“良知”英译为了 innate knowledge。把宇宙生命、万物之源的能量“良知”简单译作与生俱来的知识可能会有损阳明学的思想本质。在我看来，良知可以诠释为日语的“灵明”或“灵气”，英文的“宇宙生命、万物之源”，或者应该像马基雅维利提出的“美德”、尼采的“Wille zur Macht（强力意志或权力意志）”、斯宾诺莎的“Cognito tertii generis（直观知识、第三种知识）”这样援引译语和说明。此外，关于“良知”英译法，还可参考杜维明教授的哈佛大学博士学位论文《行动中的新儒家思想：青年王阳明》（*Neo-Confucian Thought in Action: Wang Yang-ming's Youth*，1968）。

受访者小岛康敬先生

本人在翻译方面并无特殊见解。不过，本人认为今后阳明心学与苏菲主义思想的对比研究或将成为一大重要的研究课题。届时思想观念的翻译问题将不仅仅涉及英语，也将涉及阿拉伯语。

本次的采访问题由文炳教授设计。浙江理工大学徐青博士于 2020 年 2、3 月份通过邮件进行了访谈，硕士生张子琪参与了访谈内容的翻译。最后，文炳教授校订了全文。

附录三：王阳明思想在北美——成中英教授访谈录

说明：课题组最先计划采访美国本土阳明学研究者伊莱瑞，但是经过慎重考虑后决定采访夏威夷大学教授美籍华裔成中英先生，主要原因是伊莱瑞主要从史料角度研究王阳明。而成中英先生则更多的是从哲学角度来思考，而且成中英先生对王阳明思想在中美两国的传播都很熟悉。下面是潘松博士对夏威夷大学成中英教授进行的2次访谈实录。部分内容编辑整理后以《成中英先生谈阳明学在北美》为标题发表于《吉林师范大学学报（人文社会科学版）》2021年1期。

王阳明思想在北美——成中英教授访谈录一[①]

潘：您到夏威夷大学任教之前，王阳明的思想和著作在美国已经得到研究和传播，具体是什么状况，在北美究竟有什么影响呢？比如，像陈荣捷、狄百瑞、柯雄文、倪德卫等学者是否有在北美讲授和研究阳明心学？当时是什么样的状况呢？1972年，夏威夷大学举办的东西方哲学研讨会，主题就是“王阳明比较研究”。这一次重要的会议之后，北美阳明心学有什么样的发展？北美学术界把阳明心学看作是一种哲学还是一种东亚文化的研究？众所周知，您深入东西方思想，师从方东美先生和蒯因教授，在哈佛大学取得西方哲学博士学位。作为既深入西方哲

---

① 重庆工商大学潘松博士对夏威夷大学成中英教授进行了2次访谈。访谈录一指第1次访谈内容，访谈录二为第2次访谈内容。这里中“潘”指的是潘松博士，“成”指的是成中英教授。

学思想核心，又浸润深厚中国传统的第三代新儒家，您怎么看这个问题？

成：对王阳明的研究，尤其是在哲学系中对其的研究，我认为是非常晚的。当然，并没有一些特殊的文献表明王阳明在北美有很早的系统研究。冯友兰的《中国哲学史》当时已经翻译成英文了。从这部著作中，北美的学界了解到了王阳明的思想。陈荣捷教授在美国新罕布什尔州的达特茅斯学院（Dartmouth College）教授东方文化和宗教。同时，他在 20 世纪 60 年代后期出版了 *A Sourcebook of Chinese Philosophy*（《中国哲学资料书》）——一本资料汇编书。这应该是北美出版冯友兰的中国哲学方面的书籍之后，第一本介绍王阳明的书籍，从王阳明的《传习录》中也翻译了一些资料。后来的一些关于王阳明思想的研究著作都与他的翻译有关系。

我是 1965 年到夏威夷执教的。他的那本书才刚刚使用，可能是在 1963 年出版的。这本书实质上是资料汇编。他选取了一些资料，并在前面加以描述。很多经典都是选取了一部分，《论语》就没有全选，《大学》《中庸》是全部选入的，朱子和阳明的内容各选取了一些。最后一位被收入资料汇编的思想家是熊十力，截取了他的一段《新唯识论》。我和陈荣捷先生也是认识的。1962 年至 1963 年，我在哈佛读书的时候，常常在哈佛燕京东亚图书馆碰到他在那里查资料。他从汉诺威市的达特茅斯学院过来，大约需要 3 小时，当时公车也方便。这位先生的确很了不起，他来了后会待上一天，很用功地查阅资料，自己一个人做研究。

我从 1965 年开始教书之后，也讲解宋明理学，所以会用到和谈到王阳明。我记得，除了资料汇编之外，陈荣捷的第一本书就是翻译的《传习录》。他使用了很多日文材料，把《传习录》整个都翻译成了英文。他翻译得非常仔细，包括 instructions 和 practical livings。那一时期，他翻译的《传习录》是唯一一本被完整翻译为英文的王阳明著作。他也翻译了朱子的《近思录》，我当时评论了他关于“无极而太极”的这一段翻译，他也回应了我。我教书之后，在我的研究生课程上都使用陈荣捷的这两本书。

在完整著作翻译里面，真正的哲学家中，王阳明应该算是最早被介绍到西方和美国的。除了英文之外，我不认为在其他欧洲语言中还有这么完整的关于王阳明的资料。只有英文有。但是，现在很奇怪。陈荣捷先生翻译的《传习录》已经绝版了，买不到了。

潘：陈荣捷翻译出来之后，欧美人才能够看，才能开始学习吧？

成：才能开始看。这是一个学术性的翻译，注释很多，所以也不是很流行。

而且，它是一个精装本，没有出流行本，流传也不是很广。在大家开设一些研究生的课程时，可能会用到。

在以后的研究中，有两本书是比较重要的。一本是加州大学圣巴巴拉分校哲学教授韦恩帕尔（Paul Wienpahl）写的《斯宾诺莎和王阳明》（*Spinoza and Wang Yang-Ming*）。我之前认识韦恩帕尔，还和他讨论过。他把王阳明的思想翻译为禅学，主张 meditation。

潘：这是一种过度诠释吗？

成：他还是从斯宾诺莎来解释王阳明。这也是一种学术研究嘛。王阳明主张一元的本体论的主体哲学，就像斯宾诺莎一样，从伦理学的视角来解读。我当时看到后，认为他在本体论这方面对二者的解读还有一些 insights（洞见），但是在道德哲学方面的解读还是有些欠缺。作为比较研究的话，还是比较系统的。

潘：他是不是主要从事宗教哲学研究的？

成：不。他是哲学系的，宗教哲学家。

潘：是一篇发表在 1963 年的 *Religious Studies* 上的文章“Spinoza and Wang Yang-Ming”吗？

成：不，那是一本书。第二位比较有名的是加州大学的历史教授，叫魏斐德（Frede Wakeman）。他写了一本书叫《历史与意志：毛泽东思想的哲学透视》（*History and Will: Philosophical Perspective of Mao Tse-Tung's Thought*）。它虽然没有讲到王阳明，但是讲到了毛泽东，是一本关于毛泽东思想研究的书。当时的解读是，中国有阳明思想，而毛泽东受到了这一路思想的启发。这些都是从特定视角切入而阐发出来的新观点。第三位是秦家懿（Julia Ching），她在做修女的时候，博士学位论文就是写的《追求智慧：王阳明研究》（*Acquires Wisdom*）。另外，我还要提一下杜维明在东亚系的博士学位论文，就是《早期王阳明的思想发展》。

潘：那么，如何评价北美华裔学者，如杜维明、秦家懿、张君劢他们对王阳明思想研究和传播的贡献？

成：从陈荣捷在 1963 年翻译出王阳明思想的一些文献之后，对王阳明的研究虽然还是很少，但是有了一些具体的成果。至少看起来比对朱子的研究还要多一点。

后来，我们夏威夷大学哲学系 1972 年开了王阳明思想会议，1982 年开了朱子思想会议。1972 年的王阳明思想会议总共有十多篇文章。我写了一篇以“心性统一”和“知行合一”为主题的文章“Unity and Creativity in Wang Yang-ming’s Philosophy of Mind”(《王阳明心学的统一与创新》)，在会议上宣读，并在 *Philosophy East and West*（《东西方哲学》）杂志上发表了。我后来还写了篇“四句教”的文章，在亚洲学会发表了。这两篇文章都在贵州的《阳明学刊》上翻译发表了。

记忆中，当时还有一次是亚洲学会在美国纽约召开的关于王阳明的讨论会，讨论其学说是不是主观主义、唯心主义。王阳明有一个观点，认为：未看此花时，此花与汝同归于寂；你来看此花时，则此花颜色一时明白起来，便知此花不在你的心外。当时陈荣捷先生和施友忠也在场。我主要是说明王阳明的这个观点并不等同于贝克莱（Berkeley）的“存在就是被感知”(to be is to be perceived)。对于贝克莱而言，这是由于有上帝的存在而得到保证，而当王阳明说人没有看到花时，花是作为一个潜在的存在，并没有消失。因此，并不是一般所认为的花的存在依赖于心，而是依时而起境，境由时起。因此不能把他看作主观唯心主义者。很多人都把他看成主观唯心主义者。我认为，王阳明基本上并没有否定一个客观存在的实体。人要做到与天地万物为一体的话，一定要等到人的知觉能够分辨事物的时候，彼时外面的事物才会对人明白起来。如果人没有发展出这种知觉，便不会明白。但是，这并不表明万物不是一体；也并不表明人或者万物在知觉中只是一个认识，事物本身并不存在。存在物和人的存在是一体的。所以，我认为王阳明还是一个实在主义者，是一个潜在的实在主义者。

潘：亚洲学会的这次会议是紧接着 1972 年夏威夷大学哲学系的王阳明思想会议吗？

成：我觉得要早，可能是在 20 世纪 60 年代后期。1972 年的这次会议上不仅有陈荣捷，还有方东美先生，还有一个研究海德格尔的张中元。他写了海德格尔与禅宗的联系。

潘：在陈荣捷先生 60 年代中期翻译出来王阳明的资料之后，北美学界的主要倾向是把王阳明思想看成佛学或禅宗领域内的一种学说吗？

成：有一点，倾向是把他往禅学上靠拢。在比较上，把他比较于斯宾诺莎一元论的神学和海德格尔的哲学思想。

潘：王阳明思想中有一部分容易和斯宾诺莎和海德格尔产生联系，所以北美学界借助于已经了解的这两位哲学家思想来理解王阳明？

成：王阳明的“心即理、知行合一、致良知”在比较这一块有很大的文章可以做。人心，可以解释成一种终极的价值和终极的存在体，一种根源。理，principle，就像上帝一样。终极的理，ultimate principle。道，有人把它翻译为arche。而在1972年夏威夷大学的会中，这些华裔学者还是按照中国的方式来讲解王阳明；用英文，按照中国的了解来讲解。西方人在讨论环节时会参加，谈一谈他们的理解。从这些讨论可以看出，西方人参加王阳明思想的讨论是非常早的。然后有了一些成果。

潘：在进入20世纪80年代之后，王阳明思想的研究在北美有什么发展呢？

成：我审查过一篇比较好的关于王阳明哲学思想的论文，是秦嘉懿（Julia Ching）的一个学生的论文，可惜后来这个人好像不做研究了。这个学生请我做他的校外委员，特别请我到多伦多去参加他的博士考试。他写的就是王阳明和刘宗周。从60年代到80年代，中国哲学在北美逐渐发展扩大，一般讨论较多的还是古典哲学、先秦哲学。而宋明理学这一块，对王阳明思想的讨论比朱子还要多一点。到后来，对朱子的研究也多了一点。再后来夏威夷大学开了一次很大的关于朱子思想的会议。60年之后，由于我的强调，后来对朱子思想的研究逐渐增多。大家都不搞易经，我研究易经。

潘：通过对易经的强调，突出易经的重要地位，宋明理学在北美的研究就扩展到朱子学领域而不只是盯着王阳明的“心即理”上？

成：从一开始，在北美易学研究中就很重视儒家和道家，这也是西方哲学所关注的。但是，当时在美国学界讲解这两家的，都不在哲学系。在哲学系中讲这两家开始得比较晚，是从我到夏威夷，20世纪60年代以后，从我1963年教书开始。我教了张中元，之后又把台大的学生安乐哲招过来。我之前在台大哲学系做系主任，安乐哲在哲学系跟我读书。后来他也大讲《论语》。

王阳明思想在北美——成中英教授访谈录二

一、心、良知的翻译问题

潘：伊莱瑞写了篇非常长的综述，把王阳明的“心”翻译成 mind，这里面是不是还有值得探讨的地方？因为我知道您翻译成 heart-mind。如果请北美的学者来翻译“心”“心即理”“致良知”，他们会怎么翻译呢？再对照之前陈荣捷先生的翻译，这会有一个什么异同与发展？成老师您认为怎么翻译“良知”好一点？总的来说，“良知”目前有这么几种翻译：（1）liang chih；（2）intuitive knowledge；（3）the intuitive faculty；（4）intuitive knowledge of good。李明辉将“良知”译为 original knowing (liangzhi)。卢盈华将“良知”译为 pure knowing，以强调其作为道德情感和道德认知的一面（应该是基于孟子的性善论及“人之初，性本善”之说）。Leo K. Shin 将“良知”译为 innate moral knowing (liangzhi)。杨国荣主张将“良知”译为 innate moral consciousness。

成：这位伊莱瑞，我听过他的名字。他目前在哪里教书呢？

潘：根据网上的信息，好像在中乔治亚州立大学。他的这篇文章现在翻译出来了，《20 世纪 60 至 80 年代西方王阳明学术研究之变迁史》。在他的英文原文中，“良知”都是汉语拼音——liangzhi，后面加上括弧，其中是各种说法，例如 liangzhi（pure knowledge）。

成：他曾经给我写过信，向我们杂志（*Journal of Chinese Philosophy*）投过稿。后来，我们没有特殊的反应。他就说想要把稿子拿走，后来，我们也没有再联系。

我印象当中，北美最早谈到王阳明思想的，可能是亚洲学会，可能在夏威夷大学我们哲学系办的一次阳明哲学研讨会上。我写了两篇文章，就谈到了这个问题，以及对“四句教”的认识。当初，陈荣捷先生出版的英文版的《传习录》，翻译得仔细，把日本的资料用上，注释特别多。《传习录》的中文篇幅看起来并不是很长，而英文却变成了三四百页，相当沉重的一本书。所以，当初学生也提出有没有简便的翻译。但到目前为止，好像还没有。这本书到目前也没有了。这是一本学术研究的著作，而作为一本流行的教科书可能是重了一点。这本书一直没有出公开发行的paperback本，还只是一个精装本。

在这本书里面，他将“良知”翻译为innate knowledge of good，将“良知”说得很深刻、深沉，根植在人的人性之中。我认为，讲innate还不如讲native，一种本身具有的能力。如果是直接翻译的话，里面还涉及中国哲学中“知”的问题。知，不像理性。理性，是一种faculty，可以随时charge；知，比较死板，一个已经成就的状态。如果再用“良知”来判断这个成就的状态，是说不通的。例如，有一个knowledge了，然后再来致良知，对这个knowledge进行判断。这种解释就没有考虑到，致良知是说在任何情况下，我们都可以做出基于良知的判断。良知，我们一般中国人也称作良心，凭着良心来认识。良知里面有原有的、本身就有的意思，翻译成inborn比innate好。innate，容易让人混淆到迪卡儿所说的上帝造成的；而inborn是在我们自己生出来就有的，与生命连在一块儿。

知，是某种能够判断是非的能力，是产生moral的knowledge，而不是说它承认moral knowledge；不能把良知的知看作一种死板化的东西。中国的“知”字，是作为一种能力来看待，稳定在各种事物上面，能够掌握它们的是非曲直。所以，这个就叫作良知，所以叫作致良知与识事物，就是这个意思。在英文中找到一个对应的词，比较难。比如，我们能把良知翻译为moral mind吗？我认为这还不如翻译为moral heart-mind，从中产生一种moral knowledge，既有feeling又有conceptual understanding。所以，我认为Inborn Moral Heart-mind或许是一个比较好的翻译。

潘：您这个翻译可能要好一点。我知道您讲中国哲学的心不是 mind，而是heart-mind。从中国传统来看，心，明显不能翻译为mind。

成：这点很重要。因为heart-mind，在《礼记》和《孟子》之间，如韩国人李退溪看到的，四端是moral sense或moral feeling，而七情是natural feelings，自然而然的。

潘：一个是人和动物都有的，一个是人才有的。

成：如此，与“心”（heart-mind）相应的“良知”（Inborn moral heart-mind），能够产生 moral feelings。不然，只有 mind 的话，怎么能产生 feelings？四端是有 feelings 的四端，mind 是有 feeling。Heart-mind，与从四端、七情来的良知能比较好地统一起来。这个翻译，我认为这样讲比较好。至于是否再有阳明学在翻译上的发展，这得以后进一步来谈。

潘：从陈荣捷先生开始的阳明学的翻译，一直到您提出的翻译，对王阳明思想中基本概念的阐释与翻译更深入了，塑造了英文世界讨论阳明学的基本学术语言。其实，这也可以看作阳明学在北美的一个发展。

成：嗯，大致是这样的情况。因为，对“心”与“良知”的翻译必须保住这一点，达到这样的标准，即必须能够对任何事物的价值进行判断。heart-mind，由 heart 来感觉，由 heart-mind 来思考。所以，感觉加上思考，就产生了我们称作的“知”。“知”，并不一定就是 knowledge，而是自我控制的一种决定，一种 judgement。

潘：如果直接翻译为 knowledge 就会比较死板，没有“致”的位置了。

成：innate knowledge 这个翻译的确非常不好。他在《传习录》中谈到，良知是一个精灵，一个 spirit。“良知是一个造化的精灵”，它“生天生地、成鬼成帝”。也就是，良知作为一个 heart-mind，可以直接透露出所有的东西，是一个 power。

上次访谈时我提到过韦恩帕尔写的《斯宾诺莎和王阳明》（*Spinoza and Wang Yang-Ming*）这本书。他讲斯宾诺莎的伦理学和王阳明思想的比较。斯宾诺莎认为上帝具有一种能力，能够做出判断的能力。上帝呈现在任何人身上，我们都是上帝的一个属性的属性。他的伦理学就强调这一点，人能够对上帝有所认识，或基于上帝而有一种行动的能力。所以，他最后一章就讲到 intuitively know，对事物的直觉的认识。这就是他们翻译的一个重要来源。但是，斯宾诺莎的这个对事物的直觉的认识，事实上是指人必须通过经验来学习。所以，把良知翻译为 intuitive knowledge，是不对的。

二、毛泽东与王阳明在北美

潘：您前面谈到了魏斐德。他写了一本书叫《历史与意志：毛泽东思想的哲学透视》（*History and Will: Philosophical Perspective of Mao Tse-Tung's Thought*）。为什么他会把王阳明和毛泽东联系在一起？仅仅是因为这两位都文武双全，还是毛泽东自己讲过推崇王阳明，或者有其他一些另外的原因呢？

成：在明代以后，王阳明的影响逐渐增大。他自己的思想和能力也的确是被用在了军事上，以及事物的规范上。首先要强调，王阳明的思想是一种 power to make right decision，是一种决策的理论。知道什么是好的，什么是坏的；好的就采用，坏的就不采用。这体现在王阳明的用兵如神上。传记里面有记载，王阳明离间宁王朱宸濠，叫他们投降，其实是要抓住他们。这体现出了很多的策略和智慧，通俗而言就是用计。他又善于说动别人。在军事用途上来看，致良知是一个策略，一种判断能力，而且准确性非常高。当然，从客观的批评来讲，王阳明用计烧了朱宸濠的老家，再待他后退的时候乘机攻击。这种策略，从兵家的角度来讲，是一种正常的策略吧。但是，他能够洞悉各种情况，从而采取相应的策略和方法来布阵。所以，我们就看到王阳明的良知运用，在个人决策和历史事件中呈现出一定的效果。

还有一点，良知和他的“龙场驿示诸生”提到的四个方面的联系。人，立志、勤学、改过、责善。致良知，要把道德判断的能力发掘出来，才能选择责善。人要立志，有一个志向才好；有了志向之后方能充实自己的学问。所以，致良知的知不是先验的知识，而是经验上的知识。然后在精神上慢慢改过，以达到善。所以，致良知是逐渐发展出来的。至少我是从经验主义来看“龙场驿示诸生”这封信。这是我自己独特的理解，别人没有讲过。

从这个角度可以了解到，魏斐德在看到王阳明的这些思想、策略和功绩的时候，可能会想到毛泽东。魏斐德是很聪明的一个人，是一位历史学家，已经过世了。他的这本书，我曾经做过书评，所以很清楚。魏斐德从历史上联系了王阳明和毛泽东。从历史上看，毛泽东很有斗志，志向是非常坚定的。他自己读书也非常多，遇到问题能够改正，找到一个好的解决问题的办法。例如，四渡赤水的经历就是一个典型。这和王阳明在讨伐江西宁王朱宸濠中突出的意志、学识和最后综合的判断，有相似之处。魏斐德是从历史来看，从王阳明的精神和意志来概括了历史方面的某些情境。这是一种比喻，也是很有启发性的说法。阳明精神的实践嘛。当然，也不是随便的实践，而是有志向、要改过、要责善。

三、气与心、心即理

潘：心、致良知，这些概念经过慢慢地去翻译和理解，后来发现这些翻译的不足。那么，随之而来的一个问题就是北美研究阳明思想的学者，是如何来理解中国传统哲学中“气”这个概念？要准确把握“心即理”与“性即理”之间的差异，或许也绕不开“气”这个概念。北美学者要能够准确地去理解“致良知”“心”，那么是否也必须理解“理”与“气”呢？

成：其实，王阳明并没有否定“气”。从朱子以来，把“心”看作“灵明”。灵明，气之敏锐者；就是一种气。气，有时候比较愚蠢、愚钝；当气比较精致的时候，就可以变成一种灵明，实体状，灵明透彻的活动体。王阳明讲的是心学，不是理学；把理当作一个终极的活动，这是象山。在象山这一块的时候，还是一个理。宇宙即我心，我心即宇宙，这是根据《孟子》来说的。宇宙类似即吾心类似；吾心类似即宇宙类似。孟子说，万物皆备于我，反身而成。反身而成，就是一个气的状态。所以，这个气就是一种灵明的动力。这方面很少有人搞清楚，我把它澄清出来。气，是一种灵明的动力。它自身是否就包含了理呢？就原始而言，比如就《周易》来说，人，有阴阳的属性，就像天地有乾坤二性一样。人，一方面有宇宙的创造力，也就是气，另一方面也有认知的能力。认知的能力，从《周易》来看的话，是一种使事物发生的能力，使事物发生有一个理由、根据或根源。此根源就在于起初发生的动力之中，所以理与气是不能分开的。这本来就是张载的立场。气中有理，所以，心即是理。心，这么灵明的东西，就是理或带来事物内在秩序的一种力量。它是和内在发生秩序的中心联系一起。心即理，心比性还要更精致一点。性，只是自然赋予的一种力量；心，是在性的基础上的自觉，具备创造理路、知晓万物的能力。

四、气与本体论（ontology）的翻译问题

潘：海外在对阳明思想中基本概念的理解和传播时，不仅有认识论上的问题，还有本体论上的问题。欧美学者，包括华人学者在内，如何来克服 ontology 与本

体、体用、心性之间的差异，以促进对“心即理”“性即理”的理解。如果不能理解 ontology 与中国传统哲学中本、体、本体之间的差异，如何来理解阳明的“心即理”不同于朱子的“性即理”？

成：他们没办法理解吧。本体，不是 ontology。ontology 就是一种存在的状态，或是可以投入其中的一种神秘状态，神秘物的状态。所以，ontology 作为一种终极存在的研究对象，是一种认识。至于中国传统哲学中的“气”，要不要去了解“气”的 ontology？的确应该去了解。但是，ontology 面临着一个问题：它是一个存有状态，但这个状态怎么变成另一个状态呢？也就是说，ontology 缺少一个转换的能力。终极的东西，到底是一个对象性的静态性的东西，还是一个动态性的发生的力量？所以，我把 ontology 改换成本体。本体，是从本到体，是一个动态的过程。本，是不断发生的生命之力。不断发生，随时在发生，更深刻的说法就是周敦颐的“无极而太极”“太极而两仪”。这是一种生成论、生化论。在生化论基础上，气就能自然产生一些活动的存在体。它的活动与它的存在是连在一起的。我是基本上同意牟宗三所讲的“即存有即活动”。但是，西方把活动与存在分开了。在柏拉图那里就是这样。在亚里士多德的四因说中，动力的是动因的，物质是存在的，两者是分开的。形式因使之具有一个形式，目的因使之具有一个发展的方向。但是，此动力因是和存在的物质因不同的。物质，就被当作了一个没有动力的气。中国的物质是动的，是气，它有一个内在的动力，不需要一个外在的动力因了。性，就是它的一个形式的原因，也是它的一个终极的发展方向。因此，“气”可以解开出形式、目标、目的（四因都可以从“气”中来）。这些东西就叫作“理”。中国的“气”，是物质加上动力；中国的“理”，是形式加上目的。这两者基本上是涵摄在物质之中的。西方人没有办法了解，认为它们的功能是分开的。但事实上，存在不可能被简化到一个对象性的存在，否则不能了解存在本身。在中国哲学传统中，存在是一个动态的，多功能的存在体。

五、圣人、人人可成圣人与学以成人的联系与差异

文炳：请问成老师如何看待王阳明说的人人都可以成圣人？如何才能成圣人？这与世界哲学大会上的“学以成人”有什么区别和联系？

潘：王阳明讲的人人都可以成圣人，讲心即理，这是不是一种内求？是否受

到佛学影响？而这和先秦古典儒家所讲的成人成己成圣是同一个主题吗？在中国的古典传统文化中，应该不是人人都可以成圣人的吧？例如，从事小贩或以御马驾车为职业的人可以向这个方向去发展，但是说他们能成圣人，似乎可疑。

成：孔子说的圣，在他心中最典型的就是尧舜。尧舜在爱民和惠民的德性与能力下能够实现这样的德行。同时，他们也在自己的位置上达到此位置的要求，使得天下归于一致。就尧舜而言，这就是内圣外王。当然，这是一种 reconstructed 的说法，重新建构。内圣外王，在孔子的《论语》里面，或者在其他早期的儒家经典里面，都没有得到界定，只有"天下大治"的说法。孔子可能在两个方面导向了圣人之治的认识。从《尚书》来说，"圣"就是"耳聪目明"，能够听天下的声。作为圣人，要知道民风是什么，并做出决策把命令传达出去。比如，面对洪水等自然灾害，能够解决民间的困苦。有能力的人，要能够把他的德性表现出来，达到一种治国平天下，安顿天下之民。所以，圣，代表了一种国家治理的完美状态。怎么样才能达到这种治理的完美状态呢？首先要有德，先成为君子并具有能力，从德性中发展出德行。

德性是假设了人持有一种天生的能力，这就是人的性，天命之谓性。完整的人性包含很多东西，比如道德感情、自然感情，这些在早期的经典《礼记》中都有表述。道德感情就是《孟子》所说的"性"；自然感情就是《礼记》所说的七情六欲或《中庸》说的喜怒哀乐。至于怎么样才能使"性"成为正确行为的基础，既使得自己心安，同时也使社会和谐、人民得到治理的基础，这也就还有一个"德"的要求。德，就是一种能力，是心可以自觉到的一种能力。例如，尧舜能够爱民，生而知之，学而知之，困而知之。这样经过一个过程。人都有一个潜在能力，把这种原始的能力发挥出来，这一过程可能是学的过程，但也有人天生就有这种能力，德的能力。德，可能得之于外或得之于内；反正这种能力通常需要培养。在《礼记》里面特别强调培养的概念，也就是要修身修己。这就是朱熹阳明以来所关注的理论，即大学之道在明明德，在亲民，在止于至善。这里面最重要的就是明明德，即心里面有一些能力，善、德性的基础，明德；要了解这个明德，并发挥与修持这一明德。格物致知是重要的，格物才能对外面的世界有所了解，能了解到行的效果。加之已有的内在德性要求的目标和方向，例如爱民、孝敬父母、孝敬天地、正心。意识概念和思想的活动，都能为人的主体带来一个好的结果。

早期的儒学，子思、孟子，认为有明德。心性觉悟有一种认识，在做选择时能够认定出一个方向。同时，也在行为上有所框定，例如，不要杀人不要说谎，人要诚恳并关照他人。从孔子来讲，四端之心是最基本的，能够让人产生最基本的能力。内圣是否产生外王，这在现在是一个重要问题。但是，在古代，内圣并不是非产生外王不可；这两者之间并没有逻辑上的必然性。对于一个君主而言，成为一个贤君，好的国君，必须有内圣作为基础。内圣，即使不做外王，也能达到一种自我实现。有些人可以齐家治国平天下，有些人可以齐家而修己。外王，要求很多条件，能力要强且有机会，存在一些 contingent，偶然性。我们过去没有充分地了解偶然性，以为内圣必然外王。这是错误的。为政，要有德性；为政，要知道怎么为人，懂得仁义礼智信，要有德。但是，为王却并不一定要有德，例如提出道之以政，齐之以刑。这也是为政，是用刑法来保证。道之以政，齐之以刑，民免而无耻；道之以德，齐之以礼，有耻且格。这个时候的圣人是一个非常真实的现实的圣人。

那么，后来的圣人概念，越来越宇宙化，更加抽象化了。孟子说，人人都可为尧舜。在古典时期，圣人总是具体的，在一定的环境中，例如，尧舜由他们的部落推选出来，并建立了功绩。后来，在《周易·系辞上》提到，圣人不仅是修身，还能够有天地创生的作用。所以说，周知万物而道济天下。圣人不仅什么都知道，而且他的德性能够兼济天下。后来，到庄子的天下篇的时候，有了明确的内圣外王的思想，圣人就是要做到一个发展得非常好的主体，且内圣越来越和外王联系在一起。

从古典儒家到易传，然后到庄子和道家，圣人的概念越来越抽象化。圣人，成了一个完美的典型。至于是什么样的标准，能不能达到这个标准，成了一个 convention，约定。圣人，内圣外王逐渐成了一个 convention，约定的概念。是不是人人都要成圣？人人都有可能达到的这个圣，至多是古典儒家意义上的圣人，而不是易传及其之后的圣人。努力修持、修己的，没有外在的偶然的条件和机会，也能达到自己的德性。

以“圣（聖）”的字形分析，有一种圣君的味道在里面，是一个权力集中者。我认为这里面有一种儒家的理想的状态：具有圣的品质的人，具有知人、知智、知德，能够周知万物、统合天下。圣，这个字本身就有一种内圣外王的意思。庄子后来明确地表达出“内圣外王”。外王中权力的来源是圣人的德性，知人知事，能够发挥命令，能够具有权威的知识。当然，这和外在的控制全局、统治他人、统治人民的能力的概念是两回事。权力大，并不一定有自觉的德性和知识；而有知识也并不一定能够有权威。圣人便具有两种形态：一种是有德却并不一定有权有位；另一种是有权有位却并不一定有非常完整的德性。因此，在这种情况才提出内圣外王，最好达到一种既有德又有权的状态。

这是一种理想性的要求。就新儒家而言，这个要求就是非常合理的。德性是道德的基础，是维护伦理秩序所需要的。但是，伦理更基础的问题，就是是否能够组织起来成为一个政治全体，能够发挥个人的一些能力。这就是所谓政治权利的建立。实现这一种伦理就需要一定的条件和机会。社会的德性和政治是有差别的。political virtue 需要社会伦理作为基础，但并不等于社会伦理，它还包括领导力、执行力和控制力。在这个意义上，这也是为什么内圣外王永远是一个问题，即它不可能存在一个确定的结果。这是儒家对人的发展的可能性的一个分析。

“学以成人”，这个说法可能有两个重要来源，《孔子家语》[①]和《淮南子》里面或许有提到。从孟子来说，尧舜也就是一般的人，他们有德性有权威，所以他们能做到的，那么一般人也可以做到。人人皆可以为尧舜，是一种美好的愿望，但不是说真的人人可以成尧舜，这里面有好多机遇。“学以成人”中的“成人”可以理解为完成的人，已经达到一个做人的最起码的标准。成人，我认为是一个起码的条件，minimum；而圣人是一个 maximum，最大的状态。成人，可是一个君子或贤人，一辈子都是君子或贤人；甚至也有可能是某种程度的圣人。因为，当说成人时，首先承认了他不是圣人；他已经发展到他的最高可能性了，但他的各种能力和客观条件的限制，他却并不一定是圣人，甚至都不是贤人。可以把成人看作以圣人为最终目标的追求，但不要把圣人的概念无限扩大。

① 《孔子家语·颜回第十八》中，颜回问于孔子曰：“成人之行，若何？”子曰：“达于情性之理，通于物类之变，知幽明之故，睹游气之原，若此可谓成人矣。既能成人，而又加之以仁义礼乐，成人之行也，若乃穷神知礼，德之盛也。”